“十二五”國家重點圖書出版規劃項目

2011—2020年國家古籍整理出版規劃重點項目

國家古籍整理出版專項經費資助項目

海外中文古籍總目
漢籍合璧目録編

陳垚 編

A Descriptive Catalogue of Traditional Chinese Books in the University of Minnesota Libraries

美國明尼蘇達大學圖書館中文古籍目録

上册

中華書局

圖書在版編目(CIP)數據

美國明尼蘇達大學圖書館中文古籍目録/陳垚編. —北京:中華書局,2021.11
(海外中文古籍總目)
ISBN 978-7-101-15396-5

Ⅰ.美… Ⅱ.陳… Ⅲ.院校圖書館-古籍-中文圖書-圖書館目録-美國 Ⅳ.Z838

中國版本圖書館 CIP 數據核字(2021)第 197870 號

書　　名	美國明尼蘇達大學圖書館中文古籍目録(全二册)
編　　者	陳　垚
叢 書 名	海外中文古籍總目
責任編輯	張　昊　李梅君　寧普月
裝幀設計	劉　麗
出版發行	中華書局
	(北京市豐臺區太平橋西里 38 號　100073)
	http://www.zhbc.com.cn
	E-mail:zhbc@zhbc.com.cn
印　　刷	三河弘翰印務有限公司
版　　次	2021 年 11 月北京第 1 版
	2021 年 11 月第 1 次印刷
規　　格	開本/787×1092 毫米　1/16
	印張 60¼　字數 510 千字
國際書號	ISBN 978-7-101-15396-5
定　　價	880.00 元

《漢籍合璧目録編》

編纂委員會

海外中文古籍總目·總序

中華文明悠久燦爛，數千年來留下了極爲豐富的典籍文獻。這些典籍文獻滋養了中華民族的成長和發展，也廣泛地傳播到世界各地，不僅對周邊民族産生了深刻影響，更對世界文明的融合發展做出了卓越貢獻。可以説，中華民族創造的輝煌文化，不僅是中華文明的重要組成部分，更是全人類共同的文化遺産，需要我們共同保護、傳承、研究和利用。而要進行這一工作，首先需要對存世典籍文獻進行全面地調查清理，編纂綜合反映古典文獻流傳和存藏情況的總目録。

由全國古籍整理出版規劃領導小組（簡稱“古籍小組”）主持編纂、歷時十七年最終完成的《中國古籍總目》就是這樣一部古籍總目録。它“全面反映了中國（大陸及港澳臺地區）主要圖書館及部分海外圖書館現存中國漢文古籍的品種、版本及收藏現狀”，著録了約二十萬種中國古籍及主要版本，是迄今爲止對中國古籍流傳與存藏狀況的最全面最重要的總結。但是，限於當時的條件，《中國古籍總目》對於中國大陸地區以外的中文古籍的調查、搜集工作，“尚處於起步階段”，僅僅著録了“港澳臺地區及日本、韓國、北美、西歐等地圖書館收藏的中國古籍稀見品種”（《中國古籍總目·前言》），並没有全面反映世界各國各地區存藏中國古籍的完整狀況。

對於流傳到海外的中國古籍的搜集和整理，始終是我國學界魂牽夢繞、屢興未竟的事業。清末以來幾代學人迭次到海外訪書，以書目提要、書影、書録等方式將部分收藏情況介紹到國内。但他們憑個人一己之力，所訪古籍終爲有限。改革開放以來，黨和政府對此極爲重視。早在1981年，黨中央就明確提出“散失國外的古籍資料，也要通過各種辦法争取弄回來或複製回來”（中共中央《關於整理我國古籍的指示》，1981年9月17日）。其時“文革”結束不久，百業待興，這一高瞻遠矚的指示還僅得到部分落實，難以規模性地全面展開。如今，隨着改革開放事業的快速發展，國際間文化交流愈加密切，尤其是《中國古籍總目》的完成和中華古籍保護計劃的實施，爲落實這一指示提供了堅實的基礎，可以説，各項條件已經總體具備。在全球範圍内調查搜集中國古籍、編纂完整反映中國古籍流傳存藏現狀的總目録，爲中國文化的傳承、研究提供基礎性數據，已經成爲黨和政府以及學術界、出版界的共識。

據學界的初步調研，海外所藏中國古籍數量十分豐富，總規模超過三百萬册件，而尤以亞洲、北美洲、歐洲收藏最富，南美洲、大洋洲、非洲也有少量存藏。海外豐富的中國古籍藏量以及珍善本的大量存在，爲《海外中文古籍總目》的編纂提供了良好的基礎。而且，海外收藏中國古籍的機構有的已經編製了館藏中國古籍善本目録、特藏目録或聯合目録，關於海外中國古籍的提要、書志、叙録等文章專著也不斷涌現，對於編纂工作無疑具有很高的參考價值。然而，目前不少海外圖書館中國古籍的存藏、整理、編目等情况却不容樂觀。絶大多數圖書館中文館員數量極其有限，無力系統整理館藏中文古籍；有的甚至没有中文館員；有的中國古籍衹能被長期封存，處於自然消耗之中，更遑論保護修復。啓動《海外中文古籍總目》項目，已經刻不容緩。

長期以來，我們一直關注着海外中國古籍的整理編目與出版工作。2009年《中國古籍總目》項目甫告竣工，在古籍小組辦公室的領導下，編纂出版《海外所藏中國古籍總目》的計劃便被提上日程，並得到中共中央宣傳部、新聞出版總署的高度重視，被列入《"十二五"國家重點圖書出版規劃》《2011—2020年國家古籍整理出版規劃》。經過細緻的調研考察和方案研討，在"十三五"期間，項目正式定名爲《海外中文古籍總目》，並被列爲"十三五"古籍整理出版工作的五大重點工作之一。中華書局爲此組織了專業團隊，專門負責這一工作。

《海外中文古籍總目》是《中國古籍總目》的延續與擴展，旨在通過團結中國國内和世界各地相關領域的專家學者，組成編纂團隊，吸收最新研究成果進行編目，以全面反映海外文獻收藏單位現存中文古籍的品種、版本及收藏現狀。在工作方法與編纂體例上，《海外中文古籍總目》與傳統的總目編纂有着明顯的區别和創新。我們根據前期的調研結果，結合各海外藏書機構的情况和意見，借鑒中華古籍保護工程的有益經驗，確定了"先分館編輯出版，待時機成熟後再行統合"的整體思路。同時，《海外中文古籍總目》在分類體系、著録標準、書影采集等方面都與全國古籍普查登記工作高度接軌，確保能够編纂出一部海内外標準統一、體例一致、著録規範、内容詳盡的古籍總目。

編纂《海外中文古籍總目》，可以基本摸清中國大陸以外地區的中文古籍存藏情況，爲全世界各領域的研究者提供基礎的數據檢索途徑，爲系統準確的古籍整理出版工作提供可靠依據，爲中國與相關各國的文化交流活動提供新的切入點和立足點。同時，我們也應該認識到，中國的古籍資源既是中國的，也是世界的，整理和保護這些珍貴的人類文明遺産，是每一個人的共同責任和使命。

2017年1月，中共中央辦公廳、國務院辦公廳印發了《關於實施中華優秀傳統文化傳承發展工程的意見》，其中明確提出“堅持交流互鑒、開放包容，積極參與世界文化的對話交流，不斷豐富和發展中華文化”的基本原則，並將“實施國家古籍保護工程，加强中華文化典籍整理編纂出版工作”列爲重點任務之一。遥想當年，在兵燹戰亂之中，前輩學人不惜生命捍衛先人留下的典籍。而今，生逢中華民族實現民族復興的偉大時代，我們有責任有義務完成這一幾代學人的宏願。我們將努力溝通協調各方力量，群策群力，與海内外各藏書機構、學界同仁一起，踏踏實實、有條不紊地將《海外中文古籍總目》這一項目繼續開展下去，儘快完成這樣一個動態的、開放的、富於合作精神的項目，使之早日嘉惠學林。

中華書局編輯部

2017年2月

《漢籍合璧目録編》總序

書籍是人類文明的重要載體，中華古籍是中華傳統文化的重要載體和表現形式，是國際漢學研究的重要文獻資料。中華古籍所承載的思想文化是人類知識體系的重要組成部分，對於現代社會仍然具有無可替代的價值。然而，中華古籍分散存藏於世界各地的現狀，給研究工作帶來了客觀的障礙，也在很大程度上限制了其學術作用的發揮。

全球漢籍合璧工程（以下簡稱“合璧工程”）的主要任務是對境外存藏中華古籍資源進行調查摸底，並兼顧其他中華古文獻信息的收集；對境外存藏、境内缺失的中華古籍進行遴選，並以數字化複製或影印的方式實現再生性回歸；加强對境外中華古籍的整理出版、學術研究，建立境外中華古籍數據庫，實現合璧工程成果面向國内外的公益使用，向公衆揭示中華古籍藴含的深厚文化内涵。

合璧工程的一項重要工作，就是在目驗原書的基礎上爲境外所藏中華古籍編撰目録。有些境外藏書機構已經爲其所藏中華古籍編寫過目録，但在著録内容和著録格式方面，與中國大陸現行的古籍目録體系有所不同，需要進一步完善規範。還有很多境外藏書機構一直没有爲其所藏中華古籍編寫過目録，需要儘快完成編目工作。

現在，在中國大陸的專業人員和境外專業人員的共同努力下，境外中華古籍的第一批館藏目録正在次第完成，我們將其納入以《漢籍合璧目録編》爲總名的叢書中，陸續出版，以饗讀者。

《漢籍合璧目録編》編委會

2021年3月

目　録

前　言

明尼蘇達大學雙城分校（University of Minnesota, Twin Cities）坐落於美國明尼蘇達州“雙子城”（即明尼阿波利斯市與聖保羅市）。雙城分校創辦於1851年，爲明尼蘇達大學系統中歷史最悠久、規模最大的分校。在1979年中美邦交正常化後，明尼蘇達大學成爲首批與中國恢復學術聯繫的美國高校之一。

明尼蘇達大學圖書館共有十二座分館，全館藏書多達八百余萬册。位於威爾遜圖書館（人文社科館）内的東亞圖書館成立於1965年，其成立要歸功於馬瑞誌（Richard B. Mather, 1913—2014）和劉君若（Chun-Jo Liu, 1922—2012）兩位教授。馬瑞誌博士出生於中國保定的一個美國傳教士家庭，於1949年受聘於明尼蘇達大學任教。馬博士在明大創建了與中國相關的一系列課程，教授中國語言文學、歷史及藝術等科目。他是《世説新語》英譯本的首位譯者，其譯本也是目前唯一的英文全譯本。圖書館從馬博士任教後開始收藏中國圖書，但數量有限，遠遠不能滿足教學和研究的需要。1963年，劉君若博士來到明尼蘇達大學任教，同樣也發現了圖書館缺乏中文文獻這一問題。馬博士和劉博士一起説服了當時的副校長和圖書館館長，聘請從哈佛燕京圖書館退休的裘開明先生（1898—1977）以訪問學者的身份擔任爲期一年（1965—1966）的東亞館藏顧問。自1965年裘先生入職，明尼蘇達大學東亞圖書館才正式成立並對外開放。經過多年發展，東亞館館藏從最初的一萬餘册發展到了今天的十七萬餘册。館藏涉及中國人文社科等諸多領域，尤其以明史資料見長。本館作爲明尼蘇達州唯一的東亞圖書館，除了支持本校師生學習科研外，也爲明州多所文理學院的師生和毗臨各州的學者提供學術研究服務，是明州當之無愧的中文資源信息中心。目前館藏的多數古籍是在東亞館建館之前從私人收藏家手中購得。根據一些藏書印鑒判斷，一部分古籍原藏於多座北美東亞圖書館，如哈佛大學、哥倫比亞大學等。後來檔案館的一些分館，如法律古籍館、醫學古籍館等也陸續購買了一些中國古籍，從而逐步豐富了館藏古籍的内容。

館藏1911年以前的綫裝中文古籍總計386種8858册。其中最珍貴的當屬明萬曆三十年的木刻本《坤輿萬國全圖》。在傳世的七件1602年原刻本中，我館的藏圖是世界上唯一一幅對公衆開放的地圖。明毛晋汲古閣刻本也是較爲重要的館藏。在盤點館藏的過程中既有發現“文物”的驚喜，也有閲讀古籍的樂趣，但也遇到了讓人痛心不已、萬分遺憾的事例。比如包括明毛晋汲古閣刻本在内的幾十本古籍下落不明。有一本古籍在拿到手後發現是復印版本，經過打聽才得知當時因爲缺乏中國古籍修復的技藝與方法便把書拆開分頁進行復印，圖書館僅保留了影印件却銷毁了拆散的原本。相信海外圖書館因爲缺乏相應的專業人員和知識，對古籍的保護和修復存在很多隱患與問題，我館並不是個例。感謝中華書局的“海外中文古籍總目”項目，讓散落海外的古籍能夠得到系統的整理和編目，給了海外中文古籍一個發揮價值和走進更多讀者視野的機會。

書籍是光陰印痕最好的載體，其意義不單單在於它的實體價值，更爲重要的是，它的傳播促進了人類文化的交流。在編纂本書的過程中，我既目睹了精良的刻工匠心，也見證了盗版書的粗製濫造；既感慨於一字見心的手抄本，也享受了書眉間筆精墨妙的精彩批注；既欣賞了以書爲禮的真摯贈言，也會心於書頁上不乏生活情趣的小小動物脚印。在此過程中，自己仿佛穿梭在時間隧道中，與這些古籍的作者、藏家和匠人之間有了一段段跨越時空的交流。幫助掃描書影的零零後學生助理也時不時在朋友圈中發出古書的九宫格圖片。一位藝術系的研究生看到我在館内整理古書，便和我聊起自己想設計一個有關古籍的展覽。我想這就是中華古書的魅力所在，讓不同年紀不同領域的我們走到一起，品味古書給我們帶來的不同感受和心境。

在此我要特别感謝俄亥俄州立大學圖書館李國慶教授的鼓勵和指導，没有李教授的鼎力支持和幫助，就不可能有本書的出版。期待對這些古籍感興趣的朋友來館研究，讓這些古籍重新焕發光彩，爲文化的傳播和交流發揮作用。

陳垚

2020年6月22日

凡 例

一、本書目收録美國明尼蘇達大學圖書館所藏1911年以前的全部綫裝古籍，計386種，8858册。

二、書目按經部、史部、子部、集部、類叢部、新學類及其下屬類目分類編排。類目設置及條目排序參照《全國古籍普查登記手册》之《漢文古籍分類表》和《漢文古籍目録分類款目組織規則》，並結合本館實際情况作適當變通。

三、書目按書名項、著者項、版本項、稽核項、版式項、附注項、藏印項順序著録，後加編者按語。叢書、合刻本、彙印書列出子目。

1.書名項：包括書名及卷次。書名以卷端所題爲據，取自其他部位之題名，於附注項説明。卷次包括卷數、卷首、卷末、附録等。殘本在書名項著録原書卷數，在按語中標明現存卷數及卷次。

2.著者項：包括朝代（國别）、著者姓名、並列著者姓名及著作方式。一般著録本名，主要據書中所署，書中無署且無考者缺省。著者姓名取通用名字，一般不取字號、别稱。若正文卷端所題字號别稱未能查知其真實姓名者，則在著者項前加“題”字。清以前的著者，著録朝代名；域外著者，著録國名。

3.版本項：包括刻印或抄寫時代、地域、版刻類型等。年份確切者括注公元紀年，干支紀年轉换爲相應的朝代年號紀年；年代不詳者，則著録某朝或某朝某代間抄本、刻本。

4.稽核項：著録册數、函數，館藏無函者則不著録函數。

5.版式項：著録行格、字數、書口、邊欄、魚尾、版框尺寸、版心文字等情况。

6.附注項：著録内封、牌記頁、卷端等内容，大多僅記録原書所載文字内容。

7.藏印項：著録書中現有藏書家、名人學者所鈐書印，以反映其流傳情況。藏印文字不能識别者以“□”代之。

8.按語：著録古籍存缺卷信息，以及編者考證所得信息。

四、款目左上角爲本書目檢索順序號，右上角爲館藏索書號。叢書零種以子目歸入各類。

五、書目一般採用規範繁體字，但書名、著者等從寬從俗，不强求統一。

六、書目後附書名索引和著者名索引，按筆畫順序編排。

七、爲體現古籍原貌，每部書均選出若干書影，一般選擇内封、牌記和卷端，原書無上述頁面者，提供其他書頁以供讀者觀覽。

經部

叢　編

001.相臺五經九十六卷附考證　〔宋〕岳珂撰　Quarto PL2462 .N5x 1876

清光緒二年（1876）玉山文瀾閣刻本　四十册八函

每半葉8行，行17字，小字雙行字同，白口，四周雙邊，雙對黑魚尾，半框高20.2釐米，寬13.6釐米。版心中鎸子目書名、卷次及葉碼。

内封題“相臺五經，伍學藻書”。牌記題“光緒二年夏歸述古堂板存玉山文瀾閣”。《周易》卷端題“周易上經乾傳，王弼注”。書名據内封。

子目：

周易十卷附考證　〔三國魏〕王弼、〔晉〕韓康伯注　〔唐〕陸德明音義

尚書十三卷附考證　〔漢〕孔安國傳　〔唐〕陸德明音義

毛詩二十卷附考證　〔漢〕毛亨傳　〔漢〕鄭玄箋　〔唐〕陸德明音義

禮記二十卷附考證　〔漢〕鄭玄注　〔唐〕陸德明音義

春秋經傳集解三十卷附考證又附春秋年表一卷春秋名號歸一圖二卷附考證　〔晉〕杜預撰　〔唐〕陸德明音義　（春秋名號歸一圖）〔後蜀〕馮繼先撰

相臺五經
伍学藻書

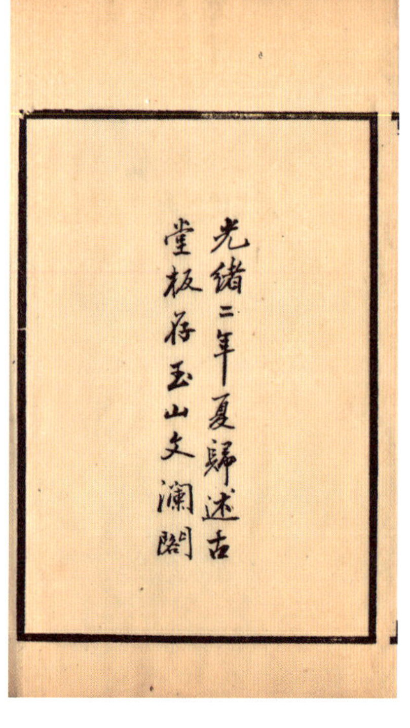
光緒二年夏歸述古
堂板存玉山文瀾閣

周易上經乾傳第一

王弼註

䷀乾下乾上乾元亨利貞初九潛龍勿用文言備矣○乾竭然反亨許庚反九二見龍在田利見大人出潛離隱故曰見龍處於地上故曰在田德施周普居中不偏雖非君位君之德也初則不彰三則乾乾四則或躍上則過亢利見大人唯二五焉○見龍音現下見龍皆同利見如字下皆同○離力智反處昌呂反衆經不音者放此施亢見後九三君子終日乾乾夕惕若厲无咎處下體之極居上體之下在不中之位履重剛之險

002.欽定篆文六經四書六十二卷　〔清〕李光地輯　PL2461.A1 1883

清光緒九年（1883）上海同文書局石印本　十册一函

内封題“欽定篆文六經四書”。牌記題“光緒癸未秋七月上海同文書局石印”。書名據内封。

鈐印“寄盦珍藏”“得中道”“蜀嬌鑒識”“寄齋”。

子目：

周易十二卷

尚書四卷

毛詩四卷

周禮六卷

儀禮十七卷

春秋十二卷

大學一卷

中庸一卷

論語二卷

孟子三卷

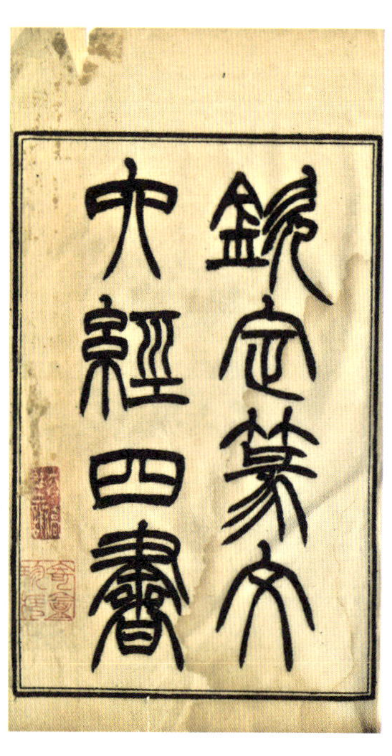
欽定篆文六經四書

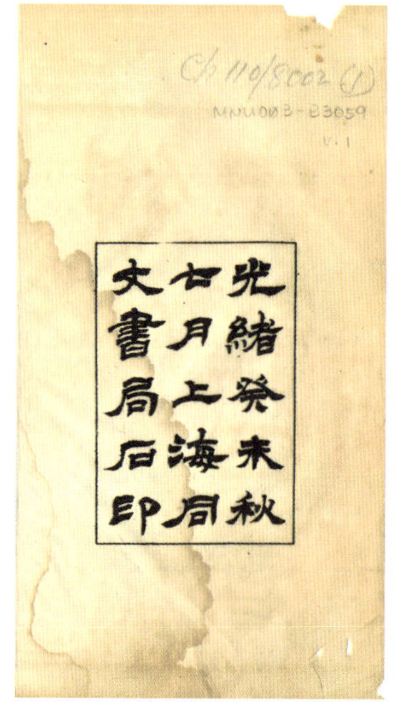
光緒癸未秋七月上海同文書局石印

周易上經第一

䷀ 乾下乾上

乾元亨利貞　初九潛龍勿用　九二見龍在
田利見大人　九三君子終日乾乾夕惕若厲
无咎　九四或躍在淵无咎　九五飛龍在天
利見大人　上九亢龍有悔　用九見羣龍无
首吉

䷁ 坤下坤上

坤元亨利牝馬之貞君子有攸往先迷後得
主利西南得朋東北喪朋安貞吉　初六履霜堅
冰至　六二直方大不習无不利　六三含章
可貞或從王事无成有終　六四括囊无咎无

003. 七經孟子考文並補遺八種一百九十九卷　（日本）山井鼎撰　（日本）荻生觀補遺　PL2461.Z6 Y35x 1801

清嘉慶二年（1797）儀徵阮氏小琅嬛仙館刻本　十六册二函

每半葉9行，行21字，小字雙行字同，白口，左右雙邊，單黑魚尾，半框高14釐米，寬10.7釐米。版心上鎸書名，中鎸子目書名、卷次，下鎸葉碼及册數。

内封題“七經孟子考文並補遺二百卷，儀徵阮氏小琅嬛仙館刊本”。卷端題“七經孟子考文，西條掌書記山井鼎謹輯；補遺，東都講官物觀纂修，石之清校，平義質、木晟同校”。書名據内封。

鈐印“今關天彭之印”。

子目：

周易十卷

尚書二十卷附古文考一卷

毛詩二十卷

左傳六十卷

禮記六十三卷

論語十卷

孝經一卷

孟子十四卷

按：今關壽麿（1884—1970），號天彭，亦稱天彭山人，日本學者。所見藏書印還有“夜雨亭”“天彭”“壽”“今關天彭藏書之印”等。

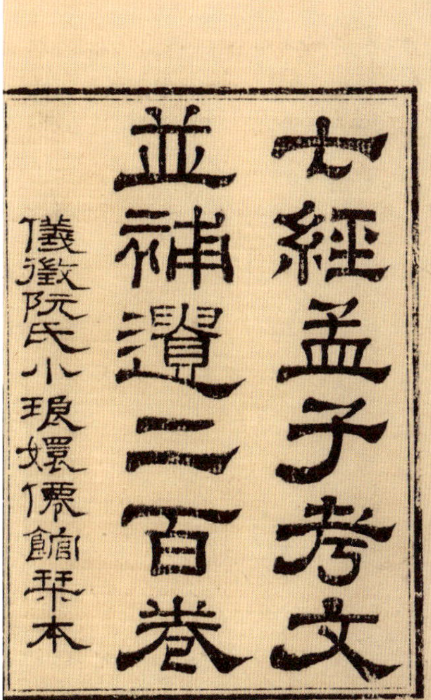

七經孟子考文
並補遺二百卷
儀徵阮氏小琅嬛僊館刊本

刻七經孟子考文並補遺序

四庫全書新收日本人山井鼎所譔七經孟子考文并物觀補遺共二百卷元在京師僅見寫本及奉
使浙江見揚州江氏隨月讀書樓所藏乃日本元板落紙印本攜至杭州校閱羣經頗多同異山井鼎所稱宋本往往與漢晉古籍及釋文別本岳珂諸本合所稱古本及足利本以校諸本

七經孟子考文 周易

西條掌書記山井鼎 謹輯
東都 講官 物觀 纂修
石 之清 校
平 義質
木 晟 同校

補遺

謹按足利學所藏周易四通一通正義即宋板也三通皆寫本也二通上下經彖象文言耳一通逸夫至未濟

七經孟子考文補遺 周易序 一

周易兼義上經乾傳卷第一

謹按古本宋板題目各異惟後世梓者妄意改換遂失本真按陸氏釋文所引及歷代經籍志等王弼註本皆以古本爲正也正義本宋板可據今更記其篇目分數以復古觀云爾

周易上經乾傳第一

古本足利本

☰☰乾下乾上乾元亨利貞初九潛龍勿用文言備矣九二見右

周易註疏卷第一

七經孟子考文補遺 周易卷一 一 一冊

004.重刊宋本十三經注疏附校勘記四百十六卷　〔清〕阮元撰

Quarto PL2461 .K4x 1826

清道光六年(1826)刻本　二百册三十二函

每半葉10行,行18字,小字雙行,字數不等,黑口,左右雙邊,雙順黑魚尾,半框高21.1釐米,寬13.6釐米。版心中鎸子目書名簡題及卷次,下鎸葉碼。

内封題"重刊宋本十三經注疏附校勘記,用文選樓藏本校定,道光六年重校本"。書名據内封。

鈐印"伯升""文犀私印""石坦安藏書印""貴文堂藏書""書詩"。

子目:

周易兼義九卷注疏校勘記九卷釋文一卷釋文校勘記一卷　〔三國魏〕王弼、〔晋〕韓康伯注　〔唐〕孔穎達正義

附釋音尚書注疏二十卷校勘記二十卷　〔漢〕孔安國傳　〔唐〕孔穎達疏

附釋音毛詩注疏七十卷校勘記七十卷　〔漢〕毛亨傳　〔漢〕鄭玄箋　〔唐〕孔穎達疏

附釋音禮記注疏六十三卷校勘記六十三卷　〔漢〕鄭玄注　〔唐〕孔穎達疏

儀禮疏五十卷校勘記五十卷　〔漢〕鄭玄注　〔唐〕賈公彦疏

附釋音周禮注疏四十二卷校勘記四十二卷　〔漢〕鄭玄注　〔唐〕賈公彦疏　〔唐〕陸德明音義

附釋音春秋左傳注疏六十卷校勘記六十卷　〔晋〕杜預注　〔唐〕孔穎達疏　〔唐〕陸德明音義

監本附音春秋公羊注疏二十八卷校勘記二十八卷　〔漢〕何休解詁　〔唐〕徐彦疏

監本附音春秋穀梁注疏二十卷校勘記二十卷　〔晋〕范甯集解　〔唐〕楊士勛疏　〔唐〕陸德明音義

論語注疏解經二十卷校勘記二十卷　〔三國魏〕何晏集解　〔宋〕邢昺疏

孝經注疏九卷校勘記九卷　〔唐〕玄宗李隆基注　〔宋〕邢昺疏

爾雅疏十卷校勘記十卷　〔晋〕郭璞注　〔宋〕邢昺疏

孟子注疏解經十四卷校勘記十四卷　〔漢〕趙岐注　〔宋〕孫奭疏

按：石坦安（Dieter von den Steinen, 1903—1954），美國人，1932—1937年爲清華外文教授（《清華大學師生名録資料彙編1927—1949》）。一説爲德國人，德國柏林大學哲學博士，1929年到清華大學任教，講授德文和拉丁文。

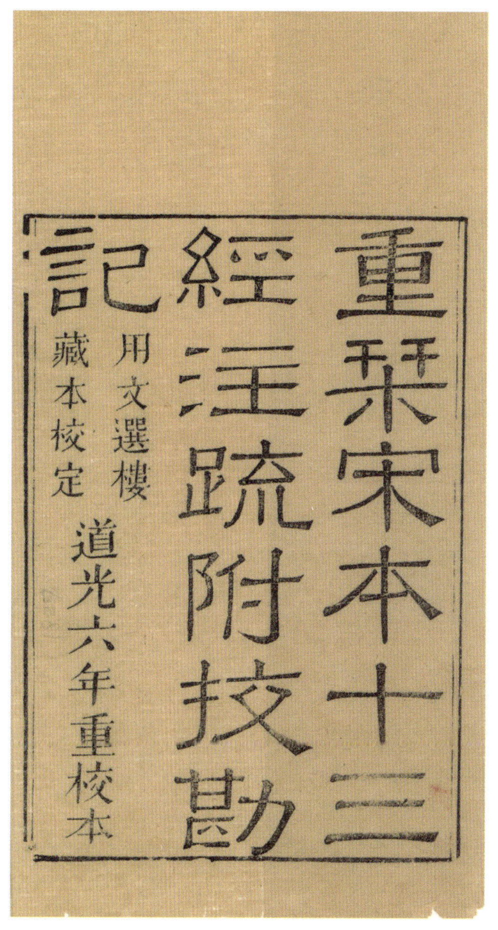

重栞宋本十三經注疏附挍勘記
用文選樓藏本校定
道光六年重校本

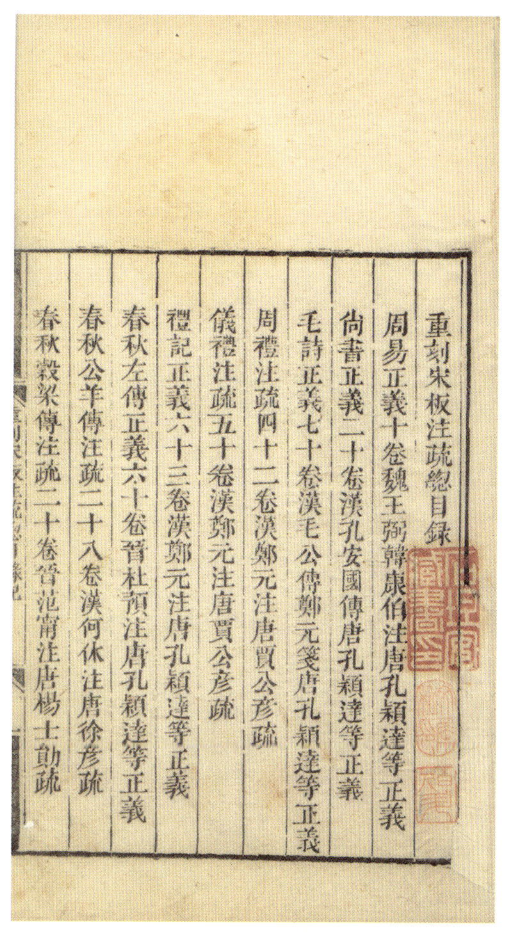

重刻宋板注疏總目録
周易正義十卷魏王弼韓康伯注唐孔穎達等正義
尚書正義二十卷漢孔安國傳唐孔穎達等正義
毛詩正義七十卷漢毛公傳鄭元箋唐孔穎達等正義
周禮注疏四十二卷漢鄭元注唐賈公彦疏
儀禮注疏五十卷漢鄭元注唐賈公彦疏
禮記正義六十三卷漢鄭元注唐孔穎達等正義
春秋左傳正義六十卷晉杜預注唐孔穎達等正義
春秋公羊傳注疏二十八卷漢何休注唐徐彦疏
春秋穀梁傳注疏二十卷晉范甯注唐楊士勛疏

周易兼義上經乾傳第一

國子祭酒上護軍曲阜縣開國子臣孔穎達奉勅撰正義

王弼注

☰乾下乾上 乾元亨利貞【疏】正義曰乾者此卦之名謂之卦者易緯云卦者掛也言縣掛物象以示於人故謂之卦但二畫之體雖象陰陽之氣未成萬物之象未得成卦必三畫以象三才寫天地雷風水火山澤之象乃謂之卦也故繫辭云八卦成列象在其中矣是也但初有三畫雖有萬物之象於萬物變通之理猶有未盡故更重之而有六畫備萬物之形象窮天下之能事故六畫成卦也此乾卦本以象天天乃積諸陽氣而成天故此卦六爻皆陽畫成卦也此既象天何不謂之天而謂之乾者天者定體之名乾者體用之稱故說卦云乾健也言天之體以健爲用聖人作易本以教人欲使人法天之用不法天之體故名乾不名天也天以健爲用者運行不息應化无窮此天之自然之理故聖人當法此自然之象而施人事亦當應物成務云爲不已終日乾乾无時懈倦所以因天象以教人事於物象言之則純陽也天也於人

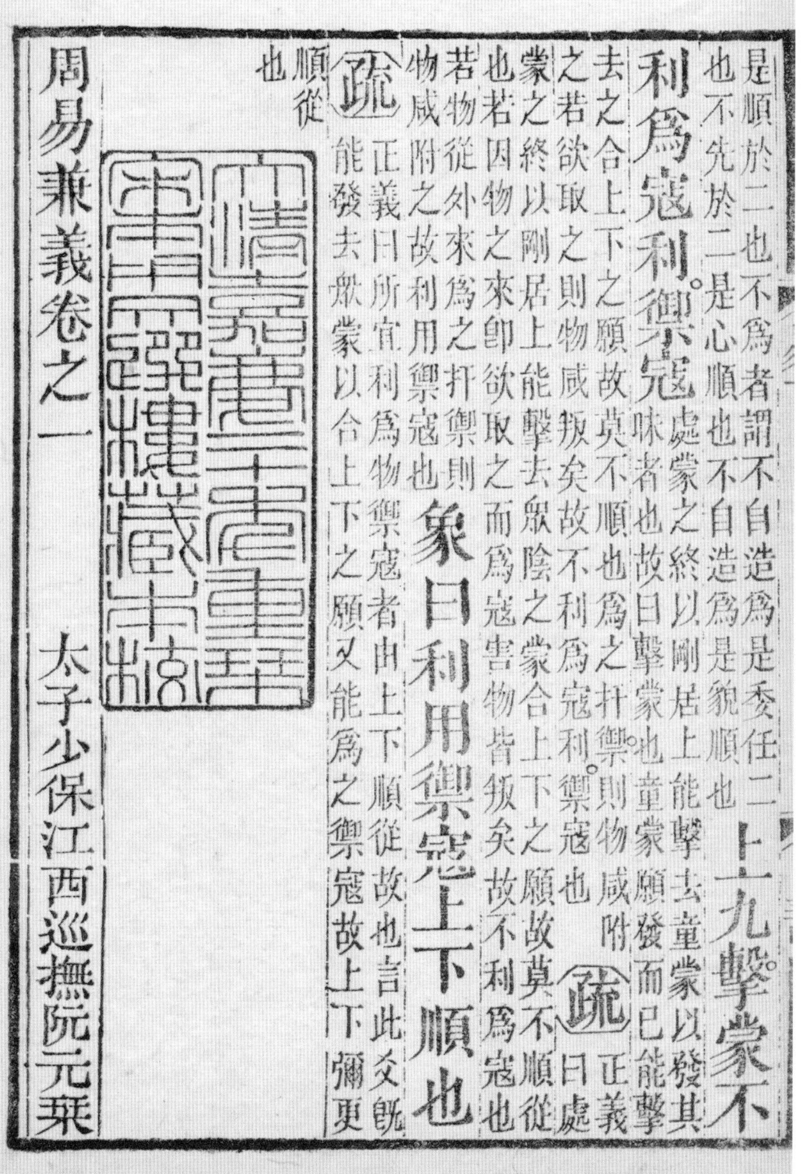

是順於二也不爲者謂不自造爲是委任二也不先於二是心順也不自造爲是貌順也

上九擊。蒙不利爲寇利禦。寇處蒙之終以剛居上能擊去童蒙以發其昧者也故曰擊蒙也童蒙願發而已能擊去之合上下之願故莫不順也爲之扞禦。則物咸附之若欲取之則物咸叛矣故不利爲寇利。禦寇也

疏正義曰處蒙之終以剛居上能擊去衆陰之蒙合上下之願故莫不順從也若因物之來卽欲取之而爲寇害物皆叛矣故不利爲寇也若物從外來爲之扞禦則物咸附之故利用禦寇也

象曰利用禦寇上下順也

疏正義曰所宜利爲物禦寇者由上下順從故也言此爻旣能發去衆蒙以合上下之願又能爲之禦寇故上下彌更順從也

周易兼義卷之一　太子少保江西巡撫阮元栞

易　類

005.周易注疏十三卷略例一卷附考證　〔三國魏〕王弼注　〔唐〕陸德明音義　〔唐〕孔穎達疏　

清同治十年(1871)廣東書局刻本　五册一函

每半葉10行,行21字,小字雙行字同,白口,左右雙邊,單黑魚尾,半框高21.7釐米,寬15.4釐米。版心上鎸“乾隆四年校刊”或“同治十年刊”,中鎸書名、卷次及篇名,下鎸葉碼。

卷端題“周易注疏,魏王弼注,唐陸德明音義,孔穎達疏”。

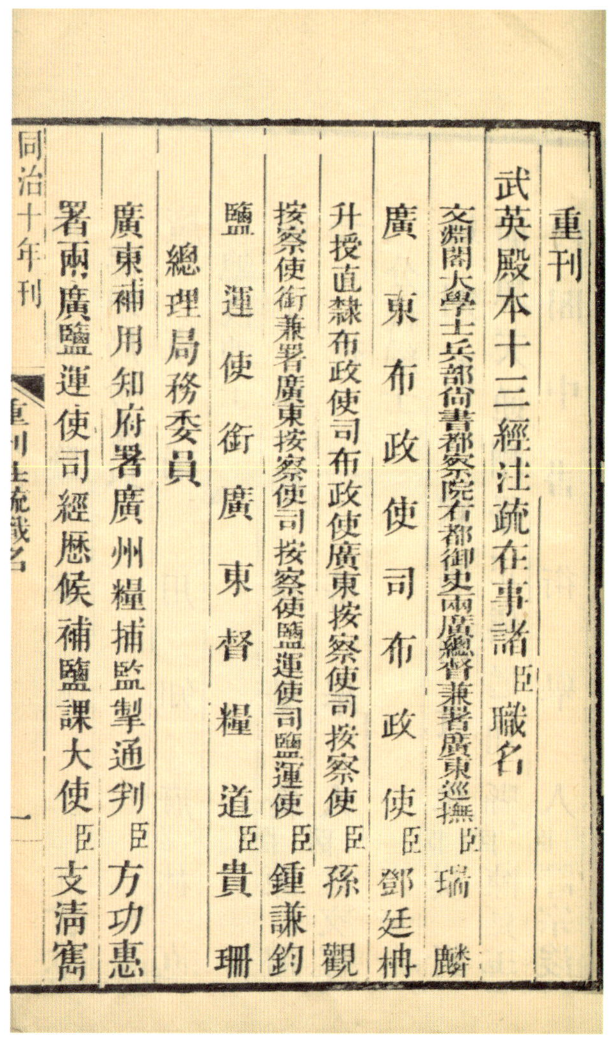
重刊
武英殿本十三經注疏在事諸臣職名
文淵閣大學士兵部尚書都察院右都御史兩廣總督兼署廣東巡撫臣瑞麟
廣東布政使司布政使臣鄧廷枏
升授直隸布政使司布政使廣東按察使司按察使臣孫觀
按察使銜兼署廣東按察使司按察使鹽運使司鹽運使臣鍾謙鈞
鹽運使銜廣東督糧道臣貴珊
總理局務委員
廣東補用知府署廣州糧捕監掣通判臣方功惠
署兩廣鹽運使司經歷候補鹽課大使臣支清寯

同治十年刊
重刊注疏職名　一

周易注疏卷一

魏王弼注　唐陸德明音義　孔穎達疏

上經　乾

䷀ 乾下乾上

乾元亨利貞【音義】乾竭然反依字作乾下乙乾從旦㫃㫃音偃說卦云乾健也此八純卦象天亨許庚反卦德也訓通也餘放此【疏】正義曰乾者此卦之名謂之卦者易緯云卦者掛也言懸掛物象以示於人故謂之卦但二畫之體雖象陰陽之氣未成萬物之象未得成卦必三畫以象三才寫天地雷風水火山澤之象乃謂之卦也故繫辭云八卦成列象在其中矣是也但初有三畫雖有萬物之象於萬物變通之理猶有未盡故更重之而有六畫備萬物之形象窮天下之能事故六畫成卦也此乾卦本以象天天乃積諸陽氣而成天故此卦六爻皆陽畫成卦也此既象天何不謂之天而謂之乾者天者定體之名乾者體用之稱故

乾隆四年校刊

006.學易記九卷首一卷 〔元〕李簡撰 〔清〕納蘭性德輯

Quarto PL2464.Z6 L48 1676

清康熙十九年（1680）通志堂刻本 六册一函

每半葉11行，行20字，白口，左右雙邊，單黑魚尾，半框高20.3釐米，寬15釐米。版心中鎸書名及卷次，下鎸葉碼及“通志堂”。

卷端題“學易記”。

按：本書當爲《通志堂經解》之零種。多册外封手書“通志堂經解，第九函第某本”字樣。

學易記上經卷第一

☰ 乾下乾上

乾元亨利貞

伊川曰上古聖人始畫八卦三才之道備矣因而重之以盡天下之變故六畫而成卦重乾爲乾乾天也天者乾之形體乾者天之性情乾健也健而不息之謂乾夫天專言之則道也天且弗違是也分而言之則以形體謂之天以主宰謂之帝以功用謂之鬼以妙用謂之神以性情謂之乾

白雲曰說卦曰乾爲天在天之乾也爲圜在象之乾也爲君爲父在人之乾也爲玉爲金爲寒爲冰

007.古周易訂詁十六卷　〔明〕何楷撰　

清乾隆十六年（1751）溪邑文林堂朱墨套印本　六册一函

每半葉9行，行20字，小字雙行字同，白口，四周單邊，無魚尾，半框高20.4釐米，寬13.9釐米。版心上鎸書名，中鎸卷次，下鎸葉碼。眉上鎸評，行5字。

内封題“閩漳何元子先生著，古周易訂詁，溪邑文林堂藏版”。卷端題“閩儒何楷元子氏學，海澄後學郭文焰晴嵐校刊”。書名據内封。

按：館藏存卷一至四。

K Ho
Ku Chou i ting
ku

閩漳何元子先生著

古周易訂詁

溪邑文林堂藏版

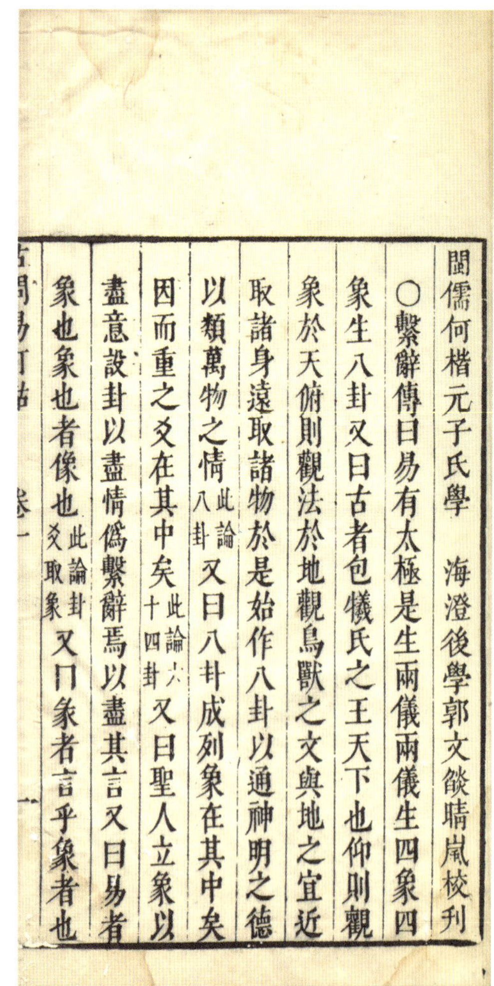

閩儒何楷元子氏學　海澄後學郭文焰晴嵐校刊

○繫辭傳曰易有太極是生兩儀兩儀生四象四象生八卦又曰古者包犧氏之王天下也仰則觀象於天俯則觀法於地觀鳥獸之文與地之宜近取諸身遠取諸物於是始作八卦以通神明之德以類萬物之情（此論八卦）又曰八卦成列象在其中矣因而重之爻在其中矣（此論六十四卦）又曰聖人立象以盡意設卦以盡情僞繫辭焉以盡其言又曰易者象也象也者像也（此論卦爻取象）又曰象者言乎象者也

古周易訂詁　卷一　一

易論
銅海石齋氏
生黃道周著
乾卦
乾之六爻皆聖人也皆因時以爲隱見也時潛則潛非固也時見則見非循也時可憂則憂非過計也時可疑則疑非耎而不决也時飛則飛非無徵也非不尊也時亢則不與之俱亢

凡八純卦即古篆文楊止菴謂古篆始自伏羲畫卦倉頡以作六書禹碑尚存可見今按乾鑿度亦以卦畫作字又按天字古象形作(一)穹而積陽形兼意也或作亮垂布之象省譌作而漸譌今文謂从一大然則三卦又即古天字也

乾元亨利貞　乾說文云上出也从乙乙物之達也从倝倝有光明意意兼聲積陽爲天故轉訓乾溼之乾本註乾三畫卦之名也下者內卦也上者外卦也洪範曰貞內卦是也曰悔外卦是也後放此經文乾六畫卦之名也乾健也天下惟純陽者爲至健求諸象健莫如天故三奇之卦名之曰乾而擬之於天也程子云以形體謂之天以主宰謂之帝以性情謂之乾何謂性情健之體爲性健之用是情也六畫皆奇上下皆乾莫載莫破彌高彌堅之象確然乾也故仍名曰乾焉其重卦之人不始于文王諒矣先儒謂三畫卦有名六畫卦未有名至文王始立按歸藏易已有六十四卦之名亦當不始于文王也元亨

書　類

008.尚書集注述疏三十五卷　〔清〕簡朝亮撰　Quarto PL2465.Z6 C45x

清光緒三十三年(1907)順德簡氏讀書堂刻本　十八册四函

每半葉11行，行24字，小字雙行字同，白口，左右雙邊，單黑魚尾，半框高19.3釐米，寬13.4釐米。版心上鎸書名，中鎸卷次及篇名，下鎸葉碼。

内封題“尚書集注述疏三十五卷”。牌記題“門弟子離讀校刊，讀書堂答問附後”。卷端題“尚書集注述疏，順德簡朝亮述”。

鈐印“今關天彭之印”。

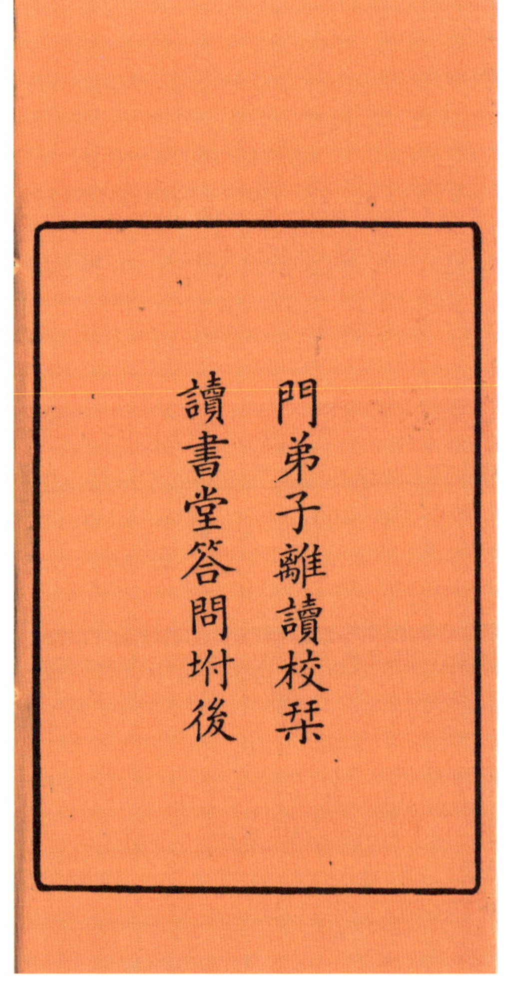

尚書集注述疏卷一

順德簡朝亮述

虞書

虞舜氏。遂以爲有天下之號也。虞舜者。受之唐堯。而傳之夏禹。故書紀三聖。獨稱曰虞書。董子所謂三聖相受而同一道也。論語稱堯曰。咨爾舜。天之厤數在爾躬。允執其中。四海困窮。天祿永終。舜亦以命禹。

述曰。虞書。今存者若堯典。今亡者若舜典。若大禹謨。此三聖之事也。尚書大傳堯典之前。題曰虞夏傳。唐傳。堯典之後。題曰虞夏傳。虞傳。禹貢之前。題曰虞夏傳。夏傳。蓋有傳則有書矣。書孔疏云。劉向別錄。馬鄭王本。皆題曰虞夏書。

009.欽定書經圖説五十卷 〔清〕孫家鼐、張百熙等編

清光緒三十一年(1905)武英殿石印本　十六册二函

目録端題“欽定書經圖説”。

鈐印“櫻谷文庫”。

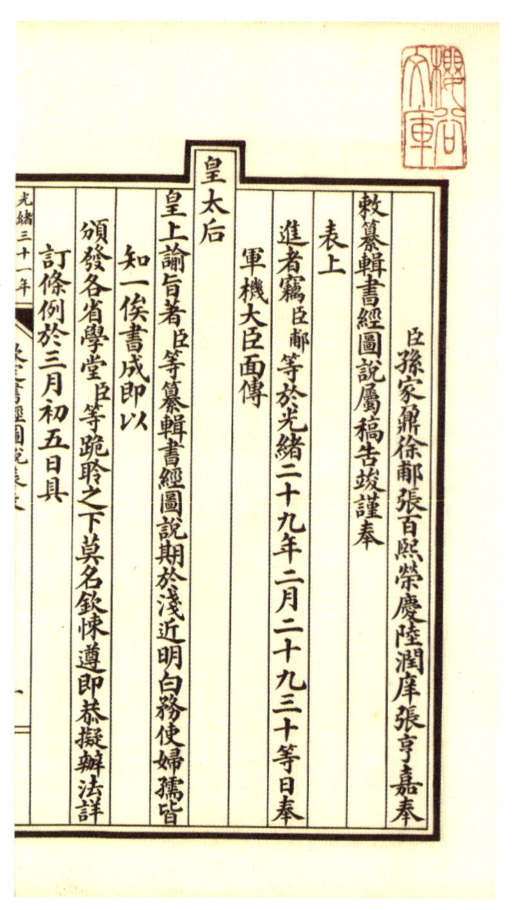

臣孫家鼐徐郙張百熙榮慶陸潤庠張亨嘉奉
敕纂輯書經圖說屬稿告竣謹奉
表上
進者竊臣郙等於光緒二十九年二月二十九三十等日奉
軍機大臣面傳
皇太后
皇上諭旨著臣等纂輯書經圖說期於淺近明白務使婦孺皆
知一俟書成即以
頒發各省學堂臣等跪聆之下莫名欽悚遵即恭擬辦法詳
訂條例於三月初五日具

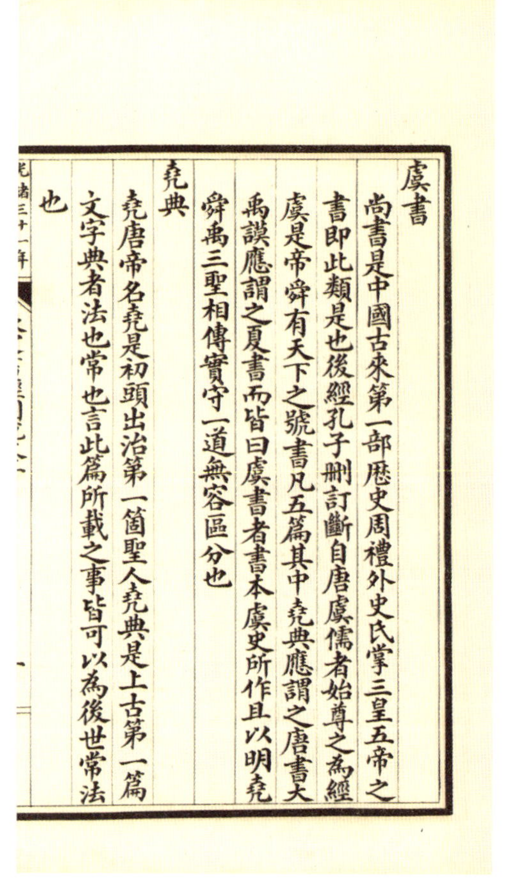

虞書
尚書是中國古來第一部歷史周禮外史氏掌三皇五帝之
書即此類是也後經孔子刪訂斷自唐虞儒者始尊之為經
虞是帝舜有天下之號書凡五篇其中堯典應謂之唐書大
禹謨應謂之夏書而皆曰虞書者書本虞史所作且以明堯
舜禹三聖相傳實守一道無容區分也
堯典
堯唐帝名堯是初頭出治第一箇聖人堯典是上古第一篇
文字典者法也常也言此篇所載之事皆可以為後世常法
也

光緒三十一年
帝堯圖
帝堯
敢諫之鼓
誹謗之木

詩　類

010.毛詩二十卷附考證　〔漢〕鄭玄箋　Quarto PL2466 .J5x 1800z

清乾隆四十八年（1783）武英殿刻本　四册一函

每半葉8行，行17字，小字雙行字同，《考證》每半葉10行，行21字，白口，四周雙邊，雙對黑魚尾，半框高19.7釐米，寬13.4釐米。版心中鎸書名、卷次及葉碼。

卷端題“毛詩”。

按：本書爲《御定仿宋相臺岳氏本五經》之一。

詩經卷一考證
周南卷耳章我姑酌彼金罍箋君賞功臣○君字汲古
閣本監本及諸坊本俱誤作若惟蜀本石經作君案
鄭箋既以我字訓我君則此爲君字無疑原本權輿
古版可訂俗本之訛
我姑酌彼兕觥箋禮自立司正之後○禮字上 武英
殿注疏本據蜀本石經增飲酒二字案儀禮鄉飲酒
禮作相爲司正註云立司正以監之察儀法也石經
蓋本諸此
云何吁矣箋而今云何乎其亦憂矣○ 殿本及汲古

毛詩卷第一

周南關雎詁訓傳第一

國風　　鄭氏箋

關雎后妃之德也風之始也所以風天下而
正夫婦也故用之鄉人焉用之邦國焉風風
也教也風以動之教以化之詩者志之所之
也在心爲志發言爲詩情動於中而形於言
言之不足故嗟歎之嗟歎之不足故永歌之

011.詩毛氏傳疏三十卷釋毛詩音四卷毛詩説一卷鄭氏箋考徵一卷　〔清〕陳奐輯

清光緒十年(1884)槐廬家塾刻本　十二册一函

每半葉10行,行21字,小字雙行字同,黑口,左右雙邊,雙順黑魚尾,半框高17釐米,寬13.2釐米。版心中鎸書名及卷次,下鎸葉碼。

内封題“詩毛氏傳疏,道光二十七年秋八月碩甫自題”。牌記題“吴門南園掃葉山莊陳氏藏版”。卷端題“詩毛氏傳疏,長洲陳奐學”。

鈐印“岩佐氏圖書印”。

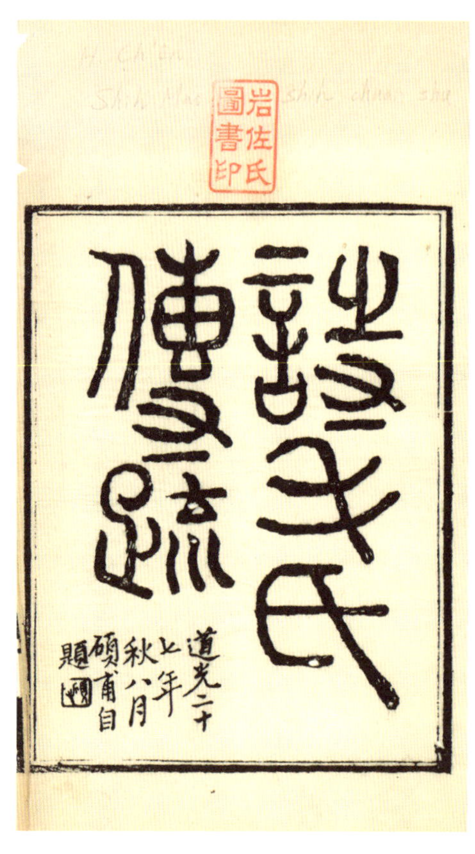

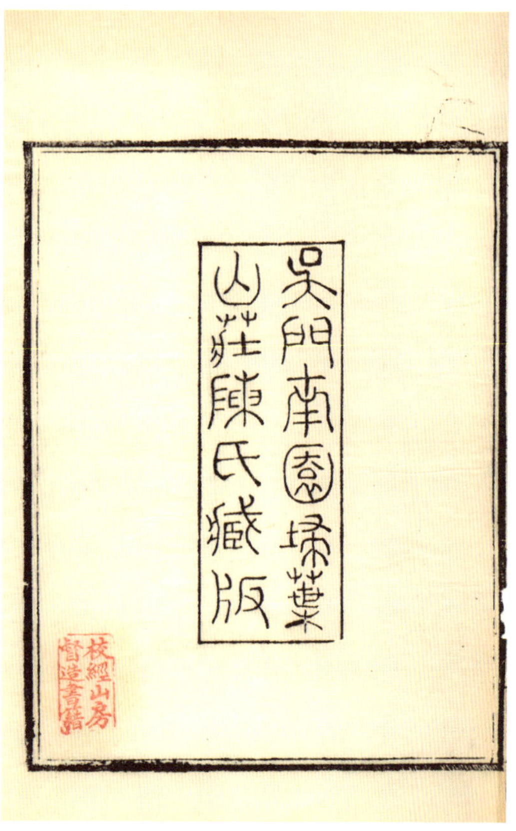

詩毛氏傳疏卷一

長洲陳奐學

周南關雎詁訓傳第一　毛詩國風

周南之國十一篇三十四章百五十九句疏南南國也在江漢之域周雍州地名在岐山之陽譙周司馬貞說本大王所居扶風雍東北故周城是也周公食采於周故曰周周公當武王成王之世周公在王朝爲陝東之伯率東方諸侯攝政五年營治東都王城六年制作禮樂遂以文王受命以後與己陝內所采之詩編諸樂章屬歌於大師名之曰周南焉先師金壇段氏玉裁毛詩小箋云章句既移篇前則都數宜在此毛三十四章鄭始三十六章

關雎三章一章四句二章章八句疏今本分章作五章此從故言陸德明釋文云五章章鄭所分故言毛公本意後放此是也小箋云各本章句在篇後孔穎達正義

周禮類

012.周禮注疏四十二卷　〔漢〕鄭玄注　〔唐〕賈公彦疏　1798Min

清嘉慶三年（1798）金閶書業堂覆明崇禎元年（1628）毛氏汲古閣刻本　二十册二函

每半葉9行，行21字，小字雙行字同，白口，左右雙邊，無魚尾，半框高17.8釐米，寬12.6釐米。版心上鎸“周禮疏”，中鎸卷次及葉碼，下鎸“汲古閣”。

内封題“周禮注疏”。卷端題“周禮注疏，漢鄭氏注，唐賈公彦疏”。卷首依次有《周禮正義序》，署“唐散騎大夫行太學博士弘文館學士臣賈公彦等奉敕撰”；《序周禮廢興》。卷末木記題“皇明崇禎改元歲在著雍執徐古虞毛氏繡鎸”。

鈐印“致道館圖書印”。

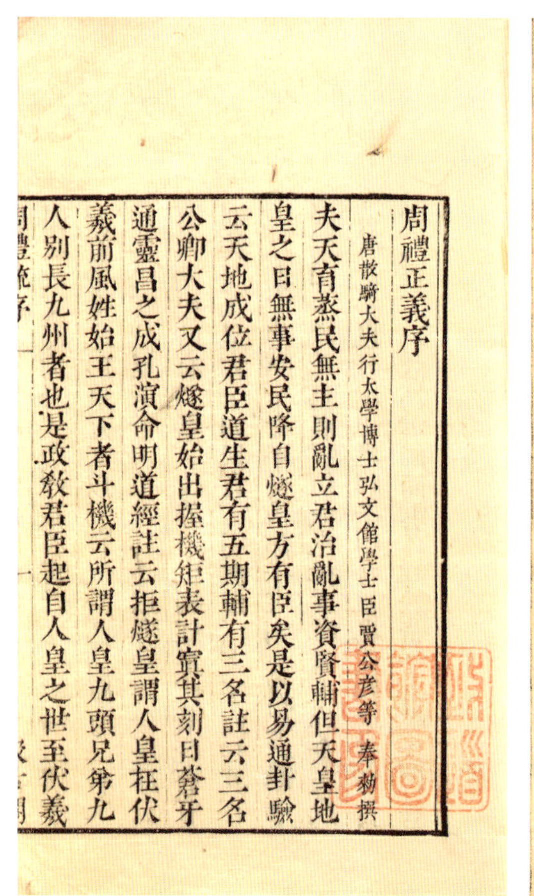
周禮正義序
唐散騎大夫行太學博士弘文館學士臣賈公彦等奉勑撰
夫天育烝民無主則亂立君治亂事資賢輔但天皇地
皇之日無事安民降自燧皇方有臣矣是以易通卦驗
云天地成位君臣道生君有五期輔有三名註云三名
公卿大夫又云燧皇始出握機矩表計宜其刻曰蒼牙
通靈昌之成孔演命明道經註云矩燧皇謂人皇在伏
羲前風姓始王天下者斗機云所謂人皇九頭兄弟九
人別長九州者也是政教君臣起自人皇之世至伏羲

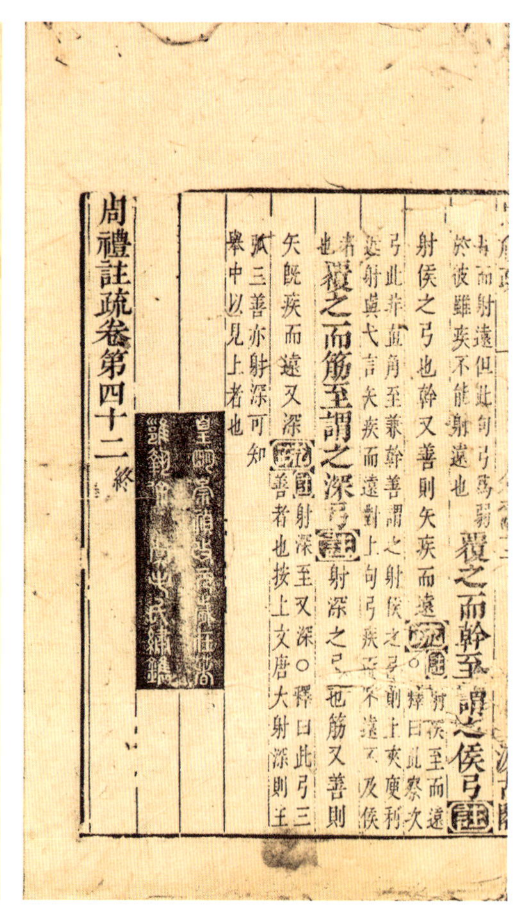
周禮註疏卷第四十二終
皇明崇禎改元歲在著雍執徐古虞毛氏繡鎸

周禮註疏卷第一

漢鄭　氏註

唐賈公彦疏

天官冢宰第一 ○陸德明音義曰本或作冢宰上非餘卷放此 疏 天官冢宰 鄭目錄云象天所立之官冢大也宰者官也天者統理萬物天子立冢宰使掌邦治亦所以總御衆官使不失職不言司者大宰總御衆官不主一官之事也○釋曰鄭云象天者周天有三百六十餘度天官亦總攝三百六十官故云象天也云官者亦是管攝爲號故題曰天官也鄭又云冢大宰官也者下註對大宰則云冢者大之上此不對大宰故云冢大也宰者調和膳羞之名此冢宰亦能調和衆官故號大宰之官鄭又云不言司者大宰總御衆官不主一官之事者此官不言司對司徒司馬司寇司空皆云司以其各主一官

周禮疏　卷之一

013.周禮正義八十六卷　〔清〕孫詒讓撰　Quarto PL2468 .N7

清光緒三十一年（1905）鉛印本　二十册二函

内封題“周禮正義”。牌記題“光緒乙巳鑄成鉛版”。卷端題“周禮正義，瑞安孫詒讓學”。

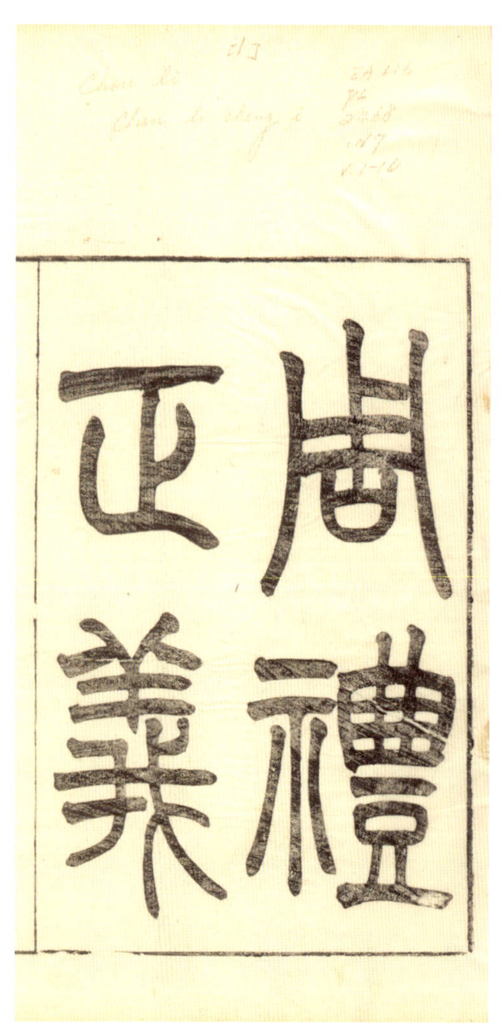

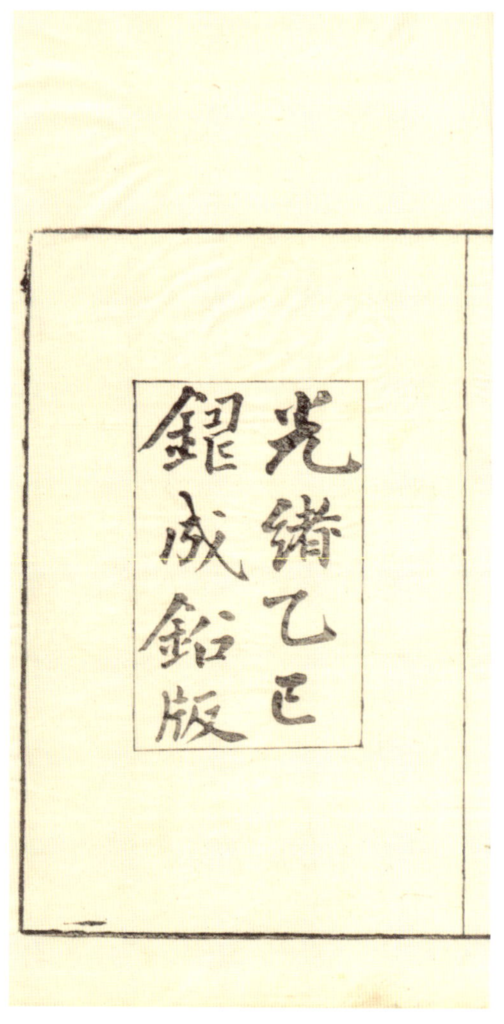

周禮正義卷一

瑞安孫詒讓學

天官冢宰第一

鄭目錄云象天所立之官冢大也宰者官也天者統理萬物天子立冢宰使掌邦治亦所以總御衆官使不失職不言司者大宰總御衆官不使主一官之事也

疏天官冢宰第一者陸氏釋文云本或作冢宰上非卷放此案漢書藝文志云周官經六篇此其舊題也漢志案錄本於劉歆七略是西漢經本皆官別爲篇東漢以後賈馬諸儒爲之傳注每篇析爲二卷至於篇題相承無改鄭君作注揭署亦同故士冠禮賈疏引鄭序云凡著三禮七十二篇蓋合儀禮十七篇禮記四十九篇數之厥後陸晉賈釋及唐開成宋嘉祐兩石經錄目並同釋文所載或本篇別上下而無第一之題蓋傳錄者所改易非周經漢注之舊故陸賈諸儒並不從也　鄭目錄者隋書經籍志云三禮目錄一卷鄭玄撰唐書經籍志同故與經注別行宋以後罕行本久佚此周禮目錄六篇賈氏於六官篇首具列舊文爲之疏義今亦據而釋焉云象天所立之官者六官分象天地四時冢宰爲六官之首總建六典故象天也云冢大也者爾雅釋詁文尚書周官孔穎達疏引馬融周禮注同賈疏云下注對大宰則云冢者大之上此不對大宰故云冢大也云宰官也者說文宀部云宰辠人在屋下執事者引申之凡官吏皆得稱宰此經有大宰小宰宰夫內宰里宰春秋卿大夫家臣采邑之長亦多稱宰則宰之名通於尊卑矣春秋繁露三代改制質文篇說文王受命改制之事云名相官曰宰謂此是相官名宰始於周代曲禮云天子建天官先六大曰大宰大宗大史大祝大士大卜典司六典天子之五官曰司徒司馬司空司士司寇典司五衆大宰不與五官同舉鄭注以爲並殷制然孔穎達疏引鄭志崇精問焦氏云鄭云三王同六卿殷應六卿此云五官何也焦氏答曰殷立天官與五行其取象異耳是鄭意殷五官亦并大宰爲六卿大宰殷時已爲天官總攝六職董子以相官名宰爲周之改制殆未足信太平御覽職官部引仲長統昌言云冢宰堯官也亦不知何據班固白虎通義爵篇云所以名之爲冢宰何冢者大也宰者制也大制事也書疏引馬融云冢大也宰治也大治者兼萬

儀禮類

014.儀禮經傳通解三十七卷續篇二十九卷　〔宋〕朱熹撰　（續篇）〔宋〕黄榦撰　〔宋〕楊復再修　PL2469.Z6 C55x

清刻本　三十二册四函

每半葉12行，行25字，小字雙行字同，白口，左右雙邊，單黑魚尾，半框高19.2釐米，寬14.9釐米。版心上鎸書名，中鎸卷次，下鎸葉碼。

内封題“儀禮經傳通解”。卷端題“儀禮經傳通解”。

鈐印“興讓館藏書”“曳尾堂圖書印”“半澤文庫”。

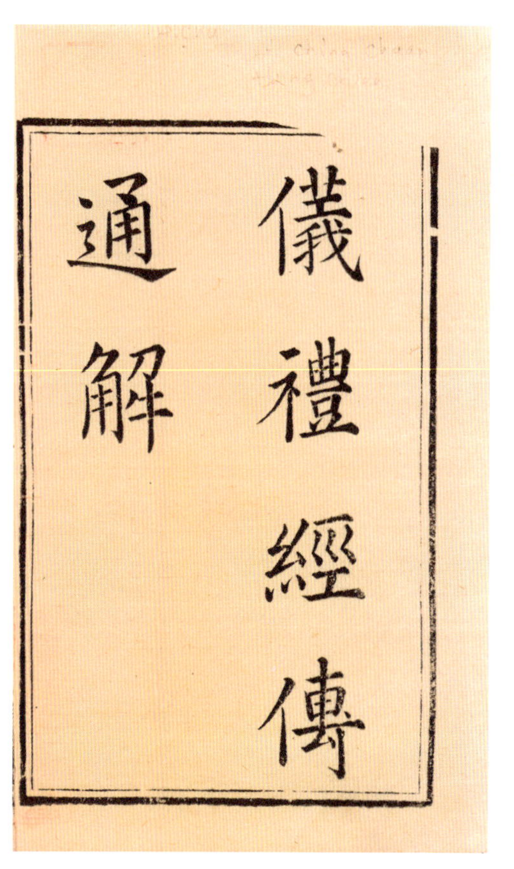
儀禮經傳通解

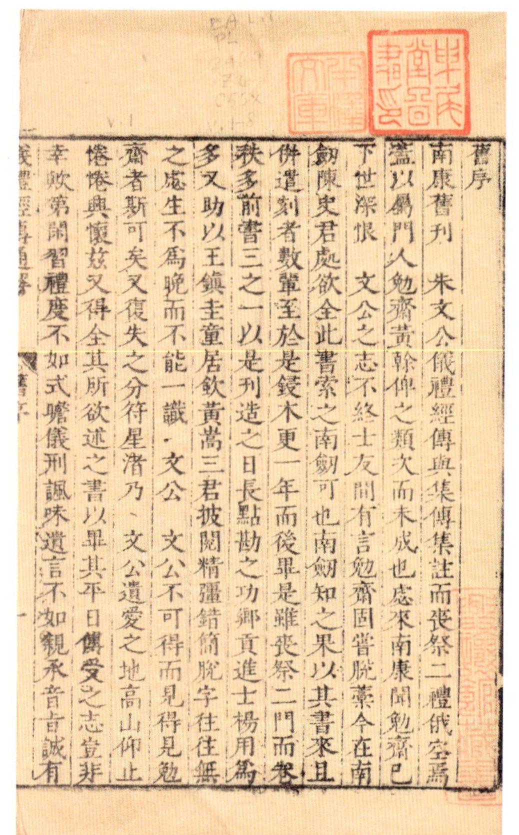
舊序
南康舊刊　朱文公儀禮經傳與集傳集註而丧祭二禮俄空焉盖以屬門人勉齋黃幹仰之纇次而未成也虙來南康閲勉齋已下世深恨　文公之志不終士友間有言勉齋固嘗脫藁今在南劒陳史君處欲全此書索之南劒可也南劒知之果以其書來且併遺刻者數輩至於是鋟木更一年而後畢是雖丧祭二門而春秋多前書三之一以是刋造之日長點勘之功鄉貢進士楊用爲多又助以王鎮圭童居欽黃嵩三君披閱精彊錯簡脫字往往無之虙生不為晚而不能一識　文公　文公不可得而見得見勉齋者斯可矣又復失之分符星渚乃　文公遺愛之地高山仰止惓惓與懷兹又得全其所欲述之書以畢其平日傳受之志豈非幸歟第閑習禮度不如式瞻儀刑諷味遺言不如親承音旨誠有
儀禮經傳通解　舊序　一

儀禮經傳通解卷第一

家禮一之上

士冠禮第一

傳曰：夫禮始於冠，本於昏，重於喪祭，尊於朝聘，和於射鄉，此禮之大體也。夫音扶朝直遥反○始猶根也本猶幹也鄉鄉飲酒

士冠禮○筮于庿門。筮市制反庿古廟字○筮者以蓍問日吉凶於易也冠必筮日於庿門者重以成人之禮成子孫也庿謂禰庿不於堂者嫌蓍之靈由庿神○蓍音尸禰乃禮反父庿也○疏曰蓍草之靈者易說卦云幽贊於神明而生蓍是也易者周禮太卜掌三易一曰連山二曰歸藏三曰周易筮得卦以易辭占吉凶也周易筮法用四十九蓍分之爲二而掛一揲之以四歸奇於扐再扐而爲一變合掛扐得五若四爲少得九若八爲多三變而成一爻三變皆少則爲九而謂之老陽三變皆多則爲六而謂之老陰兩多一少則爲七而謂之少陽兩少一多則爲八而謂之少陰皆畫地記之九重六交七單八拆至十八變則得六爻而成一卦老者變而少者不變也不筮月者夏小正云二月綏多士女冠子取妻時也既有常月故不筮也又曰經唯言父子兄弟不言祖孫鄭兼言孫者家事統於尊若祖在則爲冠主故兼孫也又曰凡儀禮之内單言庿者皆是禰庿若非禰庿則以庿名別之如聘禮言先君之祧又言祖庿是也若天子諸侯皆冠於始祖之庿故季武子云以先君之祧處之祧謂遷主所藏始祖庿

禮記類

015.禮記注疏六十三卷　〔漢〕鄭玄注　〔唐〕孔穎達疏　1798Mi

清嘉慶三年（1798）金閶書業堂覆明崇禎十二年（1639）毛氏汲古閣刻本　三十册三函

每半葉9行，行21字，小字雙行字同，白口，左右雙邊，無魚尾，半框高17.8釐米，寬12.3釐米。版心上鎸“禮記疏”，中鎸卷次及葉碼，下鎸“汲古閣”。

内封題“禮記注疏”。卷端題“禮記注疏，漢鄭氏注，唐孔穎達疏”。卷首有《禮記正義序》，署“唐孔穎達撰”。卷末題“皇明崇禎十二年歲在屠維單閼古虞毛氏繡鐫”。

鈐印“穆菴”“岩佐氏圖書印”。

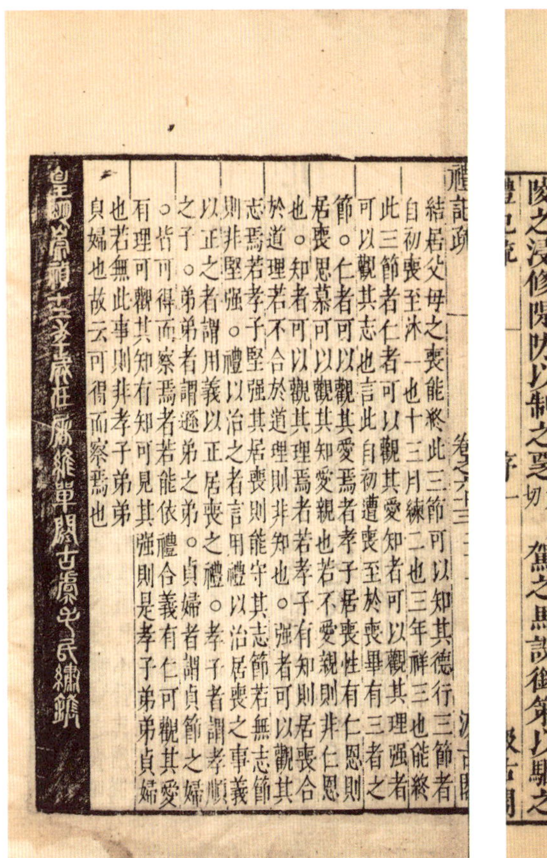

結居父母之喪能終此三節可以知其德行三節者自初喪至沐一也十三月練二也三年祥三也能終此三節者仁者可以觀其愛知者可以觀其理强者可以觀其志也言此自初遭喪至於喪畢有三者之節。仁者可以觀其愛焉者孝子居喪性有仁恩則居喪思慕可以觀其知愛親也若不愛親則非仁恩也。知者可以觀其理焉者若孝子有知則居喪合於道理若不合於道理則非知也。强者可以觀其志焉若孝子堅强其居喪則能守其志節若無志節則非堅强。禮以治之者言用禮以治居喪之事義以正之者謂用義以正居喪之禮。孝子者謂孝順之子。弟弟者謂遜弟之弟。貞婦者謂貞節之婦。皆可得而察焉者若能依禮合義有仁可觀其愛有理可觀其知有知可見其强則是孝子弟弟貞婦也若無此事則非孝子弟弟貞婦也故云可得而察焉也

皇明崇禎十二年歲在屠維單閼古虞毛氏繡鐫

禮記正義序

唐孔穎達撰

夫禮者經天緯地本之則大一之初原始要終體之乃人情之欲夫人上資六氣下乘四序賦清濁以醇醨感陰陽而遷變故曰人生而靜天之性也感物而動性之欲也喜怒哀樂之志於是乎生動靜愛惡之心於是乎在精粹者雖復凝然不動浮躁者實亦無所不爲是以古先聖王鑒其若此欲保之以正直納之於德義猶襄陵之浸修隄防以制之覂方用切駕之馬設銜策以驅之

禮記註疏卷之一

漢鄭　氏註

唐孔穎達疏

禮記○陸德明音義曰此記二禮之遺闕故名禮記【疏】正義曰夫禮者經天地理人倫本其所起在天地未分之前故禮運云夫禮必本於太一是天地未分之前已有禮也禮者理也其用以治則與天地俱興故昭二十六年左傳稱晏子云禮之可以爲國也久矣與天地竝但于時質略物生則自然而有尊卑若羊羔跪乳鴻雁飛有行列豈由教之者哉是三才既判尊卑自然而有但天地初分之後即應有君臣治國但年代縣遠無文以言案易緯通卦驗云天皇之先與乾曜合元君有五期輔有三名註云君之用事五行王亦有五期輔有三名公卿大夫也又云遂皇始出握機矩註云遂皇謂遂人在伏犧前始王天

三禮總義類

016.四禮初稿四卷四禮約言四卷　〔明〕宋纁輯　〔清〕沈翰校　（四禮約言）〔明〕吕維祺撰　〔清〕沈翰校　Quarto DS723 .S95

清康熙間刻本　一册無函

每半葉8行，行18字，小字雙行字同，白口，四周單邊，單黑魚尾，半框高18.8釐米，寬12.8釐米。版心中鎸書名簡題及卷數，下鎸禮名及葉碼。

《四禮初稿》卷端題“四禮初稿，商丘宋纁栗菴輯”。《四禮約言》卷端題“四禮約言，新安吕維祺豫石著”。

按：館藏缺内封和牌記，版本年代按著録。

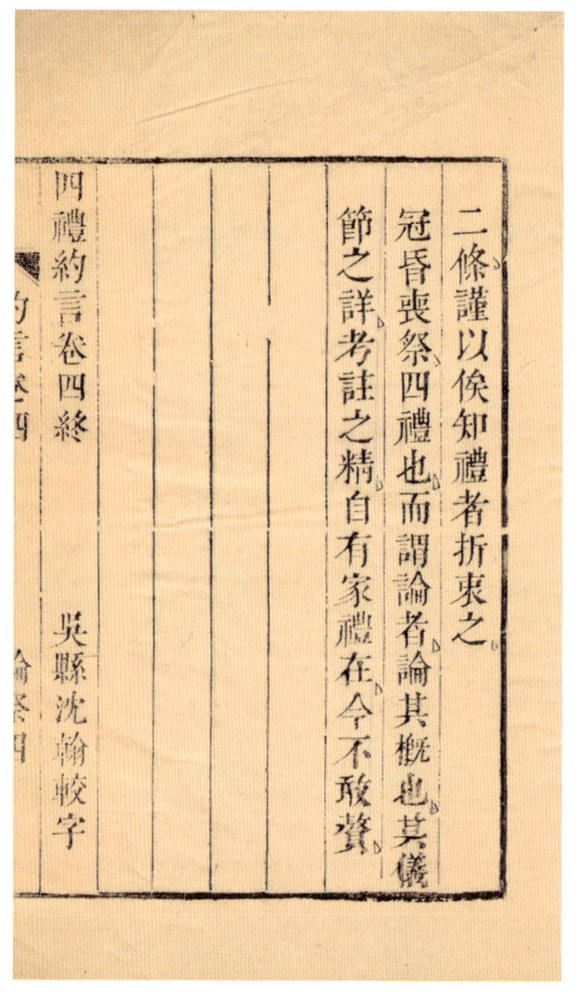
二條謹以俟知禮者折衷之
冠昏喪祭四禮也而謂論者論其槪也其儀
節之詳考註之精自有家禮在今不敢贅
四禮約言卷四終　吳縣沈翰較字

四禮初稿卷一

商丘宋　纁栗菴輯

冠禮男子年十五至二十皆可冠必父母與己身無朞以上喪乃可行之

筮日今只依選擇曆書擇宜冠帶日旣得吉前三日主人告於祠堂主人謂冠者之祖與父凡爲家長者若宗子已孤而冠則自爲主人序立主人盥洗啓櫝出主逼出神主於龕前卓上復位降神詣香案前跪上香酹酒從者一人以爵酌酒自左授主人主人受之盡傾於茅沙上從者一人自右接爵俯伏興平身復位參神鞠躬四拜

四禮約言卷一

新安呂維祺豫石著

論冠

孩而失曰未童童而失曰未成人冠則成人矣乃至不能亭亭楚楚挺然爲天地扶正氣而以俗流終不負頭上冠哉此禮久廢宜亟復首論冠

子弟年十五至二十皆可冠擇吉告於祖先預

017. 朱子家禮八卷首一卷　〔宋〕朱熹撰　〔明〕丘濬輯

Quarto DS723 .C45x

清康熙四十年（1701）刻本　五册一函

每半葉8行，行18字，小字雙行字同，白口，四周單邊，單黑魚尾，半框高18.5釐米，寬12.9釐米。版心中鎸"家禮"及卷次，下鎸卷名及葉碼。

内封題"宋大中丞鑒定，朱子家禮，宋莊敏公四禮初稿、吕忠節公四禮約言附"。卷端題"朱子家禮，紫陽書院定本，丘濬瓊山輯，楊廷筠節齋補，汪佑星溪訂，後學施璜虹玉、裔孫朱啓昆我裕參，子鑒晦叔恭較"。

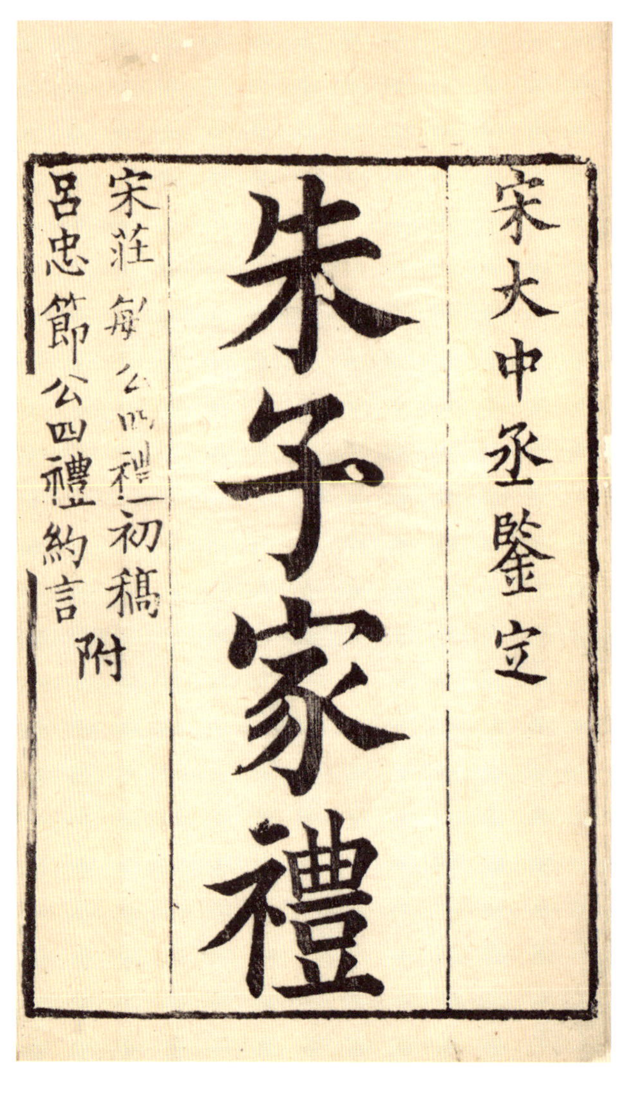

宋大中丞鑒定

朱子家禮

宋莊敏公四禮初稿

呂忠節公四禮約言　附

朱子家禮卷一　紫陽書院定本

丘　濬瓊山輯　後學施　璜虹玉

楊廷筠節齋補　裔孫朱啓昆我裕　叅

汪　佑星溪訂　子　鑑晦叔恭較

通禮

此篇所著，皆所謂有家日用之常禮，不可一日而不修者。

○祠堂

此章本合在祭禮篇，今以報本反始之心，尊祖敬宗之意，實有家名分之守，所以開

家禮卷一　通禮一

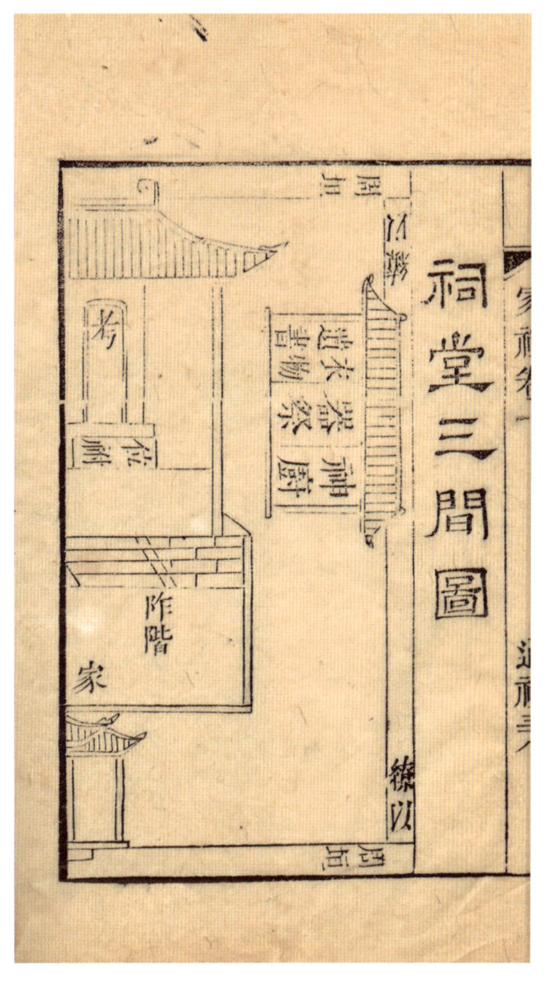

春秋公羊傳類

018.春秋公羊注疏二十八卷 〔漢〕何休解詁 〔唐〕徐彦疏 1798Ming

清嘉慶三年（1798）金閶書業堂覆明崇禎七年（1634）毛氏汲古閣刻本 十册一函

每半葉9行，行21字，小字雙行字同，白口，左右雙邊，無魚尾，半框高18.3釐米，寬12.5釐米。版心上鎸“公羊疏”，中鎸卷次及葉碼，下鎸“汲古閣”。

内封題“公羊注疏”。卷端題“春秋公羊注疏，漢何休學”。卷末木記題“皇明崇禎七年歲在閼逢閹茂古虞毛氏繡鐫”。

鈐印“穆菴”“岩佐氏圖書印”。

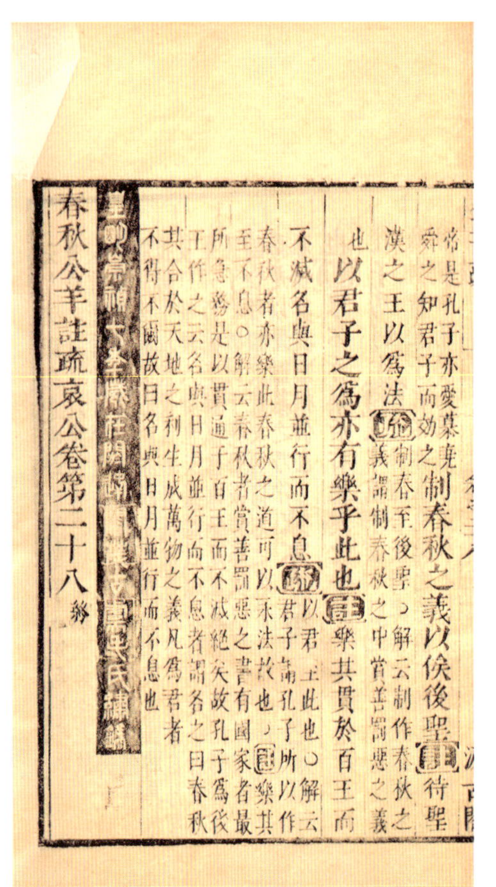
常是孔子亦愛慕堯舜之知君子而効之制春秋之義以俟後聖注待聖
漢之王以爲法疏制春至後聖○解云制作春秋之義謂制春秋之中賞善罰惡之義也
以君子之爲亦有樂乎此也注樂其貫於百王而
不滅名與日月並行而不息疏以君子至此也○解云君子謂孔子所以作
春秋者亦樂此春秋之道可以永法故也○注樂其至不息○解云春秋者賞善罰惡之書有國家者最
所急務是以貫通于百王而不滅絕矣故孔子爲後王作之云名與日月並行而不息者謂名之曰春秋
其合於天地之利生成萬物之義凡爲君者不得不爾故曰名與日月並行而不息也
皇明崇禎七年歲在閼逢閹茂古虞毛氏繡鐫
春秋公羊註疏哀公卷第二十八 終

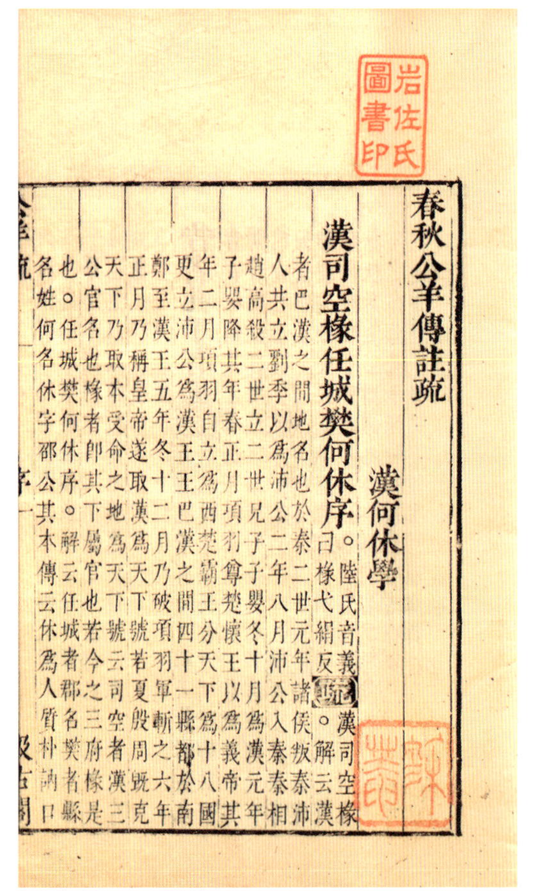
春秋公羊傳註疏
漢何休學
漢司空掾任城樊何休序○陸氏音義曰掾弋絹反疏○漢司空掾○解云漢
者巴漢之間地名也於泰二世元年諸侯叛秦沛人共立劉季以爲沛公二年八月沛公入秦秦相
趙高殺二世立二世兄子子嬰冬十月爲漢元年子嬰降其年春正月項羽尊楚懷王以爲義帝其
年二月項羽自立爲西楚霸王分天下爲十八國更立沛公爲漢王王巴漢之間四十一縣都於南
鄭至漢王五年冬十二月乃破項羽軍斬之六年正月乃稱皇帝遂取漢爲天下號若夏殷周既克
天下乃取本受命之地爲天下號云司空者漢三公官名也掾者郎其下屬官也若今之三府掾是
也○任城樊何休序○解云任城者郡名樊者縣名姓何名休字邵公其本傳云休爲人質朴訥口

春秋公羊註疏隱公卷第一 起元年盡元年

漢何休學

春秋公羊經傳解詁隱公第一。陸曰解詁佳買反下音古訓也 何休學之。學者言爲此經之學即註述之意 疏 舊題云春秋至第一。解云案解詁第一公羊何氏則云春秋者一部之總名隱公者魯侯之謚號經傳者雜縟之稱解詁者何所自目第一者無先之辭公羊者傳之別名何氏者邵公之姓也今定本則升公羊字在經傳上退隱公字在解詁之下未知自誰始也又云何休學今案博物志曰何休註公羊云何休學有不解者或答曰休謙辭受學於師乃宜此義不出於已此言爲允是其義也。問曰左氏以爲魯哀十一年夫子自衛反魯十二年告老遂作春秋至十四年經成不審公羊之義孔子早晚作春秋乎。答曰公

春秋穀梁傳類

019.春秋穀梁注疏二十卷　〔晉〕范甯集解　〔唐〕楊士勛疏　1798Ming1

清嘉慶三年（1798）金閶書業堂覆明崇禎八年（1635）毛氏汲古閣刻本　五册一函

每半葉9行，行21字，小字雙行字同，白口，左右雙邊，無魚尾，半框高18.2釐米，寬12.6釐米。版心上鎸“穀梁疏”，中鎸卷次及葉碼，下鎸“汲古閣”。

内封題“穀梁注疏”。卷端題“春秋穀梁注疏，晉范甯集解，唐楊士勛疏”。卷末木記題“皇明崇禎八年歲在旃蒙大淵獻古虞毛氏繡鐫”。

鈐印“穆菴”“岩佐氏圖書印”。

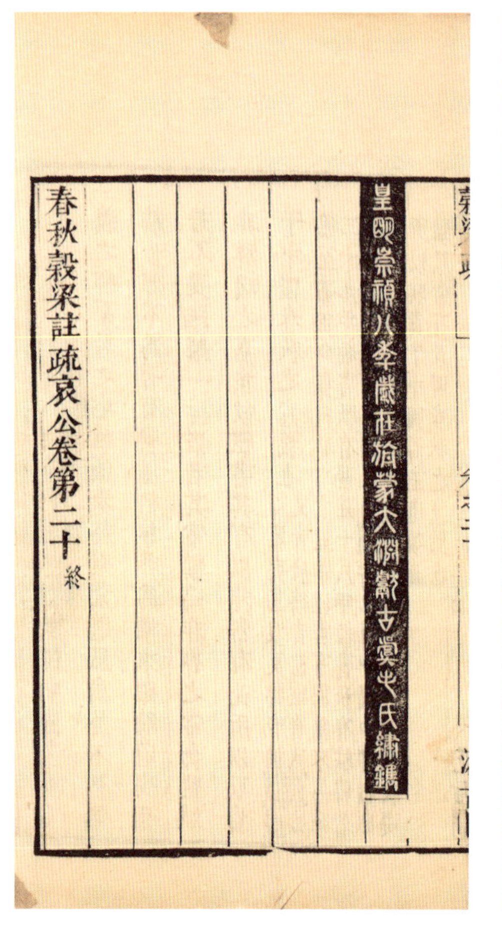
春秋穀梁註疏哀公卷第二十 終

皇明崇禎八年歲在旃蒙大淵獻古虞毛氏繡鐫

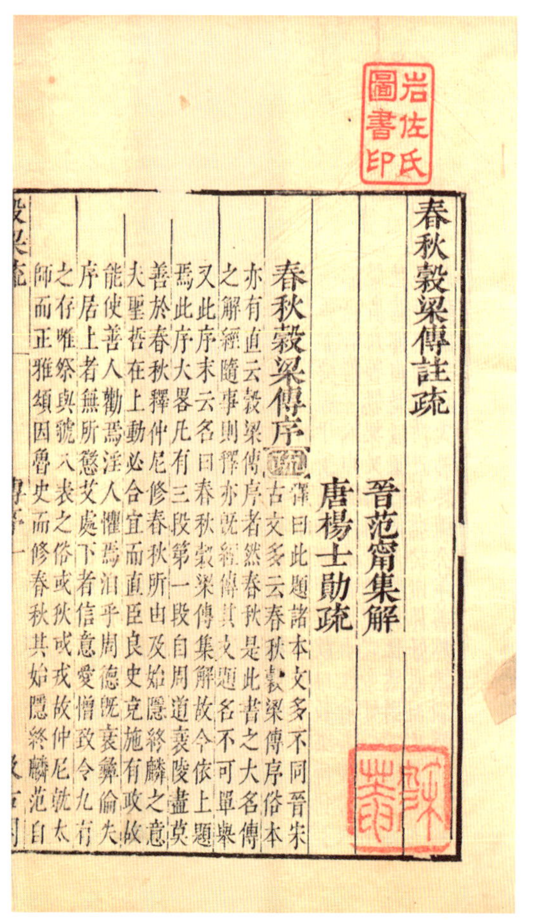

春秋穀梁傳註疏

晉范甯集解

唐楊士勛疏

春秋穀梁傳序[疏]釋曰此題諸本文多不同晉宋亦有直云穀梁傳序者然春秋是此書之大名傳之解經隨事則釋亦既經傳共文題名不可單舉又此序末云名曰春秋穀梁傳集解故今依上題焉此序大畧凡有三段第一段自周道衰陵盡莫善於春秋釋仲尼修春秋所由及始隱終麟之意夫聖哲在上動必合宜而直臣良史克施有攻故能使善人勸焉淫人懼焉泊乎周德既衰彝倫失序居上者無所懲艾處下者信意愛憎致令九有之存唯祭與號八表之俗或狄或戎故仲尼就太師而正雅頌因魯史而修春秋其始隱終麟范自

春秋穀梁註疏隱公卷第一 起元年盡三年

晉范甯集解

唐楊士勛疏

春秋穀梁傳隱公第一 疏 春秋至第一○釋曰春秋者此書之大名傳之解經隨條卽釋故冠大名於上也名曰春秋者以史官編年記事年有四時之序春先於夏秋先於冬故舉春秋二字以包之賈逵云取法陰陽之中知不然者以孝經云春秋祭祀以時思之豈是取法陰陽之中故知非也玉藻云動則左史書之言則右史書之左史所書春秋是也右史所書尚書是也則春秋立名必是仲尼以往三代以來不審誰立之耳仲尼所修謂之經經者常也聖人大典可常遵用故謂之經穀梁所修謂之傳傳不敢與聖人同稱直取傳示於人而已故謂之傳曾世家隱公名

四書類

020.朱子論語集注訓詁考二卷　〔清〕潘衍桐輯　Quarto PL2471 .P35x

清光緒十七年（1891）浙江書局刻本　一册一函

每半葉10行，行20字，小字雙行字同，黑口，四周雙邊，雙對黑魚尾，半框高17釐米，寬11.5釐米。版心中鎸“考”、卷次及葉碼。

内封題“朱子論語集注訓詁考”。牌記題“光緒十七年浙江書局刻”。卷端題“朱子論語集注訓詁考，南海潘衍桐輯”。

Y. T. P'an
chu-tzŭ lun yü chi chu
hsün ku k'ao

朱子論語集
注訓詁考

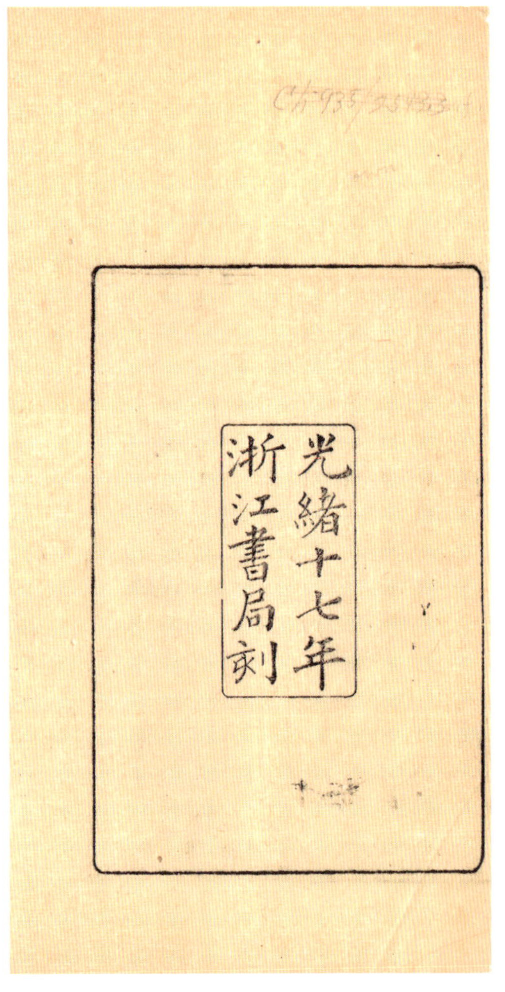
光緒十七年
浙江書局刻

朱子論語集注訓詁攷卷上

南海潘衍桐輯

學而第一

學之爲言效也學而章

尙書大傳周傳洛誥篇學效也廣雅釋詁學效也

而覺有先後

孟子離婁篇使先覺覺後覺也

習鳥數飛也

說文習部習數飛也禮月令鷹乃學習

說喜意也

021.孟子注疏解經十四卷　〔漢〕趙岐注　〔宋〕孫奭疏　1798Ming2

明崇禎六年（1633）虞山毛氏汲古閣刻本　六册一函

每半葉9行，行21字，小字雙行字同，白口，左右雙邊，無魚尾，半框高17.3釐米，寬12.7釐米。版心上鎸"孟子疏"，中鎸卷次及葉碼，下鎸"汲古閣"。

内封題"孟子注疏"。卷端題"孟子注疏解經，漢趙氏注，宋孫奭疏"。卷末木記題"皇明崇禎六年歲在昭陽作噩古虞毛氏繡鎸"。

鈐印"穆菴""岩佐氏圖書印"。

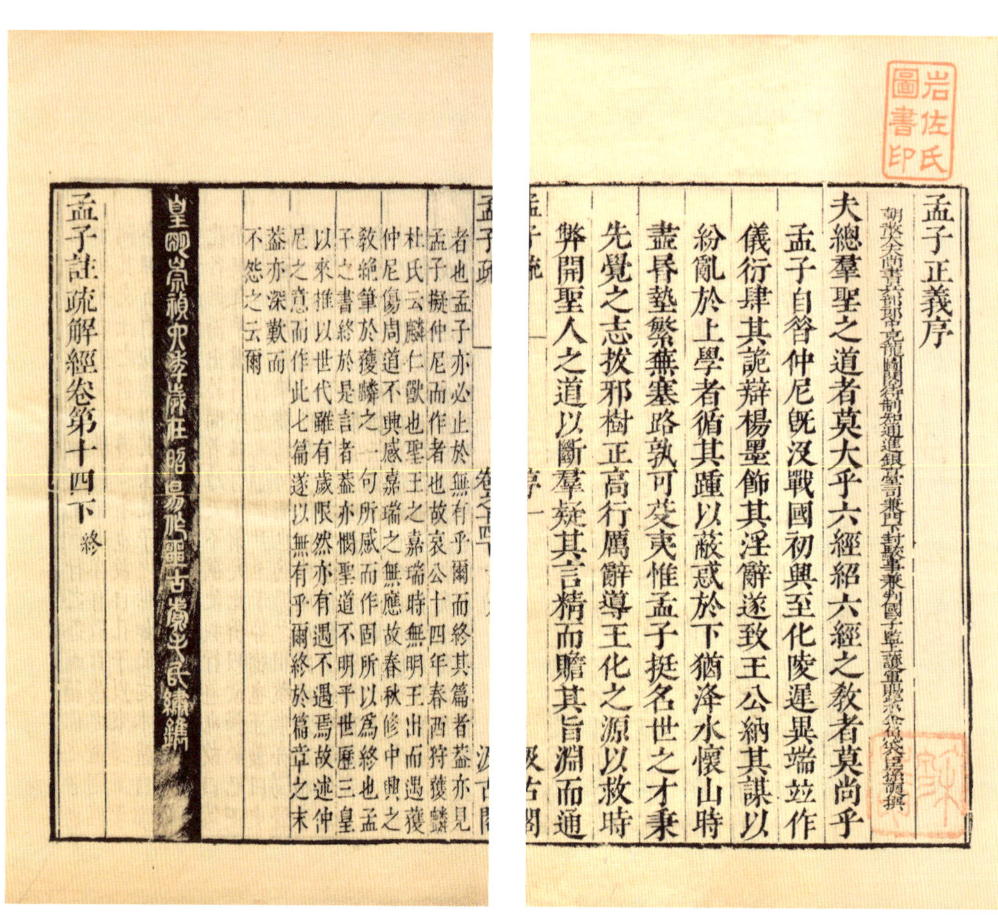

孟子註疏解經卷第一上

漢趙氏註
宋孫奭疏

梁惠王章句上凡七章【注】梁惠王者魏惠王也魏國名惠謚也王號也時天下有七王皆僭號者猶春秋之時吴楚之君稱王也魏惠王居於大梁故號曰梁王聖人及大賢有道德者王公侯伯及卿大夫咸願以爲師孔子時諸侯問疑質禮若弟子之問師也魯衛之君皆專事焉故論語或以弟子名篇而有衛靈

群經總義類

022.經義考三百卷目録二卷　〔清〕朱彝尊撰　Quarto Z7129.C5 C55x 1897

清光緒二十三年(1897)浙江書局刻本　五十册五函

每半葉12行,行23字,小字雙行字同,白口,左右雙邊,單黑魚尾,半框高18.5釐米,寬14.5釐米。版心上鐫書名,中鐫卷次,下鐫葉碼。

内封題"經義考"。牌記題"光緒丁酉仲秋浙江書局刊成"。卷端題"經義考,日講官起居注翰林院檢討臣朱彝尊恭録,廣西等處承宣布政使司布政使臣李瀚恭校"。卷末題"浙江書局刻,孫榮枝校,吴鴻望校,高念曾校"。

鈐印"浩山人"。

按:館藏缺卷二百八十六、二百九十九、三百。

經義考

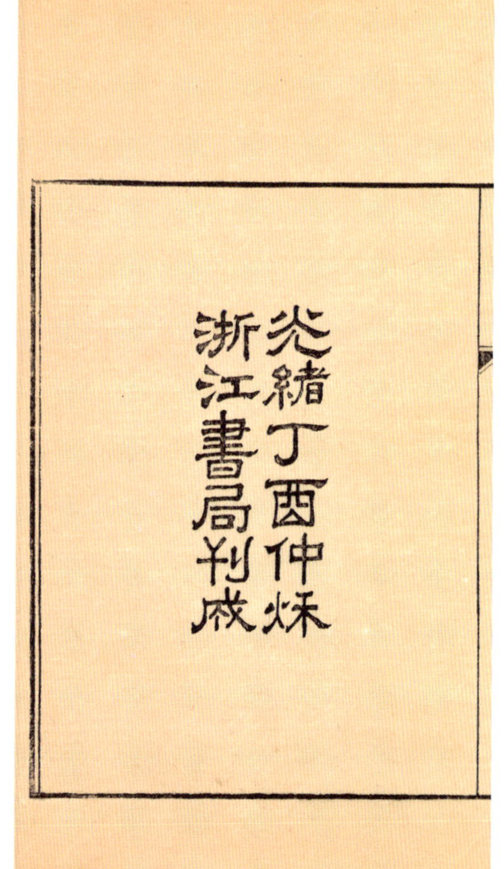
光緒丁酉仲秌
浙江書局刊成

經義考卷一

日講官 起居注翰林院檢討臣朱彝尊恭録

廣西等處承宣布政使司布政使臣李濤恭校

御注

御注孝經

一卷

順治十三年二月十五日

世祖章皇帝御製序曰朕惟孝者首百行而爲五倫之本天地所以成化聖人所以立教通之乎萬世而無斁放之於四海而皆準至矣哉誠無以加矣然其廣大雖包乎無外而其淵源實本於因心遡厥初生咸知孺慕雖在顓蒙即備天良故位無尊卑人無賢愚皆可以與知而與能是知孝者乃生

023.揅經室集四十卷　〔清〕阮元撰　

清道光三年（1823）文選樓刻本　二十四册二函

每半葉10行，行20字，小字雙行字同，白口，四周雙邊，單黑魚尾，半框高19.3釐米，寬14.2釐米。版心上鎸書名及集次，中鎸卷次，下鎸葉碼。

内封題“揅經室集，文選樓”。卷端題“揅經室”。

按：一集十四卷，二集八卷，三集五卷，四集二卷詩十一卷。

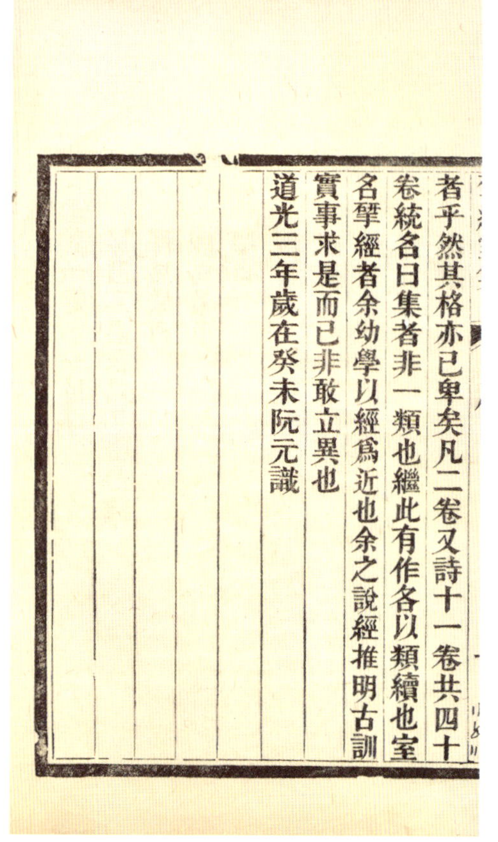
者乎然其格亦已卑矣凡二卷又詩十一卷共四十卷統名曰集者非一類也繼此有作各以類續也室名揅經者余幼學以經爲近也余之說經推明古訓實事求是而已非敢立異也

道光三年歲在癸未阮元識

揅經室一集卷一

易書不盡言言不盡意説

庖犧氏未有文字始畫八卦然非畫其卦而已必有意立乎卦之始必有言傳乎畫之繼其意若指此或連或斷之畫以爲此乾坎艮震巽離坤兑也其言遂以音傳之曰此乾坎艮震巽離坤兑也坎則傳爲嘐音之言巽則傳爲唇音之言而坎巽等字尚未造也至黄帝時始有文字後人始指八卦之字而讀之以寄其音合之以成其書而庖犧八卦命名之意傳乎其中矣故六書出于八卦而指事象形形聲會意轉

024.新學僞經考十四卷　　康有爲撰　陳千秋、梁啓超校　　Quarto PL2261 .K3

清翻刻光緒十七年（1891）康氏萬木草堂刻本　六册一函

每半葉10行，行20字，小字雙行字同，黑口，左右雙邊，單黑魚尾，半框高17.9釐米，寬12.9釐米。版心中鎸書名、卷次及葉碼。

内封題“新學僞經考”。卷端題“新學僞經考，南海康祖詒廣夏撰一名有爲”。

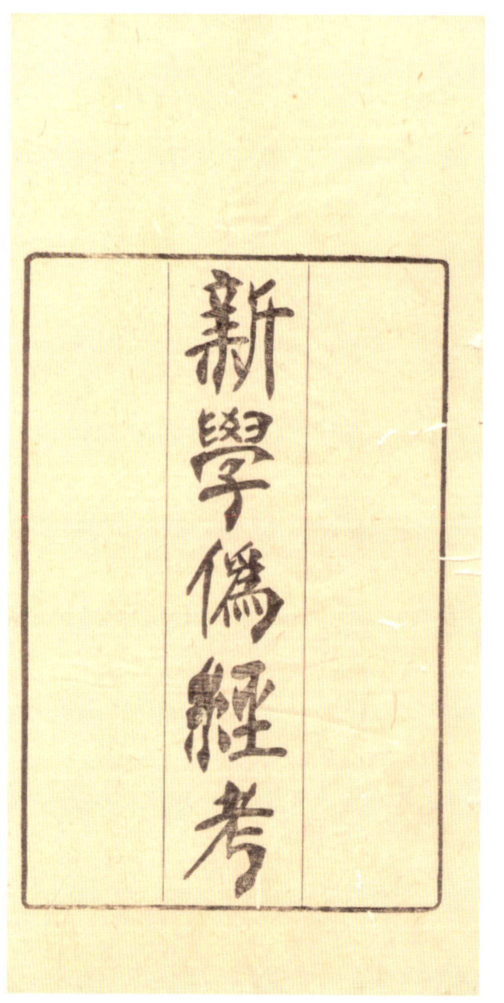
新學僞經考

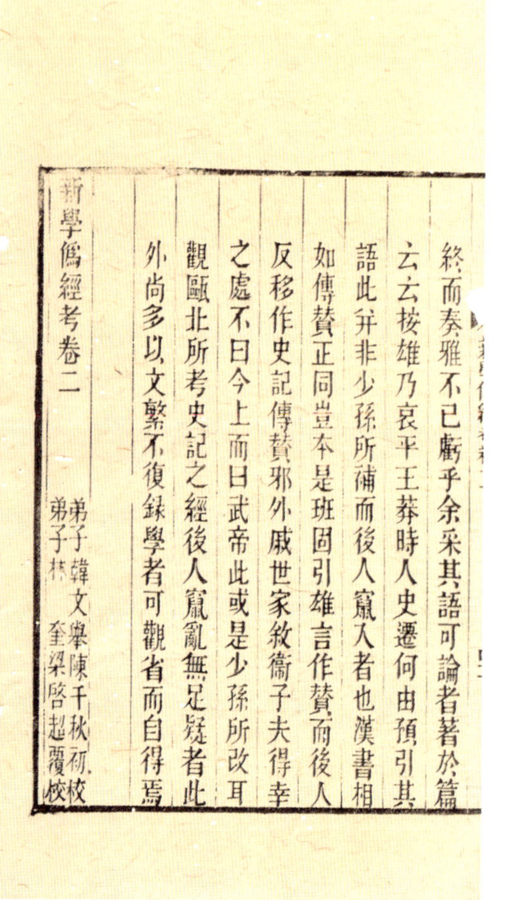
終而奏雅不已虧乎余采其語可論者著於篇
云云按雄乃哀平王莽時人史遷何由預引其
語此幷非少孫所補而後人竄入者也漢書相
如傳贊正同豈本是班固引雄言作贊而後人
反移作史記傳贊邪外戚世家敘衞子夫得幸
之處不曰今上而曰武帝此或是少孫所改耳
觀甌北所考史記之經後人竄亂無足疑者此
外尚多以文繁不復録學者可觀省而自得焉
新學僞經考卷二　弟子韓文舉陳千秋初校　弟子林奎梁啓超覆校

新學僞經考卷一　南海康祖詒廣夏撰 一名有爲

025.十三經集字不分卷　〔清〕彭玉雯撰　Quarto Z44 .Y89x

清嘉慶二十四年（1819）天津分司署刻本　二册一函

每半葉4行，行8字，小字雙行，字數不等，白口，四周單邊，無魚尾，無界欄，半框高19.4釐米，寬11.1釐米。版心下鎸葉碼。

内封題“嘉慶己卯年，云亭手訂，十三經集字，天津分司署藏版”。書名據内封。

鈐印“蕉雨軒”“南昌彭氏”“江安傅增湘收藏書畫金石印”。

按：傅增湘（1856—1925），字雨農，四川江安人，傅申甫長子、傅增湘兄。光緒十八年（1892）壬辰科二甲進士，歷官江蘇知府。擅書法，工北魏碑體。

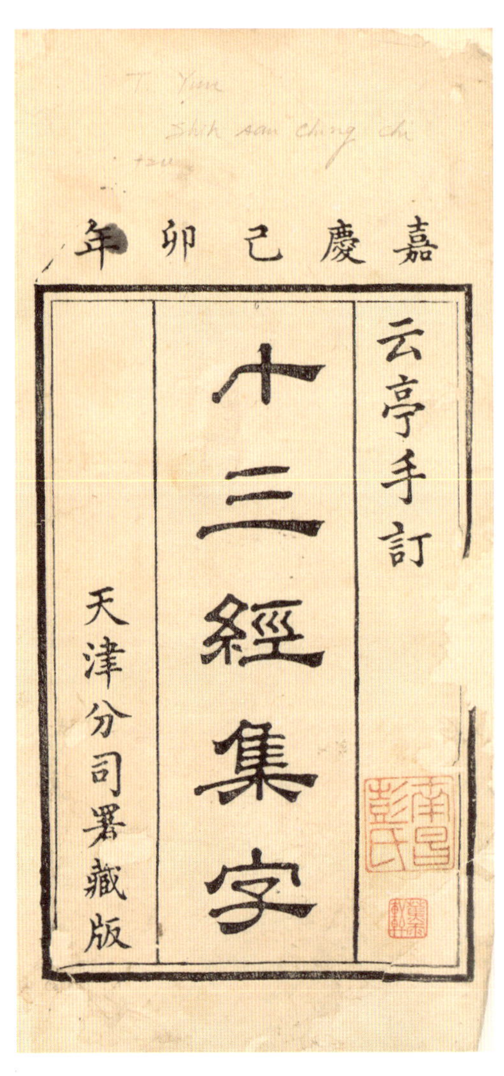

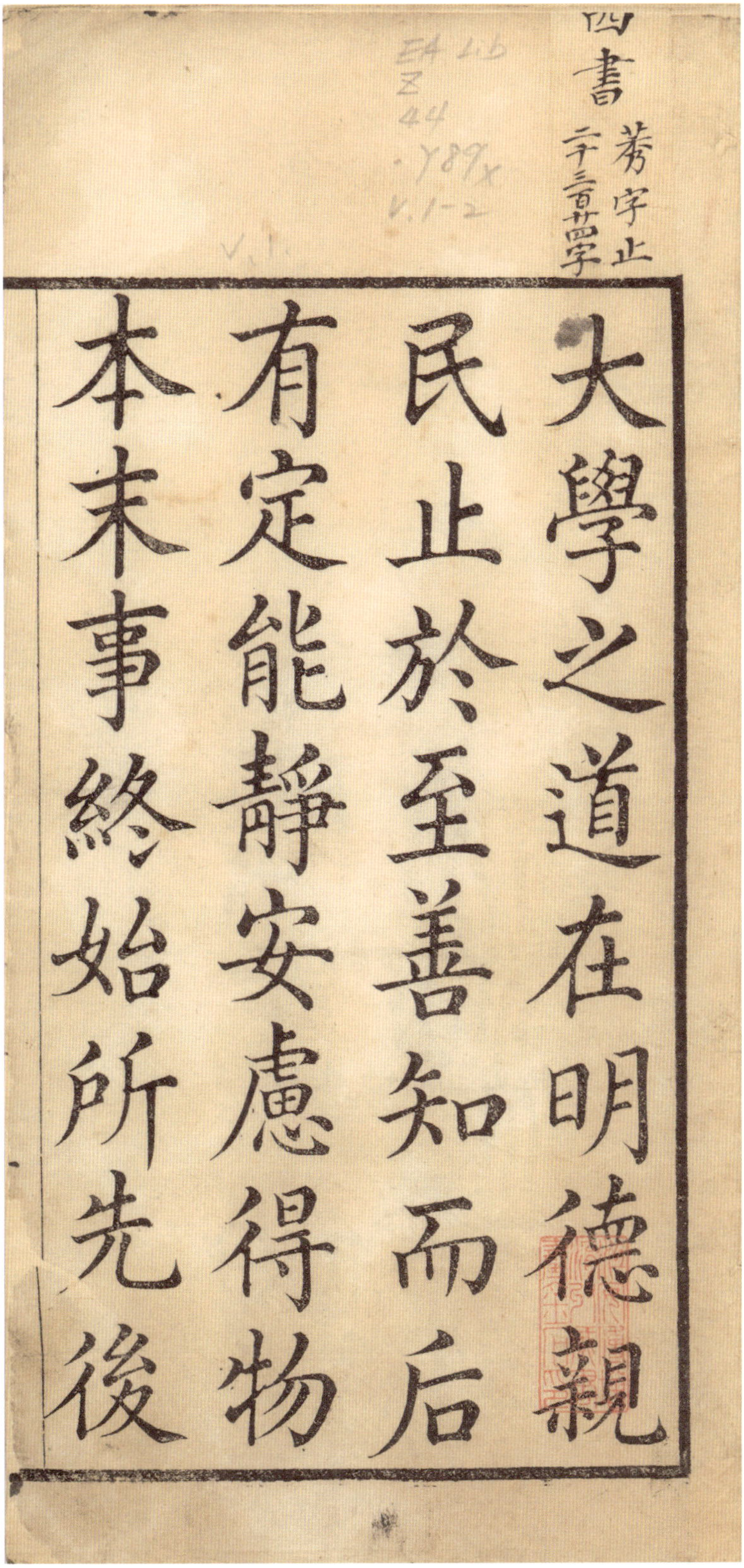

四書 菁字止 二千三百廿四字

大學之道在明德親
民止於至善知而后
有定能靜安慮得物
本末事終始所先後

小學類

026.段氏説文注訂八卷　〔清〕鈕樹玉撰　PL1281.H83 N59x

清道光四年（1824）吴郡青霞齋吴學圃局刻本　二册一函

每半葉9行，行23字，白口，左右雙邊，單黑魚尾，半框高18.6釐米，寬13釐米。版心中鎸“訂”及卷次，下鎸葉碼。

内封題“段氏説文注訂”。卷端題“段氏説文注訂，吴縣鈕樹玉著”。卷末題“吴郡閶門外洞涇橋西首青霞齋吴學圃局刻”。

鈐印“鐵城”“鐵城藏記”。

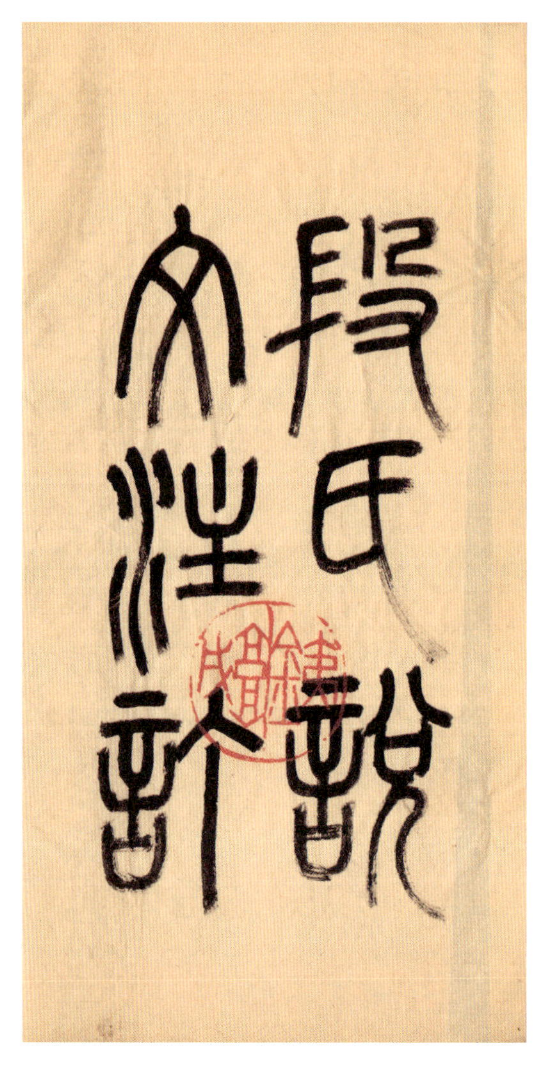

段氏説文注訂卷第一

吴縣鈕樹玉著

丄丅改爲二二注云各本誤以丄爲古文則不得不改篆文云上爲丄而用爲部首使下文从二之字皆無所統　按二爲古文上雖見於偏旁及注然部首作丄以視而可識爲指事也若作二則於指事晦説文有但見於注而不箸於篆者如𠂹爲古文旅𡴀爲古文貴是也又帝爲古文帝𠀚爲古文示並省丄爲一未可拘泥

祐注云此書之例當是不書其字但書上諱二字　按古人

027.說文古籀補十四卷附録一卷 〔清〕吴大澂撰 Quarto PL1281 .W9x

清光緒二十四年(1898)刻本 二册一函

每半葉8行,字數不等,小字雙行,字數不等,白口,四周單邊,單黑魚尾,半框高18.7釐米,寬12.5釐米。版心上鎸書名,中鎸卷次,下鎸葉碼。

内封題"說文古籀補"。牌記題"光緒戊戌年冬月重刊"。卷端題"說文古籀補,賜進士出身頭品頂戴兵部尚書兼都察院右副都御史巡撫湖南等處地方吴大澂撰"。

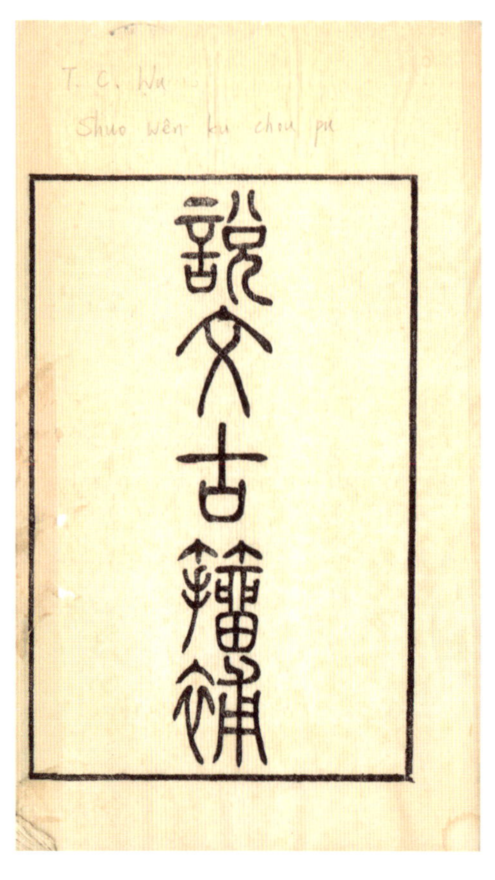

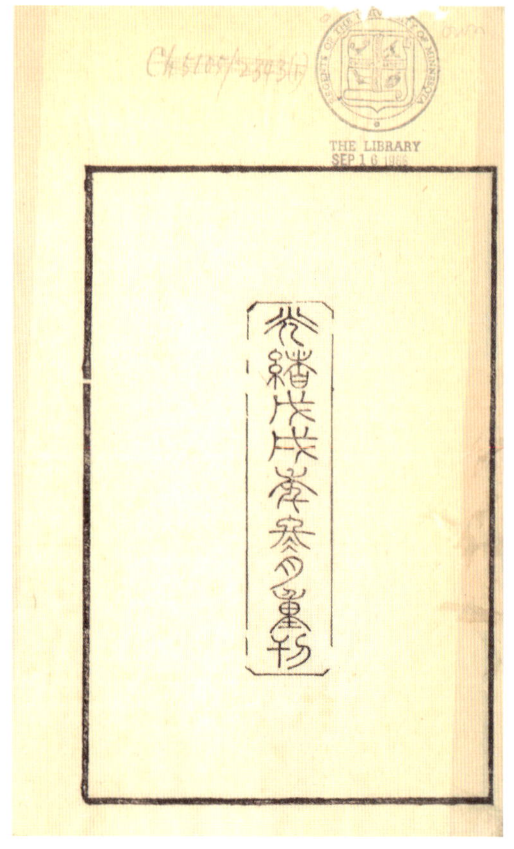

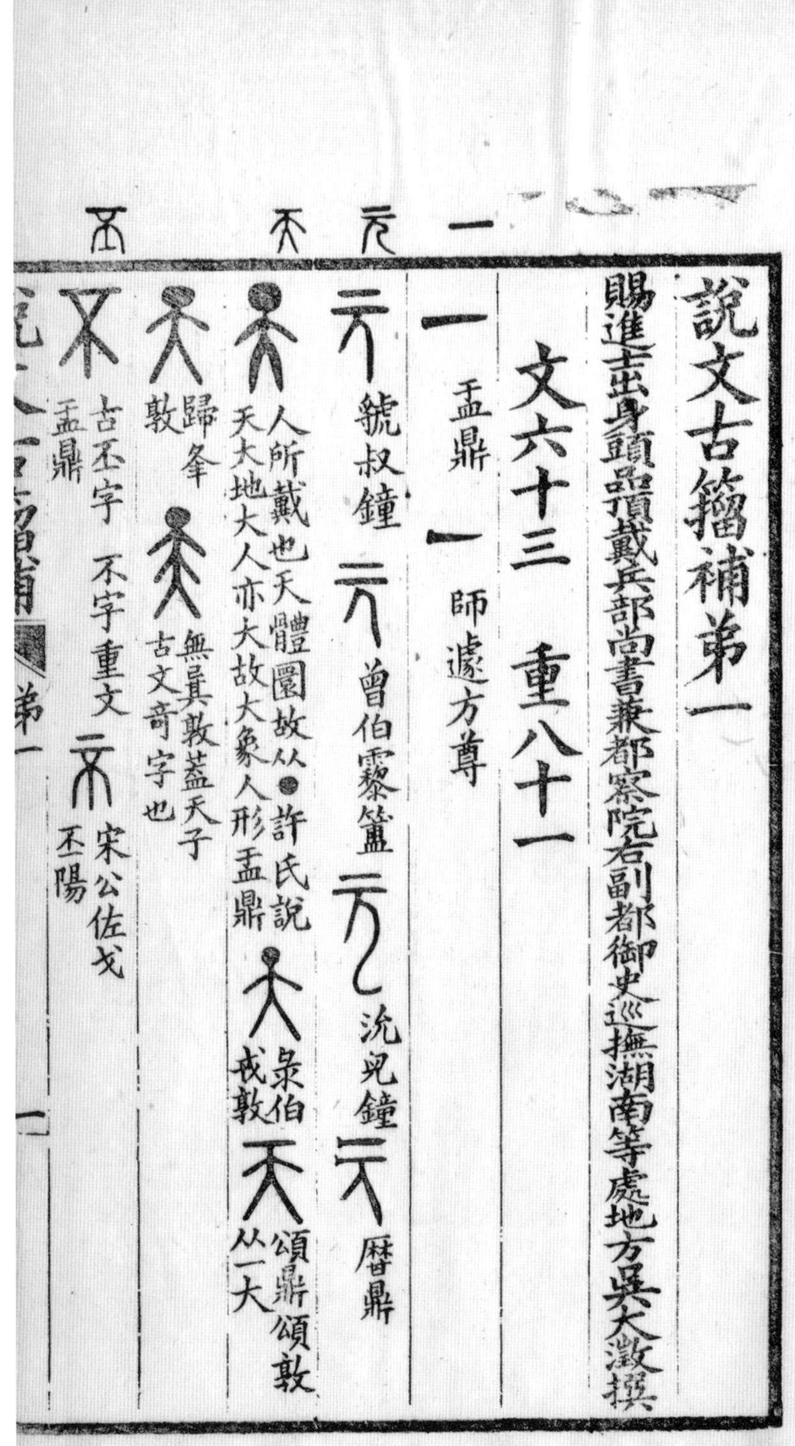
說文古籀補第一

賜進士出身頭品頂戴兵部尚書兼都察院右副都御史巡撫湖南等處地方吳大澂撰

文六十三　重八十一

一 盂鼎　一 師遽方尊

天 虢叔鐘　天 曾伯霥簠　天 沇兒鐘　天 曆鼎

天 人所戴也天體圜故从●許氏説天大地大人亦大故大象人形盂鼎　天 彔伯㦰敦　天 頌鼎頌敦从一大

天 歸夆敦　天 無㠱敦蓋天子古文奇字也

丕 古丕字不字重文盂鼎　丕 宋公佐戈丕陽

說文古籀補　第一　一

028.小學考五十卷 〔清〕謝啓昆撰 Z3108.L5 X5 1889

清光緒十五年(1889)石印本 六册一函

内封題“光緒十五年歲在屠維作噩新春月，小學考，烏程蔣氏偶厂署檢”。卷端題“小學考，資政大夫兵部侍郎兼都察院右副都御史巡撫廣西臣謝啓昆恭録”。

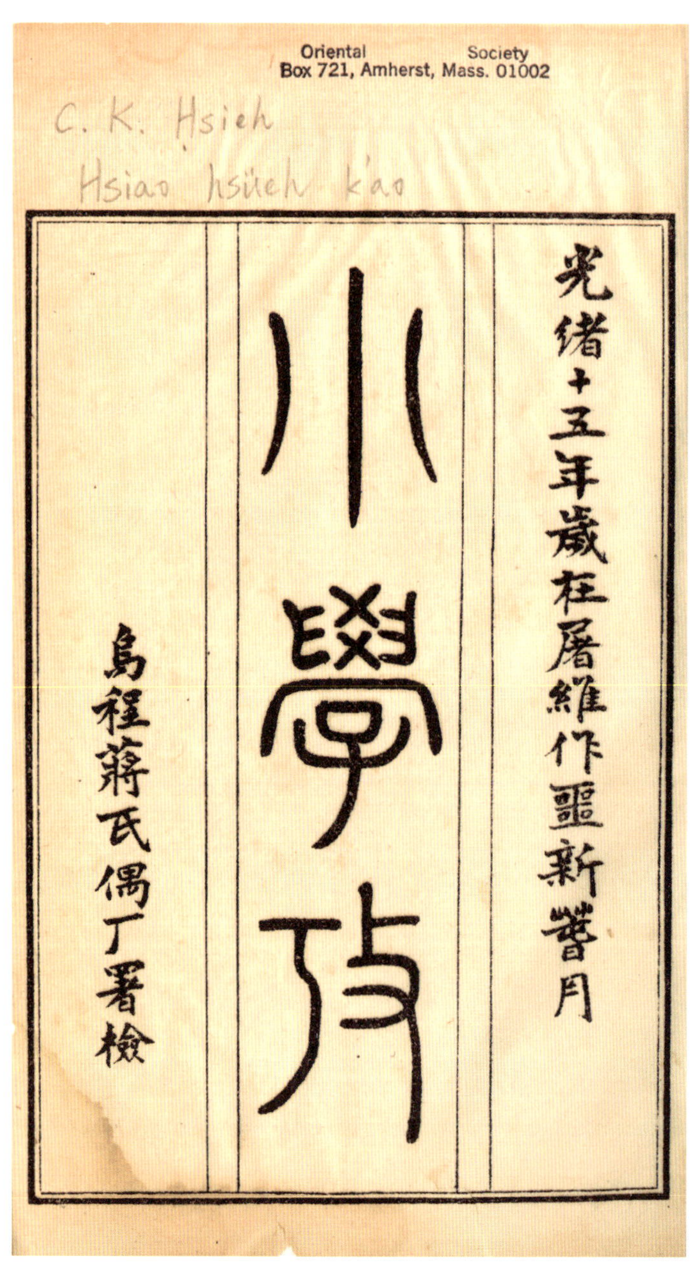

C. K. Hsieh
Hsiao hsüeh k'ao
光緒十五年歲在屠維作噩新春月
小學考
烏程蔣氏偶厂署檢

小學考卷一

資政大夫兵部侍郎兼都察院右副都御史巡撫廣西臣謝啟昆恭錄

敕譔一

康熙字典 四十二卷

聖祖仁皇帝御製序曰：易傳曰上古結繩而治後世聖人易之以書契百官以治萬民以察周官外史掌達書名於四方保氏養國子教以六書而考文列於三重蓋以其爲萬事百物之統紀而足以助流政教也古文篆隸隨世遷變至漢許氏始有說文然重義而略於音故世謂漢儒識文字而不識子母江左之儒識四聲而不識七音七音之傳肇自西域以三十六字爲母從爲四聲橫爲七音而後天下之聲總於是焉嘗考管子之書所載五方之民其聲之清濁高下各象其川原泉壤淺深廣狹而生故於五音必有所偏得則能全備七音者鮮矣此歷代相傳取音者所以不能較若畫一也自說文以後字書善者於梁則玉篇於唐則廣韻於宋則集韻於金則五音集韻於元則韻會於明則洪武正韻皆流通當世衣被後學其傳而未甚顯者尚數十百家當其編輯皆自謂毫髮無憾而後儒推論輒多同異或所收之字繁省失中或所引之書濫疏無準或字有數義而不詳或音有數切而不備曾無善兼美具可奉爲典常而不易者朕每念經傳至博音義繁賾據一人之見守一家之說未必能會通罔缺也爰命儒臣悉取舊籍次第排纂切音解義一本說文玉篇兼用廣韻集韻韻會正韻其餘字書一音一義之可采者靡有遺逸至諸書形證未備者則自經史百子以及漢晉唐宋元明以來詩人文士所述莫不旁羅博證使有依據然後古今形體之辨方言聲氣之殊部分班列開卷了然無一義之不詳一音之不備矣凡五閱歲而其書始成命曰字典於以昭同文之治俾承學稽古者得以備知文字之源流而官府吏民亦有所遵守焉是爲序康熙五十五年閏三

029.六書正譌五卷附説文字原一卷　〔元〕周伯琦編　〔明〕胡正言訂

明十竹齋刻本　五册一函

每半葉5行，字數不等，白口，四周單邊，單白魚尾，半框高20.3釐米，寬14釐米。版心上鎸書名及卷次，中鎸卷名，下鎸葉碼及“十竹齋”。

卷端題“六書正譌，元鄱陽周伯琦編注，明海陽胡正言訂篆”。

鈐印“李氏藏書之印”“無窮會神習文庫”“昭和三十年七月無窮會消印”。

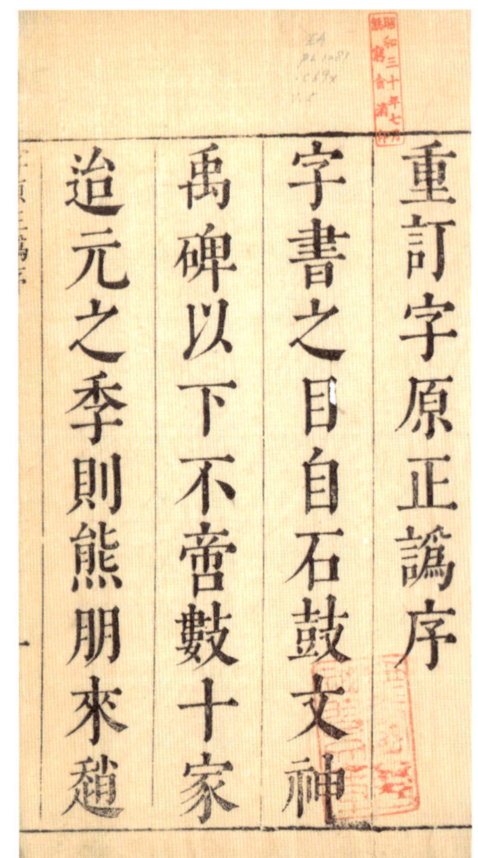

重訂字原正譌序
字書之目自石鼓文神
禹碑以下不啻數十家
迨元之季則熊朋來趙

六書正譌 平聲上

元鄱陽周伯琦編注

明海陽胡正言訂篆

一 東

公 公沽紅切背厶爲公从八从厶八猶背也厶即私字會意漢呂紀㠯訟音公㓨作谷非

空 空枯公切竅也从穴工聲又空谷音窾同山名空侯漢樂器名又上聲

說文字原

元鄱陽周伯琦編注

明海陽胡正言訂篆

一 一惟初太始道立於一造分天地化成萬物環之即太極也數之始也象數之橫益悉切

二 二地之數偶也畫如其數象形而至切

三 三畫如其數象形穌甘切

丨 丨上下通也象數之縱古本切

丄 丄高也指事古

030.正字通十二卷首一卷　〔明〕張自烈撰　〔明〕廖文英輯

清雍正十二年(1734)帶月樓刻本　三十册三函

每半葉8行，行12字，小字雙行24字，白口，四周雙邊，單黑魚尾，半框高19.5釐米，寬13.8釐米。版心上鎸書名，中鎸集名及部首，下鎸葉碼及“帶月樓”。

内封題“雍正拾貳年鎸，連陽廖百子輯，正字通，帶月樓梓”。卷端題“正字通，連陽廖文英百子輯”。

鈐印“哥倫比亞大學中文圖書館章”。

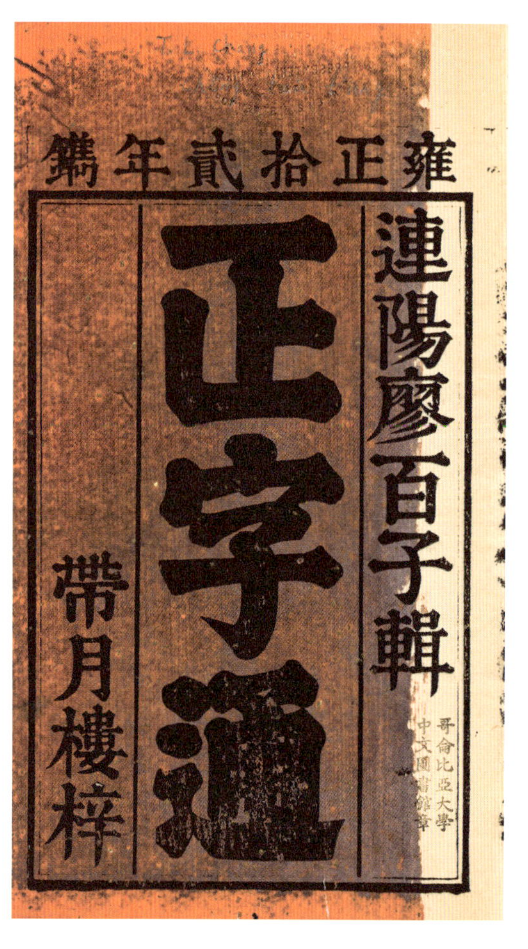
雍正拾貳年鐫
連陽廖百子輯
正字通
帶月樓梓
哥倫比亞大學中文圖書館章

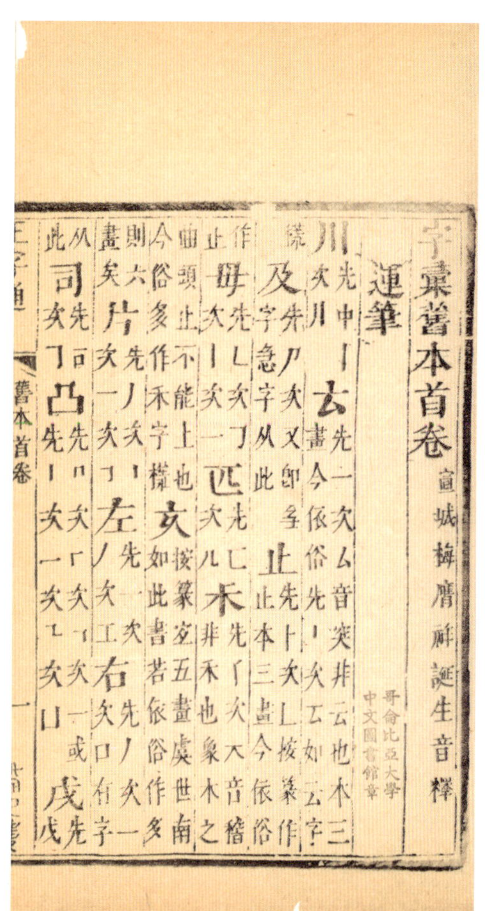
字彙舊本首卷
宣城梅膺祚誕生音釋
運筆
哥倫比亞大學中文圖書館章

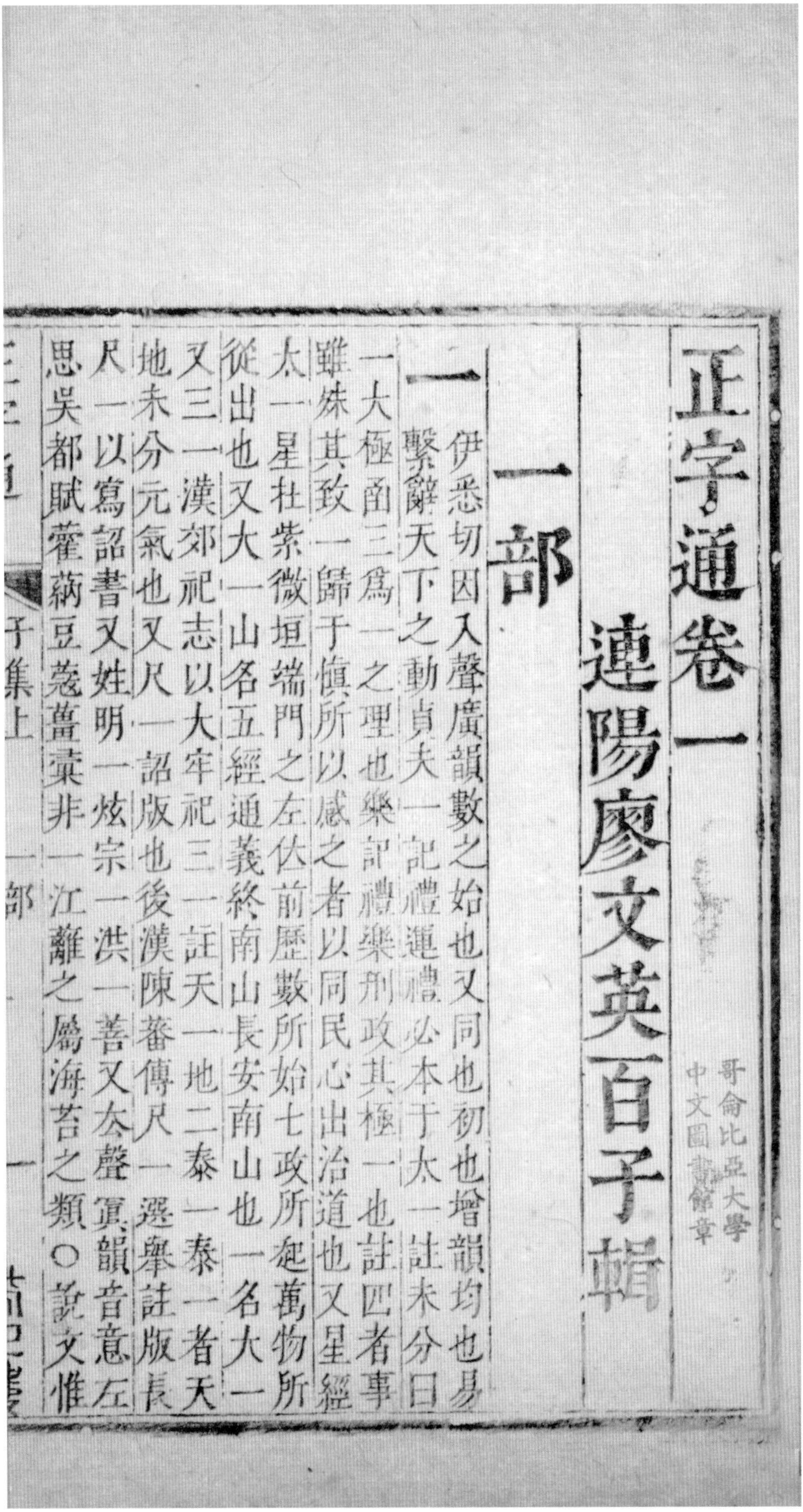

正字通卷一

連陽廖文英百子輯

一部

一　伊悉切因入聲廣韻數之始也又同也初也增韻均也易繫辭天下之動貞夫一記禮運禮必本于太一註未分曰一大極函三爲一之理也樂記禮樂刑政其極一也註四者事雖殊其致一歸于慎所以感之者以同民心出治道也又星經太一星在紫微垣端門之左位前歷數所始七政所起萬物所從出也又大一山名五經通義終南山長安南山也一名大一又三一漢郊祀志以大牢祀三一註天一地二泰一泰一者天地未分元氣也又尺一詔版也後漢陳蕃傳尺一選舉註版長尺一以寫詔書又姓明一炫宗一洪一善又去聲寘韻音意左思吳都賦藿蒳豆蔻薑彙非一江離之屬海苔之類○說文惟

正字通　子集上　一部　一

031.康熙字典十二集附備考補遺 〔清〕張玉書等編

清光緒元年（1875）湖北崇文書局刻本 四十册六函

每半葉8行，行12字，小字雙行24字，白口，四周雙邊，單黑魚尾，半框高19.2釐米，寬13.7釐米。上鎸書名，中鎸集名、部首及筆畫，下鎸葉碼。

内封題“康熙字典”。牌記題“光緒元年冬湖北崇文書局敬謹重刊”。卷端題“康熙字典”。

康熙字典

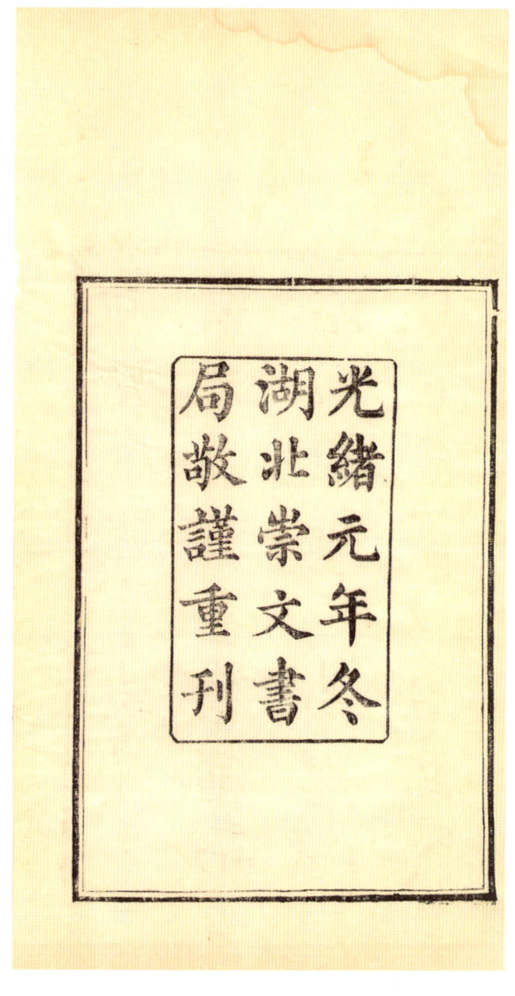
光緒元年冬
湖北崇文書
局敬謹重刊

康熙字典

子集上

一部

一　古文弌　唐韻韻會於悉切集韻正韻益悉切𠀤漪入聲
說文惟初大始道立於一造分天地化成萬物
廣韻數之始也物之極也易繫辭天一地二老子道德經道生
一一生二　又廣韻同也禮樂記禮樂刑政其極一也史記儒
林傳韓生推詩之意而爲內外傳數萬言其語頗與齊魯閒殊
然其歸一也　又少也顏延之庭誥文選書務一不尚煩密何
承天答顏永嘉書竊願吾子舍兼而遵一也　又增韻純也易
繫辭天下之動貞夫一老子道德經天得一以清地得一以寧
神得一以靈谷得一以盈萬物得一以生侯王得一以爲天下
正　又均也唐書薛平傳兵鎧完礪徭賦均一　又誠也中庸

032.康熙字典十二集附備考補遺　〔清〕張玉書等編　

清光緒九年(1883)上海同文書局石印本　六册一函

内封題“康熙字典”。牌記題“光緒癸未重九上海同文書局石印”。卷端題“康熙字典”。

鈐印“扶溝王氏珍藏”。

按：每集分上、中、下三卷，卷末附每集的備考和補遺。

康熙字典

子集上

一部

一 古文弌 唐韻韻會於悉切集韻正韻益悉切𠀤漪入聲 說文惟初大始道立於一造分天地化成萬物 廣韻數之始也物之極也 易繫辭天一地二 老子道德經道生一一生二 又廣韻同也 禮樂記禮樂刑政其極一也 史記儒林傳韓生推詩之意而爲內外傳數萬言其語頗與齊魯閒殊然其歸一也 又少也 顏延之庭誥文選書務一不尙煩密 何承天答顏永嘉書竊願吾子舍兼而遵一也 又增韻純也 易繫辭天下之動貞夫一 老子道德經天得一以淸地得一以寧神得一以靈谷得一以盈萬物得一以生侯王得一以爲天下正 又均也 唐書薛平傳兵鎭完礪徭賦均一 又誠也 中庸所以行之者一也 又正一 唐書司馬承禎傳得陶隱居正一法逮四世矣 又一一 韓非子內儲篇南郭處士請爲齊宣王吹竽宣王悅之廩食以數百人湣王立好一一聽之處士逃 韓愈詩一一欲誰憐 蘇軾詩好語似珠穿一一 又星經天一星在紫微宮門外太一星在天一南半度 又太一山名卽終南山一名太乙 又三一 前漢郊祀志以太牢祀三一 註天一地一泰一泰一者天地未分元氣也 又尺一詔版也 後漢陳蕃傳尺一選舉 註版長尺一以寫詔書 又百一詩篇名魏應璩著 又姓明一炫宗又三字姓北魏有一那婁氏後改婁氏 又一二三作壹貳叄 大學壹是皆以修身爲本 史記禮書總一海內 前漢霍光傳作總壹 六書故今惟財用出納之簿書用壹貳叄以防姦易 又韻補叶於利切音懿 左思吳都賦藿蒳豆蔻薑彙非一江蘺之屬海苔之類 又叶弦雞切音兮 參同契白者金精黑者水基水者道樞其數名一

丁 古文个 唐韻集韻韻會正韻𠀤當經切音玎 十幹名 說文夏時萬物皆丁實 丁承丙象人心 六書正譌丁蠆尾也象形凡造物必以金木爲丁附著之因聲借爲丙丁字 爾雅釋天太歲在丁曰彊圉 月在丁曰圉 禮月令仲春之月上丁命樂正習舞釋菜 又唐書禮樂志仲春仲秋釋奠於文宣王皆以上丁 又五丁力士 蜀記秦惠王欲伐蜀造石牛置金其後蜀人使五丁力士拖石成道秦遂伐蜀 杜甫詩論功超五丁 又六丁神名 道書陽官六甲陰官六丁謂六甲中丁神也 又爾雅釋詁丁當也 註相當值 詩大雅寧丁我躬 又民丁 唐書食貨志租庸調之法以人丁爲本 又授田十畝歲輸粟二斛謂之租丁 又莊子養生主庖丁解牛 杜甫詩畦丁負籠至 宋史高宗紀圖敎峒丁槍杖手 又羅廉州貢珠織蛋丁自便 何異傳募山丁擒首亂者 唐璘傳團結漁業茶鹽舟夫蘆丁悉備艨舟之具 元史博爾忽傳俞丁溪子 橘錄金橘高不及尺許結實繁多園丁種之以鬻於市 又零丁或作伶仃失志貌 晉書李密傳零丁孤苦至於成立 又彼此相屬曰丁寧 後漢郎顗傳丁寧再三留神於此俗作叮嚀 又丁寧鉦也 左傳宣四年楚伯棼射王汰輈及鼓跗著於丁寧 又丁東聲也凡玉珮鐵馬聲皆曰丁當丁東二音古通 又丁水 水經注泗水又東南流丁溪水注之 又爾雅釋魚魚枕謂之丁 註枕在魚頭骨中形似篆書丁字 又丁子科斗也初生如丁有尾 莊子天下篇丁子有尾 又肉丁瘡名 物類相感賦身上生肉丁芝麻花擦之 又烏丁茶名見本草 又吉丁蟲名 本草註甲蟲也背正綠有翅在甲下出嶺南賓澄諸州人取帶之令人喜好相愛 又貫休詩蕨萁玉粉生香壟茵蔯紅丁出靜樸 陸游詩滿貯醇醪漬黃甲密封小甕餉紅丁 皆詩人象形借用也 又姓本姜姓齊太公子伋爲丁公因以命氏 又逸書謚法述義不克曰丁 又廣韻集韻韻會𠀤中莖切音朾 詩小雅伐木丁丁 註伐木聲相應也 又韻

033.字典考證十二集　〔清〕王引之撰　Quarto PL1420 .T87x 1876

清光緒二年（1876）湖北崇文書局刻本　六册一函

每半葉10行，行21字，白口，四周雙邊，無魚尾，半框高17.3釐米，寬13.4釐米。版心上鎸書名及集名，下鎸葉碼。

内封題“字典考證”。牌記題“光緒二年夏月崇文書局開雕”。卷端題“字典考證”。

字典子集上考證

一部

二畫

丈

左傳昭二十三年以令役於諸侯屬役賦丈　謹照原文二十三年改三十二年

杜甫詩百丈牽來上瀨船　謹照原文牽來改誰家

註百丈牽船筏也　謹照原註筏改篾

上

楚辭九懷臨淵兮汪洋顧林兮忽荒修子兮袿衣騎

034.文字蒙求四卷　〔清〕王筠撰　

清道光二十六年(1846)刻本　二册一函

每半葉6行,行11字,小字雙行22字,白口,四周雙邊,單黑魚尾,半框高19.6釐米,寬14釐米。版心上鎸書名,中鎸卷次,下鎸葉碼。

卷端題"文字蒙求"。

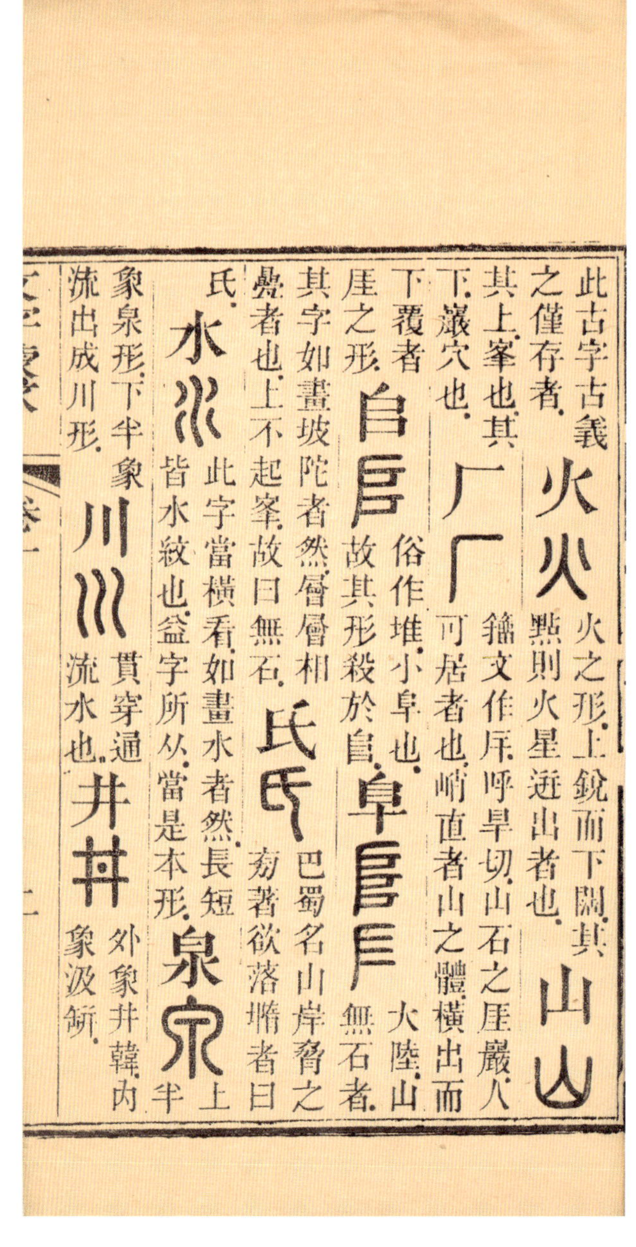

文字蒙求卷一

以下二卷列字率以類聚

象形

易曰：百官以治，萬民以察。知文字爲記事而作，如今之帳簿而已。有實字，無虛字。後世之虛字，皆借實字爲之也。字因事造，而事由物起。牛羊，物也。牟芈則事也。艸木，物也。出乇𠂹𠧪皆事也。故班書藝文志曰：六書，謂象形、象事、象意、象聲、轉注、假借，其次第最允。說文及周禮鄭注皆不及也。鐘鼎象形字，皆畫成其物，隨體詰詘。李斯變爲小篆，欲其大小齊同，不能無所伸縮，遂有不象者矣。茲秉采古文以便初學。

035.澄衷蒙學堂字課圖説四卷檢字一卷類字一卷　〔清〕劉樹屏撰　〔清〕吴子城繪圖　

清光緒三十一年（1905）澄衷蒙學堂石印本　七册一函

内封題“字課圖説，蘇州吴子城繪圖，本學堂印書處印”。牌記題“光緒三十一年乙巳季夏月澄衷蒙學堂十四次石印”。卷首有澄衷蒙學堂字課圖説檢字。

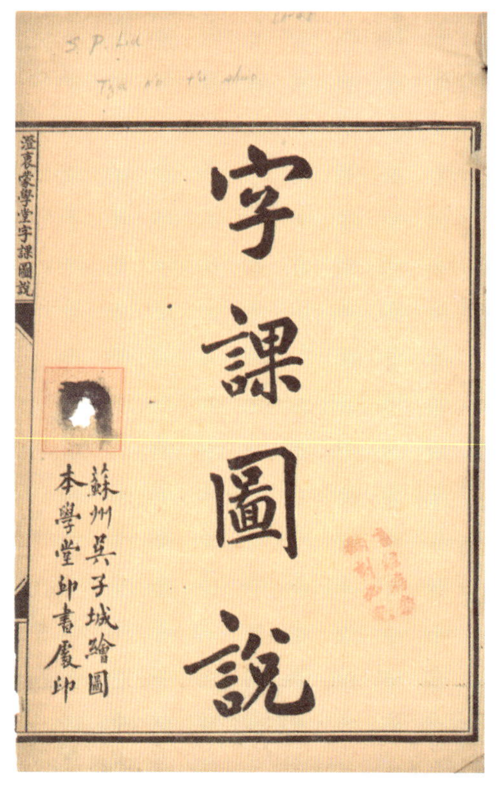

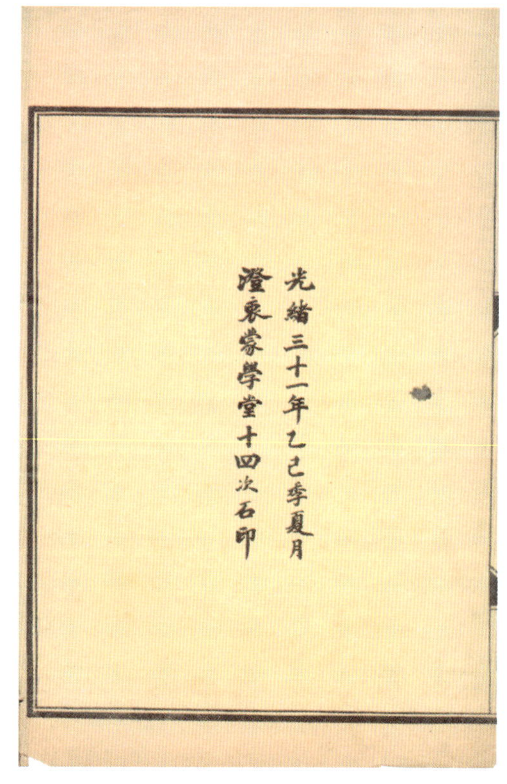

澄衷蒙學堂字課圖説檢字

一畫
乙 一卷十三
一 三卷一

二畫
丁 一卷十三
刀 二卷十九
乂 二卷三十七
刁 二卷四十五
卜 二卷五十五
力 二卷六十二

二 三卷一
七 三卷二
八 三卷二
九 三卷二
十 三卷二
几 三卷二十二

入 四卷四十二
了 四卷六十
人 四卷七十五
又 四卷八十一
乃 四卷八十三

三畫
久 一卷十一
夕 一卷十二
己 一卷十三
子 一卷十四
巳 一卷十四
上 一卷十五

下 一卷十五
大 一卷十八
川 一卷二十六
土 一卷三十六
山 一卷十一
刃 二卷二十

弓 二卷二十一
丸 二卷二十二
女 二卷二十九
士 二卷三十五
工 二卷三十五
才 二卷三十七

平 二卷四十三
弋 二卷五十四
口 二卷七十五
亡 二卷八十四
尸 二卷八十四
三 三卷二

千 三卷二
廿 三卷四
寸 三卷四
丈 三卷四
巾 三卷十五
勺 三卷三十二

义 三卷四十一
乞 四卷五十三
小 四卷六十二
凡 四卷七十七
也 四卷八十六
已 四卷八十六

四畫
夭 一卷一
日 一卷一
月 一卷一
斗 一卷三
今 一卷十一
支 一卷十三

澄衷蒙學堂字課圖説　卷一

天 平

上曰天。天地。青天。

他前切。天積氣也。氣包乎地。近地者氣濃。離地愈遠則愈薄。以風雨表測之。高千尺。氣輕三十之一。高萬有六百尺。輕三之一。高萬八千尺。輕二之一。高至二百餘里而氣盡。氣盡則空。故曰天空。

氣 去 气

音器。陰陽。呼吸為氣。天氣。氣數。

郎既切。氣乃餼之古字也。雲氣之氣本作气。今以氣字代气。生物在天地中。如魚在水。其所呼吸皆空氣也。靜則曰氣。動則曰風。氣無質而有質。今化學家有養氣、淡氣、水氣、炭氣等名。

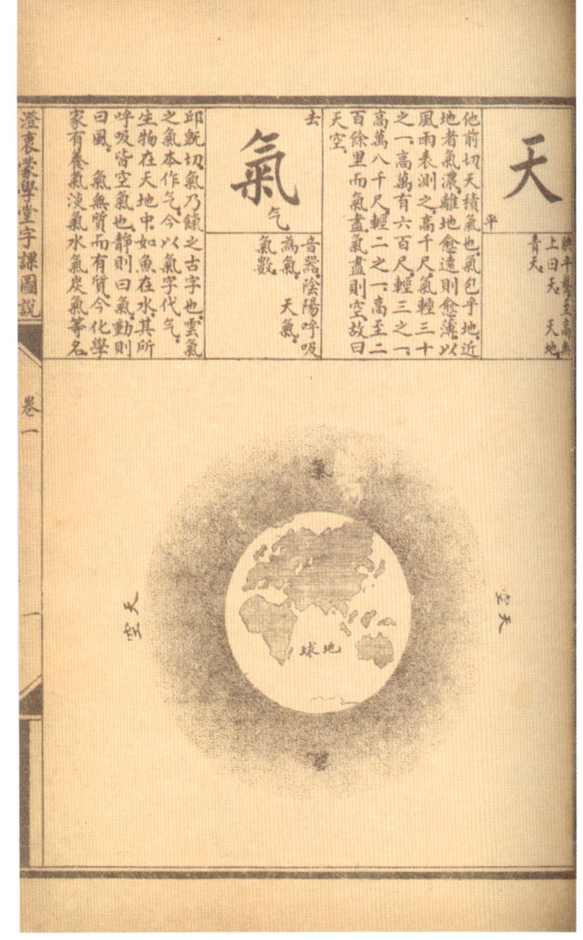

036.廣金石韻府五卷 〔清〕林尚葵輯 Quarto PL1171 .C65x

清康熙九年（1670）大業堂刻朱墨套印本 六册一函

每半葉6行，字數不等，小字雙行，字數不等，白口，四周單邊，無魚尾，半框高21.5釐米，寬14.7釐米。版心下鎸韻部及葉碼。

内封題“賴古堂重訂，廣金石韻府，大業堂藏板”。卷端題“廣金石韻府，古閩林尚葵朱臣甫廣輯，李根阿靈甫較正”。

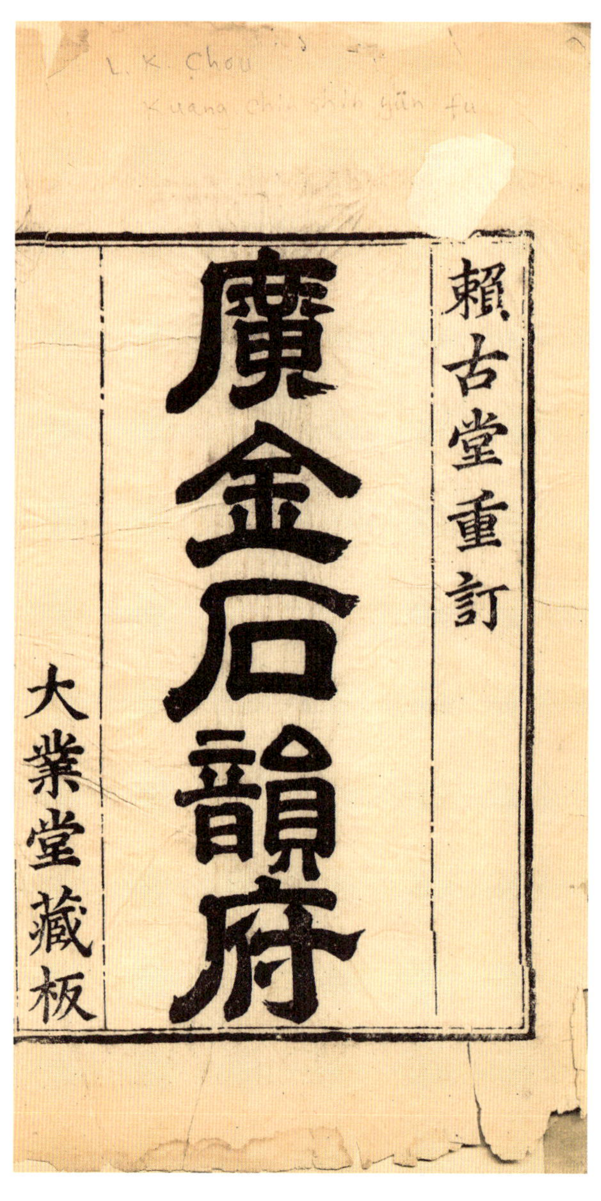

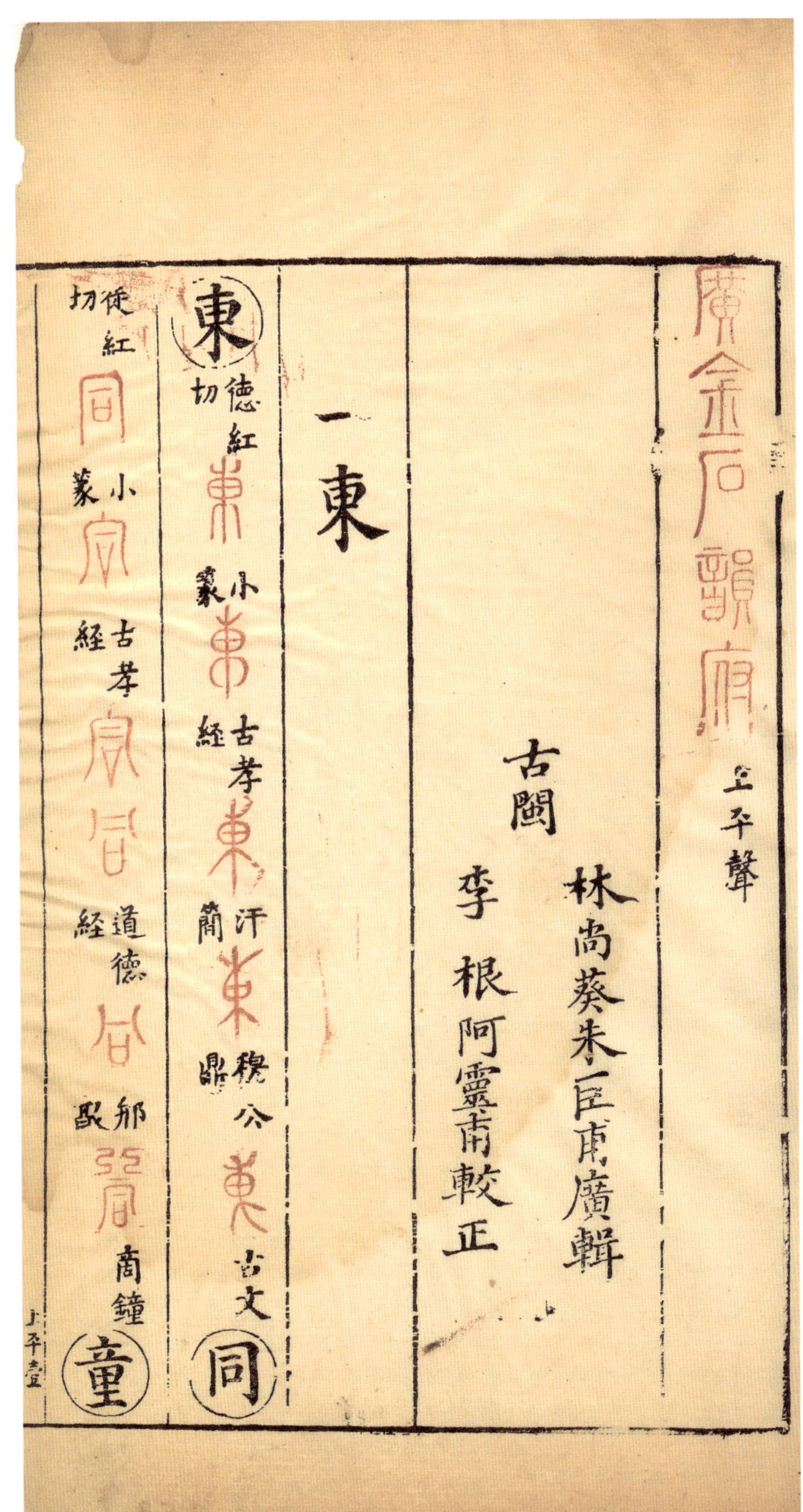

廣金石韻府　上平聲

古閩　林尚葵朱臣廣輯

李根阿靈甫較正

一東

東　德紅切　小篆　古孝經　汗簡　穆公鼎　古文

同　徒紅切　小篆　古孝經　道德經　郍敔　商鐘

童

上平壹

037.爾雅注疏本正誤五卷 〔清〕張宗泰撰

清光緒二十六年(1900)廣雅書局刻本 一册一函

每半葉11行,行24字,黑口,四周單邊,單黑魚尾,半框高20.9釐米,寬15.5釐米。版心中鎸書名、卷次及葉碼,下鎸“廣雅書局刊”。

内封題“爾雅注疏”。牌記題“光緒庚子年廣雅書局刊”。卷端題“爾雅注疏本正誤,甘泉張宗泰撰”。

爾雅注疏

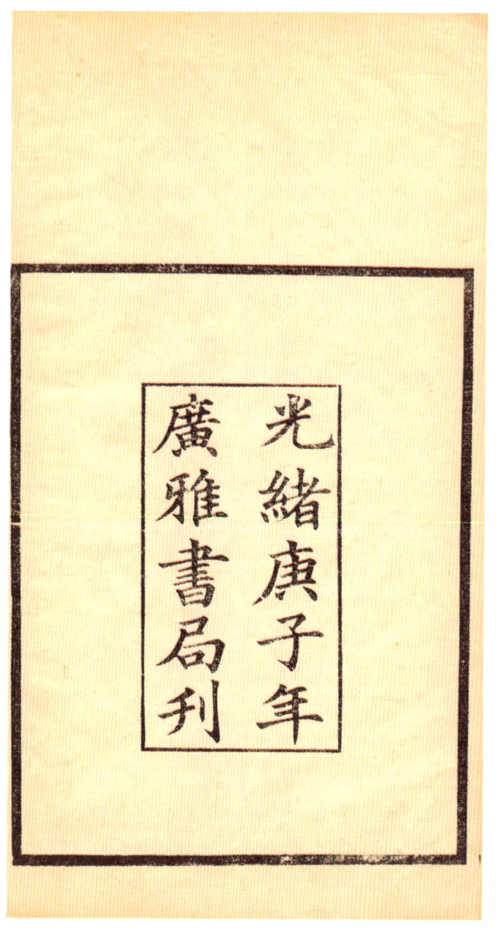

光緒庚子年
廣雅書局刊

訊一傚誶

釋文云誶沈涖旋一音粹。郭一璞一音碎。

本案沈音即梁沈旋集注爾雅之也，郭音即晉郭璞爾雅音義之也

爾雅注疏本正誤卷一

甘泉張宗泰撰

第一正經文之誤

爾雅卷上

釋詁

訊、誶、告也。釋文誶沈音粹，郭音碎。本又作訊，音信。蓋卒字有書作卒者，與卂相近，故此經及詩多誤作誶。廣韻訊注雖有問告兩訓，然下釋言別有訊言也，郭注爲相問訊，而不云誶亦爲問則告之爲誶明矣。凡釋文本又作某者，不過收之以備一說，今刻者不察，轉依其又作者刻之，而不從其大書之字，他經往往有此，不獨爾雅也，宜各衡其文義正之。

038.經籍籑詁一百六卷首一卷補遺一百六卷　〔清〕阮元撰　PL2461.Z7 J77 1799

清嘉慶間阮氏琅嬛仙館刻本　六十四册八函

每半葉8行，行20字，小字雙行字同，白口，左右雙邊，單黑魚尾，半框高13.9釐米，寬10.7釐米。版心上鐫書名，中鐫卷次、韻部，下鐫葉碼。

内封題“經籍籑詁並補遺百六卷，揚州阮氏琅嬛仙館刊本”。卷端題“經籍籑詁，臣阮元撰集”。

經籍籑詁并
補遺百六卷
揚州阮氏琅嬛僊館栞本

經籍籑詁卷第一　上平聲

臣阮元譔集

一東

東丨動也廣雅釋詁一又漢書律厤志上○丨者動
也續漢書五行志注引風俗通○丨方者動方也
物之動也藝文類聚歲時部上引書大傳○丨方者
動方也萬物始動生也白虎通五行○丨方者陽氣
始動萬物始生同上○丨方天下皆生也同上○丨丨
方者陽也白虎通情性○丨方木也論衡形勢○丨丨
方者木春秋繁露五行相生○丨方者木也白虎通
五行○丨風木風也淮南覽冥故丨風至而酒湛溢
注○震爲丨易既濟丨鄰殺牛虞注○丨者日之初
素問五運行大論丨方生風注○丨君日也廣雅釋

讖緯類

039.古微書三十六卷 〔明〕孫瑴撰

清光緒十四年(1888)刻本 六册一函

每半葉11行,行24字,小字雙行字同,白口,左右雙邊,單黑魚尾,半框高20.6釐米,寬15.3釐米。版心上鎸書名,中鎸卷次、篇名及葉碼,下鎸"對山問月樓"。

内封題"古微書三十六卷,對山問月樓本"。卷端題"古微書,明華容孫瑴著録"。

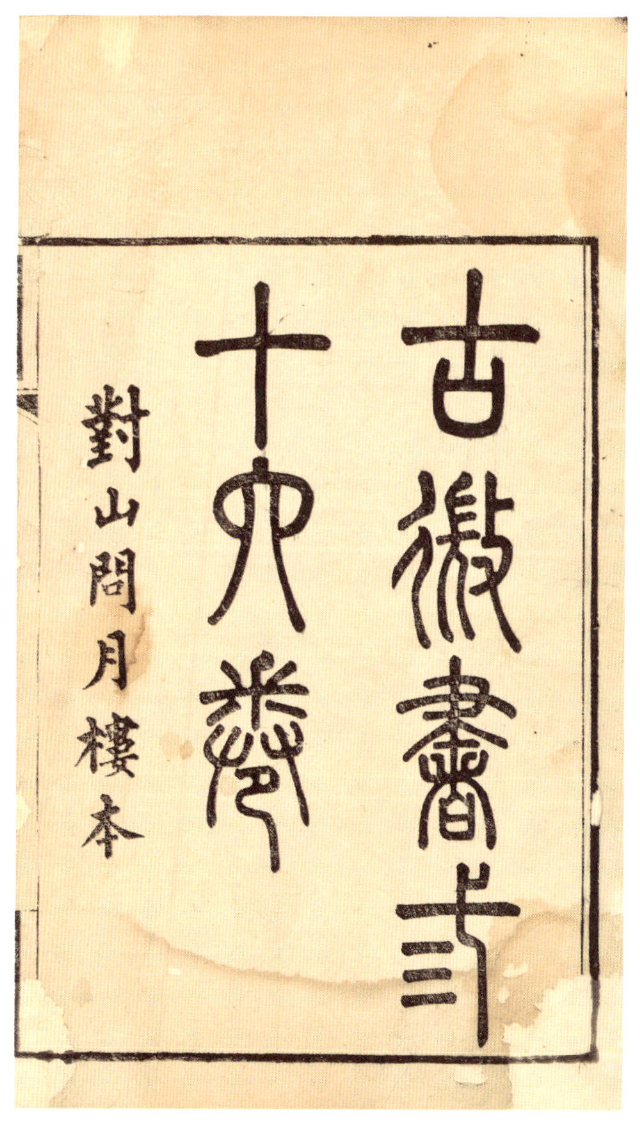

古微書卷之一

明華容孫　瑴著錄

尚書緯

賁居子謹按隋史經籍志尚書緯三卷其目凡五曰琁璣鈐曰考靈曜曰刑德放曰帝命驗曰運期授皆主言天咫地游帝王運歷之大事而五逸其三矣稍可窺者考靈曜帝命驗二文亦復無篇第無章次姑循其義類而確爲班部至其叢脊錯零不可爲顛委者雖一語雖三數語猶復綴之以志探賾之勤其中候諸讖別自爲篇

尚書考靈曜

賁居子曰學莫大于稽天自堯歷象舜璣衡于是禮樂兵

史部

叢編

040.二十四史三千二百十二卷

清同治光緒間五省官書局合刻本　五百十六册六十二函

每半葉12行，行25字，小字雙行，字數不等，白口，左右雙邊，單黑魚尾，半框高20.8釐米，寬14.9釐米。版心中鎸"汲古閣"及"毛氏正本"，下鎸葉碼。

《史記》内封題"史記"。牌記題"光緒四年冬日金陵書局印行"。卷末牌記題"金陵書局仿汲古閣本刊"。

子目：

史記一百三十卷　〔漢〕司馬遷撰　〔南朝宋〕裴駰集解　清光緒四年（1878）金陵書局刻本

漢書一百卷　〔漢〕班固撰　〔唐〕顏師古注　清同治八年（1869）金陵書局刻本

後漢書九十卷志三十卷　〔南朝宋〕范曄撰　〔唐〕李賢注　（志）〔晋〕司馬彪撰　〔南朝梁〕劉昭注　清同治八年金陵書局刻本

三國志六十五卷　〔晋〕陳壽撰　〔南朝宋〕裴松之注　清同治九年（1870）金陵書局刻本

晋書一百三十卷　〔唐〕太宗李世民撰　清同治十年（1871）金陵書局刻本

宋書一百卷　〔南朝梁〕沈約撰　清同治十一年（1872）金陵書局刻本

南齊書五十九卷　〔南朝梁〕蕭子顯撰　清同治十三年（1874）金陵書局刻本

梁書五十六卷　〔唐〕姚思廉撰　清同治十三年金陵書局刻本

陳書三十六卷　〔唐〕姚思廉撰　清同治十一年金陵書局刻本

魏書一百十四卷　〔北齊〕魏收撰　清同治十一年金陵書局刻本

北齊書五十卷　〔唐〕李百藥撰　清同治十一年金陵書局刻本

周書五十卷　〔唐〕令狐德棻等撰　清同治十三年金陵書局刻本

隋書八十五卷　〔唐〕魏徵、長孫無忌等撰　清同治十年淮南書局刻本

南史八十卷　〔唐〕李延壽撰　清同治十一年金陵書局刻本

北史一百卷　〔唐〕李延壽撰　清同治十一年金陵書局刻本

舊唐書二百卷　〔後晋〕劉昫等撰　清同治十一年浙江書局刻本

唐書二百二十五卷　〔宋〕歐陽修、宋祁等撰　清同治十二年（1873）浙江書局刻本

舊五代史一百五十卷　〔宋〕薛居正等撰　清同治十一年湖北崇文書局刻本

五代史七十四卷　〔宋〕歐陽修撰　〔宋〕徐無黨注　清同治十一年湖北崇文書局刻本

宋史四百九十六卷　〔元〕脱脱等撰　清光緒元年（1875）浙江書局刻本

遼史一百十五卷附考證　〔元〕脱脱等撰　清同治十二年江蘇書局刻本

金史一百三十五卷　〔元〕脱脱等撰　清同治十三年江蘇書局刻本

元史二百十卷　〔明〕宋濂、王禕等撰　清同治十三年江蘇書局刻本

明史三百三十二卷　〔清〕張廷玉等撰　清光緒三年（1877）湖北崇文書局刻本

史記

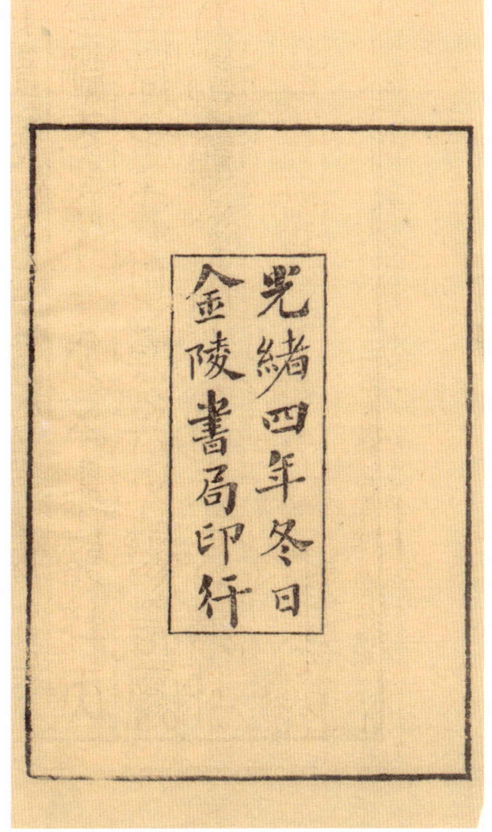

光緒四年冬日

金陵書局印行

史記集解序

裴駰

班固有言曰司馬遷據左氏國語采世本戰國策述楚漢春秋接其後事訖于天漢其言秦漢詳矣至於采經摭傳分散數家之事甚多疏略或有抵捂亦其所涉獵者廣博貫穿經傳馳騁古今上下數千載閒斯已勤矣又其是非頗謬於聖人論大道則先黄老而後六經序游俠則退處士而進姦雄述貨殖則崇勢利而羞賤貧此其所蔽也然自劉向揚雄博極羣書皆稱遷有良史之才服其善序事理辯而不華質而不俚其文直其事核不虛美不隱惡故謂之實録駰以爲固之所言世稱其當雖時有紕繆實勤成一家總其大較信命世之宏才也考校此書文句不同有多有少莫辯其實而世之惑者定彼從此是非相貿眞僞舛雜故中散大夫

東莞徐廣研核眾本為作音義具列異同兼述訓解麤有所發明而殊恨省略聊以愚管增演徐氏采經傳百家并先儒之說豫是有益悉皆抄內刪其游辭取其要實或義在可疑則數家兼列漢書音義稱臣瓚者莫知氏姓今直云瓚曰又都無姓名者但云漢書音義時見微意有所裨補譬嘒星之繼朝陽飛塵之集華嶽以徐為本號曰集解未詳則闕弗敢臆說人心不同聞見異辭班氏所謂疏略抵捂者依違不悉辯也愧非胥臣之多聞子產之博物妄言末學蕪穢舊史豈足以關諸畜德庶賢無所用心而已

史記一（凡是徐氏義稱徐姓名以別之餘者悉是駰注解并集眾家義）

五帝本紀第一

黃帝者（徐廣曰號有熊）少典之子姓公孫（譙周曰有熊國君少典之子也皇甫謐曰有熊今河南新鄭是也）名曰軒轅生而神靈弱而能言幼而徇齊（徐廣曰墨子曰年踰十五則聰明心慮無不徇通矣駰案徇疾齊速也言聖德幼而疾速也）長

041.二十四史三千二百五十二卷 DS735.A2 E65x 1884

清光緒十年(1884)上海同文書局石印本　七百十一册六十八函

《史記》内封題“史記百三十卷”。牌記題“光緒十年甲申仲春上海同文書局用石影印”。卷端題“史記,漢太史令司馬遷撰,宋中郎外兵曹參軍裴駰集解,唐國子博士弘文館學士司馬貞索隱,唐諸王侍讀率府長史張守節正義”。

子目:

史記一百三十卷　〔漢〕司馬遷撰　〔南朝宋〕裴駰集解　〔唐〕司馬貞索隱　〔唐〕張守節正義

前漢書一百卷　〔漢〕班固撰　〔唐〕顔師古注

後漢書九十卷志三十卷　〔南朝宋〕范曄撰　〔唐〕李賢注　(志)〔晋〕司馬彪撰　〔南朝梁〕劉昭注

三國志六十五卷　〔晋〕陳壽撰　〔南朝宋〕裴松之注

晋書一百三十卷音義三卷　〔唐〕房玄齡等撰　(音義)〔唐〕何超撰

宋書一百卷　〔南朝梁〕沈約撰

南齊書五十九卷　〔南朝梁〕蕭子顯撰

梁書五十六卷　〔唐〕姚思廉撰

陳書三十六卷　〔唐〕姚思廉撰

魏書一百十四卷　〔北齊〕魏收撰

北齊書五十卷　〔唐〕李百藥撰

周書五十卷　〔唐〕令狐德棻等撰

隋書八十五卷　〔唐〕魏徵等撰

南史八十卷　〔唐〕李延壽撰

北史一百卷　〔唐〕李延壽撰

舊唐書二百卷　〔後晋〕劉昫等撰

唐書二百二十五卷釋音二十五卷　〔宋〕歐陽修、宋祁撰　(釋音)〔宋〕董衝撰

舊五代史一百五十卷　〔宋〕薛居正等撰

五代史七十四卷　〔宋〕歐陽修撰　〔宋〕徐無黨注

宋史四百九十六卷目録三卷　〔元〕脱脱等撰

遼史一百十六卷　〔元〕脱脱等撰

金史一百三十五卷目録二卷　〔元〕脱脱等撰

元史二百十卷目録二卷　〔明〕宋濂等撰

明史三百三十二卷目録四卷　〔清〕張廷玉等撰

光緒十年甲申
仲春上海同文
書局用石影印

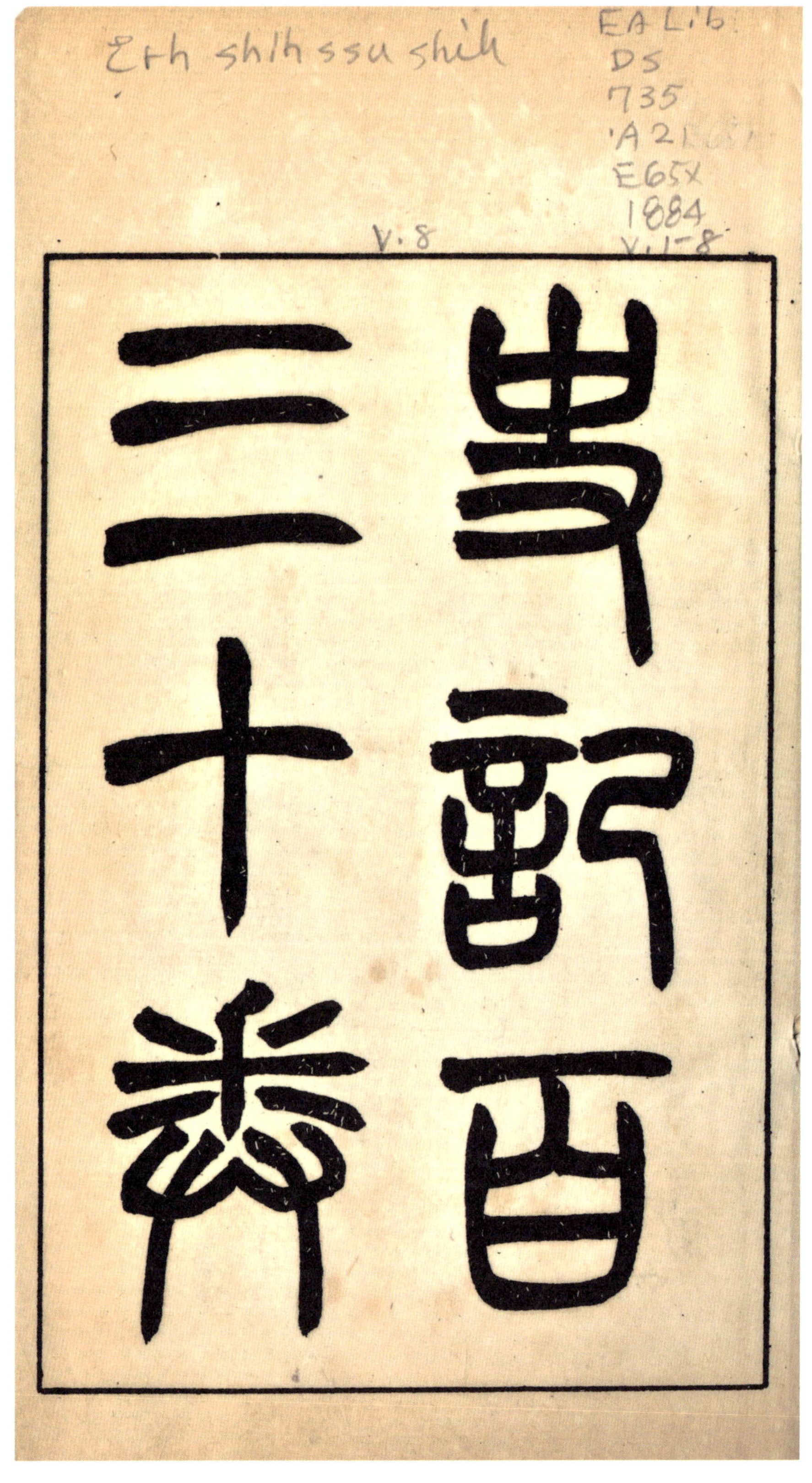
Erh shih ssu shih
EA Lib.
DS
735
E65x
1884
v.8
史記百
三十卷

史記卷一

漢　太　史　令司馬遷　撰

宋中郎外兵曹參軍裴　駰集解

唐國子博士弘文館學士司馬貞索隱

唐諸王侍讀率府長史張守節正義

五帝本紀第一

【集解】裴駰曰凡是徐氏義稱徐姓名以別之餘者悉是駰註解幷集衆家義【索隱】紀者記也本其事而記之故曰本紀又紀理也絲縷有紀而帝王書稱紀者言爲後代綱紀也【正義】鄭玄注中候勅省圖云德合五帝坐星者稱帝又坤靈圖云德配天地在正不在私曰帝按太史公依世本大戴禮以黃帝顓頊帝嚳唐堯虞舜爲五帝譙周應劭宋均皆同而孔安國尚書序皇甫

042.二十四史三千二百五十二卷 DS735.A2 E63 1903

清光緒二十九年(1903)五洲同文局石印本　二百八十三册四十五函

牌記題“光緒癸卯冬十月五洲同文局石印”。

子目:

史記一百三十卷(缺)　〔漢〕司馬遷撰　〔南朝宋〕裴駰集解　〔唐〕司馬貞索隱　〔唐〕張守節正義

前漢書一百卷(缺)　〔漢〕班固撰　〔唐〕顔師古注

後漢書九十卷志三十卷(缺)　〔南朝宋〕范曄撰　〔唐〕李賢注　(志)〔晋〕司馬彪撰　〔南朝梁〕劉昭注

三國志六十五卷(缺)　〔晋〕陳壽撰　〔南朝宋〕裴松之注

晋書一百三十卷音義三卷　〔唐〕房玄齡等撰　(音義)〔唐〕何超撰

宋書一百卷(缺)　〔南朝梁〕沈約撰

晋書一百三十卷　〔唐〕房玄齡等撰

南齊書五十九卷　〔南朝梁〕蕭子顯撰

梁書五十六卷　〔唐〕姚思廉撰

陳書三十六卷　〔唐〕姚思廉撰

魏書一百十四卷　〔北齊〕魏收撰

北齊書五十卷　〔唐〕李百藥撰

周書五十卷　〔唐〕令狐德棻等撰

隋書八十五卷　〔唐〕魏徵等撰

南史八十卷　〔唐〕李延壽撰

北史一百卷　〔唐〕李延壽撰

舊唐書二百卷　〔後晋〕劉昫等撰

唐書二百二十五卷釋音二十五卷　〔宋〕歐陽修、宋祁撰　(釋音)〔宋〕董衝撰

舊五代史一百五十卷　〔宋〕薛居正等撰

五代史七十四卷　〔宋〕歐陽修撰

宋史四百九十六卷目録三卷(缺)　〔元〕脱脱等撰

遼史一百十六卷（缺）　〔元〕脱脱等撰

金史一百三十五卷目録二卷（缺）　〔元〕脱脱等撰

元史二百十卷目録二卷（缺）　〔明〕宋濂等撰

明史三百三十二卷目録四卷（缺）　〔清〕張廷玉等撰

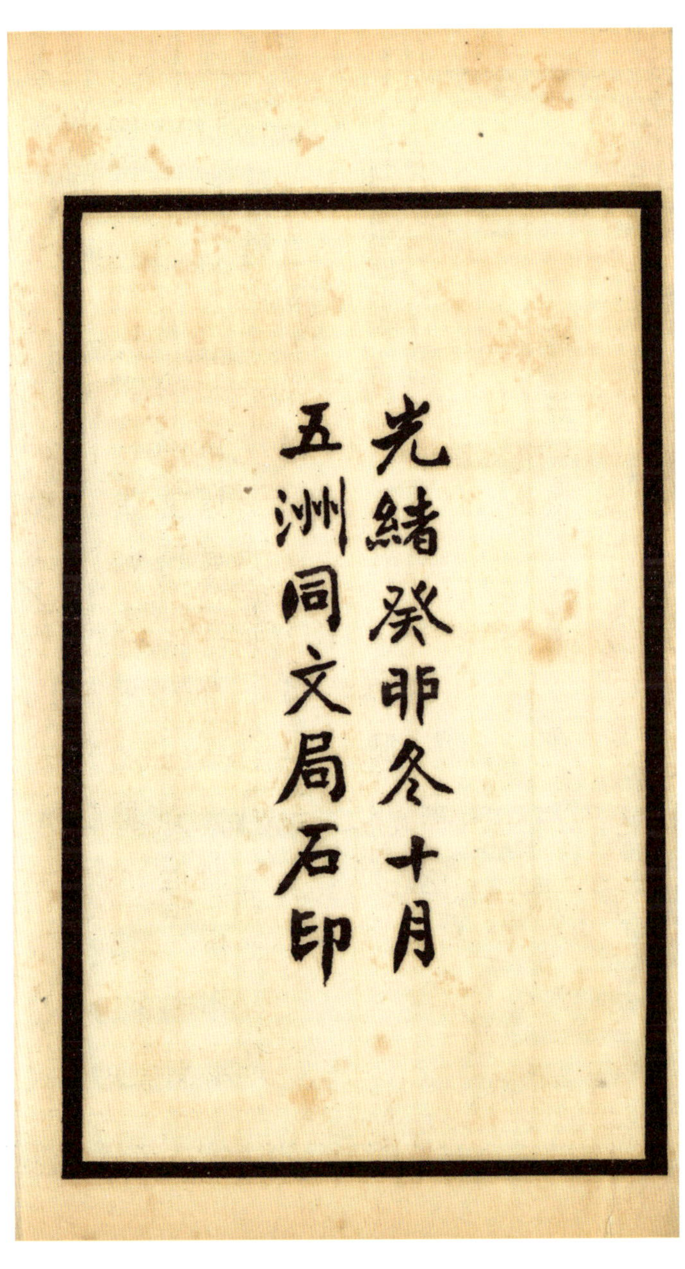

光緒癸卯冬十月

五洲同文局石印

晉書百
三十卷

晉書卷一

唐太宗文皇帝御撰

帝紀第一

宣帝

宣皇帝諱懿字仲達河內溫縣孝敬里人姓司馬氏其先出自帝高陽之子重黎爲夏官祝融歷唐虞夏商世序其職及周以夏官爲司馬其後程伯休父周宣王時以世官克平徐方錫以官族因而爲氏楚漢間司馬卬爲趙將與諸侯伐秦秦亡立爲殷王都河內漢以其地爲郡子孫遂家焉自卬八世生征西將軍鈞字叔平鈞

紀傳類

043.史記一百三十卷　〔漢〕司馬遷撰　〔南朝宋〕裴駰集解　〔唐〕司馬貞索隱　〔唐〕張守節正義　1574 Mi

明萬曆二至三年（1574—1575）南京國子監刻明清遞修本　二十四册三函

每半葉10行，行21字，小字雙行字同，白口，四周雙邊，雙順黑魚尾，半框高21.7釐米，寬15釐米。版心上鎸“萬曆二年刊”或“萬曆三年刊”，中鎸書名、卷名及卷次，下鎸葉碼及刻工。

卷端題“漢太史令龍門司馬遷撰，宋中郎外兵參軍河東裴駰集解，唐國子博士弘文學士河内司馬貞索隱，唐諸王侍讀率府長史張守節正義，大明南京國子監祭酒余有丁校正、司業周子義同校”。卷首依次有《史記集解序》，署“宋中郎外兵曹參軍裴駰”；《史記索隱序》，署“朝散大夫國子博士弘文館學士河内司馬貞”；《史記索隱後序》；《補史記序》；《史記正義序》，署“諸王侍讀宣議郎守右清道率府長史張守節上”；《史記正義論例》，署“諸王侍讀宣議郎守右清道率府長史張守節上”；目録；《三皇本紀》，署“唐國子博士弘文學士河内司馬貞補撰並注”。

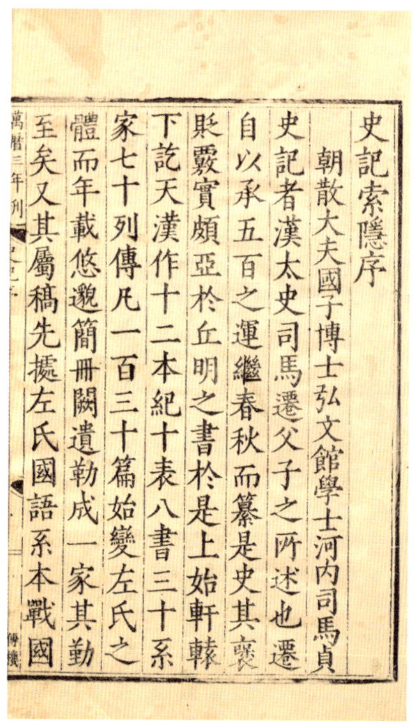
史記索隱序
朝散大夫國子博士弘文館學士河内司馬貞
史記者漢太史司馬遷父子之所述也遷
自以承五百之運繼春秋而纂是史其襃
貶覈實頗亞於丘明之書於是上始軒轅
下訖天漢作十二本紀十表八書三十系
家七十列傳凡一百三十篇始變左氏之
體而年載悠邈簡册闕遺勒成一家其勤
至矣又其屬稿先據左氏國語系本戰國
萬曆三年刊

五帝本紀第一

漢　太　史　令　龍　門　司馬遷　撰

宋　中郎外兵參軍　河　東　裴　駰　集解

唐國子博士弘文學士　河　內　司馬貞　索隱

唐諸王侍讀率府長　史　張守節　正義

大明南京國子監　祭　酒　余有丁　校正

司　業　周子義　同校

裴駰曰凡是徐氏義稱徐姓名以別之餘者悉是駰註解并集衆家義○司馬貞索隱曰紀者記也本其事而記之故曰本紀又紀理也絲縷有紀而帝王書稱紀者言爲後代綱紀也○正義曰鄭玄注中候勑省圖云德合五帝坐星者稱帝又坤靈圖云德配天地在正不在私曰帝

萬曆二年刊　史記五帝紀一　一　黃大豆

044.史記一百三十卷 〔漢〕司馬遷撰 〔南朝宋〕裴駰集解 〔唐〕司馬貞索隱 〔唐〕張守節正義 DS741.3 .S68 1884

清光緒十年(1884)上海同文書局石印本 十三册二函

内封題“史記百三十卷”。牌記題“光緒十年甲申仲春上海同文書局用石影印”。卷端題“史記,漢太史令司馬遷撰,宋中郎外兵曹參軍裴駰集解,唐國子博士弘文館學士司馬貞索隱,唐諸王侍讀率府長史張守節正義”。

按:館藏存卷一至四十三。

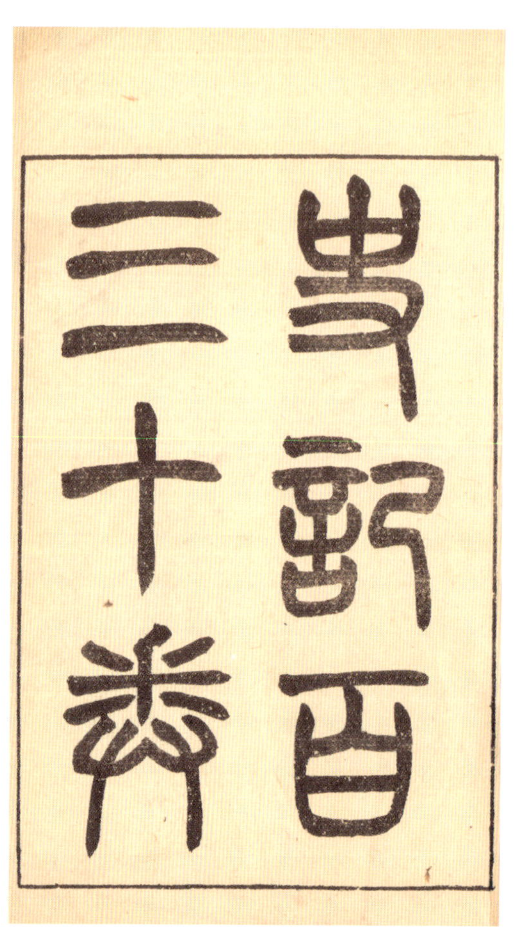

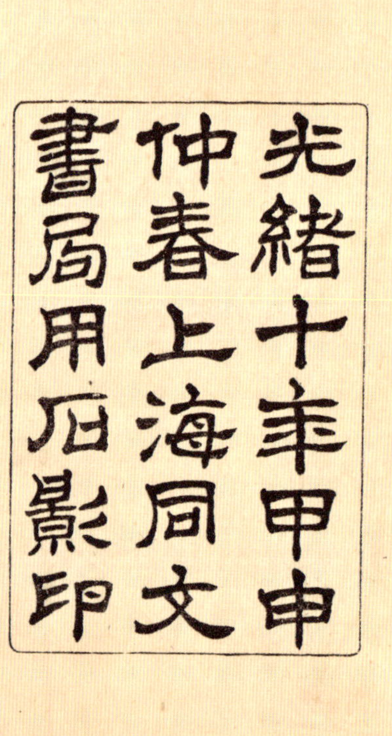

史記卷一

漢　太　史　令司馬遷　撰

宋中郎外兵曹參軍裴駰集解

唐國子博士弘文館學士司馬貞索隱

唐諸王侍讀率府長史張守節正義

五帝本紀第一

【集解】裴駰曰凡是徐氏義稱徐姓名以別之餘者悉是駰註解并集衆家義【索隱】紀者記也本其事而記之故曰本紀又紀理也絲縷有紀而帝王書稱紀者言爲後代綱紀也【正義】鄭玄注中候勑省圖云德合五帝坐星者稱帝又坤靈圖云德配天地在正不在私曰帝按太史公依世本大戴禮以黃帝顓頊帝嚳唐堯虞舜爲五帝譙周應劭宋均皆同而孔安國尚書序皇甫

045.漢書一百卷　〔漢〕班固撰　〔明〕鍾人傑校　1619 M

明萬曆四十七年（1619）刻本　十八册三函

每半葉9行，行20字，小字雙行字同，白口，四周單邊，單白魚尾，半框高21.8釐米，寬14.7釐米。版心上鎸篇名，中鎸卷次，下鎸葉碼、刻工。眉上鎸評，行4字。

卷端題“漢書，漢扶風班固撰，明錢塘鍾人傑校”。卷首依次有《題新刻兩漢書》，署“萬曆己未秋琅邪焦竑撰”；《叙刻前漢書》，署“錢塘鍾人傑撰”；《刻漢書序》，署“萬曆辛巳孟秋初吉汝南何洛文書”；《又序》，署“萬曆辛巳年吴郡王世貞撰”；《又序》，署“萬曆辛巳秋九月朔日歸安茅坤序”；《又序》，署“明萬曆癸未春日五嶽山人沔陽陳文燭撰”；漢書總評；新刻漢書凡例，署“武林後學鍾人傑識”；漢書諸評姓氏；漢書叙例，署“光禄大夫司徒封東郡公”；漢書字例；漢書世系圖；漢書地理南北軍圖；目録。

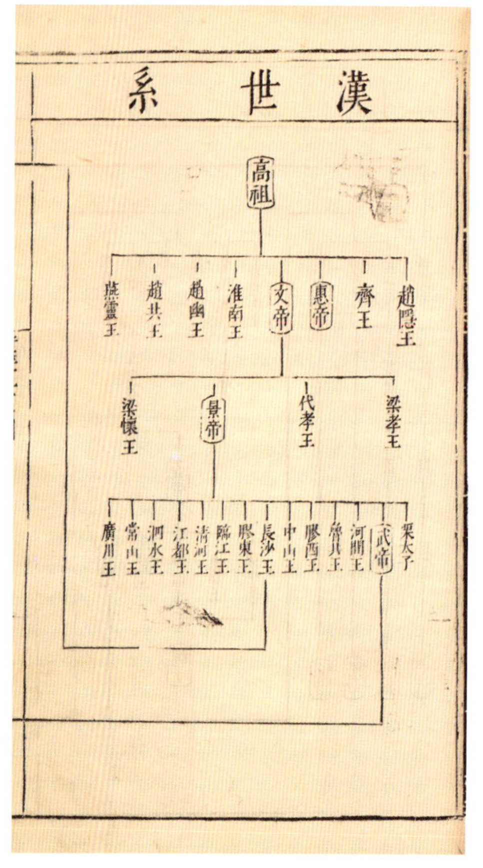

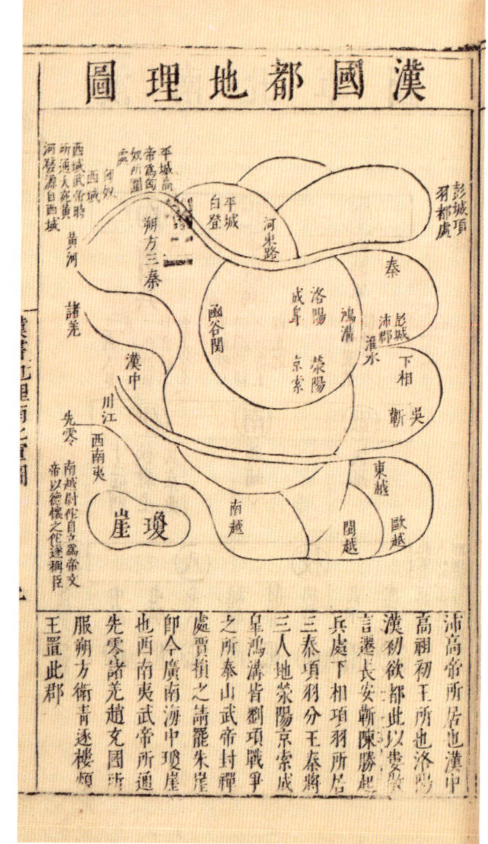

王維楨曰此紀指次楚漢得失興亡處間多攙籍紀而併入之以故較史記更詳而

漢書帝紀卷一

漢扶風班　固撰

明錢唐鍾人傑校

高帝紀上

師古曰紀理也統理衆事而繫之於年月者也

高祖荀悅曰諱邦字季邦之字曰國張晏曰禮謚法無高以爲功最高而爲漢帝之太祖故特起名焉師古曰邦之字曰國者臣下所避以相代也沛豐邑中陽里人也應劭曰沛縣豐鄉也師古曰沛者本秦泗水郡之屬縣豐者沛之聚邑耳方言高高祖所生故舉其本稱以說之也此下言縣鄉邑告諭之故知邑繫於縣也姓劉氏師古曰本出劉累而范氏在秦者又爲劉因以爲姓

裴汝卿

046.前漢書一百卷 〔漢〕班固撰 〔唐〕顔師古注 DS748 .P35 1884

清光緒十年(1884)上海同文書局石印本 三十二册四函

内封題“漢書百二十卷”。牌記題“光緒十年甲申仲春上海同文書局用石影印”。卷端題“前漢書，漢蘭臺令史班固撰，唐正議大夫行秘書少監琅邪縣開國子顔師古注”。

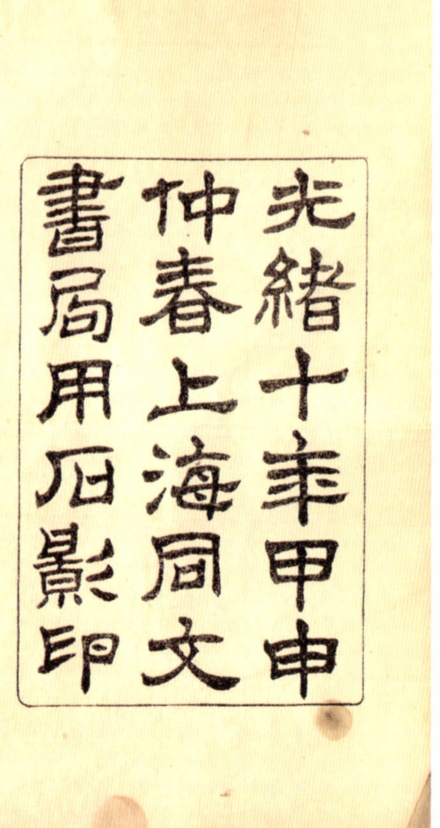

前漢書卷一上

漢　蘭　臺　令　史班　固撰

唐正議大夫行祕書少監琅邪縣開國子顏師古注

高帝紀第一上

師古曰紀理也統理衆事而繫之於年月者也

高祖荀悅曰諱邦字季邦之字曰國張晏曰禮謚法無高以爲功最高而爲漢帝之太祖故特起名焉師古曰邦之字曰國者臣下所避以相代也沛豐邑中陽里人也應劭曰沛縣也豐其鄉也孟康曰後沛爲郡而豐爲縣師古曰沛者本秦泗水郡之屬縣豐者沛之聚邑耳方言高祖所生故舉其本稱以說之也此下言縣鄉邑告喻之故知邑繫於縣也○劉攽曰予謂沛豐郡縣名史官用漢事記錄耳姓劉氏師古曰本出劉累而范氏在秦者又爲劉因以爲姓母媪文穎曰幽州及漢中皆謂老嫗爲媪

乾隆四年校刊

前漢書卷一上　帝紀　一

047.東觀漢記二十四卷　〔漢〕劉珍等撰　

清乾隆六十年（1795）南沙席氏掃葉山房刻本　四册一函

每半葉12行，行25字，小字雙行，字數不等，白口，左右雙邊，單黑魚尾，半框高20.8釐米，寬15.1釐米。版心上鎸書名，中鎸卷次及葉碼，下鎸“掃葉山房”。

内封題“乾隆乙卯年鎸，東觀漢紀”。目録端題“東觀漢記目録，武英殿聚珍版原本”。卷端題“東觀漢記”。

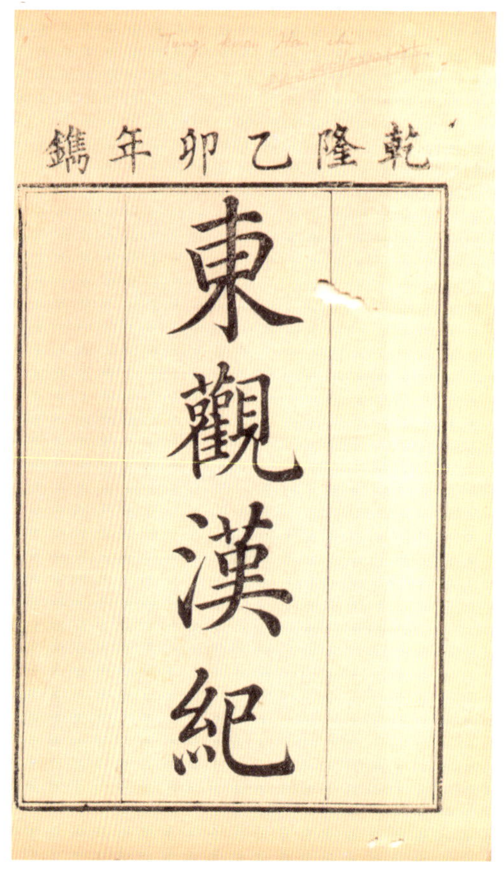

乾隆乙卯年鎸

東觀漢紀

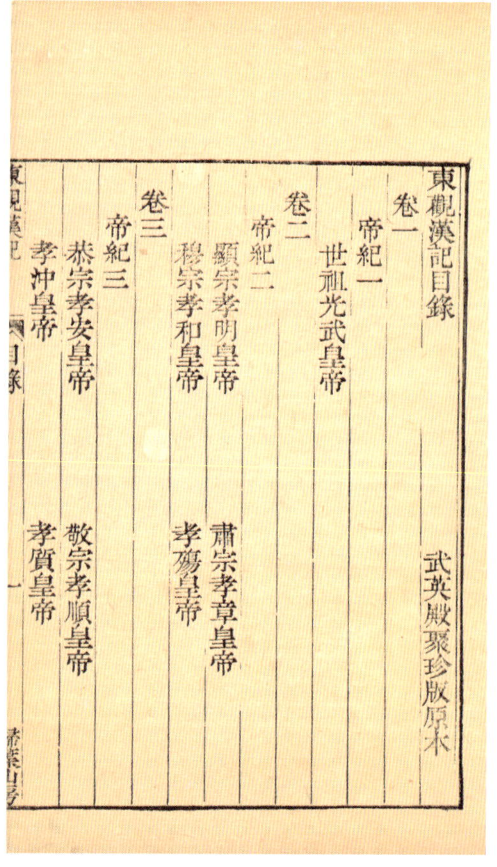

東觀漢記目録　武英殿聚珍版原本

卷一

帝紀一

世祖光武皇帝

卷二

帝紀二

顯宗孝明皇帝　肅宗孝章皇帝

穆宗孝和皇帝　孝殤皇帝

卷三

帝紀三

恭宗孝安皇帝　敬宗孝順皇帝

孝沖皇帝　孝質皇帝

東觀漢記　目録　一　掃葉山房

東觀漢記卷第一

帝紀一

世祖光武皇帝

光武皇帝諱秀高帝九世孫也承文景之統出自長沙定王發王生舂陵節侯舂陵本在零陵郡節侯孫考侯（案考侯原誤作孝侯今從范書城陽恭王祉傳及文選李善注改）以土地下濕元帝時求封南陽蔡陽白水鄉因故國名曰舂陵皇考初爲濟陽令有武帝行過宮常封閉帝將生皇考以令舍下濕開宮後殿居之（案范書帝紀李賢注引蔡邕碑云光武將生皇考以令舍不顯開宮後殿居之與此合范書謂生于縣舍殊誤）建平元年十二月甲子夜帝生時有赤光室中盡明如晝皇考異之使卜者王長卜之長曰此善事不可言是歲有嘉禾生一莖九穗長大于凡禾縣界大豐熟因名帝曰秀先是有鳳凰集濟陽故宮中皆畫鳳凰聖瑞萌兆始形于此帝爲人隆準日角大口美鬚眉長七尺三

048.續後漢書九十卷 〔元〕郝經撰

清乾隆間刻本 二十四册四函

每半葉11行，行22字，小字雙行字同，黑口，左右雙邊，雙對黑魚尾，半框高17.7釐米，寬13.2釐米。版心中鐫書名、卷次及葉碼。

卷端題“續後漢書，元郝經撰”。

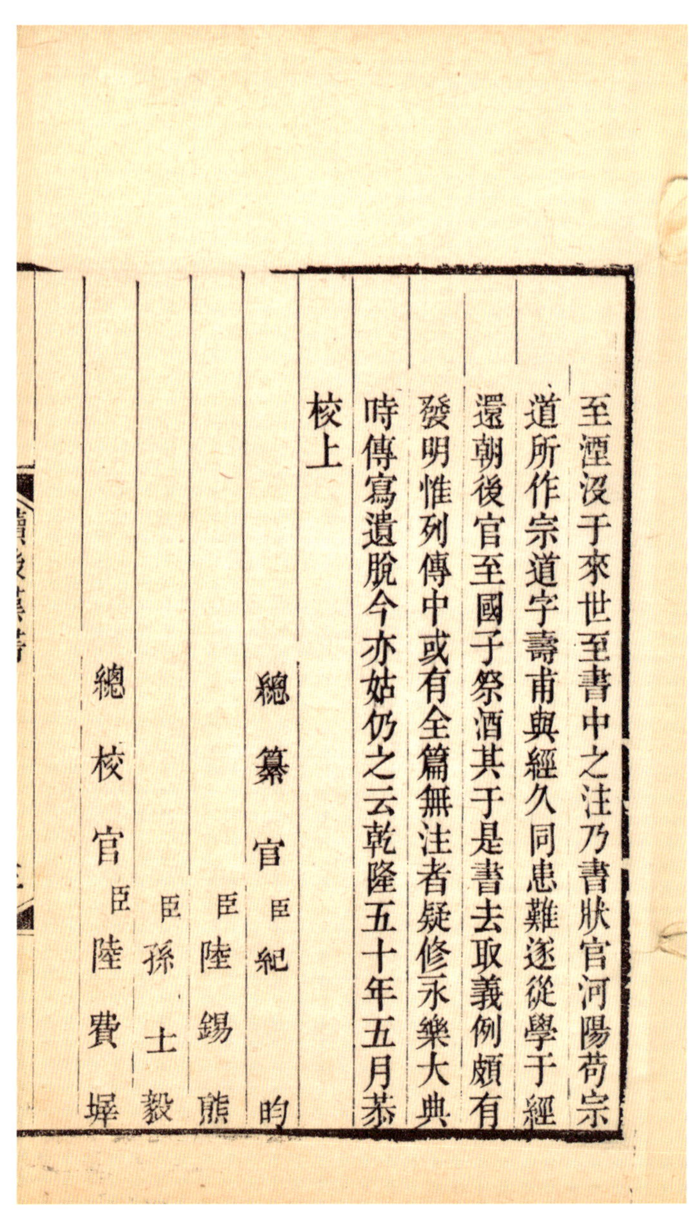
至湮沒于來世至書中之注乃書狀官河陽苟宗
道所作宗道字壽甫與經久同患難遂從學于經
還朝後官至國子祭酒其于是書去取義例頗有
發明惟列傳中或有全篇無注者疑修永樂大典
時傳寫遺脫今亦姑仍之云乾隆五十年五月恭
校上
總纂官臣紀昀
臣陸錫熊
臣孫士毅
總校官臣陸費墀

續後漢書卷第一

元 郝經 譔

年表

闕

續後漢書卷第二

元 郝經 譔

帝紀第一

義例曰魏晉自以爲正統相繼故不舉昭烈之謚稱曰先主陳壽遂不以漢爲帝紀曰先主傳非也先主者大夫稱其先大夫之辭也繼漢而不稱漢未嘗稱蜀而稱蜀蔑劣甚矣夫昭烈景帝之子中山靖王之後爲左將軍時受獻帝衣帶中密詔誅曹操不克出奔徐州起兵討操又不克奔袁紹與紹討操又不克遂依劉表說表襲許以誅操表不能用及敗操于赤壁始有荆土攻劉璋于成都郤操于漢中遂有巴蜀操既幽帝弒后酖殺皇子纂弒已成昭烈以爲高祖初封漢王出定三秦以討項羽故即漢中王位與兵討操及操死丕篡獻帝降廢漢統中絶遂即漢皇帝位以祀漢漢統于是乎在矣及其崩殂末帝嗣世孔明出師討魏繼之以死蔣琬費禕姜維諸人從輿義烈尙數十年與魏俱斃則章武之元自可紹建安之末昭烈之與獻帝自爲纘承魏吳祇漢之僭僞爾豈可削漢與魏遂以爲蜀乎其稱漢爲蜀者魏晉間語

049.三國志六十五卷　〔晋〕陳壽撰　〔南朝宋〕裴松之注　1596 Mi

明萬曆二十四年（1596）南京國子監刻明清遞修本　十二册一函

每半葉12行，行23字，小字雙行字同，白口，左右雙邊，單黑魚尾，半框高21釐米，寬14.5釐米。版心上鎸“萬曆二十四年刊”，版心中分别鎸魏、吴、蜀志及卷次，下鎸葉碼。

卷端題“國志”。卷首依次有《叙重刻三國志》，署“明萬曆二十四年龍集丙申長夏端五日祭酒馮夢禎序於衙齋之南池亭”；《重刻三國志小序》，署“萬曆丙申季夏穀旦江夏黄汝良題於官署之一鑒亭”；《上三國志注表》；目録。

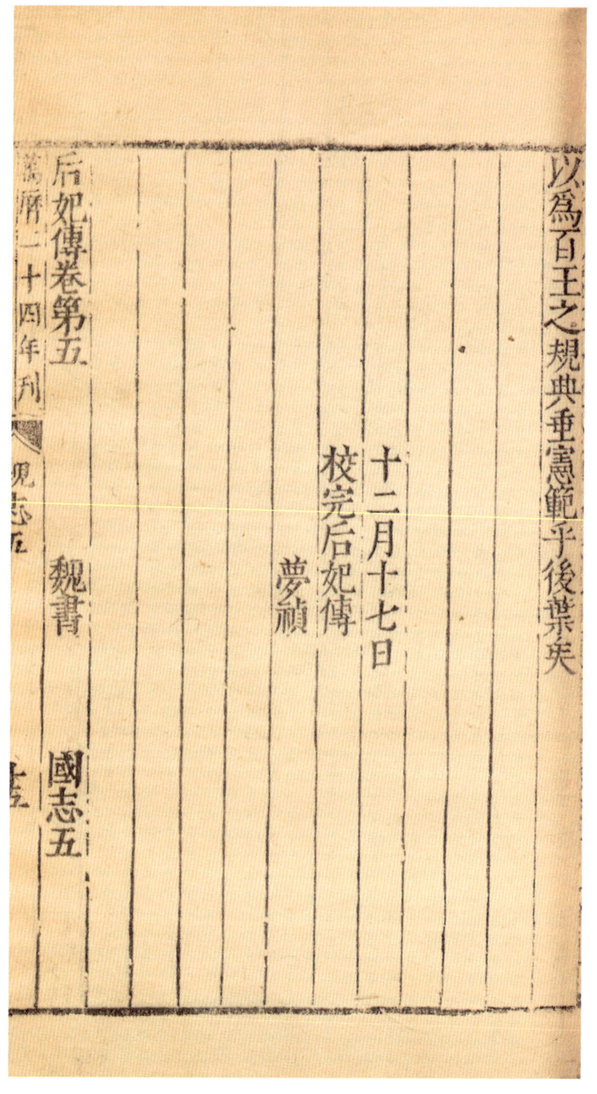
以爲百王之規典垂憲範乎後葉矣

十二月十七日

校完后妃傳　夢禎

后妃傳卷第五　魏書　國志五

萬曆二十四年刊　魏志五

武帝紀第一　魏書　國志一

太祖武皇帝沛國譙人也姓曹諱操字孟德漢相國參之後

太祖一名吉利小字阿瞞　王沈魏書曰其先出於黃帝當高陽世陸終之子曰安是爲曹姓周武王克殷存先世之後封曹俠於邾春秋之世與於盟會逮至戰國爲楚所滅子孫分流或家於沛漢高祖之起曹參以功封平陽侯世襲爵土絕而復紹至今適嗣國於容城

桓帝世曹騰爲中常侍大長秋封費亭侯

司馬彪續漢書曰騰父節字元偉素以仁厚稱鄰人有亡豕者與節豕相類詣門認之節不與爭後所亡豕自還其家豕主人大慚送所認豕幷辭謝節節笑而受之由是鄉黨貴歎焉長子伯興次子仲興次子叔興騰字季興少除

050.三國志六十五卷　〔晋〕陳壽撰　〔南朝宋〕裴松之注

DS748.2 .C42 1884

清光緒十年（1884）上海同文書局石印本　十六册二函

内封題“三國志六十五卷”。牌記題“光緒十年甲申仲春上海同文書局用石影印”。卷端題“晋著作郎巴西中正安漢陳壽撰，宋太中大夫國子博士聞喜裴松之注”。

三國志六
十五卷

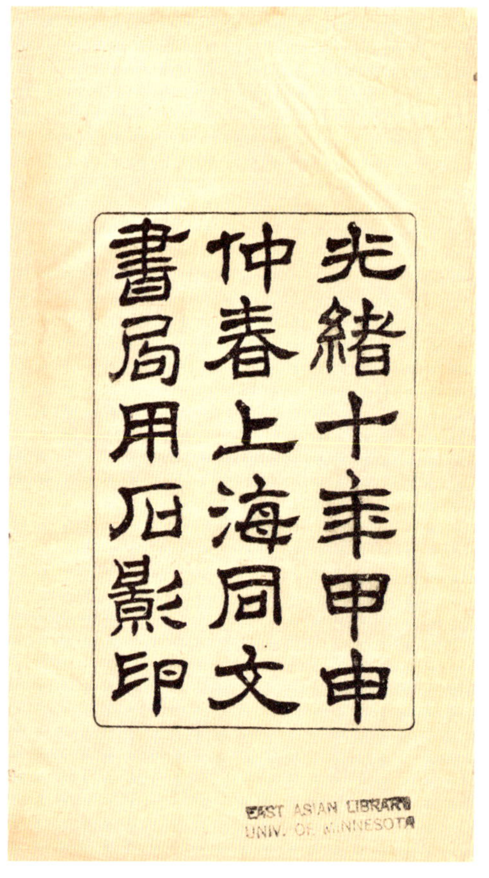
光緒十年甲申
仲春上海同文
書局用石影印

魏志卷一

晉著作郎巴西中正安漢陳　壽撰

宋太中大夫國子博士聞喜裴松之注

武帝　操

太祖武皇帝沛國譙人也姓曹諱操字孟德漢相國參之後（太祖一名吉利小字阿瞞王沈魏書曰其先出於黃帝當高陽世陸終之子曰安是爲曹姓周武王克殷存先世之後封曹俠於邾春秋之世與於盟會逮至戰國爲楚所滅子孫分流或家于沛漢高祖之起曹參以功封平陽侯世襲爵土絕而復紹至今適嗣國於容城）桓帝世曹騰爲中常侍大長秋封費亭侯（司馬彪續漢書曰騰父節字元偉素以仁厚稱鄰人有亡豕者與節豕相類詣門認之節不與爭後所亡豕自還其家豕主人大慙送所認豕并辭謝節節笑而受之由是鄉黨貴歎焉）

侯裴茂持節印授之秋七月公征孫權（九州春秋曰參軍傅幹諫曰治天下之大具有二文與武也用武則先威用文則先德威德足以相濟而後王道備矣往者天下大亂上下失序明公用武攘之十平其九今未承王命者吳與蜀也吳有長江之險蜀有崇山之阻難以威服易以德懷愚以爲可且按甲寢兵息軍養士分土定封論功行賞若此則內外之心固有功者勸而天下知制矣然後漸興學校以導其善性而長其義節公神武震於四海若修文以濟之則普天之下無思不服矣今舉十萬之衆頓之長江之濱若賊負固深藏則士馬不能逞其能奇變無所用其權則大威有屈而敵心未能服矣唯明公思虞舜舞干戚之義全威養德以道制勝公不從軍遂無功幹字彥材北地人終於丞相倉曹屬有子曰玄）初隴西宋建自稱河首平漢王聚衆枹罕改元置百官三十餘年遣夏侯淵自興國討之冬十月屠枹罕斬建涼州平公自合肥還十一月漢皇后伏氏坐昔與父故屯騎校尉完

051.晉書一百三十卷　〔唐〕房玄齡等撰　1628 Mi

明崇禎元年（1628）汲古閣刻本　二十四册二函

每半葉12行，行25字，白口，左右雙邊，單黑魚尾，半框高21.6釐米，寬15.3釐米。版心中鎸書名及卷次，個別葉版心鎸“汲古閣”及“毛氏正本”，下鎸葉碼。

卷端題“晉書”。卷端木記題“琴川毛鳳苞氏審定宋本”。

鈐印“元甫堂藏”（方）、“元甫堂藏”（長）。

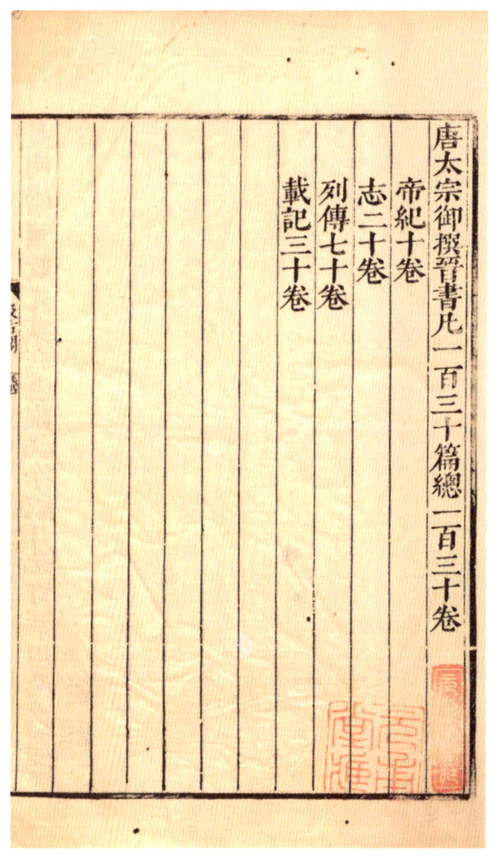

唐太宗御撰晉書凡一百三十篇總一百三十卷
帝紀十卷
志二十卷
列傳七十卷
載記三十卷

晉書六十
列傳第三十
解系　弟結　結弟育
解系字少連濟南著人也父脩魏琅邪太守梁州刺史考績爲天
下第一武帝受禪封梁鄒侯系及二弟結育並清身絜己甚得聲
譽時荀勗門宗彊盛朝野畏憚之勗諸子謂系等曰我與卿爲友
應向我公拜勗又曰我與尊先使君親厚系曰不奉先君遺教公
若與先君厚往日哀頓當垂書問親厚之誨非所敢承勗父子大
慙當世壯之後辟公府掾歷中書黃門侍郎散騎常侍豫州刺史
遷尚書出爲雍州刺史揚烈將軍西戎校尉假節會氐羌叛與征
西將軍趙王倫討之倫信用佞人孫秀與系爭軍事更相表奏朝
廷知系守正不撓而召倫還系表殺秀以謝氐羌不從倫秀譖之
琴川毛鳳苞氏審定宋本

晉書一

帝紀第一

宣帝

宣皇帝諱懿字仲達河内溫縣孝敬里人姓司馬氏其先出自帝高陽之子重黎爲夏官祝融歷唐虞夏商世序其職及周以夏官爲司馬其後程伯休父周宣王時以世官克平徐方錫以官族因而爲氏楚漢間司馬卬爲趙將與諸侯伐秦秦亡立爲殷王都河内漢以其地爲郡子孫遂家焉自卬八世生征西將軍鈞字叔平鈞生豫章太守量字公度量生潁川太守儁字元異儁生京兆尹防字建公帝卽防之第二子也少有奇節聰朗多大略博學洽聞伏膺儒教漢末大亂常慨然有憂天下心南郡太守同郡楊俊名知人見帝未弱冠以爲非常之器尚書清河崔琰與帝兄朗善亦

052.晉書一百三十卷音義三卷　〔唐〕房玄齡等撰　（音義）〔唐〕何超撰

清同治十年（1871）金陵書局仿汲古閣刻本　十八册四函

每半葉12行，行25字，小字雙行，字數不等，白口，左右雙邊，單黑魚尾，半框高23.1釐米，寬15.6釐米。版心中鎸“汲古閣”及“毛氏正本”，下鎸葉碼。

卷端題“晉書”。

鈐印“盆城金圭復之印”“翠石”。

按：館藏存卷十一至一百三十及《音義》三卷。每卷末題“金陵書局仿汲古閣本刊”。《音義》卷末木記題“以元本校南監本重刊”。

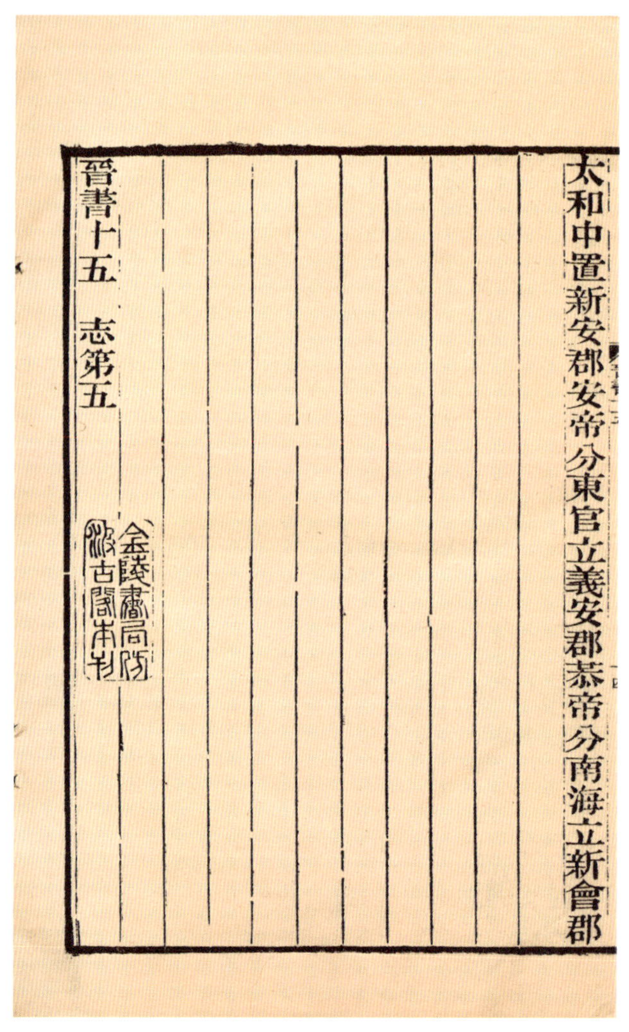
太和中置新安郡安帝分東官立義安郡恭帝分南海立新會郡

晉書十五　志第五

金陵書局仿汲古閣本刊

晉書十一

志第一

天文上

天體　儀象　天文經星　二十八舍　二十八宿外星　天漢起沒　十二次度數　州郡躔次

昔在庖犧觀象察法以通神明之德以類天地之情可以藏往知來開物成務故易曰天垂象見吉凶聖人象之此則觀乎天文以示變者也尚書曰天聰明自我人聰明此則觀乎人文以成化者也是故政教兆於人理祥變應乎天文得失雖微罔不昭著然則三皇邁德七曜順軌日月無薄蝕之變星辰靡錯亂之妖黃帝創受河圖始明休咎故其星傳尚有存焉降在高陽乃命南正重司天北正黎司地爰洎帝嚳亦式序三辰唐虞則羲和繼軌有夏則昆吾紹德年代綿邈文籍靡傳至于殷之巫咸周之史佚格言遺記于今不朽其諸侯之史則魯有梓慎晉有卜偃鄭有裨竈宋有

053.宋書一百卷　〔南朝梁〕沈約撰　〔明〕陸可教等校閲

明萬曆二十二年（1594）南京國子監刻明清遞修本　二十册二函

每半葉9行，行18字，白口，四周雙邊，雙順黑魚尾，半框高22釐米，寬16.5釐米。版心上鎸"萬曆二十二年刊"，中鎸書名、卷名及卷次，下鎸葉碼。

卷端題"宋書，臣沈約新撰，皇明南京國子監祭酒陸可教、司業馮夢禎、司業季道統校閲"。卷首依次有《南雍新雕宋書引》，署"萬曆二十二年十月壬子奉訓大夫右春坊右諭德掌南京翰林院事前南京國子監司業秀水馮夢禎書於公署之愚竹居"；《重刻宋書引》，署"萬曆甲午冬十月朔南京國子監司業宛丘季道統題於署之寒碧亭；宋書官銜，署"皇明南京國子監祭酒陸可教、司業馮夢楨、司業季道統校閲"；重校宋書引用諸書；目録。卷末署《重校宋書跋》，署"萬曆丁酉冬至前齋宿日馮夢禎跋"。

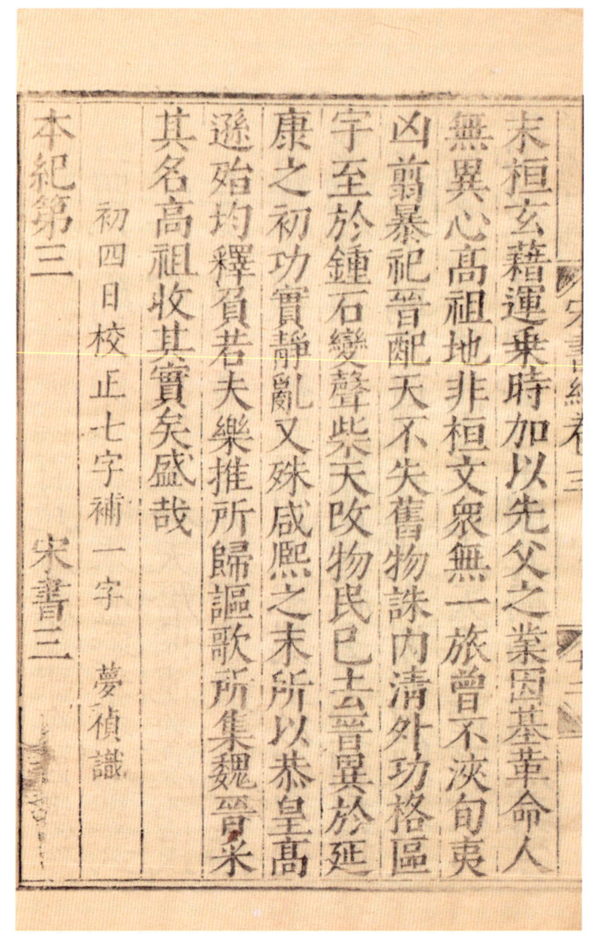
末桓玄藉運乘時加以先父之業因基革命人
無異心高祖地非桓文衆無一旅曾不浹旬夷
凶翦暴祀晉配天不失舊物誅内清外功格區
宇至於鍾石變聲柴天改物民已去晉異於延
康之初功實靜亂又殊咸熙之末所以恭皇高
遜殆均釋負若夫樂推所歸謳歌所集魏晉采
其名高祖收其實矣盛哉
初四日校正七字補一字　夢禎識
本紀第三　宋書三

本紀第一　宋書一

臣沈　約新撰

皇明　南京國子監　祭酒陸　可教

司業馮　夢禎

司業季　道統校閱

武帝上

高祖武皇帝諱裕字德輿小名寄奴彭城縣綏里人漢高帝弟楚元王交之後也交生紅懿侯富富生宗正辟彊辟彊生陽城繆侯德德生陽

054.南齊書五十九卷　〔南朝梁〕蕭子顯撰　〔明〕趙用賢、張一桂校

明萬曆十七年（1589）南京國子監刻明清遞修本　八册一函

每半葉9行，行18字，白口，四周雙邊，雙順黑魚尾，半框高20.5釐米，寬14.8釐米。版心上鎸“萬曆十六年”或“萬曆十七年刊”，中鎸書名、卷名及卷次，下鎸葉碼。

卷端題“南齊書，梁臣蕭子顯撰，大明南京國子監祭酒趙用賢、司業張一桂同校”。卷首依次有《重刻南齊書題辭》，署“萬曆庚寅春三月吉旦國子祭酒新安張一桂書，監丞李衡等校”；目録。

按：館藏存卷一至四十。

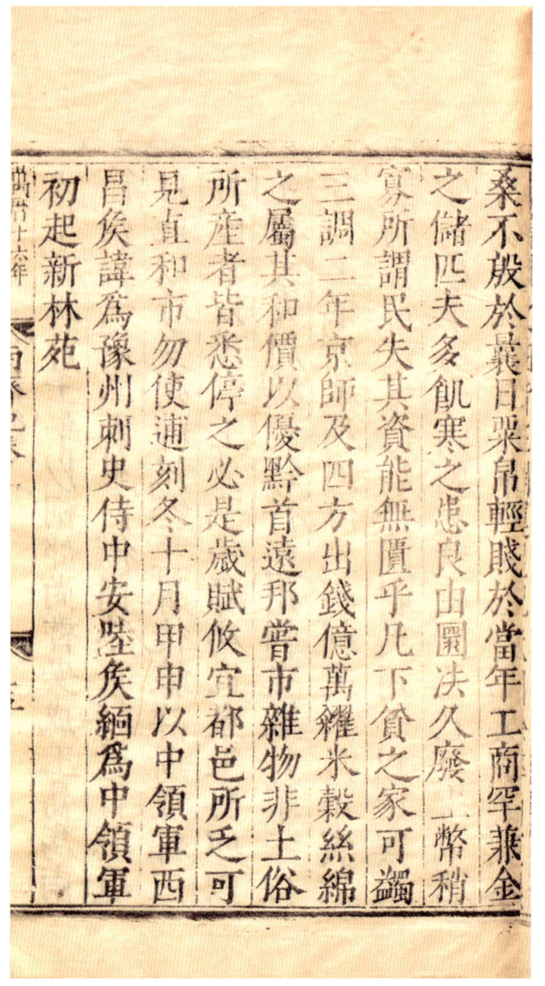

桑不殷於曩日粟帛輕賤於當年工商罕兼金
之儲匹夫多飢寒之患良由圜法久廢上幣稍
寡所謂民失其資能無匱乎凡下貧之家可蠲
三調二年京師及四方出錢億萬糴米穀絲綿
之屬其和價以優黔首遠邦嘗市雜物非土俗
所產者皆悉停之必是歲賦攸宜都邑所乏可
見直和市勿使逋刻冬十月甲申以中領軍西
昌侯鸞爲豫州刺史侍中安陸侯緬爲中領軍
初起新林苑

萬曆十六年

本紀第一　　南齊書一

梁　臣　蕭子顯　撰

大明南京國子監　祭　酒　趙用賢

司　業　張一桂同校

高帝上

太祖高皇帝諱道成字紹伯姓蕭氏小諱鬭將漢相國蕭何二十四世孫也何子酇定侯延生侍中彪彪生公府掾章章生皓皓生仰仰生御史大夫望之望之生光祿大夫育育生御史中

萬曆十六年刊

055.梁書五十六卷　〔唐〕姚思廉撰　〔明〕余有丁、周子義校　1575 Mi

明萬曆三年（1575）南京國子監刻明清遞修本　六册一函

每半葉10行，行21字，白口，四周雙邊，雙順黑魚尾，半框高21.3釐米，寬14.8釐米。版心上鎸“萬曆三年刊”，中鎸書名、卷名及卷次，下鎸葉碼。

卷端題“梁書，唐散騎常侍姚思廉撰，大明南京國子監祭酒余有丁校正，司業周子義同校”。卷首有目録，署“丁丑春三月勾吴周子義志”。

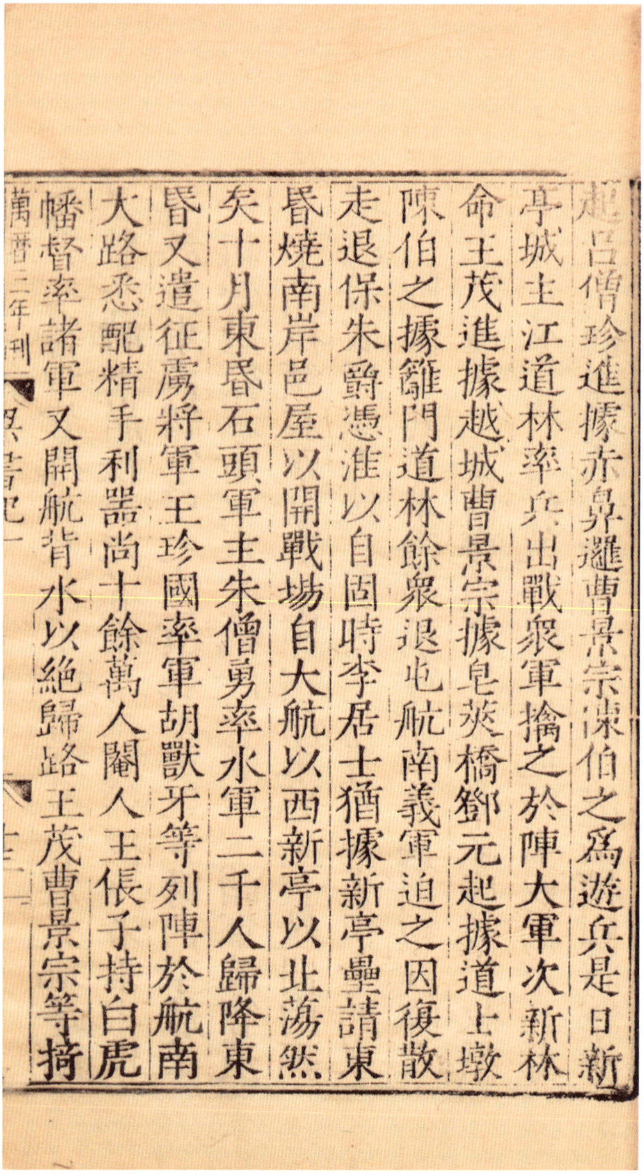

紀第一　　梁書一

唐　散騎常侍　姚思廉　撰

大明南京國子監祭酒　余有丁　校正

司業　周子義　同校

武帝上

高祖武皇帝諱衍字叔達小字練兒南蘭陵中都里人漢相國何之後也何生酇定侯延延生侍中彪彪生公府掾章章生皓皓生仰仰生太傅望之望之生光祿大夫育育生御史中丞紹紹生光祿勳閎閎生濟陰太守闡闡生吳郡太守冰冰生中山相苞苞生博士周周生

056.陳書三十六卷　〔唐〕姚思廉撰　〔明〕趙用賢、余孟麟校　1588 Ming

明萬曆十六年（1588）南京國子監刻明清遞修本　四册一函

每半葉9行，行18字，白口，四周雙邊，雙順黑魚尾，半框高20.2釐米，寬15釐米。版心上鎸“萬曆十六年刊”，中鎸書名、卷名及卷次，下鎸葉碼。

卷端題“陳書，唐散騎常侍姚思廉撰，大明南京國子監祭酒趙用賢校正，司業余孟麟同校”。

據要險以斷賊路賊水步不敢進頓江寧浦口
高祖遣侯安都領水軍襲破之嗣徽等乘單舸
脫走盡收其軍資器械己未官軍四面攻城自
辰訖酉得其東北小城及夜兵不解庚申達摩
遣使侯子欽劉仕榮等詣高祖請和高祖許之
乃於城門外刑牲盟約其將士部曲一無所問
恣其南北辛酉高祖出石頭南門陳兵數萬送
齊人歸北者壬戌齊和州長史烏丸遠自南州
奔還歷陽江寧令陳嗣黃門侍郎曹朗據姑熟

萬曆十六年刊

紀第一　陳書一

唐散騎常侍姚思廉撰

大明南京國子監祭酒趙用賢校正

司業余孟麟同校

高祖上

高祖武皇帝諱霸先字興國小字法生吳興長城下若里人漢太丘長陳寔之後也世居頴川寔玄孫準晉太尉準生匡匡生達永嘉南遷爲丞相掾歷太子洗馬出爲長城令悅其山水遂

057.陳書三十六卷　〔唐〕姚思廉撰　　Quarto DS748.6.Y35 1872

明崇禎四年（1631）汲古閣刻本　四册一函

每半葉12行，行25字，小字雙行字同，白口，左右雙邊，單黑魚尾，半框高21.6釐米，寬15.3釐米。版心中鎸書名及卷次，個别葉版心鎸“汲古閣”及“毛氏正本”，下鎸葉碼。

卷端題“陳書”。

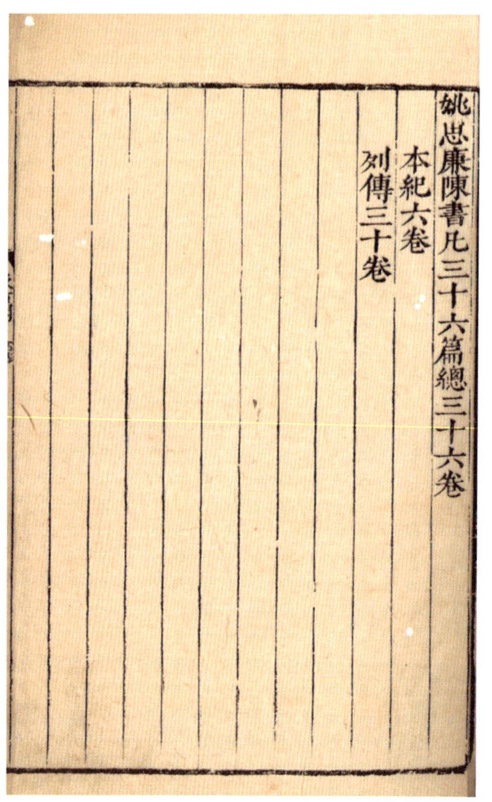

姚思廉陳書凡三十六篇總三十六卷
本紀六卷
列傳三十卷

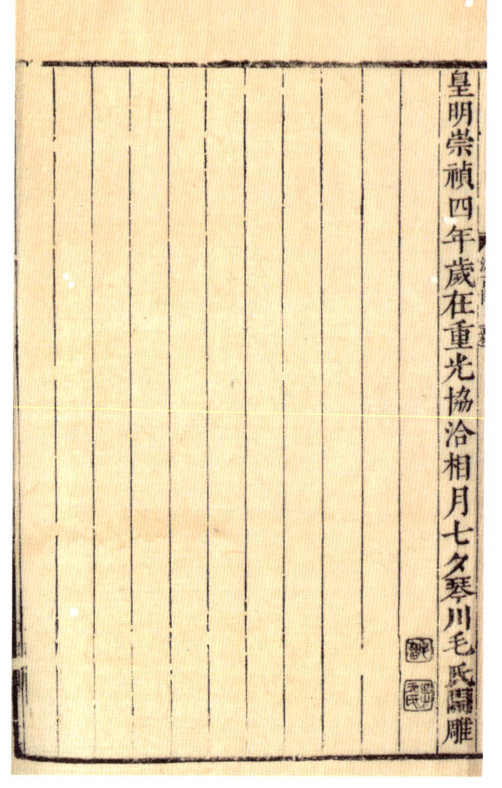

皇明崇禎四年歲在重光協洽相月七夕琴川毛氏開雕

陳書卷一

本紀第一

高祖上

高祖武皇帝諱霸先字興國小字法生吳興長城下若里人漢太丘長陳寔之後也世居潁川寔玄孫準晉太尉準生匡匡生達永嘉南遷爲丞相掾歷太子洗馬出爲長城令悅其山水遂家焉嘗謂所親曰此地山川秀麗當有王者興二百年後我子孫必鍾斯運達生康復爲丞相掾咸和中土斷故爲長城人康生盱眙太守英英生尚書郎公弼公弼生步兵校尉鼎鼎生散騎侍郎高高生懷安令詠詠生安成太守猛猛生太常卿道巨道巨生皇考文讚

高祖以梁天監二年癸未歲生少俶儻有大志不治生產既長讀兵書多武藝明達果斷爲當時所推服身長七尺五寸日角龍顏

058.魏書一百十四卷　〔北齊〕魏收撰　〔明〕馮夢禎等校　1596 Min

明萬曆二十四年(1596)南京國子監刻明清遞修本　二十四册四函

每半葉10行,行21字,小字雙行字同,白口,左右雙邊,單黑魚尾,半框高20.5釐米,寬15釐米。版心上鐫"萬曆二十四年刊",中鐫書名、卷名及卷次,下鐫葉碼。

卷端題"魏書"。卷首依次有《序重雕魏書》,署"萬曆丁酉夏四月之望祭酒馮夢禎序";《重刻魏書序》,署"萬曆丁酉夏至司業黃汝良書";《魏書上表》,署"臣攽、臣恕、臣燾、臣祖禹謹叙目録,昧死上";目録。

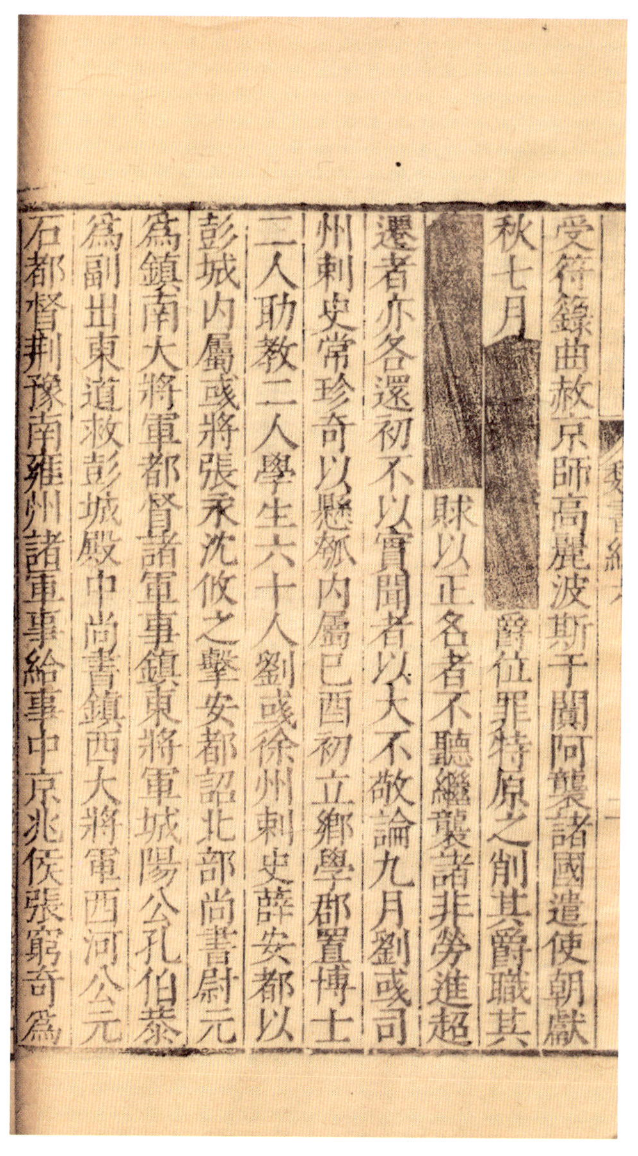
受符籙曲赦京師高麗波斯于闐阿襲諸國遣使朝獻
秋七月　爵位罪特原之削其爵職其
財以正名者不聽繼襲諸非勞進超
遷者亦各還初不以實聞者以大不敬論九月劉彧司
州刺史常珍奇以懸瓠內屬已酉初立鄉學郡置博士
二人助教二人學生六十人劉彧徐州刺史薛安都以
彭城內屬彧將張永沈攸之擊安都詔北部尚書尉元
爲鎮南大將軍都督諸軍事鎮東將軍城陽公孔伯恭
爲副出東道救彭城殿中尚書鎮西大將軍西河公元
石都督荆豫南雍州諸軍事給事中京兆侯張窮奇爲

序紀第一　　魏書一

昔黃帝有子二十五人或內列諸華或外分荒服昌意少子受封北土國有大鮮卑山因以爲號其後世爲君長統幽都之北廣漠之野畜牧遷徙射獵爲業淳樸爲俗簡易爲化不爲文字刻木紀契而已世事遠近人相傳授如史官之紀録焉黃帝以土德王北俗謂土爲托謂后爲跋故以爲氏其裔始均入仕堯世逐女魃於弱水之北民賴其勤帝舜嘉之命爲田祖爰歷三代以及秦漢獯鬻獫狁山戎匈奴之屬累代殘暴作害中州而始均之裔不交南夏是以載籍無聞焉積六十七世至

059.北齊書五十卷　〔隋〕李百藥撰　〔明〕趙用賢、張一桂校　1588 Ming2

明萬曆十七年（1589）南京國子監刻明清遞修本　六册一函

每半葉9行，行18字，白口，四周雙邊，雙順黑魚尾，半框高20.6釐米，寬15釐米。版心上鎸“萬曆十六年刊”或“萬曆十七年刊”，中鎸書名、卷名及卷次，下鎸葉碼。

卷端題“北齊書，隋太子通事舍人李百藥撰，大明南京國子監祭酒趙用賢、司業張一桂同校”。

之衆不缺也然而前王用之而有餘後主守之
而不足其故何哉前王之御時也沐雨櫛風拯
其溺而救其焚信賞必罰安而利之旣與共其
存亡故得同其生死後主則不然以人從欲損
物益己彫墻峻宇甘酒嗜音鄽肆遍於宮園禽
色荒於外内俾晝作夜罔水行舟所欲必成所
求必得旣不軌不物又暗於聽受忠信不聞萋
斐必入視人如草芥從惡如順流佞閹處當軸
之權婢媪擅廻天之力賣官鬻獄亂政淫刑刳

萬曆十七年刊

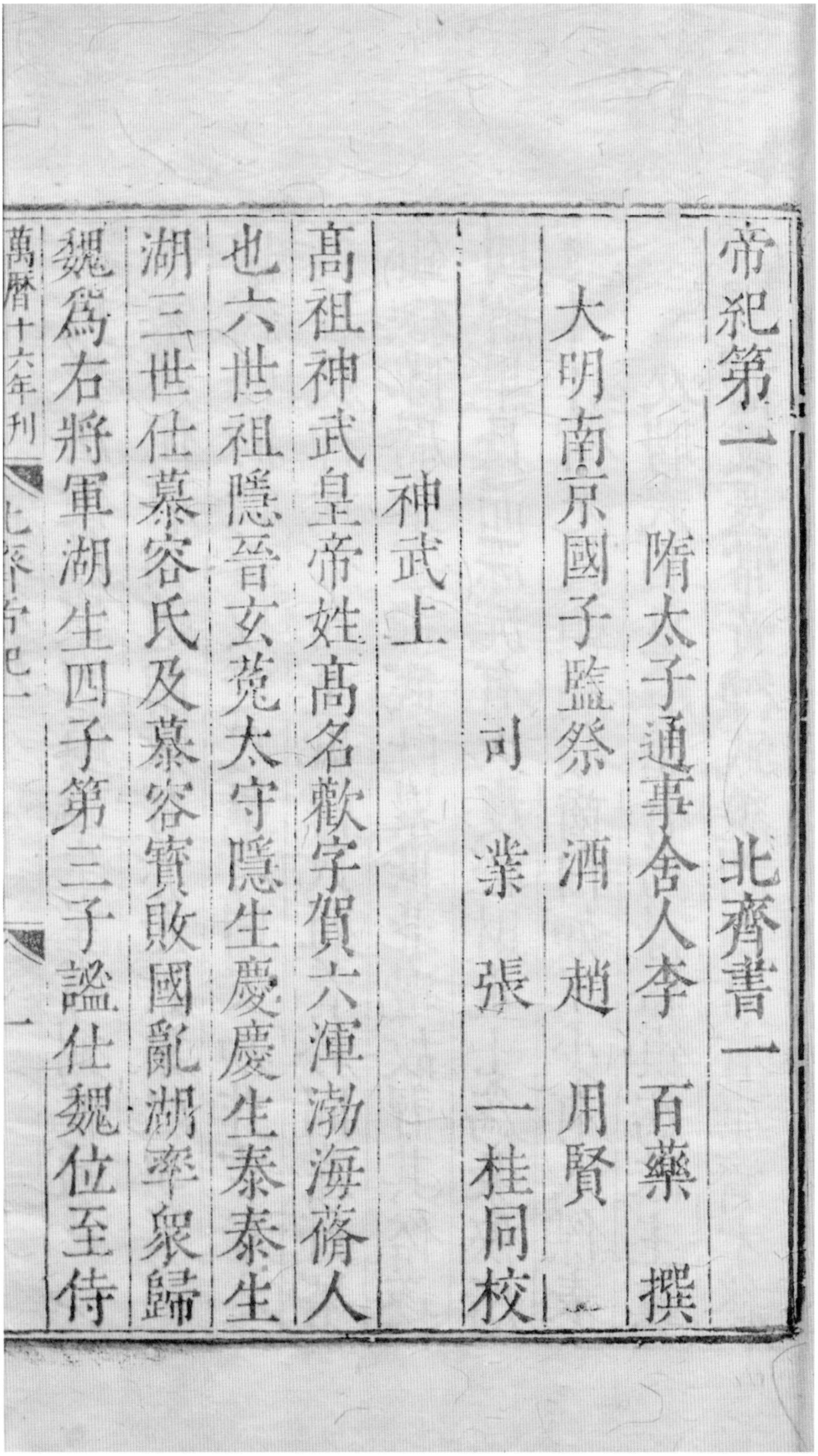

帝紀第一　北齊書一

隋太子通事舍人李　百藥　撰

大明南京國子監祭　酒　趙　用賢

司　業　張　一桂同校

神武上

高祖神武皇帝姓高名歡字賀六渾渤海蓨人也六世祖隱晉玄菟太守隱生慶慶生泰泰生湖三世仕慕容氏及慕容寶敗國亂湖率衆歸魏爲右將軍湖生四子第三子謐仕魏位至侍

060.周書五十卷　〔唐〕令狐德棻等撰　〔明〕趙用賢、余孟麟校

1588 Ming1

明萬曆十六年(1588)南京國子監刻明清遞修本　八册一函

每半葉9行，行18字，白口，四周雙邊，雙順黑魚尾，半框高20釐米，寬14.9釐米。版心上鐫"萬曆十六年刊"，中鐫書名、卷名及卷次，下鐫葉碼。

卷端題"周書，令狐德棻等撰，大明南京國子監祭酒趙用賢校正，司業余孟麟同校"。卷首依次有《周書序》，署"臣燾、臣安國、臣希昧死謹上"；後周書目録。卷末有《書重刻周書後》，署"萬曆戊子七月朔也去陳書之成凡三閱月，國子祭酒趙用賢識，監丞李衡、博士張廷相、助教林烗章、學正黃應奎、陳王道參閱，司鐫典籍吳聘"。

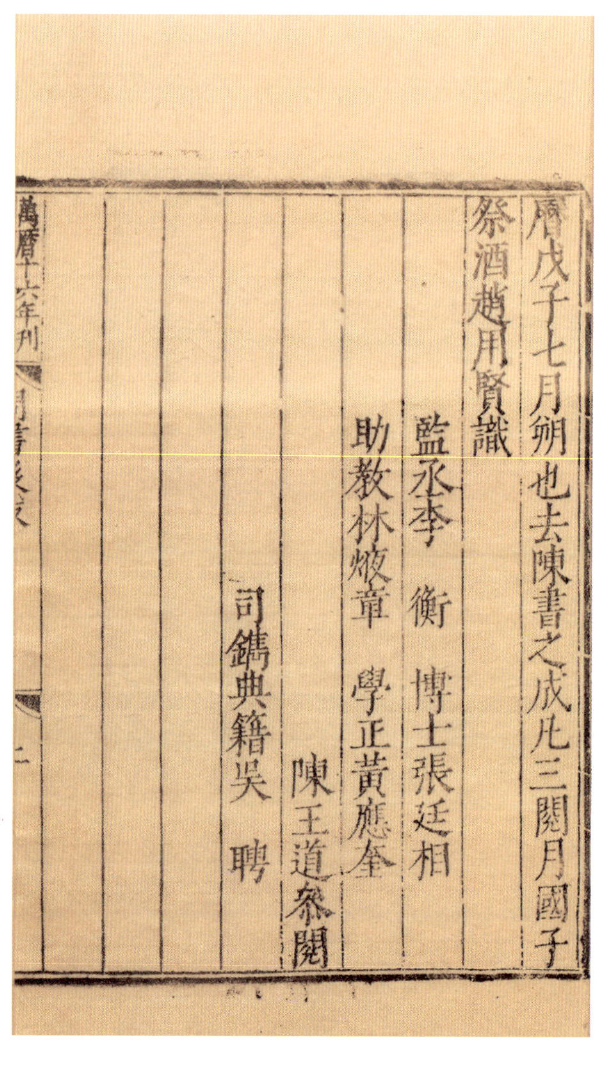

曆戊子七月朔也去陳書之成凡三閱月國子
祭酒趙用賢識
監丞李衡　博士張廷相
助教林烗章　學正黃應奎
陳王道參閱
司鐫典籍吳　聘

萬曆十六年刊

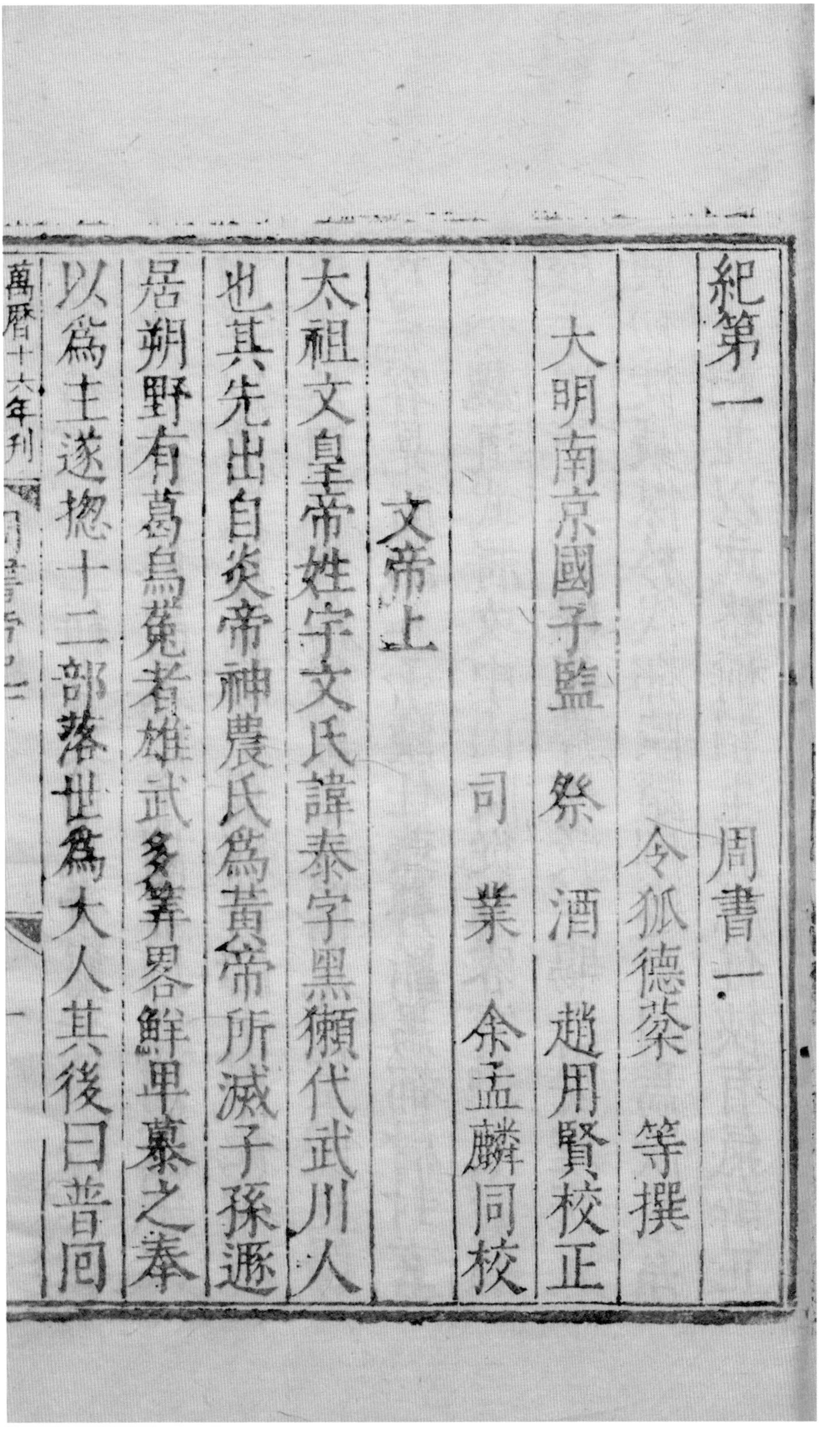

紀第一　　周書一

令狐德棻　等撰

大明南京國子監　祭　酒　趙用賢校正

司　業　余孟麟同校

文帝上

太祖文皇帝姓宇文氏諱泰字黑獺代武川人也其先出自炎帝神農氏為黃帝所滅子孫遯居朔野有葛烏菟者雄武多筭畧鮮卑慕之奉以為主遂揔十二部落世為大人其後曰普回

061.隋書八十五卷　〔唐〕魏徵等撰　〔明〕季道統等校　1595 Mi

明萬曆二十二年（1594）南京國子監刻明清遞修本　二十一册二函

每半葉9行，行18字，白口，四周雙邊，雙順黑魚尾，半框高21.1釐米，寬14.9釐米。版心上鐫“萬曆二十二年刊”，中鐫書名、卷名及卷次，下鐫葉碼及刻工。

卷端題“隋書，特進臣魏徵上，大明南京國子監司業季道統校閱”。卷首依次有目録；隋書姓氏，署“南京國子監司業季道統校，前監丞詹仰聖、博士趙世典等同校”。

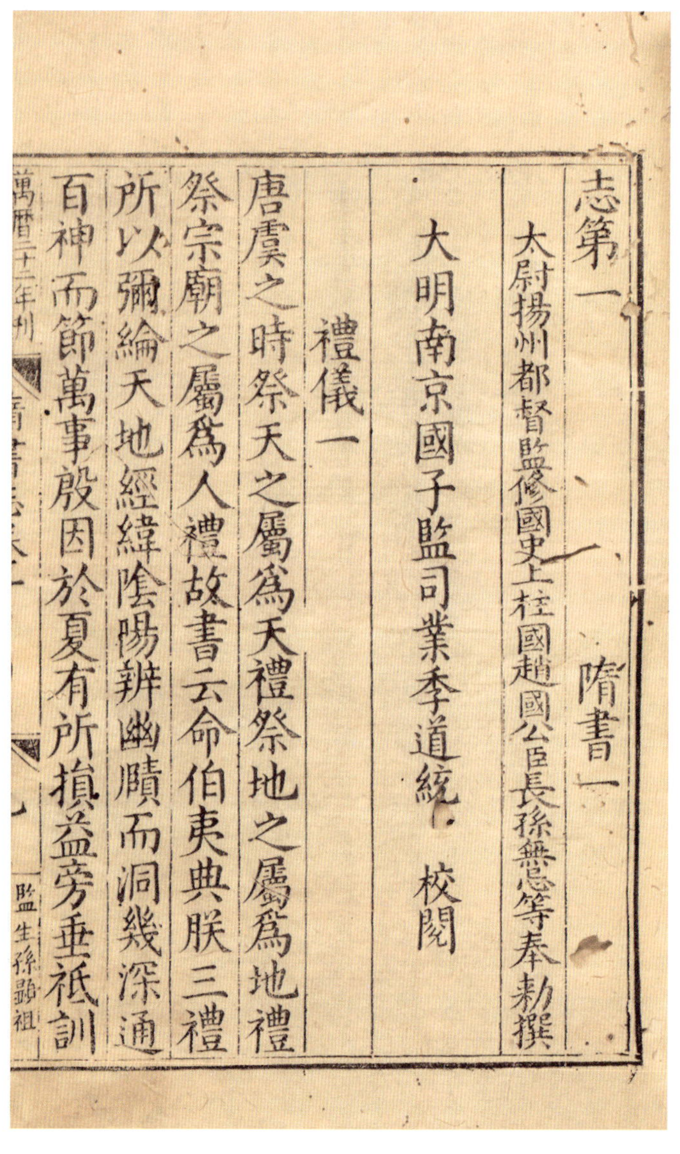
志第一　隋書一
太尉揚州都督監修國史上柱國趙國公臣長孫無忌等奉勑撰
大明南京國子監司業季道統　校閱
禮儀一
唐虞之時祭天之屬爲天禮祭地之屬爲地禮
祭宗廟之屬爲人禮故書云命伯夷典朕三禮
所以彌綸天地經緯陰陽辨幽賾而洞幾深通
百神而節萬事殷因於夏有所損益旁垂祇訓
萬曆二十二年刊　隋書志卷一　一　監生孫鼎祖

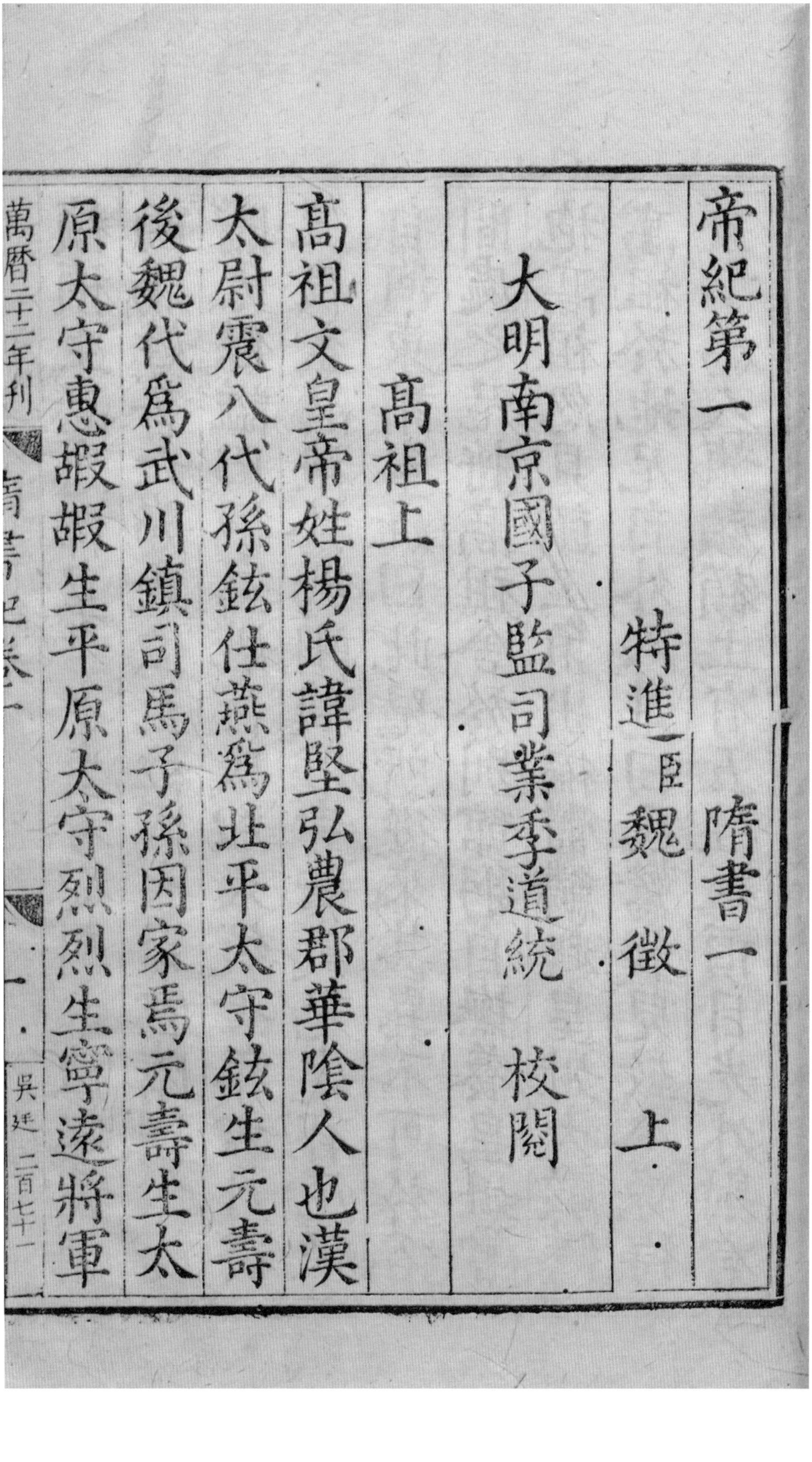

帝紀第一　　隋書一

特進臣魏　徵　上

大明南京國子監司業季道統　校閱

高祖上

高祖文皇帝姓楊氏諱堅弘農郡華陰人也漢太尉震八代孫鉉仕燕爲北平太守鉉生元壽後魏代爲武川鎮司馬子孫因家焉元壽生太原太守惠嘏嘏生平原太守烈烈生寧遠將軍

萬曆二十二年刊　　隋書紀卷一　　一　　吳廷　二百七十一

062.南史八十卷　〔唐〕李延壽撰　〔明〕趙用賢、張一桂校　1588 Min

明萬曆十九年（1591）南京國子監刻明清遞修本　二十册二函

每半葉9行，行18字，白口，四周雙邊，雙順黑魚尾間單黑魚尾，半框高20.3釐米，寬15釐米。版心上鎸"萬曆十六年刊"或"萬曆十七年"或"萬曆十八年刊"或"萬曆十九年刊"，中鎸書名、卷名及卷次，下鎸葉碼。

卷端題"南史，唐崇賢館學士李延壽撰，大明南京國子監祭酒趙用賢、司業張一桂校正"。卷首依次有《重刻南史題辭》，署"萬曆辛卯夏六月吉旦國子祭酒新安張一桂書"；目録。

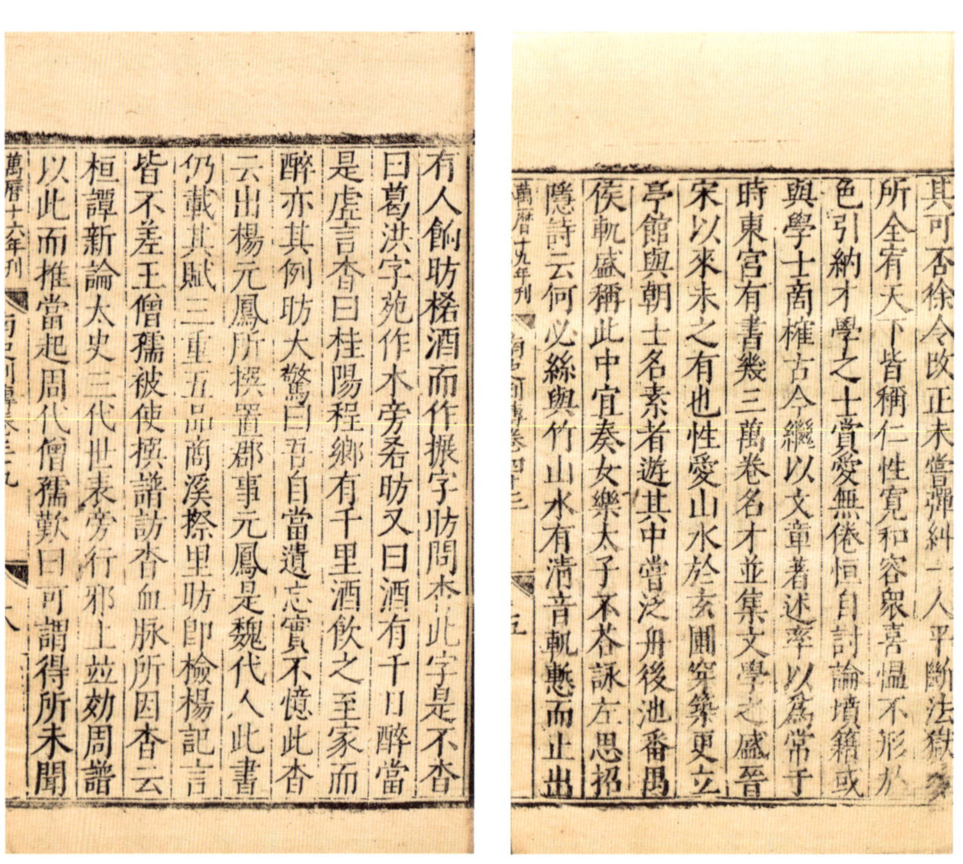

宋本紀上第一　　南史一

唐　崇賢館學士李延壽撰

大明南京國子監祭酒趙用賢

司業張一桂校正

宋高祖武皇帝諱裕字德輿小字寄奴彭城縣綏輿里人姓劉氏漢楚元王交之二十一世孫也彭城楚都故苗裔家焉晉氏東遷劉氏移居晉陵丹徒之京口里皇祖靖晉東安太守皇考翹字顯宗郡功曹帝以晉哀帝興寧元年歲在

063.北史一百卷 〔唐〕李延壽撰 〔明〕鄧以讃、劉應秋校正 1588 Ming3

明萬曆二十年（1592）南京國子監刻明清遞修本 三十册三函

每半葉9行，行18字，白口，四周雙邊，雙順黑魚尾間單黑魚尾，半框高20.3釐米，寬14.9釐米。版心上鎸“萬曆十九年刊”或“萬曆二十年刊”，中鎸書名、卷名及卷次，下鎸葉碼。

卷端題“北史，唐崇賢館學士李延壽撰，大明南京國子監祭酒鄧以讃、司業劉應秋校正”。卷首依次有《刻北史跋》，署“萬曆癸巳冬十月之晦右春坊右諭德掌南京翰林院事前南京國子監司業秀水馮夢禎跋”；北史官銜；目録。卷末署“癸巳二月三十日燈下校終列傳八十八卷正二百一十字，是夜雷雨，夢禎識”。

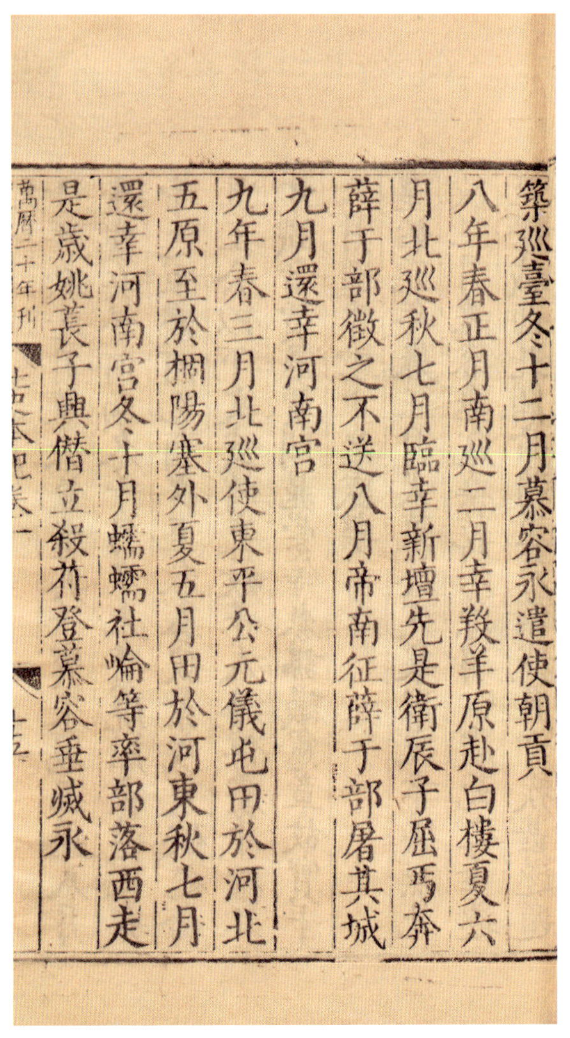

築巡臺冬十二月慕容永遣使朝貢
八年春正月南巡二月幸羖羊原赴白樓夏六
月北巡秋七月臨幸新壇先是衛辰子屈丐奔
薛干部徵之不送八月帝南征薛干部屠其城
九月還幸河南宮
九年春三月北巡使東平公元儀屯田於河北
五原至於棝陽塞外夏五月田於河東秋七月
還幸河南宮冬十月蠕蠕社崘等率部落西走
是歲姚萇子興僭立殺苻登慕容垂滅永

萬曆二十年刊

魏本紀第一　　北史一

唐　崇賢館學士李延壽　撰

大明南京國子監祭酒鄧以讚

司業劉應秋校正

魏之先出自黃帝軒轅氏黃帝子曰昌意昌意之少子受封北國有大鮮卑山因以為號其後世為君長統幽都之北廣漠之野畜牧遷徙射獵為業淳樸為俗簡易為化不為文字刻木結繩而已時事遠近人相傳授如史官之紀錄焉

064.唐書二百二十五卷　〔宋〕歐陽修、宋祁等撰　1629 Mi

明崇禎二年（1629）汲古閣刻本　五十册四函

每半葉12行，行25字，小字雙行，字數不等，白口，左右雙邊，單黑魚尾，半框高21.6釐米，寬15.2釐米。版心中鎸書名及卷次，個別葉版心鎸"汲古閣"及"毛氏正本"，下鎸葉碼。

卷端題"唐書"。卷首依次有《進新唐書表》，末署"嘉祐五年六月　日提舉編修推忠佐理功臣正奉大夫尚書禮部侍郎參知政事臣曾公亮上表"；唐書卷次信息，署"歐陽修、宋祁奉敕撰"及"皇明崇禎二年歲在屠維大荒落陬月上日琴川毛氏開雕"；目録。

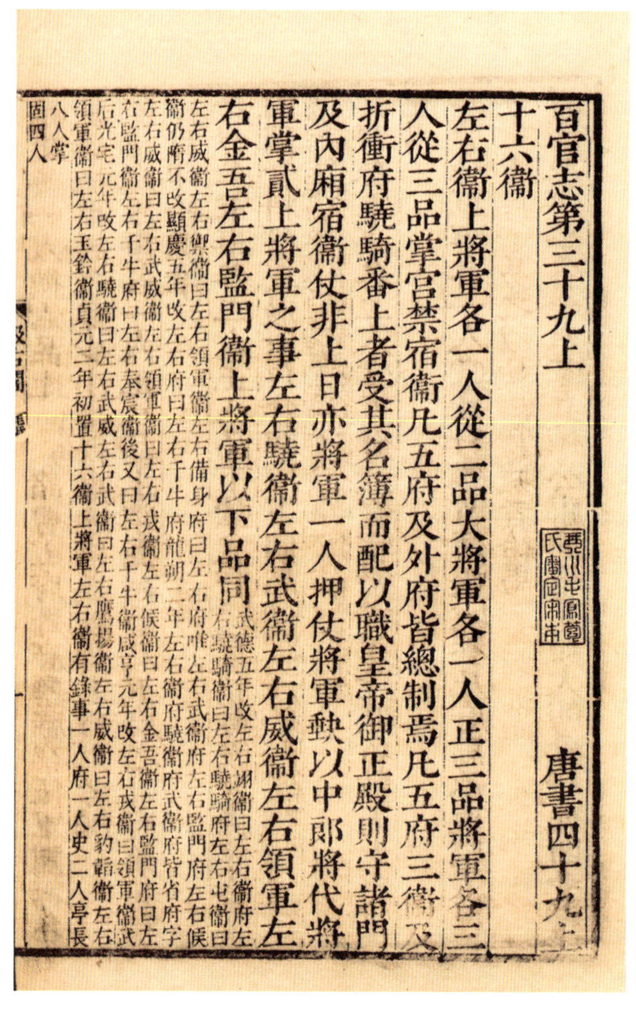
百官志第三十九上　　唐書四十九上
十六衛
左右衛上將軍各一人從二品大將軍各一人正三品將軍各三人從三品掌宮禁宿衛凡五府及外府皆總制焉凡五府三衛及折衝府驍騎番上者受其名簿而配以職皇帝御正殿則守諸門及內廂宿衛仗非上日亦將軍一人押仗將軍缺以中郎將代將軍掌貳上將軍之事左右驍衛左右武衛左右威衛左右領軍左右金吾左右監門衛上將軍以下品同武德五年改左右翊衛曰左右衛府左右驍騎衛曰左右驍騎府左右屯衛曰左右威衛左右禦衛曰左右領軍衛左右備身府曰左右府唯左右武衛府左右監門府左右候衛仍隋不改顯慶五年改左右府曰左右千牛府龍朔二年左右衛府驍衛府武衛府皆省府字左右威衛曰左右武威衛左右領軍衛曰左右戎衛左右候衛曰左右金吾衛左右監門府曰左右監門衛左右千牛府曰左右奉宸衛後又曰左右千牛衛咸亨元年改左右戎衛曰領軍衛武后光宅元年改左右驍衛曰左右武威左右武衛曰左右鷹揚衛左右威衛曰左右豹韜衛左右領軍衛曰左右玉鈐衛貞元二年初置十六衛上將軍左右衛有錄事一人府一人史二人亭長八人掌固四人
汲古閣

本紀第一　　唐書一

高祖神堯大聖大光孝皇帝諱淵字叔德姓李氏隴西成紀人也其七世祖暠當晉末據秦涼以自王是爲涼武昭王暠生歆歆爲沮渠蒙遜所滅歆生重耳魏弘農太守重耳生熙金門鎮將戍於武川因留家焉熙生天賜爲幢主天賜生虎西魏時賜姓大野氏官至太尉與李弼等八人佐周代魏有功皆爲柱國號八柱國家周閔帝受魏禪虎已卒乃追錄其功封唐國公謚曰襄襄公生昞襲封唐公隋安州總管柱國大將軍卒謚曰仁仁公生高祖於長安體有三乳性寛仁襲封唐公隋文帝獨孤皇后高祖之從母也以故文帝與高祖相親愛文帝相周復高祖姓李氏以爲千牛備身事隋譙隴二州刺史大業中歷岐州刺史滎陽樓煩二郡太守召爲殿内少監衛尉少卿煬帝征遼東遣高祖督運糧於懷遠鎮

065.五代史記七十四卷　〔宋〕歐陽修撰　〔宋〕徐無黨注　〔明〕余有丁、周子義校刊　1576 Mi

明萬曆四年（1576）南京國子監刻明清遞修本　八册一函

每半葉10行，行21字，小字雙行字同，白口，四周雙邊，雙順黑魚尾，半框高21.3釐米，寬15釐米。版心上鎸“萬曆四年刊”，中鎸“五代史”及卷次，下鎸葉碼。

卷端題“五代史記，歐陽修撰，徐無黨注，大明南京國子監祭酒余有丁、司業周子義校刊”。卷首依次有《五代史記序》，署“建安陳師錫”；目録。

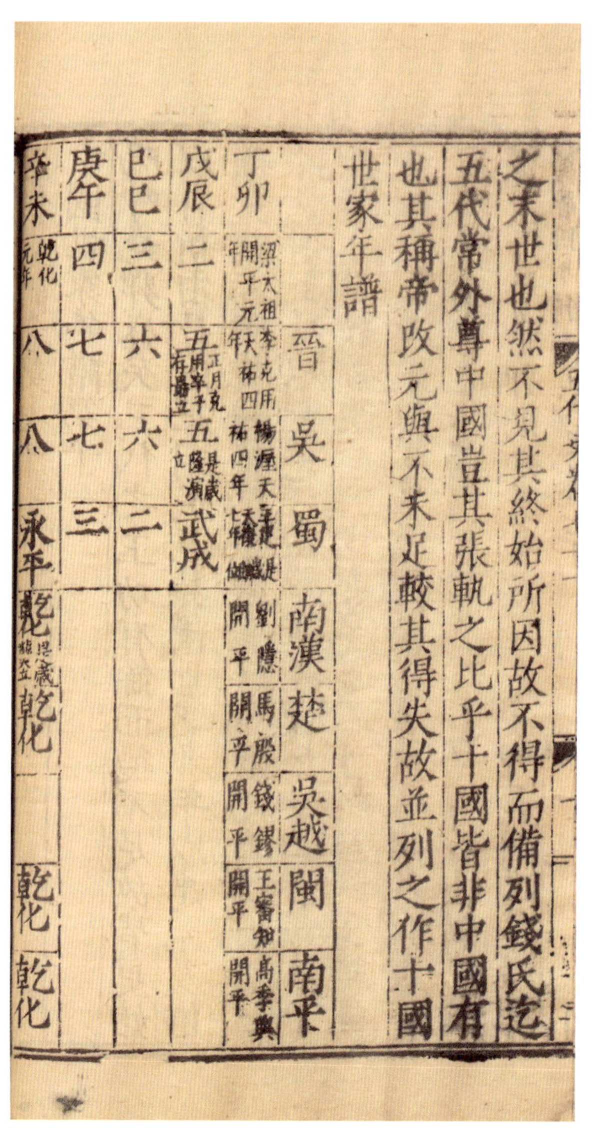

之末世也然不見其終始所因故不得而備列錢氏迄五代常外尊中國豈其張軌之比乎十國皆非中國有也其稱帝改元與不未足較其得失故並列之作十國

世家年譜

		晉	吳	蜀	南漢	楚	吳越	閩	南平
丁卯	梁太祖開平元年	李克用天祐四年	楊渥天祐四年		劉隱開平	馬殷開平	錢鏐開平	王審知開平	高季興開平
戊辰	二	五	五	武成					
己巳	三	六	六	二					
庚午	四	七	七	三					
辛未	乾化元年	八	八	永平	乾化	乾化		乾化	乾化

五代史記卷第一

歐陽脩撰

徐無黨注

大明南京國子監祭酒余有丁

司業周子義校刊

梁本紀第一

本紀因舊以爲名本原其所始起而紀次其事與時也即位以前其事詳原本其所自來故曲而備之見其起之有漸有暴也即位以後其事略居尊任重所責者大故所書者簡惟簡乃可立法

太祖神武元聖孝皇帝姓朱氏宋州碭山午溝里人也其父誠以五經教授鄉里生三子曰全昱存溫變諱某書名義

萬曆四年刊

五代史卷一

一

066.宋史四百九十六卷　〔元〕脱脱等撰　1480 Min

明成化十六年（1480）刻本　一百册十二函

每半葉10行，行20字，黑口，四周雙邊，雙順黑魚尾，半框高22.1釐米，寬15.6釐米。版心中鐫書名、卷名及卷次，下鐫葉碼及刻工。

卷端題“宋史，開府儀同三司上柱國録軍國重事前中書右丞相監修國史領經筵事都總裁臣脱脱等奉敕修”。卷首依次有《新刊宋史序》，署“成化十六年庚子春三月朔旦奉敕總督兩廣軍務兼理巡撫督察院右督御史桂陽朱英謹序”；《進宋史表》；修史官員；目録。

鈐印“閩中徐惟起藏書印”。

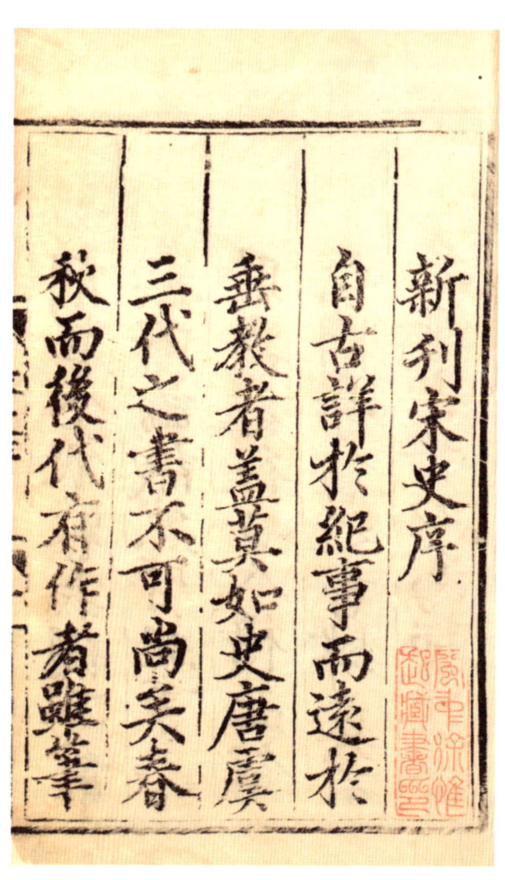

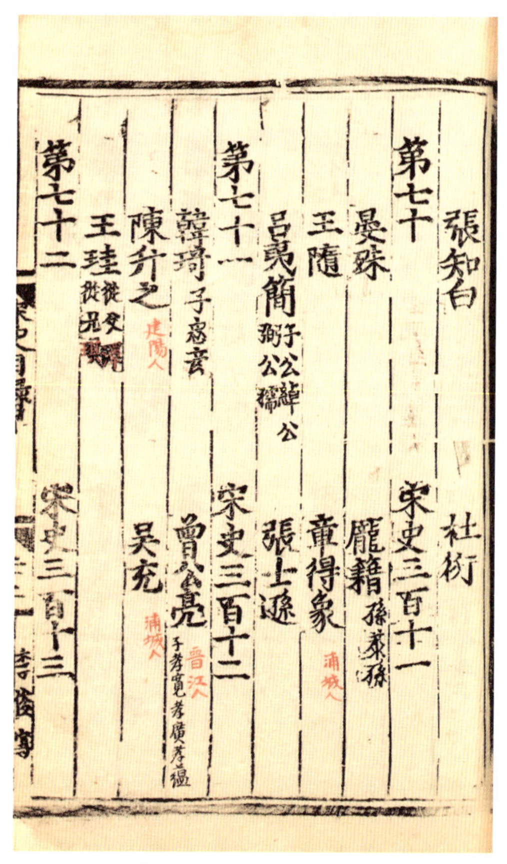

本紀卷第一　宋史一

開府儀同三司上柱國録軍國重事前中書右丞相監修國史領經筵事都總裁臣脫脫等奉

勅修

太祖一

太祖啓運立極英武睿文神德聖功至明大孝皇帝諱匡胤姓趙氏涿郡人也高祖朓是爲僖祖仕唐歷永清文安幽都令朓生珽是爲順祖歷藩鎮從事累官兼御史中丞珽生敬是爲翼祖歷營薊涿三州刺史敬生弘殷是爲宣祖周顯德中宣祖貴贈敬左驍騎衛上將軍宣祖少驍勇善騎射事趙王王鎔爲鎔

067.遼史一百十六卷　〔元〕脱脱等撰　〔明〕張邦奇、江汝璧校

明嘉靖八年（1529）南京國子監刻明清遞修本　八册一函

每半葉10行，行22字，白口，左右雙邊，雙順黑魚尾，半框高21.5釐米，寬16.1釐米。版心上鐫"嘉靖八年刊"，版心中鐫卷名及卷次，下鐫葉碼。

卷端題"遼史，元開府儀同三司上柱國前中書右丞相監修國史都總裁臣脱脱修，大明南京國子監祭酒臣張邦奇、司業臣江汝璧奉旨校刊"。卷首依次有《進遼史表》，署"至正四年三月　日，開府儀同三司上柱國録軍國重事中書右丞相監修國史領經筵事臣脱脱上表"；修史官員；目録。

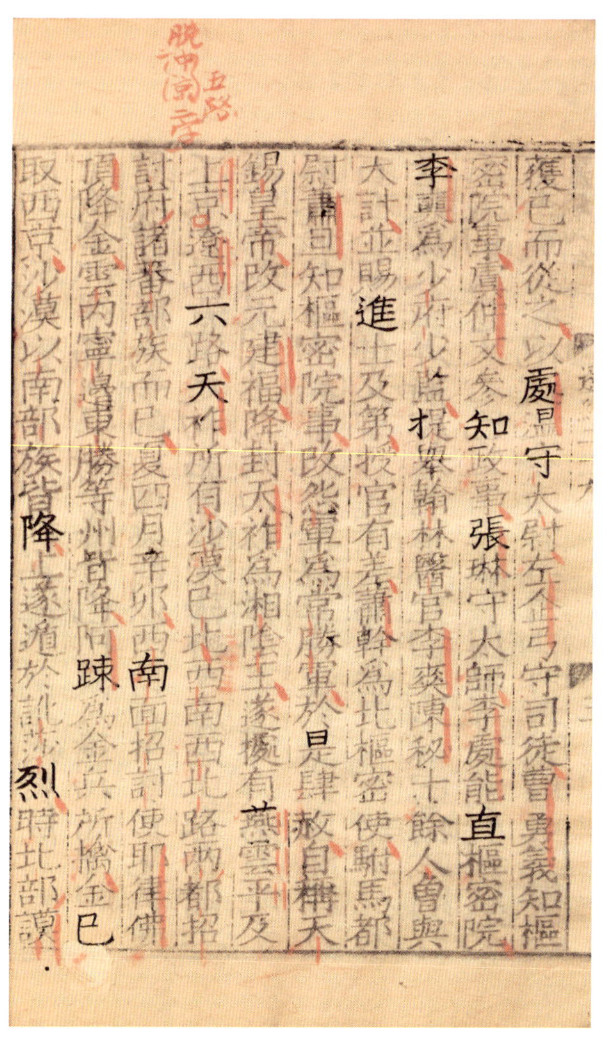

本紀第一　　遼史一

元開府儀同三司上柱國前中書右丞相監修國史都總裁臣脫脫修

大明南京國子監祭酒臣張邦奇司業臣江汝璧奉

旨校刊

太祖上

太祖大聖大明神烈天皇帝姓耶律氏諱億字阿保機小字啜里只契丹迭剌部霞瀨益石烈鄉耶律彌里人德祖皇帝長子母曰宣簡皇后蕭氏唐咸通十三年生初母夢日墮懷中有娠及生室有神光異香體如三歲兒即能匍匐祖母簡獻皇后異之鞠爲己子常匿於別幕塗其面不

068.遼史一百十六卷　〔元〕脱脱等撰　DS751.72 .L53 1884

清光緒十年（1884）上海同文書局石印本　十四册二函

内封題“遼史百十六卷”。牌記題“光緒十年甲申仲春上海同文書局用石影印”。卷端題“遼史，元中書右丞相總裁脱脱等修”。

遼史百
十六卷

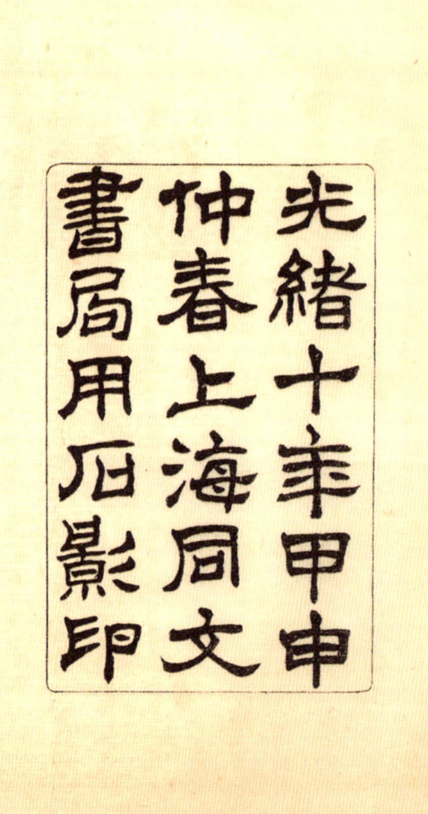
光緒十年甲申
仲春上海同文
書局用石影印

遼史卷一

元中書右丞相總裁脫脫等修

本紀第一

太祖上

太祖大聖大明神烈天皇帝姓耶律氏諱億字阿保機小字啜里只契丹迭剌部霞瀨益石烈鄉耶律彌里人德祖皇帝長子母曰宣簡皇后蕭氏唐咸通十三年生初母夢日墮懷中有娠及生室有神光異香體如三歲兒卽能匍匐祖母簡獻皇后異之鞠爲巳子常匿於別幕塗其面不令他人見三月能行晬而能言知未然事

069.金史一百三十五卷　〔元〕脱脱等撰　〔明〕張邦奇、江汝璧校　1529 Mi

明嘉靖八年（1529）南京國子監刻明清遞修本　二十册二函

每半葉10行，行22字，小字雙行字同，白口，左右雙邊，雙順黑魚尾，半框高21釐米，寬16.1釐米。版心上鎸"嘉靖八年刊"，中鎸書名及卷次，下鎸葉碼。

卷端題"金史，元開府儀同三司上柱國前中書右丞相監修國史都總裁臣脱脱修，大明南京國子監祭酒臣張邦奇、司業臣江汝璧奉旨校刊"。

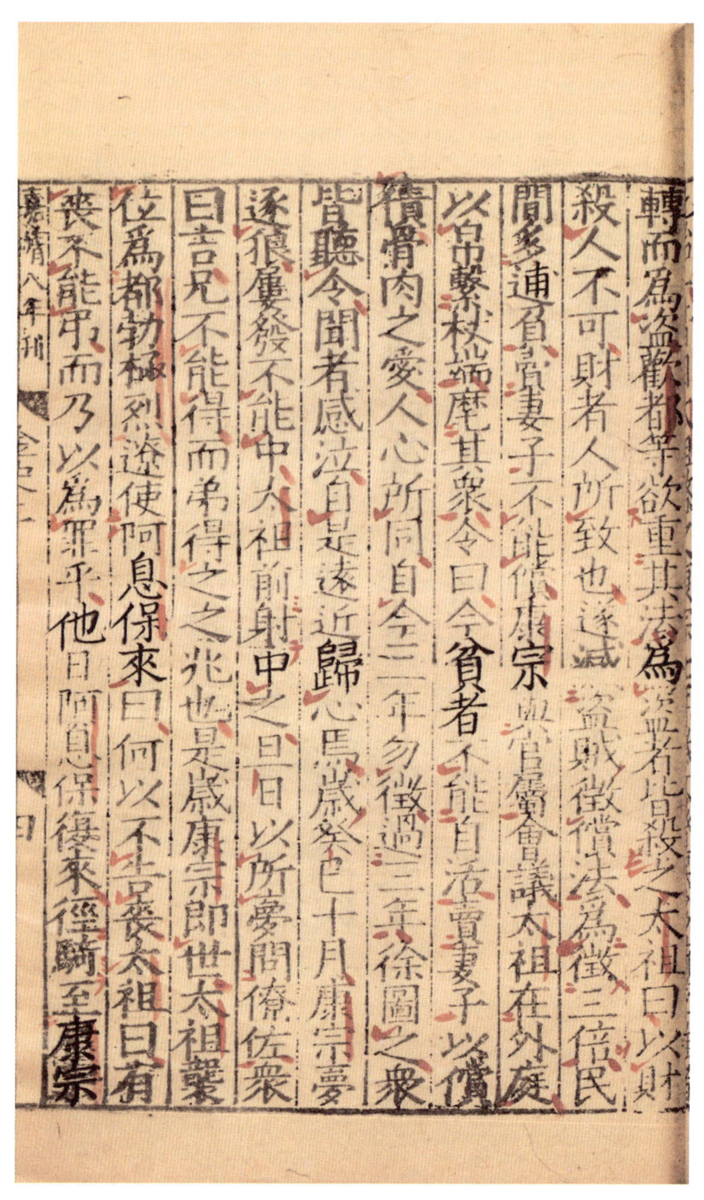
轉而爲盜歡都等欲重其法爲盜者皆殺之太祖曰以財
殺人不可財者人所致也遂減盜賊徵償法爲徵三倍民
間多逋負賣妻子不能償康宗與官屬會議太祖在外庭
以帛繫杖端麾其衆令曰今貧者不能自活賣妻子以償
債骨肉之愛人心所同自今三年勿徵過三年徐圖之衆
皆聽令聞者感泣自是遠近歸心焉歲癸巳十月康宗夢
逐狼屢發不能中太祖前射中之旦日以所夢問僚佐衆
曰吉兄不能得而弟得之之兆也是歲康宗即世太祖襲
位爲都勃極烈遼使阿息保來曰何以不告喪太祖曰有
喪不能弔而乃以爲罪乎他日阿息保復來徑騎至康宗
嘉靖八年刊

本紀第一　　金史一

元開府儀同三司上柱國前中書右丞相監修國史都總裁臣脫脫修

大明南京國子監祭酒臣張邦奇司業臣江汝璧奉

旨校刊

世紀

金之先出靺鞨氏靺鞨本號勿吉勿吉古肅慎地也元魏時勿吉有七部曰粟末部曰伯咄部曰安車骨部曰拂涅部曰號室部曰黑水部曰白山部隋稱靺鞨而七部並同唐初有黑水靺鞨粟末靺鞨其五部無聞粟末靺鞨始附高麗姓大氏李勣破高麗粟末靺鞨保東牟山後爲渤海

070.元史二百十卷　〔明〕宋濂等撰　1370 Mi

明天啓三年（1623）重修刻本　三十六册四函

每半葉10行，行20字，黑口或白口，四周雙邊，雙對黑魚尾，半框高25.6釐米，寬16.8釐米。版心上鎸“天啓三年刻”或“嘉靖九年補刊”或“萬曆三十七年”，中鎸書名、卷名、卷次及葉碼，下鎸刻工。

卷端題“元史，翰林學士亞中大夫知制誥兼修國史臣宋濂、翰林待制丞直郎兼國史院編修官王禕等奉敕修”。

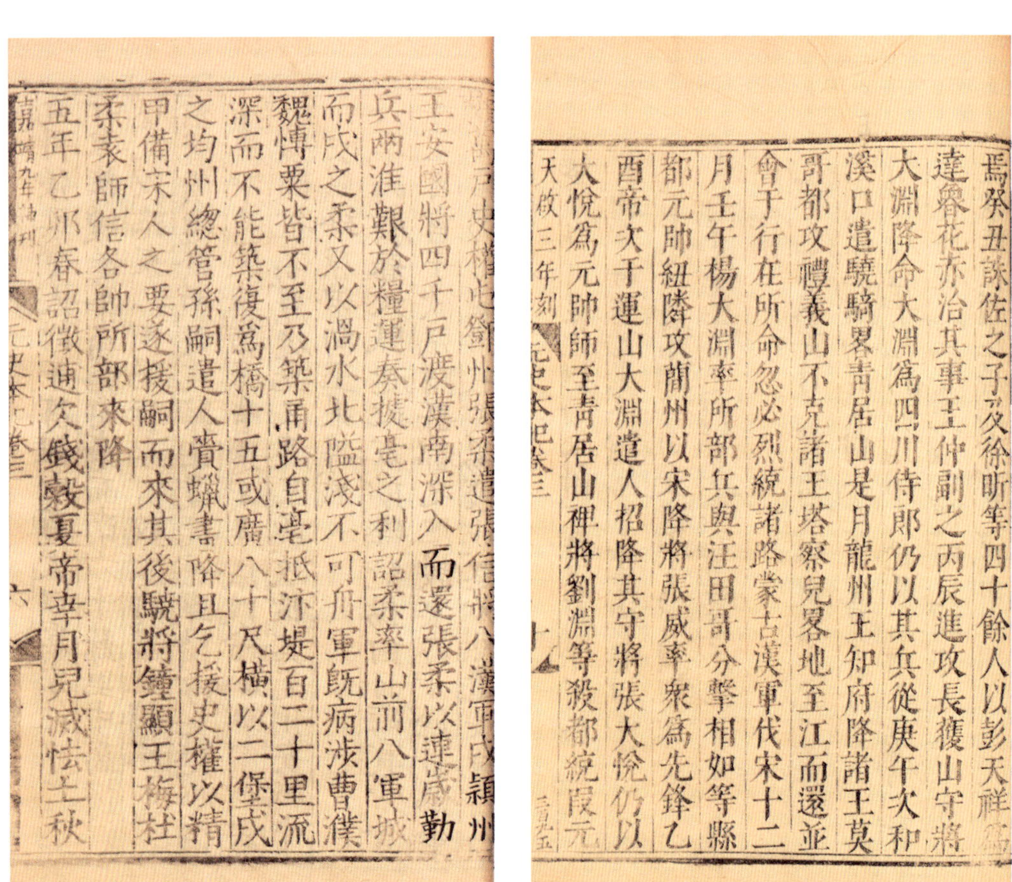

嘉靖九年補刊　元史本紀卷三　六

戶史權屯鄧州張柔遣張信將八漢軍戍潁州
王安國將四千戶渡漢南涉入而還張柔以連歲勤
兵兩淮艱於糧運奏據亳之利詔柔率山前八軍城
而戍之柔又以渦水北隘淺不可舟軍既病涉曹濮
魏博粟皆不至乃築甬路自亳抵汴堤百二十里流
深而不能築復爲橋十五或廣八十尺横以二堡戍
之均州總管孫嗣遣人賫蠟書降且乞援史權以精
甲備宋人之要遂援嗣而來其後驍將鍾顯王梅杜
柔表師信各帥所部來降
五年乙卯春詔徵逋欠錢穀夏帝幸月兒滅怯土秋

天啓三年刻　元史本紀卷三　七

焉癸丑誅佐之子及徐昕等四十餘人以彭天祥爲
達魯花赤治其事王仲副之丙辰進攻長獲山守將
大淵降命大淵爲四川侍郎仍以其兵從庚午次和
溪口遣驍騎畧青居山是月龍州王知府降諸王莫
哥都攻禮義山不克諸王塔察兒畧地至江而還並
會于行在所命忽必烈統諸路蒙古漢軍伐宋十二
月壬午楊大淵率所部兵與汪田哥分擊相如等縣
都元帥紐璘攻簡州以宋降將張威率衆爲先鋒乙
酉帝次于運山大淵遣人招降其守將張大悅仍以
大悅爲元帥師至青居山裨將劉淵等殺都統段元

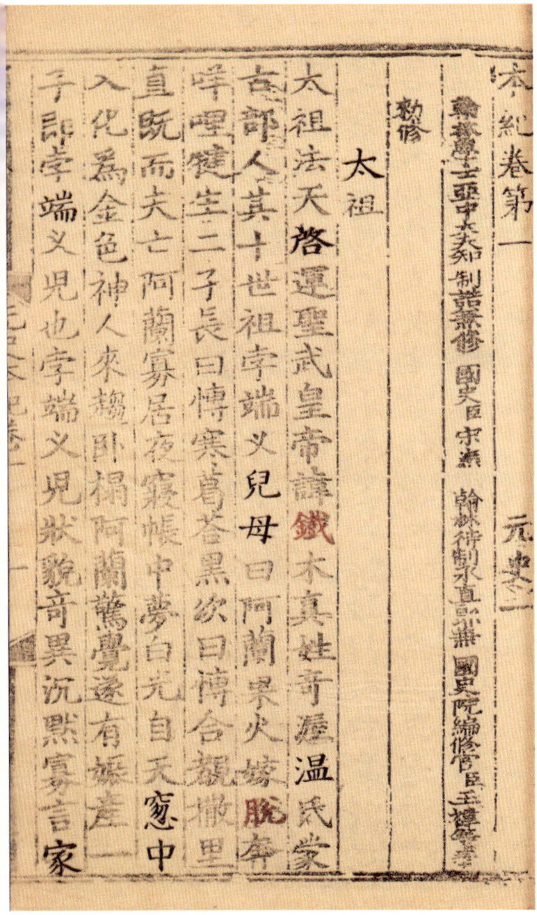

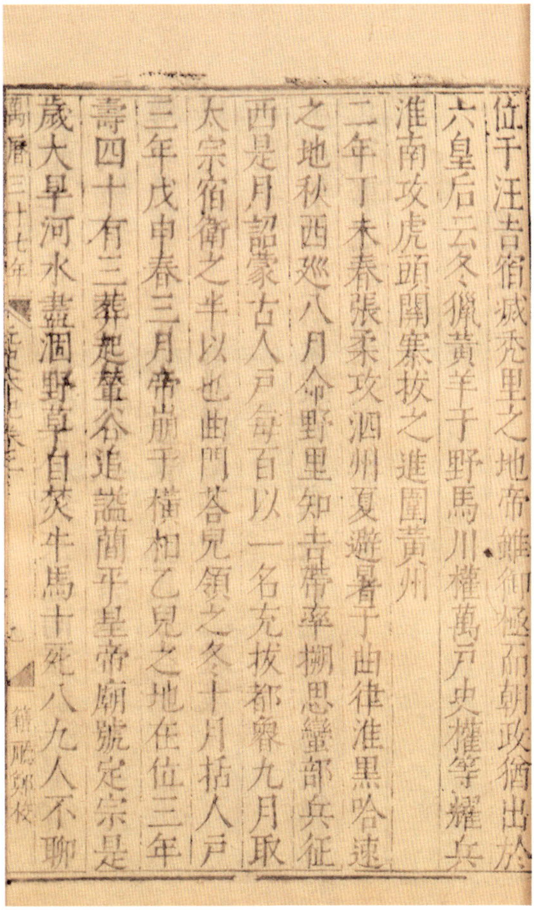

位于汪吉宿滅禿里之地帝雖御極而朝政猶出於
六皇后云冬獵黃羊于野馬川權萬戶史權等耀兵
淮南攻虎頭關寨拔之進圍黃州
二年丁未春張柔攻泗州夏避暑于曲律淮黑哈速
之地秋西巡八月命野里知吉帶率搠思蠻部兵征
西是月詔蒙古人戶每百以一名充拔都魯九月取
太宗宿衛之半以也曲門答兒領之冬十月括人戶
三年戊申春三月帝崩于横相乙兒之地在位三年
壽四十有三葬起輦谷追諡簡平皇帝廟號定宗是
歲大旱河水盡涸野草自焚牛馬十死八九人不聊

萬曆三十七年 元史本紀卷二

本紀卷第一　元史一

翰林學士亞中大夫知制誥兼修國史臣宋濂 翰林待制承直郎同知制誥兼國史院編修官臣王褘等奉

勅修

太祖

太祖法天啓運聖武皇帝諱鐵木真姓奇渥溫氏蒙
古部人其十世祖孛端叉兒母曰阿蘭果火嫁脫奔
咩哩犍生二子長曰博寒葛答黑次曰博合覩撒里
直既而夫亡阿蘭寡居夜寢帳中夢白光自天窻中
入化爲金色神人來趨臥榻阿蘭驚覺遂有娠產一
子即孛端叉兒也孛端叉兒狀貌奇異沉默寡言家

元史本紀卷一　一

071.元史譯文證補三十卷 〔清〕洪鈞輯 DS19 .H88 1897

清光緒二十三年（1897）刻本 四册一函

每半葉12行，行25字，小字雙行，字數不等，白口，左右雙邊，單黑魚尾，半框高17.7釐米，寬12.3釐米。版心中鎸書名及卷次，下鎸葉碼。

内封題“元史譯文證補，汪鳴鑾署檢”。牌記題“光緒丁酉季秋刊竣”。卷端題“元史譯文證補，兵部左侍郎總理各國事務衙門行走加三級臣洪鈞撰”。

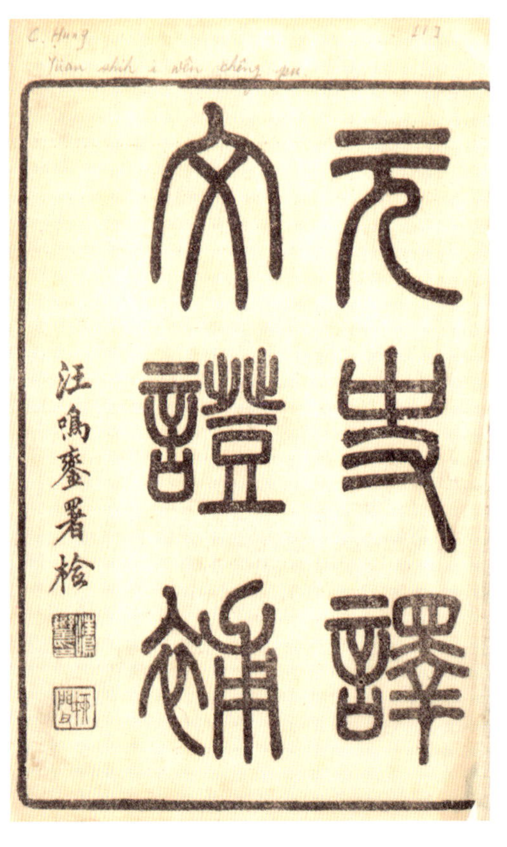

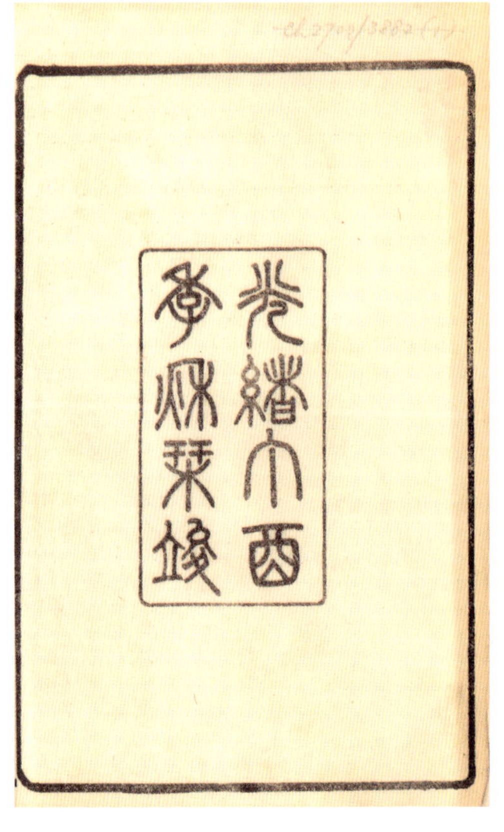

太祖本紀譯證上

元成宗時西域宗王合贊命拉施特修史敘述太祖事迹成書西人多桑著書不輯其說間有去取又多羼入元史轉掩廬山眞面俄人哀忒蠻書自謂專本拉施特然仍時時羼雜他說其人文理鄙僿譯述多誤但宜節取未足深憑最後乃得俄人貝勒津之書則誠墨守拉施特其自序謂逐句逐段繙譯無淩躐無改易廬山眞面一旦豁然拉施特自謂親見本朝譜牒史策依據成書今以元史親征錄元祕史較之則尤與親征錄符合用知親征錄實由脫必赤顏譯出當日金匱副本必然頒及宗藩否則夷夏異文東西異地何以不謀而合若此至其中軼事異聞往往不見他書惟見祕史人名地名部族名又足證祕史音譯之眞而祕史異於元史者亦足證其紀敘之失惟西域之師所載事實爲自來華書所未見當緣脫必赤顏極其簡略而憲宗時西域人志費尼已有著述拉施特取以補入也然記事可以加詳編年不敢立異故拉施特書內年分與元史親征錄相同而多桑所記西域之師則多本志費尼年分遂與史錄不合又以證邱長春西游記所云辛巳歲帝將兵追算端汗至印度壬午班師爲得實也元史疏簡親征錄加詳而訛奪過多幾難句讀祕史最完善然征伐大事錯謬牽併錢詹事謂論次太祖事迹當於祕史折衷今得此書是非同異皆可證明乃知詹事所言非篤論矣拉施特書屢經傳抄不免奪誤又經重譯抑恐差池繙述不敢文人名地名部族名不輕改音皆懼失眞也

元史譯文證補一

兵部左侍郎總理各國事務衙門行走加三級臣洪鈞撰

自來突而屈各族以及蒙兀爾西人稱突而克詢之土耳其使臣則曰突而屈爲突厥之本音土耳其卽突厥遺種也蒙古本稱蒙兀見舊唐書室韋傳洪皓松漠紀聞引之朔漠方言尾音有爾字宜輕讀卽祕史蒙文之忙豁勒詳蒙古考突厥轄部最廣元世突厥已久滅而西域史猶列蒙古於突厥族類中從其朔也耶律鑄雙溪醉隱集屢言突厥取和林詩注引唐開元闕特勤碑謂諸突厥部之遺俗猶呼其可汗之子弟爲特勤特謹字也涿邪山詩注突厥諸部遺族至今亦呼其磧鹵爲朱邪紅叱撥贊序諸突

編年類

072.竹書紀年統箋十二卷前編一卷雜述一卷　〔南朝梁〕沈約注　〔清〕徐文靖箋

DS745 .C515x 1877

清光緒三年（1877）浙江書局刻本　四册一函

每半葉9行，行21字，小字雙行字同，白口，左右雙邊，單黑魚尾，半框高18.3釐米，寬13釐米，版心中鎸“竹書統箋”及卷次，下鎸葉碼。

内封題“竹書紀年”。牌記題“光緒三年浙江書局據丹徒徐氏本校刻”。卷端題“竹書紀年統箋，梁武康沈約休文附注，清當塗徐文靖位山統箋，同里馬陽葵齋、崔萬烜郁岑校訂”。卷一至十末題“總校王詒壽，分校汪寧瀚、吴承志校”。卷十一至十二末題“總校王詒壽，分校汪寧瀚、陳謨校”。

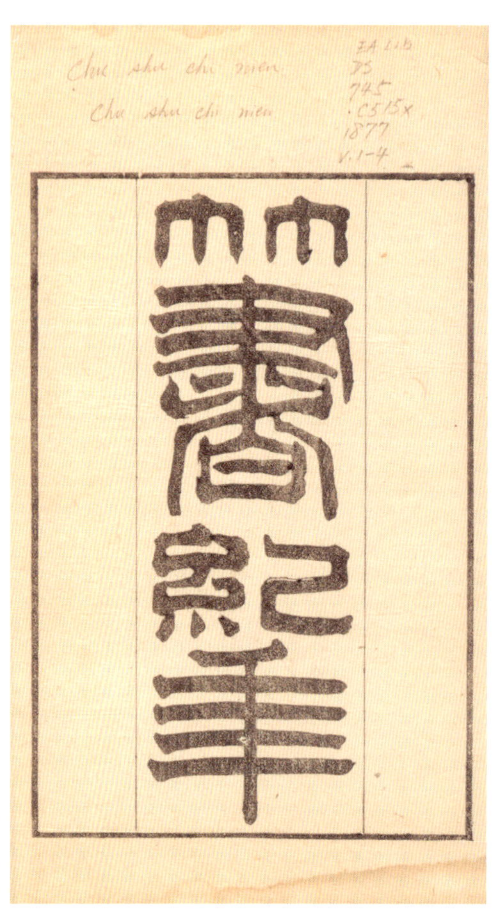

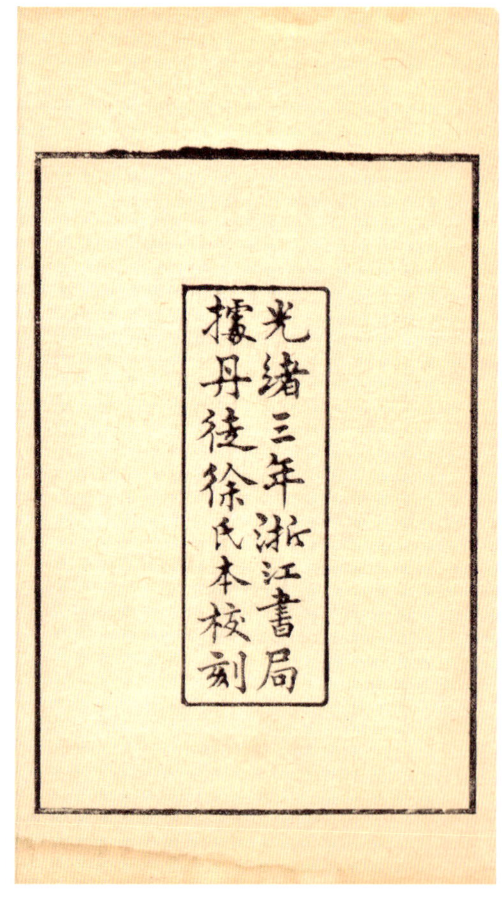

竹書紀年統箋卷之一

梁　武康沈　約休文附注

清　當塗徐文靖位山統箋

同里　馬　陽葵齋　崔萬烜郁岑　校訂

黃帝軒轅氏　箋按晉語曰少典娶于有蟜氏生黃帝黃帝以姬水成，韋昭曰姬水名也。鄭康成曰黃帝姓姬，炎帝所賜。漢律歷志曰黃帝始垂衣裳，有軒冕之服，故天下號曰軒轅氏

母曰附寶，見大電繞北斗樞星，光照郊野，星傳曰北斗七星在紫微西垣外，第一曰天樞，去極二十三度半，入張宿九度。感而孕，二十五月而生

073.後漢紀三十卷 〔晋〕袁宏纂

清光緒二年(1876)嶺南學海堂刻本 七册一函

每半葉10行,行20字,白口,左右雙邊,單黑魚尾,半框高13.8釐米,寬11.1釐米。版心中鎸書名及卷次,下鎸葉碼。

内封題"後漢紀"。牌記題"光緒丙子八月嶺南學海堂刊"。卷端題"後漢光武皇帝紀,袁宏"。書名據内封。

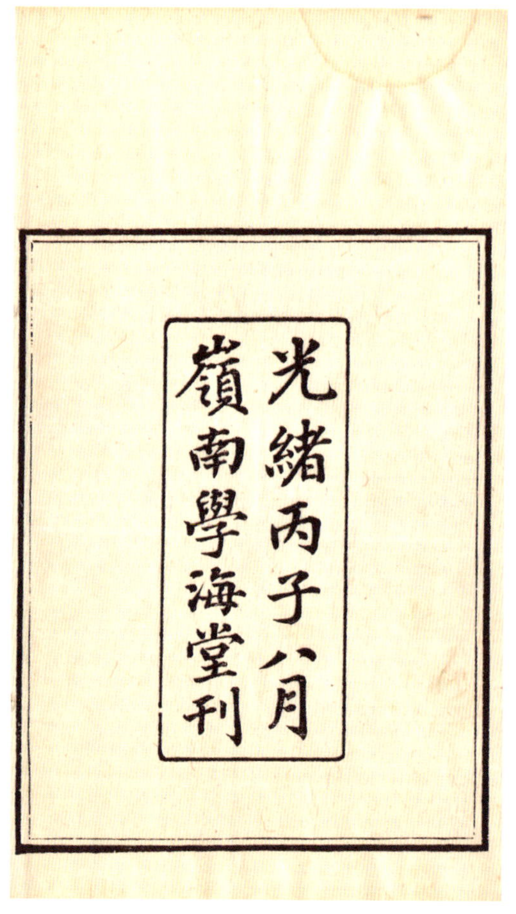

後漢光武皇帝紀卷第一　　袁宏

孝景帝生長沙定王發武帝世諸侯得分封子弟以冷道縣舂陵封發中子買爲舂陵節侯買生鬱林太守外外生鉅鹿都尉回回生南頓令欽欽生光武皇帝元帝時節侯之孫孝侯以南方卑濕請徙南陽於是以蔡陽白水鄉爲舂陵侯封邑而與從昆弟鉅鹿君及宗親俱徙焉湖陽人樊重女曰歸都自爲童兒不正容不出於房南頓君聘焉生齊武王縯魯哀王仲世祖新野官平公主

世祖諱秀字文叔初南頓君爲濟陽令而世祖生夜

074.宋元通鑑一百五十七卷　〔明〕薛應旂編　〔明〕陳仁錫評閱　1626 Mi

明天啓六年（1626）刻本　二十一册三函

每半葉10行，行20字，小字雙行字同，白口，四周單邊，單黑魚尾，半框高21.4釐米，寬14.9釐米。版心上鎸“通鑑”及卷次，中鎸卷名及篇名，下鎸葉碼。眉上鎸評，行4字。

卷端題“宋元通鑑，明賜進士前中憲大夫浙江按察司提學副使兩京吏禮郎中武進薛應旂編集，長洲陳仁錫評閱”。卷首依次有《宋元通鑑序》，署“天啓丙寅秋七月既望長洲陳仁錫書”；《宋元通鑑序》，署“皇明嘉靖丙寅十二月朔旦前浙江按察司提學副使武進薛應旂序”；宋元通鑑義例；宋元通鑑目録。

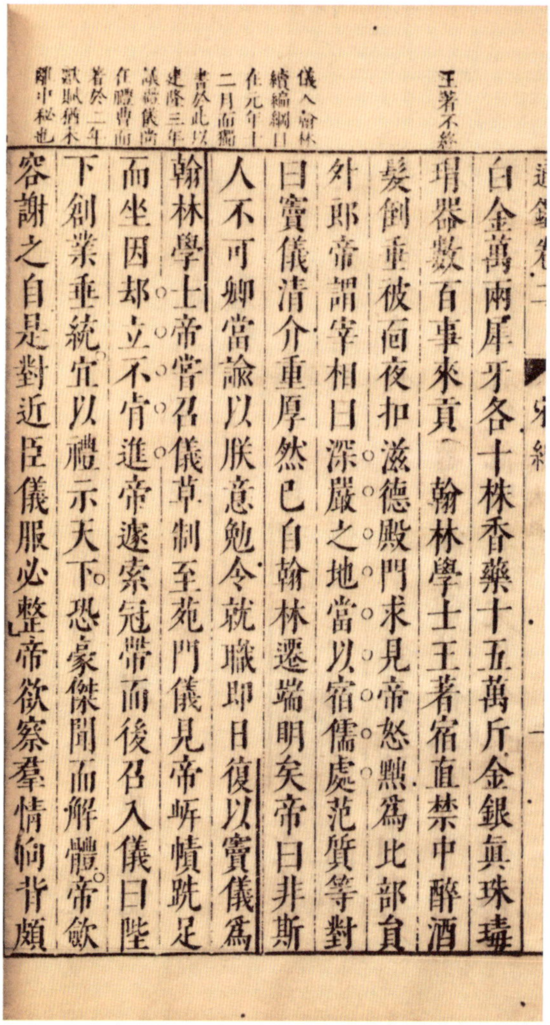
通鑑卷二　宋紀

王著不終

白金萬兩犀牙各十株香藥十五萬斤金銀眞珠瑇
瑁器數百事來貢　翰林學士王著宿直禁中醉酒
髮倒垂被面夜扣滋德殿門求見帝怒黜爲比部員
外郎帝謂宰相曰深嚴之地當以宿儒處范質等對
曰竇儀清介重厚然已自翰林遷端明矣帝曰非斯
人不可卿當諭以朕意勉令就職即日復以竇儀爲
翰林學士帝嘗召儀草制至苑門儀見帝岸幘跣足
而坐因却立不肯進帝遽索冠帶而後召入儀曰陛
下創業垂統宜以禮示天下恐豪傑聞而解體帝歛
容謝之自是對近臣儀服必整帝欲察羣情向背頗

儀入翰林續編綱目在元年十二月而獨書於此以建隆三年議禮儀當在禮曹而著於二年以賦循未離中秘也

宋元通鑑卷第一

明賜進士前中憲大夫浙江按察司提學副使南京吏禮郎中武進薛應旂編集

長洲　陳仁錫評閱

宋紀一 起庚申至壬戌凡三年

太祖一

太祖

建隆元年 周恭帝宗訓元年 周亡 蜀主孟昶廣政二十三年 南漢主劉鋹大寶三年 北漢孝和帝劉鈞天會五年 南唐元宗李景十八年 新大國一 舊小國四 凡五國 吳越 荆南 湖南 凡三鎮 春正月，周殿前都點檢趙匡胤稱帝。匡胤，涿郡人。四世祖朓，唐幽都令。生珽，唐御史中丞。珽生敬，涿州刺史。敬生弘殷，周檢校司徒、馬軍都指揮使。弘殷娶杜氏，生

075.明通鑑九十卷首一卷前編四卷附編六卷 〔清〕夏燮輯

清光緒二十九年（1903）上海點石齋書局石印本 十六册一函

内封題"明通鑑"。牌記題"光緒癸卯年夏四月上海點石齋書局印"。卷端題"明通鑑，江西永甯知縣當塗夏燮編輯"。

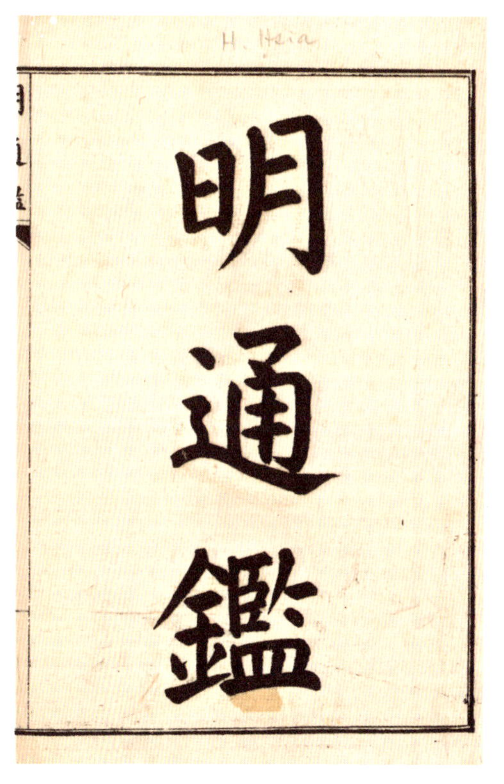

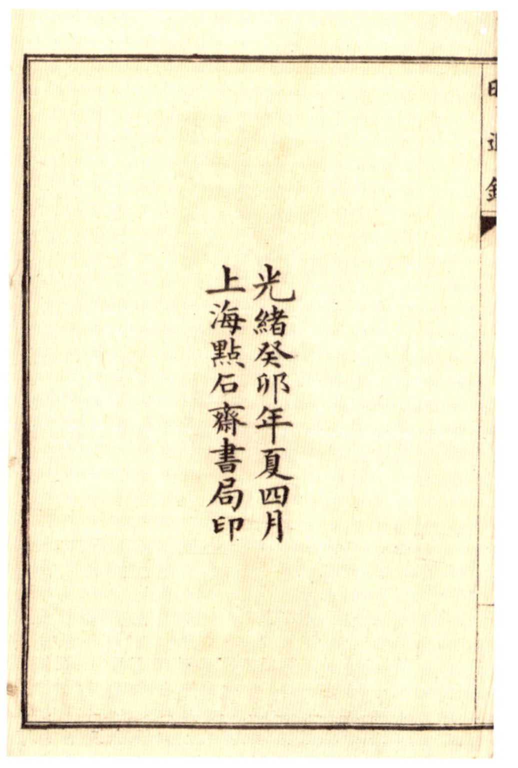

明通鑑卷一

紀一 [illegible]

江西永甯知縣當塗夏燮編輯

太祖開天行道肇紀立極大聖至神仁文義武俊德成功高皇帝

洪武元年（元至正二十八年）春正月壬申朔四日乙亥太祖祀天地于南郊即皇帝位定有天下之號曰明建元洪武 追尊高祖考曰元皇帝廟號德祖曾祖考曰恆皇帝廟號懿祖祖考曰裕皇帝廟號熙祖皇考曰淳皇帝廟號仁祖妣皆皇后 立妃馬氏為皇后世子標為皇太子 以李善長徐達為左右丞相諸功臣進爵有差 丙子頒即位詔於天下追封皇伯考以下皆為王 丁丑大宴羣臣於奉天殿宴罷謂御史中丞劉基曰堯舜聖人處無為之世猶且憂之況德匪唐虞處天下者其得無憂乎朕賴諸臣輔佐之功尊居天位每念天下之廣生民之眾萬幾方殷中夜思之輒寢不安寐常懸於心 辛巳御史中丞劉基翰林院學士陶安言于上曰道聞仿元舊制設中書令欲奏以太子為之上曰取法於古必擇其善者而從之苟為不善而一概是從豈猶登高岡而卻步渡長江而回楫豈能達哉且吾子年未長學未充更事未多所宜尊禮師傅講習經傳博通古今識達機宜他日軍國重務皆令啟聞何必效彼作中書令乎時帶刀舍人周宗上書請教太子上因謂起居注詹同等曰朕今立東宮官取廷臣勳德老成兼其職新進之賢者亦選擇參用夫舉賢任才立國之本崇德尚齒尊賢之道輔導得賢人各盡職故連抱之木必以授良匠萬金之璧不以付拙工同對曰陛下立法垂憲之意至深遠矣于是以李善長兼太子少師徐達兼太子少傅[illegible]常遇春兼太子少保其詹事左右率府諭德贊善賓客等並以朝臣兼領諭曰昔周公教成王告以克詰戎兵召公教康王告以張皇六師此安居慮危不忘武備蓋繼世之君生長富貴昵於安佚軍旅之事多忽而不務一旦緩急罔知所措二公之言不可忘也[illegible]

初皇后馬氏從上軍中躬習勞苦親緝將士衣鞋值歲大歉上又為郭氏所疑嘗乏食后竊炊餅懷以進肉為之焦居常儲糗糒脯脩供上無所乏絕而己不宿飽及貴上比之蕪蔞豆粥滹沱麥飯每對羣臣述后賢同於唐長孫皇后退以語后后曰妾聞夫婦相保易君臣相保難陛下不忘妾同貧賤願無忘羣臣同艱難且妾何敢比長孫皇后也至是以諸臣進秩上欲訪后族人官之后曰爵祿私外家非法且妾家親屬未

明通鑑坿編卷一上

坿記一上 起閼逢涒灘夏五月盡旃蒙作噩七月

江西永甯知縣當塗夏燮編輯

大清

世祖章皇帝順治元年（是年五月明福王由崧立於南京仍稱崇禎十七年）夏五月戊子朔我

大清兵定京師李自成西竄

大軍追之于慶都皆敗之乃班師所過郡縣皆諭以定亂安民共享太平之福百姓竄匿山谷者悉還鄉里迎降恐後于是睿親王整兵入京師故明諸臣迎于五里外下令安輯百姓民間按堵如故改葬明崇禎帝后並熹宗皇后張氏神宗妃劉氏及殉難之公主妃嬪等皆如禮[illegible]

是日明臣立福王由崧于南京先是北都既陷四月己巳報至南京人心皇懼時參贊機務兵部尚書史可法方督師勤王渡江抵浦口聞京師之變縞衣發喪南京文武大臣議立君討賊而由崧及潞王常淓俱以避賊至淮安倫序當屬福王諸臣慮福王立或追怨妖書及梃擊移宮等案潞王立則無後患且可邀功陰主之者廢籍禮部侍郎錢謙益力持其議者兵部侍郎呂大器而右都御史張慎言詹事姜曰廣皆然之其間往來游說者前山東按察僉事雷縯祚禮部員外周鑣慎言曰廣等移牒可法曰福王倫序當立而有七不可貪淫酗酒不孝虐下不讀書干預有司也潞王為神宗姪賢明當立可法亦以為然遂由浦口還南京而鳳陽總督馬士英利福王昏庸欲立之潛與逆案家居之阮大鋮計議主立福王又密與操江誠意伯劉孔昭總兵高傑劉澤清黃得功劉良佐等結而公致書于可法可法以七不可告之意未決甲申守備南京魏國公徐宏基等戶部尚書高宏圖等南京守備太監韓贊周等集議于朝大器署禮兵二部印不肯下筆吏科給事中李沾探士英指厲聲言今日有異議者死之孔昭亦面斥大器而士英握重兵于外與諸將送福王至儀真連營江北勢甚張諸大臣乃不敢言可法亦不得已乃定立福王時文武官俱集內官宅韓贊周令各署名籍曰廣請無忽遽僕祭告奉先

紀事本末類

076.通鑑紀事本末二百三十九卷　〔宋〕袁樞編　

清光緒十三年(1887)廣雅書局刻本　四十八册十二函

每半葉10行,行20字,小字雙行字同,白口,四周單邊,單黑魚尾,半框高20.7釐米,寬14.7釐米。版心上鎸書名,中鎸卷次及葉碼,下鎸“廣雅書局重刊”。

内封題“通鑑紀事本末二百三十九卷”。牌記題“光緒十三年十二月廣雅書局刻”。卷端題“通鑑紀事本末,宋建安袁樞編輯,明太倉張溥論正”。

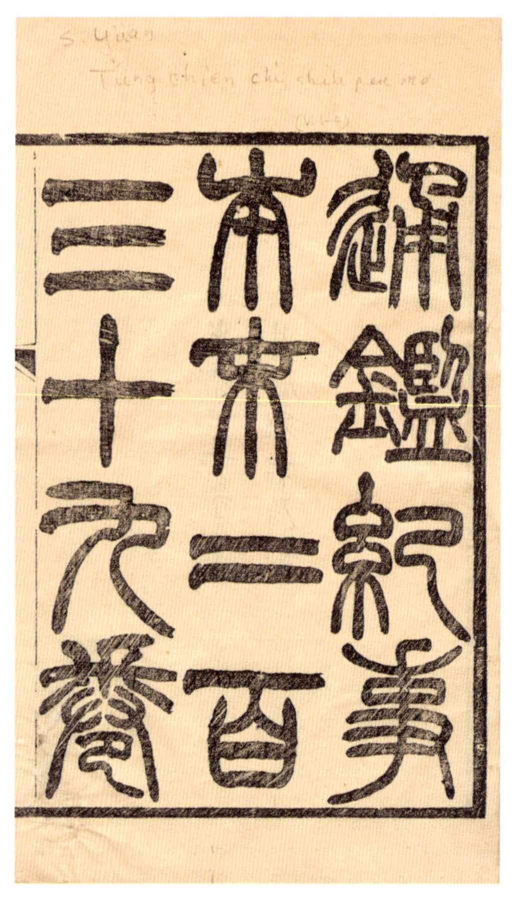

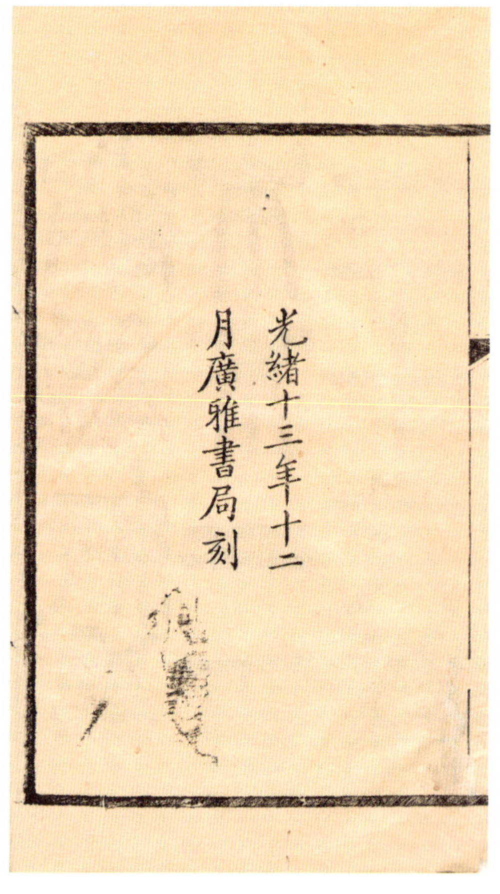

通鑑紀事本末卷一

宋 建 安 袁 樞 編 輯

明 太 倉 張 溥 論 正

三家分晉

周威烈王二十三年　初命晉大夫魏斯趙籍韓虔爲諸侯

臣光曰、臣聞天子之職、莫大於禮、禮莫大於分、分莫大於名、何謂禮、紀綱是也、何謂分、君臣是也、何謂名、公侯卿大夫是也、夫以四海之廣、兆民之衆、受制於一人、雖有絕倫之力、高世之智、莫敢不奔

077.五朝紀事本末五百八十九卷

清同治十二至十三年（1873—1874）江西書局刻本　一百三十六册十四函

每半葉10行，行20字，小字雙行字同，黑口，左右雙邊，單黑魚尾，半框高21.2釐米，寬14.6釐米。版心上鐫書名，中鐫卷次及葉碼。

《左傳紀事本末》内封題“左傳紀事本末五十三卷”。牌記題“同治癸酉孟春江西書局開雕”。卷端題“左傳紀事本末，日講官起居注詹事府少詹事兼翰林院侍講學士臣高士奇”。

《通鑑紀事本末》内封題“通鑑紀事本末二百三十九卷”。牌記題“同治癸酉仲夏江西書局開雕”。卷端題“通鑑紀事本末，宋建安袁樞編輯，明太倉張溥論正”。

《宋史紀事本末》内封題“宋史紀事本末一百九卷”。牌記題“同治甲戌季春江西書局開雕”。卷端題“宋史紀事本末，明高安陳邦瞻增訂，臨朐馮琦原編，太倉張溥論正”。

《元史紀事本末》内封題“元史紀事本末二十七卷”。牌記題“同治甲戌孟秋江西書局開雕”。卷端題“元史紀事本末，明高安陳邦瞻編輯，太倉張溥論正”。

《明史紀事本末》内封題“明史紀事本末八十卷”。牌記題“同治甲戌仲冬江西書局開雕”。卷端題“明史紀事本末，提督浙江學政僉事豐潤谷應泰編輯”。

子目：

左傳紀事本末五十三卷　〔清〕高士奇撰

通鑑紀事本末二百三十九卷　〔宋〕袁樞撰

宋史紀事本末一百九卷　〔明〕陳邦瞻撰

元史紀事本末二十七卷　〔明〕陳邦瞻撰

明史紀事本末八十卷　〔清〕谷應泰撰

同治癸酉孟春
江西書局開雕

左傳紀事本末卷一

日講官起居注詹事府少詹事兼翰林院侍講學士臣高士奇

王朝交魯

隱公元年秋七月天王使宰咺來歸惠公仲子之賵緩且子氏未薨故名天子七月而葬同軌畢至諸侯五月同盟至大夫三月同位至士踰月外姻至贈死不及尸弔生不及哀豫凶事非禮也　十二月祭伯來非王命也

三年春王三月壬戌平王崩赴以庚戌故書之　秋武氏子來求賻王未葬也

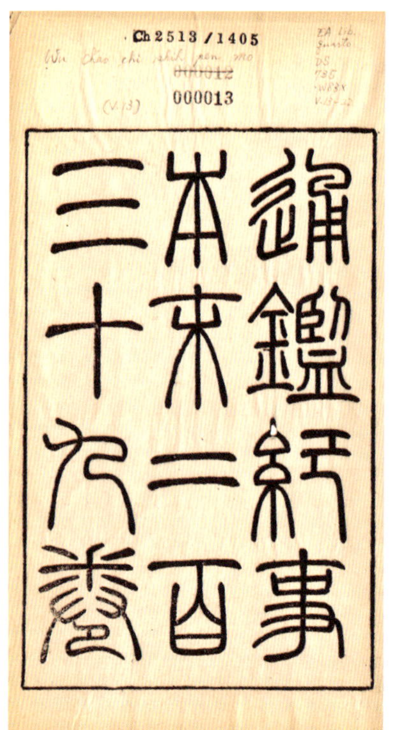

通鑑紀事本末二百三十六卷

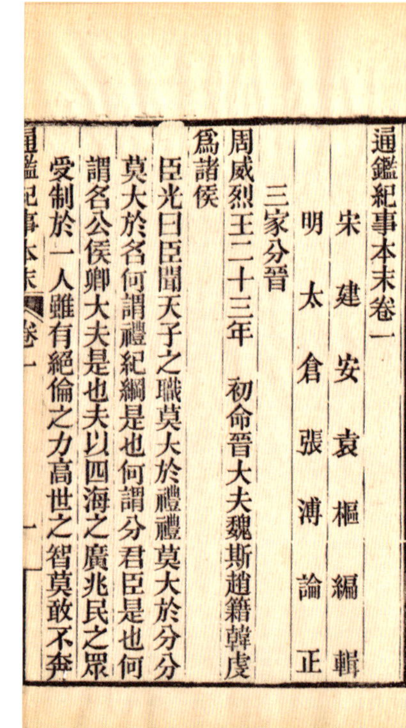
通鑑紀事本末卷一

宋　建安袁樞編輯

明　太倉張溥論正

三家分晉

周威烈王二十三年　初命晉大夫魏斯趙籍韓虔爲諸侯

臣光曰臣聞天子之職莫大於禮禮莫大於分分莫大於名何謂禮紀綱是也何謂分君臣是也何謂名公侯卿大夫是也夫以四海之廣兆民之衆受制於一人雖有絶倫之力高世之智莫敢不奔

通鑑紀事本末　卷一　一

宋史紀事本末一百九卷

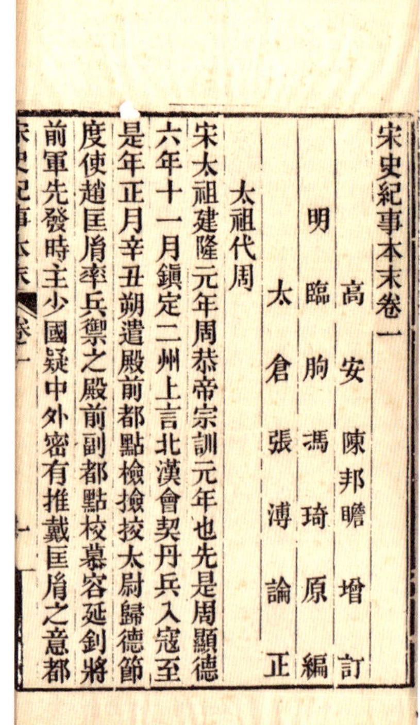
宋史紀事本末卷一

明　高安陳邦瞻增訂

臨朐馮琦原編

太倉張溥論正

太祖代周

宋太祖建隆元年周恭帝宗訓元年也先是周顯德六年十一月鎭定二州上言北漢會契丹兵入寇至是年正月辛丑朔遣殿前都點檢撿按太尉歸德節度使趙匡胤率兵禦之殿前副都點校慕容延釗將前軍先發時主少國疑中外密有推戴匡胤之意都

宋史紀事本末　卷一　一

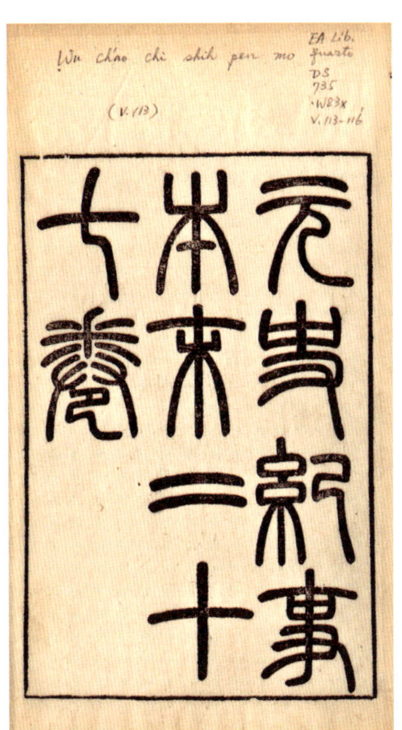

元史紀事本末卷一

明　高安　陳邦瞻　編輯
　　太倉　張溥　論正

江南羣盜之平

世祖至元十七年十二月漳州民陳桂龍兵起福建都元帥完者都等擊走之桂龍及其兄子陳弔眼有衆數萬屯高安砦據之朝廷命完者都及副帥高興討之時建寧賊黃華勢尤猖獗完者都先引兵歷其境華驚懼乞降完者都奏以華爲副元帥凡軍行悉以咨之桂龍等乘高爲險人莫敢進興命人挾束薪

元史紀事本末　卷一　一

明史紀事本末卷一

提督浙江學政僉事豐潤谷應泰編輯

太祖起兵

元順帝至正十二年閏三月甲戌朔明太祖起兵濠梁太祖之先故沛人徙江東句容爲朱家巷朱季大父再徙淮家泗州父又徙鍾離太平鄉母陳生四子太祖其季也太祖生於元天歷戊辰之九月丁丑其夕赤光燭天里中人競呼朱家火及至無有三日洗兒父出汲有紅羅浮至遂取衣之故所居名紅羅障少時嘗苦病父欲度爲僧歲甲申泗大疫父母兄及

明史紀事本末　卷一　一

雜史類

078.天聖明道本國語二十一卷札記一卷考異四卷　〔三國吴〕韋昭注　（札記）〔清〕黄丕烈撰　（考異）〔清〕汪遠孫撰　Quarto PL2662.T8 A6 1869

清同治八年（1869）湖北崇文書局刻本　五册一函

每半葉11行，行20字，小字雙行，字數不等，白口，左右雙邊，單黑魚尾，半框高20.9釐米，寬14.4釐米。版心中鎸“國”及卷次，下鎸葉碼。

内封題“天聖明道本國語，同治己巳，湖北崇文書局重雕”。卷端題“國語”。卷一末牌記題“嘉慶庚申歲吴門黄氏讀未見書齋用影宋本重雕”。書名據内封。

鈐印“今關天彭之印”。

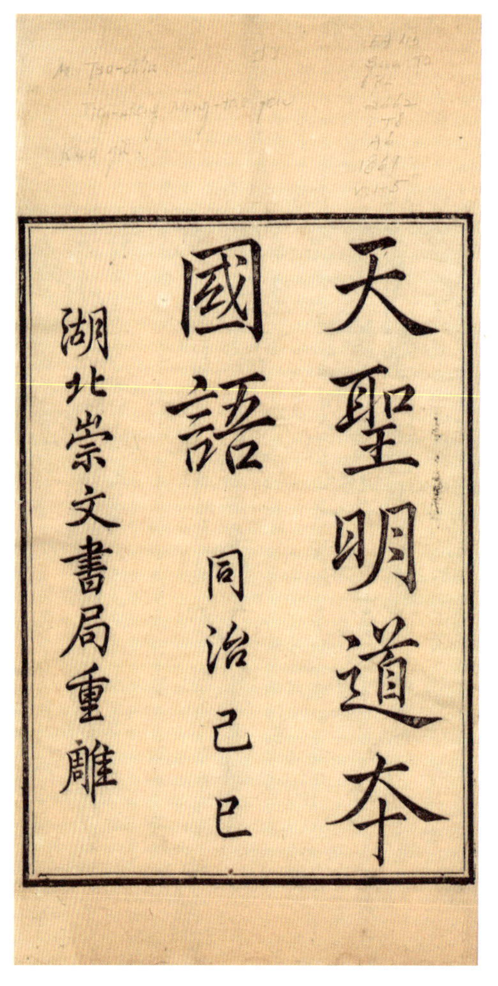
天聖明道本國語
同治己巳
湖北崇文書局重雕

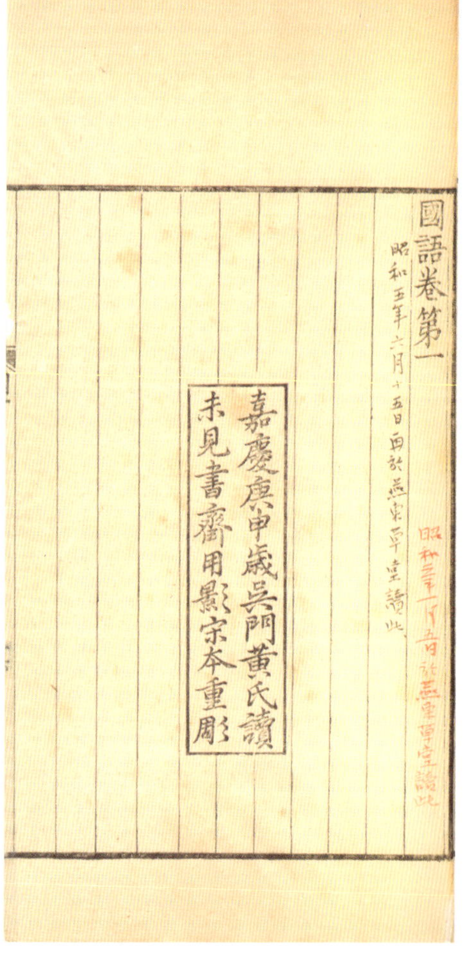
國語卷第一
嘉慶庚申歲吴門黄氏讀
未見書齋用影宋本重彫

國語解敘 韋昭自序也

昔孔子發憤於舊史垂法於素王左丘明因聖言以攄意託王義以流藻其淵原深大沉懿雅麗可謂命世之才博物善作者也其明識高遠雅思未盡故復采録前世穆王以來下訖魯悼智伯之誅邦國成敗嘉言善語陰陽律呂天時人事逆順之數以爲國語其文不主於經故號曰外傳所以包羅天地探測禍福發起幽微章表善惡者昭然甚明實與經藝並陳非特諸子之倫也遭秦之亂幽而復光賈生史遷頗綜述焉及劉光禄於漢成世始更考校是正疑謬至於章帝鄭大司農爲之訓注解疑釋滯昭晰可觀

國語之存於今者以宋明道二年槧本爲最古錢遵王讀書敏求記舉周語昔我先王世后稷及皆免冑而下拜二事證今本之誤是固然矣予於敏求所記之外復得四事周語瞽獻曲注曲樂曲也今本曲皆作典高位實疾顛今本顛作僨鄭語依疇歷華今本華作莘吳語王孫雒今本雒作雄此皆灼然信其當從古者今世盛行宋公序補音而於此數事並同今本則公序所槧正未免失之揃疏至如荆嬀之譌爲蔿嬀補音初無蔿字是公序本未誤然不得此本校書家未敢決蔿之必爲荆予嘗論古本所實古本而善乃真實於此本見之

079.季漢書六十卷　〔明〕謝陛撰　〔明〕臧懋循訂　1603 Min

明萬曆間刻本　十册二函

每半葉10行，行22字，小字雙行字同，白口，四周單邊，單白魚尾，半框高21釐米，寬13.7釐米。版心上鎸書名及總卷數，中鎸卷名、卷次及葉碼，下鎸刻工及版面字數。

卷端題“季漢書，歙謝陛撰，長興臧懋循訂”。

鈐印“湯斌之印”“陶珙之印”“廷錫”“湯琠之印”。

按：湯斌（1627—1687），字孔伯，號荆峴，晚號潛庵，河南睢州（今睢縣）人，順治九年（1652）進士，官至工部尚書，卒謚文正。陶珙，明居士，字紫閬，號仲璞，又號無學居士，姚安（今屬雲南）人，天啓初舉人，官南工部，出守寶慶，明末殉難，有《寄園集》。見《滇詩拾遺》《古庭祖師語録》《勝朝殉節諸臣録》《雲南通志》等。

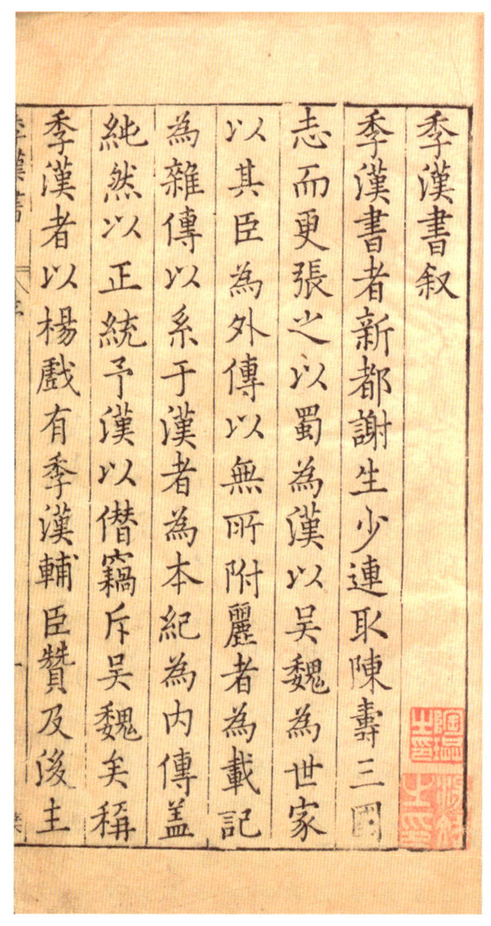

季漢書叙

季漢書者新都謝生少連取陳壽三國志而更張之以蜀為漢以吴魏為世家以其臣為外傳以無所附麗者為載記為雜傳以系于漢者為本紀為内傳蓋純然以正統予漢以僭竊斥吴魏矣稱季漢者以楊戲有季漢輔臣贊及後主

季漢書本紀卷一

歙 謝 陛撰
長興臧懋循訂

孝獻皇帝

孝獻皇帝諱協孝靈皇帝中子也（諡法曰聰明睿智曰獻帝王紀曰協字伯和）母王美人懷帝畏何皇后乃服藥除之而胎堅不動又數夢負日而行帝始生后酖殺美人而董太后養帝號曰董侯中平六年四月少帝卽位封帝爲渤海王徙封陳留王（張璠漢記曰帝以八月庚午爲諸黄門所刼步出穀門走至河上諸黄門旣投河死時帝年十四陳留王年九歲兄弟獨夜步行欲還宮闇暝逐螢火而行數里得民家以露車載送辛未公卿以下與卓共迎帝於北芒阪下）

080.元朝秘史十五卷　〔清〕李文田注　DS19 .Y76 1903

清光緒二十九年（1903）上海文瑞樓石印本　四册一函

卷端題“元朝秘史，順德李文田注”。

按：第二至四册外封題“元朝秘史，光緒癸卯六泉拜竹氏題簽”。

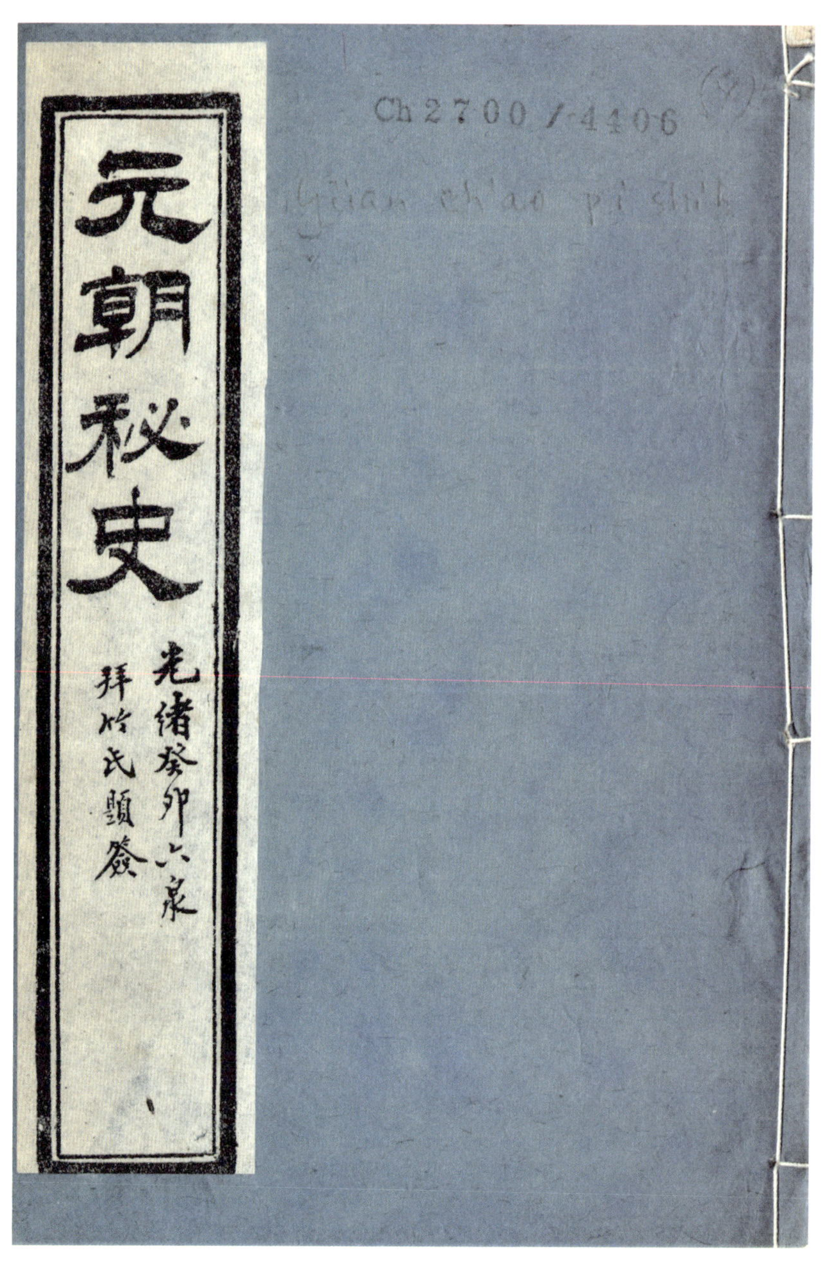

元朝祕史卷一　　　　　順德李文田注

永樂大典本凡十五卷殘元槧本分卷不同今据連筠簃本為主即錢少詹所授從大典出者也陽城張敦仁本從元槧足本影出作十卷又續二卷今以錢校本為主而記其異同於題目之下錢本無撰人名氏張氏影本有之蓋元代撰託殆非一刻故兩本互異今並注出之云

忙豁侖紐察

脫察安

右二行見影元槧本夾注題目之下元和顧廣圻跋云必是撰書人所署名銜是也文田案忙豁侖即蒙古氏也紐察其名或與脫察安同撰此史或紐察乃脫察安祖父之名脫察安蒙以為氏不可考也聊補出之以存其舊

當初元朝人的祖

文田案張本作元朝的人祖又案此書止於太宗之代是時國號第稱蒙古今云元朝則譯書之人生於世祖之後也元史世祖本紀曰至正八年十一月乙亥詔曰頃者耆宿詣庭奏章申請謂既成於大業宜早定於鴻名可建號曰大元取易乾元之義事從因革道協天人

是天生一個蒼色的狼與一箇慘白色的鹿相配了

國語周語曰穆王征犬戎得四白狼四白鹿以歸史記周本紀張守節正義引賈逵國語注曰白狼白鹿犬戎之職貢也漢書匈奴傳顏師古注曰山海經黃帝生苗龍苗龍生融吾融吾生弄明弄明生白犬白犬有二牝牡是為犬戎許氏說文解字曰赤狄本犬種也故字從犬文田案此皆元人自述其靈徵蓋三古以前茫昧之說矣杜佑通典曰高車或云其先匈奴之人也匈奴單于生二女姿

081.元書一百二卷首一卷 〔明〕曾廉撰

清宣統三年（1911）層漪堂刻本 二十册二函

每半葉12行，行25字，小字雙行，字數不等，白口，左右雙邊，單黑魚尾，半框高21.6釐米，寬15釐米。版心上鐫書名，中鐫卷次及卷名，下鐫葉碼。

内封題“元書”。牌記題“宣統三年刊板藏層漪堂”。卷端題“元書，邵陽曾廉撰”。

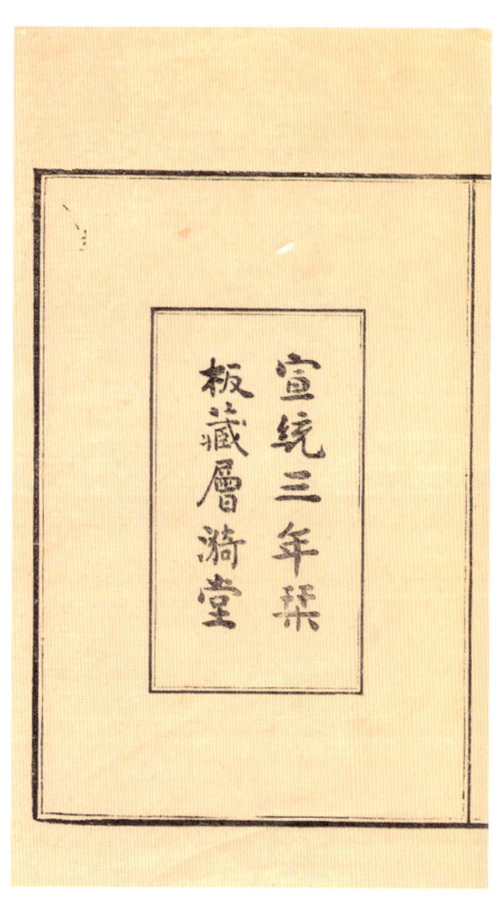

元書卷一

邵陽曾廉譔

太祖本紀第一

太祖法天啟運聖武皇帝名鐵木眞姓奇渥溫氏其先本室韋也唐時突厥東北室建河出焉經西室韋大室韋蒙兀室韋而東室建河者斡難河也蒙兀者蒙古也亦曰蒙瓦亦曰蒙骨斯語重爲蒙古其後稍西牧於斡難怯綠連禿兀剌三河之源然國微而其時陰山達靼自唐末以名通中國因隸於達靼故又稱爲達靼焉遼之初世有孛端叉兒者其母阿蘭果火嬪托奔咩里犍生子博寒葛荅黑博合覩撒里直而寡夜夢白光自天下屬地化金神趨其榻遂有娠而生孛端叉兒阿蘭果火殁二兒不分乞孛端叉兒家財孛端叉兒獨之八里屯斡難居焉已而博合覩撒里直往視

082.弘簡録二百五十四卷　〔明〕邵經邦撰　〔清〕邵遠平校　DS735.A2 S53x

清康熙二十七年（1688）仁和邵遠平刻本　六十册六函

每半葉12行，行24字，小字雙行字同，白口，四周單邊，單黑魚尾，半框高20.5釐米，寬14.8釐米。版心上鐫書名，中鐫卷次，下鐫葉碼及卷名。

内封題“邵弘毅先生遺集，仁和邵戒三學士重訂，弘簡録。是編續鄭樵通志，起唐五代，迄宋遼金，合九史共爲一書，明末板燬於火，遂失其傳。兹特重加較梓，以供好古者之采覽。所謂綱目出而群書廢，是編出而諸史可不設也。識者珍之”。卷端題“弘簡録，明刑部員外郎仁和邵經邦弘齋學，皇清翰林院侍講學士四世孫遠平校閲”。

鈐印“澁谷文庫”“立教館圖書印”“桑名文庫”“節儉堂圖書記”。

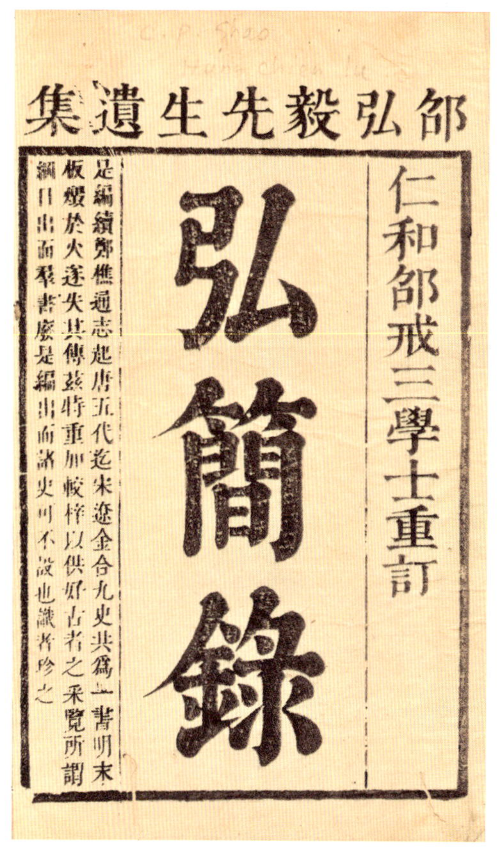
邵弘毅先生遺集
仁和邵戒三學士重訂
弘簡録
是編續鄭樵通志起唐五代迄宋遼金合九史共爲一書明末板燬於火遂失其傳茲特重加較梓以供好古者之采覽所謂綱目出而羣書廢是編出而諸史可不設也識者珍之

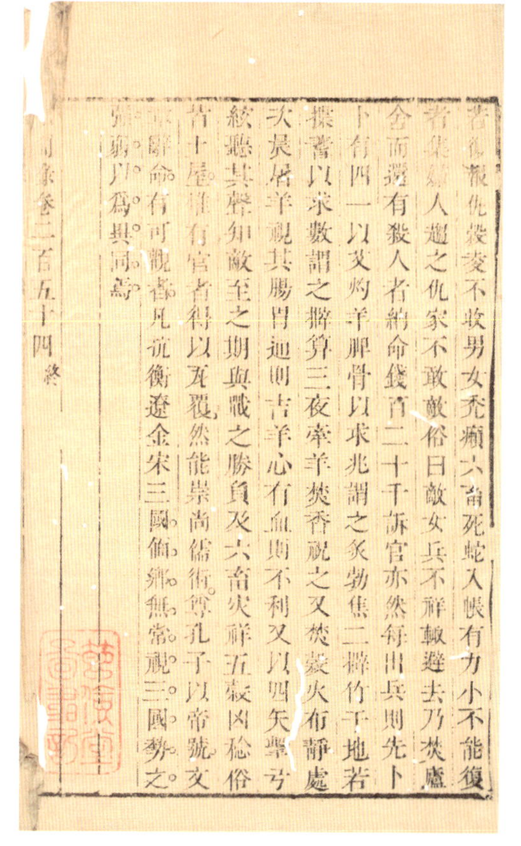
者復報仇殺夌不收男女禿癩六畜死蛇入帳有力小不能復
者集婦人邀之仇家不敢敵俗曰敵女兵不祥輙避去乃焚廬
舍而還有殺人者納命錢百二十千訴官亦然每出兵則先卜
卜有四一以艾灼羊胛骨以求兆謂之炙勃焦二擗竹于地若
揲蓍以求數謂之擗算三夜牽羊焚香祝之又焚穀火布靜處
次晨屠羊視其腸胃通則吉羊心有血則不利又以四矢擊弓
絃聽其聲知敵至之期與戰之勝負及六畜災祥五穀凶稔俗
皆土屋惟有官者得以瓦覆然能崇尚儒術尊孔子以帝號文
章辭命有可觀者凡抗衡遼金宋三國偭鄉無常視三國勢之
強弱以爲與國焉
弘簡録卷二百五十四終

弘簡錄卷之一

明刑部員外郎仁和邵經邦弘齋學
皇清翰林院侍講學士四世孫遠平校閲

天王 唐一之一

高祖皇帝姓李氏諱淵字叔德隴西成紀人七世祖暠當晉末據秦涼是爲涼武昭王六世祖歆生重耳魏弘農太守是生皇高祖熙任金門鎮將戍於武川因家焉皇曾祖天賜仕魏贈司空皇祖虎魏太尉賜姓大野氏與李弼等八人佐周代魏有功加柱國封唐國公卒謚曰襄皇考昞襲封任隋安州總管柱國大將軍卒謚曰仁以周天和元年生高祖於長安體有三乳及長倜儻豁達寛仁容衆襲封唐公母獨孤氏隋文帝后姊特見親愛復其姓李初補千牛備身累轉譙隴岐三州刺史滎陽樓

載記類

083.南漢書十八卷考異十八卷叢録二卷文字略四卷　〔清〕梁廷枏撰

Quarto DS749.5 .L53x

清道光九年(1829)刻本　八册一函

每半葉8行,行18字,小字雙行字同,白口,四周雙邊,雙對黑魚尾,半框高15.8釐米,寬12.2釐米。版心上鐫書名,中鐫卷次,下鐫葉碼。

内封題“南漢書考異附”。卷端題“南漢書,順德梁廷枏章冉撰”。

鈐印“天彭”。

南漢書考異附

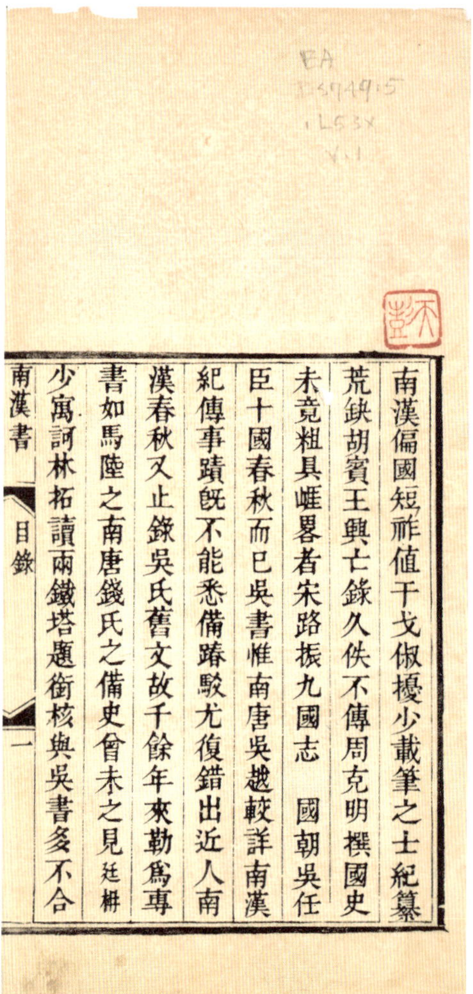
南漢偏國短祚值干戈俶擾少載筆之士紀纂荒缺胡賓王興亡錄久佚不傳周克明撰國史未竟粗具崖畧者宋路振九國志　國朝吳任臣十國春秋而已吳書惟南唐吳越較詳南漢紀傳事蹟既不能悉備踳駁尤復錯出近人南漢春秋又止錄吳氏舊文故千餘年來尠爲專書如馬陸之南唐錢氏之備史曾未之見廷枏少寓訶林拓讀兩鐵塔題銜核與吳書多不合

南漢書　目錄　一

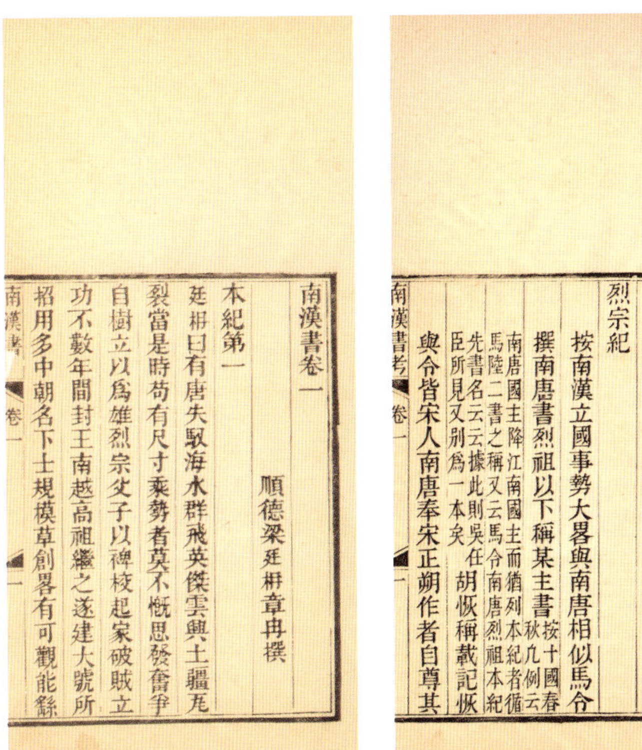

南漢書考異卷一

順德梁廷枏章冉撰

烈宗紀

按南漢立國事勢大畧與南唐相似馬令撰南唐書烈祖以下稱某主書按十國春秋凡例云南唐國主降江南國主而猶列本紀者循馬陸二書之稱又云馬令南唐烈祖本紀先書名云云據此則吳任臣所見又別爲一本矣胡恢稱載記恢與令皆宋人南唐奉宋正朔作者自尊其

南漢書卷一

順德梁廷枏章冉撰

本紀第一

廷枏曰有唐失馭海水群飛英傑雲興土疆瓦裂當是時苟有尺寸乘勢者莫不慨思發奮爭自樹立以爲雄烈宗父子以裨校起家破賊立功不數年間封王南越高祖繼之遂建大號所招用多中朝名下士規模草創畧有可觀能繇

南漢文字畧卷一

順德梁廷枏章冉輯

文錄

三主名晟謚文武光聖明孝皇帝廟號中宗

遺楚靜江軍節度副使馬希隱書

武穆王奄有全楚富强安靖五十餘年正由三十五舅三十舅兄弟尋戈自相魚肉舉先人基業北面仇讎今聞唐兵已據長沙竊計

南漢叢錄卷一

順德梁廷枏章冉輯

南漢書撰成尚多軼聞雜事無年可隸且例不得入紀傳者隨手錄之彙得兩卷畧爲類次其已見南漢書及考異所經引者則不復重收將有地理之纂舉凡諸州縣疆域沿革概未竄入焉雜引舊文故曰叢錄

史抄類

084.史記菁華録六卷　〔漢〕司馬遷撰　〔清〕姚苧田編　Quarto DS735.A2 S63 1883

清光緒九年(1883)廣州翰墨園刻朱墨套印本　六册一函

每半葉9行,行20字,小字雙行字同,黑口,左右雙邊,單黑魚尾,半框高17.3釐米,寬14.5釐米。版心中鎸書名及卷次,下鎸葉碼。眉上鎸評,行7字。

内封題“史記菁華録六卷”。牌記題“光緒九年春正月廣州翰墨園校刊”。書名據内封。

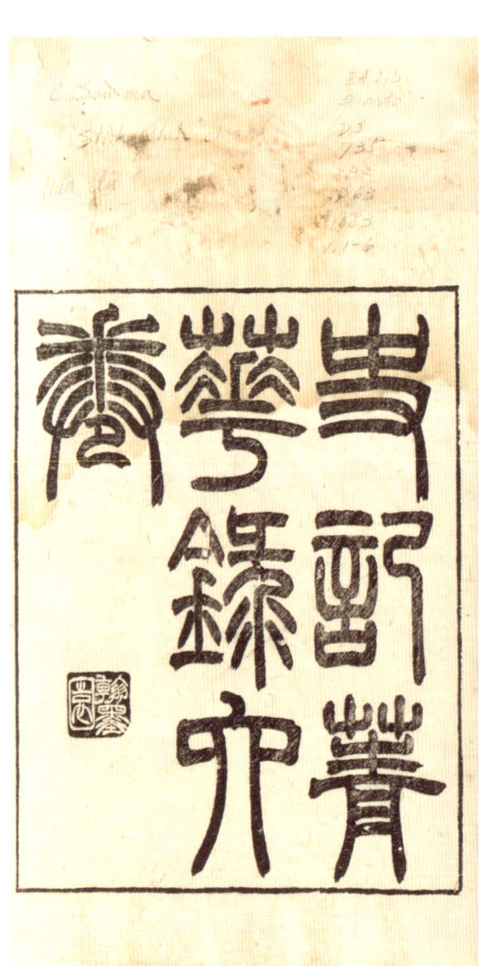

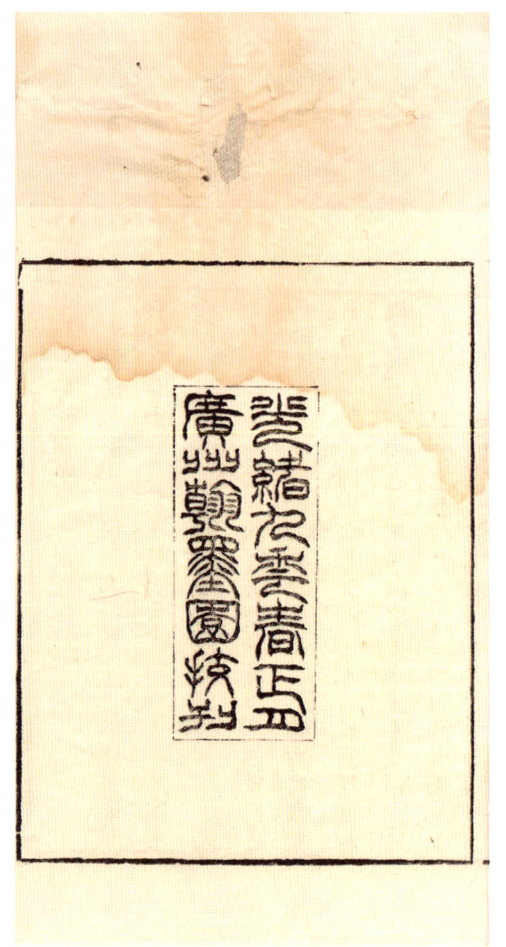

先儒謂秦時詔令雜以吏牘自是一種文字然漢誥之下漢詔之前實另具一段精嚴偉麗氣象此其第一令也絶人不羣

秦始皇本紀

秦初并天下令丞相御史曰　寡人以眇眇之身興兵誅暴亂以謙吻作夸詡辭氣峻厲賴宗廟之靈六王咸服其辜總前六國罪案簡而偉天下大定今名號不更無以稱成功傳後世其議帝號言下已前無古人矣諸臣只闡明此意耳丞相綰御史大夫劫廷尉斯等秦初三公之職如此皆曰昔者五帝地方千里其外侯服夷服諸侯或朝或否天子不能制看其創將前令敷衍不更益一語今陛下興義兵誅殘賊平定天下海內爲郡縣法令由一統自上古以來未嘗有五帝所不及

085.南北史捃華八卷　〔清〕周嘉猷輯　

清乾隆周繼千刻本　四册一函

每半葉9行，行20字，白口，左右雙邊，單黑魚尾，半框高13.5釐米，寬10釐米。版心上鎸書名，中鎸卷次及卷名，下鎸葉碼。

内封題“南北史捃華八卷”。目録端題“南北史捃華，錢塘周嘉猷兩塍輯”。卷端題“南北史捃華”。

南北史捃華
八卷

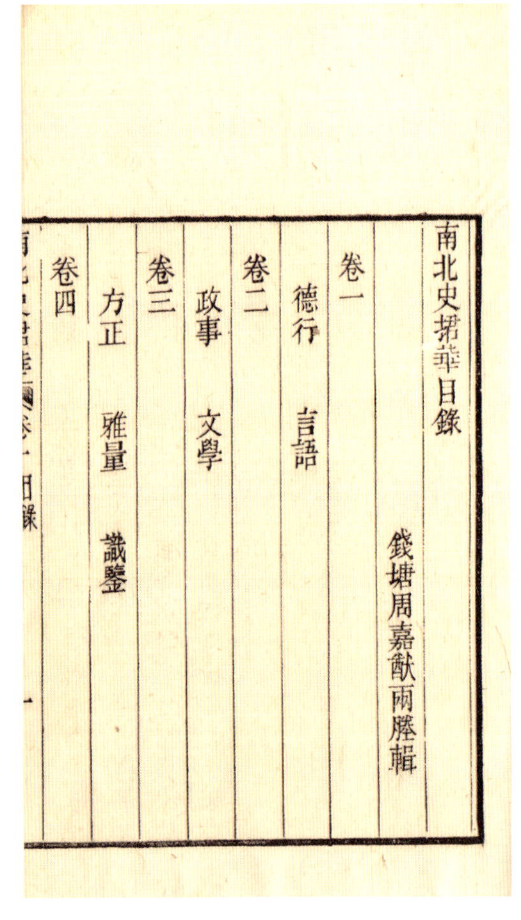

南北史捃華目錄

錢塘周嘉猷兩塍輯

卷一

德行　言語

卷二

政事　文學

卷三

方正　雅量　識鑒

卷四

南北史捃華卷一

德行

陶潛爲彭澤令不以家累自隨送一力給其子與之書曰汝旦夕之費自給爲難今遣此力助汝薪水之勞此亦人子也可善遇之

吳郡陳遺少爲郡吏母好食鍋底飯遺在役恒帶一囊每煮食輒錄其焦以遺母後孫恩亂遺已聚得數升遂𢹂以從軍及戰敗逃竄多有餓死者遺獨以焦飯得活

史評類

086.史通削繁四卷　〔清〕紀昀輯　Quarto DS734.7 .L5822x 1833

清道光十三年(1833)兩廣節署刻朱墨套印本　四册一函

每半葉10行,行21字,小字雙行字同,白口,左右雙邊,單黑魚尾,半框高18釐米,寬12.9釐米。版心上鐫書名,中鐫卷次,下鐫葉碼。眉上鐫評,行5字。

内封題"史通削繁四卷"。牌記題"道光十三年冬刊於兩廣節署,粵東省城翰墨園藏板"。卷端題"史通削繁,河間紀昀"。

史通削
繁四卷

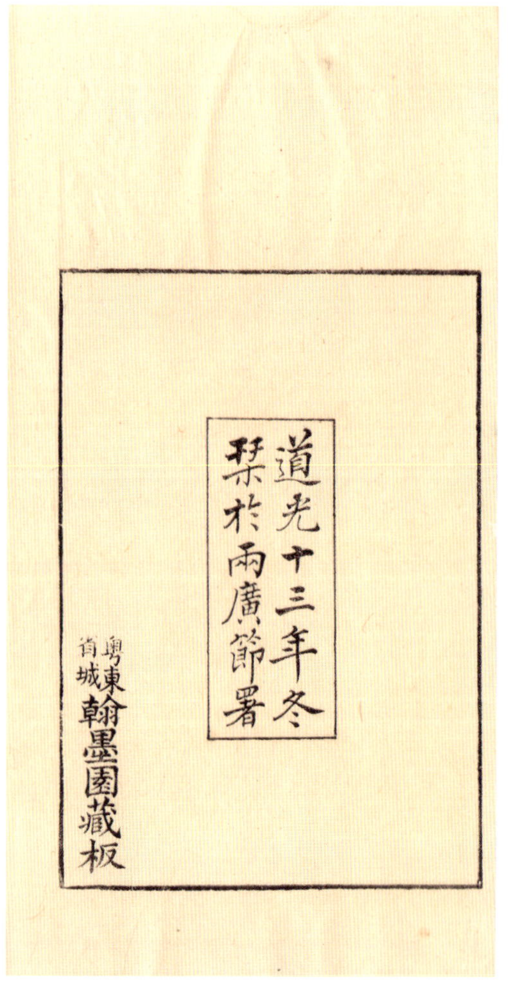

道光十三年冬
栞於兩廣節署
粵東省城翰墨園藏板

史通削繁卷一

浦起龍注删附　河間紀昀

内篇

六家

自古帝王編述文籍外篇言之備矣古往今來質文遞變諸史之作不恒厥體推而爲論其流有六一曰尚書家二曰春秋家三曰左傳家四曰國語家五曰史記家六曰漢書家今畧陳其義列之於後尚書家者其先出於太古至孔子觀書於周室得虞夏商周四代之典乃删其善者定爲尚書百篇孔安國曰以其上古之書謂

之尚書尚書璇璣鈐曰尚者上也上天垂文象布節度如天行也王肅曰上所言下爲史所書故曰尚書也推此三說其義不同蓋書之所主本於號令所以宣王道之正義發話言於臣下故其所載皆典謨訓誥誓命之文又有周書者與尚書相類卽孔氏刊約百篇之外凡爲七十一章上自文武下終靈景甚有明允篤誠典雅高義時亦有淺末恒說滓穢相參殆似後之好事者所增益也自宗周旣殞書體遂廢迄乎漢魏無能繼者至晉廣陵相魯國孔衍以爲國史所以表言行昭法式至於人理常事不足備列乃删漢魏諸史取其美詞典言

王肅之說先見王充論衡但上所言作上所爲

此即春秋常事不書之義

087.廿二史考異一百卷 〔清〕錢大昕撰 Quarto DS736 .C55x

清光緒十年(1884)長沙龍氏家塾重刻本 十七册二函

每半葉10行,行22字,小字雙行字同,黑口,左右雙邊,雙對黑魚尾,半框高19釐米,寬12.6釐米。版心中鎸書名、卷次、篇名、篇次及葉碼。

内封題“廿二史考異”。牌記題“長沙龍氏家塾重刊”。卷端題“廿二史考異,錢大昕學”。

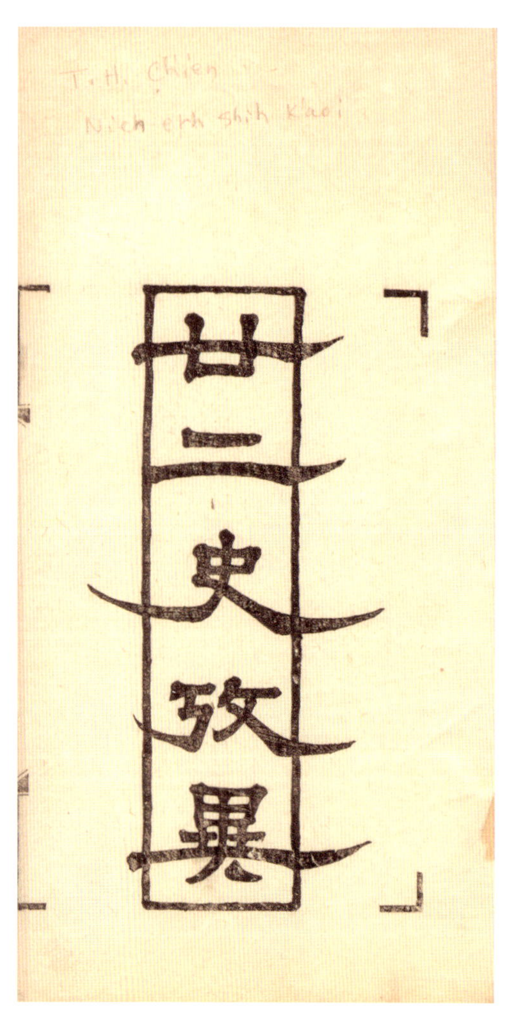

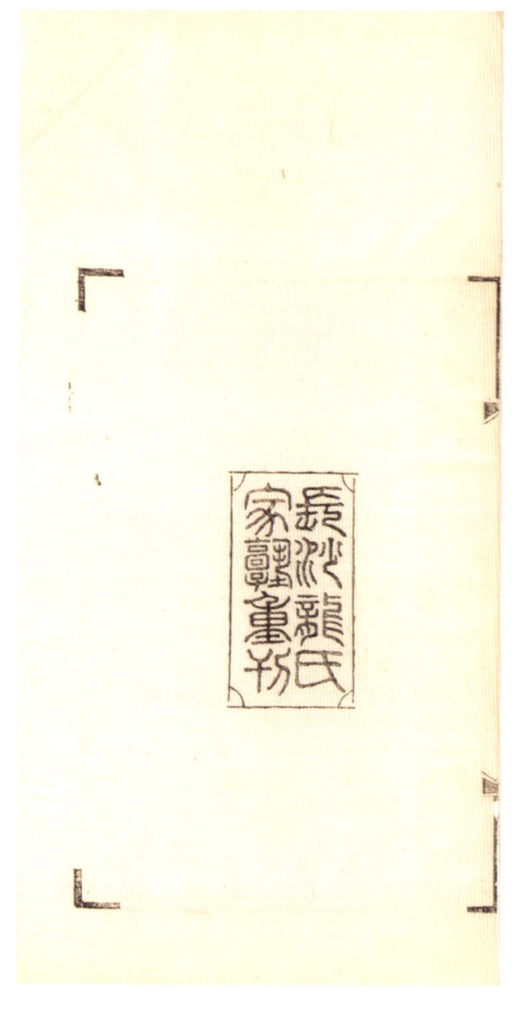

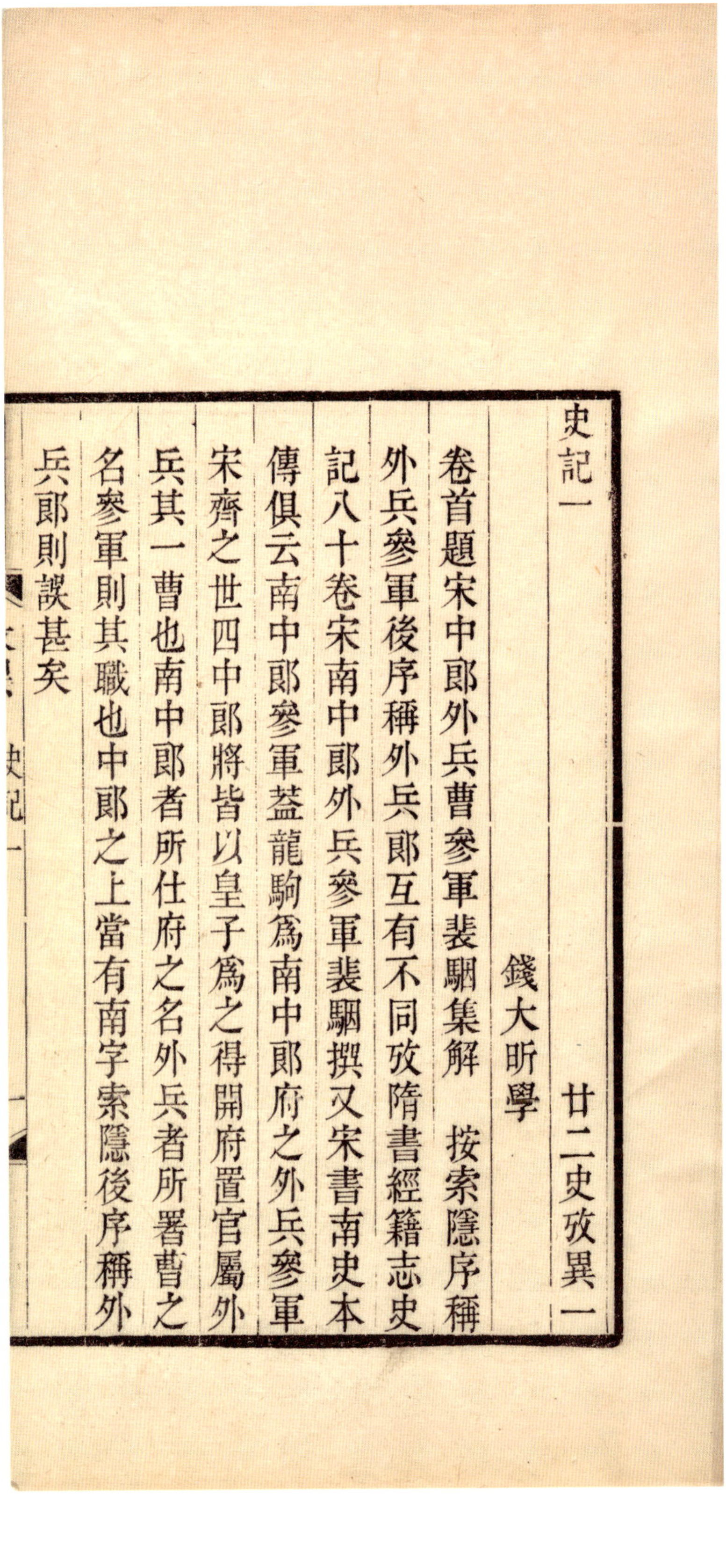

史記一　　　　廿二史攷異一

錢大昕學

卷首題宋中郎外兵曹參軍裴駰集解　按索隱序稱外兵參軍後序稱外兵郎互有不同攷隋書經籍志史記八十卷宋南中郎外兵參軍裴駰撰又宋書南史本傳俱云南中郎參軍葢龍駒爲南中郎府之外兵參軍宋齊之世四中郎將皆以皇子爲之得開府置官屬外兵其一曹也南中郎者所仕府之名外兵者所署曹之名參軍則其職也中郎之上當有南字索隱後序稱外兵郎則誤甚矣

088.欽定古今儲貳金鑒六卷

清乾隆四十八年(1783)刻本　四册一函

每半葉8行,行21字,小字雙行字同,白口,四周雙邊,單黑魚尾,半框高19.8釐米,寬14.7釐米。版心上鎸書名,中鎸卷次,下鎸葉碼。

卷端題"欽定古今儲貳金鑒"。

鈐印"裘杼堂藏書記"。

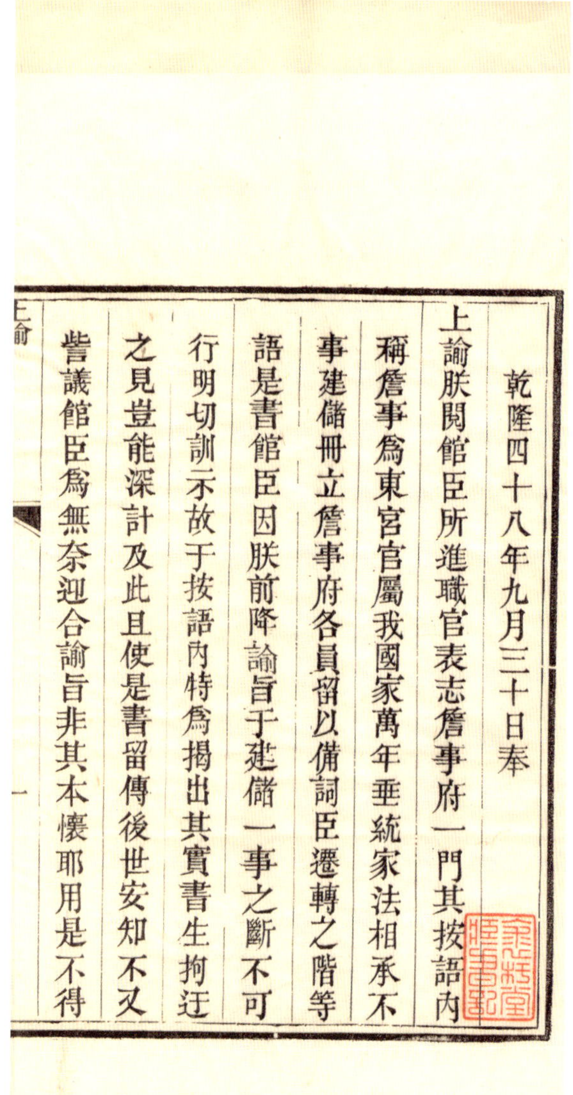
乾隆四十八年九月三十日奉
上諭朕閱館臣所進職官表志詹事府一門其按語内
稱詹事爲東宫官屬我國家萬年垂統家法相承不
事建儲册立詹事府各員留以備詞臣遷轉之階等
語是書館臣因朕前降諭旨于建儲一事之斷不可
行明切訓示故于按語内特爲揭出其實書生拘迂
之見豈能深計及此且使是書留傳後世安知不又
訾議館臣爲無奈迎合諭旨非其本懷耶用是不得

欽定古今儲貳金鑑卷一

周

平王

周幽王元年。立子宜臼爲太子。宜臼母申后姜氏。三年。納褒姒。初。宣王之時童謠曰。檿弧箕服實亡周國。於是王聞之。有夫婦鬻是器者。王使執而戮之。府之小妾生女而非王子也。懼而棄之。爲弧服者方逃於道。收之以奔於褒。後褒姁有獄。請入此女於王以贖罪。是爲褒姒

傳記類

089.增廣尚友録統編二十二卷　〔明〕廖用賢撰　〔清〕應祖錫編輯

清光緒二十八年（1902）鴻寶齋石印本　八册一函

内封題“增廣尚友録統編，龔公高邕書於李盦”。牌記題“光緒壬寅十一月鴻寶齋石印”。卷端題“增廣尚友録統編，永康應祖錫韓卿甫編輯”。

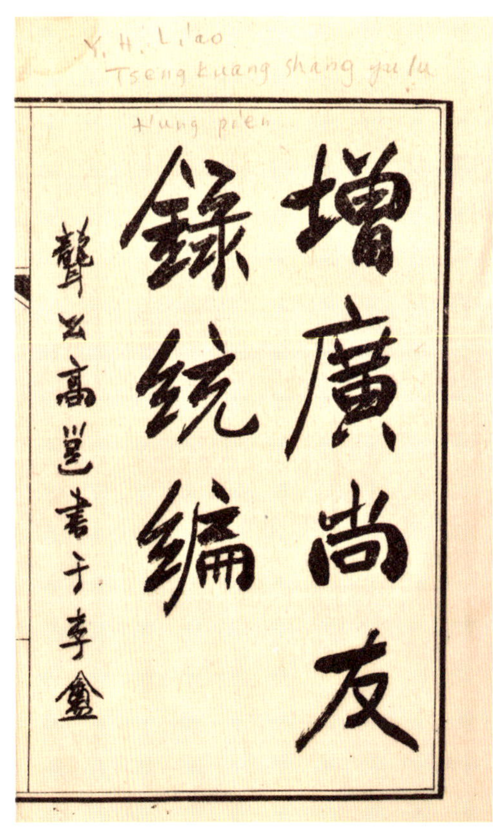

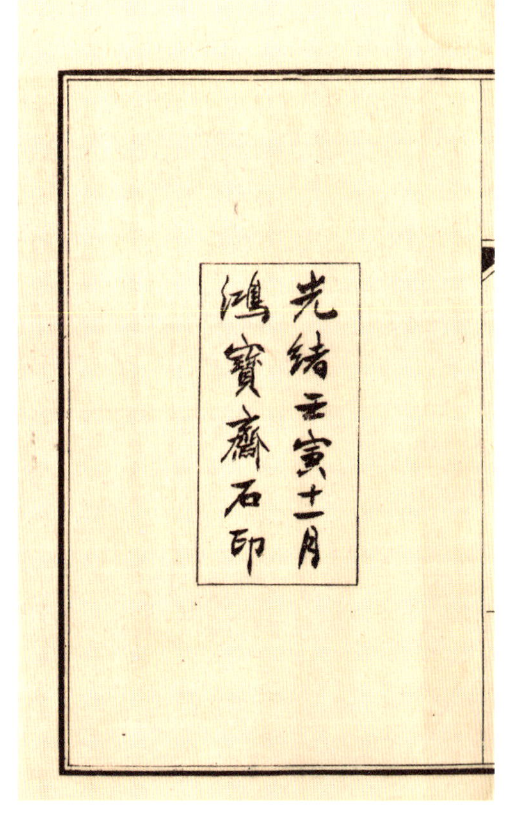

增廣尚友錄統編卷一

永康應祖錫韓卿甫編輯

一東

東 平原徵音辭七友東不訾之後

東富 漢中郎涇州人

東明 唐開元中涿郡太守

童 雁門宮音顓頊生老童以王父字為氏

童恢 漢姑幕人為不其令民有為虎所害恢捕二虎謂曰王法殺人者死若殺人者垂頭伏罪不殺人者當號訴一虎低頭瞑目一虎視恢號鳴乃釋之吏民為之歌頌遷丹陽太守執法廉平入循吏傳　其弟翊字漢文名高於恢宰府先辟之翊陽暗不肯出及兄被命乃就孝廉除西昌長化有異政吏人生為立碑

童仲 漢內史

童翰卿 唐大中咸通間工詩詞有才名

童宗說 唐字夢弼南城人眉宇秀整尚友拔俗為袁州教授有柳文音註號南城先生

童伯羽 宋字飛卿甌寧人沈默寡言好讀書師事朱文公雅好林泉不樂仕進人稱為敬義先生

童譽 宋字隱之雙流人博通經學尤長於易太玄著發隱一篇蜀守蔣堂張方平趙汴咸以逸民薦上賜粟帛再命州助教不就嘉祐中賜號冲退處士

童叅 宋甌寧人性湻樸隱於耕仁宗元年叅年百有三歲賜敕慰勞云古者天子巡狩方徼之下問百年者就見之今汝黄髮鮐背以上壽聞其可使與編氓齒乎往以忠孝教而子孫授承務郎適年辛子珪登進士授承奉郎清遠縣主簿

090.吴郡名賢圖傳贊二十卷　〔清〕顧沅輯　〔清〕孔繼垚繪圖

清道光九年(1829)長州顧氏刻本　八册二函

每半葉12行,行26字,白口,左右雙邊,單黑魚尾,半框高17.7釐米,寬13.1釐米。版心上鎸書名,中鎸卷次,下鎸葉碼。

内封題“滄浪亭名賢祠圖,孔繼垚隸並繪圖”。卷端題“吴郡名賢圖傳贊,長洲顧沅湘舟輯”。

按:館藏卷二缺6人,卷三缺5人,卷四缺1人,卷七缺1人,卷十二缺2人,卷十七後多1人,卷十八缺1人,卷十九缺1人,卷二十缺3人。

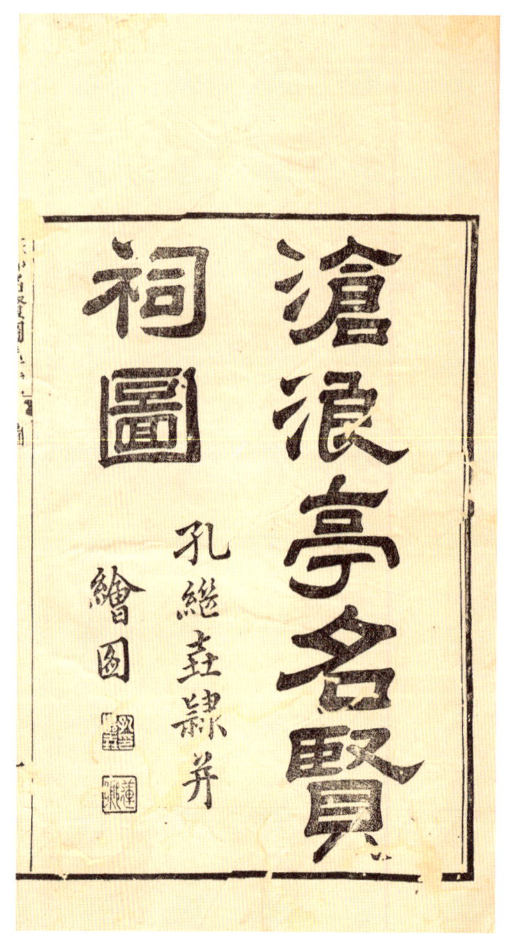
滄浪亭名賢祠圖
孔繼垚隸并繪圖

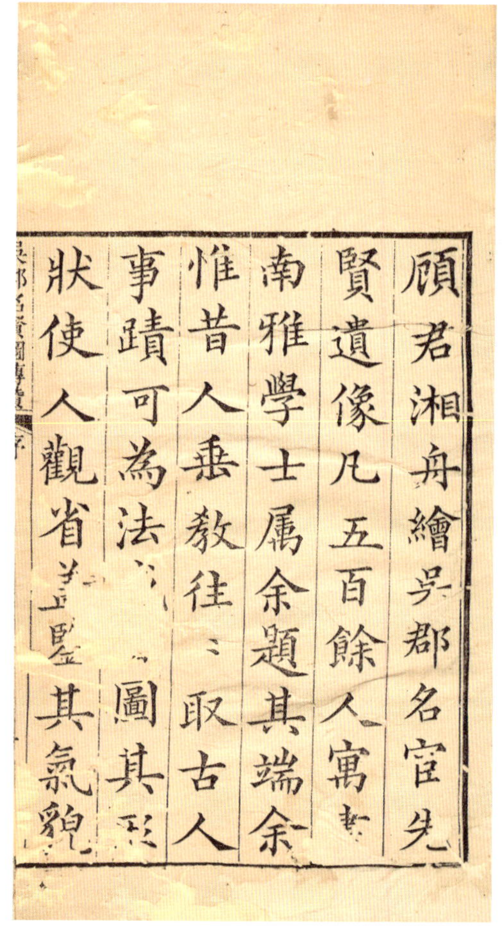
顧君湘舟繪吳郡名宦先賢遺像凡五百餘人寓書南雅學士屬余題其端余惟昔人垂教往往取古人事蹟可為法[illegible]圖其形狀使人觀省並鑒其氣貌
吳郡名賢圖傳贊　序

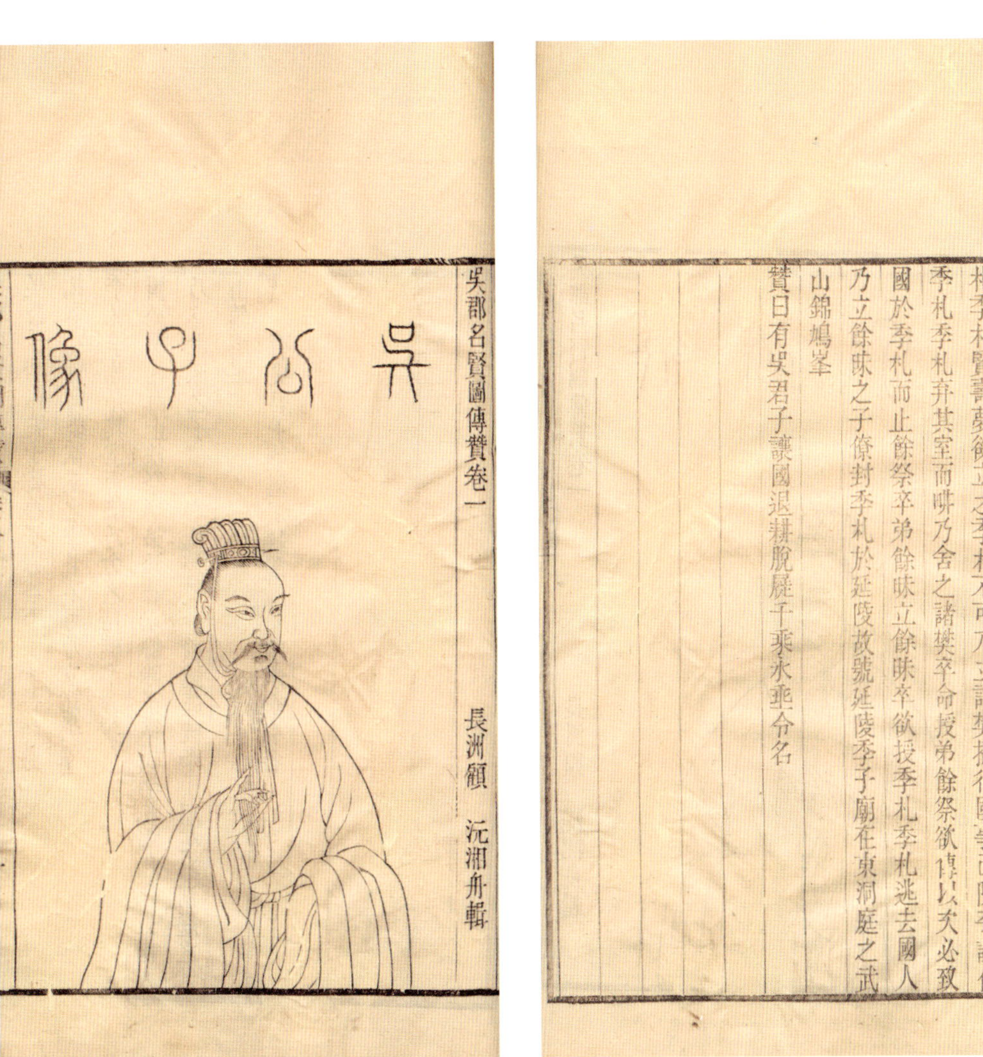

吳郡名賢圖傳贊卷一

吳公子像

長洲顧沅湘舟輯

吳郡名賢圖傳贊卷一

吳公子季札吳子壽夢子壽夢有四子長諸樊次餘祭次餘昧次季札季札賢壽夢欲立之季札不可乃立諸樊攝行國事已除喪讓位季札季札弃其室而耕乃舍之諸樊卒命授弟餘祭欲傳以次必致國於季札而止餘祭卒弟餘昧立餘昧卒欲授季札季札逃去國人乃立餘昧之子僚封季札於延陵故號延陵季子廟在東洞庭之武山錦鳩峯

贊曰有吳君子讓國退耕脫屣千乘永垂令名

091.於越先賢像傳贊 〔清〕王齡撰 〔清〕任熊繪 Quarto DS734 .W36

清咸豐七年(1857)刻本 二册一函

每半葉8行,行18字,四周單邊,無魚尾,半框高17.5釐米,寬11.2釐米。版心上鎸書名及卷數,下鎸葉碼。

内封題“於越先賢像傳贊,咸豐丁巳十二月任淇竹君題”。卷端題“於越先賢像傳贊,蕭山王齡撰”。

按:館藏缺牌記,内封和部分殘缺葉爲手工修復。

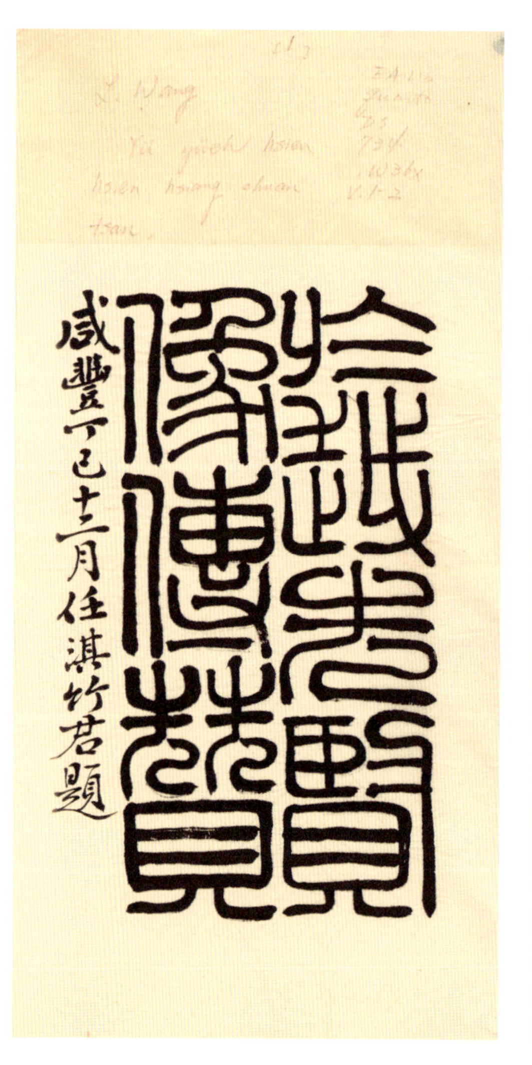
於越先賢像傳贊
咸豐丁巳十二月任淇竹君題

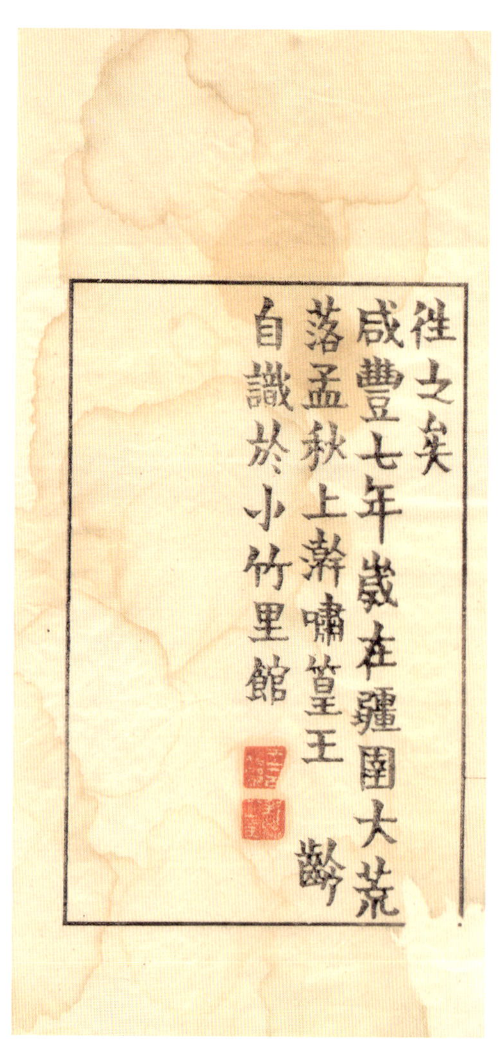
往之矣
咸豐七年歲在彊圉大荒
落孟秋上澣嘯篁王齡
自識於小竹里館

於越先賢像傳贊

蕭山王　齡撰

卷上

越大夫范公

公諱蠡字少伯楚三戶人嘗師事計倪勾踐困於會稽乃用公從臣吳吳欲畱之不可勾踐拘石室三年得放歸卒爲勾踐定謀滅吳越旣霸乃辭勾踐扁舟出三江入五湖人莫知所適勾

092.聖賢像贊三卷首一卷　〔明〕吕維祺編　〔清〕孔憲蘭增補

清光緒四年(1878)刻本　四册一函

每半葉10行,行19字,小字雙行字同,白口,四周雙邊間左右雙邊,單黑魚尾,半框高18.1釐米,寬14.1釐米。版心上鎸書名,下鎸葉碼。眉上鎸評,行5字。

内封題“光緒四年重刊,聖賢像贊,板藏曲阜會文堂”。書名據内封。

鈐印“愚齋圖書館藏”。

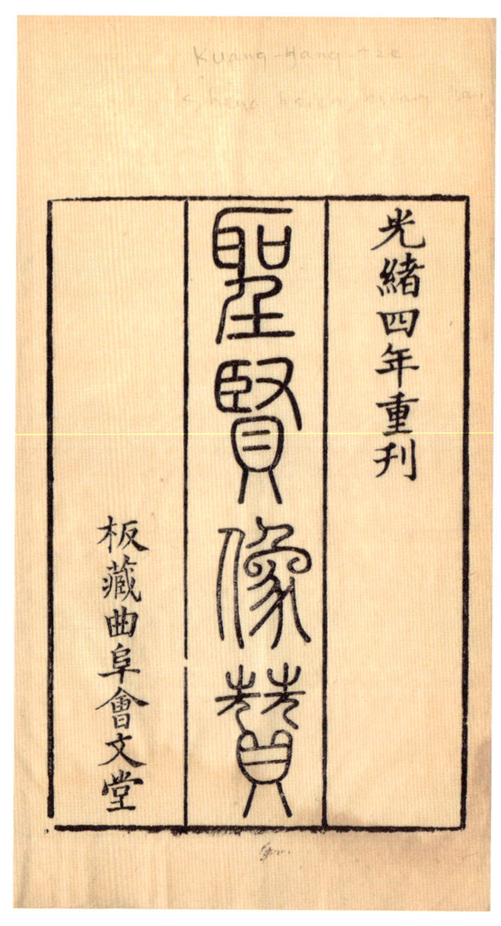

光緒四年重刊

聖賢像贊

板藏曲阜會文堂

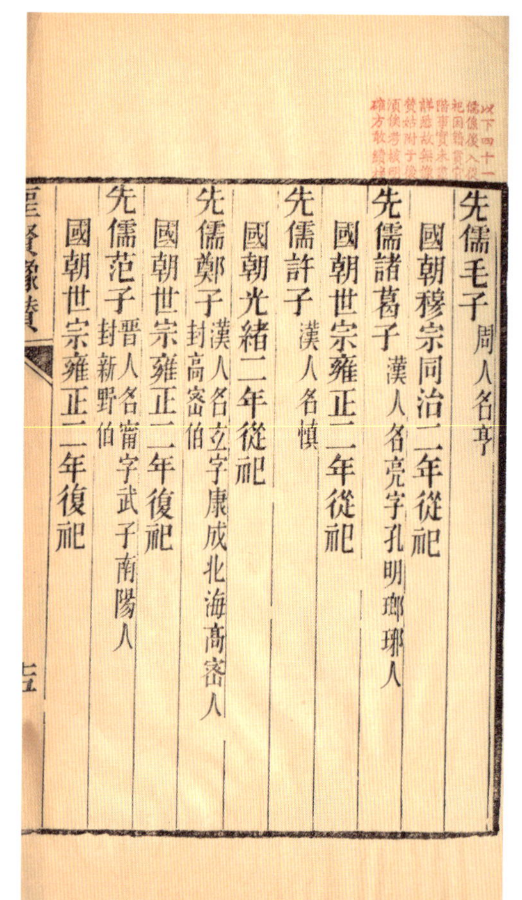

先儒毛子 周人名亨

國朝穆宗同治二年從祀

先儒諸葛子 漢人名亮字孔明瑯琊人

國朝世宗雍正二年從祀

先儒許子 漢人名慎

國朝光緒二年從祀

先儒鄭子 漢人名玄字康成北海高密人 封高密伯

國朝世宗雍正二年復祀

先儒范子 晉人名甯字武子南陽人 封新野伯

國朝世宗雍正二年復祀

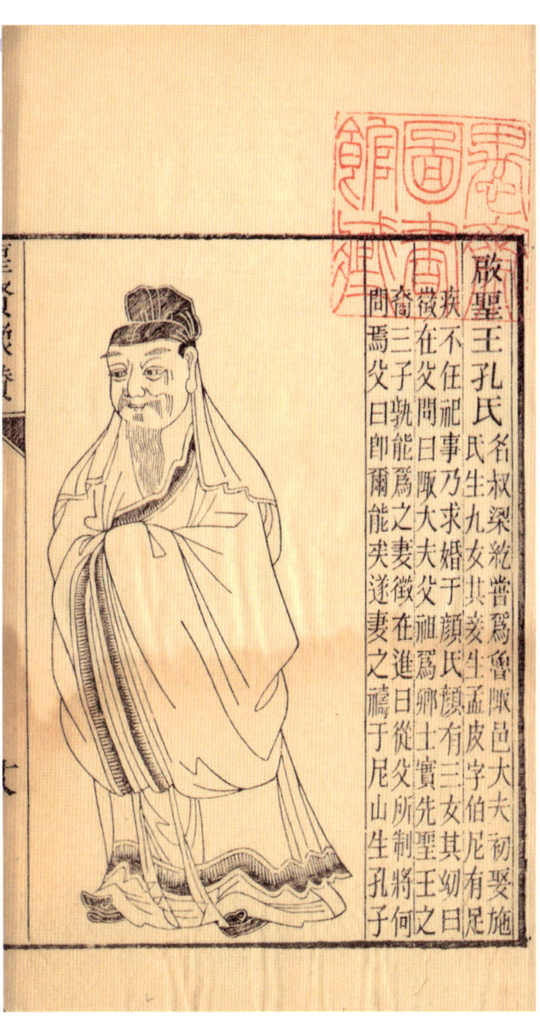

啟聖王孔氏名叔梁紇嘗爲魯陬邑大夫初娶施氏生九女其妾生孟皮字伯尼有足疾不任祀事乃求婚于顏氏顏有三女其幼曰徵在父問曰陬大夫父祖爲卿士實先聖王之裔三子孰能爲之妻徵在進曰從父所制將何問焉父曰即爾能矣遂妻之禱于尼山生孔子

先賢宓子名不齊字子賤山東兗州府曲阜縣人少孔子四十九歲

先賢燕子名伋字子思山東兗州府人

093.理學宗傳二十六卷　〔清〕孫奇逢輯　〔清〕魏一鼇、孫立雅編

B127.N4 S8x 1880

清光緒六年(1880)浙江書局刻本　十二册二函

每半葉9行,行20字,小字雙行字同,白口,左右雙邊,單黑魚尾,半框高17.3釐米,寬12.7釐米。版心上鎸書名,中鎸卷次及篇名,下鎸葉碼。

内封題“理學宗傳”。牌記題“光緒庚辰歲浙江書局刻”。卷端題“理學宗傳,容城孫奇逢輯,門人魏一鼇、長男立雅仝編”。

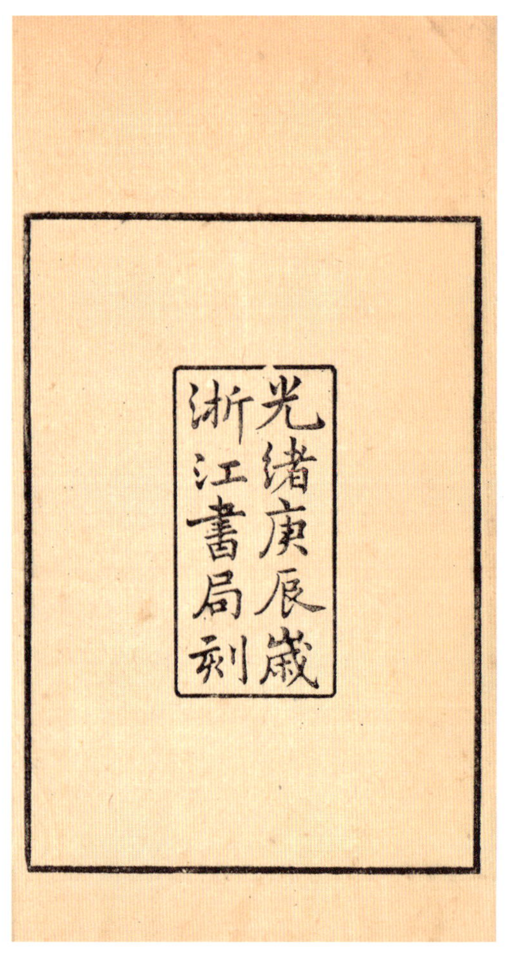

理學宗傳卷之一

容城孫奇逢輯　　門人魏一鼇　仝編
　　　　　　　　長男　立雅

周子

周元公敦頤字茂叔道州營道人元名敦實避英宗舊諱生而清明加汲汲於問學一時儒宿名碩靡不咨扣又時時從高人逸士游故聞道最先其學精明微密超然自得於天人性命貞一之統於世泊如也與人語從容和毅洞中其微隱遇事幾應果遂嚴恕

094.國朝詩人徵略六十卷　〔清〕張維屏輯　

清道光十年（1830）刻本　十册二函

每半葉10行，行22字，小字雙行字同，黑口，左右雙邊，單黑魚尾，半框高17.3釐米，寬12.8釐米。版心中鎸書名及卷次，下鎸葉碼。

内封題“國朝詩人徵略”。卷端題“國朝詩人徵略，番禺張維屏子樹輯”。

鈐印“鎔經鑄史齋”。

按：“鎔經鑄史齋”爲清末著名藏書家、刻書家徐友蘭（1842—1905）藏書處。

國朝詩人徵略卷一

番禺張維屏子樹輯

鄂貌圖

字麟閣一字遇堯滿洲人崇德六年鄉試第一官

至祕書院學士有北海集

曹禾序云時畿內初定命將出師先生多在軍中

熙朝雅頌

公字麟閣

太宗時滿洲科目解元幼而貧嘗爇馬通讀書尤好爲詩

滿洲文學之開實自公始居易錄

095.高僧傳初集十五卷首一卷　〔南朝梁〕釋慧皎撰　

清光緒十年（1884）金陵刻經處刻本　四册一函

每半葉10行，行20字，小字雙行字同，黑口，左右雙邊，無魚尾，半框高17.2釐米，寬12.9釐米。版心中鐫書名、卷次及小題，下鐫葉碼及千字文編號。

卷端題“高僧傳初集，梁會稽嘉祥寺沙門慧皎撰”。卷末鐫“光緒十年冬十二月金陵刻經處識”。

鈐印“井上”。

按：此書又名《梁高僧傳》。

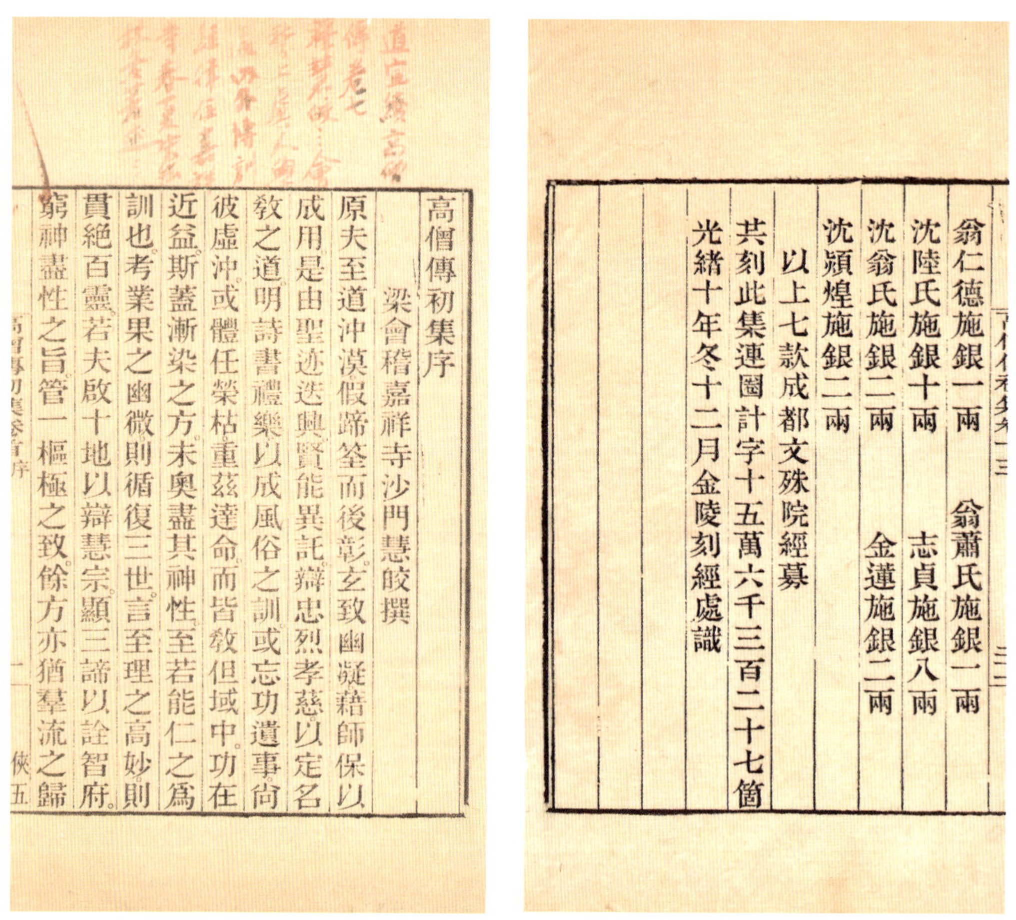
高僧傳初集序
梁會稽嘉祥寺沙門慧皎撰
原夫至道沖漠假蹄筌而後彰玄致幽凝藉師保以成用是由聖迹迭興賢能異託辯忠烈孝慈以定名教之道明詩書禮樂以成風俗之訓或忘功遺事尚彼虛沖或體任榮枯重茲達命而皆敎但域中功在近益斯蓋漸染之方未奧盡其神性至若能仁之爲訓也考業果之幽微則循復三世言至理之高妙則貫絕百靈若夫啟十地以辯慧宗顯三諦以詮智府窮神盡性之旨管一樞極之致餘方亦猶犨流之歸

高僧傳初集卷首序　一　俠五

翁仁德施銀一兩　翁蕭氏施銀一兩
沈陸氏施銀十兩　志貞施銀八兩
沈翁氏施銀二兩　金蓮施銀二兩
沈頫煌施銀二兩
以上七款成都文殊院經募
共刻此集連圈計字十五萬六千三百二十七箇
光緒十年冬十二月金陵刻經處識

高僧傳初集卷第一

梁會稽嘉祥寺沙門慧皎撰

譯經上

漢雒陽白馬寺攝摩騰

攝摩騰本中天竺人。善風儀。解大小乘經。常遊化爲任。昔經往天竺附庸小國講金光明經。會敵國侵境。騰惟曰。經云能説此法。爲地神所護。使所居安樂。今鋒鏑方始。曾是爲益乎。乃誓以忘身。躬往和勸。遂二國交歡。由是顯譽。逮漢永平中。明皇帝夜夢金人飛空而至。乃大集羣臣以占所夢。通人傅毅奉答。臣聞

096.高僧傳二集四十卷　〔唐〕釋道宣撰　

清光緒十六年（1890）江北刻經處刻本　十册一函

每半葉10行，行20字，小字雙行字同，黑口，左右雙邊，無魚尾，半框高17.9釐米，寬13釐米。版心中鎸書名及卷次，下鎸葉碼及千字文編號。

卷端題“高僧傳二集”。卷末鎸“光緒十六年秋八月江北刻經處識”。

按：此書又名《唐高僧傳》。

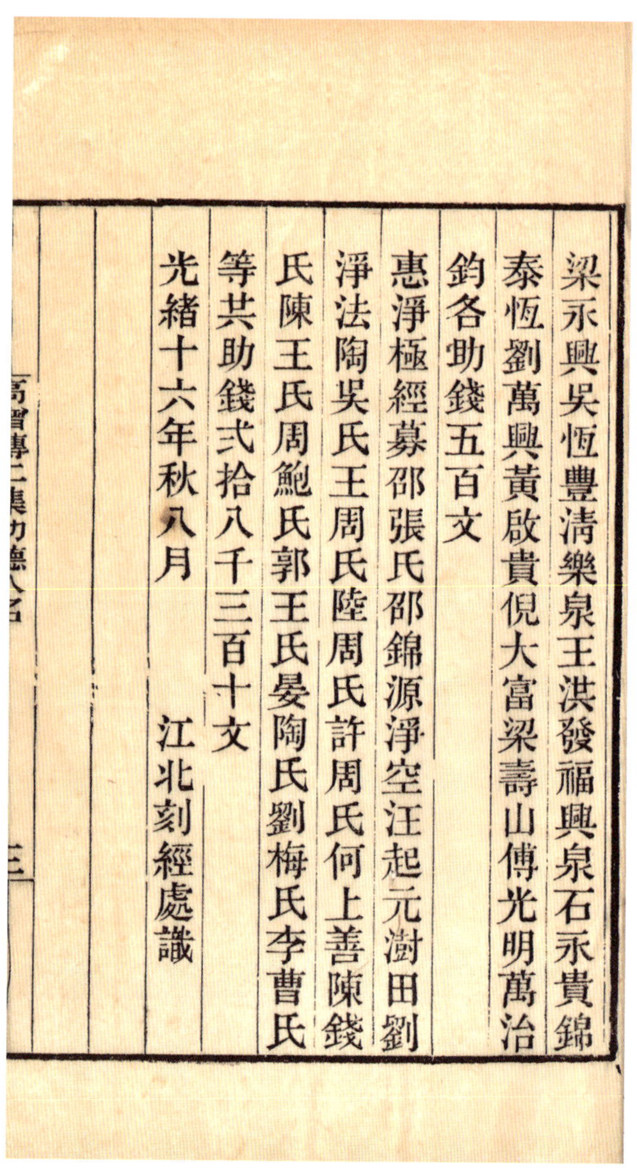

梁永興吳恆豐清樂泉王洪發福興泉石永貴錦
泰恆劉萬興黃啟貴倪大富梁壽山傳光明萬治
鈞各助錢五百文
惠淨極經募邵張氏邵錦源淨空汪起元澍田劉
淨法陶吳氏王周氏陸周氏許周氏何上善陳錢
氏陳王氏周鮑氏郭王氏晏陶氏劉梅氏李曹氏
等共助錢弍拾八千三百十文
光緒十六年秋八月　江北刻經處識

高僧傳二集助緣人名　三

高僧傳二集卷第一

譯經篇初 本傳六人附見二十七人

梁楊都正觀寺扶南國沙門僧伽婆羅傳一

曼陀羅 木道賢
僧法 道命

梁楊都莊嚴寺金陵沙門釋寶唱傳二

梁武帝 梁簡文帝
僧朗 僧紹

魏北臺石窟寺恆安沙門釋曇曜傳三 曇靖

魏南臺永寧寺北天竺沙門菩提流支傳四

常景 李廓 寶意 覺定 法場 法希
楊衒之 曇顯 智賢 藏稱 智希

陳南海郡西天竺沙門拘那羅陀傳五

097.高僧傳三集三十卷　〔宋〕釋贊寧撰　

清光緒十三年(1887)江北刻經處刻本　八册一函

每半葉10行,行20字,小字雙行字同,黑口,左右雙邊,無魚尾,半框高16.8釐米,寬12.9釐米。版心中鎸書名及卷次,下鎸葉碼及千字文編號。

卷端題“高僧傳三集,宋左街天壽寺通慧大師賜紫沙門贊寧等奉敕撰”。卷末鎸“光緒十三年秋江北刻經處識”。

按:此書又名《宋高僧傳》。

進高僧傳三集表
宋太
端拱元年十月日左街天壽寺通慧大師賜
紫臣僧贊寧上表
臣僧贊寧等言自太平興國七年伏奉敕旨俾修高
僧傳與新譯經同入藏者臣等遐求事迹博採碑文
今已撰集成三十卷謹詣闕庭進上益琅函而更廣
延玉歷以彌長臣等誠憂誠恐兢惕之至臣等聞渾
儀之外別有釋天法海之中多生僧寶釋天可則阿
難記事而載言僧寶堪稱慧皎爲篇而作傳猗歟我
佛號大徧知知教法之無依委帝王之有力當二千

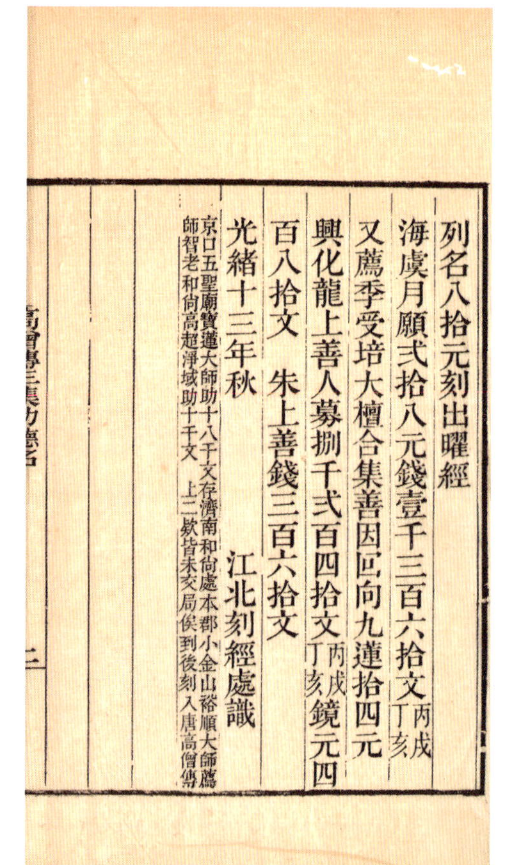
列名八拾元刻出曜經
海虞月願式拾八元錢壹千三百六拾文丙戌丁亥
又薦季受培大檀合集善因回向九蓮拾四元
興化龍上善人募捌千式百四拾文丙戌丁亥鏡元四
百八拾文　朱上善錢三百六拾文
光緒十三年秋　江北刻經處識
京口五聖廟寶蓮大師助十八千文存濟南和尚處本郡小金山裕順大師薦
師智老和尚高超淨域助十千文　上二款皆未交局俟到後刻入唐高僧傳

高僧傳三集卷第一

宋左街天壽寺通慧大師賜紫沙門贊寧等

奉敕撰

譯經篇第一之一 正傳三人 附見一人

唐京兆大薦福寺義淨傳

釋義淨，字文明，姓張氏，范陽人也。髫齔之時，辭親落髮，徧詢名匠，廣探羣籍，内外閑習，今古博通。年十有五，便萌其志，欲遊西域，仰法顯之雅操，慕玄奘之高風，加以勤無棄時，手不釋卷。弱冠登具，愈堅貞志。咸亨二年，年三十有七，方遂發足。初至番禺，得同志數

098.高僧傳四集六卷　〔明〕釋如惺撰　

清光緒十八年（1892）江北刻經處刻本　二册一函

每半葉10行，行20字，小字雙行字同，黑口，左右雙邊，無魚尾，半框高18釐米，寬13釐米。版心中鐫書名及卷次，下鐫葉碼及千字文編號。

卷端題“高僧傳四集，明天台山慈雲禪寺沙門釋如惺撰”。卷末鐫“光緒十八年秋九月江北刻經處識”。

按：此書又名《大明高僧傳》。

高僧傳第四集功德人名

秦郵蝗王廟比丘悟來經募己丑庚寅月願助刻弍卷

華藏菴比丘文渡助洋拾弍元經募

信女印門楊氏施洋八元

廣陵圓覺菴比丘尼寶來及寶鼎菴劉上善等經

募

立貞堂眾善信錢王葉府三善信羅田氏邵上善

狄圓明厲胡氏高王氏潘馮諸善信共助錢五拾

四千四百九十八文刻此餘資刻心經集說

光緒十八年秋九月　江北刻經處識

高僧傳四集功德人名　一

高僧傳四集卷第一

明天台山慈雲禪寺沙門釋如惺撰

譯經篇第一 正傳一人 附見二人

元燕都慶壽寺沙門釋沙囉巴傳一 剌溫卜 迦囉思巴

釋沙囉巴。西國積寧人。總丱即依發思巴帝師薙染。習諸部灌頂法。又從著栗赤上師。學大小乘。時有剌溫卜。善通談曼德迦密教。爲世所稱。投之。盡得其道。所以善吐番音。說諸妙法。兼解諸國文字。後因迦囉思巴帝師。薦於世祖。命譯中國未備顯密諸經。各若干部。其辭旨明辯。特賜大辯廣智之號。其時僧司雖

099.林則徐不分卷　〔清〕陳穎侶撰　〔清〕梁紀佩輯　DS760.9.L5 C5x

清宣統元年（1909）悟群著書社鉛印本　一册一函

封面題“禁煙偉人林則徐，宣統元年夏六月出版，南海陳穎侶著，梁紀佩輯，悟群著書社刊”。卷端題“林則徐，陳穎侶著稿，梁紀佩編輯”。

鈐印“吴弼臣”。

林則徐

陳穎侶著稿
梁紀佩編輯

第一章 緒論

鴉片之害。弱我種類。媢我國勢。東方病夫。中是毒者病益劇亟圖睡獅。耽其癖者睡益迷。療而治之。躍而醒之。神洲之大。廣漠之羣。何渺乎其無人也。然事勢之流極。從其殆而救之。則難。乘病之未深。痛而藥之。則事祗半而功益倍。此當鴉片將盛未盛之衝。有一躍然而擊其弊者。尙有林則徐其人也。

林則徐之去今日。事經數十年矣。然禁鴉片煙一事。多數人羣。猶嘖嘖稱之。惜其所志未遂。事輒中止。嗚呼。我中國四萬萬同胞。每年被其賺去者以千百萬計。財政之弱。生計之絀。直接者固羅其病。卽影響

100.王船山先生年譜二卷　〔清〕劉毓崧編　Quarto PL2732.A44 Z75x

清光緒十二年（1886）江南書局刻本　二册一函

每半葉10行，行22字，小字雙行字同，黑口，左右雙邊，雙對黑魚尾，半框高18.6釐米，寬12.5釐米。版心中鎸書名簡題、卷次及葉碼。

内封題“王船山先生年譜二卷”。牌記題“光緒丙戌孟春江南書局刊板”。卷端題“王船山先生年譜，後學儀徵劉毓崧編”。

鈐印“哈佛大學漢和圖書館珍藏印”。

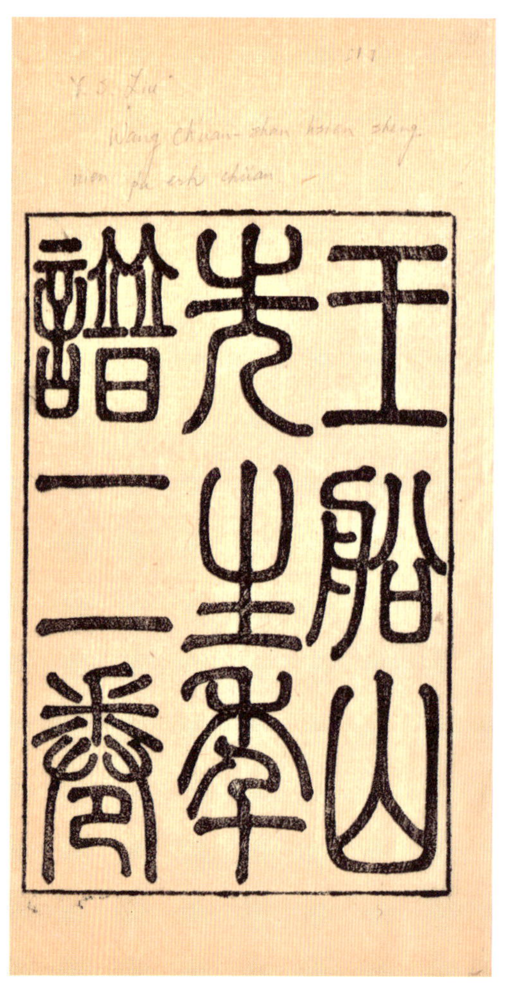

王船山先生年譜卷上

後學儀徵劉毓崧編

先生姓王氏名夫之字而農别號薑齋按先生莊子通自序云巳未伏日南嶽賣薑翁自敘船山鼓棹初集女冠子詞賣薑詞自注余舊題茅堂曰薑齋此更稱賣薑翁戲爲之詞

中歲稱一瓠道人按先生遣興詩自記作於癸卯六月其中自稱一瓠道人又兩稱一瓠雁字詩末附題蘆雁絕句作於庚戌自注稱瓠道人愚鼓歌末附十二時歌自注亦稱瓠道人和梅花百詠末附追和王百穀梅花絕句十首作於乙巳第三首自稱一瓠先生

更名壺按薑齋文集硯銘有壺拜稽首之語據序所言作於庚戌先生年五十二

晚歲仍用舊名居於湘西蒸左之石船山自爲之記按先生說文廣義發例作於壬戌稱船山老農噩夢自序亦作於壬戌稱船山遺老黃書自序作於巳巳稱船山病叟夕堂永日緒論自序作於庚午稱船山老人問字者稱

101.湖南貢卷一卷　〔清〕馬維乾撰　Quarto PL2719.A23 H8

清咸豐三年（1853）刻本　一册一函

每半葉9行，行25字，白口，四周雙邊，單黑魚尾，半框高17釐米，寬11.7釐米。版心上鎸書名，中鎸“癸丑科”，下鎸葉碼。

卷端題“湖南貢卷，咸豐癸丑科”。

鈐印“哈佛大學漢和圖書館珍藏印”。

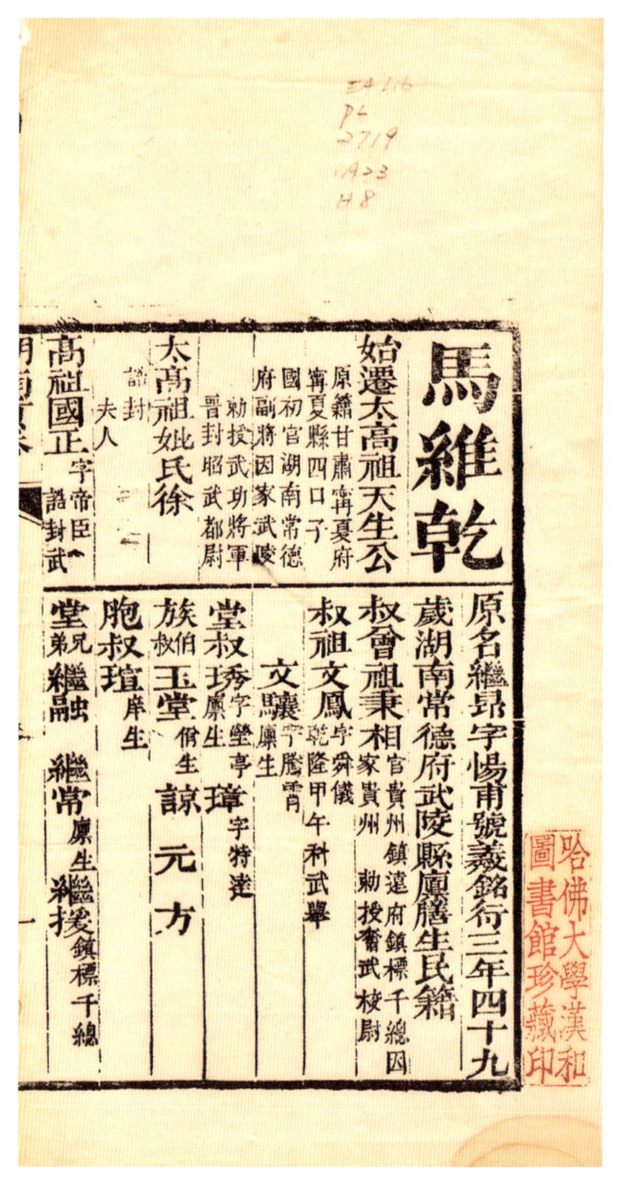

馬維乾

始遷太高祖天生公 原籍甘肅寧夏府寧夏縣四口子 國初官湖南常德府副將因家武陵 勅授武功將軍 晉封昭武都尉

太高祖妣氏徐 誥封夫人

高祖國正 字帝臣 誥封武

原名繼昴字暘甫號羲銘行三年四十九

歲湖南常德府武陵縣廩膳生民籍

叔曾祖秉相 官貴州鎮遠府鎮標千總因家貴州 勅授奮武校尉

叔祖文鳳 字舜儀 乾隆甲午科武舉

文驤 字騰霄 廩生

堂叔琇 字瑩亭 廩生　璋 字特達

族伯叔玉堂 佾生　諒　元　方

胞叔瑄 庠生

堂兄弟繼融　繼常 廩生　繼揆 鎮標千總

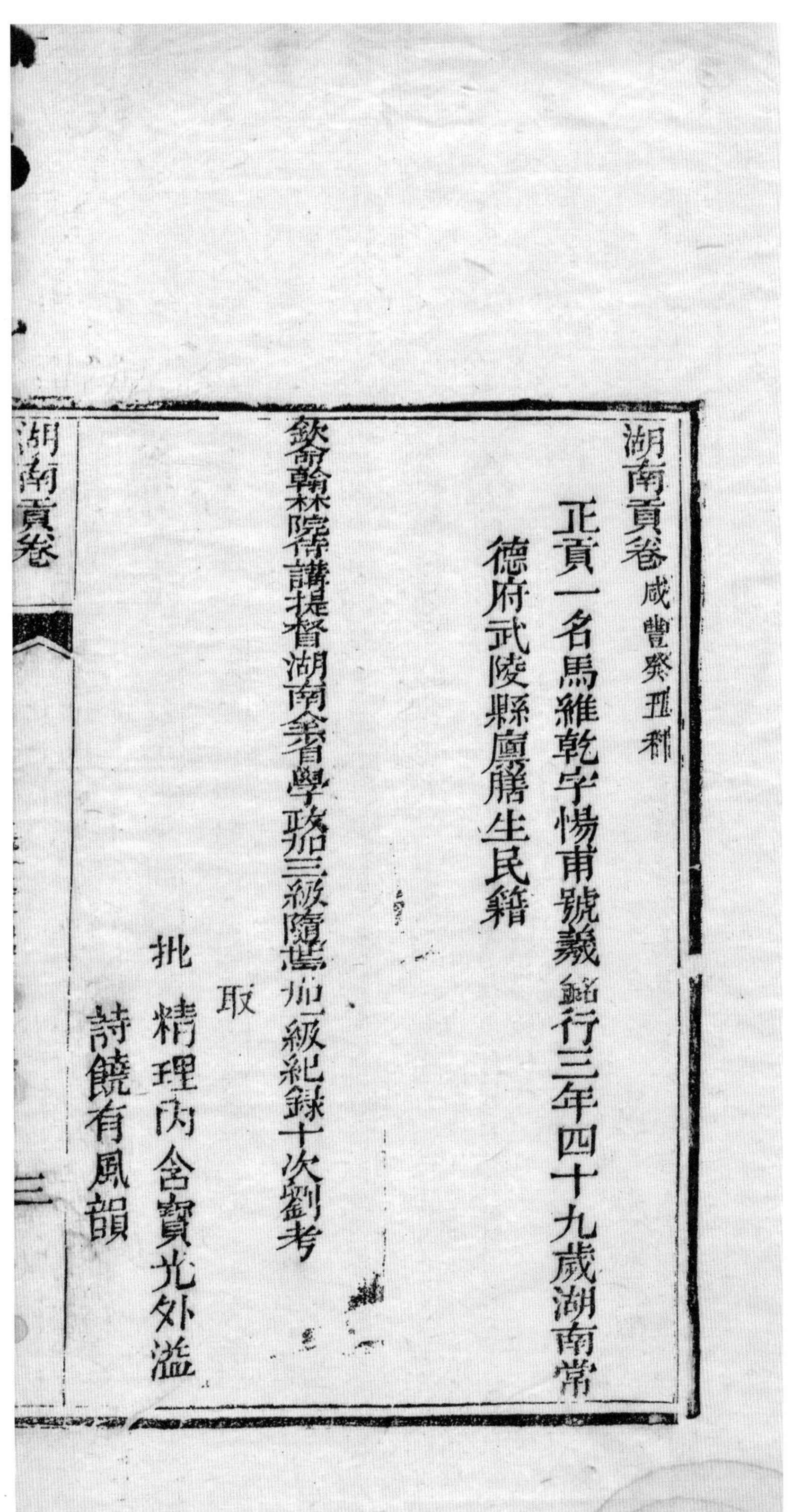

湖南貢卷咸豐癸丑科

正貢一名馬維乾字惕甫號羲銘行三年四十九歲湖南常德府武陵縣廩膳生民籍

欽命翰林院侍講提督湖南全省學政加三級隨帶加一級紀錄十次劉考

取

批 精理內含實光外溢

詩饒有風韻

湖南貢卷 三

政書類

102.文獻通考三百四十八卷　〔元〕馬端臨撰　

明刻清映旭齋印本　一百二十册十函

每半葉10行，行20字，小字雙行字同，白口，四周單邊，單黑魚尾，半框高21釐米，寬14.7釐米。版心上鎸書名，中鎸卷次，下鎸葉碼。

内封題“馬貴與先生纂輯，文獻通考全書，映旭齋藏板”。卷端題“文獻通考，鄱陽馬端臨貴與著”。

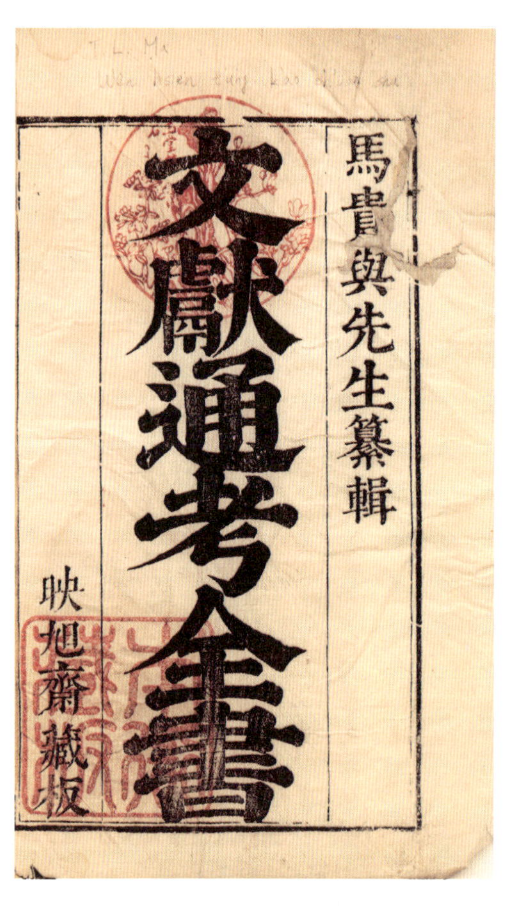

馬貴與先生纂輯
文獻通考全書
映旭齋藏板

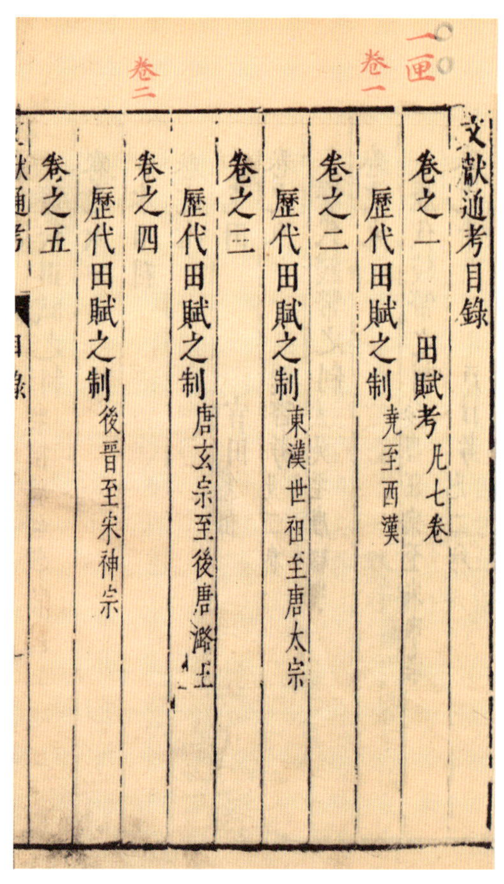

一函
卷一
卷二
文獻通考目録
卷之一　田賦考凡七卷
歷代田賦之制堯至西漢
卷之二
歷代田賦之制東漢世祖至唐太宗
卷之三
歷代田賦之制唐玄宗至後唐潞王
卷之四
歷代田賦之制後晉至宋神宗
卷之五

文獻通考卷之一

鄱陽 馬端臨 貴與 著

田賦考

堯遭洪水。天下分絕。使禹平水土。別九州。冀州。厥土白壤。無塊曰壤厥田惟中中。田第五厥賦上上錯。賦第一錯謂雜出第二之賦兗州。厥土黑墳。色黑而墳起厥田惟中下。第六厥賦貞。貞正也州第九賦正與九相當作十有三載乃同。治水十三年乃有賦法與他州同青州。厥土白墳。厥田惟上下。第一厥賦中上。第四徐州。厥土赤埴墳。土黏曰埴厥田惟上中。第二厥賦中中。第五揚州。厥土惟塗泥。地泉濕厥田惟下下。第九厥賦下上上錯。第七雜出

103.西漢會要七十卷　〔宋〕徐天麟撰　

清末翻刻武英殿聚珍版本　十册一函

每半葉9行，行21字，小字雙行字同，白口，四周雙邊，單黑魚尾，半框高17.7釐米，寬12.4釐米。版心上鎸書名，中鎸卷次，下鎸葉碼。

内封題“西漢會要”。卷端題“西漢會要，宋徐天麟撰”。《提要》端題“西漢會要，武英殿聚珍版”。

西漢會要卷一

宋 徐天麟 撰

帝系一

帝號

豐公太上皇父也春秋晉史蔡墨有言陶唐氏既衰其後有劉累學擾龍事孔甲范氏其後也而大夫范宣子亦曰祖自虞以上爲陶唐氏在夏爲御龍氏在商爲豕韋氏在周爲唐杜氏晉主夏盟爲范氏范氏爲晉士師魯文公世奔秦後歸于晉其處者爲劉氏劉向云戰國

104.東漢會要四十卷　〔宋〕徐天麟撰　

清刻本　八册一函

每半葉9行，行21字，小字雙行字同，白口，四周雙邊，單黑魚尾，半框高17.7釐米，寬12.5釐米。版心上鎸書名，中鎸卷次，下鎸葉碼。

内封題“東漢會要”。卷端題“東漢會要，宋徐天麟撰”。

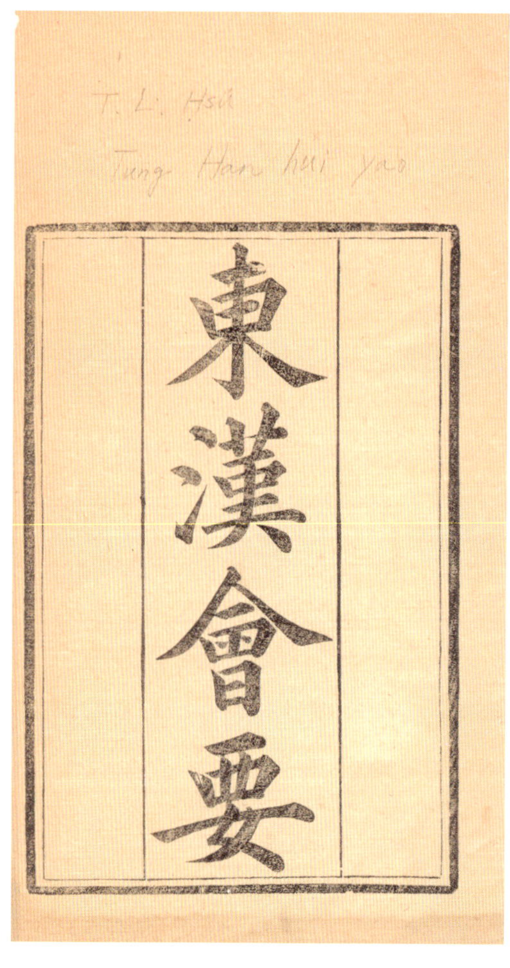

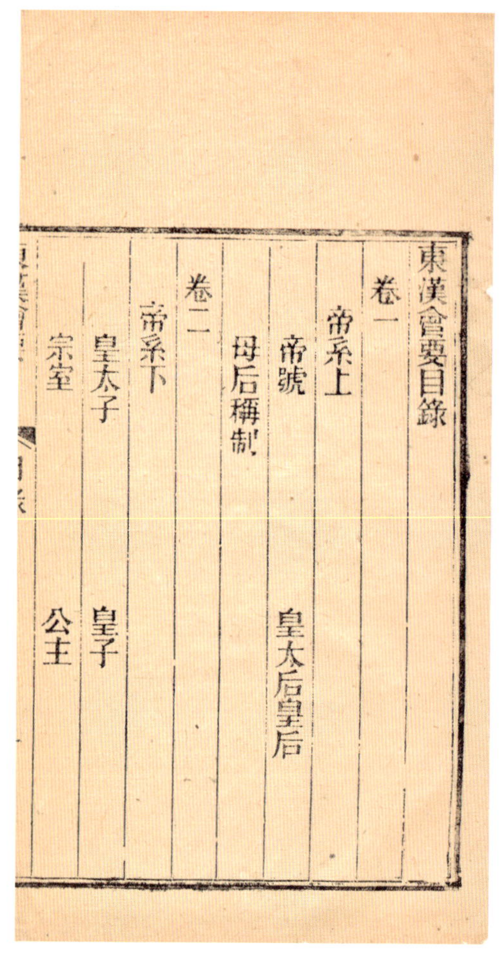

東漢會要目錄

卷一

帝系上

帝號　皇太后皇后

母后稱制

卷二

帝系下

皇太子　皇子

宗室　公主

東漢會要卷一

宋 徐 天 麟 撰

帝系上

帝號

世祖光武皇帝諱秀字文叔南陽人高祖九世孫也出自景帝生長沙定王發發生春陵節侯買買生鬱林太守外外生鉅鹿都尉回回生南頓令欽欽生光武王莽末起兵於宛更始元年兄伯升立劉聖公爲天子伯升爲大司徒光武爲太常偏將軍破莽軍於昆陽更

105.重校元典章六十卷附新集二册

清光緒三十四年(1908)北京修訂法律館刻本　二十五册無函

每半葉13行，行23字，小字雙行字同，白口，左右雙邊，單黑魚尾，半框高18.9釐米，寬14.1釐米。版心中鎸"典章"、卷次、卷名及葉碼。

内封題"重校元典章六十卷附新集二册，曹廣權書首"。牌記題"光緒戊申夏修訂法律館以杭州丁氏藏本重校付梓"。卷端題"典章"。書名據内封。

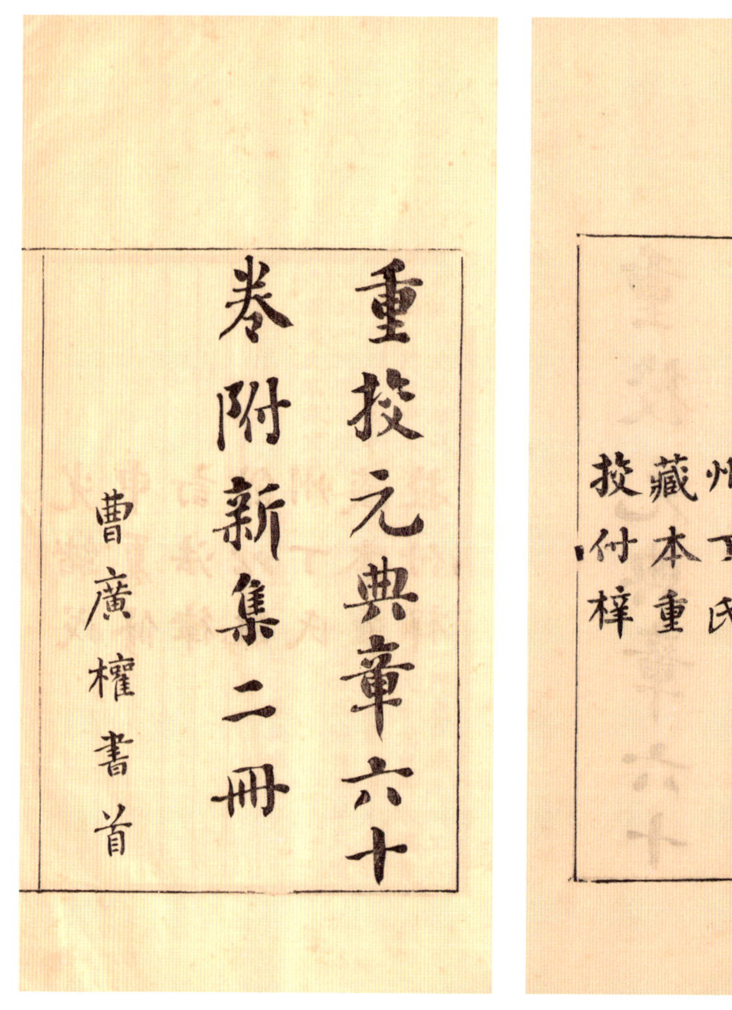

重校元典章六十卷附新集二册
曹廣權書首

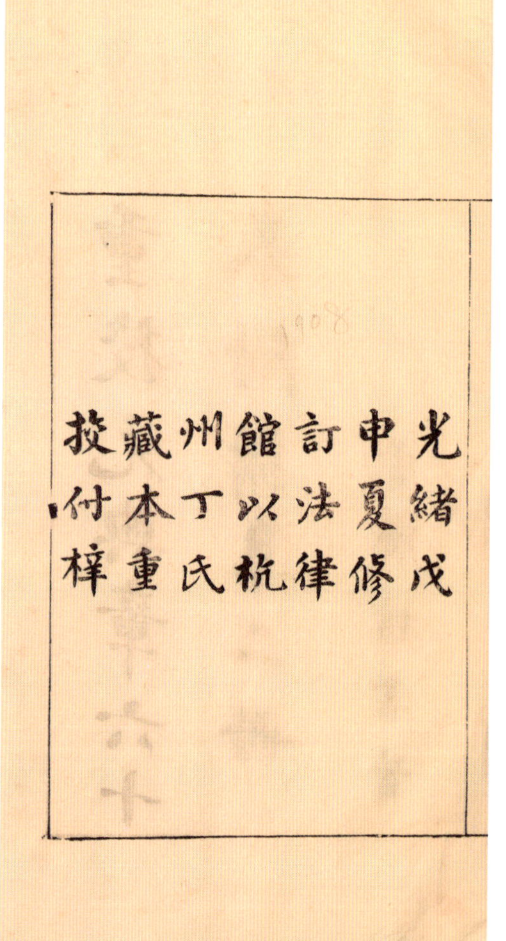

光緒戊申夏修訂法律館以杭州丁氏藏本重校付梓

詔令卷之一　　典章一

世祖聖德神功文武皇帝

皇帝登寶位詔 庚申年四月初六日欽奉詔旨節文朕惟祖宗肇造區宇奄有四方武功疊興文治多闕五十餘年於此矣葢時有先後事有緩急天下大業非一聖一朝所能兼備也先皇帝卽位之初風飛雷厲將大有爲憂國愛民之心雖切於己尊賢使能之道未得其人方董夔門之師遽遺鼎湖之泣豈期餘恨竟弗克終肆予冲人渡江之後葢將深入焉乃聞國中重以僉軍之擾黎庶驚駭若不能一朝居者予爲此懼驛騎馳歸目前之急雖紓境外之兵未戢乃會羣議以集良規不意宗盟輒先推戴左右萬里名

106.大明令一卷　〔明〕李善長等纂　KNN41.2 .A2 1900z

清末羅振玉刻本　一册一函

每半葉10行，行20字，小字雙行字同，黑口，左右雙邊，雙對黑魚尾，半框高14.7釐米，寬10.2釐米。版心中鐫“明令”及葉碼。

内封題“大明令”。卷端題“大明令，陸庵叢書”。

按：此書爲《陸庵叢書》之零種。

大明令

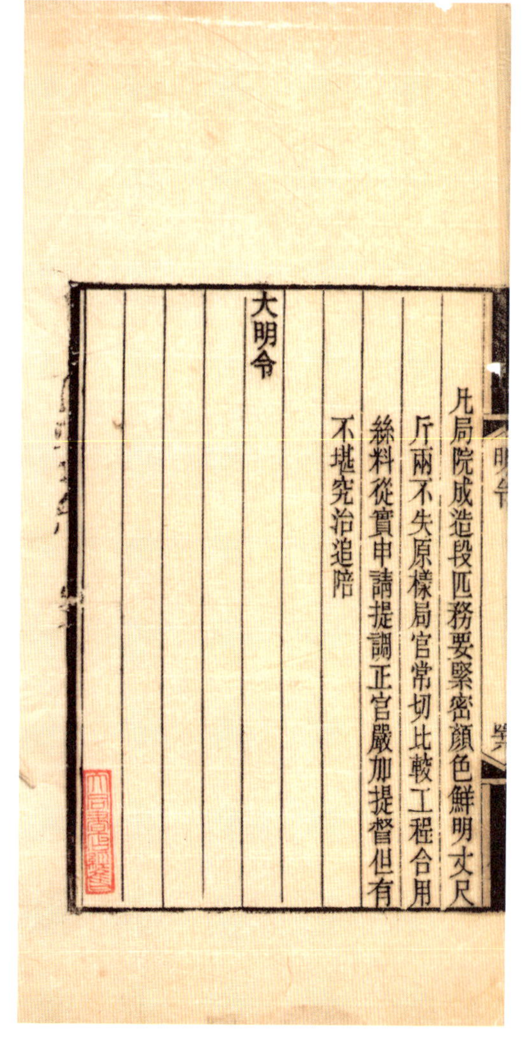
大明令
凡局院成造段匹務要緊密顔色鮮明丈尺
斤兩不失原樣局官常切比較工程合用
絲料從實申請提調正官嚴加提督但有
不堪究治追陪

大明令　　陸庵叢書

吏令

凡在流品人員果有文武長才通曉治體廉潔者臺憲官具實跡

奏聞

凡內外大小官員年七十者聽令致仕其有

特旨選用者不拘此限

凡內外管屬衙門官吏有係父子兄弟叔姪者皆須從卑迴避

凡流官注擬並須迴避本貫

107.欽定大清會典一百卷首一卷

KNN43 .A2 1899

清宣統元年（1909）商務印書館石印本　十册一函

内封題“欽定大清會典”。牌記題“光緒戊申冬月初版，宣統己酉五月再版，商務印書館恭印”。卷端題“欽定大清會典”。

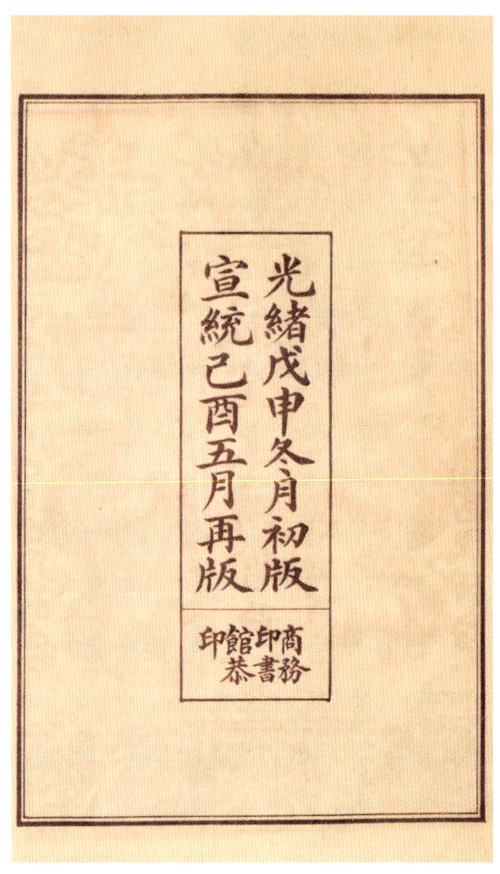

欽定大清會典卷一

宗人府宗令一人。於親王或郡王內特簡。左宗正一人。右宗正一人。於親王郡王或貝勒貝子鎮國公輔國公內特簡。左宗人一人。右宗人一人。於貝勒貝子鎮國公輔國公或鎮國將軍輔國將軍內特簡。

掌

皇族之政令。

○凡

皇族。則以近遠。曰宗室。曰覺羅。顯祖宣皇帝本支為宗室。伯叔兄弟之支為覺羅。生子。則以告而書於冊。宗室覺羅生子女。三月報府一次。書其年月日時。嫡庶次第。名某。母某氏。具冊送府。宗室親王以下至輔國公由長史等官開送。鎮國將軍以下至閒散宗室由族長開送。覺羅由各旗首領開送。宗室入黃冊。覺羅入紅冊。兼清漢文。存者硃書。歿者墨書。如撫養異姓抱報己子。及遲誤不報。報不以實者。罪之。繼嗣亦如之。宗室繼嗣者。視其族近遠。畢數闔族及總族長族長同保。呈報到府。查明註冊。近派宗室本支及學長同保報府查明註冊。如生子先已出繼。身故無嗣者。准撤回承祀。不得另行入繼。如奏明過繼者。亦奏明撤回。孫子不准出繼王公。過繼由府具奏。或王公自奏。俟旨交府註冊。覺羅過繼者子女首領佐領族長查明。同保由該旗報府。婚嫁亦如之。宗室覺羅娶婦。以其母家姓氏職名報府。嫁女。以婿姓氏職名報府註冊。近支宗室子女應指婚者。交派出之王等進名。其不進名者。皆令自行及時婚嫁。宗室覺羅不准娶氏女為婦。不准嫁女與八旗另記冊檔人。許字時先令將所許之姓氏職名報族長呈府。如許字外藩蒙古者。王公由本家奏請。閒散者報府轉奏。爵秩始末亦如之。宗室覺羅封爵襲替選授職官升調降革及身故。皆令報府註冊。十年則登於

玉牒。玉牒以十年纂修一次。按黃冊紅冊所記彙載於牒。統以帝系。序以長幼。存者硃書。歿者墨書。其未經載入玉牒黃冊之皇子皇女皇孫皇孫女。內務府具奏請旨。由總管內監開明。派內務府總管一人送至宗人府。授宗令或宗正宗人一人祗受。載入。凡修

玉牒。前期則以

聞。每屆十年。由府題請。得

旨。遂率其屬而充執事。纂修玉牒以宗令宗正暨滿漢大學士禮部尚書侍郎內閣學士充正副總裁官。以大學士一員督催。以府丞充總校官。以府屬理事官一人暨滿漢內閣侍讀學士或侍讀一人充提調官。以府屬理事官副理事官各一人。滿主事一人。漢主事二人。暨翰林院官三人。內閣侍讀一人。禮部司官二人。充纂修官。以府屬筆帖式十二人。充收掌官。以滿漢內閣中書各八人。禮部筆帖式八人。各部院筆帖式十二人。充謄錄官。總裁官欽點。總校官例充提調以下官由堂官酌派。餘由各衙門咨送。書成。

皇帝恭閱而藏之。玉牒成。屆期總裁王大臣率提調以下官陳玉牒於綵亭。至太和殿階下。提調以下官奉玉牒詣中和殿。陳於黃案。總裁王大臣等行禮畢。奉玉牒詣乾清門。授內監進呈御覽。俟內監奉出。王大臣率提調以下官奉設綵亭。詣皇史宬。行禮尊藏。又恭繕玉牒一部。送盛京。敬典閣尊藏。由府奏派王公祗送。其底本仍裝成帙。由工部備造黃櫃。儲庫敬藏。凡宗室之名非

商務印書館恭印

108.吾學録初編二十四卷　〔清〕吴榮光撰　

清道光十二年(1832)南海吴氏筠清館刻本　八册一函

每半葉9行,行21字,小字雙行字同,白口,左右雙邊,單黑魚尾,半框高19.5釐米,寬13.3釐米。版心上鎸書名,中鎸卷次及門類,下鎸葉碼。

卷端題"吾學録初編,賜進士出身資政大夫兵部侍郎兼都察院右副都御史巡撫湖南等處地方提督軍務兼理糧餉兼署湖廣總督吴榮光恭述"。卷末牌記題"道光十有二年壬辰九月南海吴氏筠清館刊"。

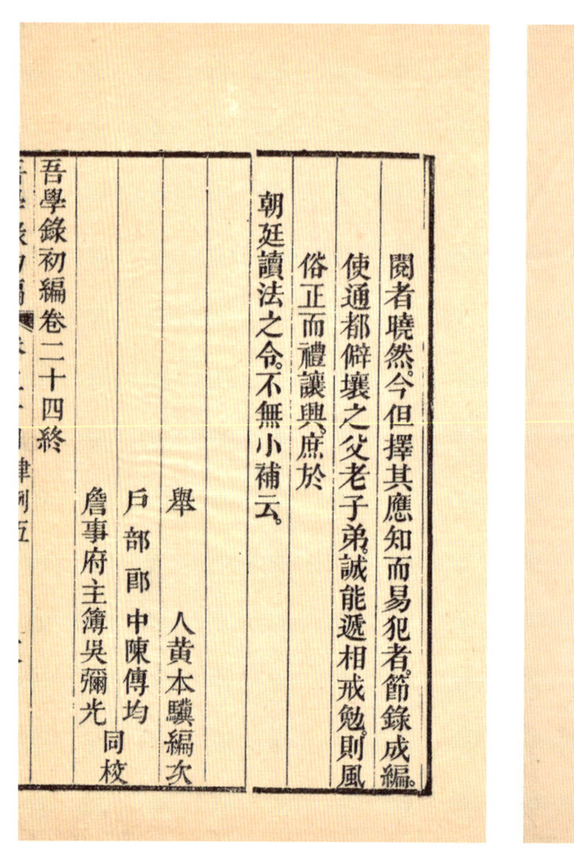
閱者曉然今但擇其應知而易犯者節録成編使通都僻壤之父老子弟誠能遞相戒勉則風俗正而禮讓興庶於朝廷讀法之令不無小補云
舉人黃本驥編次
戶部郎中陳傳均
詹事府主簿吳彌光同校
吾學錄初編卷二十四終

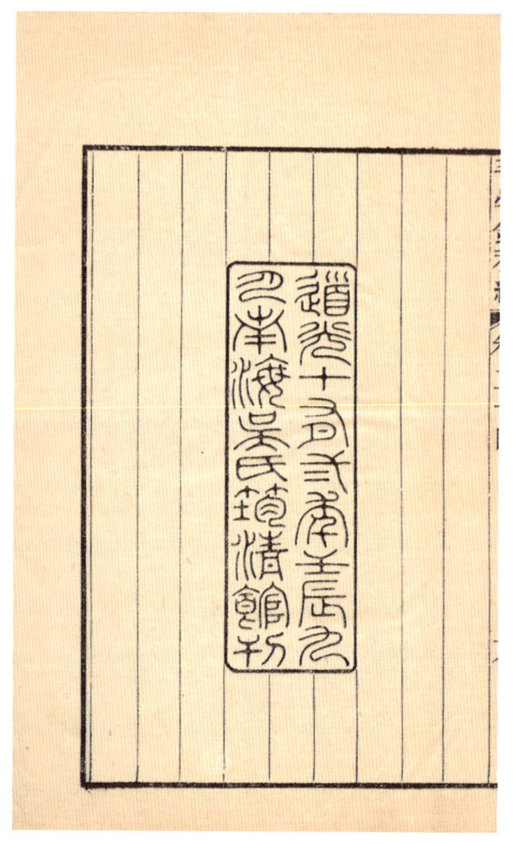
道光十有二年壬辰九月南海吳氏筠清館刊

吾學錄初編卷一

賜進士出身資政大夫兵部侍郎兼都察院右副都御史巡撫湖南等處地方提督軍務兼理糧餉兼署湖廣總督吳榮光恭述

典制門

朝賀 皇帝三大節表賀儀式○京官朝賀○直省官朝賀○皇太后三大節表賀儀式

皇帝三大節表賀儀式○通禮

元旦。

萬壽聖節。

長至節。凡賀長至以南郊次日。先期諸王大學士率京朝官

109.大清通禮五十四卷　〔清〕穆克登額等纂　

清道光四年（1824）刻本　二十四册四函

每半葉9行，行22字，小字雙行字同，白口，四周雙邊，單黑魚尾，半框高21.2釐米，寬14.6釐米。版心上鎸書名，中鎸卷次，下鎸葉碼。

卷端題“大清通禮”。

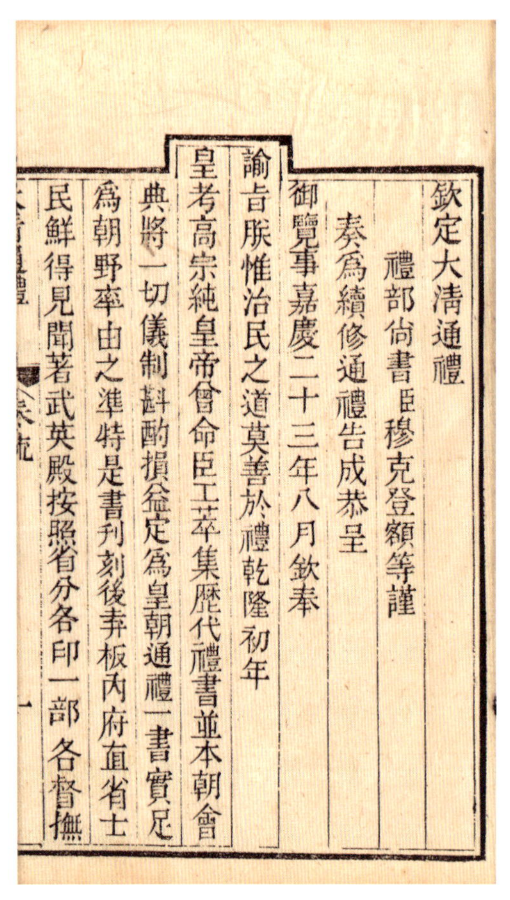
欽定大清通禮
禮部尚書臣穆克登額等謹
奏爲續修通禮告成恭呈
御覽事嘉慶二十三年八月欽奉
諭旨朕惟治民之道莫善於禮乾隆初年
皇考高宗純皇帝曾命臣工萃集歷代禮書並本朝會
典將一切儀制斟酌損益定爲皇朝通禮一書實足
爲朝野率由之準特是書刊刻後弆板內府直省士
民鮮得見聞著武英殿按照省分各印一部各督撫

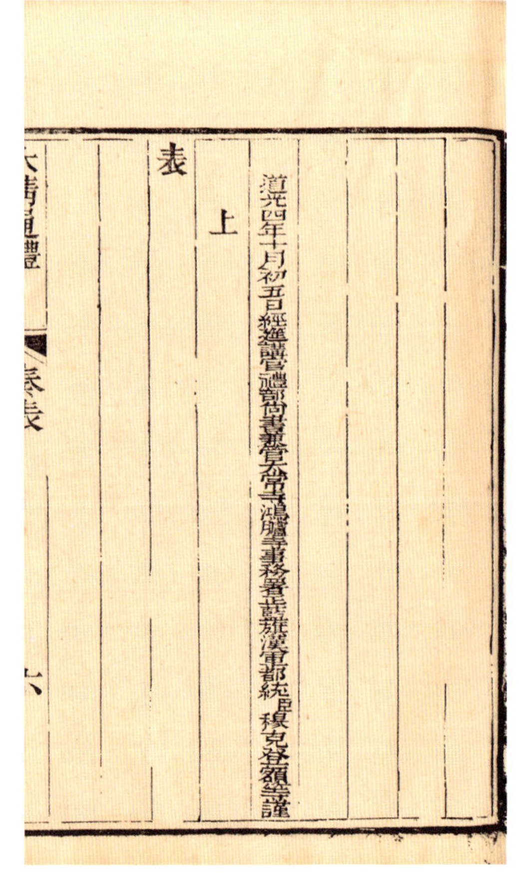
道光四年十月初五日經筵講官禮部尚書兼管太常寺鴻臚寺事務署正藍旗漢軍都統臣穆克登額等謹
上
表

大清通禮卷之一

吉禮

禮有五經。莫重於祭。

國家祀典孔明。有大祀。有中祀。有羣祀。殊事合敬。周禮所謂以吉禮事邦國之鬼神示。於是乎備焉。謹詳其儀著於篇。

南郊

冬日至。大祀

天於

110.南巡盛典一百二十卷　〔清〕高晋等纂修　DS754.2 .N35x

清光緒八年(1882)上海點石齋石印本　八册一函

内封題“南巡盛典”。牌記題“光緒壬午年秋七月上海點石齋縮印”。卷端題“南巡盛典”。

鈐印“廣東國民大學圖用書”。

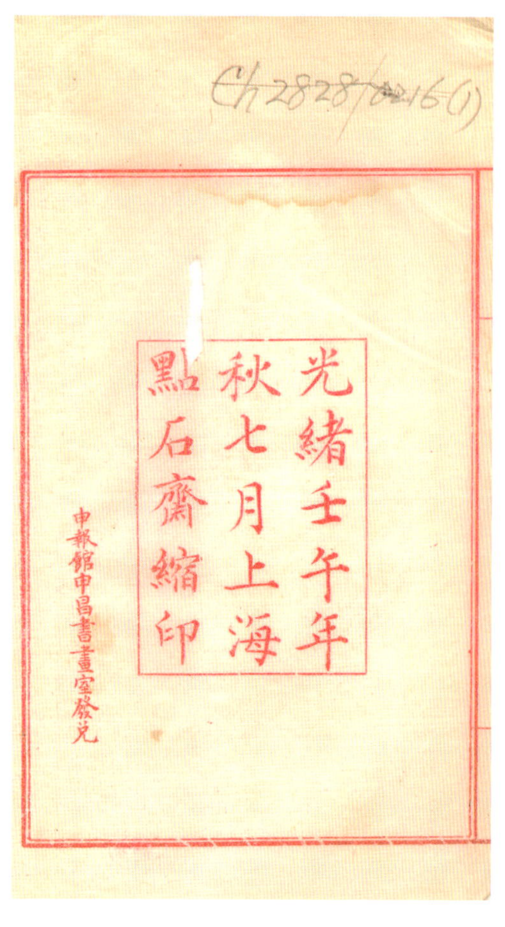

南巡盛典卷一

恩綸

乾隆十四年十月初五日內閣奉

上諭江南督撫等以該省紳耆士庶望幸心殷合詞奏請南巡朕以鉅典攸關特命廷臣集議

令經大學士九卿等援据經史且仰稽

聖祖仁皇帝六巡江浙謨烈光昭允宜俯從所請朕軫念民依省方問俗郊圻近省不憚躬勤鑾

輅江左地廣人稠素所廑念其官方戎政河務海防與凡閭閻疾苦無非事者第程塗稍遠

十餘年來未遑舉行屢嘗敬讀

聖祖實錄備載前後南巡恭侍

皇太后鑾輿羣黎扶老攜幼夾道歡迎交頌

天家孝德心甚慕焉朕巡幸所至悉奉

聖母皇太后遊賞江南名勝甲於天下誠親掖

安輿眺覽山川之佳秀民物之豐美良足以娛暢

慈懷既詢謀僉同應依議允從所請但朕將以明年秋幸五臺經太原歷嵩洛趙魏回鑾已涉冬

令南巡之舉當在辛未年春正我

聖母六旬萬壽之年也將見巷舞衢歌騰歡獻

111.聖廟祀典輯聞十四卷首一卷附先聖年譜考二卷孟子時事考二卷 〔清〕黄位清輯 〔清〕謝有仁編 Quarto DS734 .H85x

清道光二十七年(1847)松風閣刻本 六册一函

每半葉11行,行24字,白口,左右雙邊,單黑魚尾,半框高18.4釐米,寬13.4釐米。版心上鎸書名,中鎸卷次及篇名,下鎸葉碼。

内封題"聖廟祀典輯聞,道光丁未冬鎸"。卷端題"聖廟祀典輯聞,番禺後學黄位清敬輯,番禺謝有仁静山敬編"。

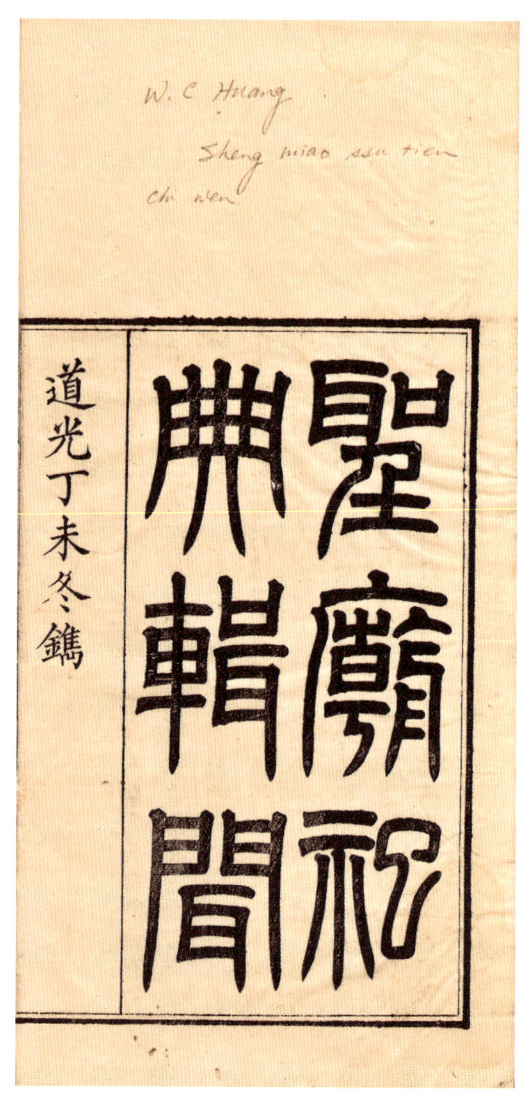

聖廟祀典輯聞卷一

番禺後學黃位清敬輯　　番禺謝有仁靜山敬編

祀典節鈔 孔氏繼汾闕里文獻考

漢高帝十二年冬十二月自淮南過魯以太牢祭孔子此後世帝王祀孔子之始元帝詔褒成侯霸以所食邑祀孔子此世爵奉祠之始平帝元始元年夏六月追謚孔子爲褒成宣尼公孔子之有謚實始於此

東漢明帝永平二年冬十月養老更於辟雍令郡縣道行鄉飲酒禮於學校皆祀周公孔子牲以犬此國學郡縣祀孔子之始十五年帝東巡過魯祀仲尼及七十二弟子此弟子從祀之始靈帝光和元年立鴻都門學畫孔子及七十二弟子像

112.奏定學堂章程不分卷　〔清〕張之洞等撰　LA1131 .T76x

清光緒三十年(1904)兩廣學務處鉛印本　四册一函

按:含《中學堂章程》《高等學堂章程》《大學堂章程》。

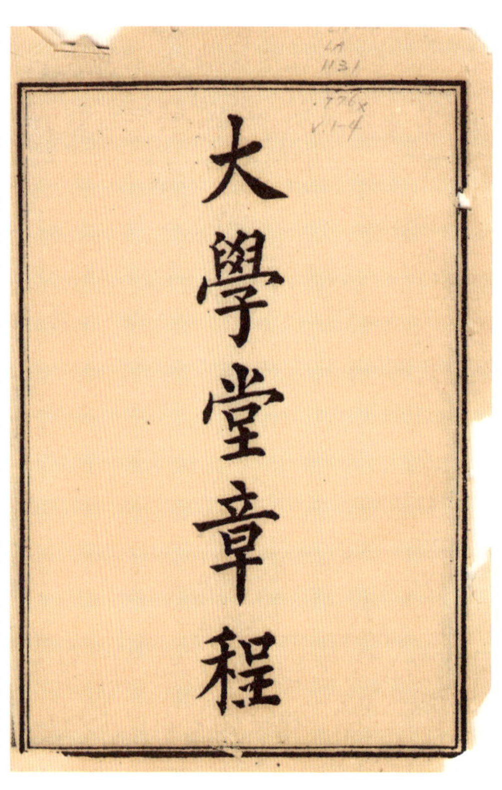

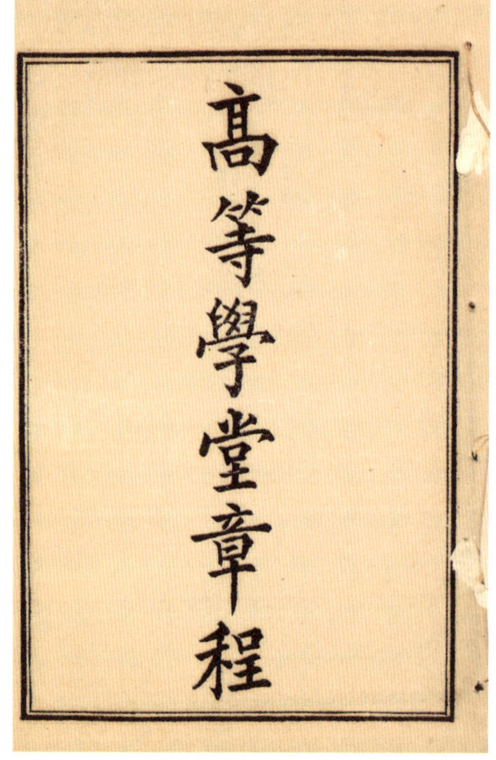

高等學堂章程

立學總義章第一

第一節　設高等學堂令普通中學堂畢業願求深造者入焉以教大學豫備科爲宗旨以各學皆有專長爲成效每日功課六點鐘三年畢業

第二節　高等學堂定各省城設置一所

第三節　高等學堂之規制本應容學生五百人以上方爲合宜但此時初辦規模略小亦可然總期能容二百人以上以備人才日盛容納多人

第四節　高等學堂應令貼補學費聽各省核計本省款項能否籌措暨本學堂常年經費隨時酌定

第五節　高等學堂應將每歲所教功課所辦事務及教員員

大學堂章程

立學總義章第一

第一節　設大學堂令高等學堂畢業者入焉並於此學堂內設通儒院（外國名大學院設在大學堂內）即令大學堂畢業者入焉以謹遵

諭旨端正趨向造就通才爲宗旨大學堂以各項學術藝能之人才足供任用爲成效通儒院以中國學術日有進步能發明新理以著成書能製造新器以利民用爲成效大學堂講堂功課每日時刻無一定至少兩點鐘至多四點鐘通儒院生不上堂不計時刻大學堂視所習之科分別或三年畢業或四年畢業通儒院五年畢業

第二節　大學堂內設分科大學堂爲教授各科學理法俾將來可施諸實用之所通儒院爲研究各科學精深義蘊以備

113.欽定錢録十六卷　〔清〕梁詩正等撰　HG1222 .C42x 1894

清光緒二十年（1894）上海積山書局石印本　四册一函

内封題“欽定錢録”。牌記題“光緒甲午仲春上海積山書局石印”。卷端題“錢録”。書名據内封。

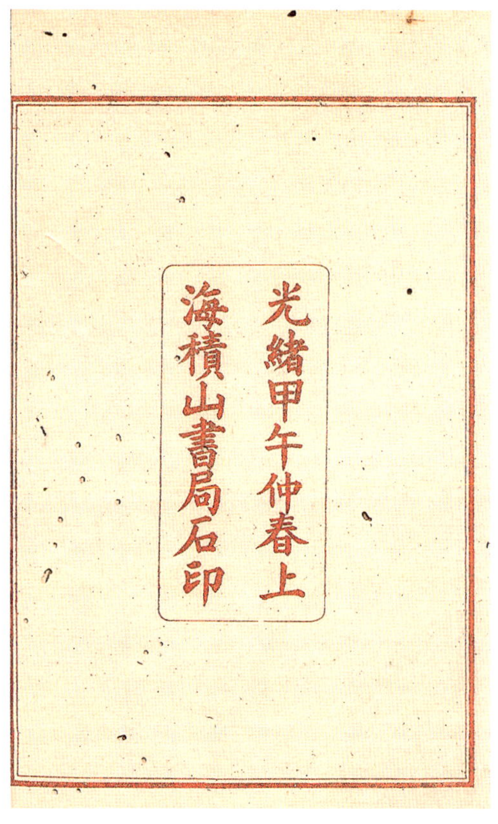

錢録卷一

右一品洪遵泉志云張台見於寶鼎尉王鑄處然不能名為何代也按路史太昊伏羲氏聚天下之銅仰視俯觀以為棘幣注曰||⿱日乂乃帝昊字幕文作爪李孝美所謂了傍斜畫者蓋羲字此布文適合其||字⿱日乂字引盄鐘暨封禪文似不為無據此貨幣之始

114.國朝柔遠記二十卷　〔清〕王之春編　Quarto DS799.7 .W36 1891

清光緒十七年（1891）廣雅書局刻本　六册一函

每半葉11行，行22字，小字雙行字同，黑口，左右雙邊，單黑魚尾，半框高19.1釐米，寬13.6釐米。版心中鐫書名、卷次及葉碼。

内封題“國朝柔遠記二十卷”。牌記題“光緒十七年夏五廣雅書局刻”。卷端題“國朝柔遠記，臣彭玉麟恭定，臣王之春敬編”。

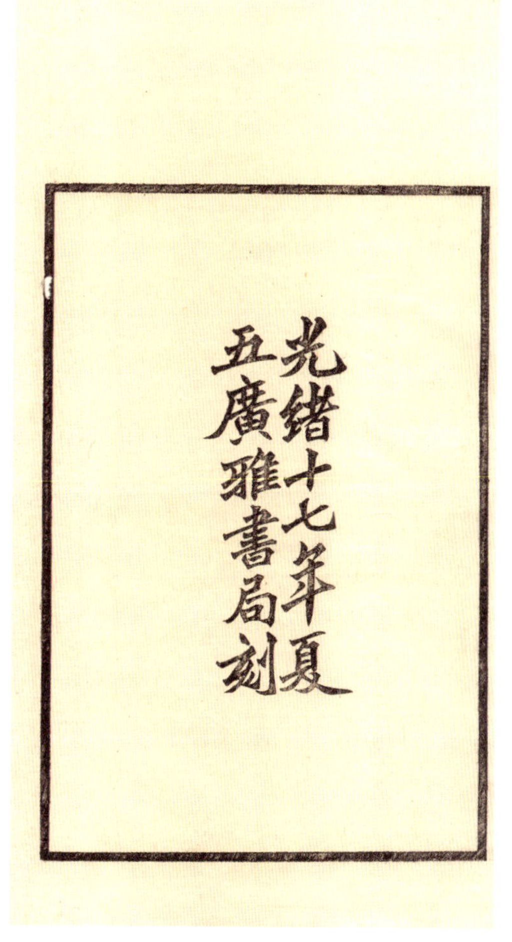

國朝柔遠記卷一

臣彭玉麟恭定
臣王之春敬編

甲申順治元年

秋七月修正歷法

初明太祖取元授時爲大統歷改太史院爲欽天監兼置回回歷科承用積久而差萬歷九年大西洋意大里亞國人利瑪竇來廣州香山澳後入京貢方物其人精推步之學士大夫皆重之自是而龐迪我熊三拔龍華民鄧玉函等後先踵至皆善天文歷算瑪竇以三十八年四月卒其年十一月朔日食歷官推算多謬五官正

115.唐寫本開元律疏名例一卷案證一卷 〔唐〕王敬從等刪定 （案證）〔清〕王仁俊撰

清宣統三年（1911）國粹堂石印本 一册一函

内封題“唐寫本開元律疏名例卷，案證附，高毓浵瑑耑”。牌記題“宣統三年春正月吴縣王氏據圖書館藏真迹景寫”。卷端題“唐開元律疏案證”。書名據内封。

鈐印“哈佛大學漢和圖書館珍藏印”。

按：此書當爲《敦煌石室真迹録》之零種。

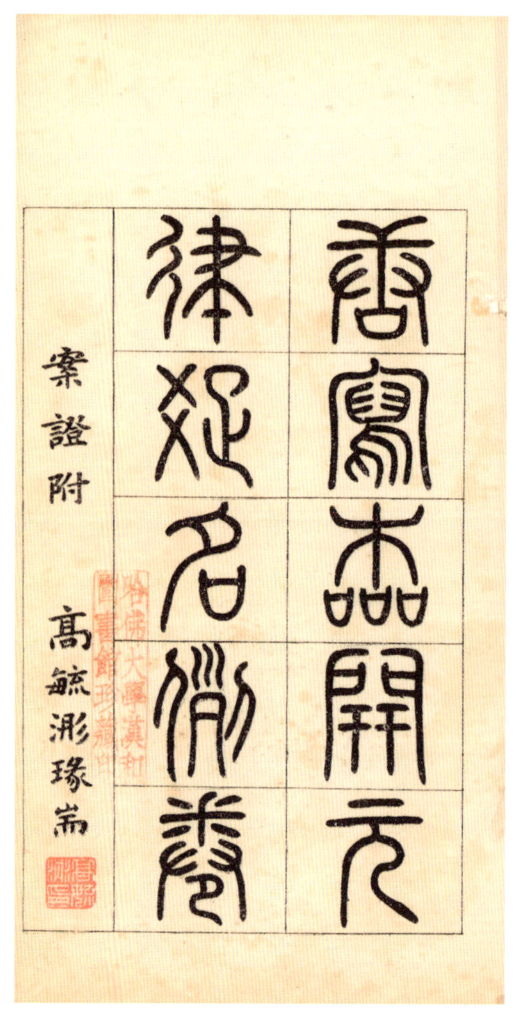
唐寫本開元
律疏名例卷
案證附
高毓浵瑑耑

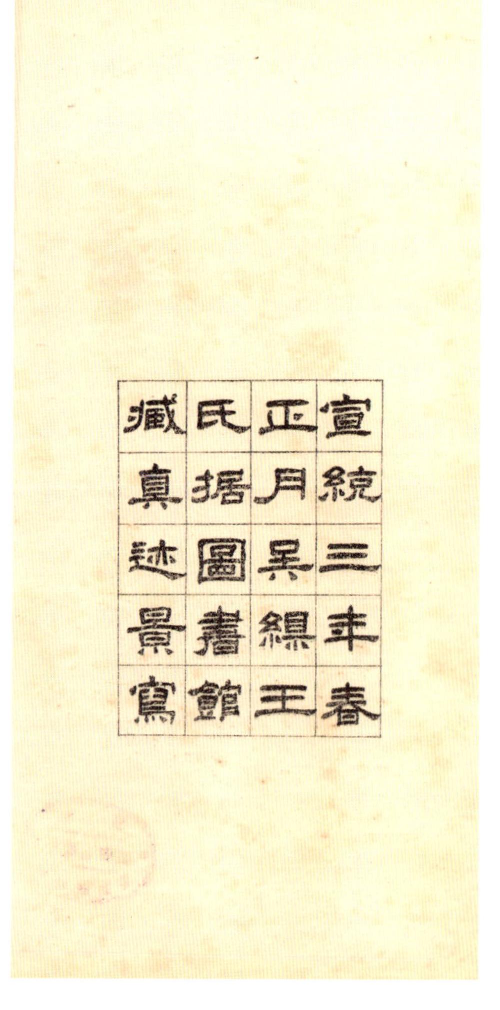
宣統三年春正月吳縣王氏據圖書館藏真迹景寫

敦煌石室真蹟錄乙

唐律名例疏

又云先以高者當注云若去官未叙亦准此

議曰先以高者當謂職事等三官内取最高者當之去官未叙者謂以理去任及雖不以理去任 告身不追者亦同並

准上例先以高者當

唐開元律疏案證

又云先以高者當一節 唐律疏議同後稱舊疏

按寫本此行起至疏卷第二名例止與唐律疏議卷同但名例共六卷寫本卷二首未完此條屬以官當徒惜先以高者之前已殘今錄補如左

以官當徒 問答四

諸犯私罪以官當徒者私罪謂私自犯及對制詐不以實受請枉法之類

疏議曰私罪謂不緣公事私自犯者雖緣公事意涉阿曲亦同私罪對制詐不以實者對制雖緣公事方便不吐實情心挾隱欺故同私罪受請枉法之類者謂受人嘱請屈法申情縱不得

116.大明律集解附例三十卷　〔明〕高舉等撰　

清光緒三十四年（1908）修訂法律館刻本　十册二函

每半葉9行，行20字，小字雙行字同，白口，四周雙邊，單黑魚尾，半框高17.4釐米，寬13釐米。版心上鎸卷名，中鎸卷次，下鎸葉碼。

内封題“光緒戊申重刊，明律集解附例，修訂法律館藏”。卷端題“大明律集解附例”。

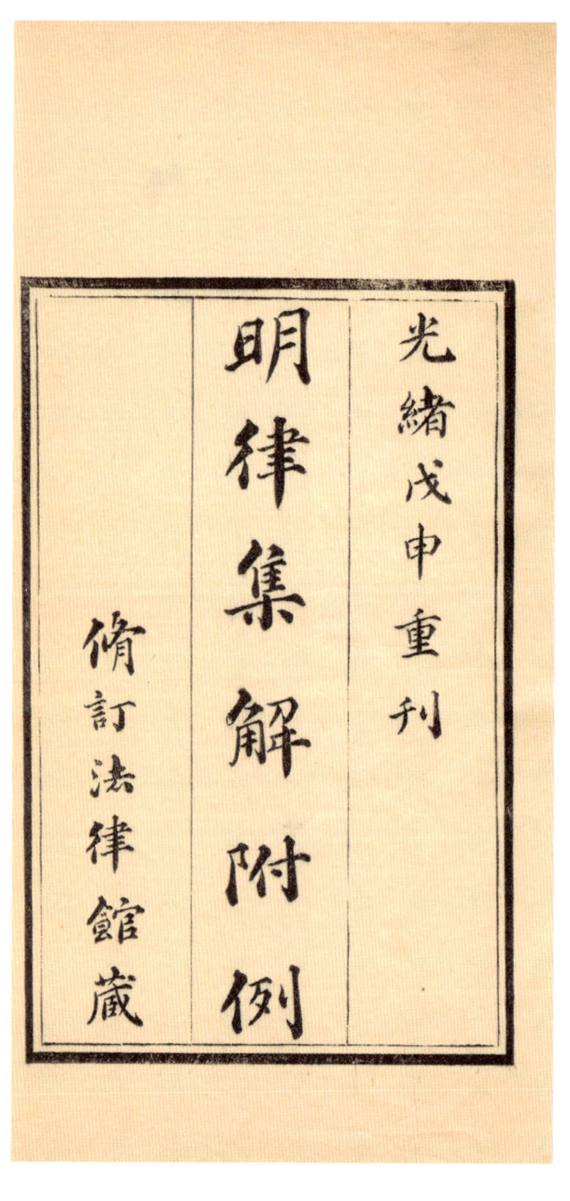
光緒戊申重刊
明律集解附例
脩訂法律館藏

大明律集解附例卷之一

名例

五刑

笞刑五

一十 贖銅錢六伯文

二十 贖銅錢一貫二伯文

三十 贖銅錢一貫八伯文

四十 贖銅錢二貫四伯文

五十 贖銅錢三貫

117.大清律例會通新纂四十卷　〔清〕姚雨薌纂　〔清〕胡仰山增輯

清道光十二年（1832）刻本　二十四册無函

行字不等，小字雙行，字數不等，白口，左右雙邊，單黑魚尾，半框高20釐米，寬13釐米。版心上鎸書名，中鎸卷次及篇名，下鎸葉碼。

内封題“遵照道光十年奉部頒行續纂並增修近年條例，道光十二年新春鎸，重訂輯注一并附入，上下全刻，大清律例重訂會通新纂，比引條例、督捕則例、洗冤録附後”。卷端題“大清律例會通新纂”。

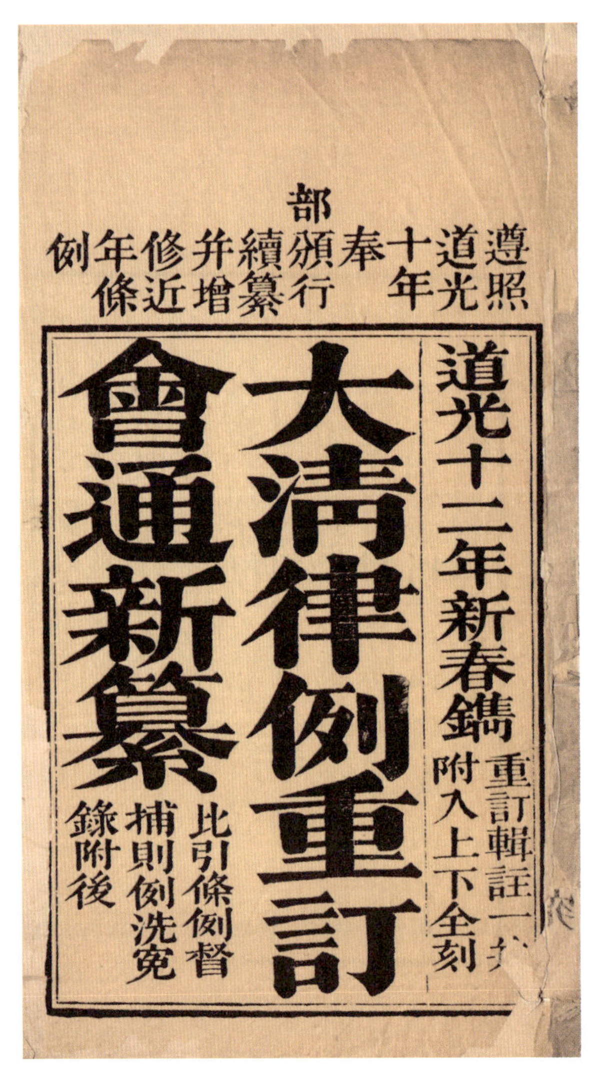

遵照道光十年奉部頒行續纂并增修近年條例

道光十二年新春鐫

重訂輯註一并附入上下全刻

大清律例重訂

會通新纂

比引條例督捕則例洗冤錄附後

大清律例會通新纂卷一

名例律目錄 共四十六條

118.大清律例會通新纂四十卷　〔清〕姚雨薌纂　〔清〕胡仰山增輯

KNN34 .A2 1865x

清同治四年（1865）刻本　十九册無函

行字不等，小字雙行，字數不等，白口，左右雙邊，單黑魚尾，半框高20釐米，寬13釐米。版心上鐫書名，中鐫卷次及篇名，下鐫葉碼。

内封題“同治四年新鐫，山陰姚雨薌原纂，會稽胡仰山增輯，刑部説帖、刑案滙覽附刊，大清律例刑案新纂集成，輯注解釋上下層載一並全刻”。卷端題“大清律例會通新纂”。

按：館藏缺卷八至十、十七至二十一、二十六、三十七至四十。

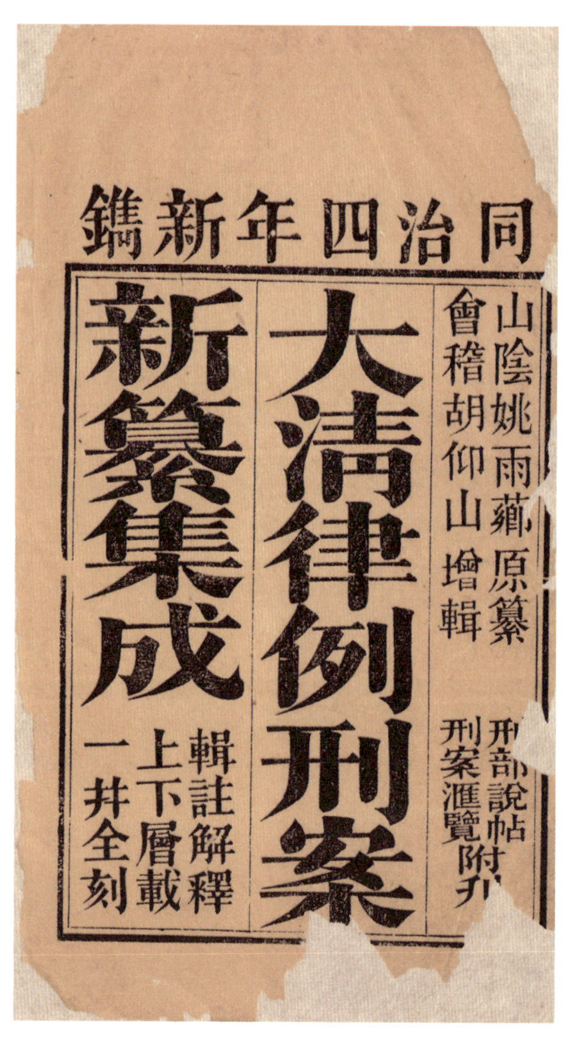
同治四年新鐫
山陰姚雨薌原纂
會稽胡仰山增輯
刑部説帖
刑案滙覽附刊
大清律例刑案
新纂集成
輯註解釋
上下層載
一幷全刻

大清律例會通新纂卷一

名例律目錄 共四十六條

119.律例便覽八卷諸圖一卷 〔清〕蔡嵩年、蔡逢年編

清同治九年（1870）江蘇書局刻本 四册一函

上下二欄，每半葉上欄雙行，行8字，下欄11行，行21字，小字雙行字同，黑口，左右雙邊，單黑魚尾，半框高16.5釐米，寬12.5釐米。版心中鐫書名、篇名及葉碼，下鐫卷次。

内封題“律例便覽”。牌記題“同治庚午年夏四月江蘇書局重刊”。卷端題“律例便覽”。

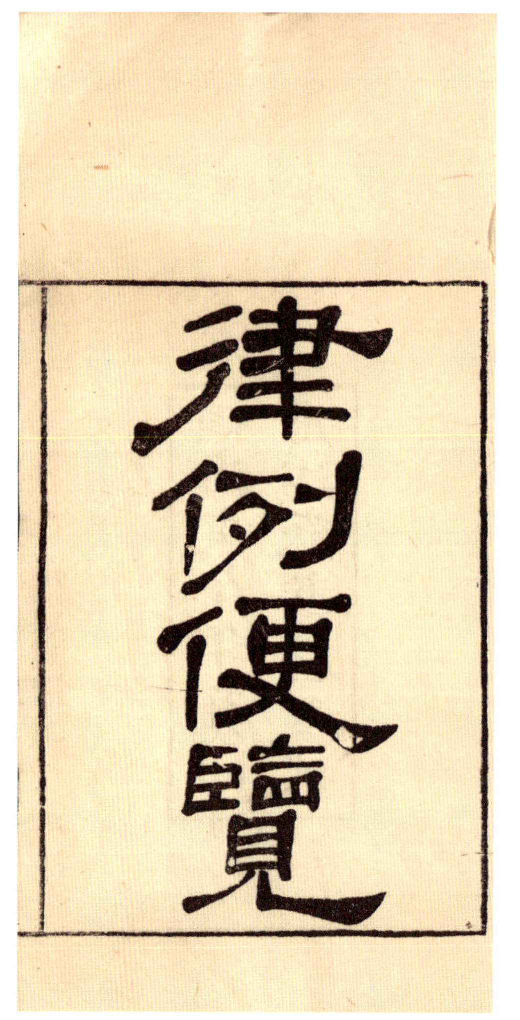

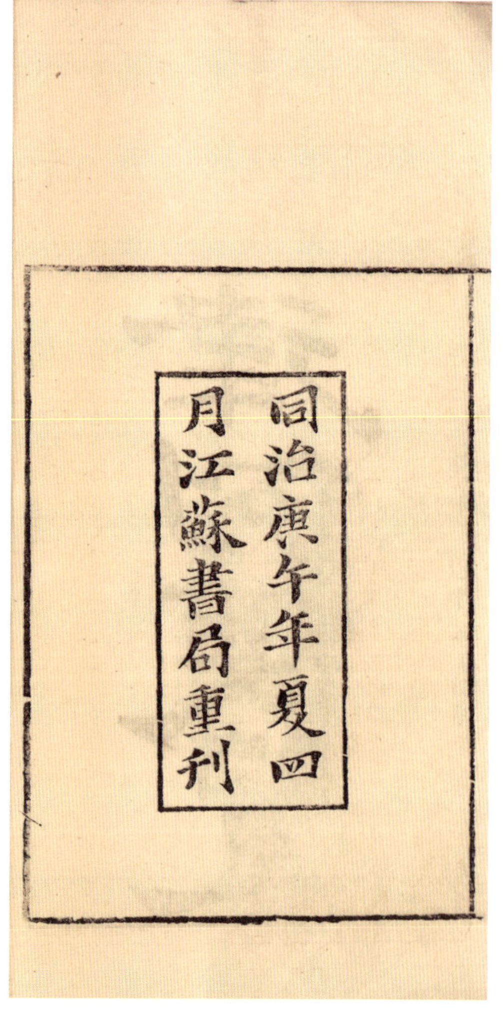

律例便覽卷之一

名例律

五刑

笞刑

一十　二十　三十　四十　五十（均四折除零。如笞二十應八板。除零折五板之類。）

杖刑

六十　七十　八十　九十　一百（亦四折除零。）

徒刑

一年（杖六十。）　一年半（杖七十。）　二年（杖八十。）　二年半（杖九十。）　三年（杖一百。）

120.新修大清律例彙編八卷 KNN43 .A2 1908

清光緒三十四年（1908）上海煥文書局石印本　八册一函

内封題“欽命大清新律例彙編”。牌記題“光緒三十四年仲秋月，上海煥文書局校經山房恭印”。卷端題“新修大清律例彙編”。

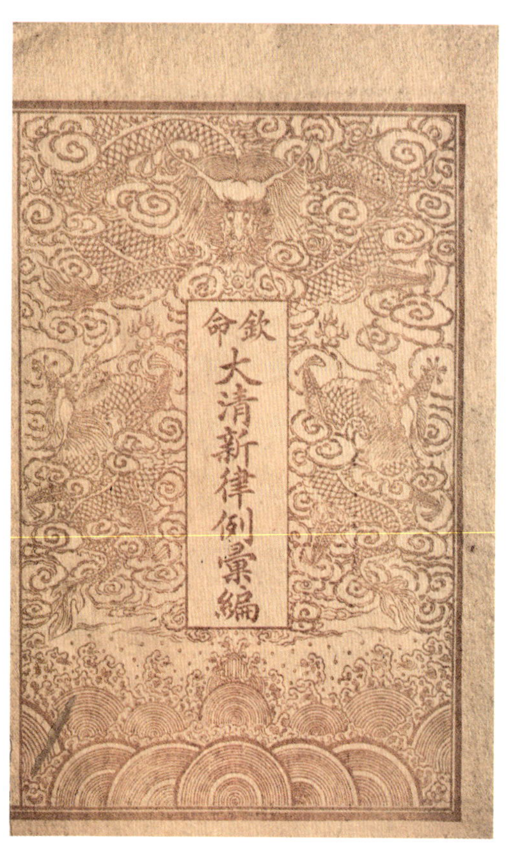

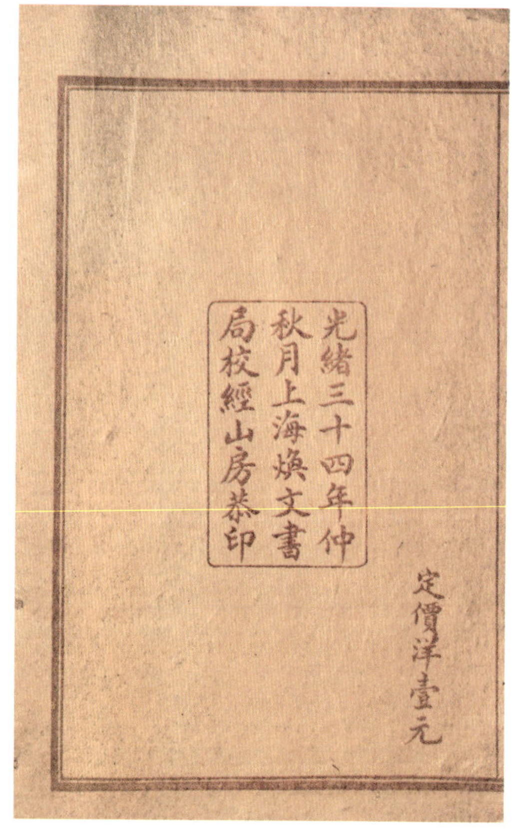

新修大清律例彙編卷一

刪除律例摺

謹

奏為臣部律例歷久未修此次開館舉辦頭緒紛繁擬請先將例內應刪各條逐一加具按語

分次開單進

呈仰祈

聖鑒事竊臣部於光緒二十九年十一月間酌擬修改條例大概辦法並擬請一面由臣部將中

例修改完善一面由臣家本與伍廷芳參酌各國法律另行辦理等因奏奉

諭旨允准在案臣等隨督同提調總纂等官悉心參攷分類纂修並將全部條例反覆講求復查

歷屆修例章程應分別刪除修改修併移改續纂五項俟全書告竣時敬繕

黃冊進

呈恭俟

欽定其例內應刪除一項如定例係一時權宜今昔情形不同者或業經奏定新章而舊例無關

引用者或本條業已賅載而別條另行複敘者或舊例久經停止而例內仍行存載者凡此

皆在應刪之列惟此次年久未修考查倍覺不易即此刪除一項綜計共有三百四十四條

之多若必拘泥舊章俟全書告成始行繕寫進

121.大清律例增修統纂集成四十卷督捕則例二卷 〔清〕陶駿、陶念霖增修

KNN43 .A2 1909xa

清宣統元年(1909)上海文淵山房石印本 十二册二函

按:館藏缺卷一至二十二。

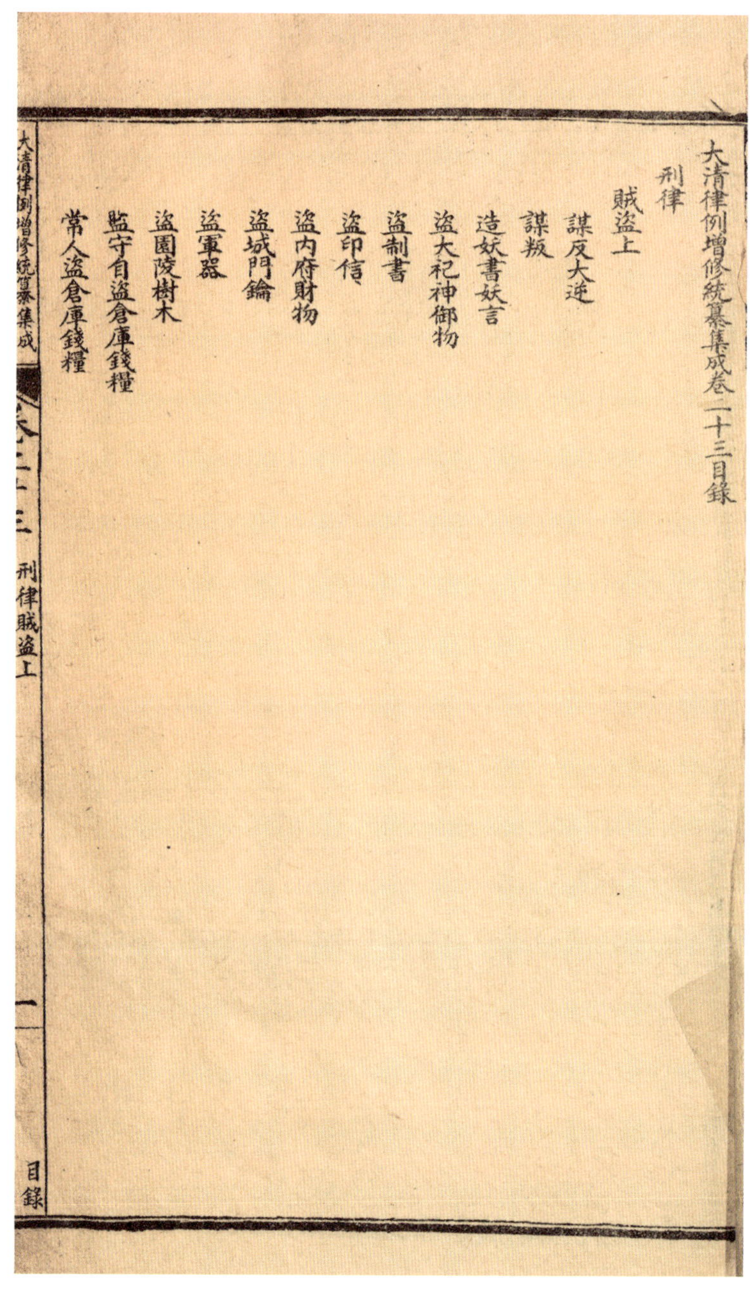

大清律例增修統纂集成卷二十三目錄

刑律

賊盜上

謀反大逆

謀叛

造妖書妖言

盜大祀神御物

盜制書

盜印信

盜內府財物

盜城門鑰

盜軍器

盜園陵樹木

監守自盜倉庫錢糧

常人盜倉庫錢糧

大清律例增修統纂集成 卷二十三 刑律賊盜上 一 目錄

擬謀反叛案件不得誣指朋黨株連籍沒見官司出入人罪
反逆緣坐人口入官放免錯誤見斷罪不當
叛犯奴僕交戶部入官見謀叛
緣坐流罪不加杖見五刑
誣告叛逆見常赦所不原
未行事屬隱秘須審實乃坐見

[illegible]悝法經六篇一盜法二賊法漢[illegible]為賊律盜律後周有劫盜律賊盜律隋合為賊盜唐宋以後其名不改

輯注殺人曰賊竊物曰盜賊者害也害及生民故曰賊盜則止於一身一家一處一事而已事分大小故罪有輕重

輯注生有國號圍聚兵馬或自稱王方謂之反人臣無將將則必誅故但謀即坐

輯注淩者細也遲者緩也刑至淩遲無可再加而法猶未盡乃緣坐其親屬

輯注共謀者為正犯皆淩遲而祖父子孫等俱緣坐之親非共謀之人也同居之人下注曰無服親屬之本族之有服者可知矣曰外祖父妻父女婿則異姓之他親亦然矣但是同居之親即不論服之有無姓之同異若不同居則期親之外槩不緣坐矣奴僕雇工人如不知情亦不在其內盖不分異姓止言親屬也

輯注但言伯叔父不言伯叔祖但言兄弟之子不及其孫亦皆不坐

輯注緣坐為奴者言母而不及祖母言姊妹而不及姑言子之妻妾而不及祖孫伯叔兄弟姪之妻妾並皆不坐矣故注有餘律文不載並不得株連之語

輯注女者在室之通稱言女而姊妹在其中矣故緣坐之姊妹是在室未許嫁者若已許嫁則亦不坐也

輯注許嫁之女不待過門即不緣坐聘定之妻若不過門亦不緣坐仁之至也

輯注子孫過房與人此六字要看得廣子孫兼男女而人則不論同姓異姓凡賣人為奴婢出家為僧道尼之類俱在過房之例子孫過房猶不坐則兄弟伯叔父兄弟之子姊妹等有過房者俱不待言

輯注女嫁不坐法始於魏正始中毋邱儉既伏誅其孫女已適劉氏以孕繫廷尉司隸主簿鄭咸議曰女適人者已産則為他人之母今戮於二門非所以矜女弱而均法制也從之著為令後由已嫁之孫女推廣及於許嫁之女也

輯注故縱者指官府有統攝之人而言本有責任知而不舉故曰故縱隱藏者指親屬及所厚之人而言雖非同謀有心黨惡故為隱藏

大清律例集解卷二十三

秀水天易沈之奇原註　會稽誠齋任文彥　同輯
山陰雨鄉姚　潤纂輯　金陵貢府胡　琨
會稽彭年任則增重輯　山陰松筱陳　濤　恭校

刑律

賊盜上

謀反大逆

凡謀反（不利於國謂謀危社稷）及大逆（不利於君謂謀毀宗廟山陵及宮闕）但共謀者不分首從（已未行）皆淩遲處死（正犯之）祖父父子孫兄弟及同居之人（如本族無服親屬及外祖父妻父女婿之類）不分異姓及（正犯之期親）伯叔父兄弟之子不限（已未析居）籍之同異男年十六以上不論篤疾廢疾皆斬其男十五以下及（正犯之）母女妻妾姊妹若子之妻妾給付功臣

122.欽定重修六部處分則例五十二卷 〔清〕文孚等編

清光緒十八年(1892)上海圖書集成印書局鉛印本 八册一函

内封題“光緒十三年奉吏部重修頒行，欽定重修六部處分則例”。牌記題“光緒十有八年上海圖書集成印書局印”。卷端題“欽定六部處分則例”。書名據内封。

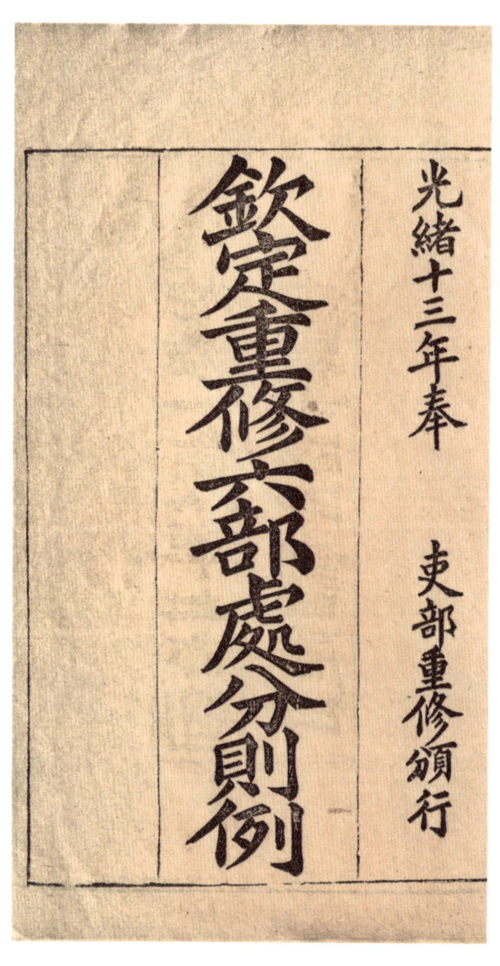

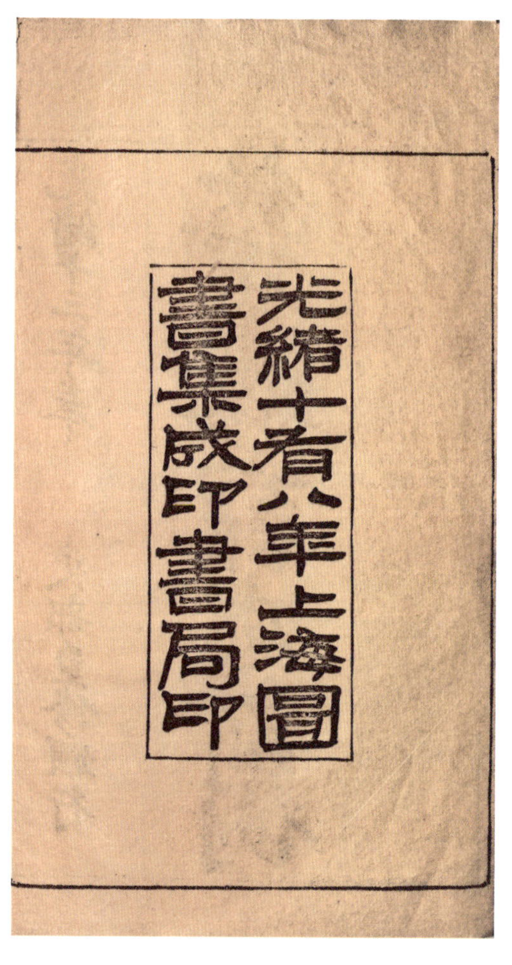

公式

處分條例註明公罪私罪

一嘉慶二十五年十月二十四日奉　上諭軍機大臣六部議覆整飭部務條陳一摺所議甚是六部律令務在持其大綱則政清而易理外省庶務原皆責成於地方官此在督撫分别賢能庸劣舉錯公明自收得人之效其或不效則督撫豈能辭咎部中多列科條州縣無日不奉行具文轉荒其教養本務於事何益而公罪繁多賢吏或因之廢黜不肖者巧於規避部書得以舞文納賄皆由於此嘉慶十八年曾敕吏兵二部删減條例該部未能實力遵行又諭題調要缺不計因公處分而該部續議章程仍復牽混殊不知公罪從嚴則中材以下之官益多巧避嚴其經徵處分則多墊欠而挪新掩舊即成虧空嚴其承緝處分則多諱盜而縱惡養奸轉貽大患故曰徒法不能以自行著吏兵二部各將處分則例悉心確覈於各條下皆註明公罪私罪字樣其公罪有至降調革職非事關重大者酌改從寬各部煩苛無當處分例文互商裁汰務歸簡明其公罪處分除盜案及正項錢糧停陞外餘皆不罣推陞至題調要缺則一切因公處分皆無庸計算各纂成例册呈覽等因欽此

123.刑部通行章程六卷 〔清〕王汝礪輯

清宣統元年(1909)京都琉璃廠刻本 八册一函

每半葉9行,行25字,白口,四周雙邊,單黑魚尾,半框高20.7釐米,寬13.7釐米。版心上鎸書名,中鎸卷次,下鎸葉碼。

内封題"宣統己酉年續刊,通行章程,板存京都琉璃廠路南宏道堂藏板"。

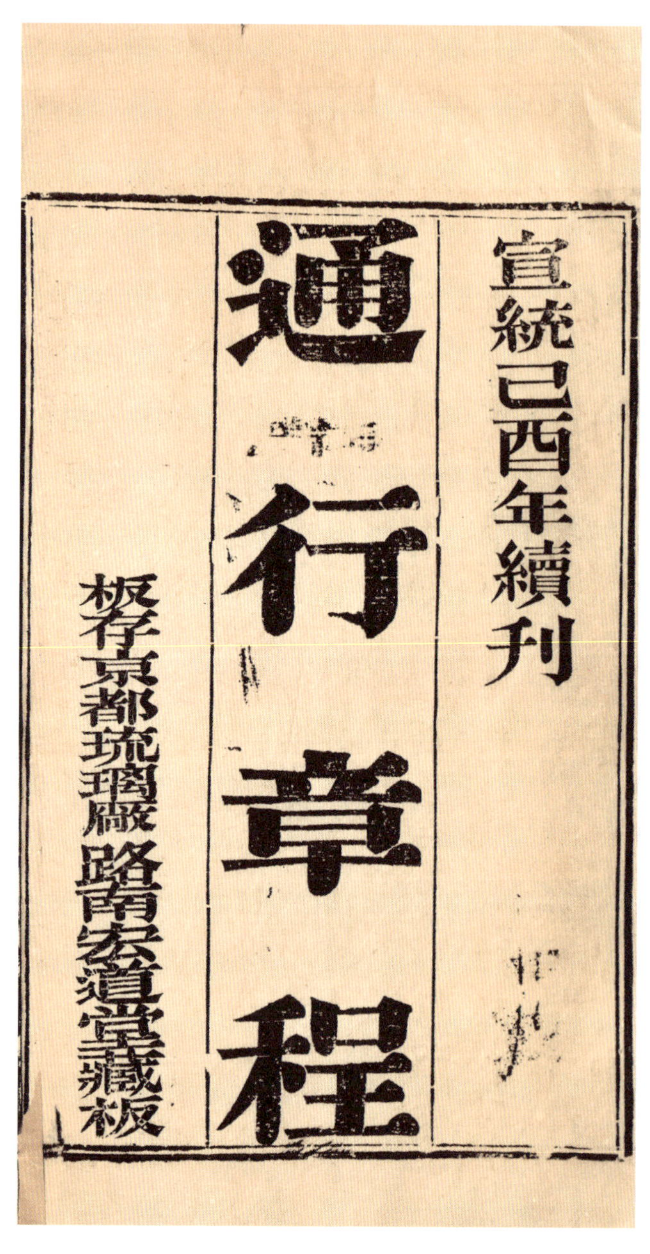

山東司道光十八年

查律載犯罪拒捕於本罪上加二等毆所捕人至折傷以上者絞監候殺所捕人者斬監候爲從各減一等又例載一切犯罪事發官司差人持票拘捕及拘獲後僉派看守押解之犯如有逞兇拒捕殺死差役者爲首無論謀故毆殺俱擬斬立決爲從謀殺加功及毆殺下手傷重致死者俱擬絞立決其但係毆殺幫同下手者不論手足他物金刃擬絞監候在場助勢未經幫毆成傷者改發極邊足四千里充軍若案內因事牽連奉票傳喚之人被追情急拒斃差役以及別項罪

124.刑部比照加減成案三十二卷首一卷　〔清〕許槤、熊莪輯

清道光十四年(1834)刻本　十二册二函

每半葉7行,行16字,黑口,四周單邊,單黑魚尾,半框高9.4釐米,寬7.5釐米。版心上鎸卷次,中鎸卷名及葉碼。

内封題"刑部比照加減成案"。牌記題"道光十四年十月許槤熊莪同記"。卷端題"刑部比照加減成案"。

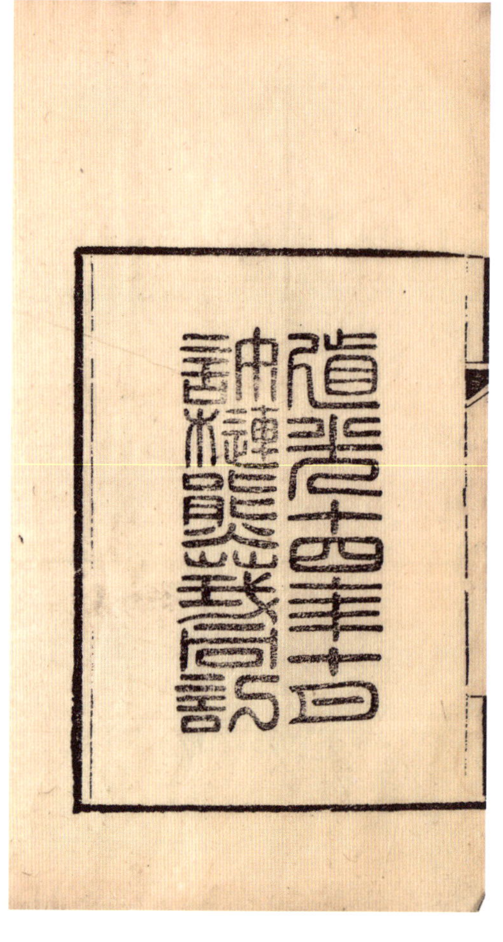

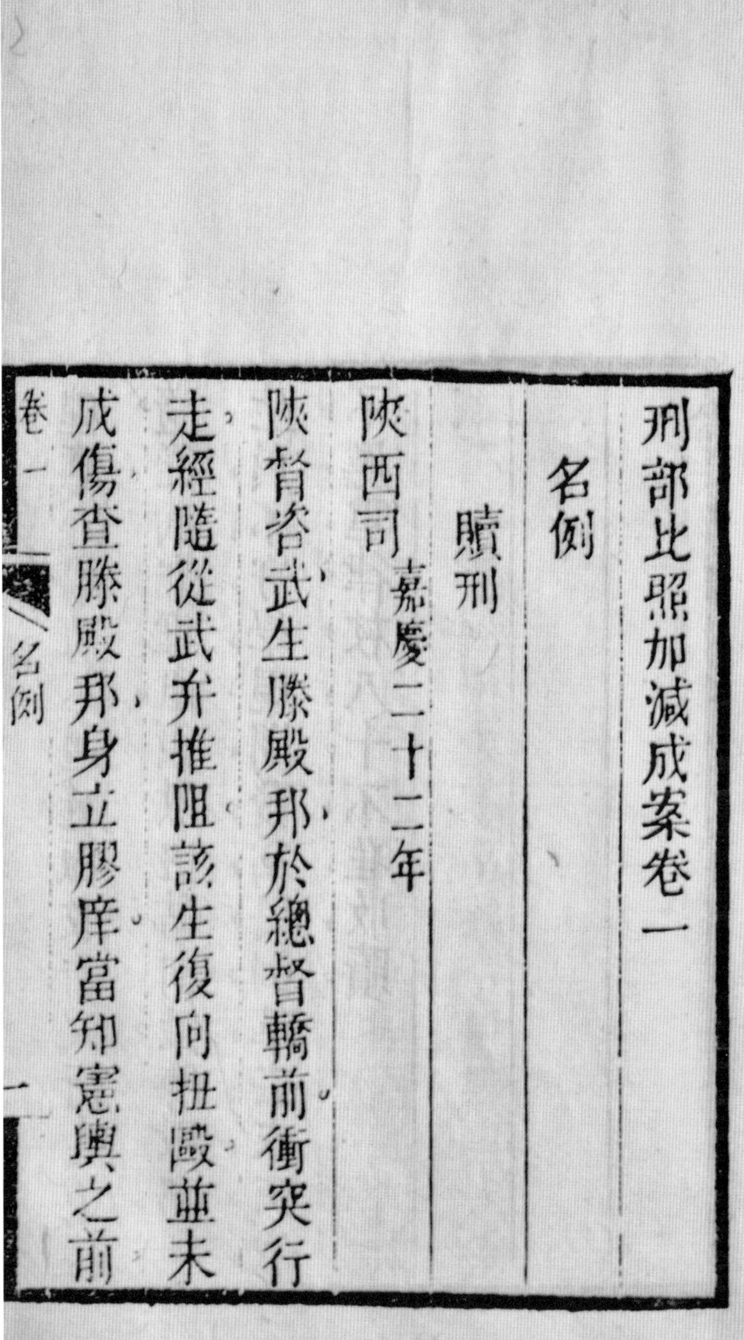

刑部比照加減成案卷一

名例

贖刑

陝西司 嘉慶二十二年

陝督咨武生滕殿邦於總督轎前衝突行走經隨從武弁推阻該生復向扭毆並未成傷查滕殿邦身立膠庠當知憲輿之前

卷一 名例 一

125.刑案滙覽六十卷首一卷末一卷拾遺備考一卷續增十六卷新增十六卷　〔清〕祝慶祺輯　KNN3797 .X56 1834

清道光十四年(1834)棠樾慎思堂刻本　八十册十函

上下二欄,每半葉上欄雙行,行6字,下欄9行,行22字,小字單行字同,白口,左右雙邊,單黑魚尾,半框高19.3釐米,寬13.2釐米。版心上鐫書名,中鐫卷次及卷名,下鐫葉碼及篇名。

内封題“道光甲午九月鐫,刑案滙覽,棠樾慎思堂藏板”。卷端題“刑案滙覽”。

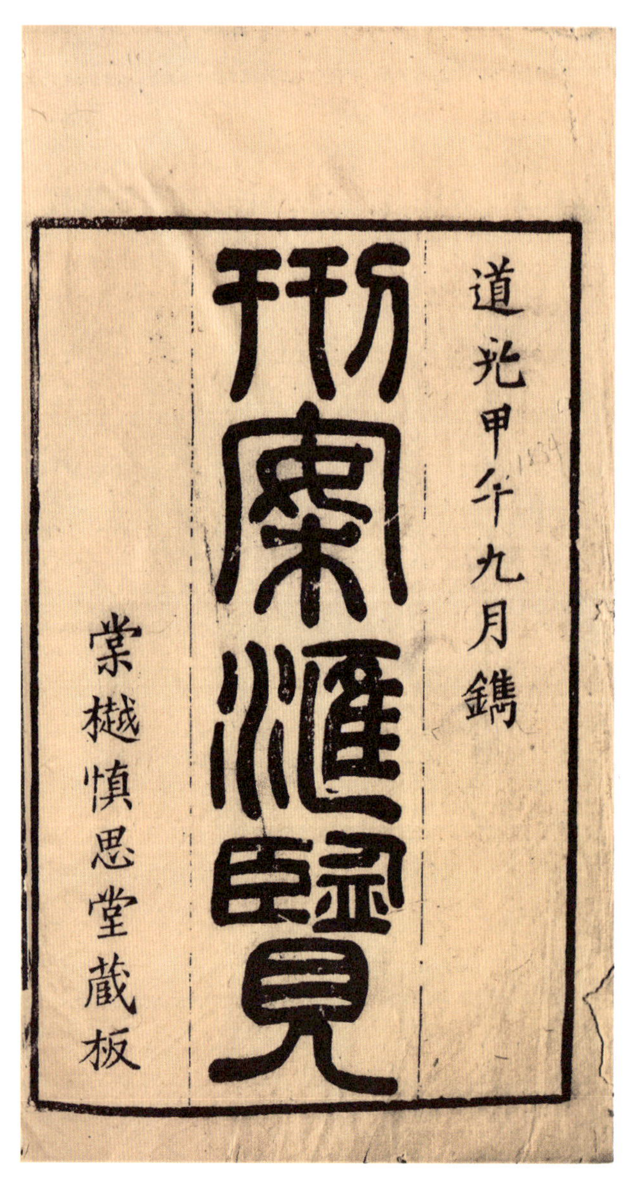

刑案匯覽卷一

贖刑

納贖流罪銀數比照總徒辦理

直隸司　查納贖例圖內開有力之家五徒及總徒各犯載明准贖銀數其流罪人犯有力款項並無作何納贖之文推原其故蓋三等流犯例內載明不忍刑殺流之遠方是以圖內並無納贖之例今減等擬流之三全係奉
特旨減等納贖該司援照總徒人犯之例辦理職等詳加酌核流罪較滿徒止加一等而三流同爲一減總徒

126.刑案滙覽六十卷首一卷末一卷拾遺備考一卷 〔清〕祝慶祺輯

清道光十四年（1834）刻本 八十册八函

上下二欄，每半葉上欄雙行，行5字，下欄10行，行22字，小字單行字同，白口，左右雙邊，單黑魚尾，半框高13.8釐米，寬9.9釐米。版心上鎸書名，中鎸卷次及卷名，下鎸葉碼及篇名。

卷端題“刑案滙覽”。

鈐印“嘉興錢晋甫藏書畫印”。

按：錢康榮（1851—1912），字晋甫，庠生，曾爲曾國藩幕僚，任湖南岳陽、常德、澧水道臺。

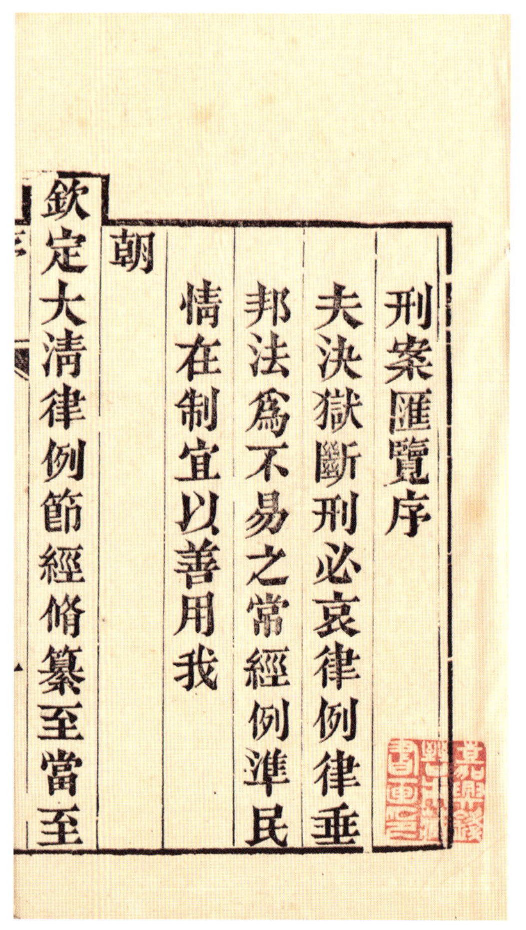
刑案匯覽序
夫決獄斷刑必哀律例律垂
邦法爲不易之常經例準民
情在制宜以善用我
朝
欽定大清律例節經脩纂至當至

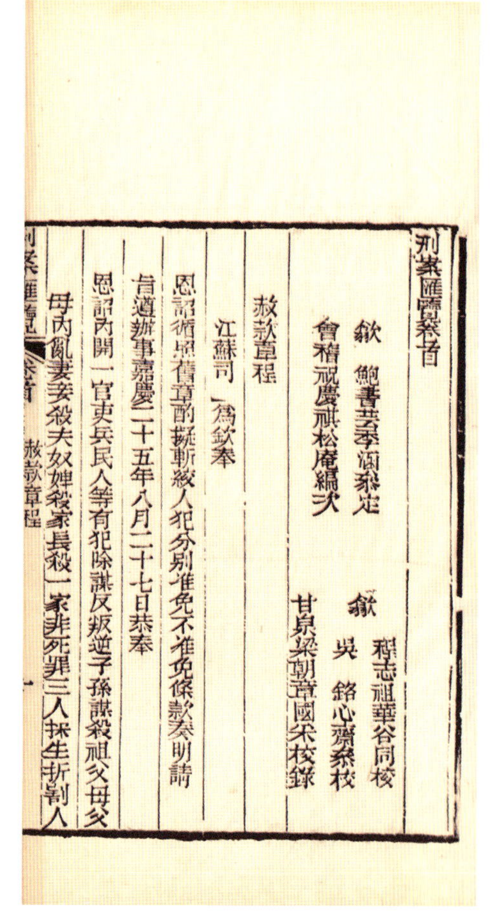
刑案匯覽卷首
歙 鮑書芸季涵參定　歙 程志祖華谷同校
會稽祝慶祺松庵編次　吳 銘心齋參校
甘泉梁朝章國采校錄
赦款章程
江蘇司 一爲欽奉
恩詔循照舊章酌擬斬絞人犯分别准免不准免條款奏明請
旨遵辦事嘉慶二十五年八月二十七日恭奉
恩詔內開一官吏兵民人等有犯除謀反叛逆子孫謀殺祖父母父
母內亂妻妾殺夫奴婢殺家長殺一家非死罪三人採生折割人
刑案匯覽 卷首 赦款章程 一

納贖流罪銀數比照總徒辦理

刑案匯覽卷一

贖刑

直隷司 查納贖例圖內開有力之家五徒及總徒各犯載明准贖銀數其流罪人犯有力款項並無作何納贖之文推原其故蓋三等流犯例內載明不忍刑殺流之遠方是以圖內並無納贖之例今減等擬流之三全係奉

特旨減等納贖該司援照總徒人犯之例辦理職等詳加酌核流罪較滿徒止加一等而三流同為一減總徒四年人犯若過

孀婦不孝擬杖收贖案截

127.秋讞輯要六卷首一卷　〔清〕剛毅輯　

清光緒十五年（1889）江蘇書局刻本　八册一函

每半葉13行，行24字，小字雙行字同，白口，左右雙邊，單黑魚尾，半框高16.1釐米，寬10.8釐米。版心上鐫書名，中鐫卷次及卷名，下鐫葉碼及篇名。

内封題“秋讞輯要”。牌記題“光緒己丑季秋刊於江蘇書局”。卷端題“秋讞輯要”。

鈐印“哈佛大學漢和圖書館珍藏印”。

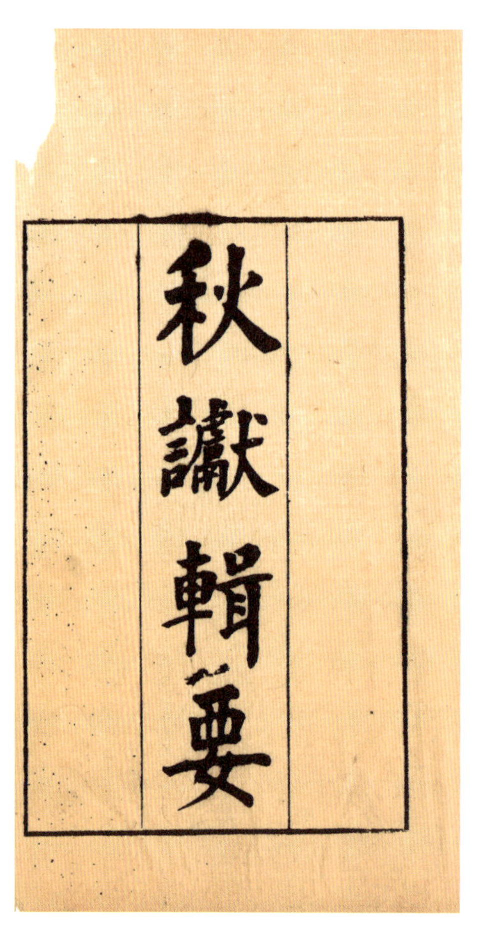
秋讞輯要

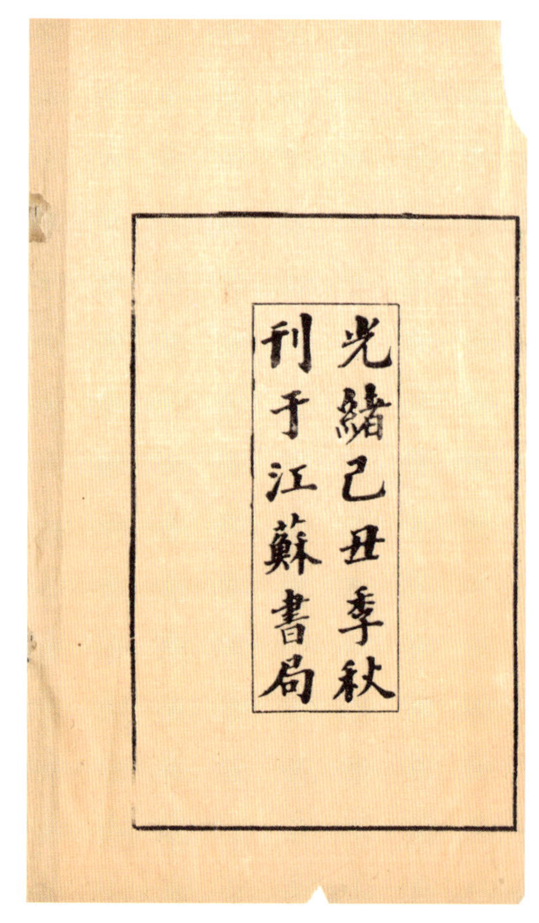
光緒己丑季秋刊于江蘇書局

秋讞輯要卷首

目錄

綸音

歷年有關秋審案件欽奉

上諭

乾隆七年九月初三日一道

乾隆十四年六月初六日一道

乾隆十四年九月二十八日一道

乾隆十四年九月二十九日一道

乾隆十五年正月初二日一道

乾隆十六年十月初四日一道

乾隆十六年十月十二日一道

乾隆十七年九月十八日一道

秋讞輯要 卷首目錄 一

秋讞輯要卷一

秋讞志略

總類

秋審之類凡五一情實二緩決三可矜四留養五承祀各別其情以通於類按

國初分情眞應決爲一項緩決爲一項可矜可疑爲一項矜者減等疑者覆問雍正年間改情實緩決可矜三項

秋審之冊凡三一官犯一常犯一服制各別其類以異其冊新疆之案歸陝西司專辦於八月內專摺具奏另單請勾不入陝西本省招冊亦不入九卿會議朝鮮國附入河南司入於秋審會議

每年各本司由堂官選派滿漢各一員專司一年秋審之事各本司選經承通曉讞事者各一人抄錄應審之案每十案

秋讞輯要 卷一 秋讞志略 一 總類

128.説帖類編三十六卷目録二卷　〔清〕戴郭元編　

清道光十五年（1835）律例館刻本　二十册二函

每半葉9行，行20字，小字雙行字同，白口，四周雙邊，單黑魚尾，半框高13.7釐米，寬10.4釐米。版心上鎸篇名，中鎸卷次，下鎸葉碼及小題。

内封題“道光乙未夏鐫，説帖類編，律例館校鈔本”。書名據内封。

按：館藏缺卷七至二十六。

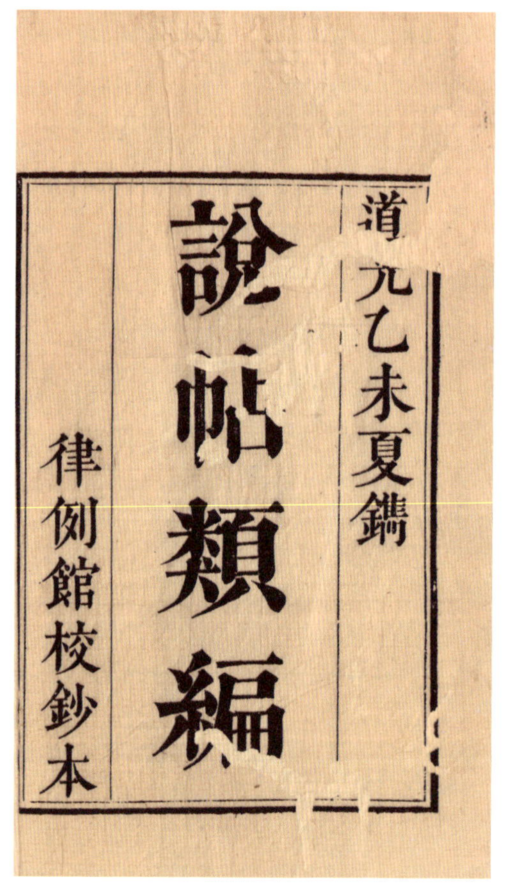
道光乙未夏鐫
說帖類編
律例館校鈔本

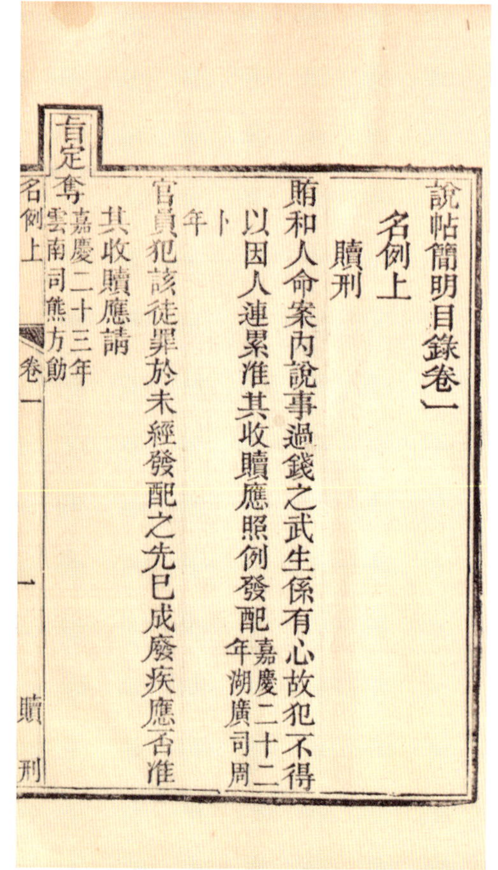
說帖簡明目錄卷一
名例上
贖刑
賄和人命案內說事過錢之武生係有心故犯不得
以因人連累准其收贖應照例發配 嘉慶二十二年湖廣司周卜年
官員犯該徒罪於未經發配之先已成廢疾應否准
其收贖應請
旨定奪 嘉慶二十三年雲南司熊方勛
名例上 卷一 一 贖刑

湖廣司嘉慶二十二年

一咨核湖北省題劉廣華踢傷佘廷棟身死賄囑私和一案奉

批說事過錢獲罪可否作因人連累論咨館商之等因職等查律載凡知情故縱聽行藏匿引送說事過錢之類一應實犯皆有心故犯雖會赦並不原宥其過誤犯罪及因人連累致罪並從宥又律載進士舉人貢監生員有犯笞杖輕罪照例納贖罪止杖一百者分别咨叅除名徒流以上照例發配各等語是說

名例上　卷一　一　周卜年

129.洗冤録詳義四卷　〔宋〕宋慈撰　〔清〕許槤編校

清光緒十二年(1886)山東書局刻本　四册一函

上下二欄,每半葉上欄雙行,行14字,下欄9行,行14字,小字雙行字同,白口,左右雙邊,單黑魚尾,半框高18.4釐米,寬13.7釐米。版心上鎸書名,中鎸卷次及卷名,下鎸葉碼。

内封題“洗冤録詳義,古均閣許氏藏版”。牌記題“光緒十二年丙戌秋九月開雕山東書局藏版”。卷端題“洗冤録詳義,海甯許槤編校”。

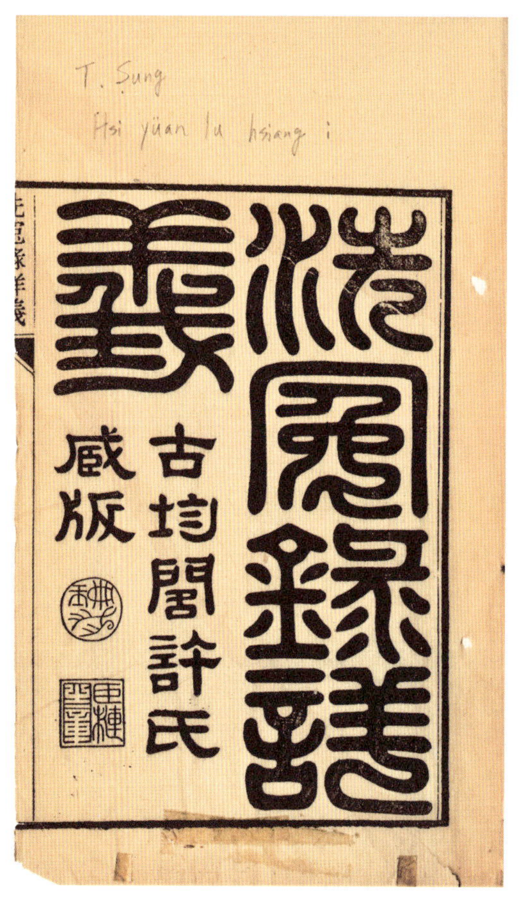

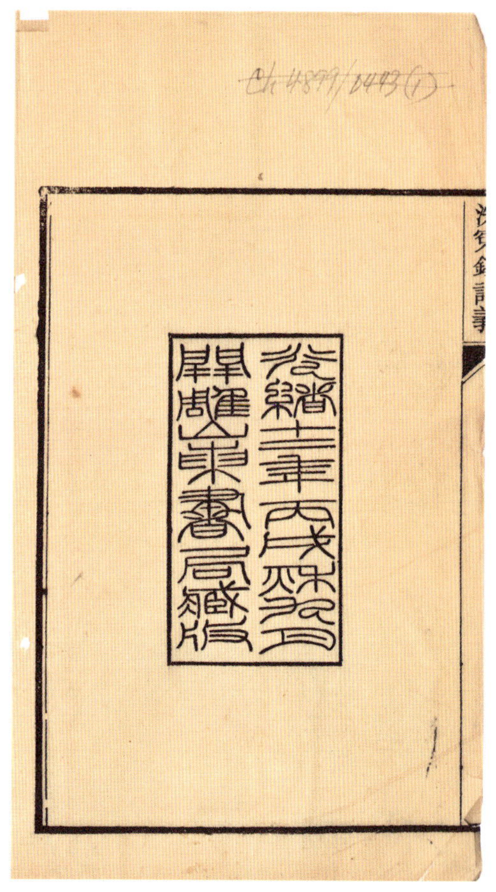

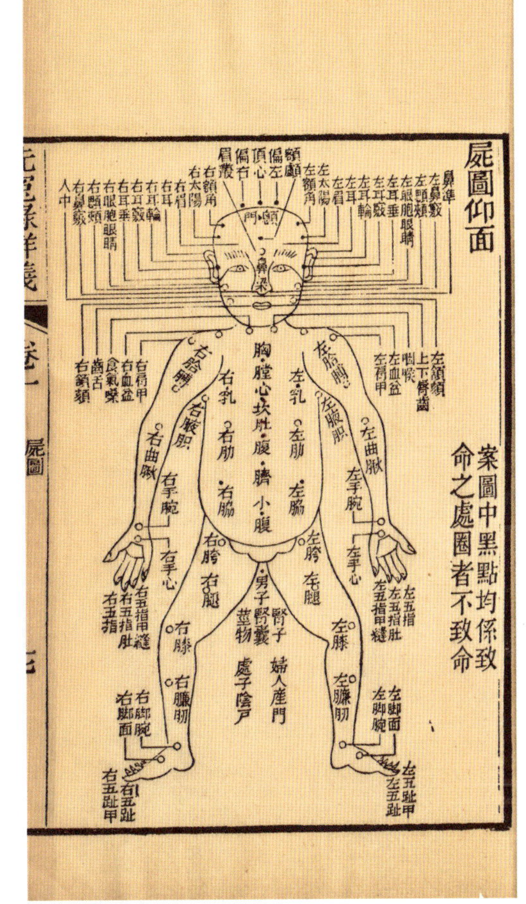

洗冤錄詳義卷一

海甯許槤編校

檢驗總論

事莫重於人命罪莫大於死刑殺人者抵法固無恕施刑失當心則難安故成招定獄全憑屍傷檢驗爲眞傷眞招服一死一抵俾知法者畏法民鮮過犯保全生命必多倘檢驗不眞死者之冤未雪生者之冤又成因一

成招定獄全憑屍傷

宋淳祐閒湖南提刑參議宋慈曾萃內恕錄等書成洗冤集錄五卷厥後代相增易辨驗益精俾洗冤得以昭雪曰洗冤者洗發其冤使無枉縱冤字賅生死兩造檢驗不眞妄擬償抵生者被冤矣實係致命坐令漏網死者蒙冤矣二者均不可不慎○宋慈字惠父讀律佩觿作宋慈惠誤古人通稱檢驗今人分別驗屍爲相驗拆蒸爲檢驗

凡問人命全憑干證與屍傷干證者見打之人屍傷者被打之迹干證猶有扶同屍傷不容稍僞然惟速驗其屍未變其傷易明久則發變潰爛是傷非傷與顏色深淺長闊分寸便難辨別其弊叢生矣

洗冤錄詳義　卷一　檢驗總論　一

130.時務通考三十一卷 題〔清〕杞廬主人輯

清光緒二十三年（1897）點石齋石印本 二十四册二函

内封題“時務通考”。牌記題“光緒二十三年四月點石齋印”。卷端題“時務通考”。

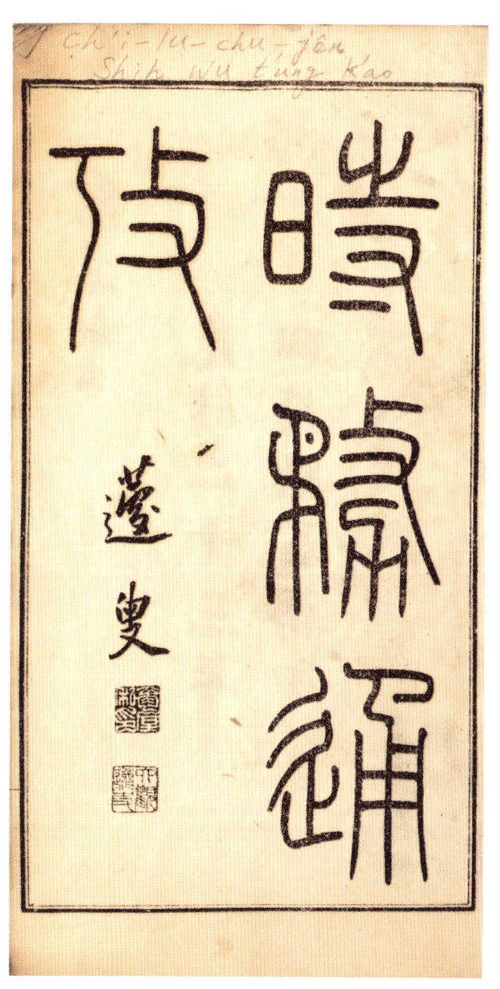

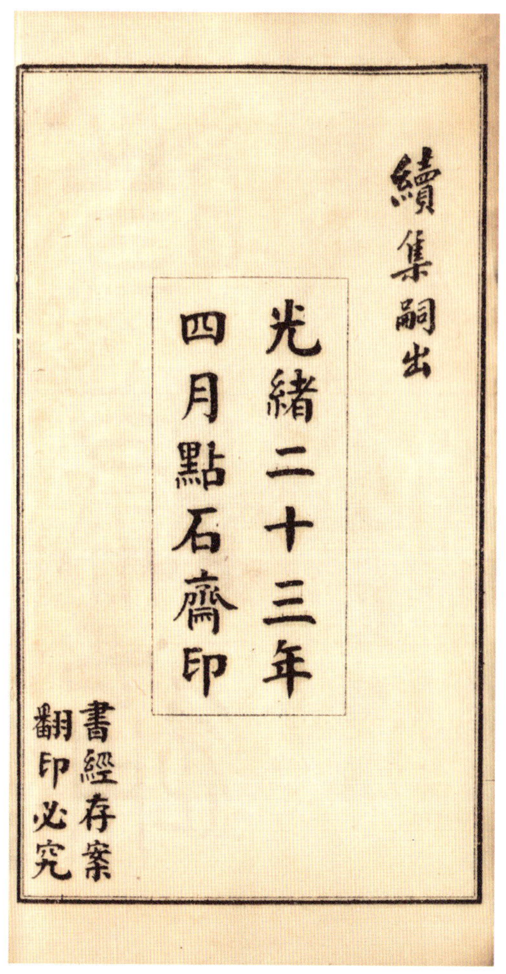

時務通攷卷一

天算一

原始

天地開闢年數　問天地固當有始如陳星川壞天地人三元之說一元有二千四百一十九萬二千年今當人元四百五十六萬六千餘年者固為荒唐矣邵子皇極經世書謂一元有十二萬九千六百年分十二會一會一萬八百年天闢於子地闢於丑人生於寅禹即位後八年而入未會則自天開至今七萬餘年生人至今亦五萬餘年世以邵子精於數學也而信之自西士之書出則自開闢以來只五六千年何若是其不侔耶果孰非而孰是耶曰以理斷之疑西說之近是也中國有載籍始於唐虞堯至今四千餘年堯以前略有傳聞而難徵信度有人物之初距唐虞之世其年當不甚遠豈有遙遙五六萬年晦暝如夜竟無紀載可稽耶又大西洋載其國古老所記亦似不過四千年夫中西相去數萬里而年數符同若斯則四千年以前徧大地有人物者不過一二千年如今日之視秦漢已耳當不以萬計也顧天地之開闢雖有最初之年而其醞釀於未開闢之先者必需積漸之久如人獸之胎蟲鳥之卵草木之果實根荄皆含生於未生之前此則不知幾何年耳曰西士之言固可信矣其紀年亦自不同天地儀書謂自開闢至崇禎庚辰五千六百三十餘年聖經直解則云六千八百三十年月離麻指則謂崇禎戊辰為總期之六千三百四十一年諸說孰為是耶曰予嘗推之矣其言五千餘年者是開闢之始太陽最高在春分也此則稽古定儀之年為近（元至元辛巳最高衝在冬至最高在夏至距開闢以來行一象限九十度以今麻一年行一分一秒一十微推之九十度有五千三百餘年與稽古定儀開闢至至元辛巳五千三百七十年合）其言六千餘年者是開闢之始冬至日躔壁宿為亥末戌初也此則聖經直解之年為近（崇禎庚辰冬至日在箕四度溯前六千八百三十餘年約退九十八度日在壁）二者皆有理不知果孰為確耳曰然則古厤家謂上元必是甲子歲前十一月甲子朔旦夜半冬至日月如合璧五星如連珠其說信然乎曰未必然也天地開闢如人之初生已屬後天其始尚有胚胎之歲月則甲子日月五星不必皆從始處始也以為始於甲子歲安知其不始於他年乎（西書諸說皆非甲子歲）以為始於十一月朔安知其不始於十一月望乎（冬至為中氣望為月半）以為始於冬至安知其不始於春分乎（天大實用云開

131.校邠廬抗議二卷 〔清〕馮桂芬撰

清光緒二十三年(1897)聚豐坊刻本 二册一函

每半葉11行,行23字,小字雙行字同,黑口,四周雙邊,單黑魚尾,半框高17.6釐米,寬12.8釐米。版心中鎸篇名,下鎸葉碼。眉上鎸評,行6字。

内封題“校邠廬抗議”。牌記題“光緒丁酉歲聚豐坊校刻”。卷端題“校邠廬抗議,吴縣潘霨韡園校刊,吴縣馮桂芬林一著”。

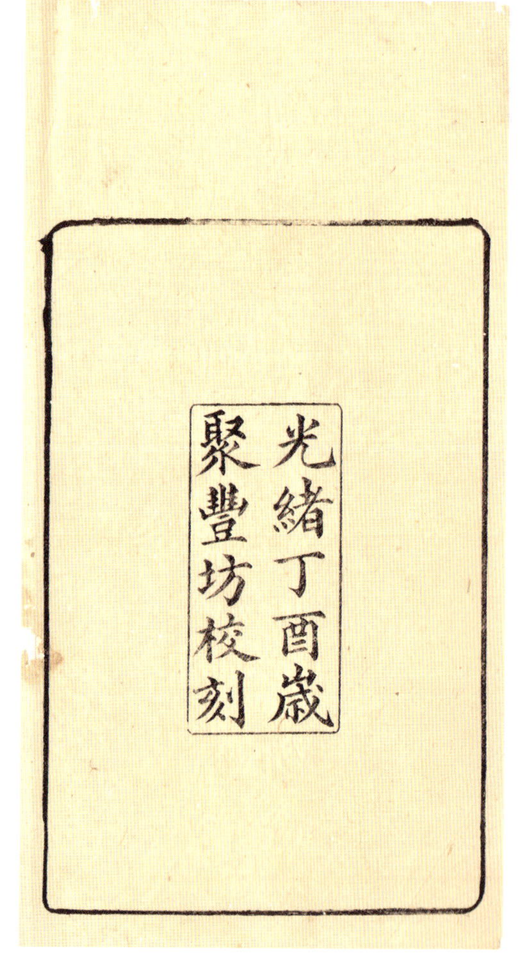

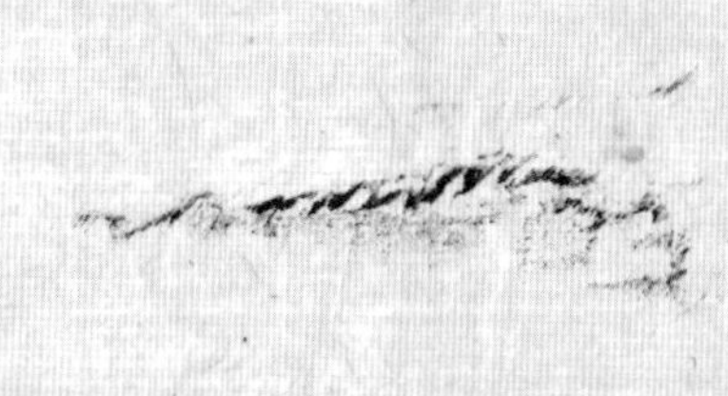

或謂未通籍文字不足憑既通籍公論亦恐不足憑此悞以私

校邠廬抗議上卷

吳縣潘霨韡園校刊

吳縣馮桂芬林一著

公黜陟議

今試泛論取人者將重文字乎將重才德乎則必曰才德重矣將重一二人之私見乎將重千百人之公論乎則必曰公論重矣然而自漢以來取人之法薦剡策試百其途要不外試之以文字舉之以數大臣豈不以才德虛而無據公論又散而無紀不得不舍之而憑文字憑私見哉而不知其斷不足以得人也人第知劉蕡下第江東不知爲文字之不足憑夫豈知通籍後之黜陟乃並不足憑之文字而無之自校卜以下無非取人於容貌語言奔走之間例舉之而例用之雖

132.資治新書十四卷首一卷二集二十卷 〔清〕李漁輯 KNN4604 1894x

清光緒二十年（1894）上海圖書集成印書局石印本 十二册一函

内封題“資治新書初集”。牌記題“光緒二十年上海圖書集成印書局印”。卷端題“資治新書，湖上笠翁李漁蒐輯”。

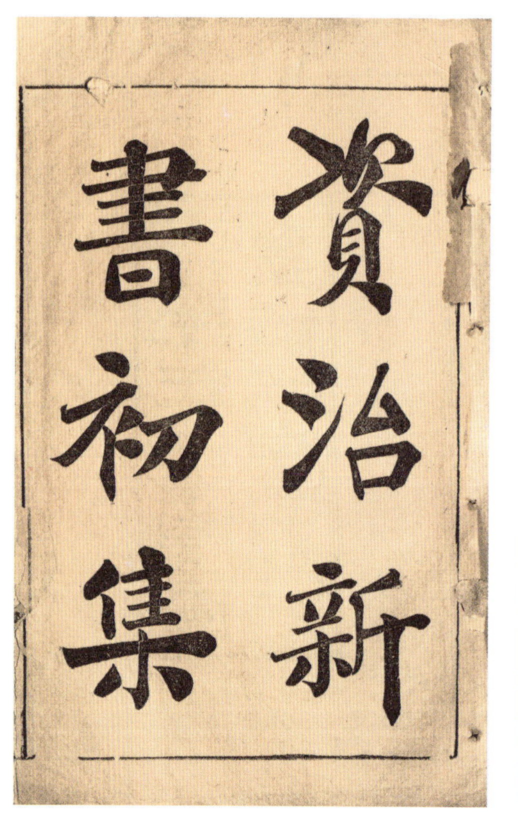

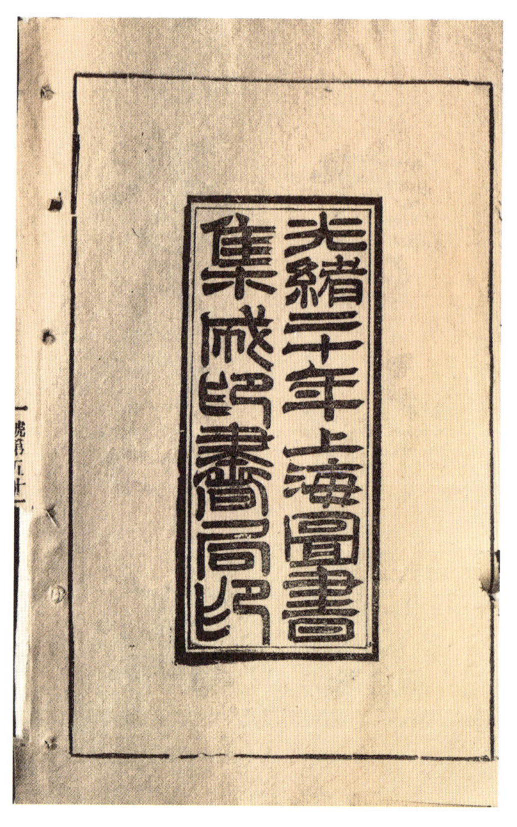

資治新書卷一

湖上笠翁李　漁蒐輯

錢糧一　催徵類

批追徵錢糧呈　江西巡撫王陽明 諱守仁 山陰人

看得江西一省。重遭大患。民困已極。屢經奏免糧稅。日久未奉明旨。近因南科奏停。隨復部使催督。一以爲蠲免。一以爲追徵。非惟下民無所遵守。亦且官府難於施行。今該司議爲兌淮起運。係南儲額數。而王府祿米。亦歲用難缺。要行所屬先納兌淮。次及京庫折銀。次及南京倉米。次及王府祿米。其餘俱候明降等因。此亦深覩民患。欲濟不能。委曲調停。計出無奈。仰司即如所議。備行各該府州縣。查照施行。後有恩旨。當亦止免十五年以後錢糧。其十四年以前拖欠。必須帶徵。終有不免。莫若速了爲便。各府州縣。宜以此意。備曉下民。姑忍割肉之痛。救燃眉之急。嗚呼。目擊貧民之疾苦。而不能救。坐視徵求之急迫。而不能止。徒切痛楚之懷。曾無拯援之術。傷心慘目。汗背赧顏。此皆本院之罪。其亦將誰歸咎。各府州縣官。務體此意。雖在催科。恆存撫字。仍出示曉諭。此繳。

引咎自責淒惻慨懷然下吏小民見之較賢人者更竭籌策此勸勵吏民之良法也不得僅以催科目之

詔令奏議類

133.硃批諭旨不分卷　〔清〕世宗胤禛編　

清光緒十三年(1887)上海點石齋朱墨縮印本　六十册三十函

内封題“硃批諭旨”。目録端題“硃批上諭”。卷末題“光緒丁亥上海點石齋敬謹縮印”。書名據内封。

硃批諭旨

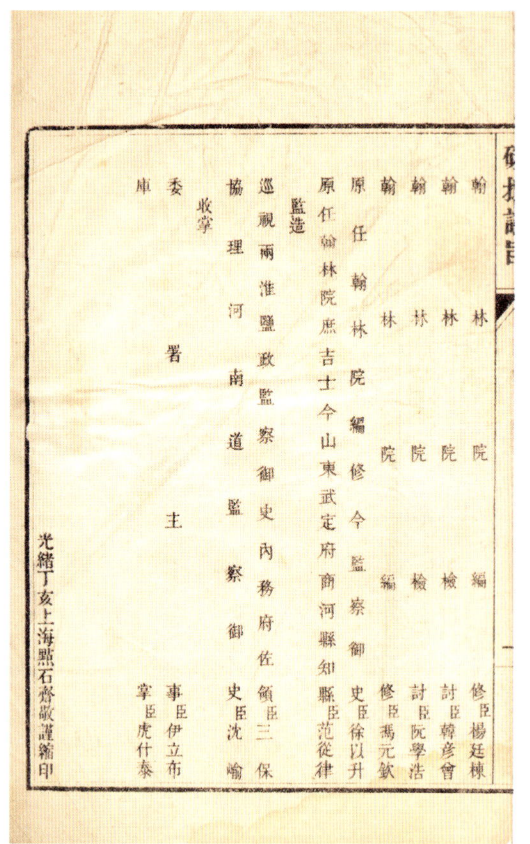

翰林院編修臣楊廷棟
翰林院檢討臣韓彦曾
翰林院檢討臣阮學浩
翰林院編修臣馮元欽
原任翰林院編修今監察御史臣徐以升
原任翰林院庶吉士今山東武定府商河縣知縣臣范從律
監造
巡視兩淮鹽政監察御史内務府佐領臣三保
協理河南道監察御史臣沈喻
收掌
委署主事臣伊立布
庫掌臣虎什泰
光緒丁亥上海點石齋敬謹縮印

硃批范時繹奏摺

雍正四年六月二十四日署理江南江西總督印務總兵官臣范時繹謹

奏爲恭謝

天恩事伏念臣庸愚下質恭膺

寵命署任封疆臣自入境抵任以來悉心體察竊念兩江地方廣遠兵民繁庶其間財

凡此皆不待言者

賦攸關政令所繫以及海隅之巡防山陬之保障分任專司其責綦重必在得人

天下事未

有難於此者

務求實政臣謹將總督衙門遠近歷奉

上諭欽遵勿替實力奉行以期全效至於各該地方官吏之賢否弁兵之勤怠與夫事

使久任亦豈能周悉無遺耶祇可將一公字置於胸中盡其在己勉之而已查訪切求

宜之興革念臣蒞任伊始尚未周知不敢草率徑行以致貽悞容臣逐一查訪隨

正愛人欺誑之時須慎防之

在研求或當密繕摺

奏或當會疏具

題次第請行仰副我

皇上任用之至意但臣自顧識淺才疎荷茲重任夙夜悚惕唯有恪奉從前所

賜莫移今日之志之

莫看作容易非前人積德深厚自身見理明徹不能心口相應也

訓旨矢竭心力不敢移志以圖報

134.諭摺彙存不分卷

清光緒三十三年（1907）擷華書局鉛印本　四十册七函

外封題“諭摺彙存”。目録端題“諭摺彙存”。書名據外封。

按：館藏爲三月初一至九月十八日摺片。

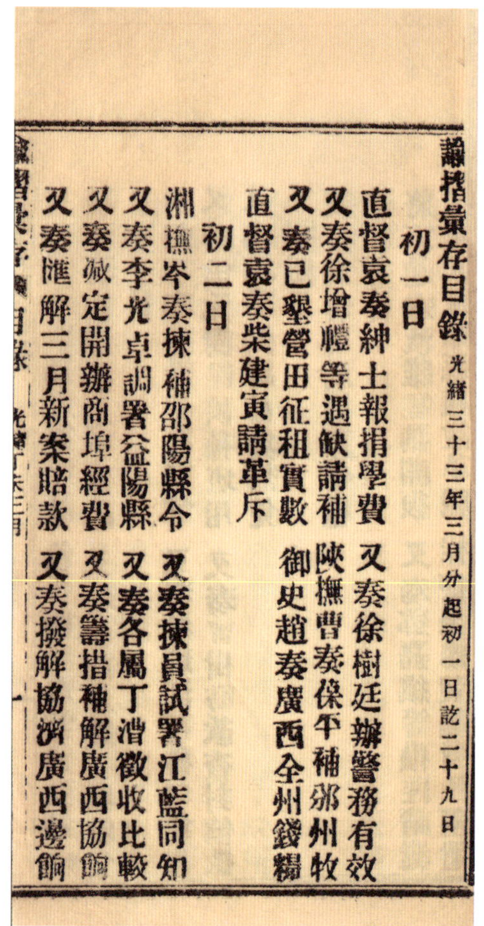

諭摺彙存目錄　光緒三十三年三月分起初一日訖二十九日

初一日

直督袁奏紳士報捐學費　又奏徐樹廷辦警務有效

又奏徐增禮等遇缺請補　陝撫曹奏保平補邠州牧

又奏已墾營田征租實數　御史趙奏廣西全州錢糧

直督袁奏柴建寅請革斥

初二日

湘撫岑奏揀補邵陽縣令　又奏揀員試署江藍同知

又奏李光卓調署益陽縣　又奏各屬丁漕徵收比較

又奏減定開辦商埠經費　又奏籌措補解廣西協餉

又奏催解三月新案賠款　又奏撥解協濟廣西邊餉

諭摺彙存　目錄　光緒丁未三月　一

袁世凱片　再巡警之設期保治安籌辦得宜端資牧令直隸各屬巡警經臣切實整頓懲勸兼施近已逐漸推擴充地方賴以安謐其有實力奉行成效卓著者亟宜酌擇尤保奬以風庶僚查有署南宮縣事試用知州徐樹廷到任以來即創辦城鄉巡警七百餘名並設立傳習所認眞訓練以及籌備經費劃分區域條理秩然事舉而民不擾用能萑苻歛迹輿頌翕然於各邑中最爲出色自非優加奬勵不足以昭激勸伏查臣前因考察屬吏曾將直隸試用知縣趙維慶等奏請以不論繁簡何項班次缺出准其請補

欽奉　硃批着照所請吏部知道欽此欽遵在案今該員創辦巡警實心任事自應援案請奬以示鼓勵而資觀

135.龔端毅公奏疏八卷附一卷跋一卷附録浠川政譜二卷 〔清〕龔鼎孳輯

Quarto DS763.K85 A4x

清光緒九年(1883)合肥龔氏聽彝書屋刻本 五册一函

每半葉9行,行19字,小字雙行字同,白口,左右雙邊,單黑魚尾,半框高18.3釐米,寬13.3釐米。版心上鎸書名,中鎸卷次,下鎸葉碼。

内封題"龔端毅公奏疏"。牌記題"光緒癸未聽彝書屋重校刊"。卷端題"龔端毅公奏疏,男士稚孫志奭、續祖,曾孫曾恕、曾憲、曾懿、曾憙、曾愬、曾聰授梓"。

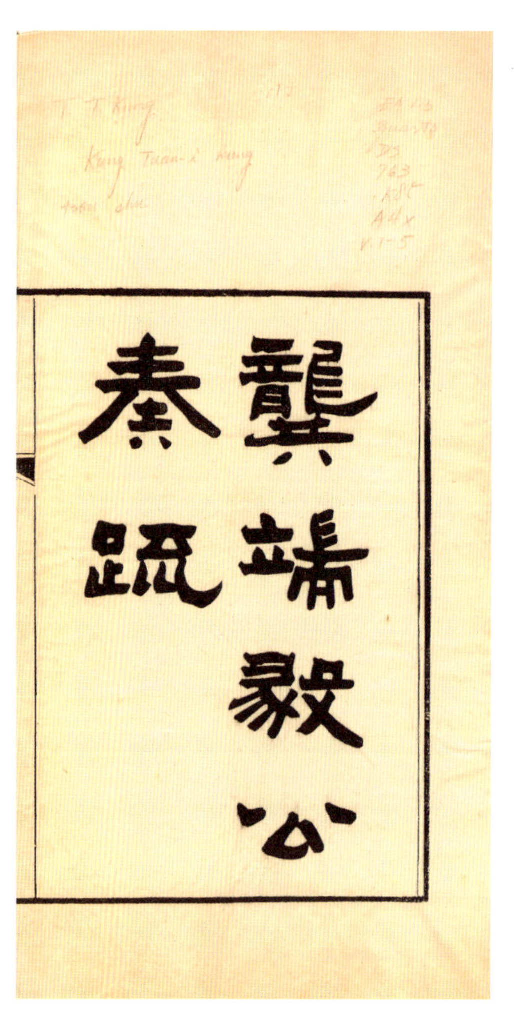

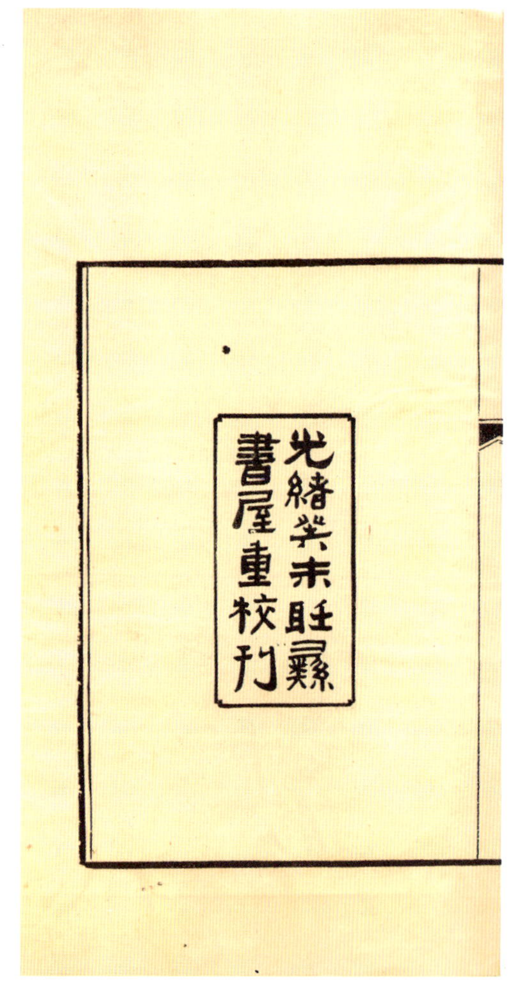

龔端毅公奏疏

男士雅　孫志奭續祖　曾孫曾恕曾憲曾懿曾憙曾塑曾聰　授梓

卷一　順治甲申十一月起癸巳五月止

條陳吏治疏

臣智術黔陋又當憂患之餘久不敢言天下事而職守攸繫有不容寢默抑心者謹麤舉大端條列如左開坐請

136.左文襄公奏稿初編三十八卷續編七十六卷三編六卷　〔清〕左宗棠撰

清光緒二十八年(1902)上海古香閣石印本　十二册一函

《初編》内封題“左文襄公奏稿初編”。牌記題“光緒壬寅年春月上海古香閣石印”。卷端題“左文襄公奏稿初編”。

《續編》内封題“左文襄公奏稿續編”。牌記題“光緒壬寅年春月上海古香閣石印”。卷端題“左文襄公奏稿續編”。

《三編》内封題“左文襄公奏稿三編”。牌記題“光緒壬寅年春月上海古香閣石印”。卷端題“左文襄公奏稿三編”。

鈐印“與聞”“紹伊”“臣學程印”。

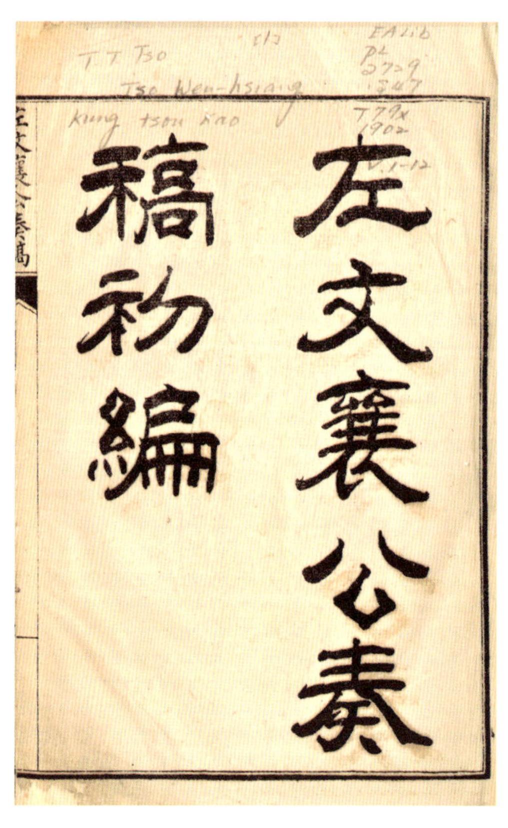
左文襄公奏稿初編

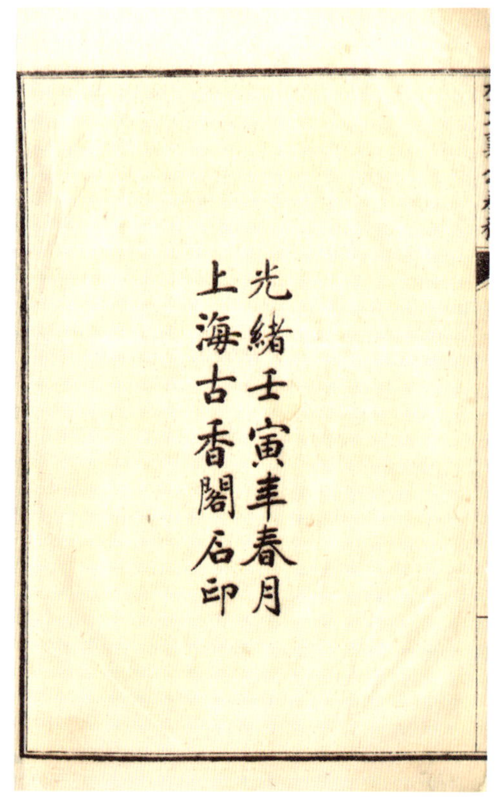
光緒壬寅年春月
上海古香閣石印

左文襄公奏稿初編卷一

督辦浙江軍務據探省城失守現辦情形摺

奏爲遵
旨督辦浙江軍務現據探報浙江省城失守敬陳辦理情形恭摺奏祈
聖鑒事竊臣於十一月二十六日江西廣信營次准兩江督臣曾國藩恭録咨會兵部火票遞到咸豐十一年十月十八日内閣奉
上諭欽差大臣兩江總督曾國藩著統轄江蘇安徽江西三省并浙江全省軍務所有四省巡撫提鎮以下各官悉歸節制浙江軍務著杭州將軍瑞昌幫辦并著曾國藩速飭太常寺卿左宗棠迅赴浙江勦辦賊匪浙省提鎮以下各官均歸左宗棠調遣欽此同日欽奉
上諭前因浙江情形喫緊
旨令左宗棠統帶所部尅日援浙旋經曾國藩覆奏以左宗棠方回救西路未能分身須俟湖北江西攻勦得手或安慶克復再與左宗棠力謀救浙茲據瑞昌王有齡奏江皖攻勦得手浙省賊勢披猖請飭左宗棠督辦浙江軍務等語逆首李秀成大股及江西湖坊等賊盡驅入浙加以偽侍王李世賢大股盤踞金華一帶現已攻陷嚴州府城及浦江義烏東陽餘杭新城等縣勢必直撲省城旁竄寧紹幾於全浙糜爛浙省不保則金陵蘇常寗廣之賊得以進退自如且徽州廣信必遭肆擾其害曷可勝言本日已明降諭旨令曾國藩節制浙江全省軍務並令江蘇安徽江西浙江巡撫提鎮以下各官悉歸節制該大臣自不能不統籌兼顧況安慶已經克復湖北江西軍情亦有起色將次肅清自不至有顧彼失此之虞著曾國藩即飭左宗棠帶領所部兼程赴浙督辦軍務浙省提鎮以下統歸調遣迅奏膚功以圖挽救東南大局左宗棠入浙之後所需糧餉軍火浙江力難猝辦著毓科先行籌撥銀十萬兩解交應用於浙江代墊江西援軍口糧項下如數劃還並著慶端瑞璸按月籌銀十萬兩同軍火等項一併源源接濟毋許遷延推諉致誤事機欽此又同日准兵部火票遞到議政王軍機大臣字寄咸豐十一年十月二十三日奉

137.林文忠公政書三十七卷 〔清〕林則徐撰

清光緒二年（1876）鉛印本　八册一函

内封題“林文忠公政書”。牌記題“丙子年秋九月刊印”。目録端題“林文忠公政書”。書名據内封。

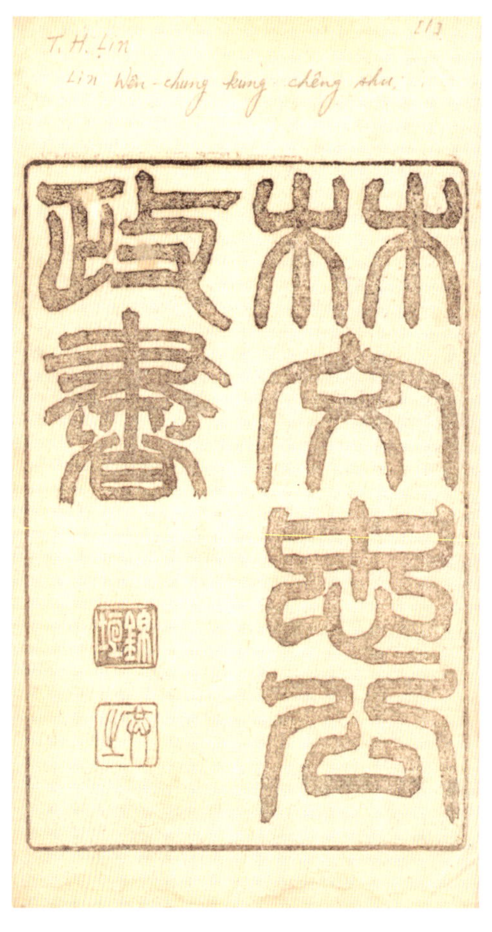

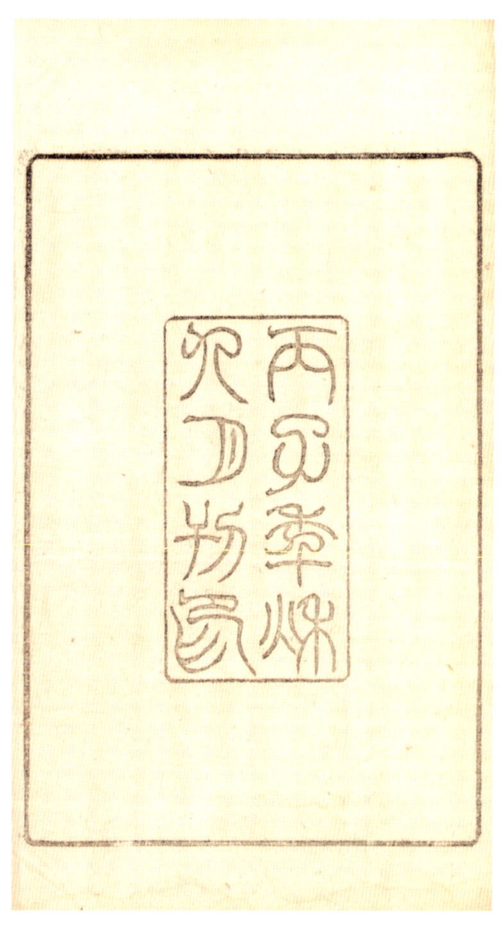

補授河督謝

恩並陳不諳河務下忱摺

奏爲恭謝

天恩並瀝陳不諳河務惶悚恐懼下忱仰祈

聖鑒事竊臣於十月十九日奉兩江督臣陶澍行知准吏部咨欽奉

上諭河東河道總督員缺著林則徐補授即赴新任毋庸來京請訓等因欽此

臣即恭設香案望

闕叩頭虔謝

天恩伏念臣以至愚極闇之資仰蒙

聖主鴻慈用至藩司由河南調任江甯甫經兩月正恐未能稱職時切冰兢茲

復渥荷

138.南海先生戊戌奏稿不分卷　　康有爲撰　　

清宣統三年（1911）鉛印本　一册一函

外封題“辛亥五月印行，戊戌奏稿”。卷端題“南海先生戊戌奏稿”。鈐印“伍莊”。

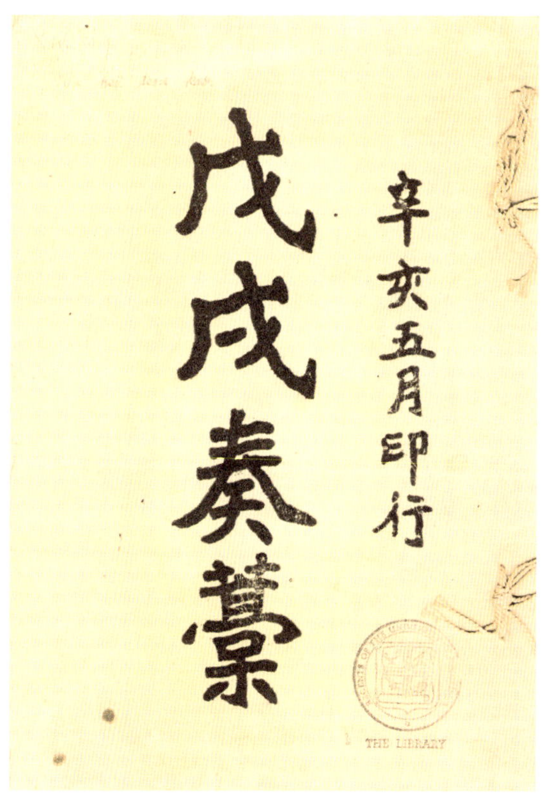

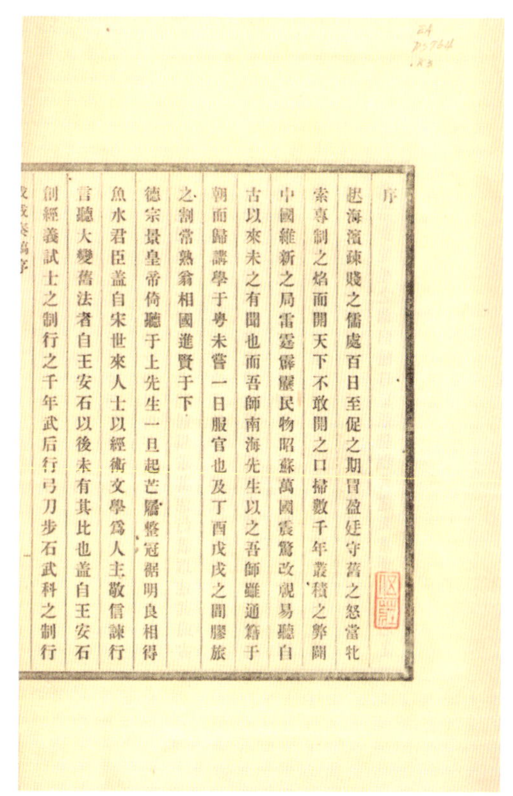

序

起海濱疎賤之儒處百日至促之期冒盈廷守舊之怒當牝
索專制之焰面開天下不敢開之口掃數千年叢積之弊闢
中國維新之局雷霆霹靂民物昭蘇萬國震驚改視易聽自
古以來未之有聞也而吾師南海先生以之吾師雖通籍于
朝而歸講學于粵未嘗一日服官也及丁酉戊戌之間膠旅
之割常熟翁相國進賢于下
德宗景皇帝倚聽于上先生一旦起芒屩蹩冠裾明良相得
魚水君臣蓋自宋世來人士以經術文學爲人主敬信諫行
言聽大變舊法者自王安石以後未有其比也蓋自王安石
創經義試士之制行之千年武后行弓刀步石武科之制行

戊戌奏稿序

南海先生戊戌奏稿

時令類

139.月令粹編二十四卷圖說一卷　〔清〕秦嘉謨輯　

清嘉慶十七年(1812)江都秦氏琳琅仙館刻本　六册一函

每半葉9行，行22字，小字雙行字同，黑口，四周雙邊，單黑魚尾，無界欄，半框高18.6釐米，寬12.4釐米。版心中鎸書名、卷次及葉碼。

内封題“嘉慶十七年，月令粹編，汀州伊秉綬題”。卷端題“月令粹編”。卷末牌記題“嘉慶壬申夏四月乙巳朔江都秦嘉謨編刻於琳琅仙館”。

嘉慶十七年

月令粹編

汀州伊秉綬題

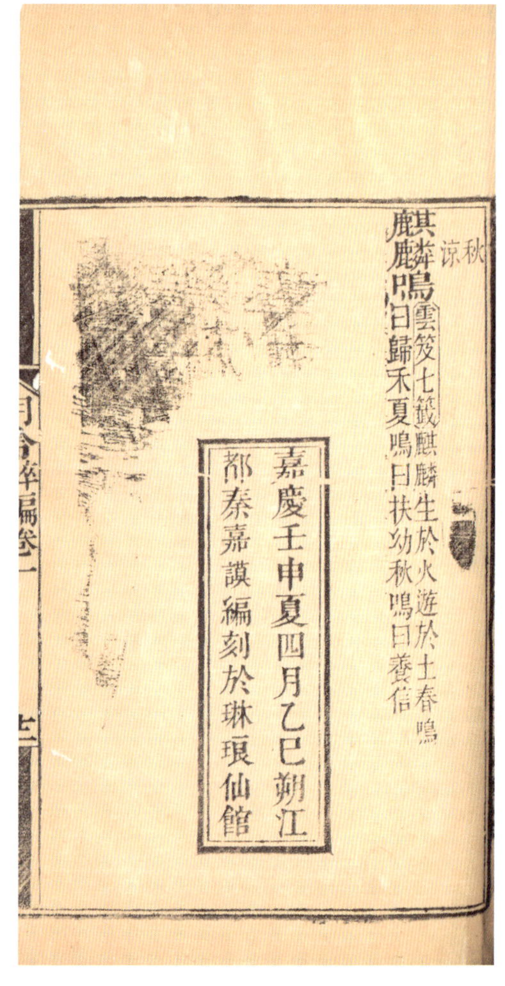

嘉慶壬申夏四月乙巳朔江都秦嘉謨編刻於琳琅仙館

月令粹編卷一

歲令總

祠靈星 史記封禪書高祖詔御史其令郡國縣立靈星祠常以歲月祠以牛

書板言事 漢書禮儀志冬夏至八能士書板言事封以皁囊送西陛跪授尚書

三年不窺園 漢書董仲舒傳仲舒下帷講誦弟子傳以久次相授業或莫見其面蓋三年不窺園其精如此

四時服御 漢書魏相傳高皇帝令羣臣議天子所服以安治天下中謁者趙堯舉春李舜舉夏兒湯舉秋貢禹舉冬四人各職一時

春秋饗射 後漢書儒林傳劉昆教授子弟每春秋饗射常備列典儀以素瓠葉爲俎豆桑弧蒿矢以射菟

地理類

140.太平寰宇記二百卷　〔宋〕樂史撰　

清光緒八年（1882）金陵書局刻本　三十六册四函

每半葉10行，行20字，小字雙行字同，白口，左右雙邊，單黑魚尾，半框高18釐米，寬13.4釐米。版心上鎸書名，中鎸卷次，下鎸葉碼。

内封題“太平寰宇記”。牌記題“光緒八年五月金陵書局刊行”。卷端題“太平寰宇記”。

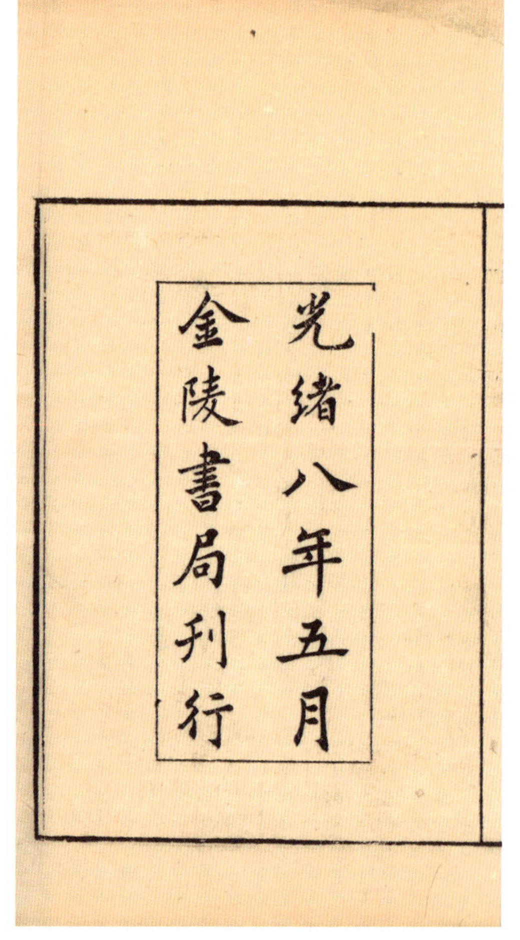

太平寰宇記卷之一

河南道一　東京上

開封府

開封府今理開封浚儀二縣禹貢爲兖豫二州之域星分房宿在春秋時爲鄭地戰國時爲魏都史記云魏惠王自安邑徙都大梁即今西面浚儀縣故城是也後秦始皇二十二年攻魏因引河水灌城而拔之即以爲三川郡地漢祖起沛酈生説曰陳留爲天下衝四通五達之郊無名山大川之阻即此謂也後定天下爲陳留郡之浚儀縣至文帝封皇子武爲

141.天下郡國利病書一百二十卷　〔清〕顧炎武撰　〔清〕龍萬育訂

DS708 .K84 1901

清光緒二十七年(1901)圖書集成局鉛印本　二十八册十函

内封題“天下郡國利病書”。牌記題“光緒二十七年仲秋二林齋藏板圖書集成局鉛印”。卷端題“天下郡國利病書,崑山顧炎武甯人輯、成都龍萬育燮堂訂”。

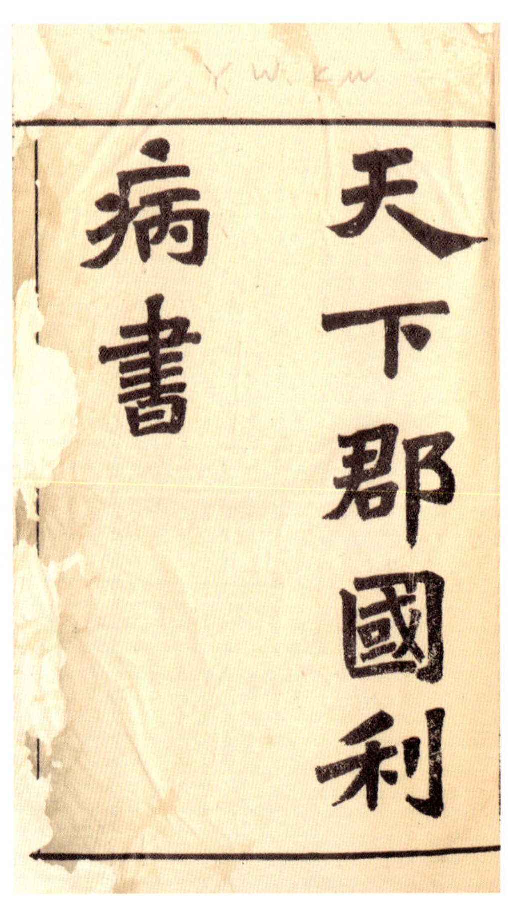

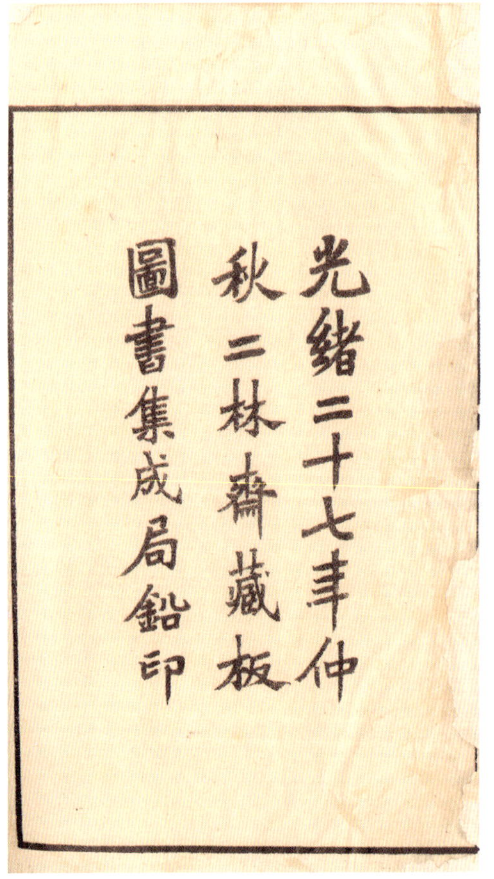

天下郡國利病書卷一　　崑山顧炎武甯人輯　成都龍萬育燮堂訂

輿地山川總論

裴秀傳

秀爲司空以職在地官以禹貢山川地名從來久遠多有變易後世說者或强牽引漸以暗昧於是甄摘舊文疑者則闕之古有名而今無者皆隨事注列作禹貢地域圖十八篇奏之藏於祕府其序曰圖書之設由來尚矣自古立象垂制而賴其用三代置其官國史掌厥職暨漢屠咸陽丞相蕭何盡收秦之圖籍今祕書既無古之地圖又無蕭何所得惟有漢氏輿地及括地諸雜圖各不設分率又不考正準望亦不備載名山大川雖有麤形皆不精審不可依據或荒外迂誕之言不合事宜於義無取大晉龍興混一六合以清宇宙始於庸蜀深入其岨　文皇帝乃命有司撰訪吳蜀地圖蜀土既定六軍所經地域遠近山川險易征途紆直校驗圖記罔或有差今上考禹貢山海川流原隰陂澤古之九州及今之十六州郡國縣邑疆界鄉陬及古國盟會舊名水陸徑路爲地圖十八篇制圖之體有六焉一曰分率所以辨廣輪之度也二曰準望所以正彼此之體也三曰道里所以定所由之數也四曰高下五曰方邪六曰迂直此三者皆因地而制形所以校夷險之異也有圖象而無分率則無以審遠近之差有分率而無準望雖得之於一隅必失之於他方有準望而無道里則施於山海絕隔之地不得以相通有道里而無高下方邪迂直之校則徑路之數必與遠近之實相違失準望之正矣

142.（嘉慶）商城縣志十四卷 〔清〕武開吉纂修

清嘉慶八年（1803）刻本　十二册二函

每半葉9行，行22字，白口，左右雙邊，單黑魚尾，半框高21.5釐米，寬16.2釐米。版心上鎸書名，中鎸卷次及卷名，下鎸葉碼。

卷端題"商城縣志，知商城縣事榮河武開吉纂修"。

鈐印"哈佛大學漢和圖書館珍藏印"。

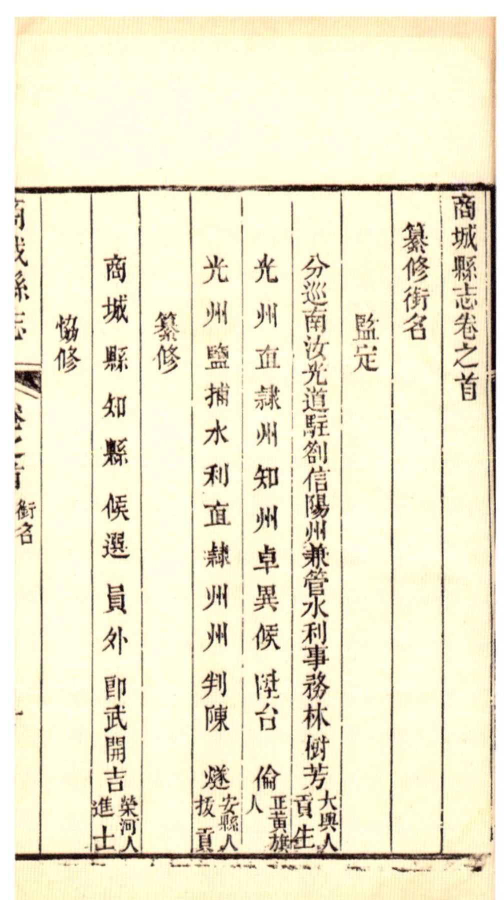
商城縣志卷之首
纂修銜名
監定
分巡南汝光道駐劄信陽州兼管水利事務林㑺芳 大興人 貢生
光州直隸州知州卓異候陞台 倫 正黃旗人
光州鹽捕水利直隸州州判陳 燧 安縣人 拔貢
纂修
商城縣知縣候選員外郎武開吉 榮河人 進士
協修

商城縣志　卷之首　銜名

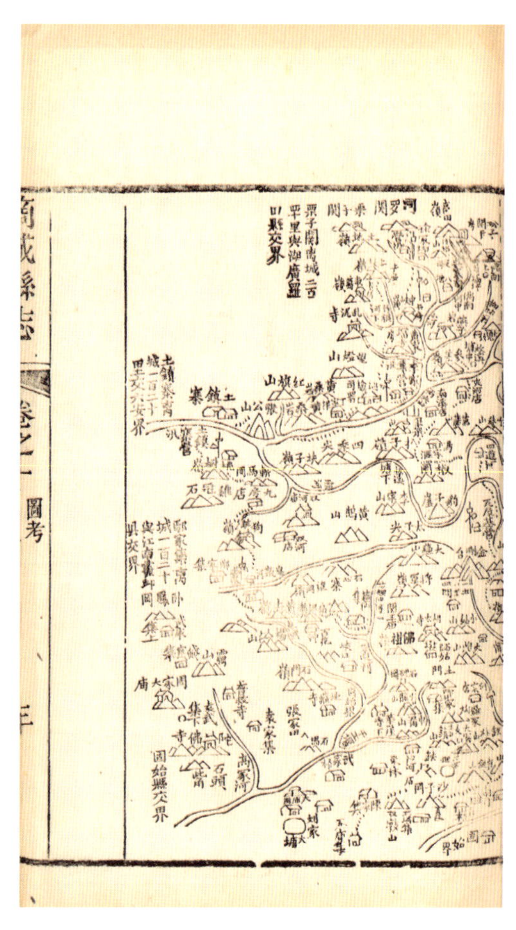

商城縣志卷之一

知商城縣事榮河武開吉纂修

地理志上

圖考　沿革　星野　山川　疆域

邑之有志凡以志地也而志家多侈言輿地詩詁曰輈軸之上加板以載物軫軾轛較之所附植輿其總名也邑僅一隅稱輿廣矣況漢唐各史暨我朝纂修明史皆稱地理近日志家所推如康對山之武功陸清獻之靈壽皆其卓卓者亦不以輿名茲列圖於首繪其理也沿革究而溯其理於古焉求其星

143.（乾隆）隴州續志八卷首一卷末一卷　〔清〕吴炳撰

清乾隆三十一年（1766）刻本　四册一函

每半葉9行，行21字，小字雙行字同，白口，四周單邊，單黑魚尾，半框高20.3釐米，寬14.7釐米。版心上鎸書名，中鎸卷次及卷名，下鎸葉碼。

卷端題“隴州續志，隴州知州南豐吴炳纂輯”。

鈐印“哈佛大學漢和圖書館珍藏印”。

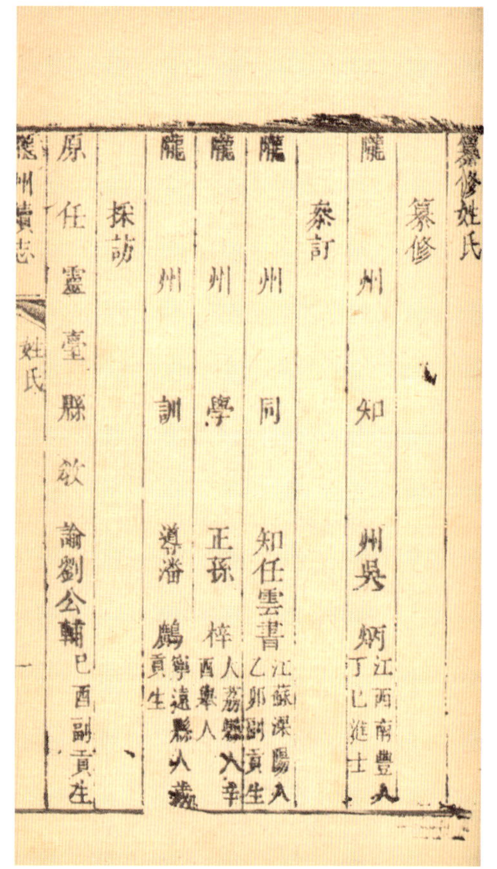

纂修姓氏

纂修

隴州知州吳炳 江西南豐人丁巳進士

參訂

隴州州同知任雲書 江蘇溧陽人乙卯副貢生

隴州學正孫梓 大荔縣人辛酉舉人

隴州訓導潘鵠 寧遠縣人歲貢生

採訪

原任靈臺縣教諭劉公輔 己酉副貢生

隴州續志 姓氏

隴州續志卷之一

隴州知州南豐吳炳纂輯

方輿志

沿革　疆域形勝　山川　里甲　村堡　古蹟　風俗　災祥

環海以内嶽鎮九隴吳山居其一前漢書地里志正西曰雍州其山曰嶽顔師古註嶽即吳岳也其藪曰弦蒲其川曰涇汭攷九域志汧源縣有弦蒲藪又攷水經注汭水出小隴山是方輿在隴固雍巨擘哉今地域所屆爲雍右臂古盤須回中秦城汧邑星羅棊布其扼塞險要民風都鄙數千餘年未可槩也舊志條件多苦脱畧溯源訖委

144.（光緒）墊江縣志十卷　〔清〕謝必鏗重修　

清光緒二十六年（1900）刻本　八册一函

每半葉8行，行21字，小字雙行字同，白口，四周雙邊，單黑魚尾，半框高20.4釐米，寬14釐米。版心上鐫書名，中鐫卷次及篇名，下鐫葉碼。

卷端題“墊江縣志”。

墊江縣志卷之一

輿地志一

沿革

禹貢梁州地

商周巴國地

秦隸巴郡

漢臨江縣地

西魏置墊江縣兼置容川郡

145.（同治）蘇州府志一百五十卷首三卷圖一卷　〔清〕李銘皖等纂修

Folio DS793.S64 S8x 1883

清光緒九年（1883）江蘇書局刻本　八十册十函

每半葉10行，行24字，小字雙行字同，白口，左右雙邊，單黑魚尾，半框高20.3釐米，寬14.1釐米。版心上鎸書名，中鎸卷次及篇名，下鎸葉碼。

内封題“蘇州府志”。牌記題“同治重修江蘇書局開雕”。卷端題“蘇州府志”。

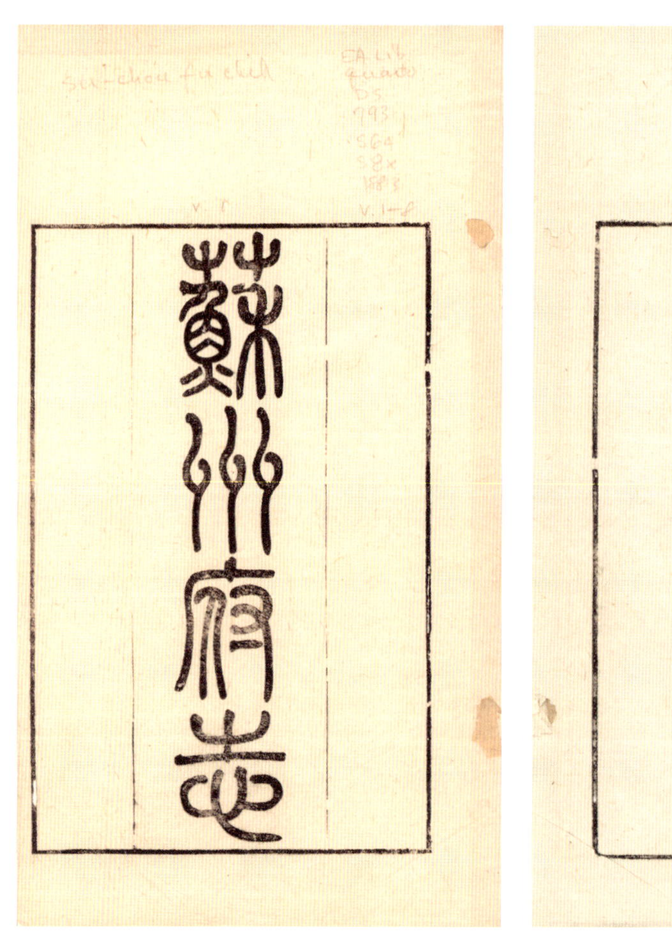

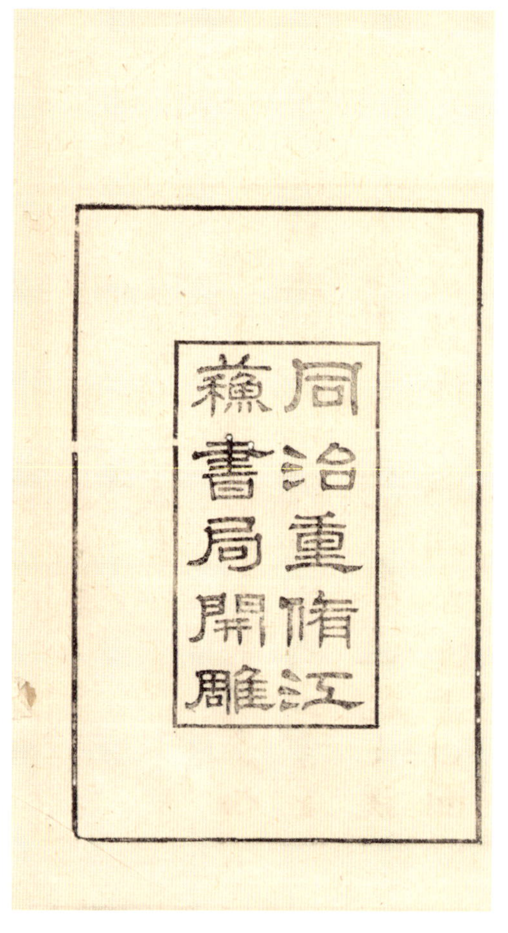

蘇州府志卷第一

星野

分野之說先儒多疑之者然其法實昉周官由來已古乾隆志上溯爾雅史記下迄元明史志而折衷於　國朝實測最爲詳核茲一仍之惟末附星圖年久不合則依歲差法訂正焉

爾雅星紀斗牽牛吳分野劉逵云斗者日月五星所經始故謂之星紀

史記天官書斗江湖牽牛婺女揚州

漢書地理志吳地斗分野也越地牽牛婺女之分野也

晉書天文志自南斗十二度至須女七度爲星紀於辰在丑

146.(光緒)酆都縣志四卷首一卷 〔清〕田秀栗等修 〔清〕徐昌緒纂 〔清〕蔣履泰增纂 Quarto DS793.F45 H78x

清同治八年(1869)刻光緒十九年(1893)增刻本 六册一函

每半葉9行,行25字,小字雙行字同,白口,四周雙邊,單黑魚尾,半框高22釐米,寬15.2釐米。版心上鎸書名,中鎸卷次、卷名及篇名,下鎸葉碼。

卷端題“酆都縣志”。

鈐印“哈佛大學漢和圖書館珍藏印”。

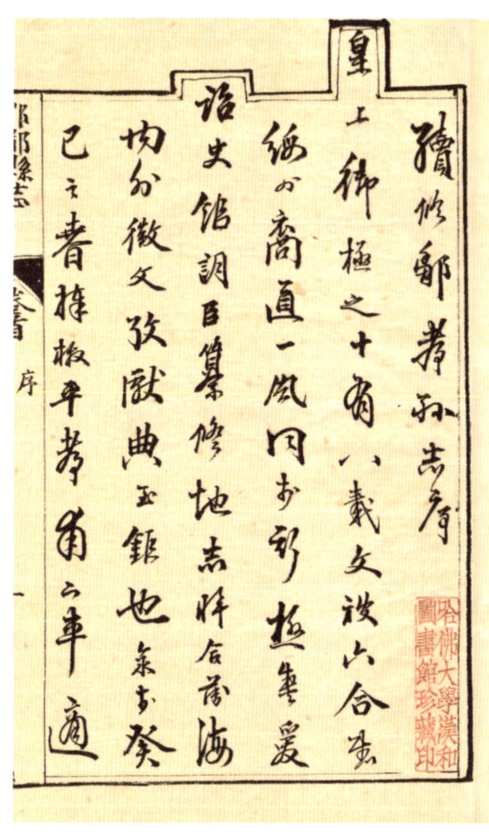

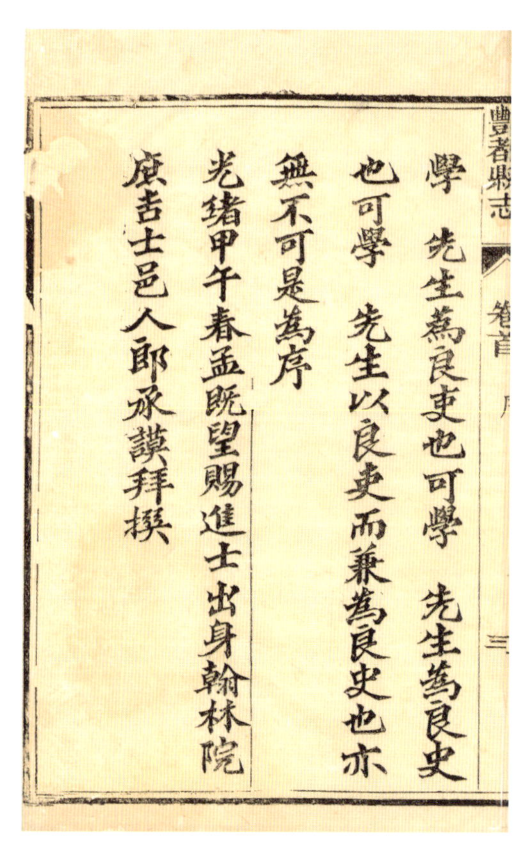

學　先生爲良吏也可學　先生爲良史也可學　先生以良吏而兼爲良史也亦無不可是爲序

光緒甲午春孟既望賜進士出身翰林院庶吉士邑人郎承謨拜撰

豐都縣志　卷首　序

豐都縣志卷一

輿地志

禹貢梁州周分巴國躔星井參跨江南北在明之初曰豐之邑

聖代是因幅幀日闢物土別宜維有司職慎固封守拱衛

皇極志輿地

星野

舊志井鬼之次入參三度　雍州乃井鬼之分自漢中而南皆井也而蜀近之荆州乃翼軫之分自彝陵而上則參也而

147.（同治）深州風土記六卷　〔清〕吴汝綸輯　Quarto DS793.J3 W8x

清光緒二十六年（1900）刻本　六册二函

每半葉10行，行22字，黑口，四周雙邊，雙對黑魚尾，半框高16.9釐米，寬12.9釐米。版心中鐫"記"、卷次、篇名及葉碼。

内封題"深州風土記"。牌記題"光緒廿有六年冬十一月文瑞書院刊"。卷端題"深州風土記"。

鈐印"哈佛大學漢和圖書館珍藏印"。

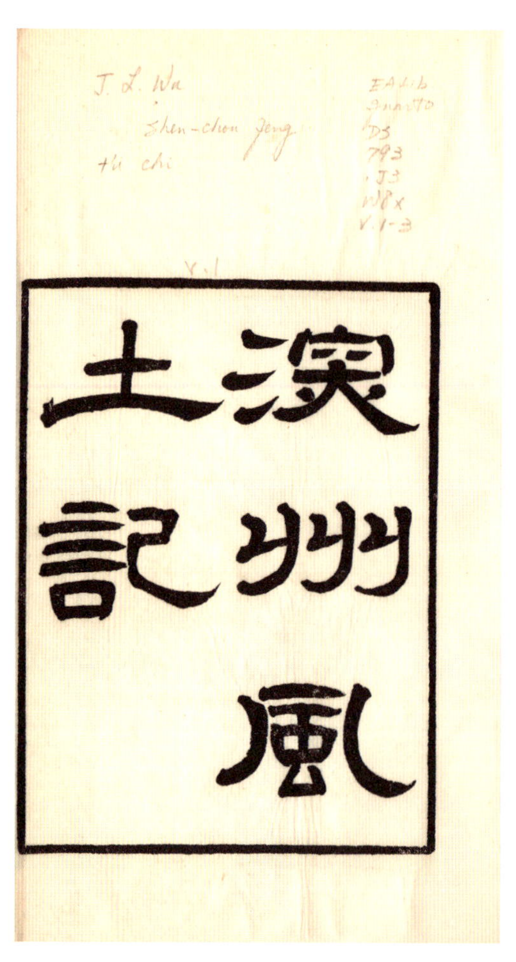

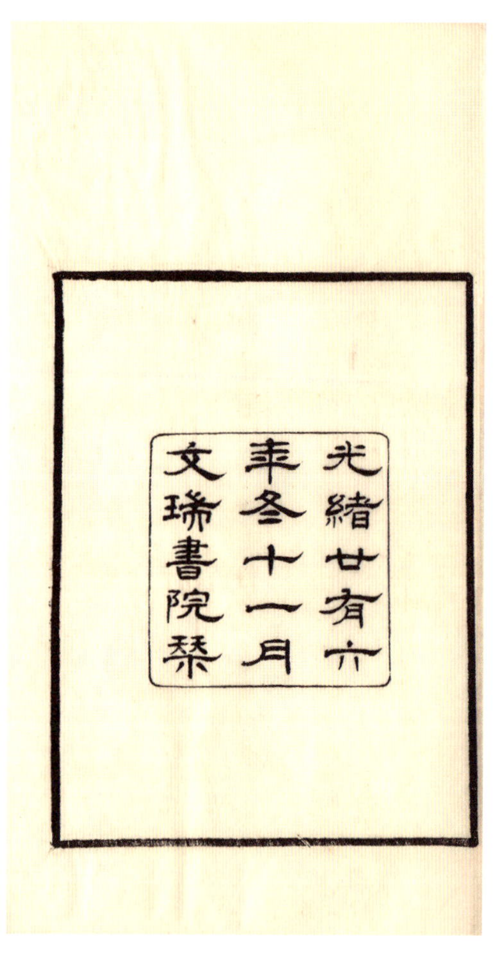

厤代畺域　　深州風土記第一

深州在禹貢爲冀州大陸之域故唐置陸澤縣于此杜佑李吉甫幷謂大陸爲邢趙深三州地是也春秋之初不見于傳記魯昭公十二年晉荀吳伐鮮于圍鼓鼓今晉州而深之三屬縣元明故皆屬晉循是言之深在春秋鮮于地也史記趙武靈王二十年畧中山地至寍葭顧祖禹謂寍葭故城在今深州東南戰國中山卽春秋鮮于地如顧斯言戰國之初深屬中山矣呼沱在深州界中深屬中山呼沱亦在中山故戰國策云趙攻中山以擅呼沱也而武靈王亦稱我先王阻漳滏之險立長城然則漳滏以北趙不

148.（道光）瓊州府志四十四卷首一卷　〔清〕張岳崧等輯

清宣統元年（1909）瓊城文英閣刻本　二十四册二函

每半葉11行，行21字，小字雙行字同，白口，四周雙邊，單黑魚尾，半框高20.1釐米，寬14.5釐米。版心上鐫書名，中鐫卷次、篇名及小題，下鐫葉碼。

内封題“宣統元年，校正瓊州府志，瓊城文英閣承印”。卷端題“瓊州府志”。

瓊州府志卷之一

輿地志一 沿革

瓊州府禹貢揚州西南徼外地（漢書賈捐之諫伐珠崖疏珠崖非禹貢所及春秋所治）春秋戰國爲揚越地秦末屬南越漢元封元年開置珠崖儋耳二郡始元五年省儋耳郡初元三年省珠崖郡入合浦爲都尉治後漢仍屬合浦郡三國吳赤烏五年復置珠崖郡晉平吳省入合浦隋大業中復置珠崖郡（治義倫縣）唐武德五年置崖州（治舍城縣）貞觀元年置都督府五年分置瓊州（治瓊山縣）天寶初改崖州曰珠崖郡瓊州曰瓊山郡乾元初復曰崖州瓊州俱屬嶺

149.廣東新語二十八卷　〔清〕屈大均輯　

清康熙三十九年（1700）木天閣刻本　十册二函

每半葉11行，行19字，小字雙行字同，白口，四周單邊，單黑魚尾，半框高18.5釐米，寬13.3釐米。版心上鎸書名，中鎸卷次及類名，下鎸葉碼。

内封題“番禺屈翁山先生撰，廣東新語，木天閣繡版”。卷端題“廣東新語，番禺屈大均翁山撰”。

廣東新語卷一

番禺　屈大均　翁山　譔

天語

日

羅浮稱朱明之天日之初出山上輒先見之有見日臺焉俯臨三千餘仞所處高故所見早人見之於旦於晝予則嘗見之於中夜求之於未出之前得之於將出之際爲之恭敬導引寤寐不違而取火氣之精光明盛實以麗其德焉蓋夜中見日自昔皆言羅浮之異嘗有客宿于山巔夜分見第三重峰有塊火大如車輪光怪廻翔與他火異怪之

150.揚州畫舫録十八卷　〔清〕李斗撰　Quarto DS796.C55 L5 1872

清乾隆六十年（1795）自然盦刻同治十一年（1872）印本　四册一函

每半葉10行，行24字，小字雙行字同，白口，左右雙邊，單黑魚尾，半框高16.1釐米，寬11.7釐米。版心上鎸“畫舫録”，中鎸卷次，下鎸葉碼。

内封題“乾隆乙卯年鐫，揚州畫舫録，自然盦藏板”。卷端題“揚州畫舫録，儀徵李斗著”。

鈐印“巖村家藏”。

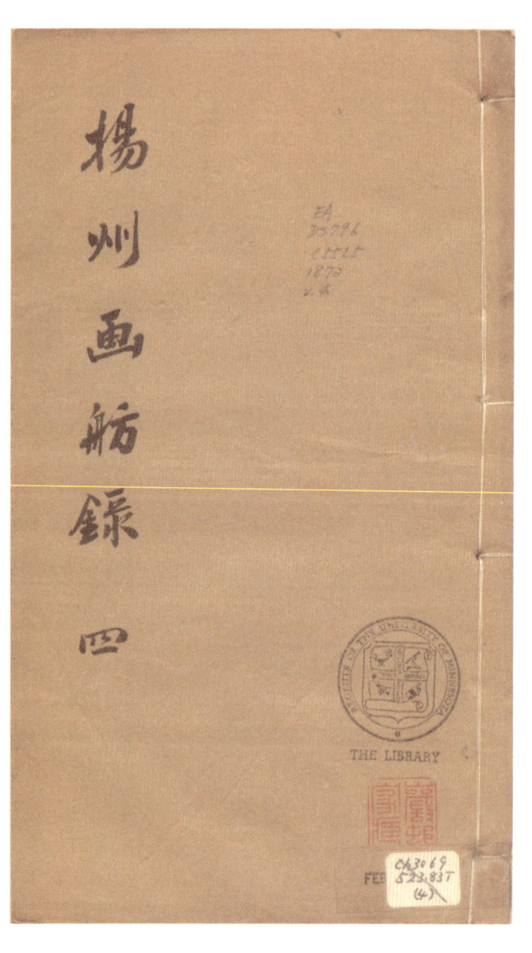

揚州畫舫録卷一

儀徵 李斗 著

草河録上

揚州御道自北橋始乾隆辛未丁丑壬午乙酉庚子甲辰上六廵江浙江南總督恭紀典章勒之成書謹名 南廵盛典內載衛漕總領努三兆惠奏自直隸嚴登舟過淮安府 閱看高郵東地南關車邏壩等處河道堤工擺揚州平山堂渡揚子江至金山三百七十七里分爲八站此江北地也又自崇家灣三里腰舖九里竹林寺四里昭關壩七里邵伯鎮三里六閘二里金灣壩一里金灣新滚壩一里西灣壩六里鳳皇橋七里壁

151.五蓮山志五卷　〔清〕釋海霆編　

清康熙二十年（1681）萬松禪林刻本　二册一函

每半葉8行，行20字，白口，四周單邊，單黑魚尾，半框高19.2釐米，寬14.1釐米。版心上鐫書名，中鐫卷次，下鐫葉碼。

卷端題“五蓮山志，五蓮山釋海霆鷩龍編集，古琅邪王咸炤屋山批選，張侗石民訂正”。

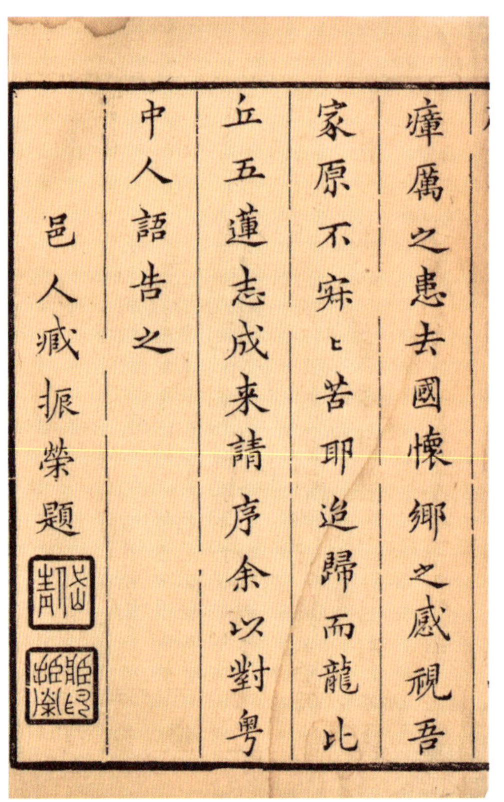
瘴厲之患去國懷鄉之感覩吾
家原不寐々苦耶迨歸而龍比
丘五蓮志成來請序余以對粵
中人語告之
邑人臧振榮題

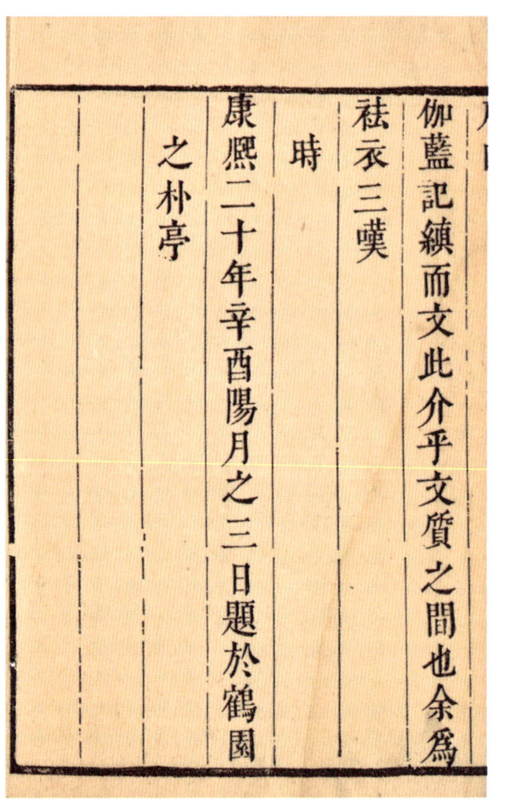
伽藍記縝而文此介乎文質之間也余爲
袪衣三嘆
時
康熙二十年辛酉陽月之三日題於鶴園
之朴亭

五蓮山志卷之一

五蓮山釋海霆鷲龍編集

古瑯邪　王咸炤屋山批選

張　侗石民訂正

海　霆

流雲峽在光明寺西北

天竺峰

在光明寺西高三千尺如窣堵坡湧出空外疑天竺飛來也

152.清凉山志十卷　〔明〕釋鎮澄撰　

清光緒十三年（1887）刻本　四册一函

每半葉9行，行20字，小字雙行字同，白口，四周雙邊，單黑魚尾，半框高20.6釐米，寬15.1釐米。版心上鐫“清凉志”，中鐫卷次，下鐫葉碼。

卷端題“清凉山志”。

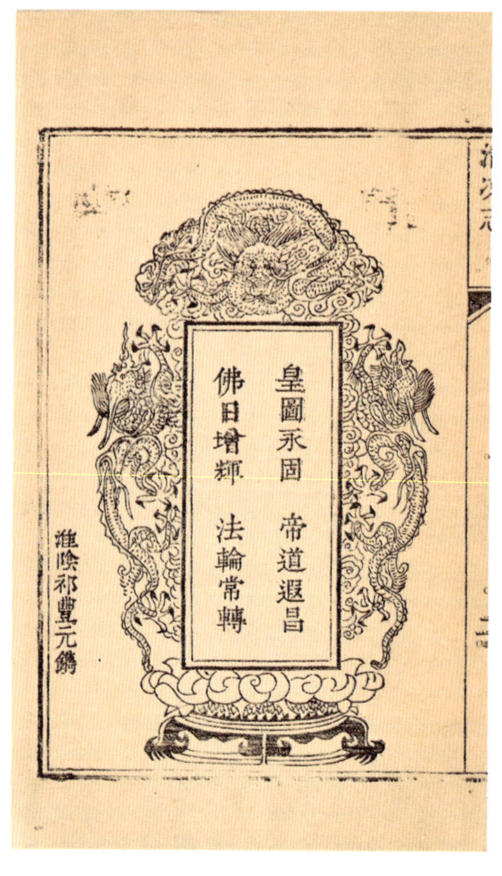

清涼山志卷第一

第一總標化宇

五嶽之外，有清涼山者，乃曼殊大士之化宇也，亦名五臺山，以歲積堅冰，夏仍飛雪，曾無炎暑，故曰清涼。五峯聳出，頂無林木，有如壘土之臺，故曰五臺。是山也，雄據鴈代，盤礴數州，在四關之中，周五百餘里。左隣恒嶽，秀出千峯，右瞰滹沱，長流一帶，北凌紫塞，遏萬里之烟塵，南擁中原，爲大國之屏蔽。山之形勢，難以盡言。五峯中立，千嶂環開，曲屈窈窕，鎖千道之長

153.水經注四十卷附録二卷　〔北魏〕酈道元撰　Quarto GB1337 .S5 1897

清光緒二十三年(1897)新化三味書室刻本　二十册二函

每半葉11行,行24字,小字雙行字同,黑口,左右雙邊,單黑魚尾,半框高18.1釐米,寬13.9釐米。版心中鎸卷次及葉碼。

内封題"水經注"。牌記題"光緒二十三年新化三味書室據長沙王氏本重刊"。卷端題"水經注,長沙王氏校本,後魏酈道元撰"。

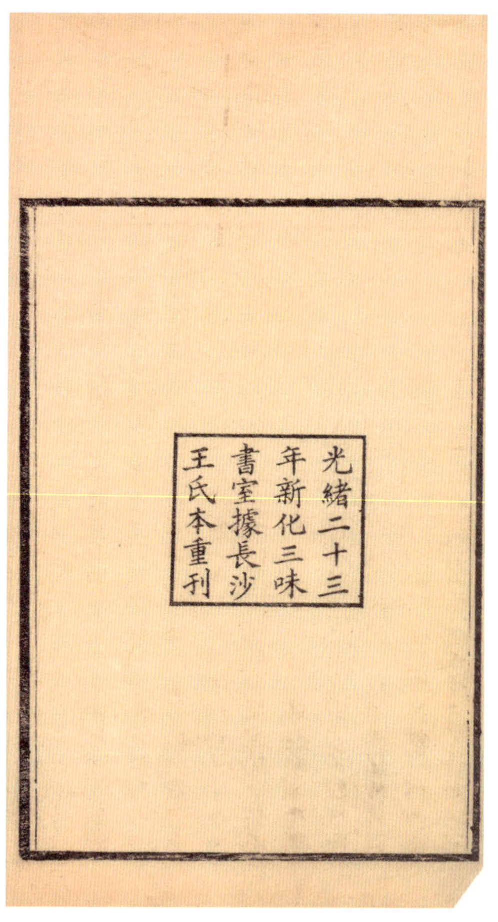

水經注卷一　長沙王氏校本

後魏酈道元撰

河水官本曰按二字原本誤連經文今改正近刻河水下有一二等字乃明人臆加今刪去　案朱本趙本河水下有一字

崑崙墟在西北趙墟作虛下同

三成爲崑崙邱趙三上增山字刊誤曰趙琦美據爾雅三成上校補山字崑崙說曰崑崙之山三級下曰樊桐一名板桐官本曰案桐近刻訛作松　案朱趙作松朱箋曰廣雅云崑崙墟有三山閬風板桐玄圃淮南子云縣圃涼風樊桐在崑崙閶闔之中山上有層城九重楚詞曰崑崙縣圃其尻安在增城九重其高幾里嵇康遊仙詩云結友家板桐但未二聞板松耳疑或字譌孫校曰樊亦扳字故嵇康詩作扳桐曰玄圃一名閬風上曰層城官本曰案層近刻作增　案朱同趙改一名天庭是爲太帝之居朱趙爲作謂

154.朔方備乘六十八卷圖説一卷凡例目録一卷首十二卷圖二幅 〔清〕何秋濤撰 〔清〕黄彭年重修 Quarto DK4 .H59 1881

清光緒七年（1881）畿輔通志局刻本　二十四册四函

每半葉9行，行21字，小字雙行字同，白口，四周雙邊，單黑魚尾，半框高19.5釐米，寬14.5釐米。版心上鎸書名，中鎸卷次及篇名，下鎸葉碼。

内封題“朔方備乘”。《圖説》内封題“朔方備乘圖説”。牌記題“光緒三年正月畿輔通志局刊”。卷端題“朔方備乘”。

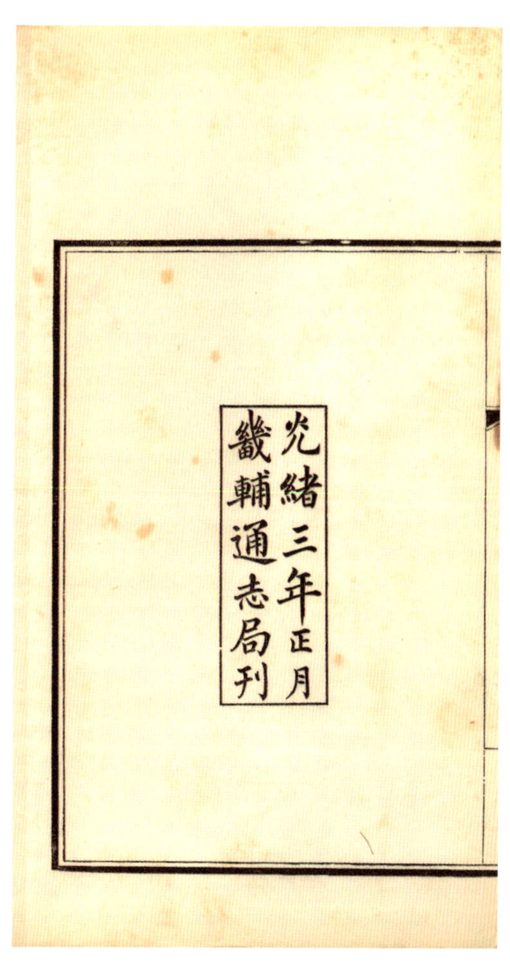

朔方備乘卷第一

聖武述略一

東海諸部內屬述略敘

臣秋濤謹案東海諸部今屬吉林省統轄地周二萬餘里古靺鞨諸國境也前代朔漠未賓幅幀不廣以靺鞨蒙古爲北徼我
聖朝
德教覃敷
天威遠震舉凡靺鞨蒙古悉屬內地以俄羅斯爲北

155.坤輿萬國全圖 （意大利）利瑪竇 〔明〕李之藻、張文燾繪
明萬曆三十年（1602）刻本 六幅屏條

每幅屏條高約182釐米，寬約60.8釐米。

按：據考證，《坤輿萬國全圖》定名前後（1584—1608）有原、翻、增、縮之版本，共八種，刻板、勒石、摹繪共十二次之多。已知的1602年木刻本（也被稱爲李之藻原

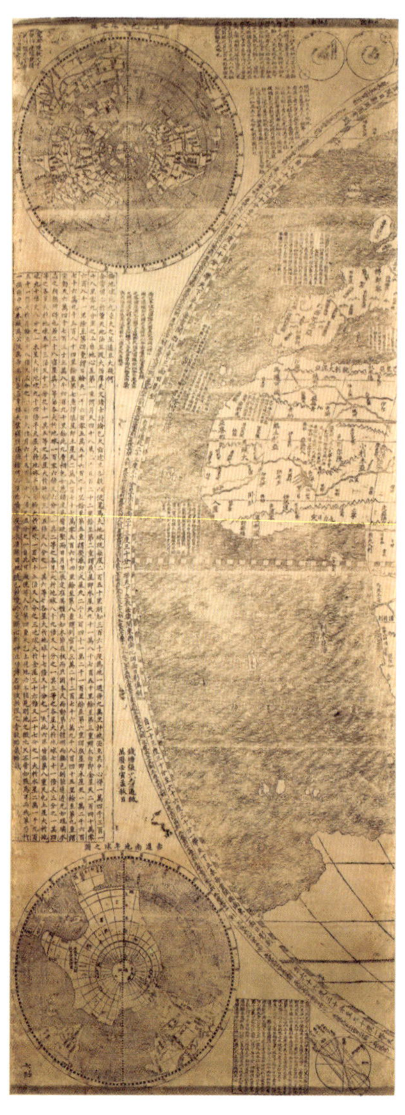

刻本）《坤輿萬國全圖》共有七件完整地保存至今，分别存放在梵蒂岡教廷圖書館、日本京都大學圖書館、日本宫城縣立圖書館、日本内閣文庫、俄羅斯國家圖書館、美國明尼蘇達大學圖書館及法國私人收藏家處。其中俄羅斯國家圖書館所藏地圖鮮爲人知。明尼蘇達大學圖書館的藏圖是世界上唯一一幅對學者和公衆開放的《坤輿萬國全圖》。本圖未編目，存於James Ford Bell Library。

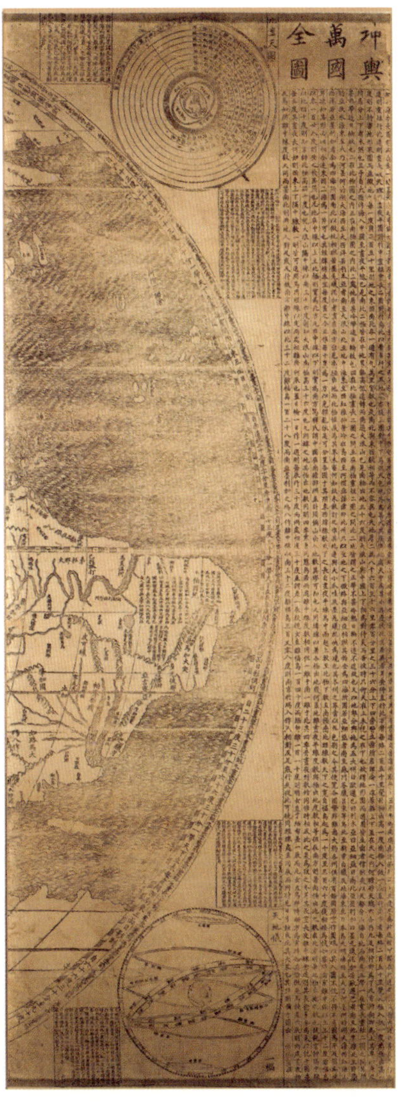

156.乾隆府廳州縣圖志五十卷 〔清〕洪亮吉撰

清光緒二十三年(1897)新化三味書室翻刻授經堂本 十八册二函

每半葉11行,行24字,小字雙行字同,黑口,左右雙邊,單黑魚尾,半框高18.9釐米,寬13.8釐米。版心中鎸書名、卷次及葉碼,下鎸“三味堂”。

内封題“乾隆府廳州縣圖志”。牌記題“光緒二十三年新化三味書室據授經堂原本校刊”。卷端題“乾隆府廳州縣圖志,賜進士及第翰林院編修充國史館纂修官臣洪亮吉撰”。

乾隆府廳
州縣圖志

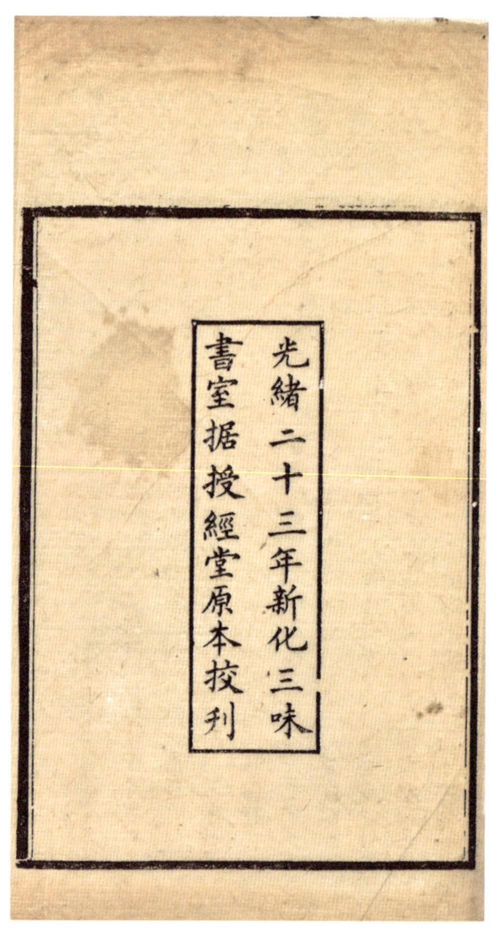
光緒二十三年新化三味
書室据授經堂原本校刊

乾隆府廳州縣圖志卷一

賜進士及第翰林院編修充　國史館纂修官臣洪亮吉撰

京師

京城周四十里高三丈五尺五寸門九南曰正陽南左曰崇文南右曰宣武北之東曰安定北之西曰德勝東之北曰東直東之南曰朝陽西之北曰西直西之南曰阜城

皇城在

京城中周十八里有奇繚牆袤三千二百二十五丈有奇門六正南曰大清少北曰長安左長安右東曰東安西曰西安正北曰地安自大清門之內曰天安天安門之內曰端門端門之內左曰闕左門右曰闕右門

157.長江圖説十二卷首一卷　〔清〕馬徵麟撰　

清同治九年（1870）金陵提署刻本　十二册一函

每半葉16行，行24字，小字雙行字同，白口，無魚尾，無版心，無界欄，内外兩框，外半框高27.1釐米，寬27.3釐米，内半框高24.3釐米，寬25.3釐米。

牌記題“同治九年歲次庚午金陵提署開雕”。目録端題“長江圖説”。書名據目録。

鈐印“城正書房”。

按：封面手題“昭和十三年八月鮮滿北支旅行，途次北京城内東安市場ニテえう求ム”。

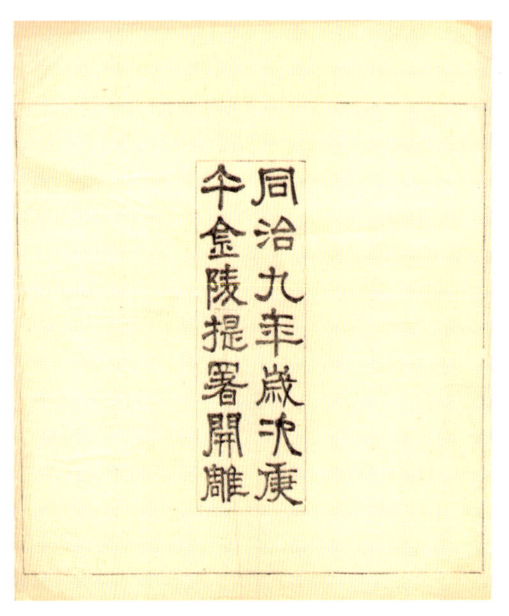

同治九年歲次庚
午金陵提署開雕

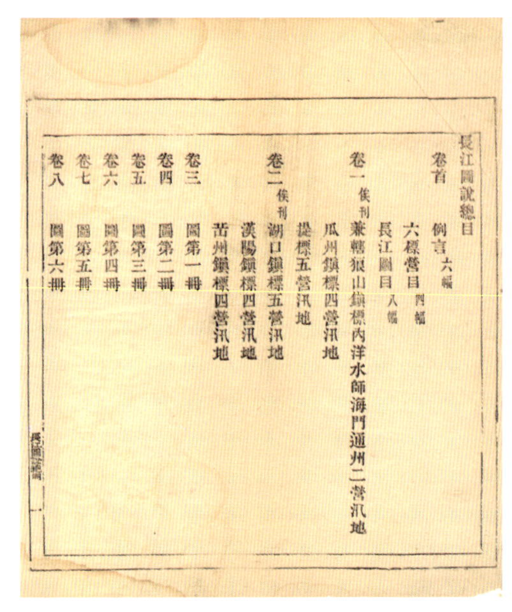

長江圖説總目

卷首　例言 六幅
　　　六標營目 四幅
　　　長江圖目 八幅
卷一 俟刊 兼轄狼山鎮標内洋水師海門通州二營汛地
　　　瓜州鎮標四營汛地
　　　提標五營汛地
卷二 俟刊 湖口鎮標五營汛地
　　　漢陽鎮標四營汛地
　　　岳州鎮標四營汛地
卷三　圖第一册
卷四　圖第二册
卷五　圖第三册
卷六　圖第四册
卷七　圖第五册
卷八　圖第六册

長江圖説目

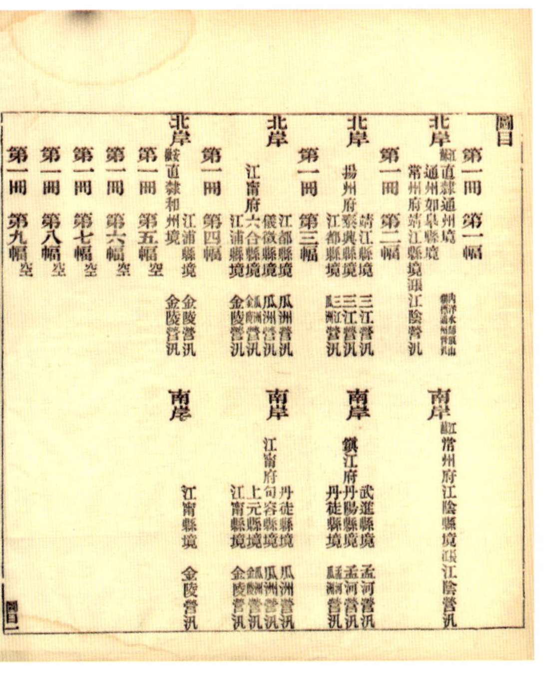

圖目

第一冊 第一幅

北岸 江蘇直隸通州境 通州如皋縣境 常州府靖江縣境 江陰營汛

南岸 江蘇常州府江陰縣境 江陰營汛

第一冊 第二幅

北岸 揚州府 靖江縣境 泰興縣境 江都縣境 三江營汛 三江營汛

南岸 鎮江府 武進縣境 丹陽縣境 丹徒縣境 孟河營汛 孟河營汛

第一冊 第三幅

北岸 江甯府 江都縣境 儀徵縣境 六合縣境 江浦縣境 瓜洲營汛 瓜洲營汛 金陵營汛

南岸 江甯府 丹徒縣境 句容縣境 上元縣境 江甯縣境 瓜洲營汛 瓜洲營汛 金陵營汛

第一冊 第四幅

北岸 江浦縣境 安徽直隸和州境 金陵營汛 金陵營汛

南岸 江甯縣境 金陵營汛

第一冊 第五幅 空

第一冊 第六幅 空

第一冊 第七幅 空

第一冊 第八幅 空

第一冊 第九幅 空

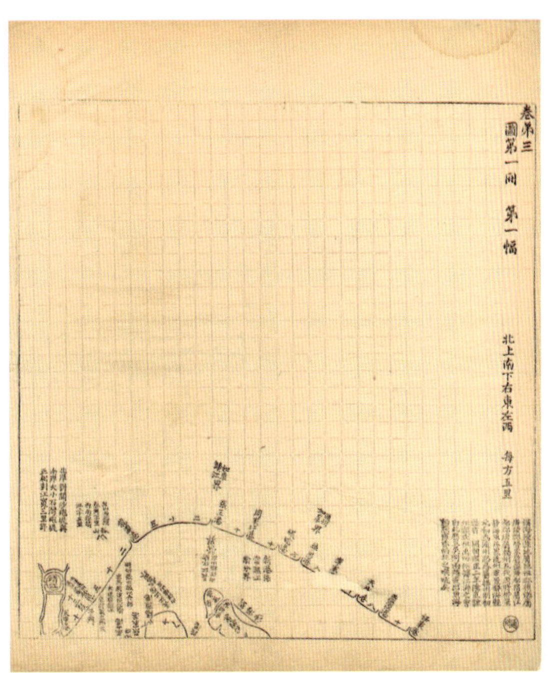

金石類

158.天一閣碑目一卷　〔清〕范懋敏撰　

清嘉慶十三年（1808）刻本　一册一函

每半葉10行，行22字，小字雙行字同，白口，四周單邊，單黑魚尾，半框高20.1釐米，寬14.1釐米。版心上鎸書名，下鎸葉碼。

卷端題“天一閣碑目，司馬公八世孫懋敏葦舟編次，男與齡、遐齡校字，嘉定錢大昕竹汀鑒定，海監張燕昌芑堂、同邑水雲懶生參訂”。

鈐印“李侯”“顯处視月”。

四明范侍郎天一閣藏書名重海內久矣其藏弆碑刻尤富顧世無知之者癸卯夏予遊天台道出鄞老友李匯川始爲予言之亟叩主人啓香廚而出之浩如烟海未遑竟讀今年予復至鄞適海鹽張芑堂以摹石鼓文寓范氏而侍郎之八世孫葦舟亦耽嗜法書三人者晨夕過從嗜好畧相似因言天一石刻之富不減歐趙而未有目錄傳諸世豈非闕事乃相約撰次之拂塵祛蠹手披目覽幾及十日去其重複者自三代訖宋元凡七百二十餘通以時代前後爲次并記撰書人姓名俾後來有攷明碑亦有字畫可喜者以近不著錄仿歐趙之例也予嘗讀弇州續稿中

天一閣碑目

司馬公八世孫懋敏葦舟編次男與齡遐齡校字

嘉定錢大昕竹汀鑒定

海鹽張燕昌芑堂
同邑水　雲懶生　參訂

周

石鼓文

秦

嶧山碑

泰山刻石

天一閣碑目 一

159.竹崦盦金石目録五卷　〔清〕趙魏輯　〔清〕吴士鑒校

Quarto PL2448 .C38x

清宣統元年(1909)刻本　五册一函

每半葉10行，行24字，小字雙行字同，白口，四周單邊，單黑魚尾，半框高18.3釐米，寬14.2釐米。版心上鎸書名，中鎸卷次，下鎸葉碼。

内封題“竹崦盦金石目録”。牌記題“宣統紀元己酉刊於長沙”。卷端題“竹崦盦金石目録，仁和趙魏集，錢塘吴士鑒校”。

鈐印“陳毅”。

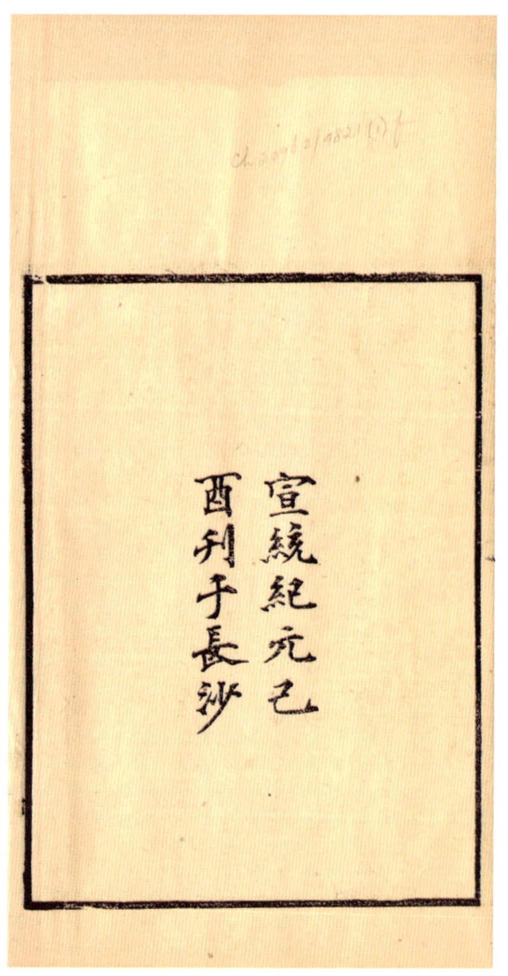

竹崦盦金石目錄卷一

仁和趙　魏集

錢唐吴士鑑校

夏

神禹岣嶁碑

篆書

周

武王銅盤銘

宣王石鼓文

穆王壇山石刻

160.金石圖不分卷 〔清〕褚峻摹 〔清〕牛運震考説 Folio PL2448 .C82x

清乾隆八年（1743）刻本 四册一函

每半葉10行，行20字，小字雙行，字數不等，四周單邊，無魚尾，半框高22.9釐米，寬15.6釐米。

内封題“金石圖”。卷端題“金石圖，郃陽褚峻千峰摹，滋陽牛運震階平説”。

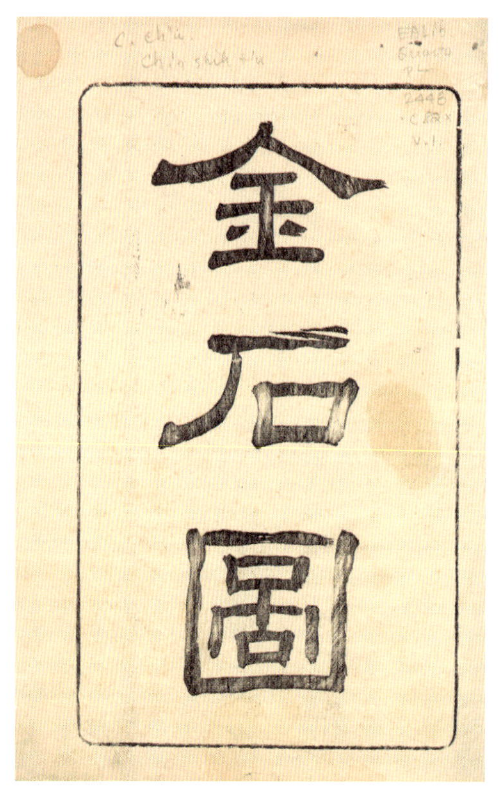

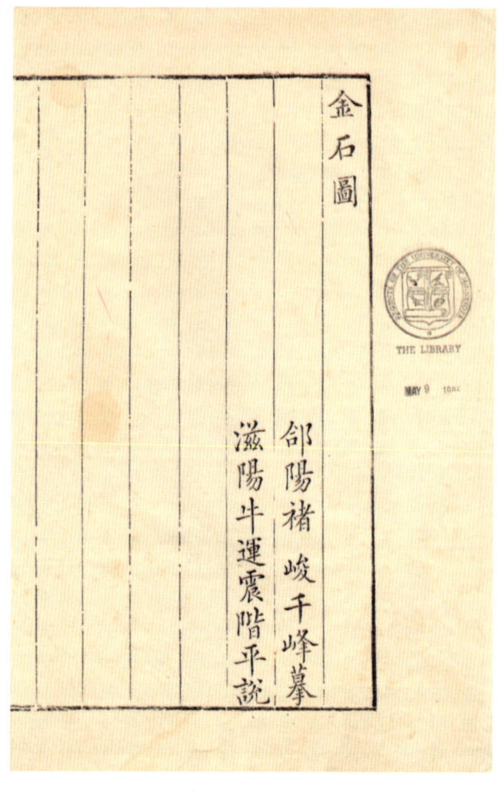

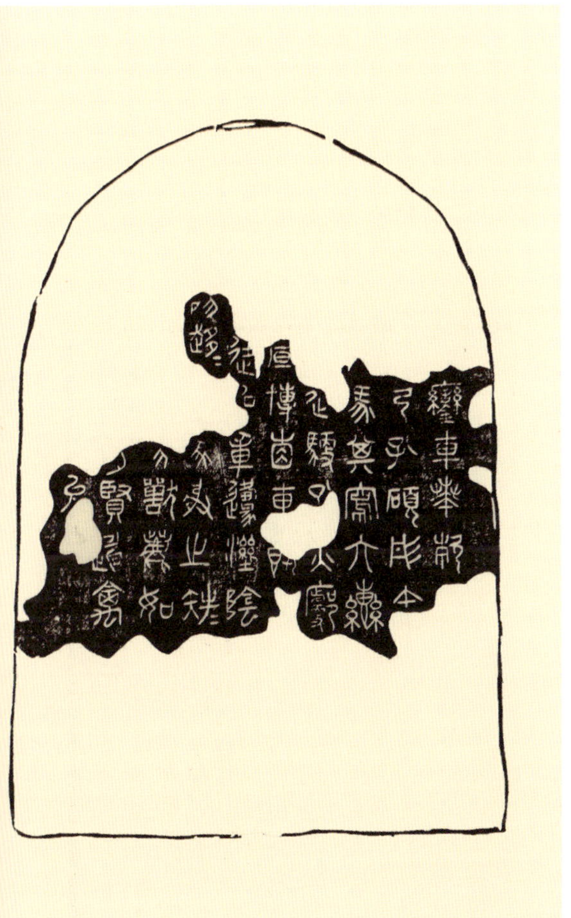

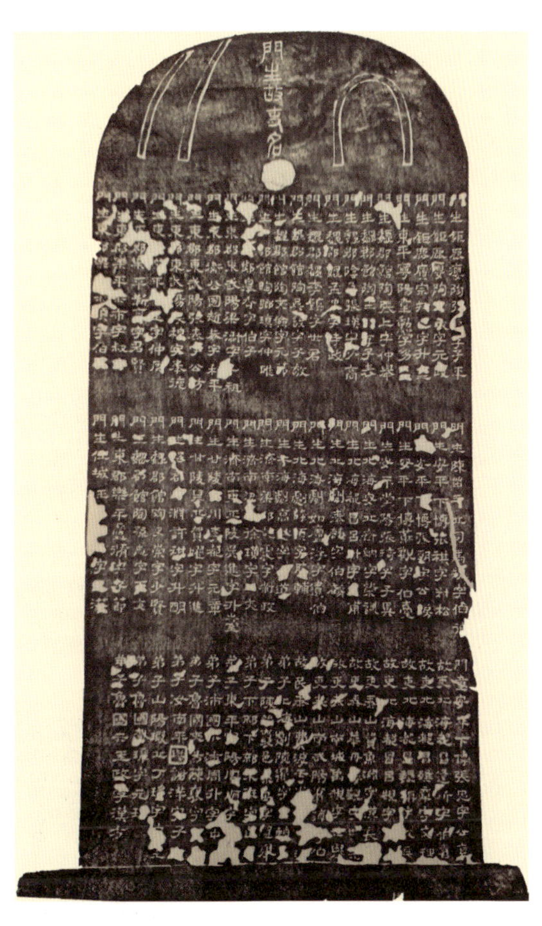

161.求古精舍金石圖四卷　〔清〕陳經撰　

清嘉慶二十三年（1818）陳經説劍樓刻本　三册一函

每半葉9行，行20字，小字雙行字同，黑口，左右雙邊，無魚尾，半框高24.2釐米，寬15.9釐米。版心中鎸書名，下鎸器名及次第。

内封題“求古精舍金石圖，説劍樓雕”。目録端題“求古精舍金石圖”。書名據内封。

鈐印“南陵徐氏季餘珍藏書畫之印”。

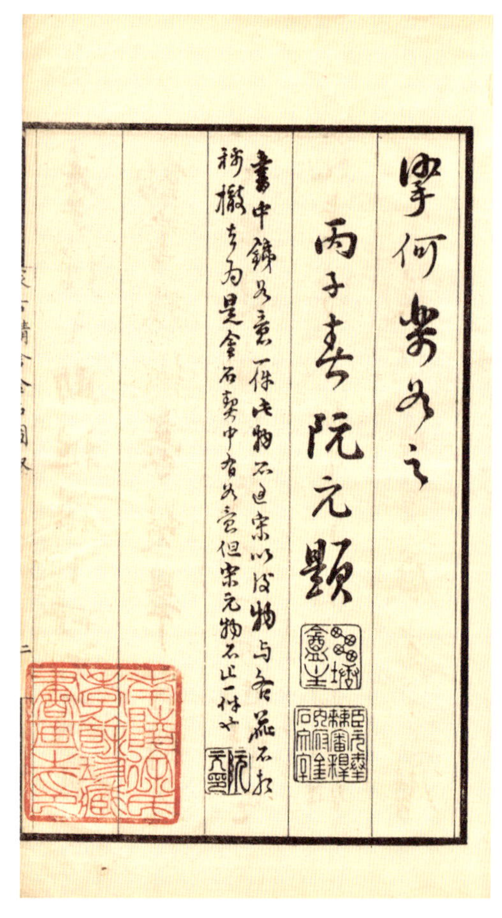

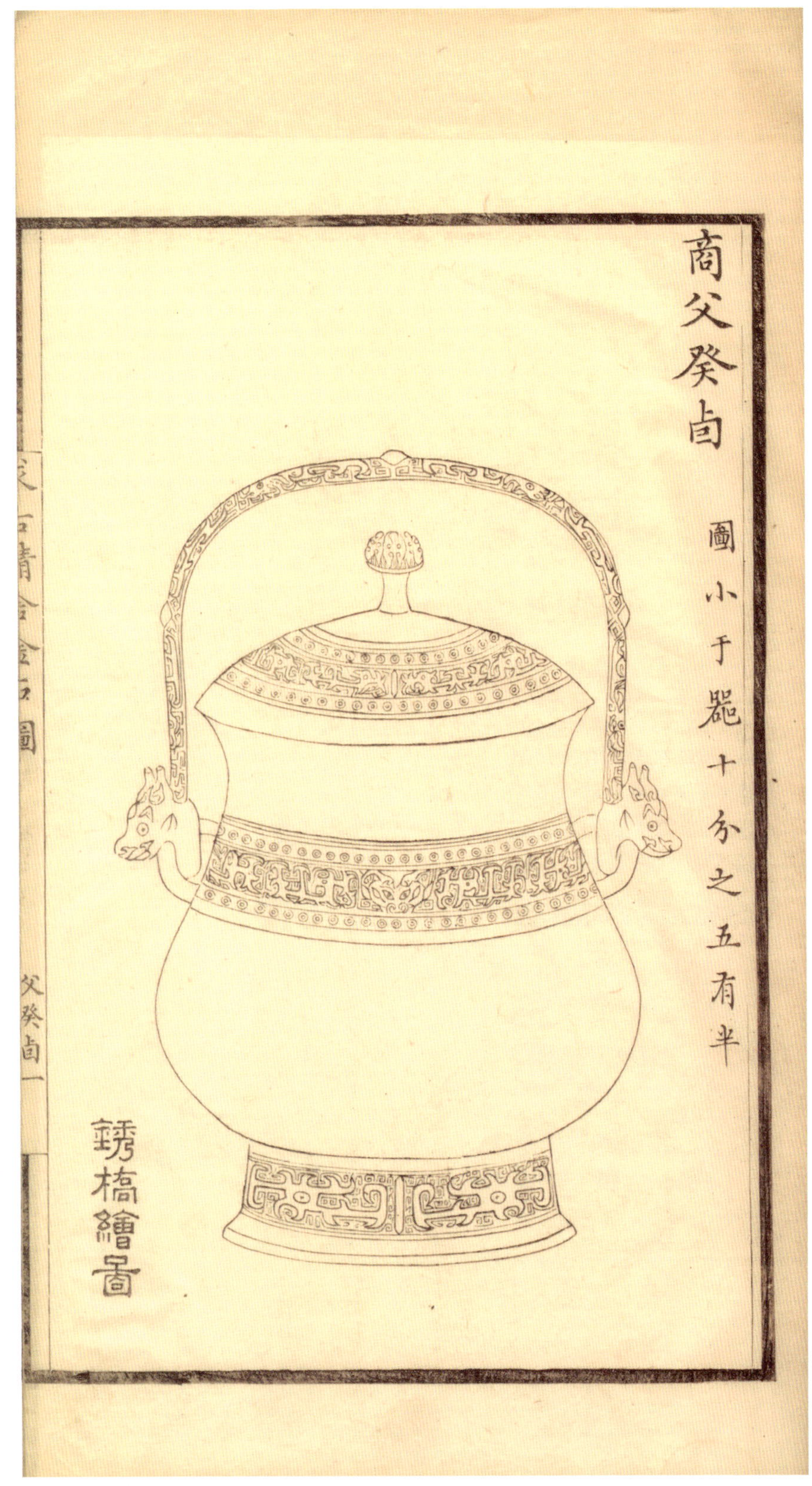
商父癸卣
圖小于器十分之五有半
父癸卣一

162.金石萠不分卷　〔清〕馮承輝撰　

清嘉慶二十三年（1818）石印本　一册一函

内封題“金石萠，雲間馮少眉影摹金石拓本上版刊者，金陵鎦貢九，時嘉慶戊寅春日印行”。書名據内封。

C.H. Feng
Chin shih peh

金石萠

雲間馮少眉影摹金石拓本上版栞者
金陵鎦貢九時嘉慶戊寅春日印行

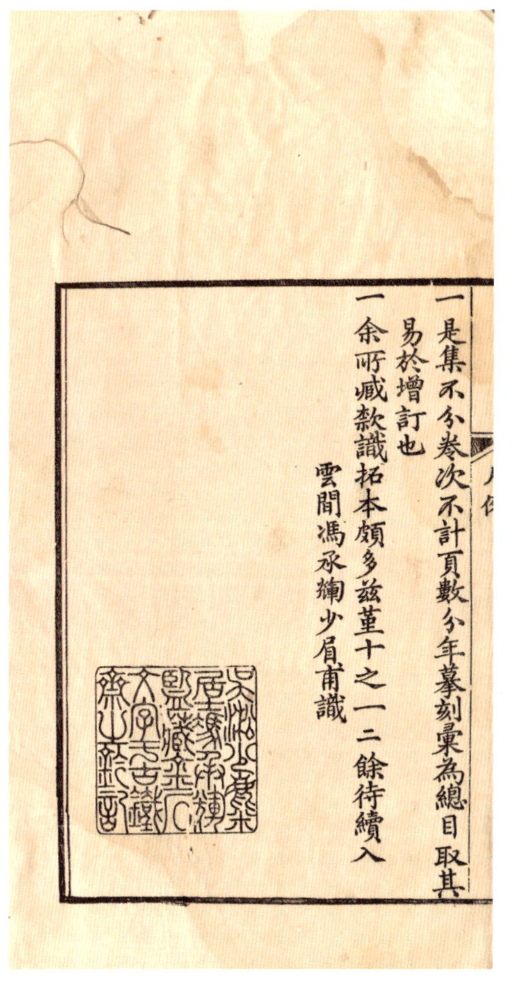

一是集不分卷次不計頁數分年摹刻彙為總目取其易於增訂也
一余所藏款識拓本頗多茲葺十之一二餘待續入
雲間馮承輝少眉甫識

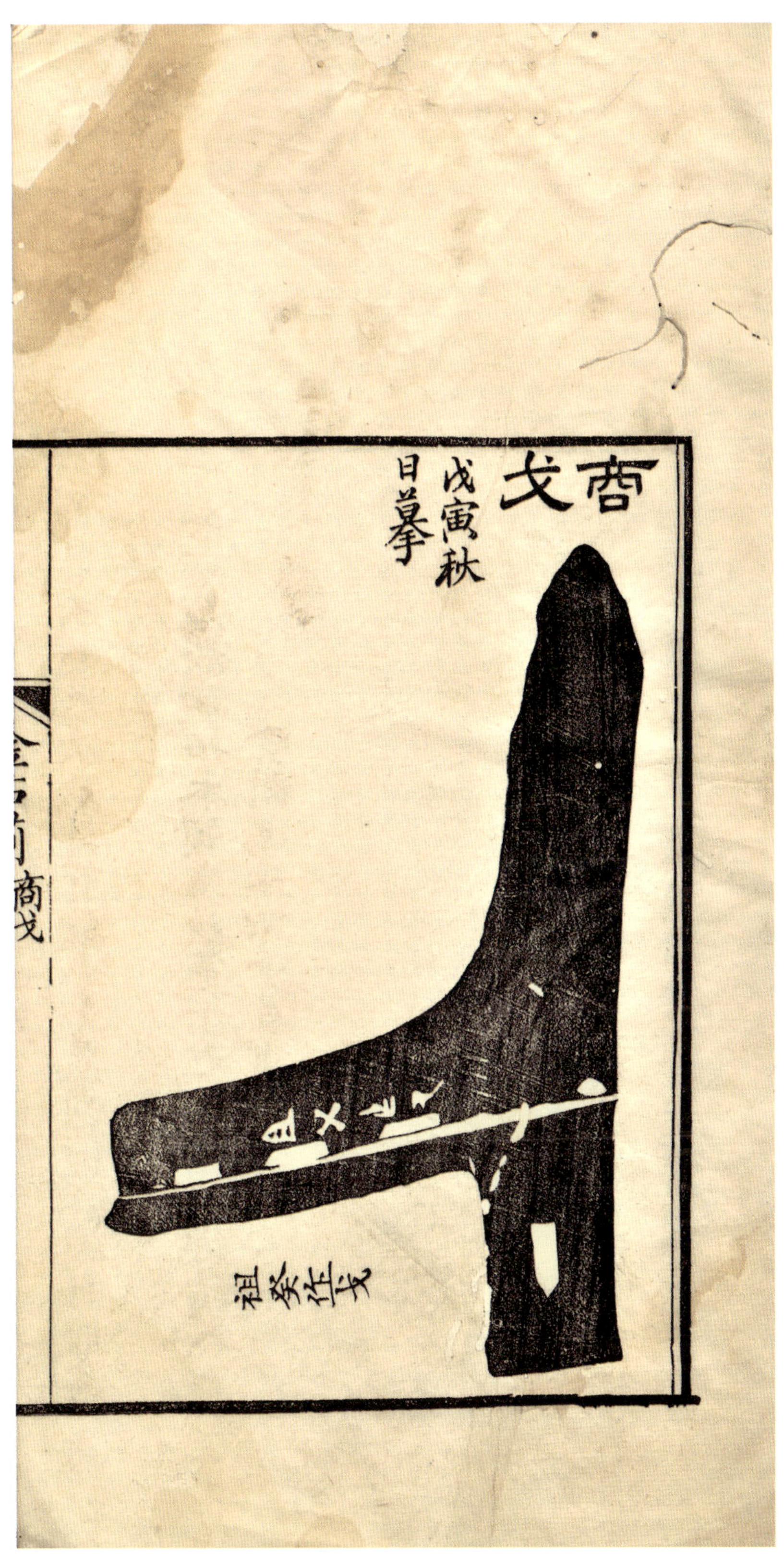
商戈
戊寅秋日摹
祖癸丝戈
金石萃商戈

163.金石索十二卷首一卷　〔清〕馮雲鵬、馮雲鵷編　Folio PL2448 .F4 1821

清道光元年(1821)嵫陽署齋刻本　十二册二函

白口，單黑魚尾，半框高26.8釐米，寬22釐米。版心上鎸“金索”，下鎸“邃古齋藏”。

内封題“道光元年開鎸，金石索，雙桐書屋藏板”。卷端題“金索，紫琅馮雲鵬晏海氏、雲鵷集軒氏同輯”。卷末牌記題“道光元年四月朔日鏤板於嵫陽署齋，於時日月合璧五星聯珠記之”。書名據内封。

道光元年開鎸
金石索
雙桐書屋藏板

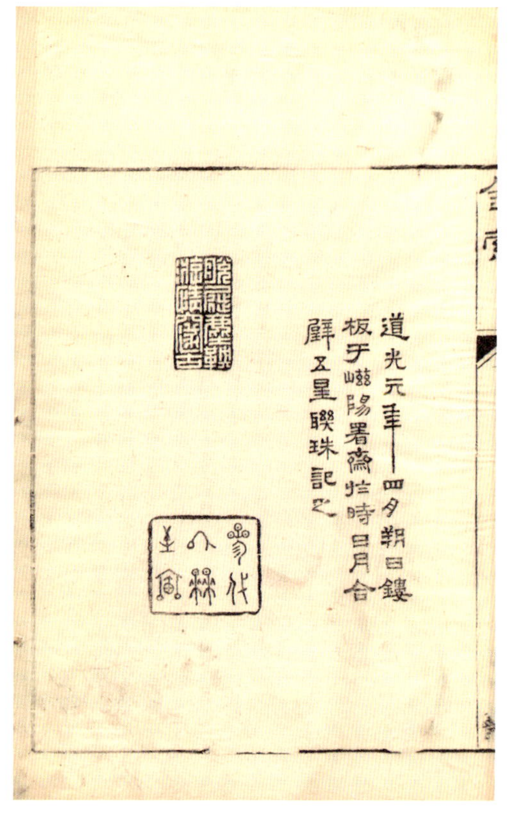
道光元年四月朔日鏤
板于嵫陽署齋於時日月合
璧五星聯珠記之

金索一

紫琅馮雲鵬晏海氏
雲鵷集軒氏同輯

鐘鼎之屬

泰古之世啜土塯飯土形而已無所謂鐘鳴鼎食也無所謂爵鹿相桓也三代而後日趨于文范金鑄辭可欽可寶惟是歲遠器淪索不多得就遍日所獲與所見者而手摹之亦彪炳可觀自商而下凡敦盟彝洗之類得數十事皆從鐘鼎之屬

164.兩漢金石記二十二卷　〔清〕翁方綱撰　

清乾隆五十四年（1789）南昌使院刻本　六册一函

每半葉10行，行20字，小字雙行字同，白口，左右雙邊，單黑魚尾，半框高20.6釐米，寬15.1釐米。版心中鎸書名及卷次，下鎸葉碼。

内封題“兩漢金石記，乾隆五十四年己酉秋八月鋟於南昌使院，凡廿二卷，北平翁方綱”。卷端題“兩漢金石記，日講起居注官文淵閣直閣事詹事府詹事兼翰林院侍讀學士大興翁方綱”。外封墨筆題“民國卅年春以價洋□元購藏是書，共六册，計二十二卷，并蓋予珍藏印於書之首末，用昭其重。洗塵館主吴璧臣記”。

鈐印“吴璧臣”“吴璧臣珍藏印”。

按：館藏缺卷二十二末兩葉。吴璧臣，清末民國上海著名收藏家，室名“來蘇樓”，經營“四古齋”古董文物店，1905年與工藝局總辦沈景臣創辦山東第一家石印館——大公石印館。

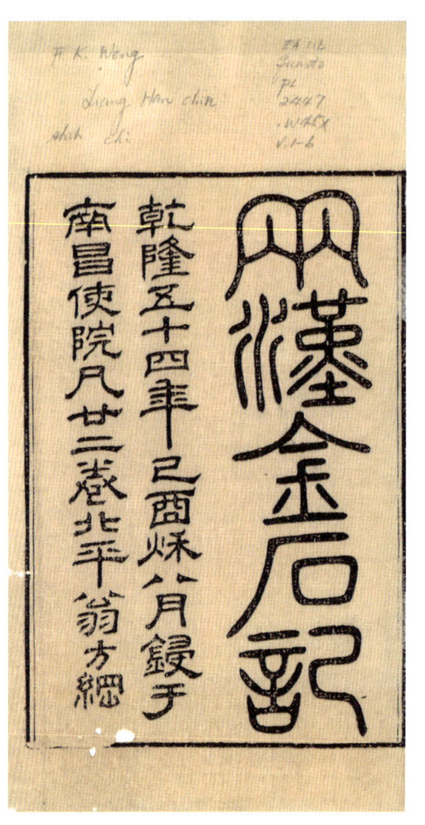
兩漢金石記
乾隆五十四年己酉秋八月鋟于
南昌使院凡廿二卷北平翁方綱

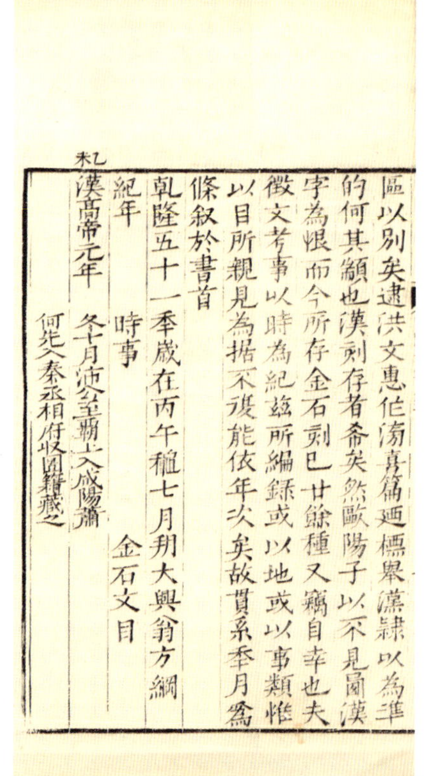
區以別矣逮洪文惠偏滂喜篇迺標舉漢隸以為準
的何其顏也漢刻存者希矣然歐陽子以不見圖漢
字為恨而今所存金石刻已廿餘種又竊自幸也夫
徵文考事以時為紀茲所編錄或以地或以事類惟
以目所親見為据不獲能依年次矣故貫系季月爲
條叙於書首
乾隆五十一季歲在丙午秋七月朔大興翁方綱
紀年　時事　金石文目
漢高帝元年　冬十月沛公至霸上入咸陽蕭何先入秦丞相府收圖籍藏之

兩漢金石記卷第一

日講起居注官文淵閣直閣事詹事府詹事兼翰林院侍讀學士大興翁方綱

年月表

柳子厚論文之言曰近古而尤壯麗莫若漢之西京惟書亦然夫東漢之文音情藻采過於西漢而柳子獨以壯麗推西漢何哉有虞氏之泰尊夏后氏之山罍殷之著周之犧象灌尊夏后氏以雞彝殷以斝周以黃目由質而文固其勢也故曰公侯之有冠禮也夏之末造也黃山谷亦云以古人爲師以質厚為本盖許叔重爲說文解字源六書沿八體而秦篆漢篆

165.金石萃編一百六十卷 〔清〕王昶撰 PL2448 .W32x

清光緒十九年(1893)上海醉六堂鴻寶齋石印本 十八册二函

内封題“青浦王述菴先生纂,金石萃編,吴俊書眉”。牌記題“光緒癸巳五月上海醉六堂印,鴻寶齋石印”。卷端題“金石萃編,賜進士出身誥授光禄大夫刑部右侍郎加七級王昶撰”。

鈐印“金石淵藪”“味古齋原本”“好古敏求”“先得我心”“醉六”。

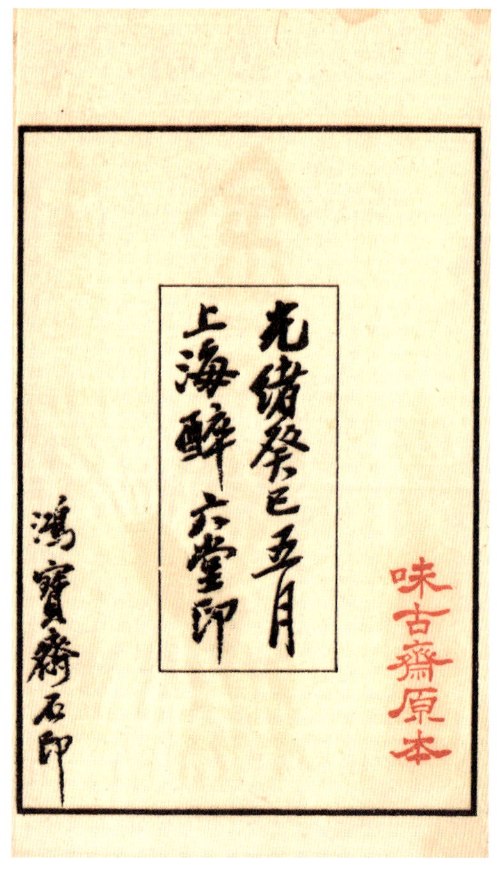

金石萃編卷一

賜進士出身　誥授光祿大夫刑部右侍郎加七級王昶譔

周宣王石鼓文

鼓凡十每鼓約徑三尺餘其第一十一行行六字第二九行行七字第三四皆十行行七字第五十一行六字第六十一行上半曉闕每行止存四字第九十五行行五字其七八十三鼓剝蝕過甚行字數俱不可紀今在國子監大成門左右

第一鼓

避車既工避馬既同避車既好避馬既

騂君子員邋員斿麀□速〻君子之求□

角弓〻兹以寺避毆其□其來趩〻□□即

避即時□□趚〻其來大□避毆其樸其

□□射其豬蜀

避車既工避馬既同避車既好避馬既騂君子員〻邋

〻員斿麀(鹿)速〻君子之求(孫〻)鹵弓〻兹目寺避毆

其(時)其來趩〻趩〻(鑣〻)即避即時(麀鹿)趚〻其來大

□避毆其樸其(來遺〻)射其豬蜀

第二鼓

□殹沔〻丞淖淵□□鰋止君子□止

澫又魚其斿□。帛魚鱳〻其盜氏鮮黃帛

其鳊又□又鮊□胡□□□□止□〻□。

□□□□□隹鱮□□□□□□止隹楊及

柳

(汧)殹沔〻丞〻敓淖淵(鰋鯉)處之君子(漁)之澫又魚其

斿(遊〻)帛魚鱳〻其盜氏鮮黃帛其鳊又鲔又鮊(其)胡

孔(庶)(鱟)之毚〻逕〻(趕〻其魚隹可)隹鱮(隹鯉可)目橐

之隹楊及柳

第三鼓

田車□安(鋚勒)□□既簡左驂旛〻

驂騝〻避以隮于邍避□止陕宮車其寫

秀弓寺射麋豕孔庶麀鹿雉兔其遠

又旆其□趬〻大□出各亞□□昊□執而

勿射多庶□□君子逌樂

田車(既)安鋚勒(騂〻避眾)既簡左驂旛〻右驂騝〻避

目隮于邍避(戎)止陕宮車其寫秀弓寺射麋豕孔庶麀

鹿雉兔其(遠)又旆其□趬〻大□出各亞□□昊□執而

勿射多庶趮〻君子逌樂

第四鼓

□□鑾車□敕□□□□弓孔碩彤矢□

□□馬其寫六轡□□徒馭□□□□□

□□□車□□□徒如章邍濕陰陽趍〻

166.金石續編二十一卷首一卷　〔清〕陸耀遹纂　〔清〕陸增祥校

清光緒十九年(1893)上海醉六堂石印本　六册一函

内封題“武進陸紹聞先生纂，金石續編，吳俊書眉”。牌記題“光緒癸巳仲夏上海醉六堂印”。卷端題“金石續編，武進陸耀遹纂，太倉陸增祥校訂”。

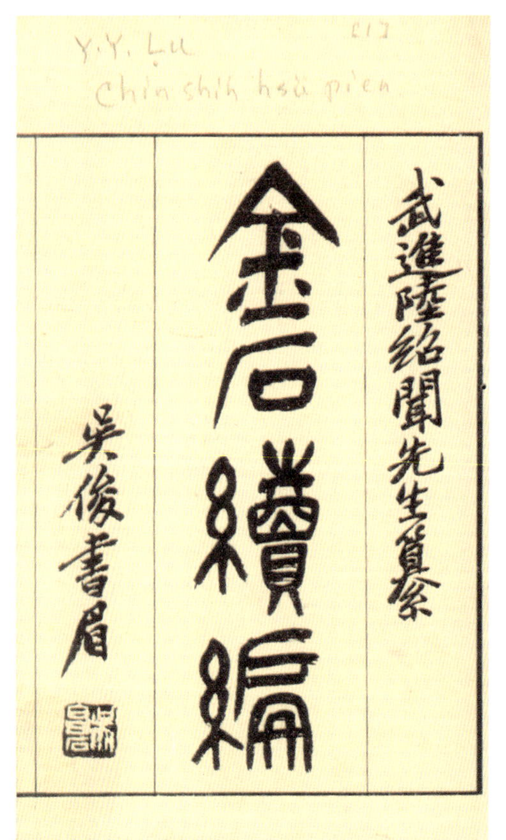

Y.Y. Lu
Chin shih hsü pien
[1]

武進陸紹聞先生篹

金石續編

吳俊書眉

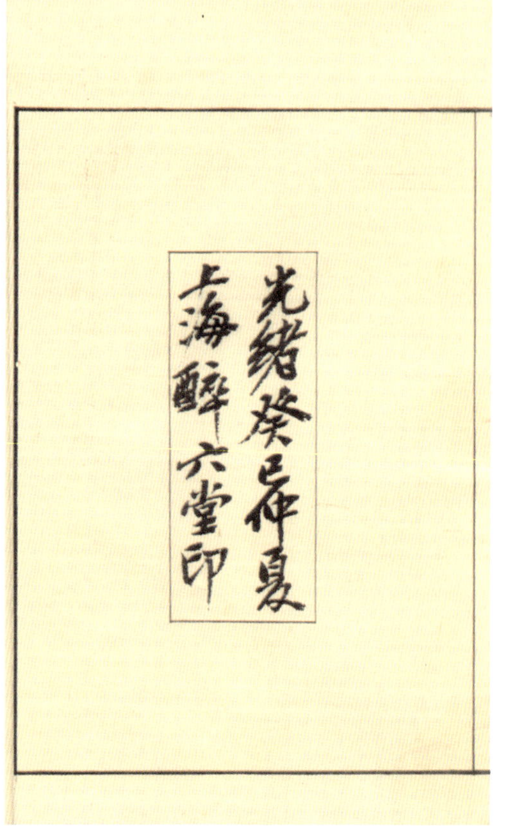

光緒癸巳仲夏
上海醉六堂印

金石續編卷第一

武進陸耀遹纂　太倉陸增祥校訂

漢

成山宮銅渠斗款

神爵四年篆書在陽湖董氏

神爵四年漢宣帝即位之十六年其明年改元五鳳矣東萊郡有成山太始三年武帝幸琅邪禮日成山神爵閒立成山日祠於不夜地理志不夜有成山日祠文選子虛賦張楫注曰成山在東萊掖縣於其上築宮闕此云成山宮殆即是此葢立祠時所造也此器本先生所藏而編中僅列諸目未錄其文殆忽於易耳繼爲董方立索去隨轉呂氏迨經兵燹呂氏所蓄蕩然無存即非灰燼亦僑瓦礫矣噫以數千年之故物幸顯於世不久仍晦何其厄也然猶幸爲先生所得尚存其名於斯編俾後來者古之士尚可攷而知之其不幸而爲傖夫所有舉世莫得而知之雖顯猶晦者正復不知凡幾故凡編中有目無文者悉仍其名以俟補輯陸增祥志

萊子侯石刻

高一尺五寸廣二尺二寸七行行五字隸書在山東鄒縣孟廟

始建國天鳳三季二月十三日萊子侯爲支人爲封使偖子食等用百余人後子孫毋壞敗

嶧山西南廿里曰臥虎山山陽皆土一石直南北臥山足地勢高平儼然堂基此其西南隅附土者也形方長上微弓中鑿爲二色純青而堅西側近南處瑩如碧玉之璞面正平不加追琢刻字其上以周尺度之斷以南餘三尺許方二尺八寸隸七行行五字字徑二寸五分界以豎格四線圍之外刻粗斜紋二寸作邊則石盡矣其詞曰始建國天鳳三年二月十三日萊疑萊子國在今萊州府去此太遠檢漢書亦不得葢莽之世官封地名更易紛然當時或不盡知史不困事不盡見也抑或是他字子侯爲支人爲封使偖李岫仙云其字作偖釋備字疑子食等用百宗二字疑岫仙云碑作余非宗字古字用中旁故餘省作余人後子孫毋壞敗計三十五字疑者四與曲阜五鳳二年刻永平鄐君摩崖是一家眷屬葢未分隸初體也獨念地非幽僻從古地志金石諸家均未著錄且久歷雨淋日炙敲火礪角之刼而歸然煥然待時而顯何與殆天以人理滅絕至莽已極尚有此好義敦睦之士足以扶道教而植人紀故愛護閟惜不使霾沒與余既刻誌歲月緣起於石側復詳爲之跋得石後三月顏逢甲書

此石在鄒縣南臥虎山下幾二千季無人知者嘉慶廿二年秋日士人孫生容王輔仲見之與滕縣孝廉

167.欽定西清古鑒四十卷附錢録十六卷　〔清〕梁詩正等纂

清光緒十四年(1888)邁宋書館銅板印本　二十四册三函

每半葉10行，行18字，白口，四周雙邊，雙對黑魚尾，半框高29.2釐米，寬22.5釐米。版心上鐫書名，中鐫小題及葉碼。

内封題“欽定西清古鑒”。牌記題“光緒十四年邁宋書館在日本銅鐫”。目録端題“西清古鑒”。書名據内封。

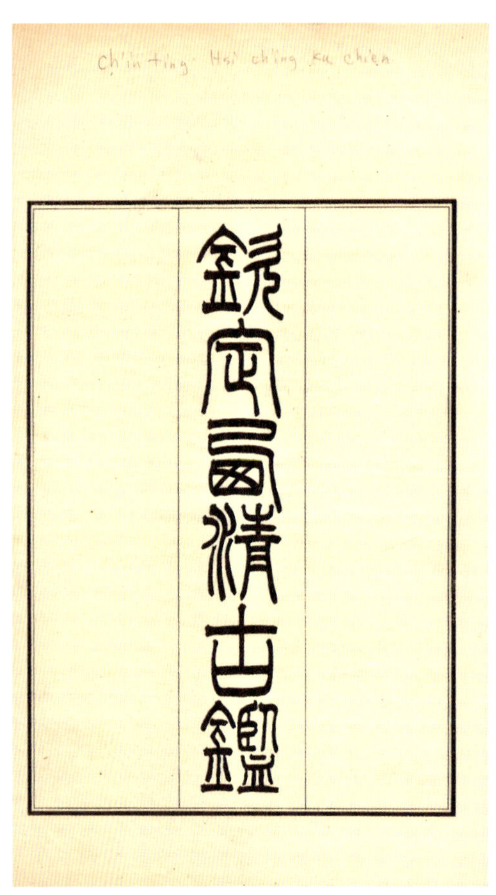

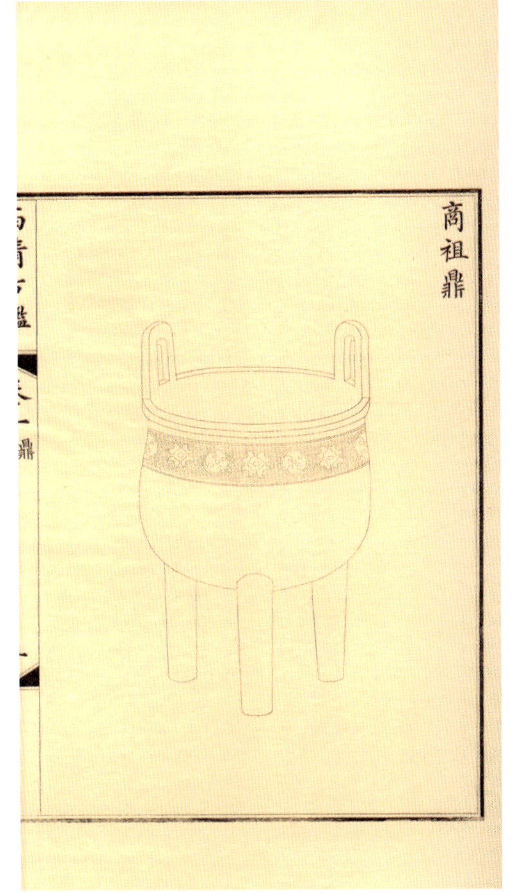

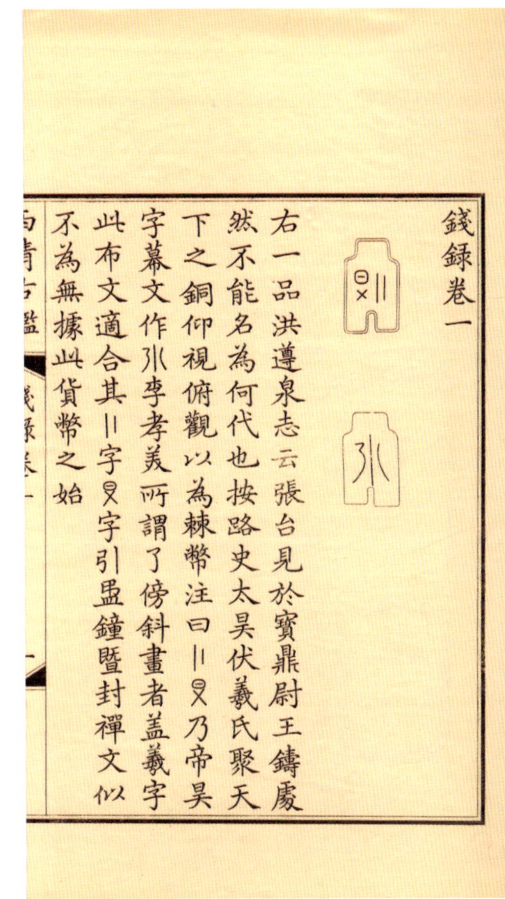

錢録卷一

右一品洪遵泉志云張台見於寶鼎尉王鑄處然不能名為何代也按路史太昊伏羲氏聚天下之銅仰視俯觀以為棘幣注曰‖目乂乃帝昊字幕文作氵八李孝美所謂了傍斜畫者蓋羲字此布文適合其‖字目乂字引盄鐘暨封禪文似不為無據此貨幣之始

西清古鑑　錢録卷一

168.吳郡金石目一卷 〔清〕程祖慶撰

清光緒三年（1877）滂喜齋叢書本 一册一函

每半葉12行，行20字，小字雙行字同，黑口，左右雙邊，單黑魚尾，半框高17.6釐米，寬13.3釐米。版心上鎸書名，下鎸葉碼。

内封題“吳郡金石目”。牌記題“光緒三年八囍齋刊”。卷端題“吳郡金石目”。

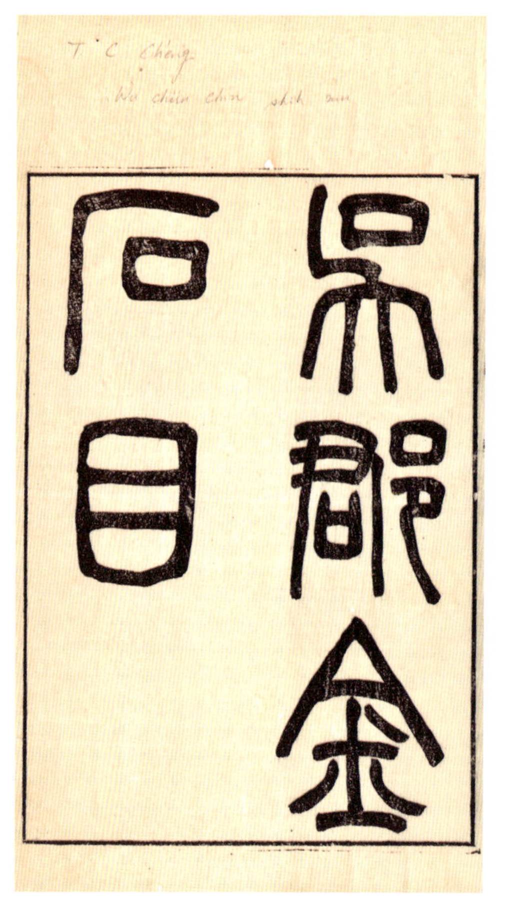

吳郡金石目

晉太康八年甎　文曰大康八年七月十七日吳賀申作十七字左側吳工行三字反文皆八分書字徑寸許乾隆乙巳出洞庭湖鈕布衣樹玉得之今制爲硯藏嘉定瞿氏古泉山館

隋上方山寺王以成題記　文曰大隋大業七年辛未歲七月甲申朔乙酉造邑主王以成凡廿四字八分書徑六寸許按上方山古謂之横山寺名楞伽爲宋寶積治平二寺今止存治平此刻未見前人著錄近代講金石家謂文刻於塔盤誤乃刻於井口之圓石版因譌爲盤耳

唐褚河南書枯樹賦　在太倉吳氏祠壁正書文與

169.粵東金石略九卷首一卷附二卷　〔清〕翁方綱撰　Quarto PL2448 .W45x

清乾隆間刻本　五册一函

每半葉10行，行22字，小字雙行，字數不等，白口，左右雙邊，單黑魚尾，半框高19.6釐米，寬13.5釐米。版心中鎸書名及卷次，下鎸葉碼。

卷端題"粵東金石略，日講起居注官翰林院侍讀學士廣東學政臣翁方綱恭録"。

鈐印"易"、"仁永印信長壽"、"□鉢"（連珠印）。

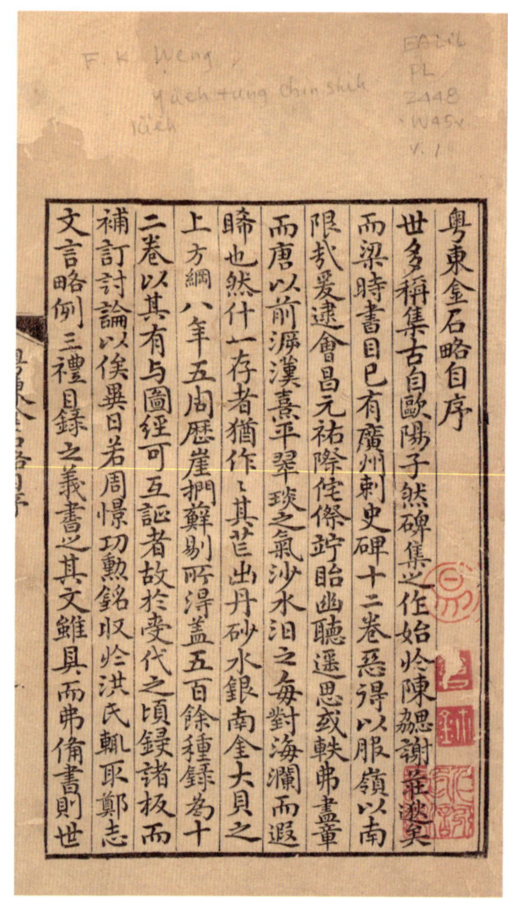

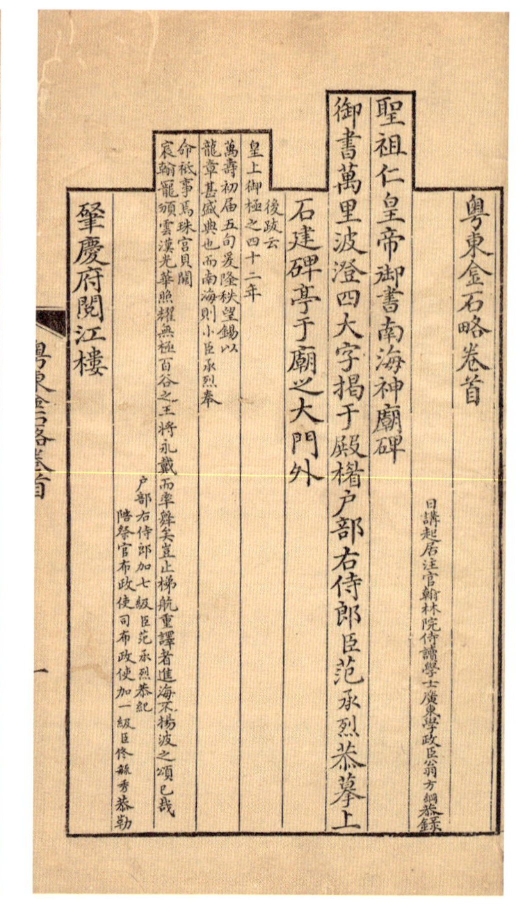

粤東金石略卷第一

廣州府金石一

至聖先師像碑

先師像碑在廣州府學後圃畨山燕居亭摹吴道子筆也

左有篆書

宣聖遺像四字右有八分書一段叙摹勒原委至正五年

乙酉正月望日中奉大夫廣東道宣慰使都元帥僧家

奴記承直郎廣東道宣慰使司都元帥府經歷貢師譓

篆額廣東憲曹天台張謳書

宣聖兖公小影碑

170.**西清續鑒甲編二十卷附録一卷**　〔清〕王杰等撰　NK7983.2 .X751 1911

清宣統三年（1911）上海商務印書館石印本　二十册二函

按：館藏存卷十二至二十、附録一卷。

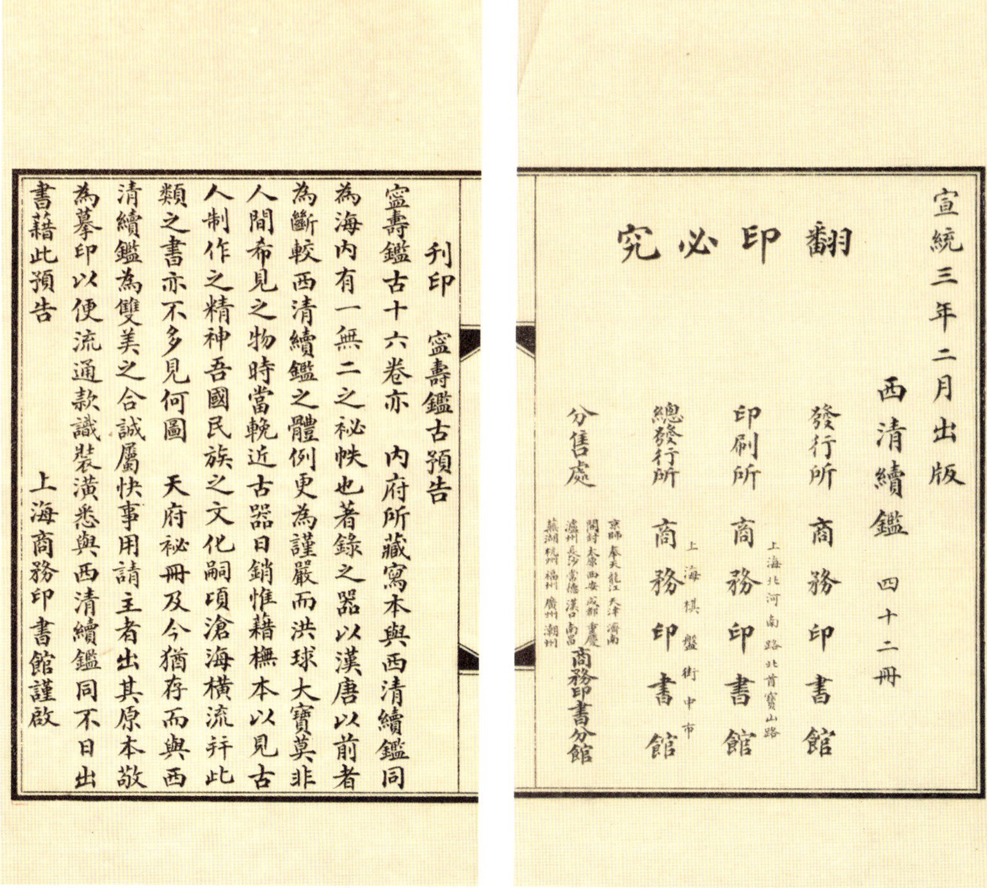

刊印　寍壽鑑古預告

寍壽鑑古十六卷亦　內府所藏寫本與西清續鑑同為海內有一無二之祕帙也著錄之器以漢唐以前者為斷較西清續鑑之體例更為謹嚴而洪球大寶莫非人間希見之物時當輓近古器日銷惟藉槧本以見古人制作之精神吾國民族之文化嗣頊滄海橫流幷此類之書亦不多見何圖　天府祕冊及今猶存而與西清續鑑為雙美之合誠屬快事用請主者出其原本敬為摹印以便流通款識裝潢悉與西清續鑑同不日出書藉此預告

上海商務印書館謹啟

宣統三年二月出版

西清續鑑　四十二冊

發行所　商務印書館

上海北河南路北首寶山路

印刷所　商務印書館

上海棋盤街中市

總發行所　商務印書館

分售處　京師 奉天 龍江 天津 濟南 開封 太原 西安 成都 重慶 瀘州 長沙 常德 漢口 南昌 蕪湖 杭州 福州 廣州 潮州 商務印書分館

翻印必究

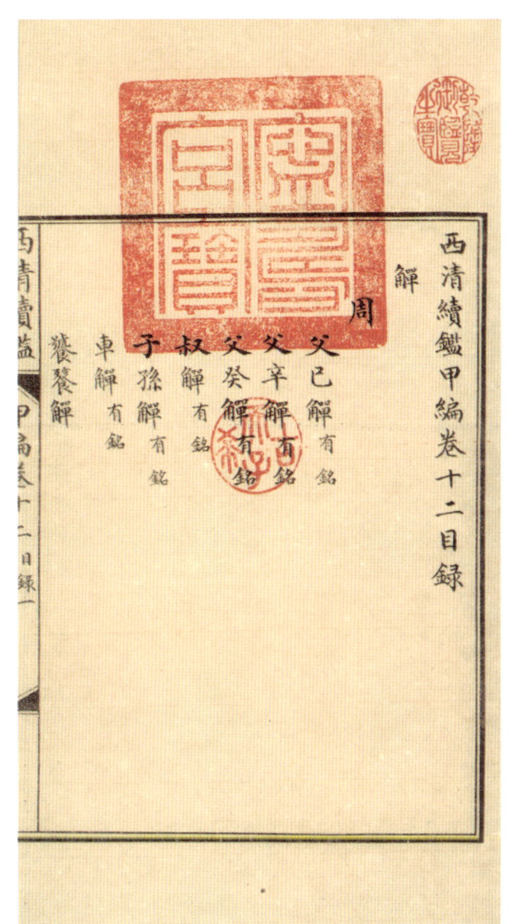
西清續鑑甲編卷十二目録

周
解
父已解有銘
父辛解有銘
父癸解有銘
叔解有銘
子孫解有銘
車解有銘
饕餮解

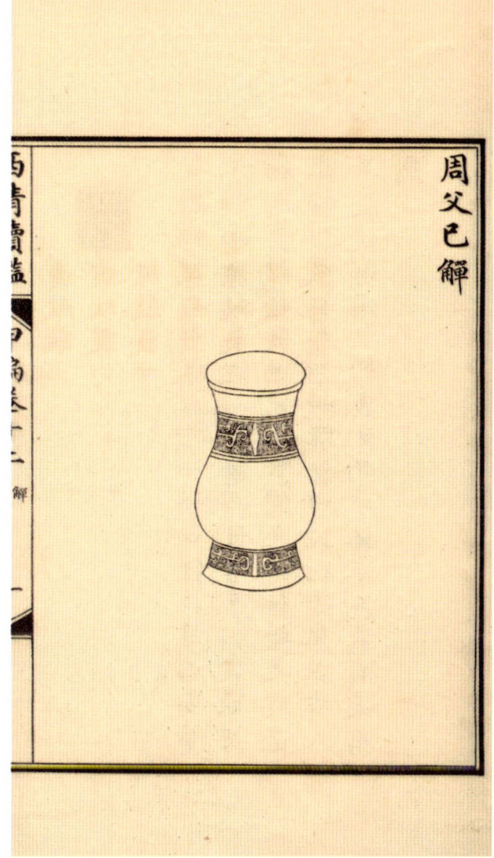
周父已解

171.兩罍軒彝器圖釋十二卷　〔清〕吴雲撰　

清同治十一年（1872）吴氏刻本　六册一函

每半葉10行，行22字，白口，左右雙邊，無魚尾，半框高19.3釐米，寬13.7釐米。版心上鎸書名及卷次，中鎸器名，下鎸葉碼。

内封題“同治十有一年秋九月，兩罍軒彝器圖釋，德清俞樾署檢”。卷端題“兩罍軒彝器圖釋”。

鈐印“對云盦”。

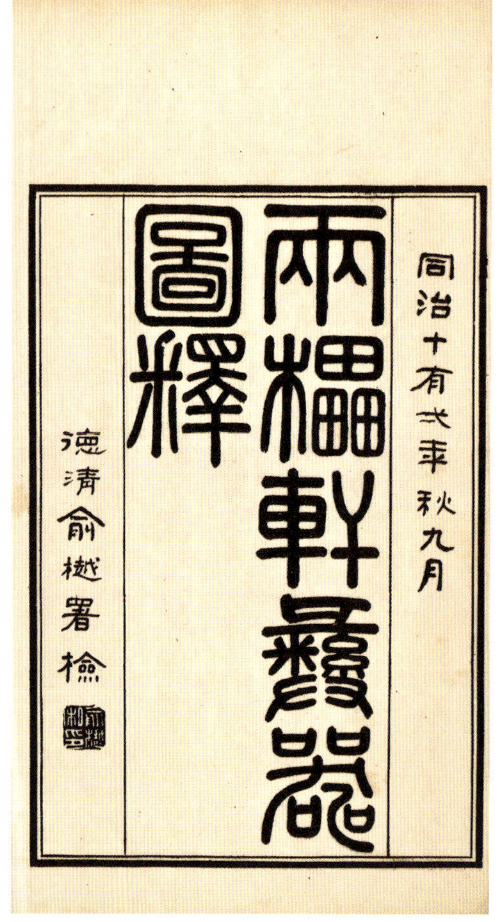
同治十有一年秋九月
兩罍軒彝器圖釋
德清俞樾署檢

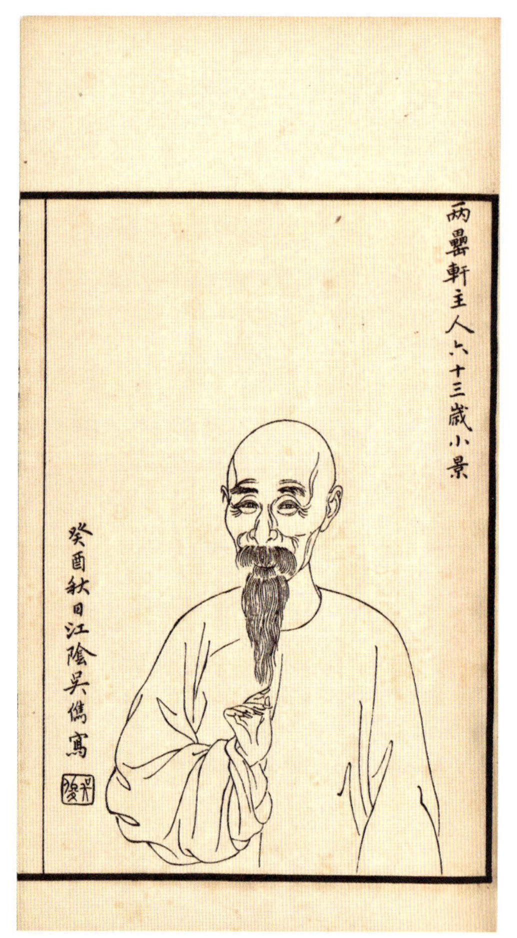

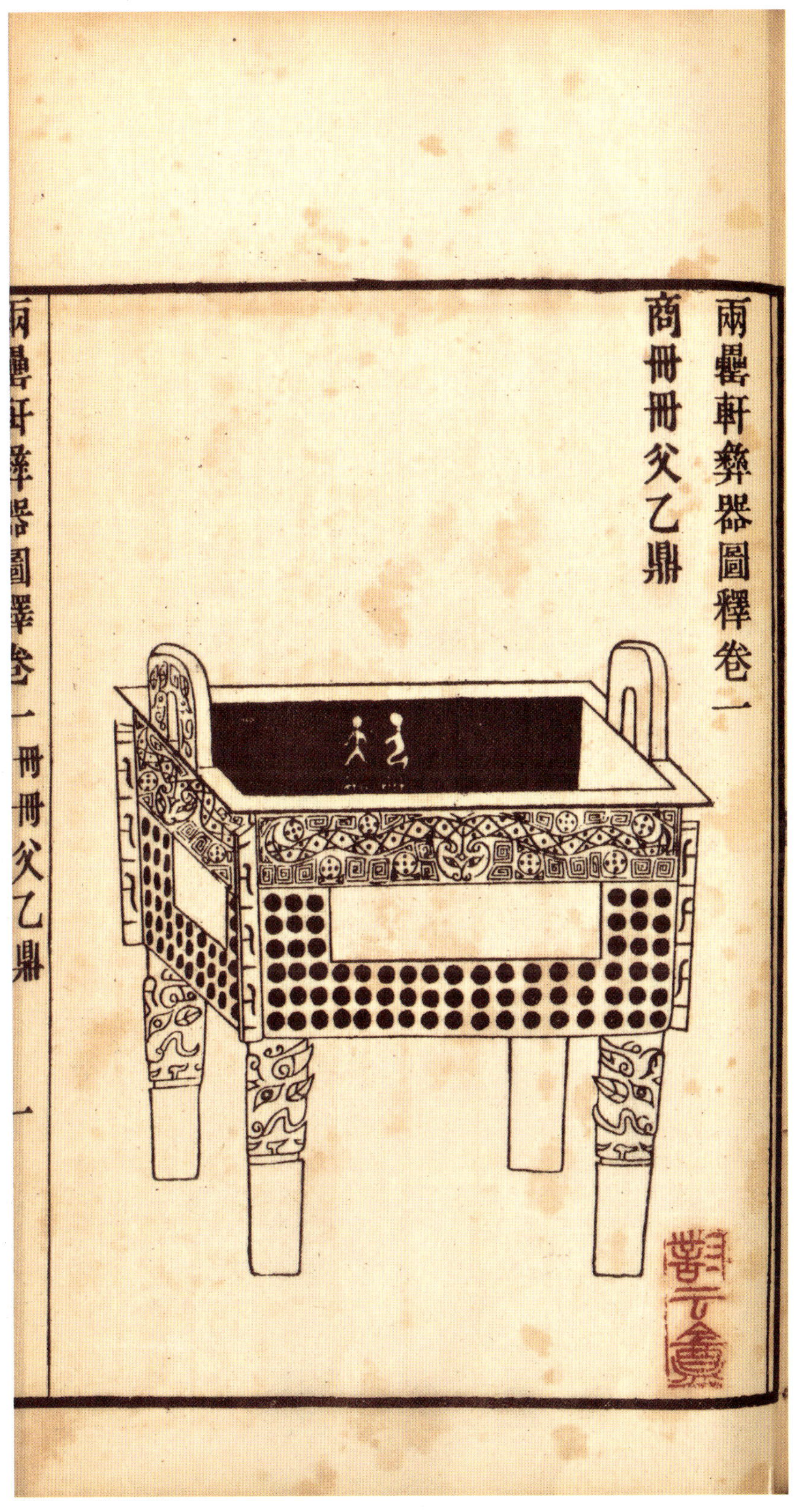
兩罍軒彝器圖釋卷一
商冊冊父乙鼎
兩罍軒彝器圖釋卷一 冊冊父乙鼎 一

172.積古齋鐘鼎款識稿本四卷附一卷　〔清〕朱爲弼撰　〔清〕阮元編録

清光緒三十二年（1906）石印本　三册一函

内封題“積古齋鐘鼎款識稿本，甲戌正月庸齋峴題記”。卷端題“積古齋鐘鼎彝器款識，揚州阮氏編録”。

鈐印“大興周咨度收藏金石書畫印”“咨度藏”。

按：周振湘，民國收藏家，字咨度，號淡翁，生於晚清，北京大興人。

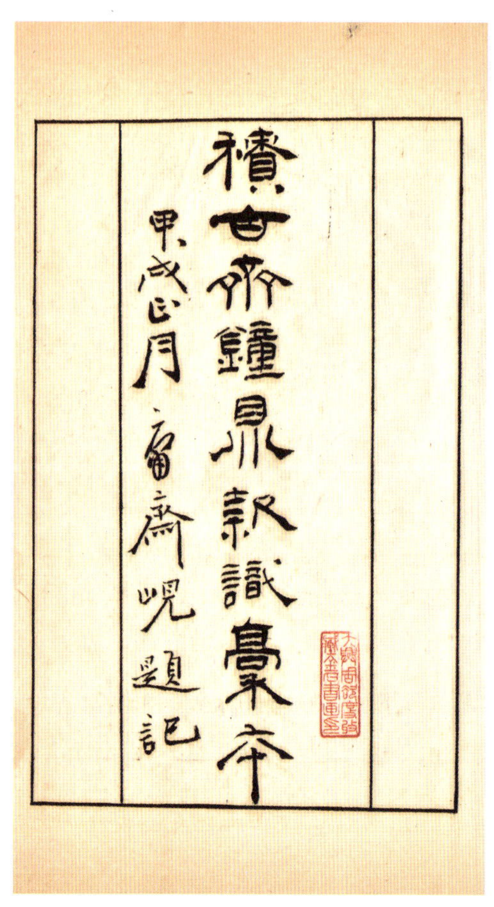

積古齋鐘鼎款識槀本

甲戌正月庸齋峴題記

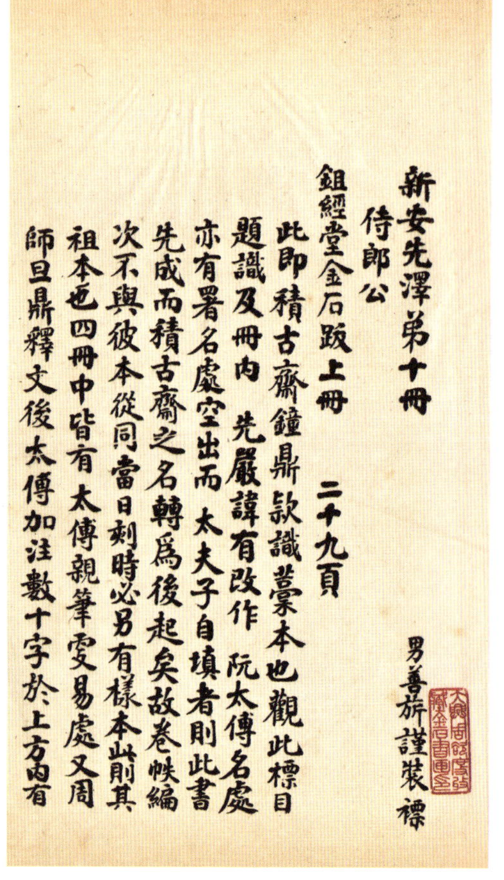

新安先澤弟十册

侍郎公

鉏經堂金石跋上册　二十九頁

此即積古齋鐘鼎款識槀本也觀此標目

題識及册內　先嚴諱有改作　阮太傅名處

亦有署名處空出而　太夫子自填者則此書

先成而積古齋之名轉爲後起矣故卷帙編

次不與彼本從同當日刻時必另有樣本此册其

祖本也四册中皆有　太傅親筆更易處又周

師旦鼎釋文後太傅加注數十字於上方內有

男善旂謹裝褾

積古齋鐘鼎彝器款識卷一　揚州阮氏編録

商器款識

商董武鐘

戊起
動武鎛
用兵疆

右商董武鐘銘十字不可識本見宋王復（者一字未據　榻本摹入海鹽王蓉若所藏云）
齋厚之鐘鼎款識動古通董周禮春官大祝辨
九𢷎四曰振動鄭大夫云動讀為董書亦或為董

173.從古堂款識學十六卷　〔清〕徐同柏釋文　〔清〕徐士燕録

清光緒三十二年(1906)蒙學報館石印本　十六册二函

内封題“從古堂款識學十六卷”。牌記題“光緒三十二年十月邑後學吴受福署耑，蒙學報館影石校印”。卷端題“從古堂款識學，嘉興徐同柏壽臧釋文，男士燕樵録”。

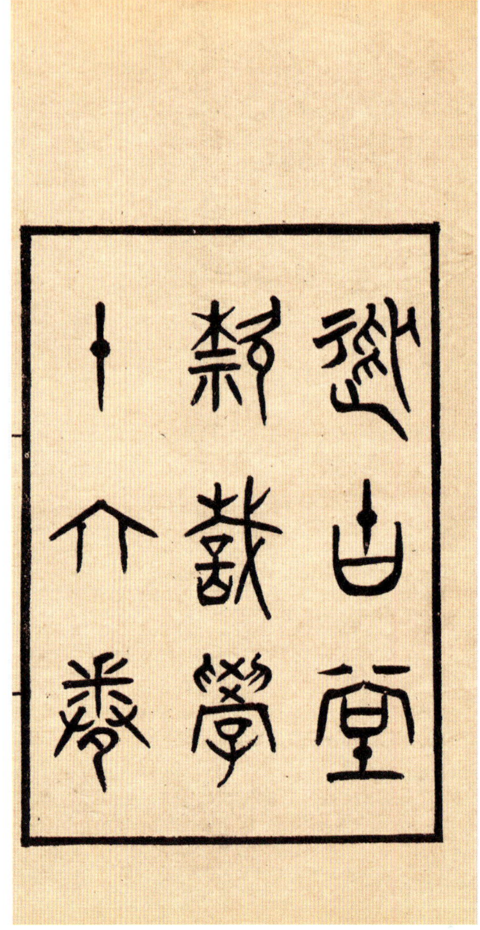
從古堂
款識學
十六卷

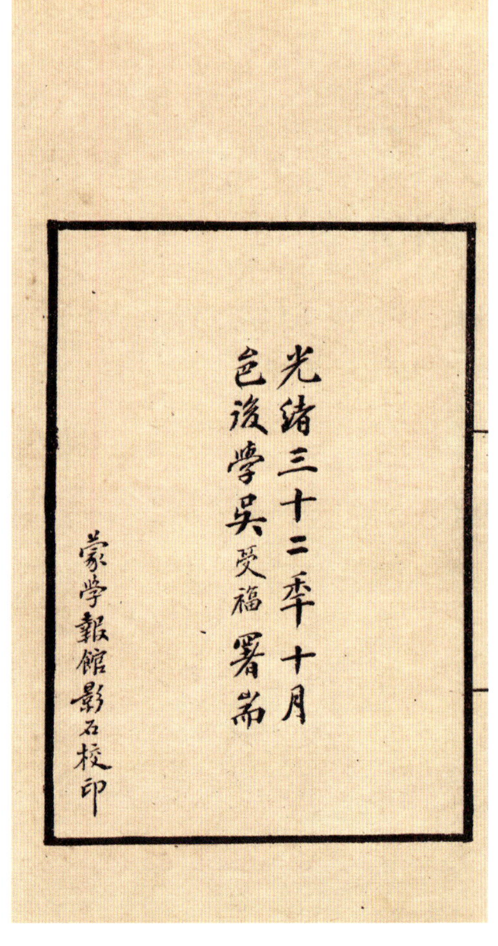
光緒三十二秊十月
邑後學吴受福署耑
蒙學報館影石校印

從古堂款識學卷一

嘉興徐同柏壽臧釋文

男士燕榛録

商子丁鼎同里沈氏霪浪仝

周絲萬父鼎秀水文氏三斗鍑仝

周皋伯卣海鹽吾氏

周叀懋壺海昌蔣氏夢華館

商子孫父戊爵仝同里張氏清儀閣嗣歸揚州阮氏積古

商丙柜爵揚州秦氏

周子母爵秀水文氏三斗鍑仝

周守觚杭州

174.陶齋吉金録八卷　〔清〕端方輯　

清光緒三十四年（1908）金陵石印本　八册一函

内封題“陶齋吉金録”。牌記題“光緒戊申輯於金陵”。目録端題“陶齋吉金録”。書名據内封。

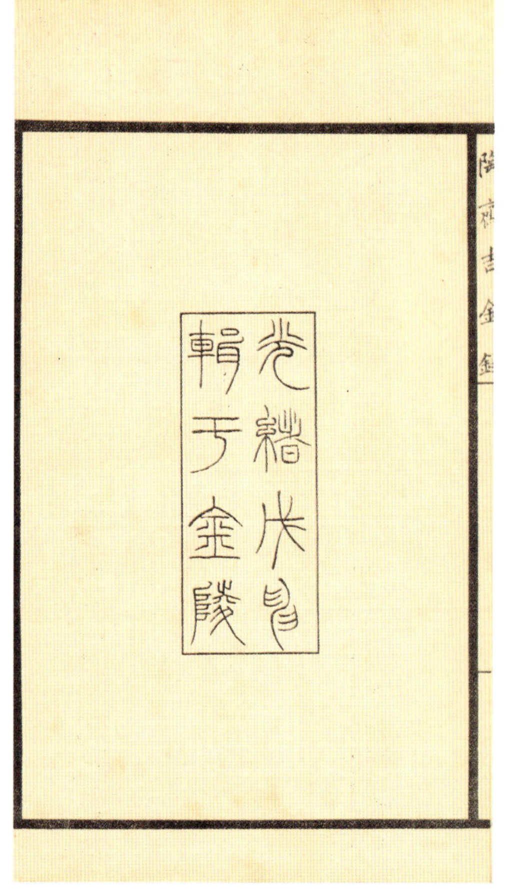

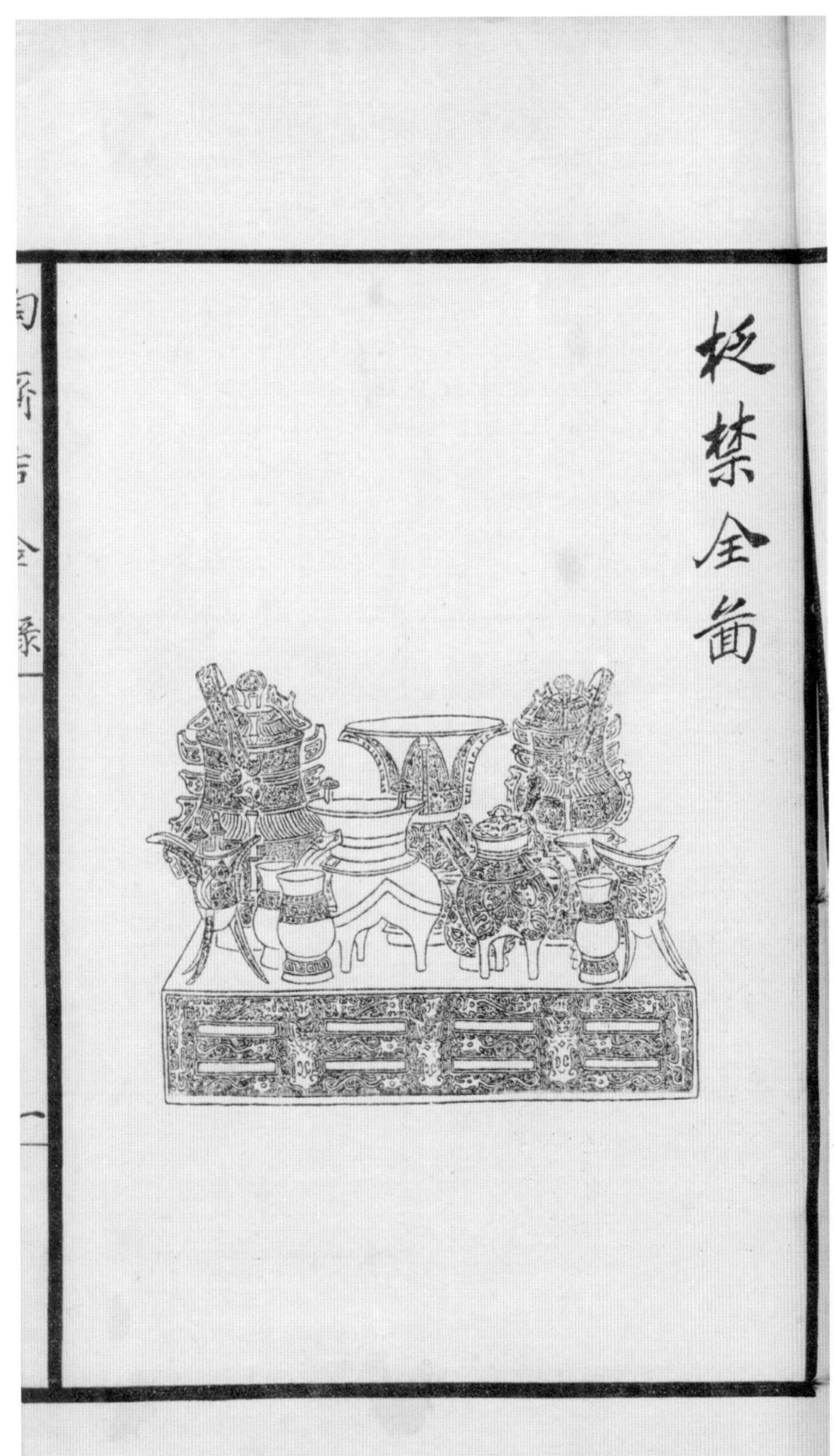
柉禁全圖

175.陶齋吉金續録二卷補遺一卷 〔清〕端方輯

清宣統元年(1909)金陵石印本 二册一函

内封題“陶齋吉金續録”。牌記題“宣統己酉輯於金陵”。卷端題“陶齋吉金續録”。

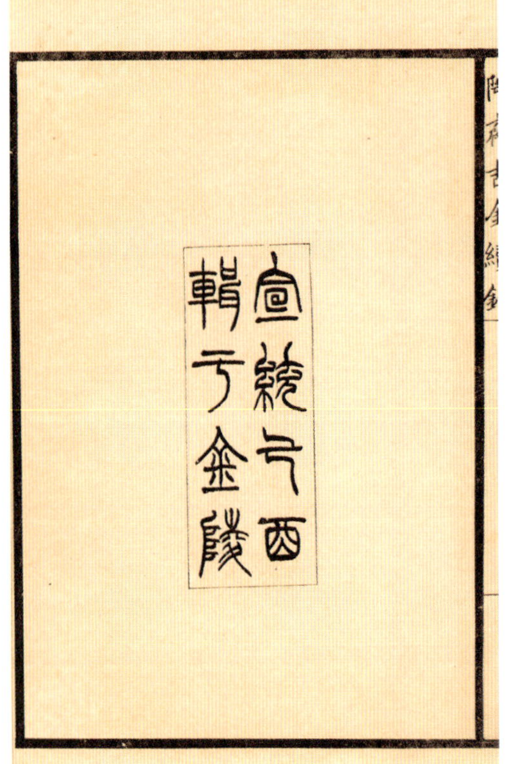

陶齋吉金續錄卷一目錄

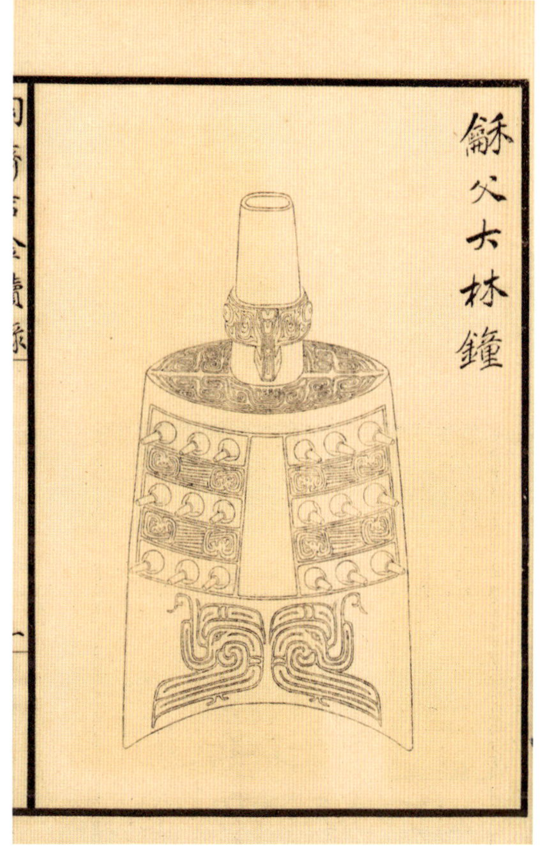

龢父大林鐘

176.歷代鐘鼎彝器款識法帖二十卷　〔宋〕薛尚功撰　Quarto PL2447 .H7

清光緒二十九年（1903）劉氏玉海堂校刻本　四册一函

行字不等，四周單邊，無界欄，半框高18.6釐米，寬13.1釐米。

内封題“景刊宋鈔薛尚功歷代鐘鼎彝器款識法帖二十卷”。牌記題“光緒癸卯嘉平月貴池劉氏玉海堂校刊於武昌”。卷端題“歷代鐘鼎彝器款識法帖”。

鈐印“渡邊千秋藏書”。

按：渡邊千秋（1843—1921），日本明治至大正時期的政治家。

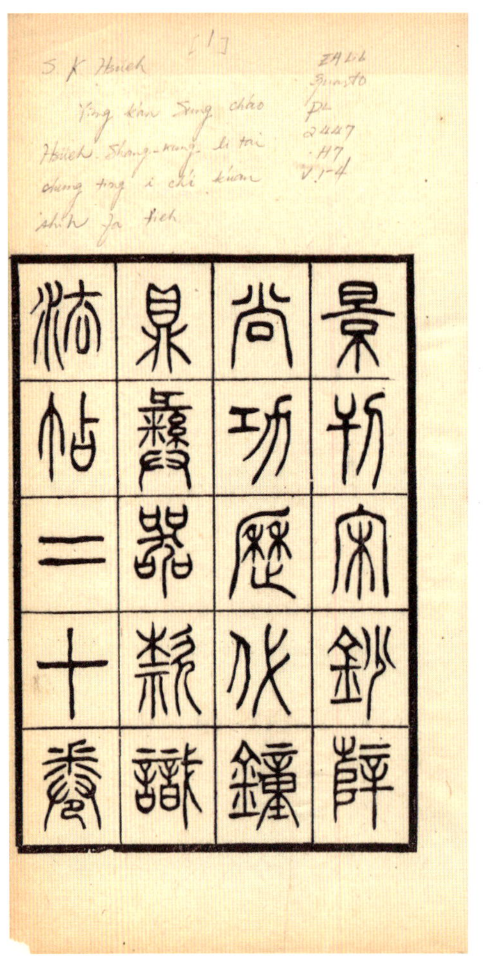
景刊宋鈔薛尚功歷代鐘鼎彝器款識法帖二十卷

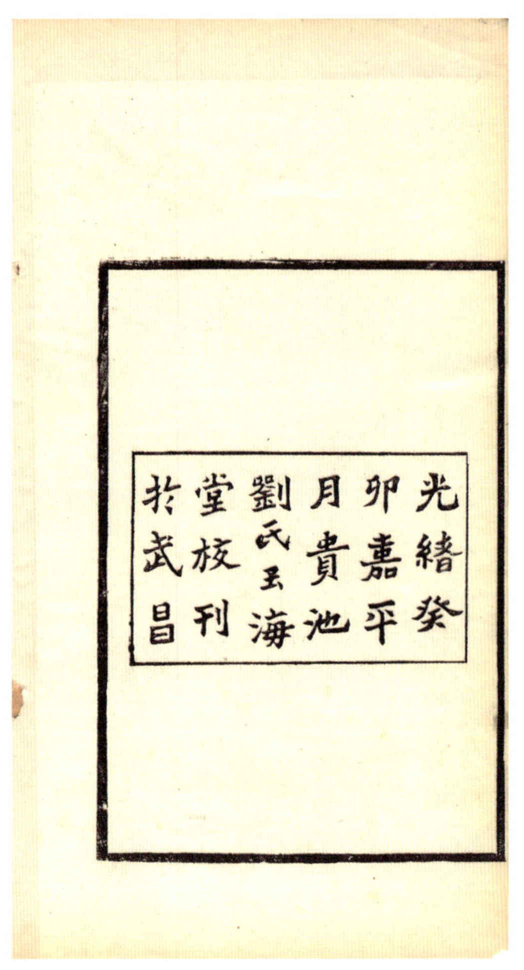
光緒癸卯嘉平月貴池劉氏玉海堂校刊於武昌

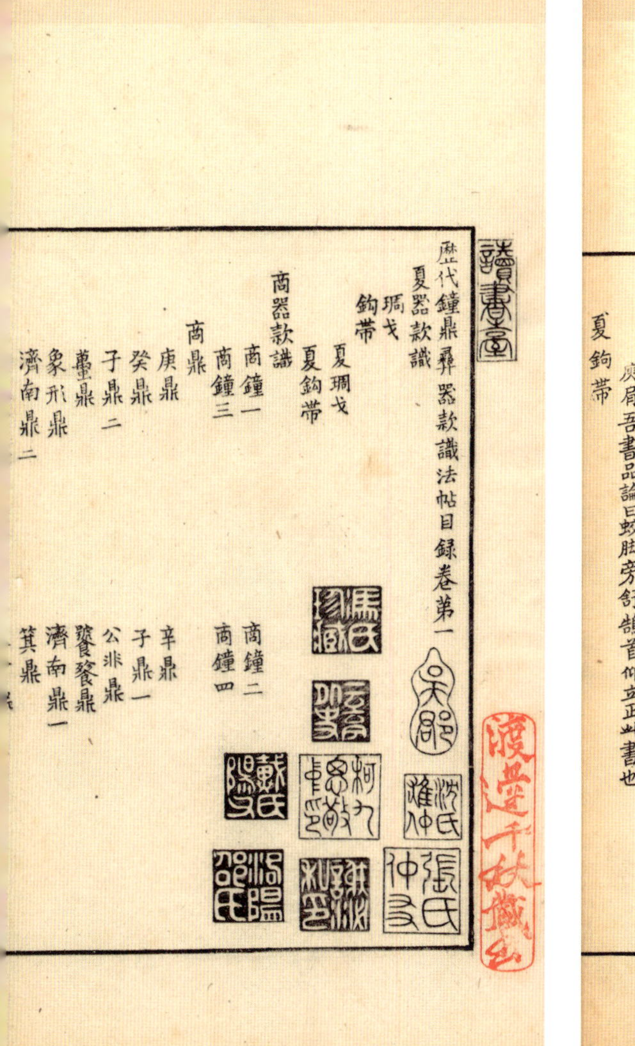

歷代鐘鼎彝器款識法帖目録卷第一

夏器款識

琱戈　夏琱戈

鉤帶　夏鉤帶

商器款識

商鐘一　商鐘二

商鐘三　商鐘四

商鼎

庚鼎　辛鼎

癸鼎　子鼎一

子鼎二　公非鼎

蠆鼎　饕餮鼎

象形鼎　濟南鼎一

濟南鼎二　箕鼎

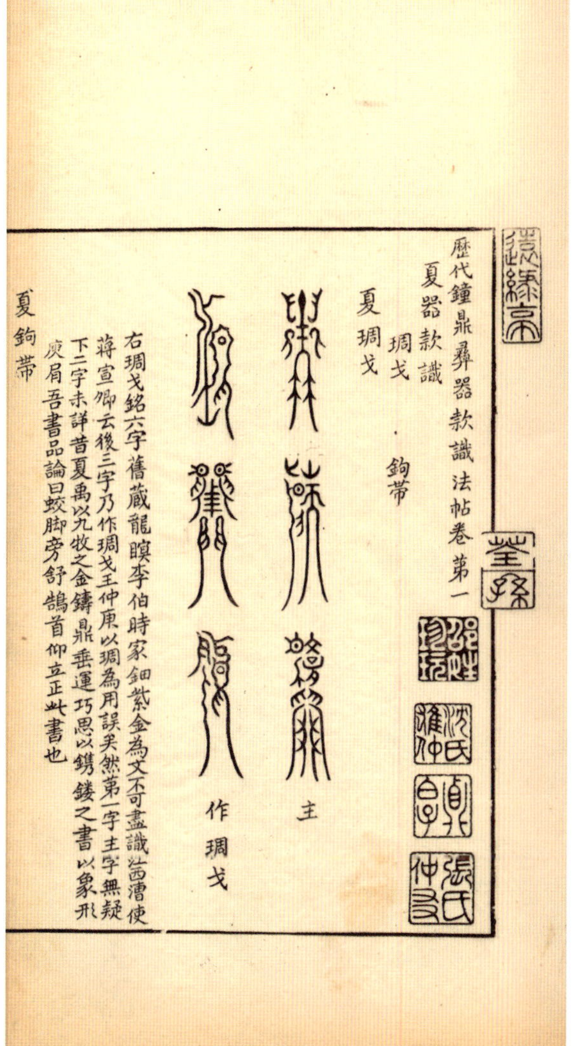

歷代鐘鼎彝器款識法帖卷第一

夏器款識

琱戈　鉤帶

夏琱戈

主　作琱戈

右琱戈銘六字舊藏龍䁥李伯時家鈿紫金為文不可盡識浙西漕使蔣宣卿云後三字乃作琱戈王仲庚以琱為用誤矣然第一字主字無疑下二字未詳昔夏禹以九牧之金鑄鼎垂運巧思以鎸鏤之書以象形庾肩吾書品論曰蛟脚旁舒鵠首仰立正此書也

夏鉤帶

177.陶齋藏石記四十四卷 〔清〕端方撰 PL2448.T82 .T32 1909

清宣統元年（1909）上海商務印書館石印本 十二册一函

内封題“陶齋藏石記”。牌記題“宣統元年十月刊行”。卷端題“陶齋藏石記”。

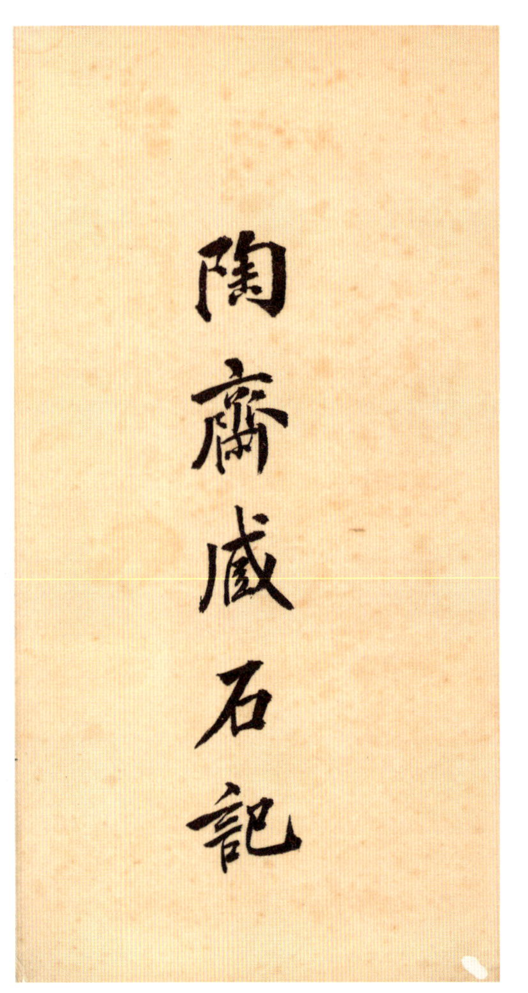

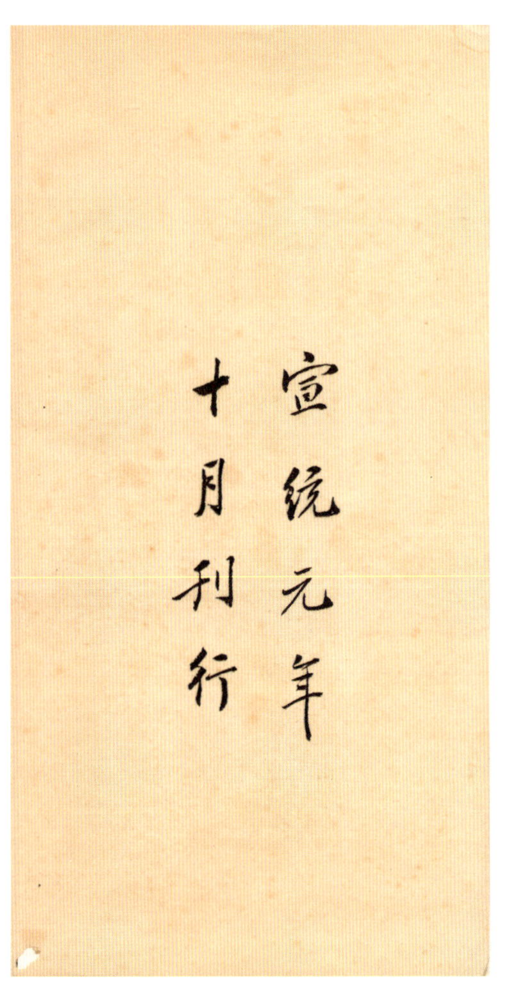

匋齋藏石記卷一

漢一 新莽坿

本始甗泉范 以下西漢

殘甗高四寸二分寬六寸二分字徑二分彊二行分書陽文反寫傳形下有五銖泉式三枚一鈠左下角面穿上有一横畫其二枚竝鈠大半一廛存五字一廛存銖字

本始三秊九月甲子造

申工長壽 兩行竝反寫

右本始甗泉范文曰申工長壽曰申工者當是工人申姓漢書言府弩機銘有郭工鍛賢見積古齋鐘鼎款識申工猶言郭工而長壽其名也漢書食貨志自孝武元狩五年三官初鑄五銖錢

178.語石十卷　〔清〕葉昌熾撰　Quarto PL2447 .Y37x

清宣統元年(1909)刻本　四册一函

每半葉11行,行23字,小字雙行字同,黑口,左右雙邊,單黑魚尾,半框高16.7釐米,寬13釐米。版心中鎸"石"、卷次及葉碼。

内封題"語石,陶濬宣署"。牌記題"宣統己酉三月刊成"。卷端題"語石,長洲葉昌熾"。

鈐印"淮藝齋藏""瀧川氏圖書記"。

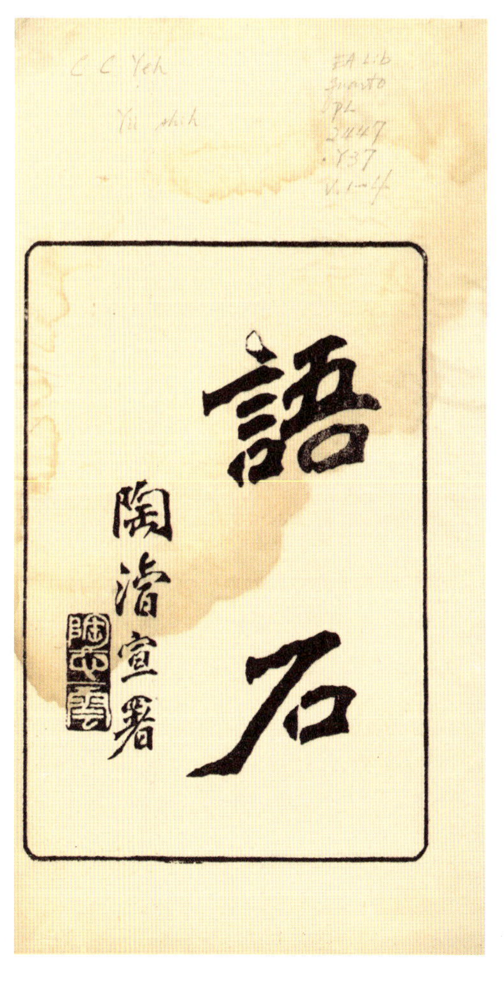

石鼓

秦嶧刻石

語石卷一

長洲葉昌熾

三代鼎彝名山大川往往閒出刻石之文傳世蓋尠祝融峰銘實道家之秘文比干墓字豈宣聖之遺跡至於鬼方紀功之刻僻在蠻荒箕子就封之文出於羅麗半由附會於古無徵惟陳倉十碣雖韋左司以下聚訟紛如繹其文詞猶有車攻吉日之遺鐵索金繩龍騰鼎躍亦非李斯以下所能作自是成周古刻海內石刻當奉此爲鼻祖右三代古刻一則

秦始皇帝東巡刻石凡六始於鄒嶧次泰山次琅邪次之罘由碣石而會稽遂有沙邱之變今惟琅邪臺一刻尚存諸城海神祠內通行拓本皆十行惟段松苓所拓精本前後得十

179.亦政堂重考古玉圖二卷　〔元〕朱德潤撰　1602 fMi

清末翻刻乾隆十七年（1752）黄氏亦政堂本　六册一函

每半葉8行，行17字，白口，四周單邊，白魚尾，半框高24.6釐米，寬15.6釐米。版心上鎸“古玉圖”，中鎸卷次及葉碼。

上卷卷端題“□□堂重考古玉圖”。下卷卷端題“□政堂重考古玉圖”。卷首有《集古玉圖序》，署“至正元年夏五□日朱德潤序”。卷末依次有《詩》一卷，署“右予舊題朱澤民集古玉圖詩”；《集古考玉圖跋》，署“萬曆壬寅夏五古鄣公弘吴萬化識於石林之竹里館”。

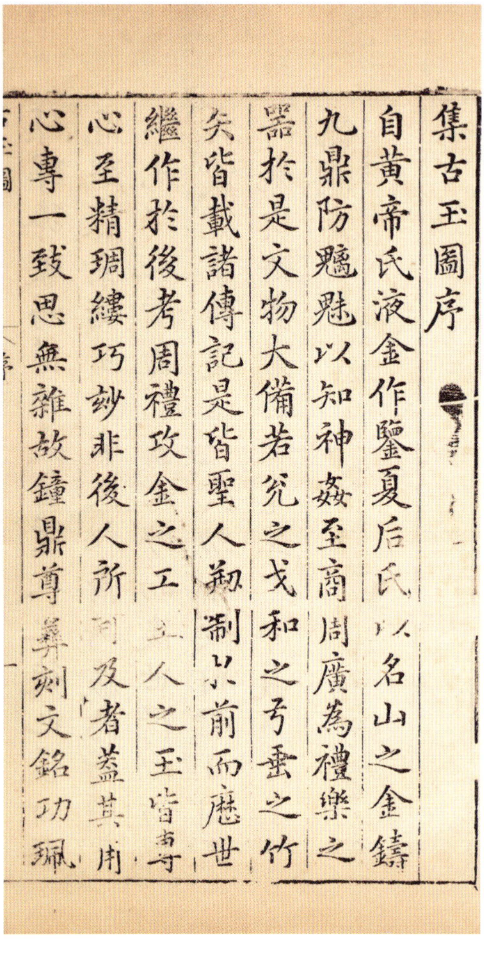
集古玉圖序
自黃帝氏液金作鑒夏后氏以名山之金鑄
九鼎防魑魅以知神姦至商周廣為禮樂之
器於是文物大備若兇之戈和之弓垂之竹
矢皆載諸傳記是皆聖人剏制以前而歷世
繼作於後考周禮攻金之工玉人之王皆専
心至精琱鏤巧妙非後人所可及者蓋其用
心專一致思無雜故鐘鼎尊彝刻文銘功珮

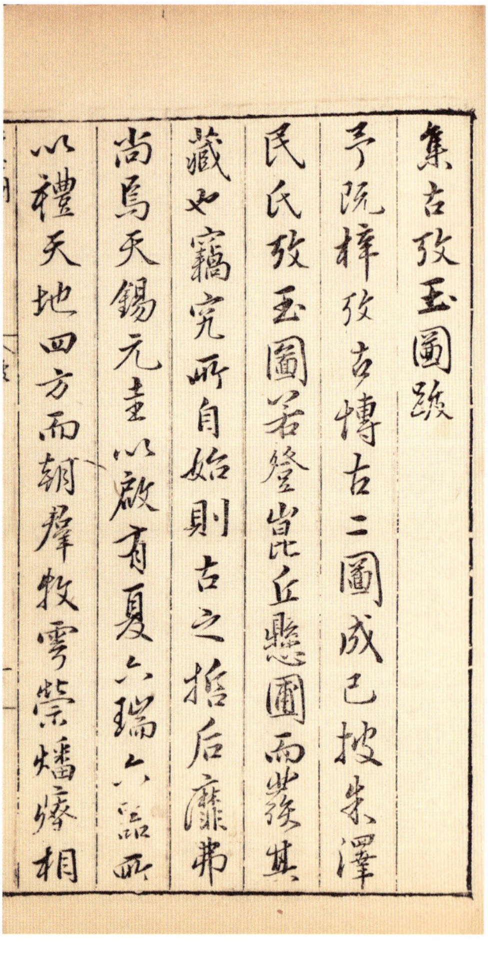
集古攷玉圖跋
予既梓攷古博古二圖成已披朱澤
民氏攷玉圖若登崑丘懸圃而叢其
藏也竊究所自始則古之哲后靡弗
尚焉天錫元圭以啟有夏六瑞六器所
以禮天地四方而朝羣牧雩禜禬禳相

指南車飾減小様製
古玉圖
卷上
二

180.古玉圖考不分卷　〔清〕吴大澂輯　Folio NK5750 .W87x

清光緒十五年（1889）上海同文書局石印本　一册一函

内封題“古玉圖考，光緒己丑孟夏吴大澂”。牌記題“上海同文書局用石影印”。書名據内封。

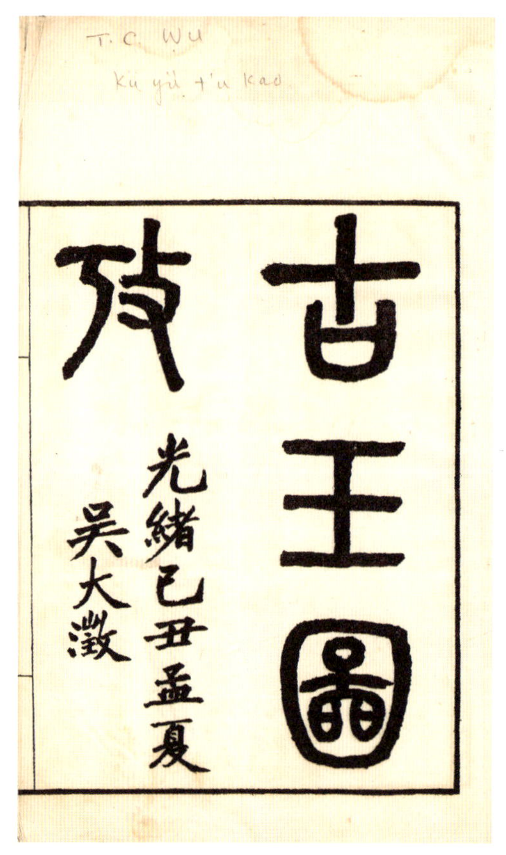

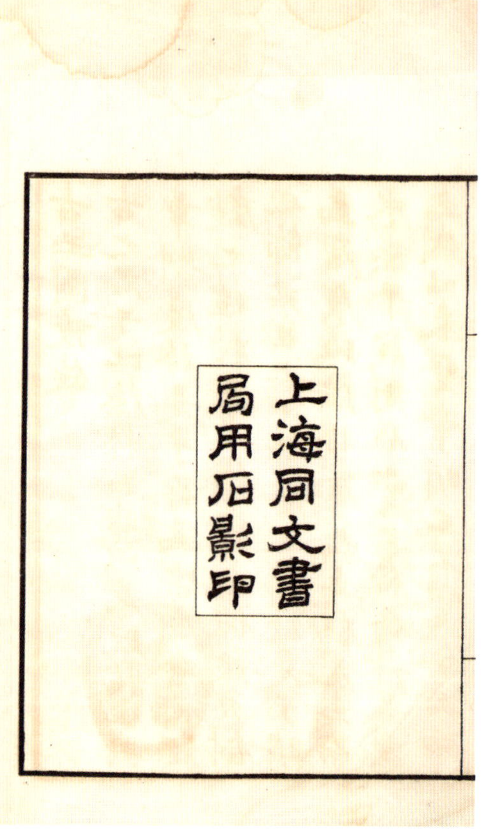

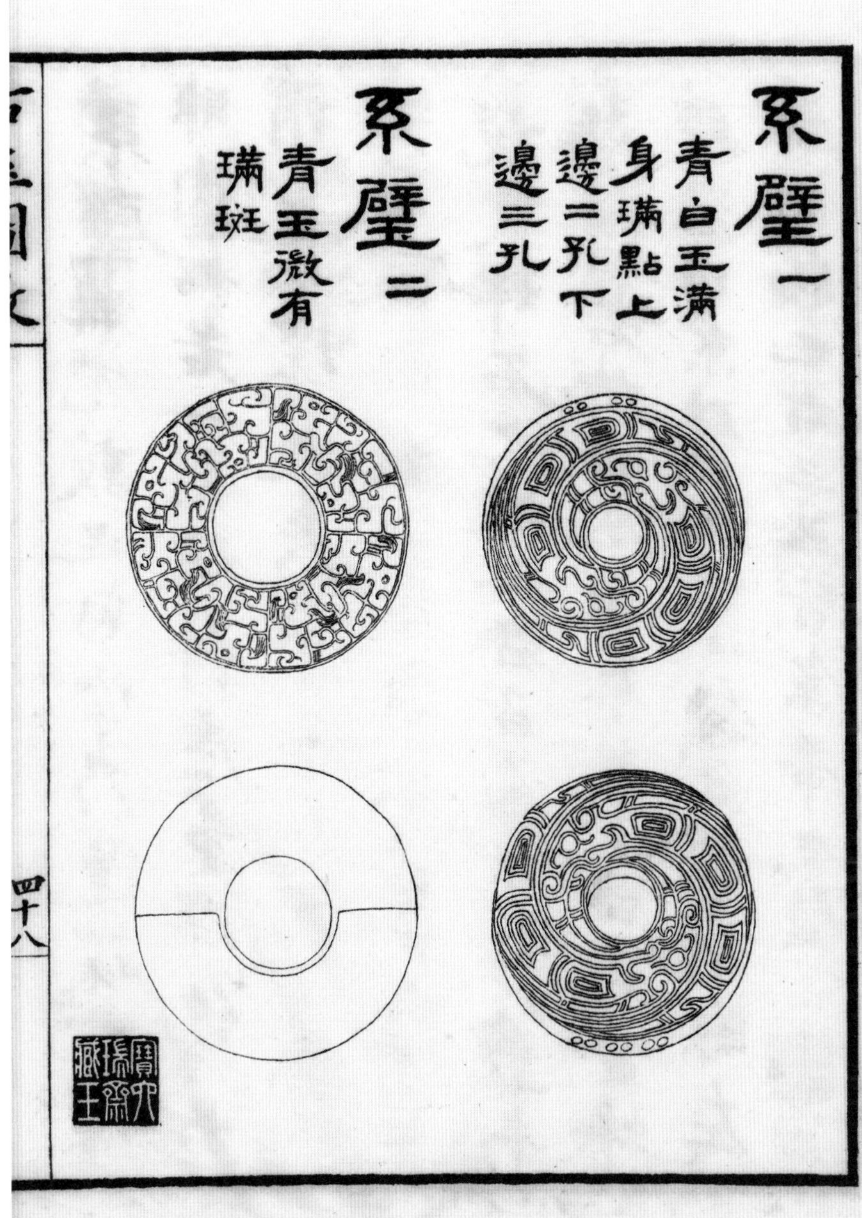

系璧一

青白玉滿身璊點上邊二孔下邊三孔

系璧二

青玉微有璊斑

四十八

181.殷商貞卜文字考一卷　羅振玉撰　

清宣統二年(1910)玉簡齋石印本　一册一函

内封題“殷商貞卜文字考一卷”。牌記題“宣統二年玉簡齋印”。卷端題“殷商貞卜文字考”。

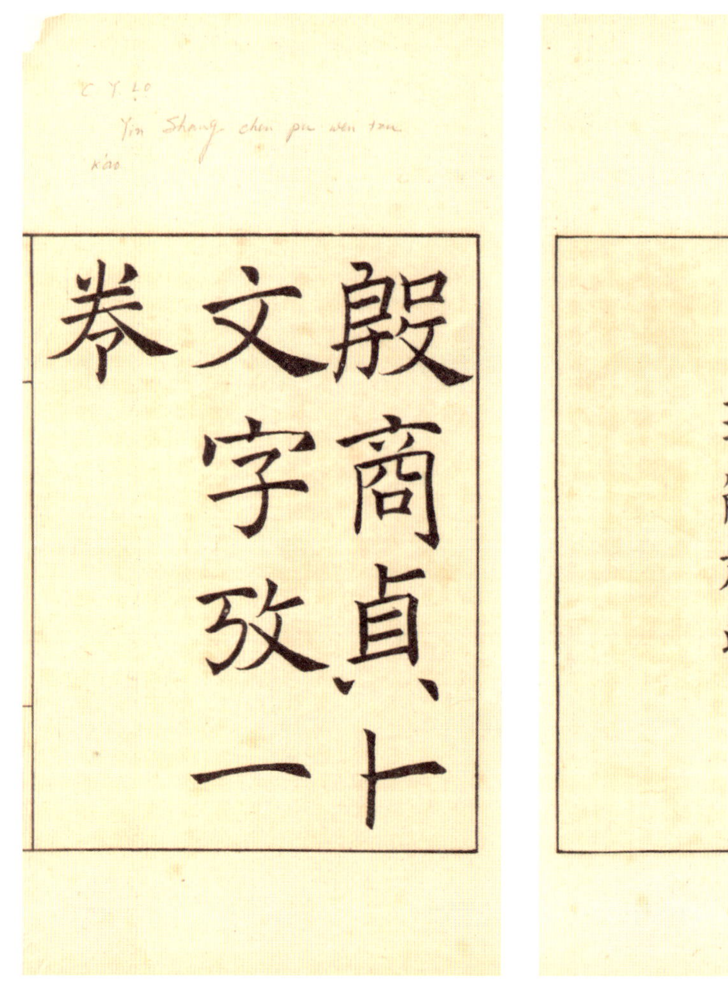

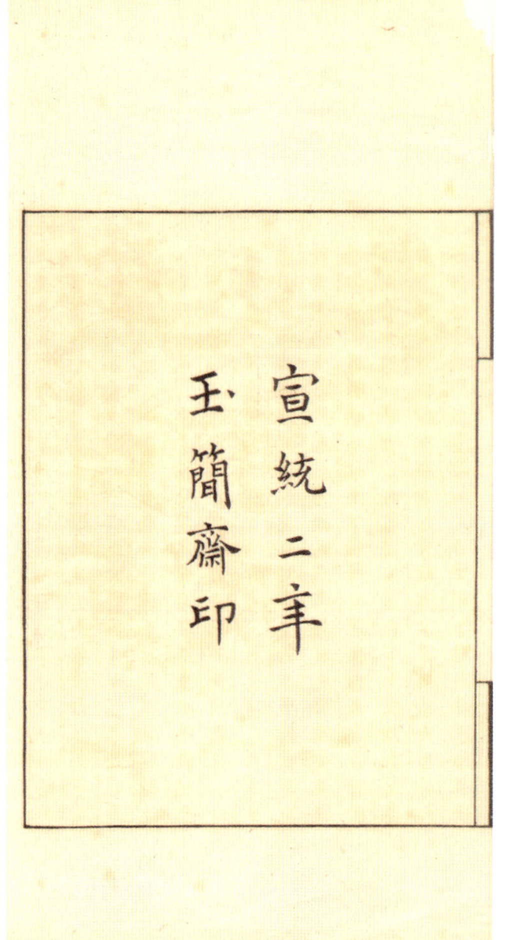

殷商貞卜文字考

光緒己亥予聞河南之湯陰發見古龜甲獸骨其上皆有刻辭為福山王文敏公所得恨不得遽見也翌年拳匪起京師文敏殉　國難所藏悉歸丹徒劉氏又翌年始傳至江南予一見詫為奇寶慫恿劉君亟拓墨為選千紙付影印并為製序顧行篋無藏書第就周禮史記所載畧加考證而已亡友孫仲容徵君詒讓亦考究其文字以手稾見寄惜亦未能洞析奧隱嗣南朔奔走五六年來都不復寓目去歲東友林學士泰輔始為詳考揭之史學雜志且遠道郵示援據賅博足補正予鄉序之疏畧顧尚有褱疑不能決者予乃以退食餘晷盡發所藏拓墨又從估人之來自中州者博觀龜甲獸骨數千枚選其尤殊者七百并詢知發見之地乃在安陽縣西五里之小屯而非湯陰其地

182.秦漢瓦當文字一卷續一卷　〔清〕程敦編　Quarto PL2447 .C45x

清光緒間石印本　三册一函

内封題“秦漢瓦當文字一卷，乾隆丁未三月刊於橫渠書院”。卷端題“秦漢瓦當文字，程敦著録”。

鈐印“無道人之短，無説己之長。施人慎勿念，受施慎勿忘。世譽不足慕，唯仁爲紀綱。隱心而後動，謗議庸何傷？無使名過實，守愚聖所藏。在涅貴不緇，曖曖内含光。柔弱生之徒，老氏誡剛强。行行鄙夫志，悠悠故難量。慎言節飲食，知足勝不祥。行之苟有恒，久久自芬芳”。

按：印文語出東漢崔瑗《座右銘》。

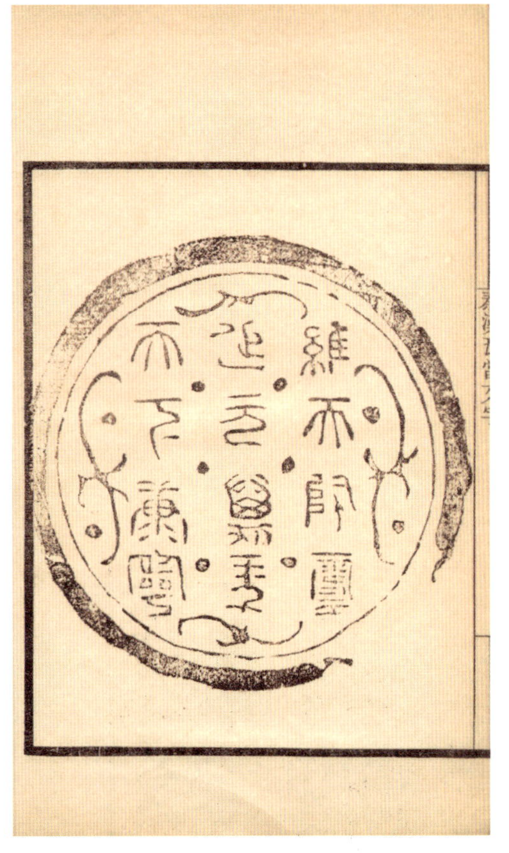

秦漢瓦當文字一卷　　程敦著錄

上

凡瓦六十有六

目録類

183.藏書紀事詩六卷補遺一卷跋一卷　〔清〕葉昌熾撰　Quarto Z988 .Y4

清光緒二十三年（1897）長沙學使署刻本　十二册一函

每半葉11行，行23字，黑口，左右雙邊，單黑魚尾，半框高16釐米，寬12.1釐米。版心中鎸卷次，下鎸葉碼及字數。

内封題“藏書紀事詩，弟子江標謹校刻”。牌記題“丁酉十一月刊成於長沙學使署”。卷端題“藏書紀事詩，長洲葉昌熾”。

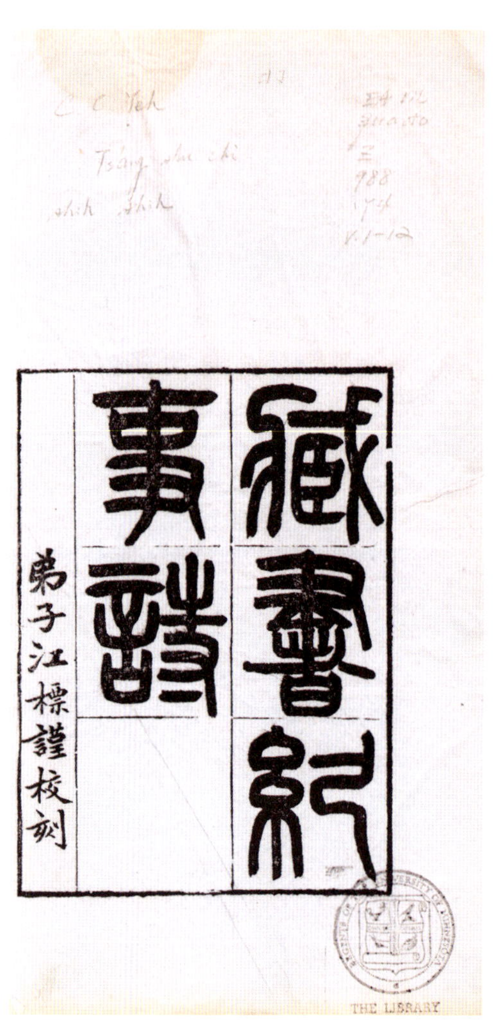

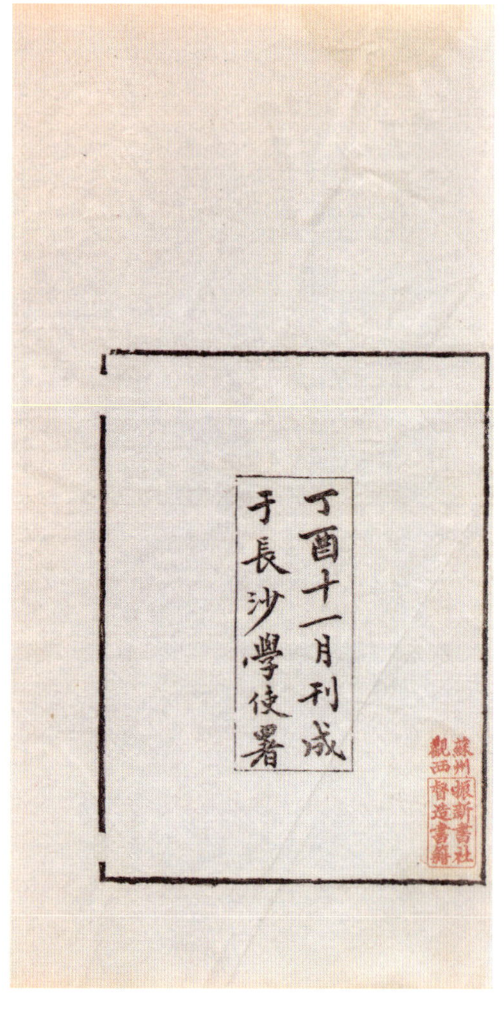

藏書紀事詩卷一　　長洲葉昌熾

蜀本九經最先出後來孳乳到長興蒲津毋氏家錢造海內通行價倍增　毋昭裔守素

宋史毋守素性好藏書在成都令門人句中正孫逢吉書文選初學記白氏六帖鏤版守素齎至中朝行於世　焦氏筆乘唐末益州始有墨版多術數字學小書而已蜀毋昭裔請刻版印九經蜀主從之自是始用木版摹刻六經景德中又摹印司馬班范諸史並傳於世　又云蜀相毋公蒲津人先爲布衣嘗從人借文選初學記多有難色公歎曰恨余貧不能力致他日稍達願刻板印之庶及天下學者後公果顯於蜀乃曰今可以酬宿願矣因命工日夜

184.欽定四庫全書總目二百卷首一卷附四庫未收書目提要五卷 〔清〕紀昀、阮元等撰 AC149.S73 C47 1894

清光緒二十年(1894)上海點石齋石印本　二十四册三函

内封題“欽定四庫全書總目,後附四庫未收書目五卷”。牌記題“光緒二十年四月上海點石齋代印”。卷端題“欽定四庫全書總目”。

鈐印“文滙館製”。

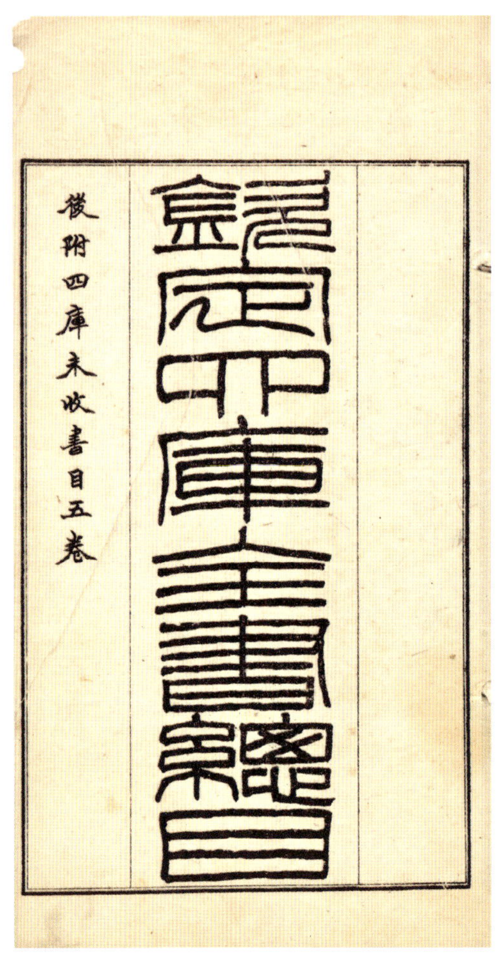

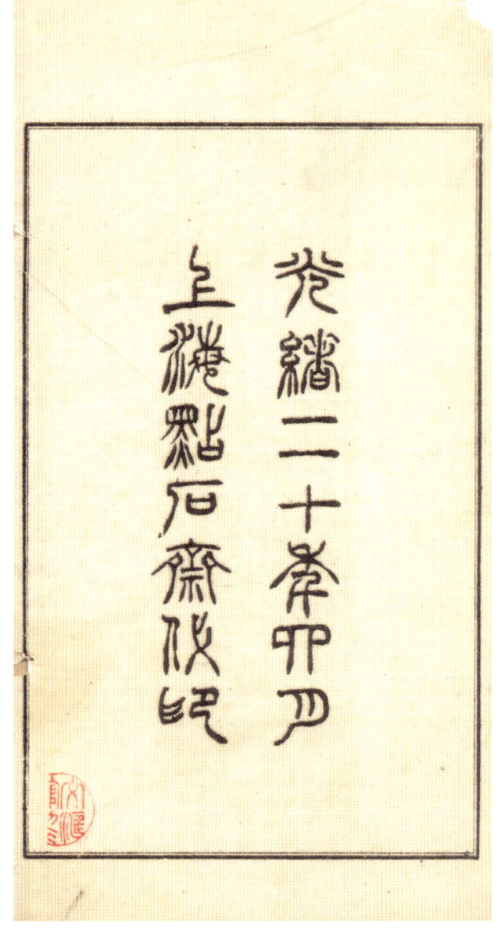

欽定四庫全書總目卷一

經部總敘

經稟聖裁，垂型萬世，刪定之旨，如日中天，無所容其贊述。所論次者，詁經之說而已。自漢京以後垂二千年，儒者沿波，學凡六變。其初專門授受，遞稟師承，非惟詁訓相傳，莫敢同異，即篇章字句，亦恪守所聞，其學篤實謹嚴，及其弊也拘。王弼、王肅稍持異議，流風所扇，或信或疑，越孔、賈、啖、趙以及北宋孫復、劉敞等，各自論說，不相統攝，及其弊也雜。洛、閩繼起，道學大昌，擺落漢唐，獨研義理，凡經師舊說，俱排斥以為不足信，其學務別是非，及其弊也悍（如王柏、吳澄攻駁經文，動輒刪改之類）。學脈旁分，攀緣日眾，驅除異己，務定一尊，自宋末以逮明初，其學見異不遷，及其弊也黨（如《論語集註》誤引包咸夏瑚商璉之說，張存中《四書通證》即闕此一條以諱其誤。又如王柏刪《國風》三十二篇，許謙疑之，吳師道反以為非之類）。主持太過，勢有所偏，才辨聰明，激而橫決，自明正德、嘉靖以後，其學各抒心得，及其弊也肆（如王守仁之末派皆以狂禪解經之類）。空談臆斷，考證必疏，於是博雅之儒引古義以抵其隙。國初諸家，其學徵實不誣，及其弊也瑣（如一字音訓動辨數百言之類）。要其歸宿，則不過漢學、宋學兩家互為勝負。夫漢學具有根柢，講學者以淺陋輕之，不足服漢儒也。宋學具有精微，讀書者以空疏薄之，亦不足服宋儒也。消融門戶之見而各取所長，則私心祛而公理出，公理出而經義明矣。蓋經者非他，即天下之公理而已。今參稽眾說，務取持平，各明去取之故，分為十類：曰易，曰書，曰詩，曰禮，曰春秋，曰孝經，曰五經總義，曰四書，曰樂，曰小學。

經部一

易類一

聖人覺世牖民，大抵因事以寓教。詩寓於風謠，禮寓於節文，尚書、春秋寓於史，而易則寓於卜筮。故易之為書，推天道以明人事者也。左傳所記諸占，蓋猶太卜之遺法。漢儒言象數，去古未遠也。一變而為京、焦，入於禨祥；再變而為陳、邵，務窮造化，易遂不切於民用。王弼盡黜象數，說以老、莊。一變而胡瑗、程子，始闡明儒理；再變而李光、楊萬里，又參證史事，易遂日啟其論端。此兩派六宗，已互相攻駁。又易道廣大，無所不包，旁及天文、地理、樂律、兵法、韻學、算術，以逮方外之爐火，皆可援易以為說，而好異者又援以入易，故易說至繁。夫六十四卦大象皆有「君子以」字，其爻象則多戒占者，聖人之情，見乎詞矣。其餘皆易之一端，非其本也。今參校諸家，以因象立教者為宗，而其他易外別傳者，亦兼收以盡其變，各為條論，具列於左。

子夏易傳十一卷（內府藏本）

舊本題卜子夏撰。案說易之家，最古者莫若是書，其偽中生偽，至一至再而未已者，亦莫若是書。唐會要載開元七年

四庫未收書目提要卷一

阮元撰

禮記要義三十三卷　宋魏了翁撰。宋史本傳稱其有要義百卷，據藝文志實二百六十三卷，訂定精密，先儒所不及。方回跋了翁所撰周易集義云：了翁以權工部侍郎忤時相，謫靖州，取諸經注疏摘為要義。宋史藝文志分載其書，而讀書附志、直齋書錄解題、文獻通考皆不著錄，明時已無全本，內閣所藏，據張萱所述，已闕毛詩、周禮，其餘七經，按其冊數太少，知亦殘闕之本。今四庫全書所采有周易、尚書、儀禮、春秋四經，周易乃天一閣舊鈔本，已蒙

高宗純皇帝親灑宸翰，題詩卷首，嘉惠藝林，洵奇遇也。其自周易、儀禮外，率非足本。此書明聚樂堂藝文目有之，經義考云未見。此本從宋刻影鈔，存者三十一卷，曲禮上下兩篇亦以遺佚為憾，然較諸春秋之所存者，固已勝之。案虞集九經要義序云：取諸經注疏正義之文，據事別類而錄之。與方回之言合。而張萱則謂考究九經中義理制度，今案其書，刪節注疏，往往存其精當，去其煩冗，每段之前各有標目，以便讀者之省覽，了翁初無己說，萱之所言，亦未覈許核也。諸經注疏，自宋迄遞傳至今，脫文譌字不可勝舉，了翁所據猶宋時善本，足資斟訂，而孔疏文繁義富，未易得其崖略，了翁汰繁存簡，頗為精允，可以為研經者之津逮。書中第五卷王制篇分上下，實三十四卷云。

九國志十二卷　宋路振撰。案宋史本傳，振字子發，永州祁陽人，淳化中登甲科，真宗時知制誥。嘗采五代僭偽吳、南唐、吳越、前後蜀、東南漢、閩、楚九國君臣行事，作世家列傳，未成而卒。王應麟書云凡四十九卷，其孫綸增入荊南高氏，於治平中上之，詔付史館，實十國也。書錄解題云末二卷為北楚，張唐英補撰，合五十一卷。文獻通考、宋史藝文志總題為路振九國志五十一卷，俱不及綸、惠綸增補，而當時所傳者則唐英所補也。此書世久失傳，惟曲阜孔氏尚有舊鈔殘帙，用以重錄，得列傳百三十六篇，編為十二卷，而世家之文已不復見，卷帙雖殘闕佚過半，然藉此以稗五代史之疏略，已不少矣。

皇宋通鑑長編紀事本末一百五十卷　宋楊仲良撰。案李燾取北宋九朝事實，仿司馬光長編之體，編年繫事，為續資治通鑑長編，成書一百五十卷，帙最為繁重。仲良乃斯為分門編類以成此書，每類之中仍以編年紀事。太祖七卷，太宗七卷，真宗十四卷，仁宗二十四卷，英宗四卷，神宗三十四卷，哲宗二十六卷，徽宗二十八卷，欽宗六卷，共一百五十卷，各有事目，目中復有子目。作京百七十年，禮樂兵刑之沿革，制度政令之廢置，燦然具備，可以案目尋求，參稽而援據。陳均之前，賴備得中間可以互證，而今所傳長編足本散佚，徽、欽兩朝皆已闕失，藉此得以考見崖略，尤可貴也。仲良之名不見於書中，卷端有寶祐丁巳盧陵歐陽守道序，亦不言撰書人姓名，而陳均九朝編年引用書目中有

185.欽定四庫全書簡明目録二十卷　〔清〕永瑢等總裁　〔清〕紀昀等總纂

清刻本　十二册一函

每半葉9行，行21字，小字雙行字同，白口，左右雙邊，無魚尾，半框高12.8釐米，寬9.7釐米。版心上鎸書名及卷次，中鎸部名及類名，下鎸葉碼。

内封題“欽定四庫全書簡明目録”。卷端題“欽定四庫全書簡明目録”。

欽定四庫全書簡明目録

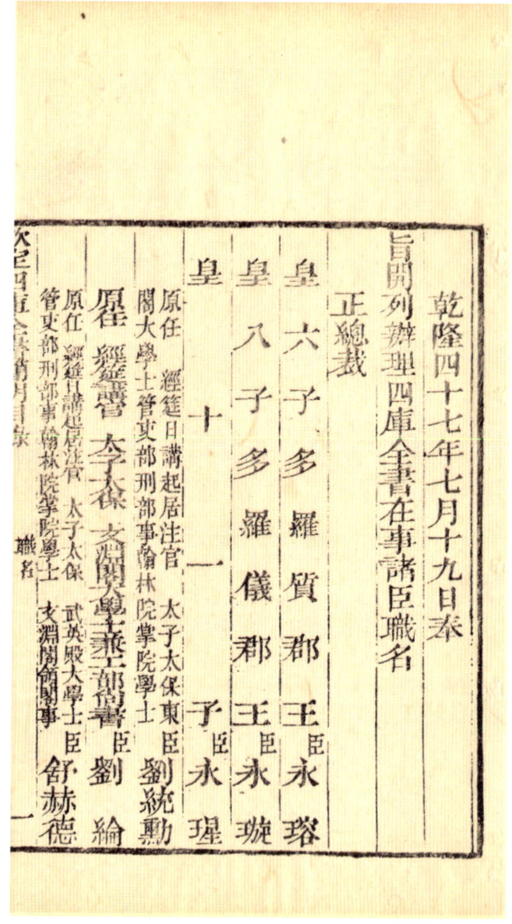

乾隆四十七年七月十九日奉
旨開列辦理四庫全書在事諸臣職名
正總裁
皇六子多羅質郡王臣永瑢
皇八子多羅儀郡王臣永璇
皇十一子臣永瑆
原任經筵日講起居注官太子太保東閣大學士管吏部刑部事翰林院掌院學士臣劉統勳
原任經筵講官太子太保文淵閣大學士兼工部尚書臣劉綸
原任經筵日講起居注官太子太保武英殿大學士管吏部刑部事翰林院掌院學士文淵閣領閣事臣舒赫德

欽定四庫全書簡明目録　職名　一

欽定四庫全書簡明目錄卷一

經部一

易類

子夏易傳十一卷

舊本題卜子夏撰實後人輾轉依託非其原書然唐宋以來流傳已久今仍錄冠易類之首凡託名之書仍從其所託之時代漢書藝文志例也

謹案唐徐堅初學記以太宗御製升列歷代之前蓋尊尊之大義矣然焦竑國史經籍志朱彝尊經義考並踵前規臣等編摩四庫初亦恭錄

御定易經通註

御纂周易折中

186.四庫書目略二十卷首一卷附録一卷 〔清〕費莫文良撰 AC149.S75 S76

清同治九年(1870)刻本 十二册一函

每半葉9行，行21字，小字雙行字同，白口，左右雙邊，單黑魚尾，半框高13.2釐米，寬9.8釐米。版心上鎸書名及卷次，中鎸部名及類名，下鎸葉碼。

内封題“同治庚午年鐫，四庫書目略，本宅藏板”。牌記題“簡明附存合刻”。卷端題“四庫書目略”。

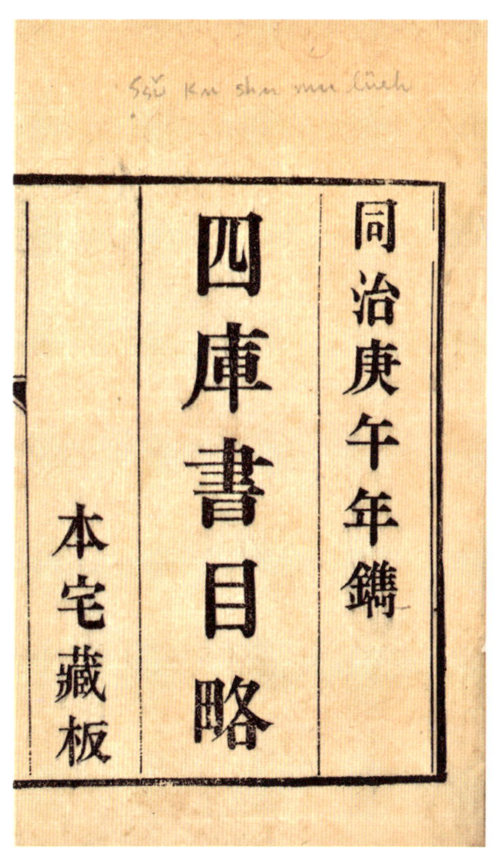

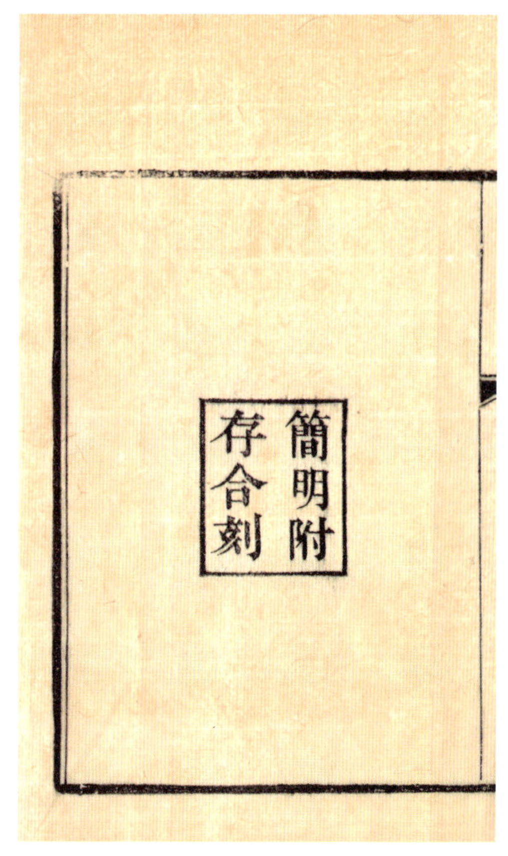

四庫書目略卷一

經部一

易類

子夏易傳十一卷 舊本題卜子夏撰

周易鄭康成註一卷 宋王應麟編

新本鄭氏周易三卷 國朝惠棟編

陸氏易解一卷 明姚士粦所輯吳陸績周易註也

周易註十卷 魏王弼及晉韓康伯撰

周易正義十卷 魏王弼晉韓康伯註唐孔頴達疏

187.讀書敏求記四卷附讀詩拙言一卷 〔清〕錢曾撰 （讀詩拙言）〔明〕陳第撰

PL2261 .C463 1847

清道光二十七年（1847）番禺潘氏海山仙館叢書本 三册一函

每半葉9行，行21字，小字雙行字同，黑口，左右雙邊，無魚尾，半框高12.3釐米，寬9.5釐米。版心中鎸書名、卷次及卷名，下鎸葉碼及“海山仙館叢書”。

内封題“道光丁未鎸，讀書敏求記，海山仙館叢書”。卷端題“讀書敏求記，也是翁錢曾遵王”。

《讀詩拙言》内封題“道光丁未鎸，讀詩拙言，海山仙館叢書”。卷端題“讀詩拙言，明閩中陳第季立撰，吴興凌鳴喈覺甫訂誤”。

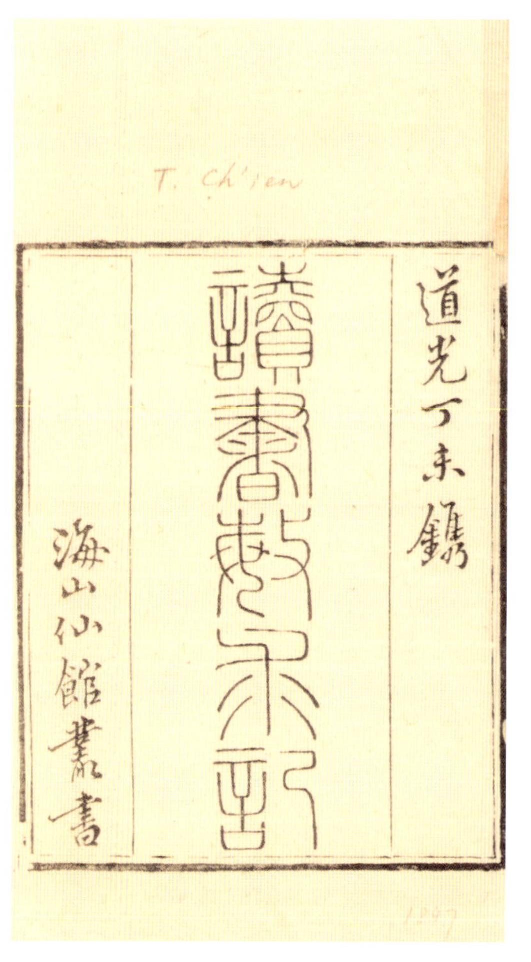
道光丁未鎸
讀書敏求記
海山仙館叢書

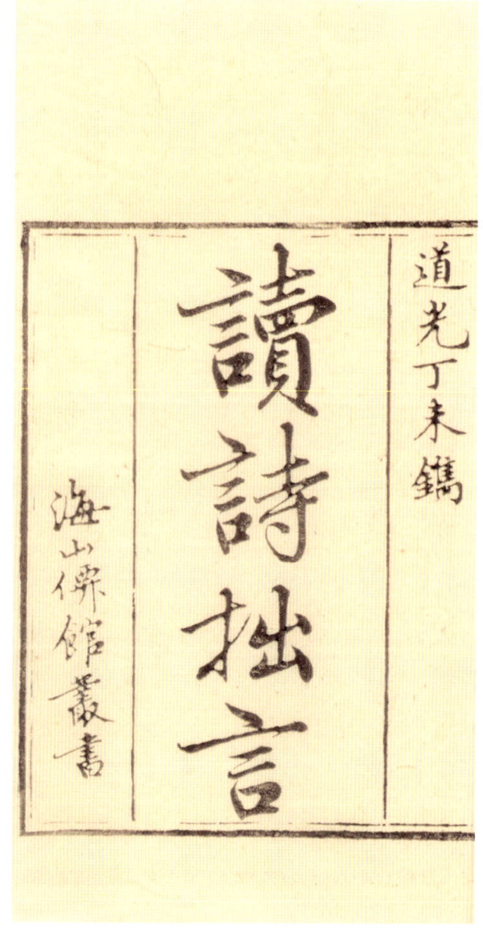
道光丁未鎸
讀詩拙言
海山仙館叢書

讀書敏求記卷第一

也是翁錢　曾　遵王

經

周易十卷嚴本闕

北宋刻本經傳一之六王弼註繫傳七之八說卦序卦雜卦凡韓康伯註畧例一邢璹註卷首有貞元伯雅二圖記知是鳳洲先生藏書也

京氏易傳三卷嚴本闕

京氏易傳陸績註予藏舊鈔本四種其一書法甚

讀詩拙言

明閩中陳　第季立著

吳興凌鳴喈覺甫訂誤

說者謂自五季之衰外夷入寇驅中原之人入於江左而河淮南北間雜夷言聲音之變或自此始然一郡之內聲有不同繫乎地者也百年之中語有遞轉繫乎時者也況有文字而後有音讀由大小篆而入分由入分而隸凡幾變矣音能不變乎所貴誦詩讀書尚論其當世之音而已矣三百篇詩之祖亦韻之祖也作韻書者

188.帶經堂書目五卷　〔清〕孫樹杓編　〔清〕周星詒、陸心源批訂

Z997 .C54x

清宣統三年（1911）順德鄧氏風雨樓鉛印本　三册一函

内封題“帶經堂書目”。牌記題“順德鄧氏依閩陳氏原稿本刊”。卷端題“帶經堂書目，閩陳徵芝蘭鄰鑒藏，孫樹杓星村編次，周星詒季貺、陸心源剛父批訂”。

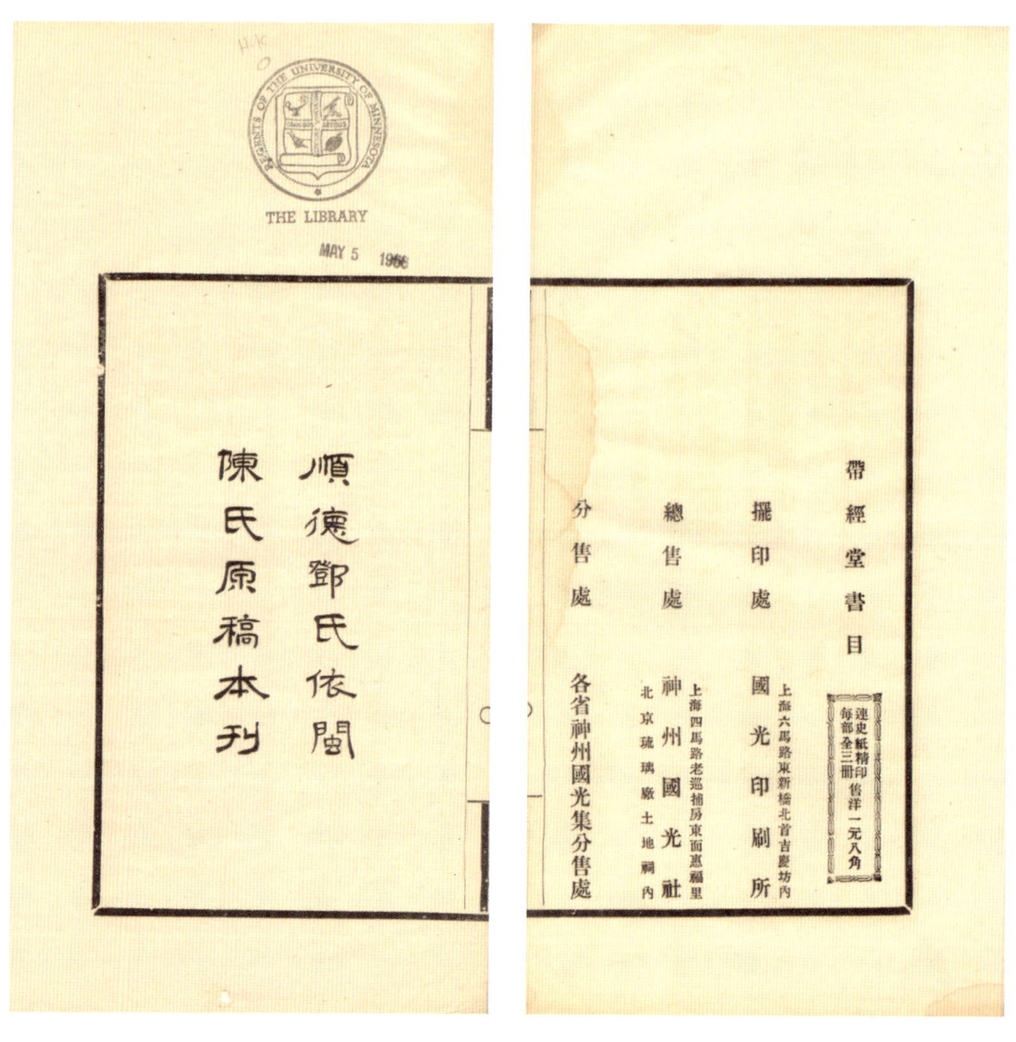

帶經堂書目卷一

閩陳徵芝蘭鄰鑒藏

孫樹杓星村編次

周星詒季貺
陸心源剛父 批訂

經部

易類

子夏易傳十一卷 明刋本 太高祖泰甯學司訓蒲江公舊藏

周卜子夏撰

周易註十卷 影宋鈔本 明項墨林天籟閣藏書

魏王弼註有唐邢璹序

關氏易傳十一卷 四明范氏天一閣傳鈔本

189.書目答問不分卷　〔清〕張之洞撰　

清光緒四年（1878）上海淞隱閣刻本　四册一函

每半葉9行，行21字，小字雙行，字數不等，白口，四周雙邊，單黑魚尾，半框高12釐米，寬8.1釐米。版心上鎸總葉碼，中鎸卷名及篇名，下鎸葉碼。

内封題“書目答問，附國朝著述姓名，二皤題瞫”。牌記題“光緒四年四月上海淞隱閣印”。書名據内封。

書目畣問
附國朝著述姓名
二皤題瞫

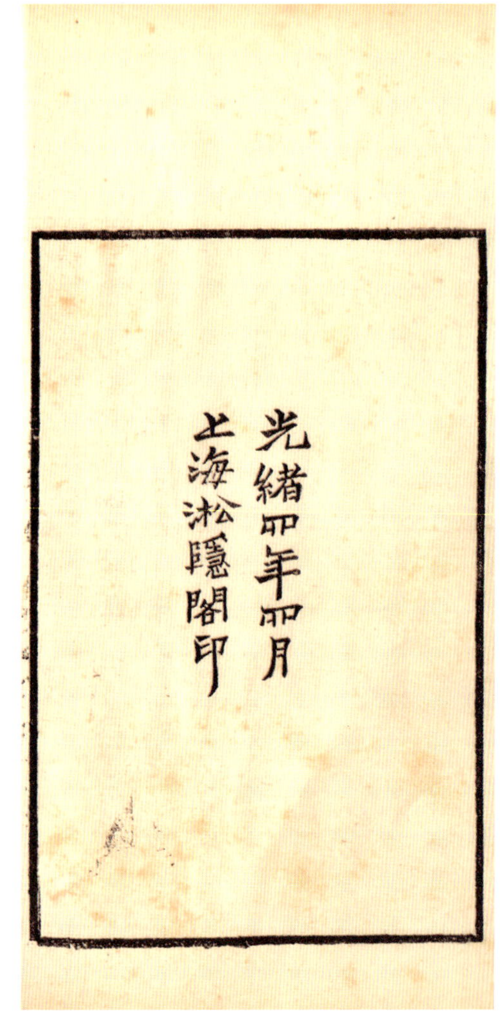
光緒四年四月
上海淞隱閣印

經部 經學小學書以國朝人爲極於前代著作擷長棄短皆已包括其中故於宋元明人從略

正經正注第一 此爲誦讀定本程試功令說經根柢注疏本與明監本五經功令並重

十三經注疏 共四百一十六卷　乾隆四年　武英殿刻附考證本　同治十年廣州書局覆刻　殿本　阮文達公元刻附校勘記本　明北監本　明毛晉汲古閣本　目列後　阮本最於學者有益凡有關校勘處旁有一圈依圈檢之精妙全在於此四川書坊繙刻阮本譌謬太多不可讀且削去其圈尤謬　明監汲古本不善

江西局仿阮刻宋本附校勘記共一百八十本六錢　連泗價十九千九百八錢　連泗十六千一百六錢　官堆十四千八錢　官堆十二千七百八錢　去連八千六百

周易正義十卷魏王弼晉韓康伯注唐孔穎達等正義

尚書正義二十卷舊題漢孔安國傳唐孔穎達正義

毛詩正義七十卷漢毛亨傳鄭元箋唐孔穎達正義

周禮注疏四十二卷漢鄭元注唐賈公彥

190.涵芬樓藏書目録不分卷　〔清〕商務印書館編　Quarto Z955 .H34x

清末商務印書館鉛印本　一册一函

卷端題“涵芬樓藏書目録”。

鈐印“哈佛大學漢和圖書館珍藏印”。

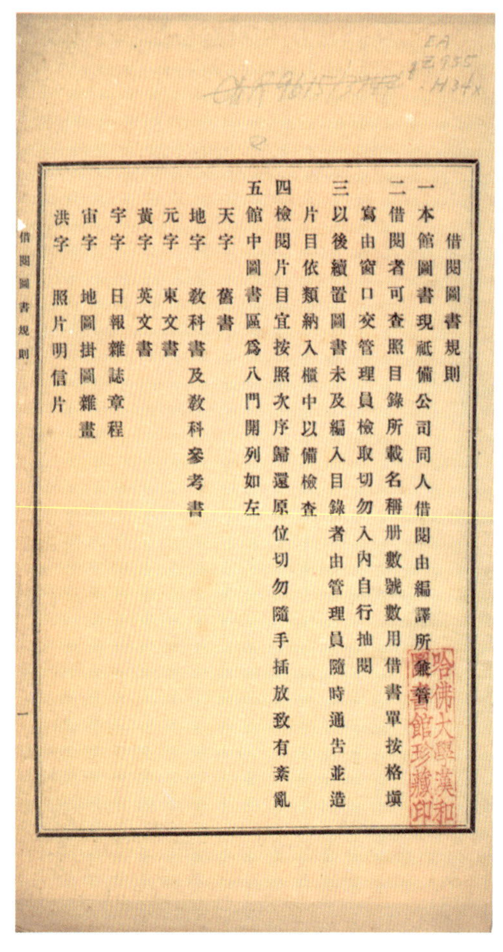

借閱圖書規則

一本館圖書現祇備公司同人借閱由編譯所發借閱圖書單按格塡寫由窗口交管理員檢取切勿入内自行抽閱

二借閱者可查照目錄所載名稱册數號數用借書單按格塡寫由窗口交管理員檢取切勿入内自行抽閱

三以後續置圖書未及編入目錄者由管理員隨時通告並造片目依類納入櫃中以備檢查

四檢閱片目宜按照次序歸還原位切勿隨手插放致有紊亂

五館中圖書區爲八門開列如左

天字　舊書

地字　教科書及教科參考書

元字　東文書

黃字　英文書

宇字　日報雜誌章程

宙字　地圖掛圖雜畫

洪字　照片明信片

借閱圖書規則　一

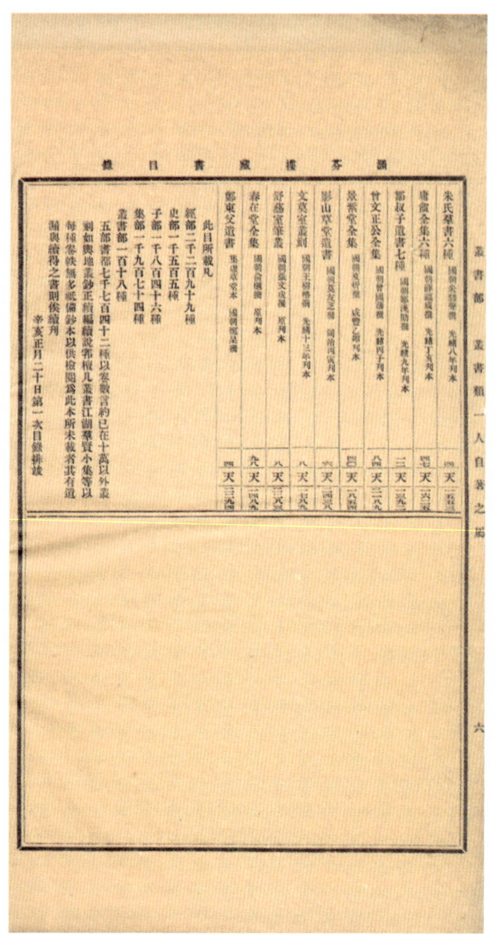

涵芬樓藏書目錄

叢書部　叢書類一　人自著之屬

朱氏羣書六種　光緒八年刊本

庸盦全集六種

鄒叔子遺書七種　光緒九年刊本

曾文正公全集　光緒丙子刊本

景紫堂全集　咸豐乙卯刊本

影山草堂遺書　同治丙寅刊本

文莫室叢刻　光緒十三年刊本

舒藝室筆叢　原刊本

春在堂全集　原刊本

鄭東父遺書

此目所載凡

經部二千二百九十九種

史部一千五百五種

子部一千八百四十六種

集部一千九百七十四種

叢書部一百十八種

五部書都七千七百四十二種以卷數言約已在十萬以外叢刻如輿地叢鈔正續編續說郛檀几叢書江湖羣賢小集等以每種卷帙無多祇備鈔本以供檢閱爲此本所未載者其有遺漏與續得之書則俟續刊

辛亥正月二十日第一次目録排竣

六

涵芬樓藏書目錄

經部 易類

書名	册	字	號
周易 明刊本	二	天	一六一二
篆文周易 國朝李光地等奉勅撰	二	天	一六六二
周易注 相臺本 魏王弼韓康伯同注	二	天	一八九五
周易正義 附校勘記 注疏本 唐孔穎達撰	一	天	二三八二
周易讀本 巾箱本 宋朱子撰	二	天	六一七二
子夏易傳 漢魏本 周卜商撰	一	天	一三一〇
又 石印漢魏本 同	二	天	一九八八
又 二酉堂本 同	一	天	一四四二
又 玉函本 同	一	天	一五〇〇
周易薛氏記 玉函本 薛虞撰	一	天	一五〇〇
蔡氏易說 玉函本 漢蔡景君撰	二	天	一五〇〇
丁氏易說 玉函本 漢丁寬撰	一	天	一五〇〇
韓氏易傳 玉函本 漢韓嬰撰	一	天	一五〇〇
古五子易傳 玉函本 同	一	天	一五〇〇
周易淮南九師道訓 玉函本 漢劉安撰	一	天	一五〇〇
周易施氏章句 玉函本 漢施讎撰	一	天	一五〇〇
周易孟氏章句 玉函本 漢孟喜撰	一	天	一五〇〇
周易梁邱氏章句 玉函本 漢梁邱賀撰	一	天	一五〇〇
周易京氏章句 玉函本 已上皆漢京房撰	一	天	一五〇〇
京氏易 木犀軒本	一	天	七三三
鄭氏周易 雅雨堂本 漢鄭元撰宋王應麟輯	一	天	一四六四
鄭氏周易注 叢函本 同 同	一	天	一八八九
又 玉函本 同 國朝馬國翰輯	一	天	一五〇〇
易注 鄭氏佚書本 同 國朝袁鈞輯	一	天	一六八八
費氏易 玉函本	一	天	一五〇〇
費氏易林 玉函本	一	天	一五〇〇
周易分野 玉函本 已上皆漢費直撰	一	天	一五〇〇
周易馬氏註 玉函本 漢馬融撰	一	天	一五〇〇
周易劉氏章句 玉函本 漢劉表撰	一	天	一五〇〇
周易宋氏注 玉函本 漢宋衷撰	一	天	一五〇〇
周易荀氏註 玉函本 漢荀爽撰	一	天	一五〇〇
周易王氏音 玉函本 同	一	天	一五〇〇
周易何氏解 玉函本 魏何晏撰	一	天	一五〇〇
周易王氏註 玉函本 魏王肅撰	一	天	一五〇〇
周易略例 漢魏叢書本 魏王弼撰	一	天	一四一〇

一

涵芬樓藏書目錄

集部 別集類 先唐之屬

書名	册	字	號
揚子雲集 漢魏六朝本 漢揚子雲撰	一	天	九三〇
劉子駿集 漢魏六朝百三家本 漢劉歆撰	一	天	一四〇四
又 小字本 同	一	天	三一七〇
馮曲陽集 漢魏六朝百三家本 漢馮衍撰	一	天	一四〇四
又 小字本 同	二	天	三一七〇
班蘭臺集 漢魏六朝百三家本 漢班固撰	一	天	一四〇四
又 小字本 同	一	天	三一七〇
崔亭伯集 漢魏六朝百三家本 漢崔駰撰	一	天	一四〇四
又 小字本 同	一	天	三一七〇
張河間集 漢魏六朝百三家本 漢張衡撰	一	天	一四〇四
又 小字本 同	三	天	三一七〇
李蘭臺集 漢魏六朝百三家本 漢李尤撰	一	天	一四〇四
又 小字本 同	一	天	三一七〇
太尉集 二酉堂叢書本 漢段熲撰	一	天	一四四一
太常卿集 二酉堂叢書本 漢張奐撰	一	天	一四四一
皇甫規司農集 二酉堂叢書本 漢皇甫規撰	一	天	一四四一
馬季長集 漢魏六朝百三家本 漢馬融撰	一	天	一四〇四
又 小字本 同	二	天	三一七〇
荀侍中集 漢魏六朝百三家本 漢荀悅撰	一	天	一四〇四
又 小字本 同	一	天	三一七〇
蔡中郎集 漢魏六朝百三家本 漢蔡邕撰	二	天	一四〇四
又 小字本 同	三	天	三一七〇
又 海源閣本 同	六	天	一四九七
又 漢魏六朝本 同	二	天	九三〇
又 十萬卷樓本 同	四	天	九三〇
王叔師集 漢魏六朝百三家本 漢王逸撰	一	天	一四〇四
又 小字本 同	一	天	三一七〇
孔少府集 漢魏六朝百三家本 漢孔融撰	一	天	一四〇四
又 小字本 同	一	天	三一七〇
諸葛丞相集 漢魏六朝百三家本 漢諸葛亮撰	一	天	一四〇四
又 小字本 同	一	天	三一七〇
諸葛武侯集 景賢書室校刊本 同	二	天	一六八三
諸葛忠武文集 附年譜 同 國朝張澍輯 巡行本	四	天	八八一
魏武帝集 漢魏六朝百三家本 魏武帝撰	一	天	一四〇四
又 小字本 同	一	天	三一七〇
魏文帝集 漢魏六朝百三家本 魏文帝撰	一	天	一四〇四

二

191.郘亭知見傳本書目十六卷　〔清〕莫友芝撰　

清宣統元年（1909）鉛印本　八册一函

卷端題“郘亭知見傳本書目，獨山莫友芝子偲”。

鈐印“苾厂藏書”。

先君子于經籍刊板善劣時代每箋志四庫簡目當條之下閒及存目其四庫未收者亦記諸上下方又采錄邵位西年丈懿辰所見經籍筆記益之邵本有汪鐵樵先生家驤朱筆記并取焉同治辛未先君子棄養繩孫謹依錄爲十六卷凡經部四庫存目者三四庫未收者百十八史部存目者二十八未收者二百有十子部存目者十四未收者百九十八集部存目者一未收者百二十一其四庫已著錄未箋傳本者竝闕之蓋是書當與簡明目錄合觀也癸酉長夏

郘目 序

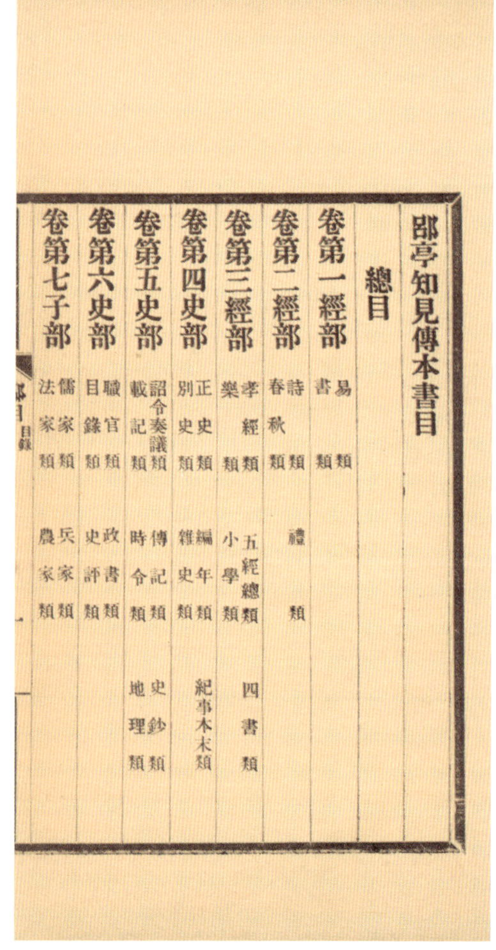

郘亭知見傳本書目

總目

卷第一經部 易類 書類

卷第二經部 詩類 春秋類 禮類

卷第三經部 孝經類 樂類 五經總類 小學類 四書類

卷第四史部 正史類 別史類 編年類 雜史類 紀事本末類

卷第五史部 詔令奏議類 載記類 傳記類 時令類 史鈔類 地理類

卷第六史部 職官類 目錄類 政書類 史評類

卷第七子部 儒家類 法家類 兵家類 農家類

郘目 目錄

福建繙本有璽印而不精近日印本尤漫漶　江寧書局繙本無璽印頗佳　戊戌在京見廠市各書肆俱有廠刊本五經價十金一部而印本漫漶據說爲道光間所印

郘亭知見傳本書目卷一　　獨山莫友芝子偲

經部一

五經古注乾隆中仿宋相臺岳氏本刊道光中貴州廣東皆有翻本貴州本無卷端璽印　五經白文明趙用賢刻本諸藩刻本亦多嘉靖庚子衛王府本　六經白文古香齋巾箱本　篆文七經白文易書詩春秋周禮儀禮四書有明刊本半頁九行行十三字　國朝內府刊本半頁八行行十二字李光地張照等奉旨校閱　九經白文無錫秦氏巾箱本易三卷　詩書各四卷　春秋十七卷　禮記周禮各六卷　孝經一卷　論語二卷　孟子七卷　合五十卷　附大學中庸章句一卷　小學二卷　盧抱經曰九經小字本吾見南宋本已不如北宋本錫山秦氏本又不如南宋本今之翻秦本又不及焉按秦板以附小學者爲眞宋刊五經白文字小至每半頁二十行板式又小與秦本不同又有九經略似秦本之十四行板大小亦略似蓋卽其所出抱經所謂南宋不如北宋者也又見一南宋九經半頁二十行板大小略似秦板者　天祿後目有南宋刊巾箱九經白文不知其廿行抑十四行　十三經古注明永懷堂葛氏刊又有翻本今在浙猶存同治丁卯見新印本江西稽古樓十三經古注巾箱本其春秋三傳用閔齊伋刪注與葛本同其四書古注朱注並列　六經注有正統本怡府明善堂巾箱本汲古閣本今天都黃晟巾箱本及今揚州鮑氏

192.彙刻書目二十卷　〔清〕顧修輯　〔清〕朱學勤增補

清光緒十二至十五年(1886—1889)上海福瀛書局刻本　二十册二函

每半葉11行，行25字，小字雙行字同，黑口，左右雙邊，單黑魚尾，半框高12.6釐米，寬9.9釐米。版心中鎸卷次、子目書名及葉碼。

内封題“彙刻書目二十册”。牌記題“光緒十二年春三月上海福瀛書局借仁和朱氏增訂本重編付梓，十五年夏四月刊成，福山王懿榮題”。目録端題“彙刻書目”。書名據内封。

鈐印“人生惟有讀書高”“鷁山人”“崑崙山外是我家”“黃有澤藏書印”“維新市隱”。

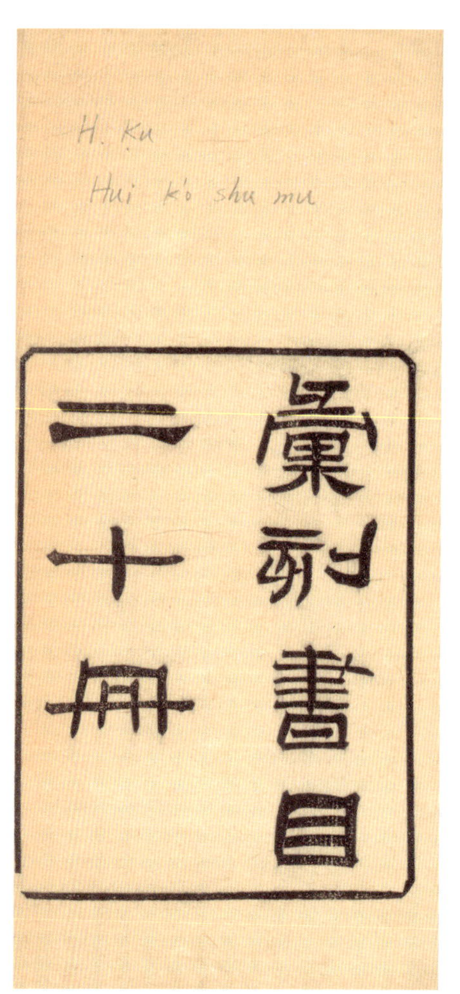
H. Ku
Hui k'o shu mu
彙刻書目
二十冊

光緒十二年春三月
上海福瀛書局借仁
和朱氏增訂本重編
付梓十五年夏四月
刊成福山王懿榮題

十三經注疏 乾隆四年武英殿刻每卷各附考證同治十年廣州書局覆刻

周易注疏十三卷附略例一卷 卷一至卷十魏王弼注卷十一至卷十三晉韓康伯注略例一卷唐邢璹注孔穎達等正義

尚書注疏十九卷 舊題漢孔安國傳唐孔穎達等正義

毛詩注疏三十卷附詩譜一卷 漢毛亨傳鄭玄箋唐孔穎達等正義

周禮注疏四十二卷 漢鄭玄注唐賈公彥等疏

儀禮注疏十七卷 漢鄭玄注唐賈公彥等疏

禮記注疏六十三卷 漢鄭玄注唐孔穎達等正義

春秋左傳注疏六十卷 晉杜預集解唐孔穎達等正義

春秋公羊傳注疏二十八卷 漢何休解詁唐徐彥疏

春秋穀梁傳注疏二十卷 晉范甯集解唐楊士勛疏

193.直齋書録解題二十二卷　〔宋〕陳振孫撰　Quarto Z3101 .C453 1883

清光緒九年(1883)江蘇書局刻本　六册一函

每半葉11行,行24字,小字雙行字同,白口,四周雙邊,單黑魚尾,半框高17.3釐米,寬12.3釐米。版心上鐫書名,中鐫卷次,下鐫葉碼。

内封題"直齋書録解題"。牌記題"光緒九年八月江蘇書局刊版"。卷端題"直齋書録解題,宋陳振孫撰"。

鈐印"諸暨圖書館收藏印""小竹素園藏書印""諸暨圖書館之符信"。

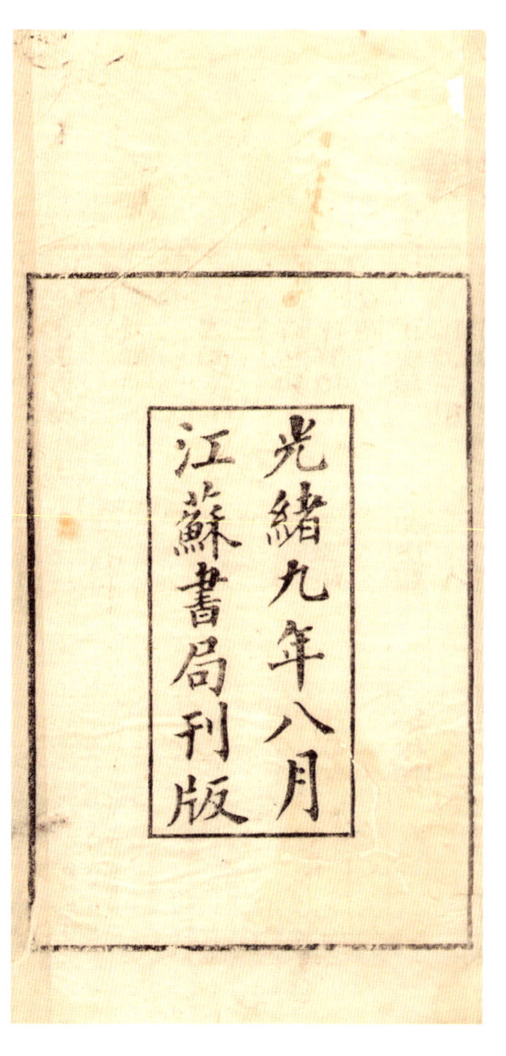
光緒九年八月
江蘇書局刊版

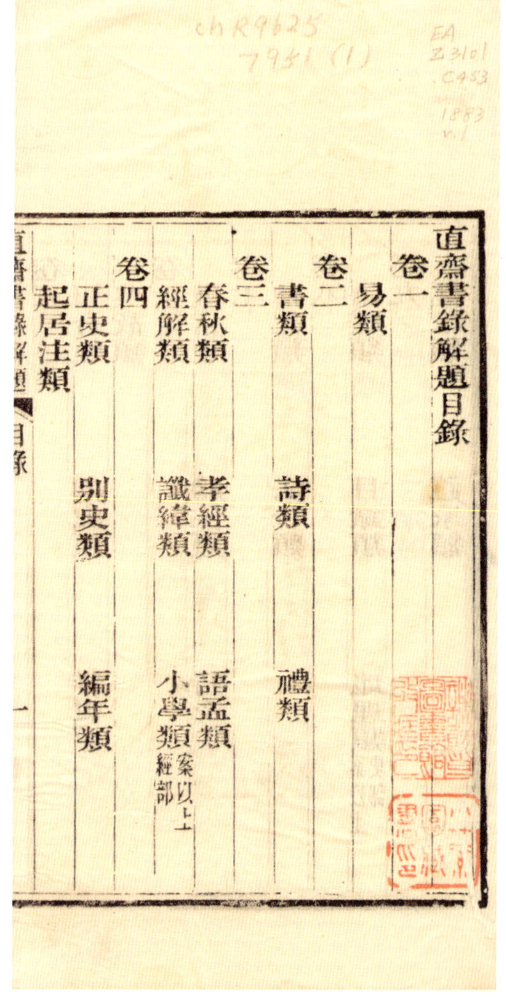
直齋書錄解題目錄
卷一
易類
卷二
書類　詩類　禮類
卷三
春秋類　孝經類　語孟類
經解類　讖緯類　小學類案以上十經部
卷四
正史類　別史類　編年類
起居注類

直齋書錄解題　目錄　一

直齋書錄解題卷一

宋陳振孫撰

易類

周易注六卷畧例一卷繫辭注三卷

魏尚書郎山陽王弼輔嗣注上下經撰畧例晉太常潁川韓康伯注繫辭說序雜卦自漢以來言易者多溺於象占之學至弼始一切掃去暢以義理於是天下後世宗之餘家盡廢然王弼好老氏魏晉談元自弼輩倡之易有聖人之道四焉去三存一於道闕矣況其所謂辭者又雜以異端之說乎范甯謂其罪深於桀紂誠有以也弼父業長緒本王粲族兄凱之子粲二子坐事誅文帝以業嗣粲弼死時年二十餘

194.閱藏知津四十四卷總目四卷　〔明〕釋智旭輯　Z7835.B9 C53x

清光緒十八年（1892）金陵刻經處刻本　十册一函

每半葉10行，行20字，小字雙行字同，黑口，左右雙邊，無魚尾，半框高17.7釐米，寬12.9釐米。版心中鐫書名、卷次、小題及葉碼。

卷端題“閱藏知津，北天目沙門釋智旭彙輯”。

鈐印“陳榮捷印”“上海愚園路一五四號佛學書局流通”。

按：陳榮捷（1901—1994），廣東人，畢業於嶺南大學。1929年獲哈佛大學博士學位後，先後在海内外多所大學任教。1942年起任達特茅斯學院中國哲學和文化教授，後任榮譽教授，臺灣“中研院”院士。

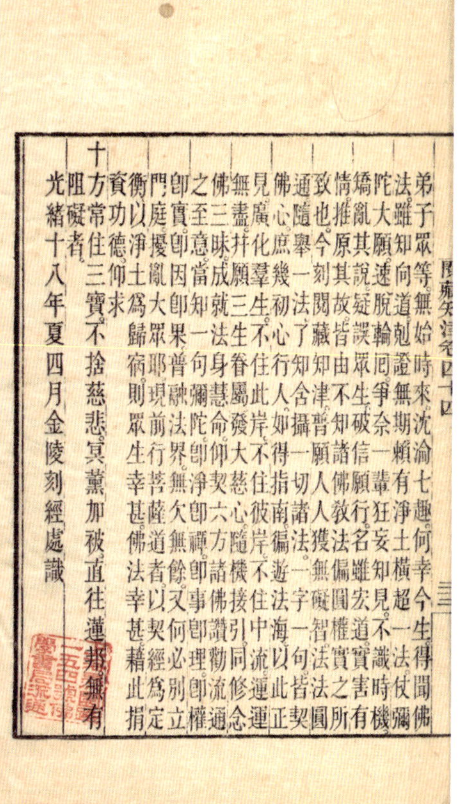

閱藏知津卷四十四　三

弟子衆等無始時來流淪七趣何幸今生得聞佛法雖知向道剋證無期賴有淨土橫超一法仗彌陀大願速脫輪迴爭奈一輩狂妄知見不識時機矯亂其說疑誤衆生破信願行名雖宏道實害有情推原其故皆由不知諸佛教法偏圓權實之所致也今刻閱藏知津普願人人獲無礙智法法圓通隨舉一法了知含攝一切諸法一字一句皆契佛心庶幾初心行人如得指南徧遊法海以此正見廣化羣生不住此岸不住彼岸不住中流運運無盡并願三生眷屬發大慈心隨機接引同修念佛三昧成就法身慧命仰契六方諸佛讚勸流通之至意當知一句彌陀卽淨卽禪卽事卽理卽權卽實卽因卽果普融法界無欠無餘又何必別立門庭擾亂大衆耶現前行菩薩道者以契經爲定衡以淨土爲歸病則衆生幸甚佛法幸甚藉此捐資功德仰求

十方常住三寳不捨慈悲冥薰加被直往蓮邦無有阻礙者

光緒十八年夏四月金陵刻經處識

閱藏知津卷第一　北天目沙門釋智旭　彙輯

大乘經藏　華嚴部第一

述曰。華嚴一部。別則剋指初成。通乃該乎一代。凡屬顯示稱性法門。不與二乘共者。咸歸此部。即如入法界品。是誠證也。

大方廣佛華嚴經八十卷　拱平章愛育黎首臣

唐于闐國三藏沙門實叉難陀譯

世主妙嚴品第一　佛在菩提場中。初成正覺。一切器世間主。衆生世間主。正覺世間主。皆悉雲集。

195.皇清經解檢目八卷 〔清〕蔡啓盛編

清光緒十二年(1886)武林刻本 一册無函

行字不等, 白口, 四周雙邊, 單黑魚尾, 無界欄, 半框高18.5釐米, 寬13.4釐米。版心上鎸書名, 中鎸卷次及部名, 下鎸葉碼。

内封題“皇清經解檢目, 曲園俞樾署”。牌記題“光緒十有二年冬十月刻於武林”。卷端題“皇清經解檢目”。

鈐印“鎔經鑄史齋”。

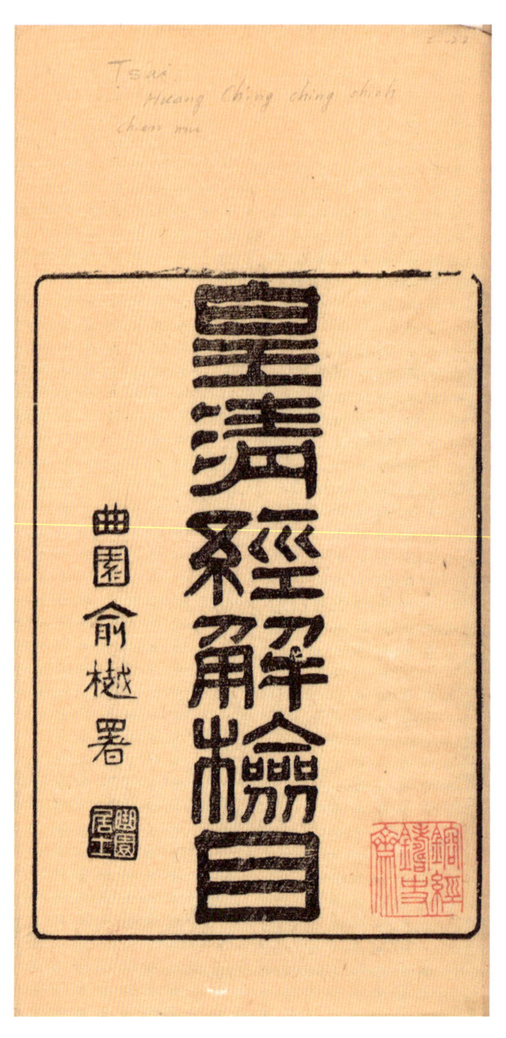

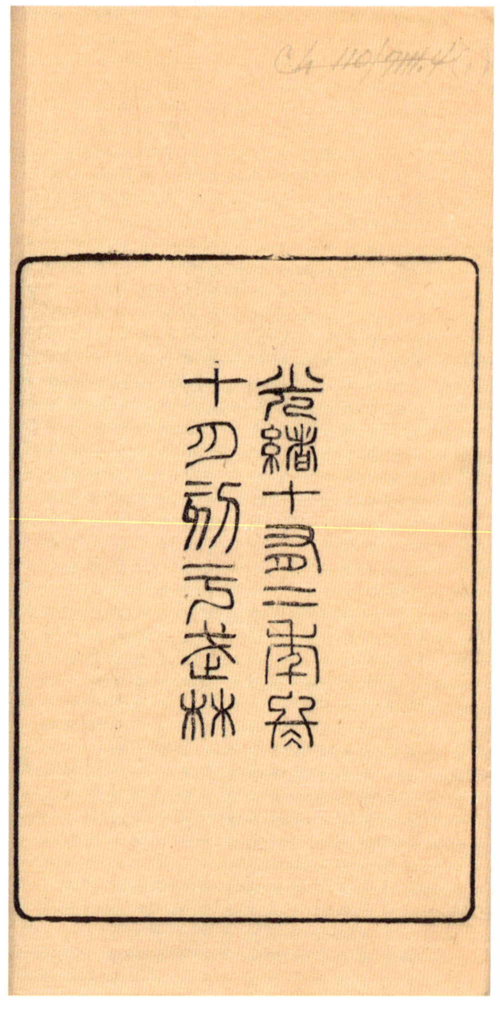

皇淸經解檢目卷一

天文部

子部

叢　編

196.二十二子三百三十九卷　　Folio B125 .E75x

清光緒元年至三年（1875—1877）浙江書局刻本　八十三册十七函

每半葉9行，行21字，小字雙行字同，白口，左右雙邊，單黑魚尾，半框高18釐米，寬13.1釐米。版心中鎸子目書名及卷次，下鎸葉碼。

《老子道德經》内封題“晋王弼注，老子，陸德明釋文附”。牌記題“光緒元年浙江書局據華亭張氏本校刻”。卷端題“老子道德經，華亭張氏原本，晋王弼注”。

子目：

老子道德經二卷附音義一卷　〔三國魏〕王弼注　〔唐〕陸德明音義　光緒元年據華亭張氏本刊

莊子十卷　〔晋〕郭象注　〔唐〕陸德明音義　光緒二年據明世德堂本刊

管子二十四卷　〔唐〕房玄齡注　〔明〕劉績增注　光緒二年據明吴郡趙氏本刊

列子八卷　〔晋〕張湛注　〔唐〕殷敬順釋文　光緒二年據明世德堂本刊

墨子十六卷附篇目考一卷　〔清〕畢沅校注　光緒二年據畢氏靈巖山館本刊

荀子二十卷附校勘補遺一卷　〔唐〕楊倞注　〔清〕盧文弨、謝墉校　光緒二年據嘉善謝氏本刊

尸子二卷存疑一卷　〔清〕汪繼培輯　光緒三年據湖海樓本刊

孫子十家注十三卷附叙録一卷遺説一卷　〔宋〕吉天保輯　（叙録）〔清〕畢以珣撰　（遺説）〔宋〕鄭友賢撰　光緒三年據孫氏平津館本刊

孔子集語十七卷　〔清〕孫星衍纂輯　光緒三年據陽湖孫氏本刊

晏子春秋七卷附音義二卷校勘記二卷　〔清〕孫星衍校並音義　（校勘記）〔清〕黄以周撰　光緒元年據孫氏平津館本刊

吕氏春秋二十六卷附考一卷　〔漢〕高誘注　〔清〕畢沅校　光緒元年據畢氏靈巖山館本刊

賈誼新書十卷　〔漢〕賈誼撰　〔清〕盧文弨校　光緒元年據盧氏抱經堂本刊

春秋繁露十七卷附録一卷　〔漢〕董仲舒撰　光緒二年據盧氏抱經堂本刊

揚子法言十三卷附音義一卷　〔漢〕揚雄撰　〔晋〕李軌注　光緒二年據江都秦氏本刊

文子纘義十二卷　〔宋〕杜道堅撰　光緒三年據武英殿聚珍版叢書本刊

補注黄帝内經素問二十四卷素問遺篇一卷靈樞十二卷　〔唐〕王冰注　〔宋〕林億等校正　〔宋〕孫兆重改誤　（素問遺篇）〔宋〕劉温舒撰　光緒三年據明武陵顧氏影宋嘉佑本刊

竹書紀年統箋十二卷前編一卷雜述一卷　〔清〕徐文靖撰　光緒三年據丹塗徐氏本刊

商君書五卷附考一卷　〔清〕嚴萬里校　光緒二年據西吴嚴氏本刊

韓非子二十卷附識誤三卷　〔清〕顧廣圻識誤　光緒元年據吴氏景宋乾道本刊

淮南子二十一卷　〔漢〕劉安撰　〔漢〕高誘注　〔清〕莊逵吉校　光緒二年據武進莊氏本刊

文中子中説十卷　題〔隋〕王通撰　〔宋〕阮逸注　光緒二年據明世德堂本刊

山海經十八卷　〔晋〕郭璞傳　〔清〕畢沅校　光緒三年據畢氏靈巖山館本刊

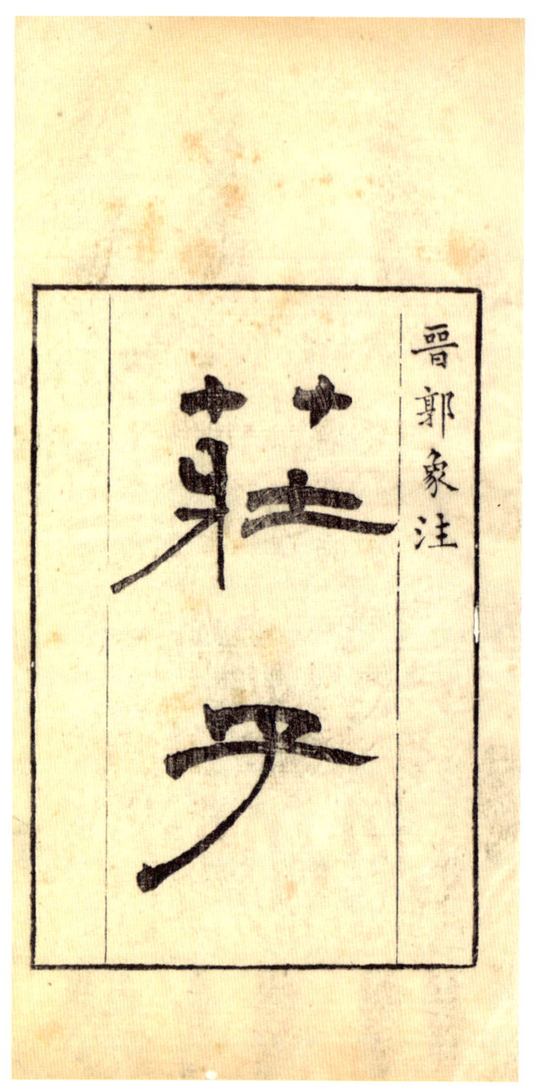
晋郭象注
莊子

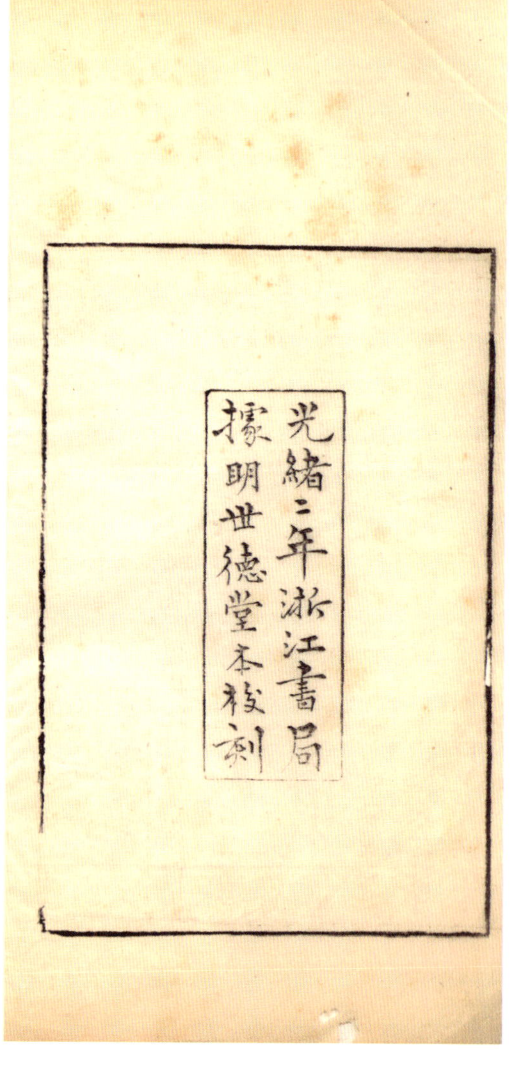
光緒二年浙江書局
據明世德堂本校刻

老子道德經上篇

華亭張氏原本

晉 王弼 注

一章

道可道非常道名可名非常名〔可道之道可名之名指事造形非其常也故不可道不可名也〕無名天地之始有名萬物之母〔凡有皆始於無故未形無名之時則爲萬物之始及其有形有名之時則長之育之亭之毒之爲其母也言道以無形無名始成萬物以始以成而不知其所以元之又元也〕故常無欲以觀其妙〔妙者微之極也萬物始於微而後成始於無而後生故常無欲空虛可以觀其始物之妙〕常有欲以觀其徼〔徼歸終也凡有之爲利必以無爲用欲之所本適道而後濟故常有欲可以觀其終物之徼也〕此兩者同出而異

儒學類

197.新刻性理大全書七十卷　〔明〕胡廣等撰　1603 Mi

明萬曆三十一年（1603）刻本　三十二册四函

每半葉10行，行20字，小字雙行字同，白口，四周單邊，單黑魚尾，半框高20釐米，寬14.7釐米。版心上鎸書名，中鎸卷次，下鎸葉碼。

内封題“性理大全”。卷端題“新刻性理大全書”。卷首依次有《御製性理大全書序》，署“永樂十三年十月初一日”；《進書表》，署“永樂十三年九月十五日翰林院學士兼左春坊大學士奉政大夫臣胡廣等謹奉表”；先儒姓氏；目録。

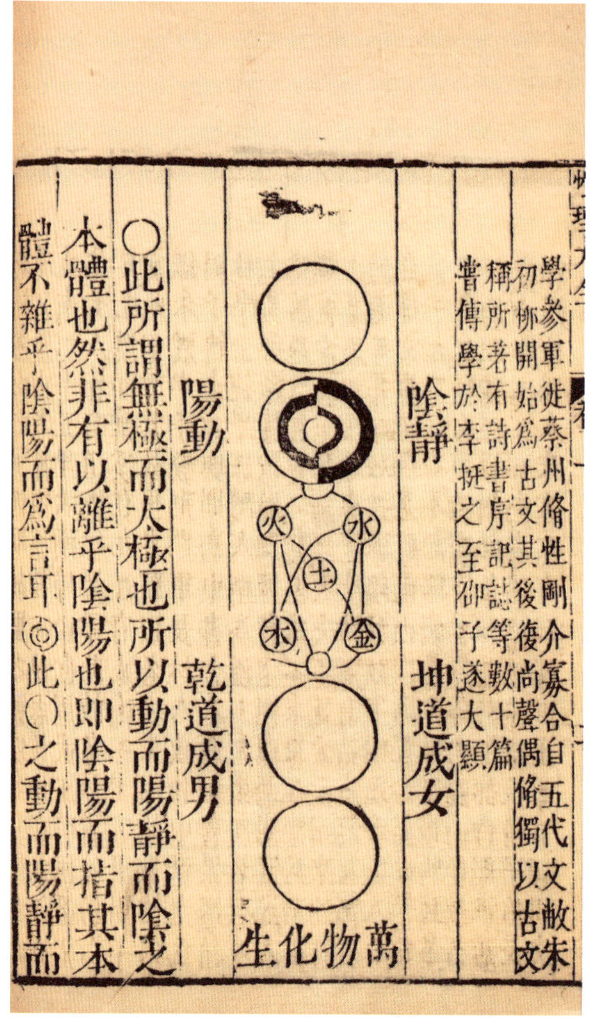

學參軍徙蔡州脩性剛介寡合自五代文敝宋
初柳開始爲古文其後復尚聲偶脩獨以古文
稱所著有詩書序記誌等數十篇
嘗傳學於李挺之至邵子遂大顯

陰靜　坤道成女

萬物化生

陽動　乾道成男

○此所謂無極而太極也所以動而陽靜而陰之
本體也然非有以離乎陰陽也即陰陽而指其本
體不雜乎陰陽而爲言耳◎此○之動而陽靜而

新刻性理大全書卷之一

太極圖　　校

〔朱子曰〕太極圖者濂溪先生之所作也先生姓周氏名惇實字茂叔後避英宗舊名改惇頤家世道州營道縣濂溪之上博學力行聞道甚早遇事剛果有古人風為政精密嚴恕務盡道理嘗作太極圖通書易通數十篇襟懷飄灑雅有高趣尤樂佳山水廬山之麓有溪焉先生濯纓而樂之因寓以濂溪之號而築書堂於其上又曰先生之學其妙具於太極一圖通書之言亦皆此圖之蘊而程先生兄弟語及性命之際亦未嘗不因其說觀通書之誠動靜理性命等章及程氏書李仲通銘程邵公志顏子好學論等篇則可見矣潘清逸誌先生之墓敘所著書特以作太極圖為稱首然則此圖當為先生書首無疑也然先生既手以授二程本因附書後傳者見其如此遂誤以圖為書之卒章不復釐正使先生立象盡意之微指暗而不明而驟讀通

道家類

198.鐫眉公陳先生評選莊子南華經雋四卷 〔明〕陳繼儒評選 1628 Mi

明蕭少衢師儉堂刻本 四册一函

上下二欄，每半葉上欄雙行，行4字，下欄9行，行20字，小字雙行字同，白口，四周單邊，單魚尾間無魚尾，半框高21.8釐米，寬12.5釐米。版心上鐫“莊子雋”，下鐫卷數及葉碼。

卷端題“鐫陳眉公先生評選莊子南華經雋，雲間眉公陳繼儒評選，句容賓王張榜參校，書林少渠蕭世熙繡梓（領繡）”。卷末牌記題“師儉堂蕭少衢依京板刻”。

鈐印“游戲弍味”“碧梧書屋”“清淳”“釋氏”“江都穀詒堂長尾氏圖書”“澹泊”“幽燭隱乎山中”“廣涵之印”“芥□氏”“高氏圖書”。

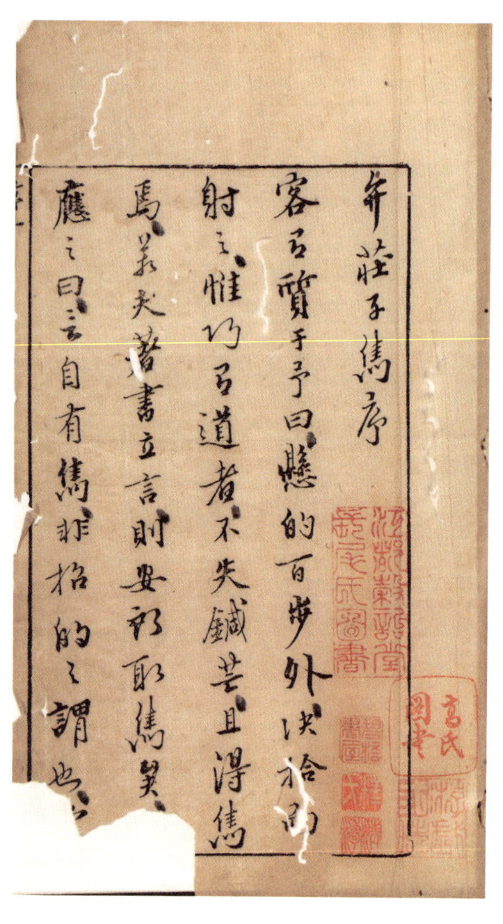

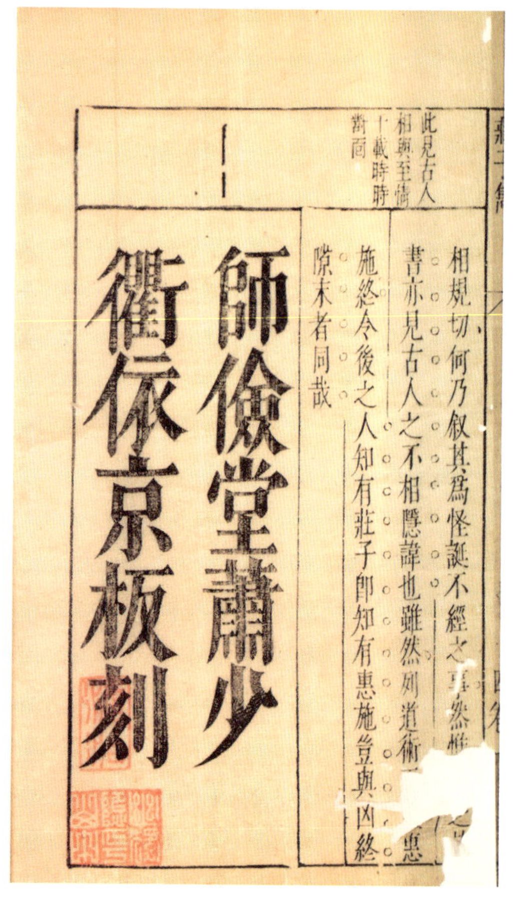

莊生戲言嘲世篇中無肉生有筆機灑落

鐫眉公陳先生評選莊子南華經雋卷之一

雲間眉公　陳繼儒評選

句容賓王　張　榜參校

書林少渠　蕭世熙繡梓

逍遥遊 遊謂心與天遊也逍遥者汗漫自適之義

北冥有魚其名爲鯤鯤之大不知其幾千里也化而爲鳥其名爲鵬鵬之背不知其幾千里也怒而飛其翼若垂天之雲是鳥也海運則將徙於南冥南冥者天池也 鯤非有幾千里之大鵬之背非有幾千里之廣莊生有見夫心體本小可拓而使大鯤鵬

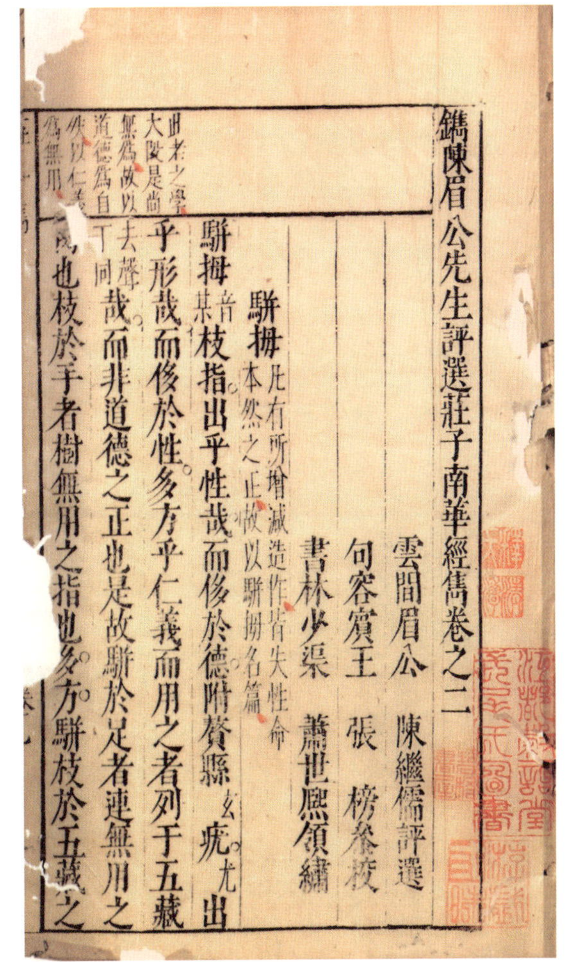

此老之學大陵是尚無爲故以道德爲自然以仁義爲無用

鐫陳眉公先生評選莊子南華經雋卷之二

雲間眉公　陳繼儒評選

句容賓王　張　榜參校

書林少渠　蕭世熙領繡

駢拇 凡有所增減造作皆失性命本然之正故以駢拇名篇

駢拇音某枝指出乎性哉而侈於德侈去聲下同附贅縣玄疣尤出乎形哉而侈於性多方乎仁義而用之者列于五藏哉而非道德之正也是故駢於足者連無用之肉也枝於手者樹無用之指也多方駢枝於五藏之

兵家類

199.武經注解考注八卷 〔明〕周光鎬撰 1579 Mi

明萬曆二十五年（1597）籌勝堂刊本 五册一函

每半葉9行，行18字，小字雙行字同，白口，四周單邊，單黑魚尾，半框高19.9釐米，寬12.4釐米。版心上鐫“武經”，中鐫卷名，下鐫葉碼及“籌勝堂刊”。

内封題“新試演射兵法武備全書，長庚館藏板”。卷首依次有《武經考注序》；《武書考注凡例》；《古今兵法論略》。

《武經孫子注解》《司馬法注解》《武經尉繚子注解》《武經李衛公考注》《武經三略考注》《武經六韜考注》各卷末均署“行都司都司吴光宇、王之翰、司懋官，撫夷通判鄒鳳儀同閱校；守備李宗望、張可大，建昌衛指揮施勳督刊；建昌衛儒學生員何應辰、田有麟校；匠人南充縣楊甫刊”。

鈐印“敦古齋藏書印”“張府内庫圖書”。

新試演射兵
長庚館藏板
法武備全書

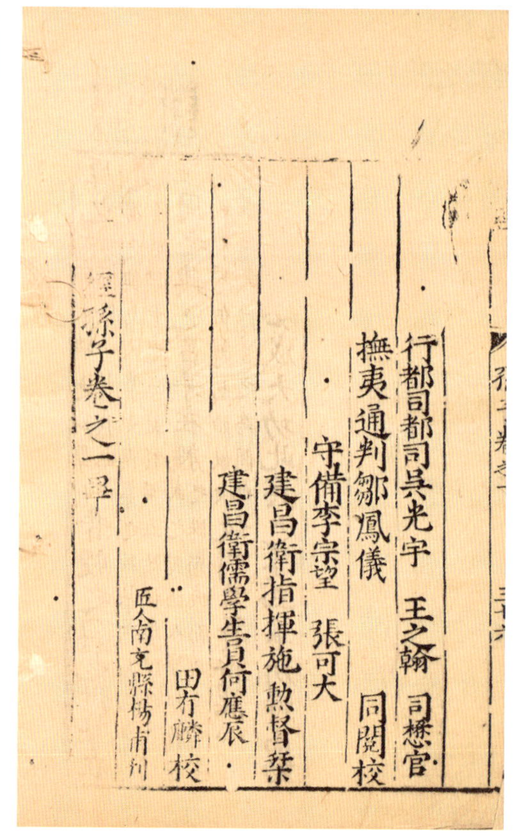

行都司都司吴光宇 王之翰 司懋官
撫夷通判鄒鳳儀 同閱校
守備李宗望 張可大
建昌衛指揮施勳督[illegible]
建昌衛儒學生員何應辰 田有麟校
匠人南充縣楊甫刊
經孫子卷之一畢

武經六韜攷注卷之七

攷藝文志上自神農黄帝風后力牧下至公孫鞅范蠡大夫種孫吴之書無不載爲兵家而獨以六韜列之於儒曰周史六弢六篇是也所謂大公謀八十一篇言七十一篇兵八十五篇則列於道家者流是何黄石之所授於留侯者特不見録以爲兵書耶蓋大公之韜畧非若孫吴穰苴詭詐以求勝也故自漢家以來專爲權謀速勝

武經孫子註解卷之一

孫子武者齊人也以兵法見於吴王闔廬闔廬曰子之十三篇吾盡觀之矣可以小試勒兵乎對曰可可試以婦人乎曰可於是出宫人百八十人孫子分爲二隊以王之寵姬二人各爲隊長皆令持戟令之曰汝知而心與左右手背乎婦人曰知之孫子曰前則視心左視左手右視右手後即視背婦人曰諾約束既布乃設鈇鉞即三

農家農學類

200.**農政全書六十卷** 〔明〕徐光啓輯 S515 .X84 1800z

清末縮印上海太原氏重刻本 六册一函

卷端題“農政全書，明上海徐光啓原本，東陽張國維、穀城方岳貢原刻，上海太原氏重刊”。

鈐印“師房”“中行之章”“馬山老農”“中行王復”“王復”。

按：館藏缺卷一至七、十六至二十三。

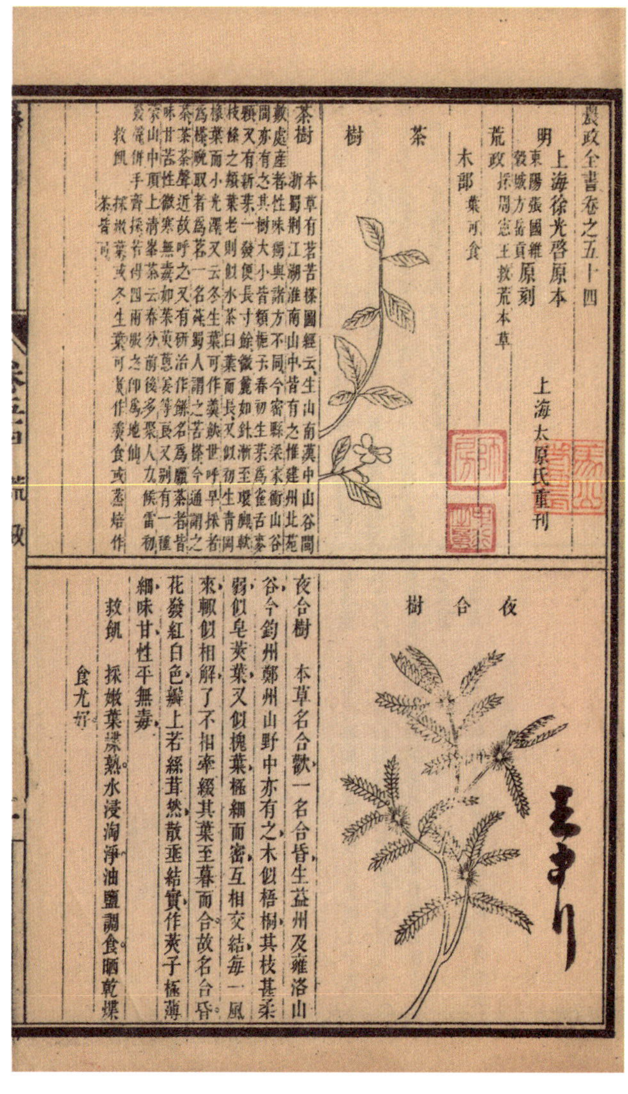

農政全書卷之八

上海徐光啓原本

明 東陽張國維 穀城方岳貢 原刻

上海太原氏重刊

農事

開墾

諸葛昇（選貢壽昌人定遠知縣）墾田十議曰江淮偏瘠已久流離觸目可虞謹陳開荒十議以盡地力以厚民生事（兩淮古昔與兩江兩浙等何以至是）照得卑職受事此中三閱歲于茲熟計利弊其有民生最利時事最急者則無如墾田

一議墾田在西北爲利而在鳳陽一屬尤利之利者也竊見鳳屬頻年以來旱澇爲祟螟螣再罹疫癘流行道殣相繼小民蕭條滿目則微鄉土之思生計無聊則寡性命之樂以故慓悍輕生離鄉遠竄者十之七而迫窮爲盜倫延喘息者十之三斯時也彼已不自用其命而督之以科條咸之以箠楚又將安用之則有操之以法度莫如養之以膏澤膏澤者墾田是也田墾則民自聚民聚則財自豐膏澤行而法度有所恃矣此無他貨利者此中之不足而隴畝者此中之有餘因其有餘而開之則于勢易更從其有餘而收之則爲功倍也以此謹摭墾田十議以備採擇施行

一築塘堨以通水利

古者畫井而田甽達於溝溝達於洫洫達于澮逆壅順洩而皆取利於水今淮以南田無宿水壅雨爲秋而陂塘堨堰之利修築不時疏通無法以致雨驟則狂瀾四溢助河爲虐稍乾則揚塵涸底赤地如焚而旱澇皆以爲民告豈直地勢使然哉卑職蒞任三稔皆過旱預計水利爲築陶家堰楚漢泉等堨十數處凡近堨之田得水灌溉俱獲全熟及秋後淫霖支流就壑而亦無衝決之虞是築堤明驗也（爲其事無其功者未嘗聞之也）第州縣有簿書之繁修築有工食之費巡行阡陌動經旬日一處不督理而小民之偷惰者如故矣合無責治農一官專司水利遍歷郊圻尋往昔舊跡如池塘之閉塞者開濬之溝澮之壅滯者疏導之瀦潤間視地之高下爲堰之淺深而隄之閘之高則開渠卑則築閘急則激取緩則疏引水由地中行無枯竭

201.御製耕織圖不分卷　〔清〕聖祖玄燁題詩　〔清〕焦秉貞繪　〔清〕朱圭、梅玉鳳刻　Folio S520 .Y89 1696

清刻本　一册一函

每葉高34.7釐米，寬27.7釐米，四周單邊，圖框高24.4釐米，寬24.4釐米。耕圖、織圖各23幅，共計46幅。

外封題“戊寅，範九氏，耕織圖”。内封題“御製耕織全圖”。書名據内封。

鈐印“博舊居士”“桂林書屋”“聽松興館”“旟松齋”。

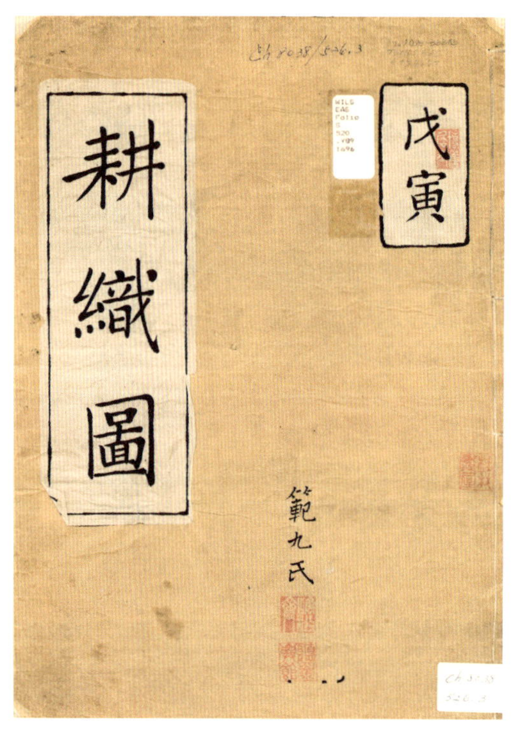

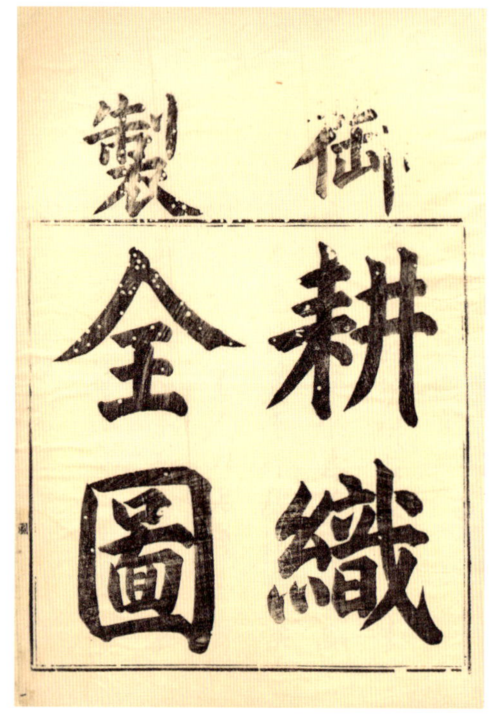

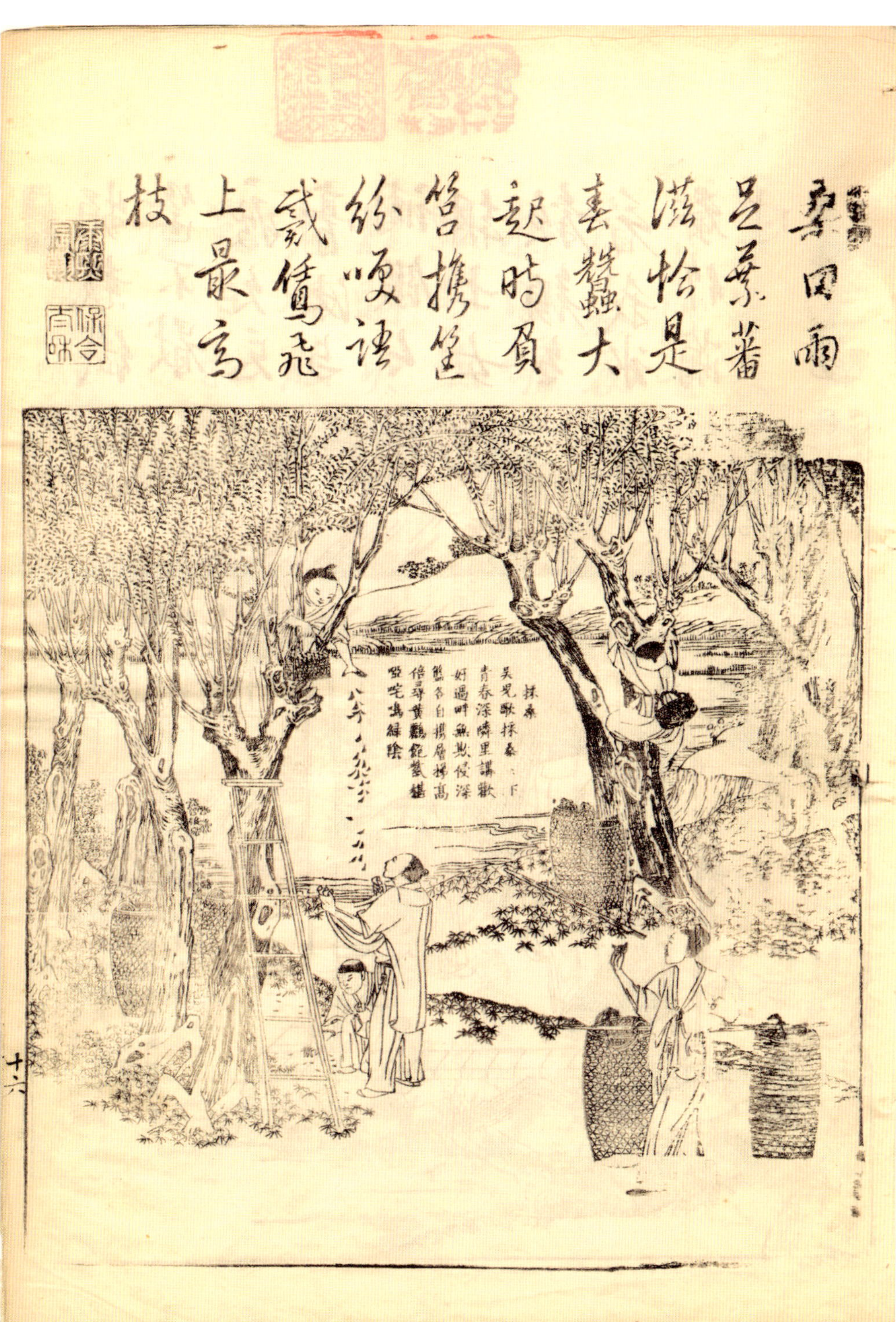
桑田雨
足葉蕃
滋恰是
春蠶大
起時負
筥攜筐
紛笑語
戴鵀飛
上最高
枝
採桑

202.佩文齋廣群芳譜一百卷 〔清〕汪灝等撰

清康熙四十七年（1708）刻本 二十八册四函

每半葉11行，行21字，白口，左右雙邊，雙對黑魚尾，半框高16.7釐米，寬11.5釐米。版心上鎸書名，中鎸譜名、卷次、類名及葉碼。

卷端題“佩文齋廣群芳譜”。

鈐印“勿折角勿卷腦勿以墨污勿令鼠齩勿唾幅揭勿爪字抓勿跨帙或作枕勿不如奉師教勿粥市及借人勿違命爲不孝必端野父題以囑兒元徽”“田安府芸臺印”“獻英樓圖書記”“鳳端堂圖書記”“島範家藏萬卷”“島筠”“稺節所藏”。

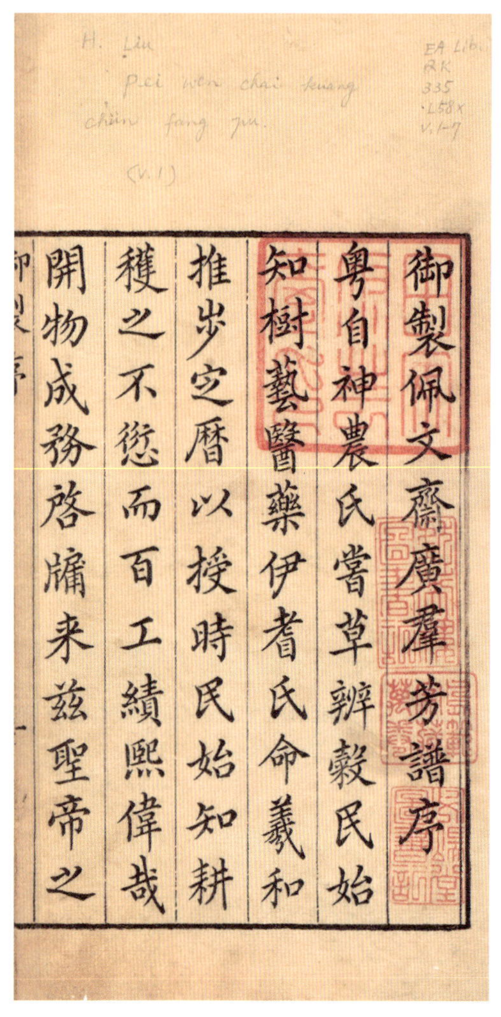

佩文齋廣羣芳譜卷第一

天時譜

春

增禮記鄉飲酒義東方者春春之爲言蠢也產萬物者聖也注春動生之貌也聖之爲言生也疏東方產育萬物故爲春爲聖 爾雅春爲青陽注氣青而溫陽 春爲發生 公羊傳春者何歲之始也注春者天地開闢之端養生之首 管子東方曰歲星其時曰春其氣曰風風生木 梁元帝纂要春曰陽春青春芳春三春九春風曰陽風春風暄風柔風惠風景曰媚景時曰良時嘉時芳時辰曰良辰嘉辰芳辰節曰華節芳節嘉節良

醫家類

203.本草備要八卷　〔清〕汪昂撰　Quarto RS180.C5 W45 1800z

清江陰寶文堂書莊刻本　五册一函

每半葉10行，行24字，小字雙行字同，白口，四周單邊，單黑魚尾，半框高19.2釐米，寬14.1釐米。版心上鐫書名，中鐫小題，下鐫部名及葉碼。

内封題“校對無訛，本草備要，江陰寶文堂書莊藏板”。卷端題“本草備要”。

校對無訛
本草備要
江陰寶文堂書莊藏板

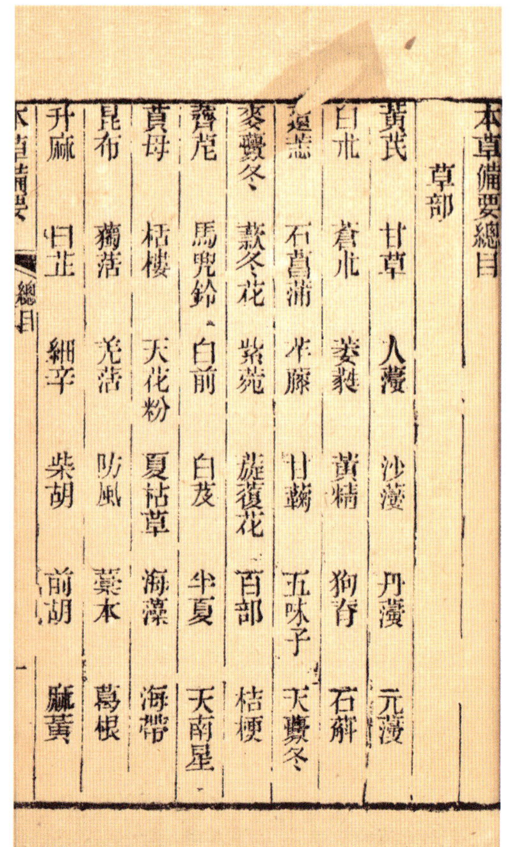
本草備要總目
草部
黄芪　甘草　人薓　沙薓　丹薓　元薓
白朮　蒼朮　萎蕤　黄精　狗脊　石斛
遠志　石菖蒲　牛膝　甘菊　五味子　天虋冬
麥虋冬　款冬花　紫菀　旋覆花　百部　桔梗
薺苨　馬兜鈴　白前　白芨　半夏　天南星
貝母　栝樓　天花粉　夏枯草　海藻　海帶
昆布　獨活　羌活　防風　藁本　葛根
升麻　白芷　細辛　柴胡　前胡　麻黄
本草備要　總目

本草備要

從來圖繪絢佈爲工未暇析其形似是以博物君子每多樝梨橘柚之疑茲集詳考互訂擬肖逼眞雖遐方異物按圖可索奚第多識其名已也

草部山草類

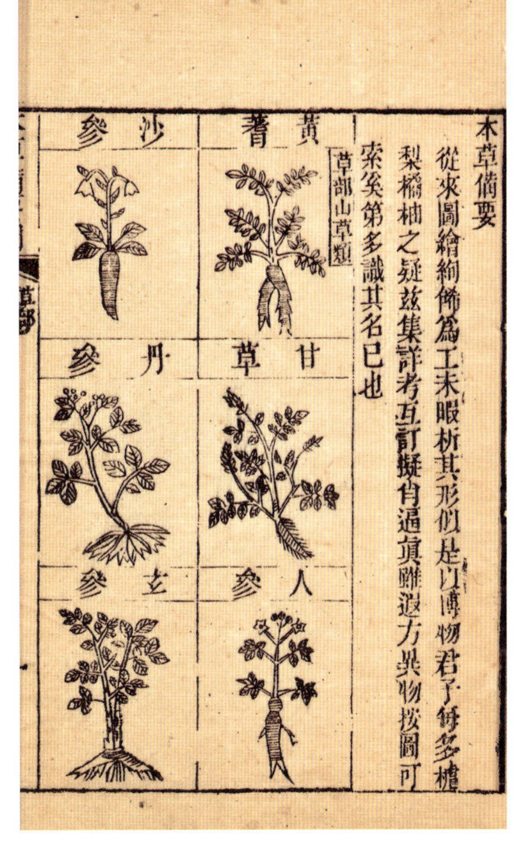

本草備要

草部

黃耆 補氣固表瀉火

甘溫生用固表無汗能發有汗能止 丹溪云黃耆大補陽虛自汗若表虛有邪發汗不出者服此又能自汗○朱震亨號丹溪著本草補遺 溫分肉實腠理瀉陰火解肌熱

炙用補中益元氣溫三焦壯脾胃 脾胃一虛土不能生金則肺氣先絕脾胃緩和則肺氣旺而肌表固實補中即所以固表也 生血生肌 氣能生血血充則肉長經曰血生肉 排膿內托

瘡癰聖藥 毒氣化則成膿補氣故能內托癰疽不能成膿者死不治毒氣盛而元氣衰也痘證亦然 痘證不起陽虛無熱者宜之 新安汪機治痘證虛寒不起用四君子湯加黃耆紫草多效間有枯萎而死者自咎用藥之不精思之至忘寢食忽悟曰白朮燥濕茯苓滲水宜痘漿之不行也乃減去二味加官桂糯米以助其

204.新刊婦人良方補遺大全二十四卷首一卷目録一卷補遺一卷　〔宋〕陳自明編　〔明〕熊宗立補遺　（補遺）〔明〕薛己撰　WZ240 X8t 1599

明萬曆二十七年（1599）陳氏存德書堂刻本　十二册一函

每半葉13行，行27字，小字雙行字同，白口，四周雙邊，雙順黑魚尾，半框高19.5釐米，寬12.7釐米。版心上鎸書名及卷次，中鎸門類，下鎸葉碼。

卷端題“新刊婦人良方補遺大全，醫學臨川陳自明良甫編集，鰲峰熊宗立道軒補遺，松軒葉玄昊顯章類校”。卷首依次有《婦人良方序》，末署“嘉熙元年八月良日建康府明道書院醫諭臨川陳自明良父序”；新刊類校婦人良方補遺大全總目。卷末牌記題“萬曆己亥陳氏存德書堂新刊”。《補遺》卷端題“大醫院校注婦人良方大全補遺，吴郡後學薛己撰，書林泗泉余彰德梓”。

鈐印“執中館”“大濱河野藏書”。

按：有抄補、眉批。每册末手書“河野永代藏書”。此書又名《婦人大全良方》《婦人良方》《婦人良方大全》《婦人良方集要》。

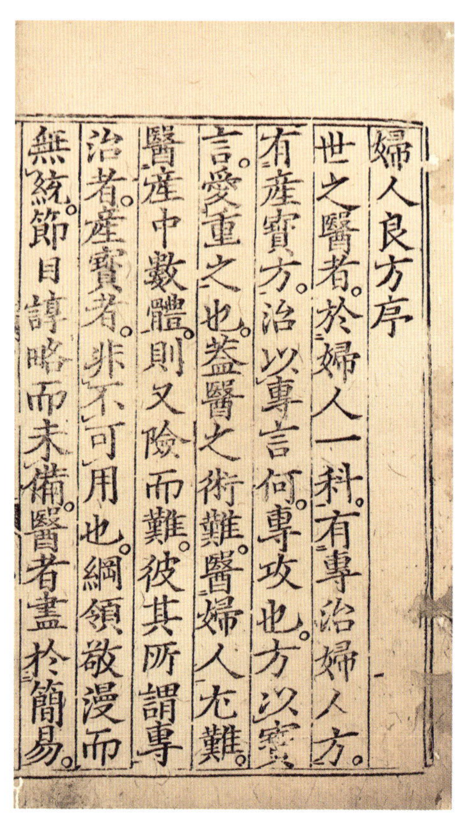

婦人良方序

世之醫者。於婦人一科。有專治婦人方。有產寶方。治以專言何。專攻也。方以寳言。愛重之也。盖醫之術難。醫婦人尤難。醫產中數體。則又險而難。彼其所謂專治者。產寶者。非不可用也。綱領散漫而無統。節目詳略而未備。醫者盡於簡易。

新刊婦人良方補遺大全卷之一

醫學臨川 陳 自明 良甫 編集
鰲峯 熊 宗立 道軒 補遺
松軒 秉 玄昊 顯章 類校

調經門

凡醫婦人先須調經故以為初

▲月經序論第一

岐伯曰女子七歲腎氣盛齒更髮長二七而天癸至任脉通太衝脉盛月事以時下天謂天真之氣降癸謂壬癸水名故云天癸也然衝為血海任主胞胎腎氣全盛二脉流通經血漸盈應時而下所以謂之月事者平和之氣常以三旬一見以像月盈則虧也若遇經脉行時最宜謹於將理將理失宜似産後一般受病輕為宿疾重可死矣蓋被驚則血氣錯亂經脉斬然不行逆於身則為血分癆瘵等疾若其時勞力則生虚熱亦為疼痛之根若恚怒則氣逆氣逆則血逆逆於腰腿則遇經行

205.瘡瘍經驗全書十三卷　〔宋〕竇默輯撰　〔清〕洪瞻巖、陳友恭校

清康熙五十六年（1717）浩然樓刻本　八册一函

每半葉10行，行20字，小字雙行字同，白口，左右雙邊，單黑魚尾，半框高19.9釐米，寬14.5釐米。版心上鐫書名，中鐫卷次，下鐫葉碼及“浩然樓”。

卷端題“瘡瘍經驗全書，宋燕山竇漢卿輯著，天都洪瞻巖、桐川陳友恭仝校”。

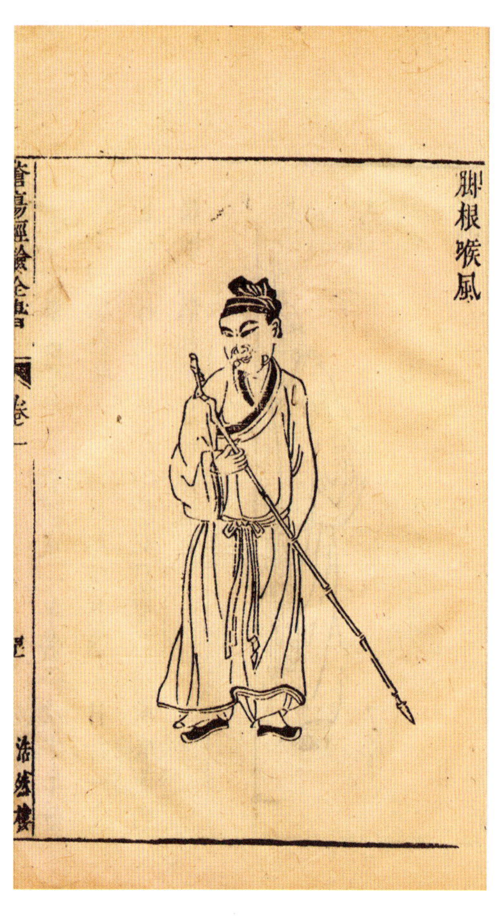

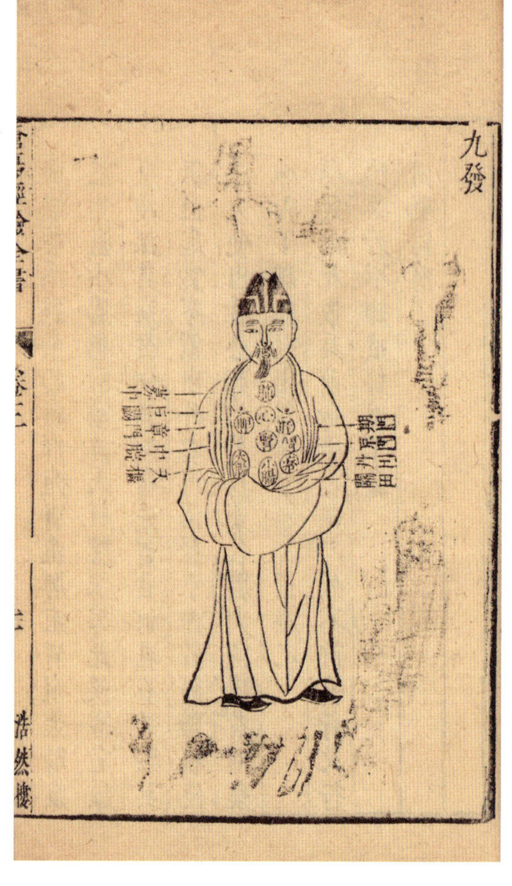

瘡瘍經驗全書卷之一

宋燕山竇漢卿輯著

天都洪瞻巖
桐川陳友恭 仝校

咽喉說一

呼者因陽出吸者隨陰入呼吸之間肺經主之喉嚨已下言六臟爲手足之陰咽門已下言六腑爲手足之陽蓋諸臟屬陰爲裏諸腑屬陽爲表以臟者藏也藏諸神流通也腑者府庫主出納水穀糟粕轉輸之謂也自喉嚨已下六臟喉應天氣乃肺之系也以肺屬金乾爲天乾金也故天氣之道其中

206.傅氏眼科審視瑤函六卷首一卷　〔明〕傅仁宇撰　

明崇禎十七年(1644)刻本　六册一函

每半葉12行,行24字,小字雙行字同,白口,四周單邊,單黑魚尾,半框高17.5釐米,寬12.5釐米。版心上鎸"審視瑤函",中鎸卷次,下鎸葉碼。

外封題簽"六吉堂眼科大全"。内封題"眼科大全"。卷端題"傅氏眼科審視瑤函,秣陵傅仁宇允科纂輯,壻張文凱廷獻參閲,廣陵林長生聲震較補,男傅維藩國棟編輯,甥張秀徵珩訂正,大梁周靖公亮節較梓,公猷掄、體仁籲仝次"。卷首依次有《審視瑤函序》,末署"通家侍生陳盟頓首拜撰";《弁言》,署"崇禎甲申菊月穀旦,中議大夫資治尹加光禄寺少卿仍掌太醫院院使事通家眷弟陸彬頓首拜撰";傅氏眼科審視瑤函總目;凡例,末署"復惠子雒藩時謹識";前賢醫案。

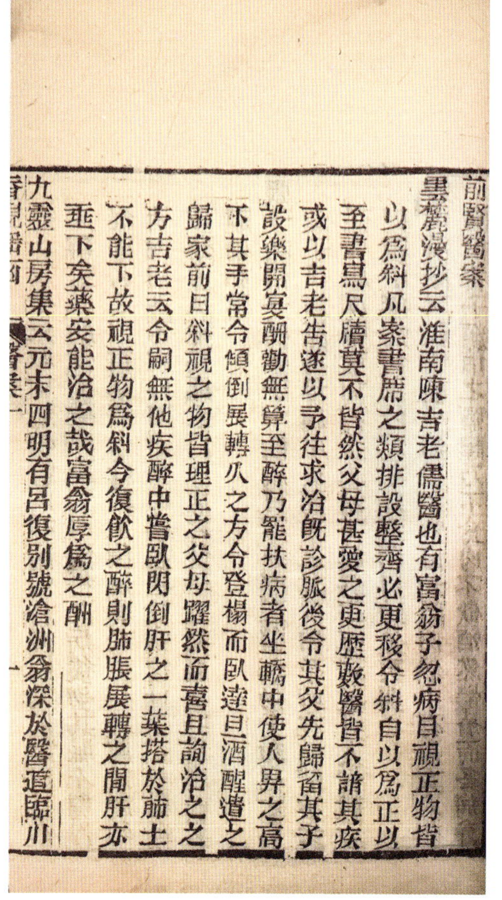

前賢醫案
墨莊漫抄云淮南陳吉老儒醫也有富翁子忽病目視正物皆
以爲斜凡案書席之類排設整齊必更移令斜自以爲正以
至書寫尺牘莫不皆然父母甚憂之更歷數醫皆不諳其疾
或以吉老告遂以子往求治既診脉後令其父先歸留其子
設樂開宴酬勸無算至醉乃罷扶病者坐轎中使人舁之高
下其手常令傾倒展轉久之方令登榻而臥達旦酒醒遣之
歸家前日斜視之物皆理正之父母躍然而喜且詢治之之
方吉老云令嗣無他疾醉中嘗臥閃倒肝之一葉搭於肺上
不能下故視正物爲斜今復飲之醉則肺脹展轉之間肝亦
垂下矣藥安能治之哉富翁厚爲之酬
九靈山房集云元末四明有呂復別號滄洲翁深於醫道臨川
審視瑤函　卷一　一

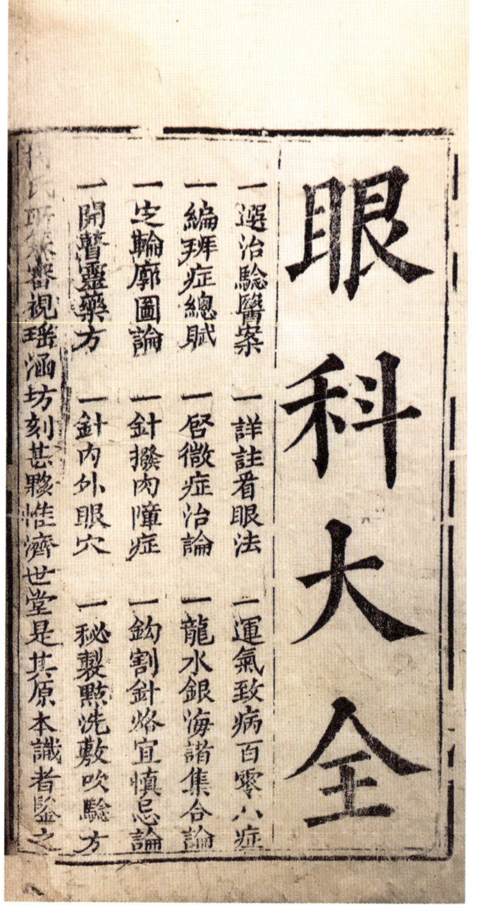

眼科大全
一選治驗醫案　一詳註看眼法　一運氣致病百零八症
一編辨症總賦　一啓微症治論　一龍水銀海諸集合論
一定輪廓圖論　一針撥內障症　一鈎割針烙宜慎忌論
一開瞽靈藥方　一針內外眼穴　一秘製點洗敷吹驗方
審視瑤涵坊刻甚夥惟濟世堂是其原本識者鑒之

傅氏眼科審視瑤函卷之一

秣陵傅仁宇允科纂輯　　壻張文凱廷獻參閱

廣陵林長生聲震較補　　男傅維藩國棟編輯

錫張秀徵珩訂正　　公　猷　掄

大梁周靖公亮節較梓　　體　仁　德　全

五輪所屬論

夫目有五輪屬乎五臟五輪者皆五臟之精華所發名之曰輪像其如車輪圓轉運動之意也上下眼胞屬乎脾土應中央戊己辰戌丑未也脾主肉故曰肉輪脾有二葉運動磨化水穀外應目之兩胞動靜相應開則萬用如陽動之發生閉則萬寂如陰靜之收斂像土能藏萬物而主靜故脾一合則萬有寂然而思睡臟納歸靜之應也脾又有兩銳角為目大小眥屬心應火

207.舌苔診斷不分卷

清手抄繪圖本　一册一函

經折裝，素紙，行字不等，無界欄。共27折，61幅舌苔及口腔圖。

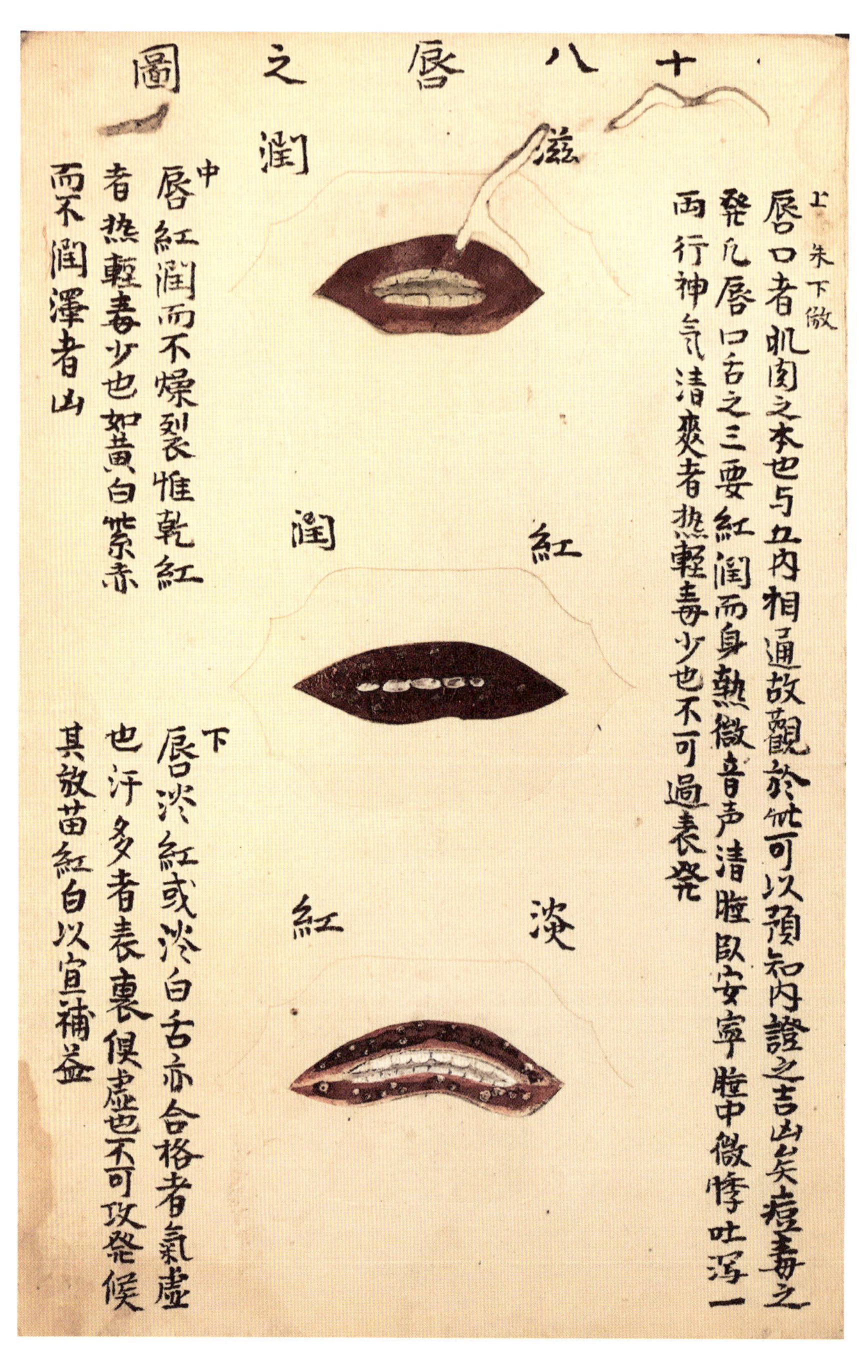
十八唇之圖一

上 朱下微

唇口者肌肉之本也与五內相通故觀於此可以預知內證之吉凶矣痘毒之發凡唇口舌之三要紅潤而身熱微音声清睡臥安寧睡中微悸吐泻一兩行神氣清爽者熱輕毒少也不可過表發

滋潤

中 唇紅潤而不燥裂惟乾紅者熱輕毒少也如黃白紫赤而不潤澤者凶

紅潤

淡紅

下 唇淡紅或淡白舌亦合格者氣虛也汗多者表裏俱虛也不可攻發候其放苗紅白以宜補益

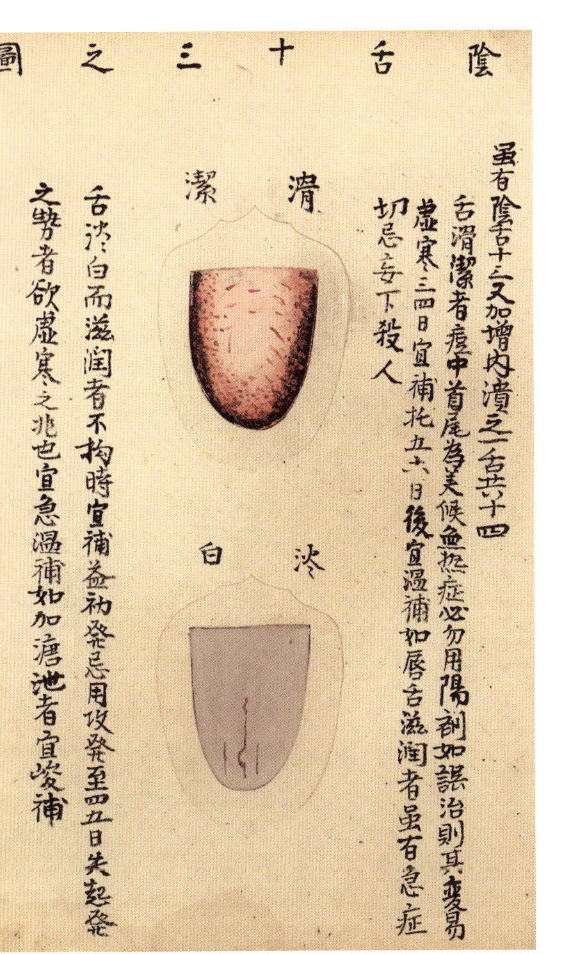

陰舌十三之圖

虽有陰舌十三又加增内潰之一舌共十四

舌滑潔者瘡中首尾為美候無熱症必勿用陽劑如誤治則其変易虚寒三四日宜補托五六日後宜溫補如唇舌滋潤者虽有急症切忌妄下殺人

滑潔

冷白

舌冷白而滋潤者不拘時宜補益初発忌用攻発至四五日失起発之勢者欲虚寒之兆也宜急溫補如加溏泄者宜峻補

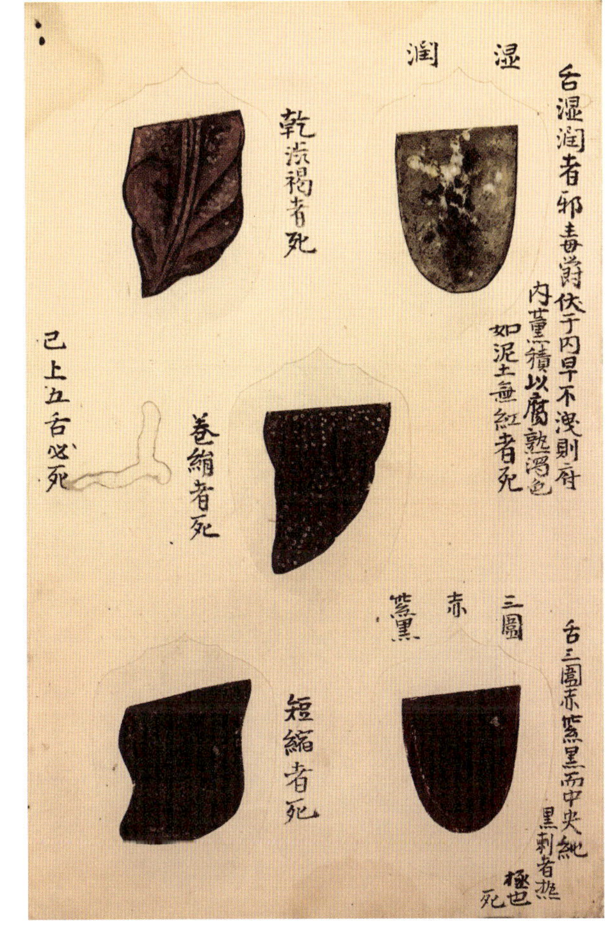

湿潤

舌湿潤者邪毒蔚伏于内早不洩則府内薫蒸積以腐熟潟色如泥土無紅者死

乾渋褐者死

卷縮者死

已上五舌必死

三圖 赤 紫黑

舌三圖赤紫黑而中央純黑刺者熱極也死

短縮者死

208.戒烟醒世圖不分卷　（英國）李修善（David Hill）、楊格非（Griffith John）、德貞（Dudgeon JohnHepburn）撰　

清光緒十二年（1886）漢口聖教書局刻本　一册一函

每半葉9行，行24字，白口，四周雙邊，單黑魚尾，半框高19.3釐米，寬12.4釐米。版心上鐫書名，下鐫葉碼。

内封題“西曆一千八百八十六年，戒烟醒世圖，光緒十二年歲次丙戌，漢口聖教書局印發”。書名據内封。

西歷一千八百八十六年
戒烟醒世圖
光緒十二年歲次丙戌
漢口聖教書局印發

以上勸戒烟詞、並醒世圖十二幅、已將吃烟人之情形、盡情摩出、使人觸目驚心、誠苦口良言、不啻晨鐘暮鼓、若吸烟者能將此圖朝夕玩視、立心戒除、且熟讀以下治心治身之法、庶可轉禍為福、轉危為安、誠余之厚望也、

耶穌聖教戒烟說畧

鄂郡福音堂李修善著

中外通商、天意也、彼此和睦、世益也、人能體天意、裨益於世、是興仁講義之基也、但通商和睦、固為盛事、而其中有最損仁害義者、莫若鴉片烟也、夫鴉片烟之運行、非一國之過、實中外之罪、何則、外邦以之謀利、而不思其害、中華以之縱慾、而因受其

迷途初步

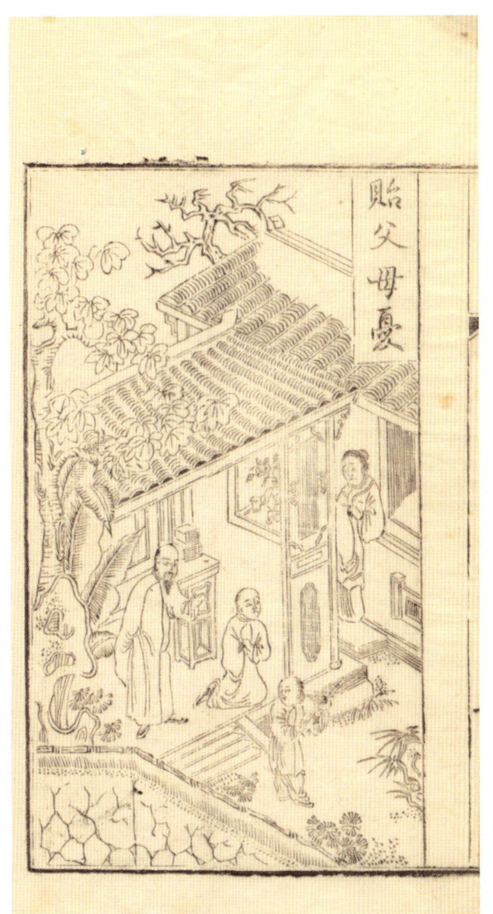
貽父母憂

209.御纂醫宗金鑒十六卷　〔清〕吴謙撰　

清宣統元年（1909）簡青齋書局石印本　四册一函

内封題“御纂醫宗金鑒外科”。卷端題“御纂醫宗金鑒”。

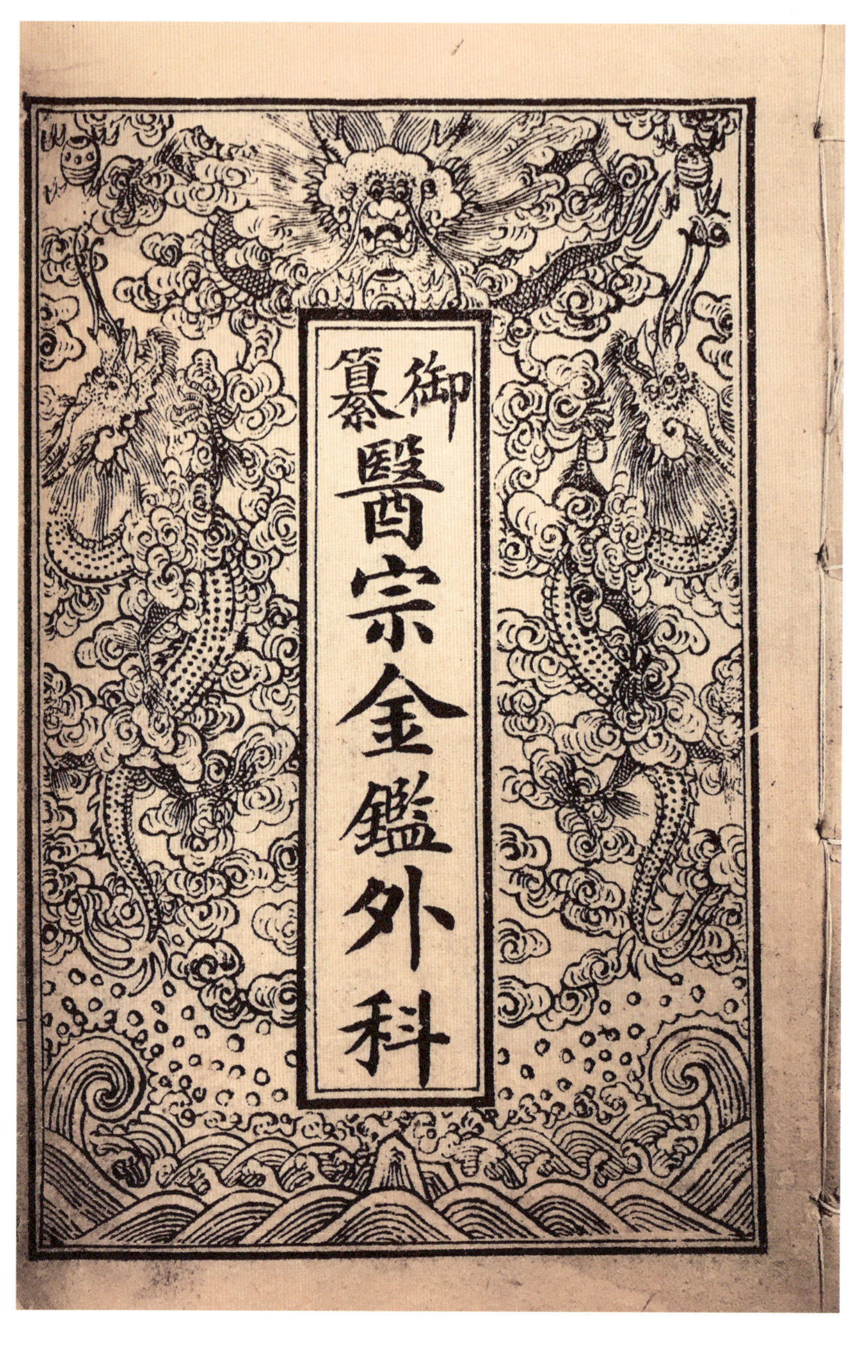

御纂醫宗金鑑卷一　　編輯外科心法要訣

十二經循行部位歌

手之三陽手外頭　手之三陰胸內手　足之三陽頭外足　足之三陰足內走

註手之三陽手外頭者，謂手陽明大腸經從手次指內側之端上行手臂外之上行挾鼻至頭鼻孔兩旁也；手少陽三焦經從手四指外側之端上行手臂外之中行至頭耳前動脈也；手太陽小腸經從手小指外側之端上行手臂外之下行至頭耳中珠子也。手之三陰胸內手者，謂手太陰肺經從胸乳上循行臑內下行肘臂內之上行至手大指內側之端也；手厥陰心包絡經從腋下乳外循行臑內下行肘臂內之中行至手中指之端也；手少陰心經從腋脇間循行臑外下行肘臂內之下行至手小指內側之端也。足之三陽頭外足者，謂足陽明胃經從頭目下循頰頸乳中下行腹外股膝跗之前行至足二指之端也；足少陽膽經從頭目外眥循行繞耳顱顛下行脇胯膝跗之中行至足四指外側之端也；足太陽膀胱經從頭目內眥循行頷顛項背外行臀膕腨踝之後行至足小指外側之端也。足之三陰足內走者，謂足厥陰肝經從足大指外側之端循行前行上內踝上膕腨膝之中行內行陰器腹脇之外行上至乳下也；足太陰脾經從足大指內側之端循行內踝膝裏股內之中行上行腹中至季脇也；足少陰腎經從足心循行內踝足跟內循之後行上腹內至胸也。諸陽行外，諸陰行內，四肢背腹皆如此也。

頭前正面歌

頭督脣任五中行　眥傍足太顴手陽　側上足少繞耳手　鼻傍手明脣足方

註頭之正面分五行挾鼻。其中行上嚙脣以上屬督脈，下嚙脣以下屬任脈，此為中行也。其第二行目內眥旁上屬足太陽經，鼻傍下屬手陽明經，此為第二行也。其第四行面顴骨外旁屬手太陽經，頭側上屬足少陽經，繞耳前後屬手少陽經，此為第四行也。其第三行脣旁屬足陽明經，為第三行也。

頭後項頸歌

頭後七行督中行　惟二足太足少陽　頸前任中二足明　三手四行手太陽　五足少陽六足手　七足太陽督中行

註頭後項頸分七行，其中行屬督脈，惟兩旁第二行屬足太陽經，其餘第三行、四行、五行皆屬足少陽經。頸前中行屬任脈，二行屬足陽明經，三行屬手陽明經，四行屬手太陽經，五行屬足少陽經，六行屬手少陽經，七行屬足太陽經，項後中行屬督脈經也。

頭前正面圖

頭後項頸圖

雜著類

210.七修類稿五十一卷續稿七卷　〔明〕郎瑛撰　AC150 .L35x

清光緒六年(1880)廣州翰墨園刻本　十二册二函

每半葉9行,行20字,小字雙行字同,黑口,左右雙邊,無魚尾,半框高12.8釐米,寬9.7釐米。版心中鎸書名、卷次及類名,下鎸葉碼。

内封題“仁龢郎仁寶撰,七修類稿,符翁題”。牌記題“光緒庚辰廣州翰墨園重刊”。卷端題“七修類稿,明仁和郎瑛仁寶著述”。

仁龢郎仁寶著
七脩類稾
符翁題

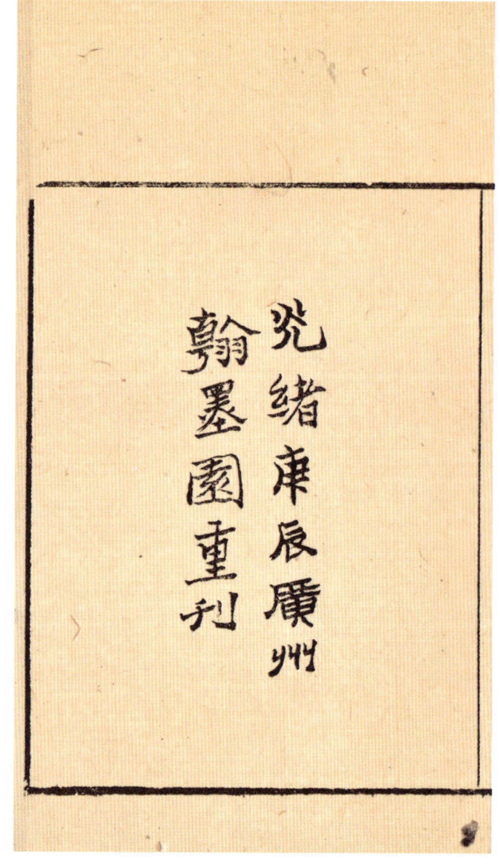
光緒庚辰廣州
翰墨園重刊

七修續藁卷一

明仁和郎瑛仁寶著述

天地類

遊閱古泉記

少嘗借人癸辛雜識齊東野語二書見其彼此出入莫知孰先著也第以野語大事多於雜識而雜識卷帙又繁因止錄其野語今見雜識比舊四分之一若似道喪師江上等事皆鈌之且無刻板懊恨未錄茲以原錄閱古泉一記附入七修他日得梓使人知宋

七修類藁卷一

明仁和郎瑛仁寶著述

天地類

經星牛女

容齋隨筆辯鬼宿度河篇曰經星終古不動殊不思天是動物經星即其體也蔡傳曰繞地左旋一日一週而過一度夜視可知矣但不似緯星週天各有年數牽牛織女七夕渡河之說始於淮南子烏鵲塡河而渡織女續齊諧誌云七月牽牛嫁織女詩人後遂

211.野獲編三十卷補遺四卷 〔明〕沈德符撰

清道光七年（1827）錢塘姚氏扶荔山房刻本 二十册二函

每半葉10行，行21字，白口，四周雙邊，單黑魚尾，半框高19釐米，寬14.1釐米。版心上鎸書名，中鎸卷次，下鎸葉碼及“扶荔山房”。

内封題“道光丁亥春鎸，野獲編，錢塘姚氏鑒藏”。卷端題“野獲編，秀水沈德符景倩著，桐鄉錢枋爾載輯”。

鈐印“蓮根館書畫印”“蓮根館”“黎氏藏本”“虡庭珍藏”“虡庭藏書”“虡庭曾觀”。

校刊野獲編弁言
史氏自龍門而後載筆拘於體例專舉政典大綱凡軼事譾聞槩置勿錄其或記注之間有所嫌避敘述更畧而弗詳由是正史闕文不能無藉於野乘之參補遷固而下代有其書由來尚矣顧風微人遠傳聞異辭承學之士操觚率爾一時緣情藻飾不免蹈左氏之浮夸欲求敬事慎言克守春秋謹嚴之教者往往難之沈景倩野獲編著自明萬歷間竹垞朱氏謂其事有左證論無偏黨明代野史蔑有過之者伏讀
欽定日下舊聞考采取百數十條著錄於篇故簡業殘
野獲編 弁言 一 扶荔山房

野獲編卷一

秀水沈德符景倩著　桐鄉錢　枋爾載輯

列朝

太祖即位

高皇帝將登寶位先於前一年之十二月百官勸進時上御新宫拜詞於天其畧曰惟我中國自宋運告終帝命眞人于沙漠入中國爲天下主百有餘年今運亦終其於天下人民土地豪傑分爭唯臣帝賜英賢李善長徐達等爲臣之輔戡定羣雄息民於田野臣下皆曰恐民無主必欲推尊臣不敢辭是用明年正月四日於鍾

212.五雜組十六卷　〔明〕謝肇淛撰　〔明〕潘膺祉校　AE3 .H64

明萬曆四十四年（1616）新安如韋館刻本　八册一函

每半葉9行，行18字，白口，四周單邊，無魚尾，半框高21.5釐米，寬14.6釐米。版心上鎸書名，中鎸卷次，下鎸葉碼。

卷端題“五雜組，陳留謝肇淛著，滎陽潘膺祉校”。卷首依次有《五雜組序》；目録。序言版心下鎸“黄行素刻”。卷二、卷十末題“東吴范迂漫翁審定，新安如韋舘藏板”。卷五、卷九、卷十一至十四末題“新安如韋舘藏板”。

鈐印“了翁上座請大藏及百家書置之武州紫雲山□微笑塔院庖府中永爲學者不敢許出院内當山二世鐵牛機謹誌”“臨濟三十六世”“鐵牛機印”“八雲軒”“脇坂氏淡路守”“藤克”“安兀”。

按：第一葉墨筆題“紫雲山瑞聖禪寺在東京芝區白金開山木庵第二世鐵牛名道機元禄十三年七十七歲寂”。

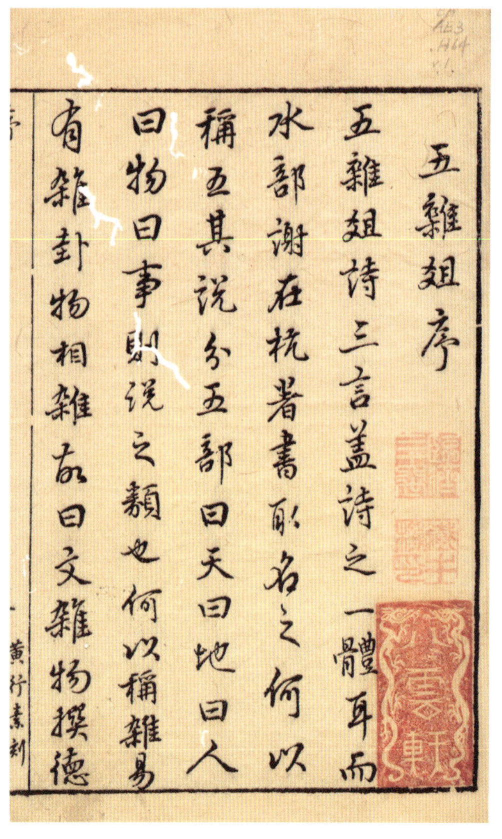
五雜俎序
五雜俎詩三言蓋詩之一體耳而
水部謝在杭著書取名之何以
稱五其説分五部曰天曰地曰人
曰物曰事則説之類也何以稱雜易
有雜卦物相雜故曰文雜物撰德
黄行素刻

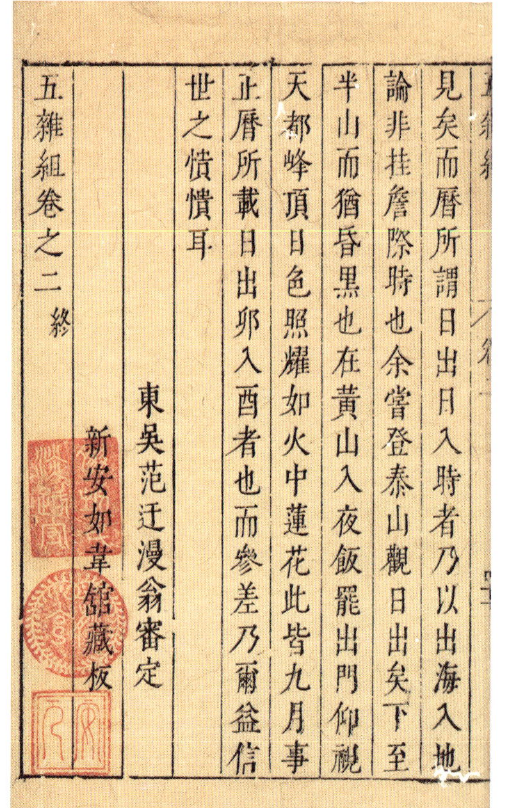
見矣而曆所謂日出日入時者乃以出海入地
論非挂詹際時也余嘗登泰山觀日出矣下至
半山而猶昏黑也在黄山入夜飯罷出門仰覩
天都峰頂日色照耀如火中蓮花此皆九月事
正曆所載日出卯入酉者也而參差乃爾益信
世之憒憒耳
東吴范迂漫翁審定
新安如韋舘藏板
五雜組卷之二終

五雜組卷之一

陳留謝肇淛著

滎陽潘膺祉校

天部一

老子謂有物混成先天地生不知天地未生時此物寄在甚麽處噫蓋難言之矣天氣也地質也以質視氣則質爲粗以氣視太極則氣又爲粗未有天地之時混沌如雞子然雞子雖混沌其中一團生意包藏其中故雖歷歲時而字之

五雜組 卷一 一

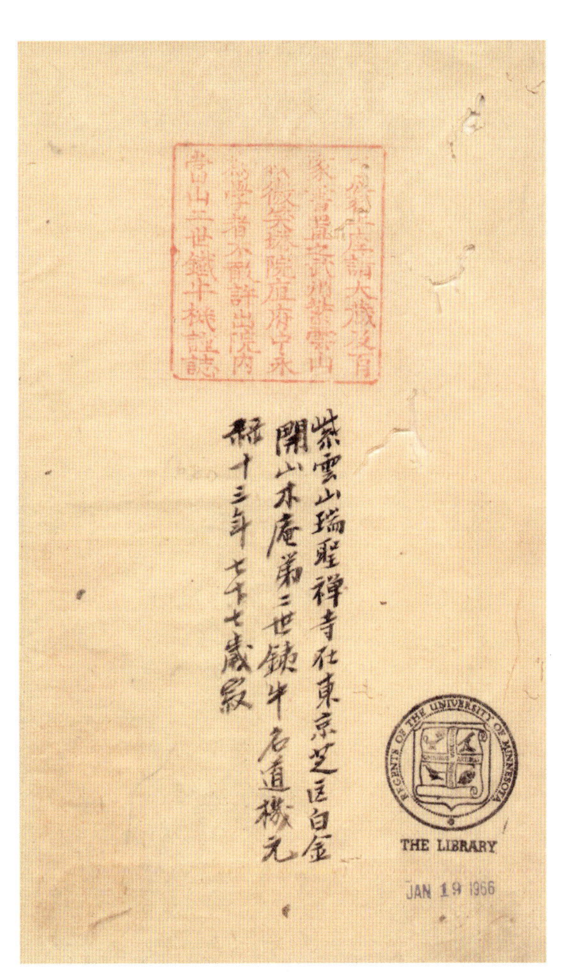

213.蛾術編八十二卷 〔清〕王鳴盛撰 〔清〕迮鶴壽參校 〔清〕沈楙德校刊

PL2732 .W302 1843

清道光二十一年（1841）世楷堂刻本 二十册四函

每半葉10行，行21字，小字雙行字同，白口，左右雙邊，單黑魚尾，半框高17.8釐米，寬13.1釐米。版心上鎸書名，中鎸卷次，下鎸葉碼及"世楷堂"。

内封題"嘉定王西莊先生著，蛾術編，世楷堂藏板"。牌記題"道光二十一年歲次辛丑春二月開雕"。卷端題"蛾術編，嘉定王西莊先生原本，吴江迮鶴壽參校、沈楙德校刊"。

嘉定王西莊先生著
蛾術編
世楷堂藏板

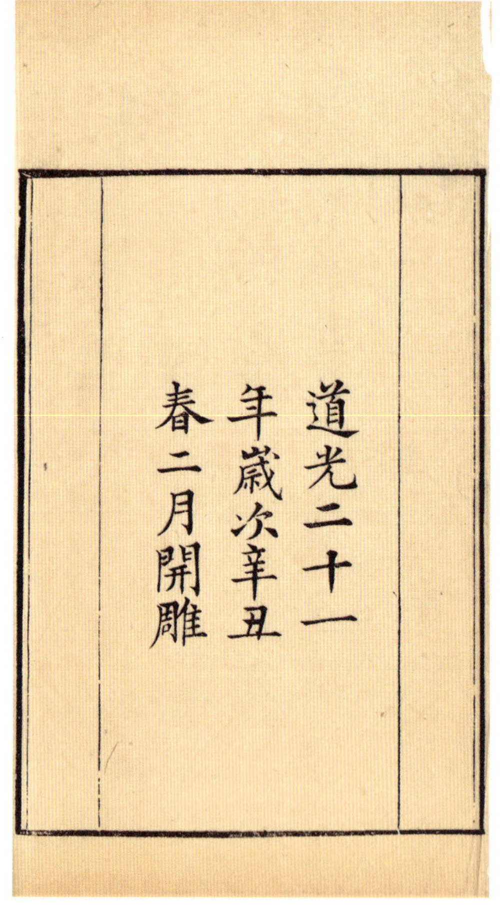
道光二十一
年歲次辛丑
春二月開雕

蛾術編卷一

嘉定王西莊先生原本　　吳江　迮鶴壽參挍
　　　　　　　　　　　　　　沈楙悳挍刊

說錄一

五經先後次敘

五經先後次敘史記儒林傳首詩次書次禮次易次春秋漢蓺文志首易次書次詩次禮次樂次春秋次論語次孝經次小學與史記次敘不同以意推之漢志遠勝于史記葢漢志全依劉歆七略歆首列六蓺略班固因之其次敘當亦依歆司馬遷當漢武帝時雖儒學之興

214.娛親雅言六卷　〔清〕嚴元照撰　AC150 .Y52x

清光緒十年(1884)吳興陸氏刻本　二册一函

每半葉9行,行20字,小字雙行字同,黑口,四周雙邊,無魚尾,半框高17.9釐米,寬12.9釐米。版心中鐫“娛”、卷次及葉碼。

内封題“娛親雅言”。牌記題“光緒甲申初夏吳興陸氏刊”。卷端題“娛親雅言,歸安嚴元照”。

鈐印“今關天彭之印”。

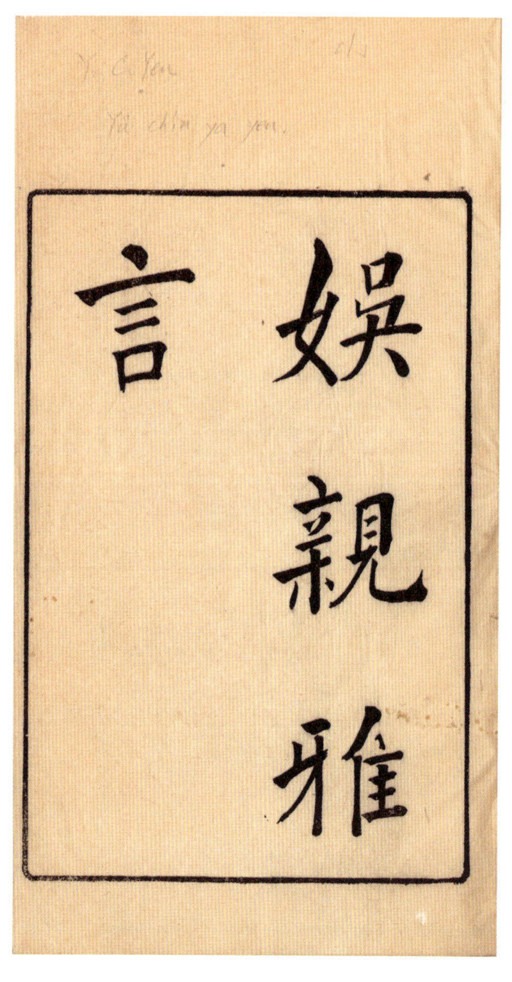

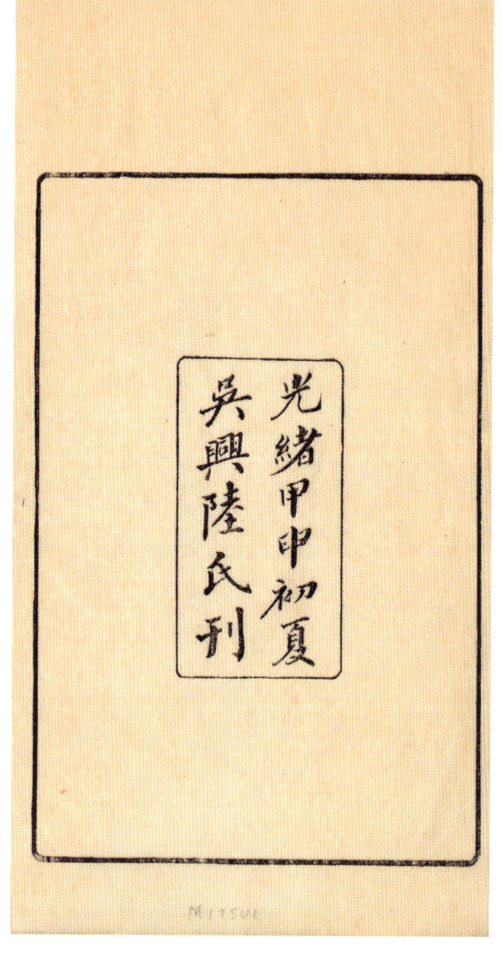

娱親雅言卷一

歸安嚴元照

周易

乾九三夕惕若厲无咎惕若猶出涕沱若戚嗟若用史巫紛若之例當於若字句絕然自淮南子以至唐宋皆以若厲爲句朱子本義始更定之閻百詩謂證以文言雖危无咎之文知句讀斷亙如是閻説誠是然閻以古讀爲誤則亦非也夫行文與説經不同行文意在順辭不憚裁翦如舉善而教不

小説家類

215.新齊諧二十四卷續十卷　〔清〕袁枚撰　

清乾隆五十三年（1788）隨園刻本　八册一函

每半葉11行，行21字，白口，左右雙邊，單黑魚尾，半框高16.6釐米，寬13釐米。版心上鎸書名，中鎸卷次，下鎸葉碼。

内封題“乾隆戊申，翻刻必究，新齊諧，隨園藏版”。卷端題“新齊諧，隨園戲編”。

鈐印“夾日月山房”。

按：館藏缺續卷九至十。

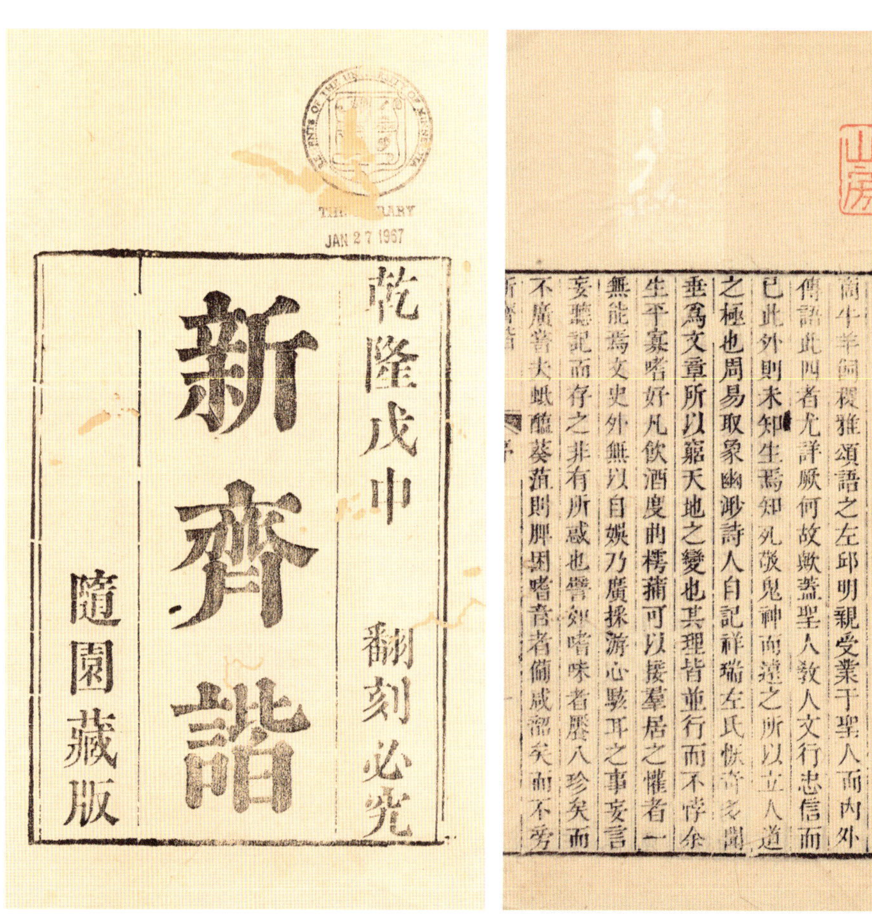

乾隆戊申　翻刻必究

新齊諧

隨園藏版

序

怪力亂神子所不語也然龍血鬼車繫詞語之元烏生商牛羊飼稷雅頌語之左邱明親受業于聖人而內外傳語此四者尤詳厥何故歟蓋聖人教人文行忠信而已此外則未知生焉知死敬鬼神而遠之所以立人道之極也周易取象幽渺詩人自記祥瑞左氏恢奇多聞垂爲文章所以窮天地之變也其理皆並行而不悖余生平寡嗜好凡飲酒度曲樗蒱可以接羣居之懽者一無能焉文史外無以自娛乃廣採游心駭耳之事妄言妄聽記而存之非有所惑也譬如嗜味者饜八珍矣而不廣嘗夫蚳醢葵菹則脾困嗜音者備咸韶矣而不旁

新齊諧　序　一

新齊諧第一卷

隨園戲編

李通判

廣西李通判者鉅富也家畜七姬珍寶山積通判年二十七疾卒有老僕者素忠謹傷其主早亡與七姬共謀齋醮忽一道人持簿化緣老僕呵之曰吾家主早亡無暇施汝道士笑曰爾亦思家主復生乎吾能作法令其返魂老僕驚奔語諸姬羣訝然出拜則道士去矣老僕與羣妾悔輕慢神仙致令化去各相歸告未幾老僕過市遇道士于途老僕驚且喜強持之請罪乞哀道士曰非我靳爾主之復生也陰司例死人還陽須得替代恐

216.繪圖諧鐸十二卷　〔清〕沈起鳳撰　

清光緒二十一年（1895）海上書局石印本　四册一函

内封題“諧鐸，上海鴻寶齋發兑”。牌記題“乙未九秋之月海上書局石印”。卷端題“繪圖諧鐸，吴門沈起鳳桐威氏著”。

鈐印“夾日月山房”“梅廼舍秘藏印”。

按：千家俊信（せんげとしざね，1764—1831）雅號“梅廼舍”，是日本江户後期國學者、漢學家，創辦梅廼舍學塾。此書在其身後才出版，當爲學塾所藏。

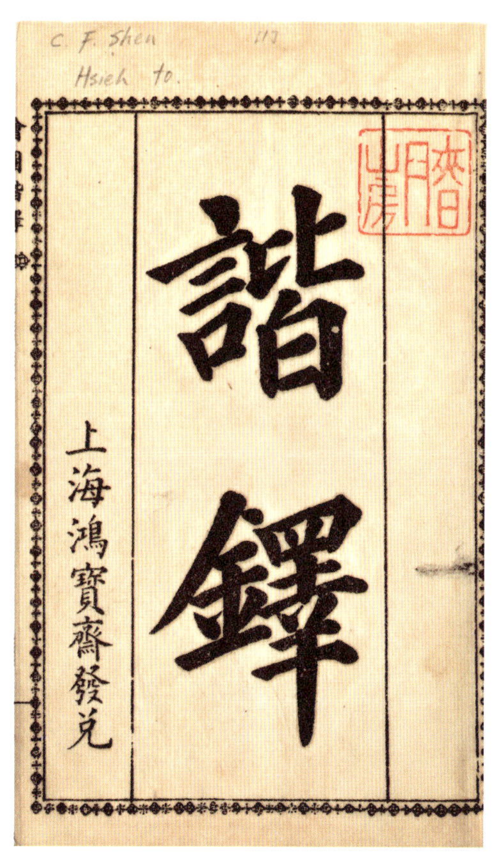
C. F. Shen
Hsieh to.
夾日月山房
諧鐸
上海鴻寶齋發兑

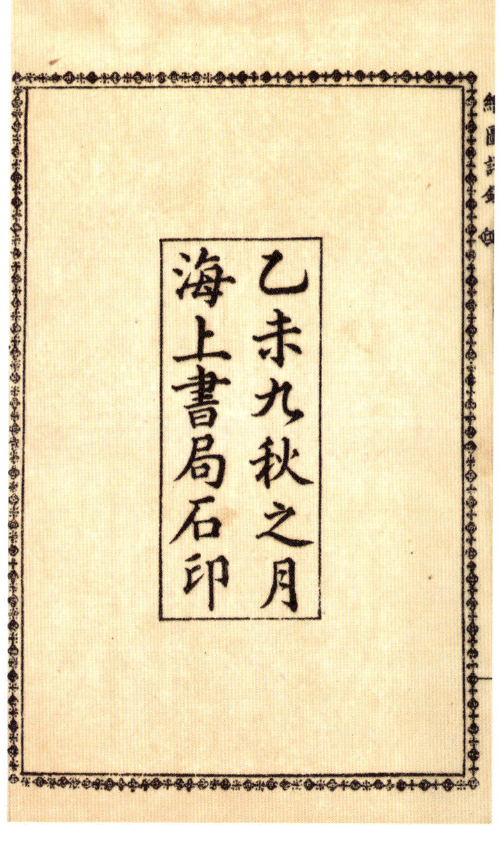
乙未九秋之月
海上書局石印

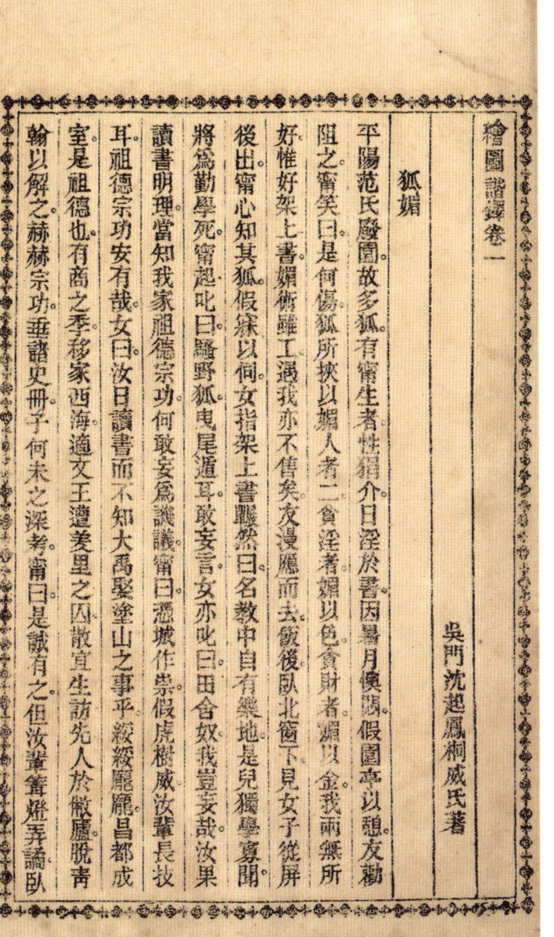

繪圖諧鐸卷一

吳門沈起鳳桐威氏著

狐媚

平陽范氏廢園。故多狐。有甯生者。性狷介。日淫於書。因暑月燠暍。假園亭以憩。友勸阻之。甯笑曰。是何傷。狐所挾以媚人者二。貪淫者媚以色。貪財者媚以金。我兩無所好。惟好架上書。媚術雖工。遇我亦不售矣。友漫應而去。飯後。臥北窗下。見女子從屏後出。甯心知其狐。假寐以伺。女指架上書。矍然曰。名教中自有樂地。是兒獨學寡聞。將為勸學死。甯起叱曰。騷野狐。曳尾逋耳。敢妄言。女亦叱曰。田舍奴。我豈妄哉。汝果讀書明理。當知我家祖德宗功。何敢妄為譏議。甯曰。憑城作祟。假虎樹威。汝輩長技耳。祖德宗功安有哉。女曰。汝日讀書。而不知大禹娶塗山之事乎。綏綏厖厖。昌都成室。是祖德也。有商之季。移家西海。適文王遭羑里之囚。散宜生訪先人於儆廬。脫靑翰以解之。赫赫宗功。垂諸史冊。子何未之深考。甯曰。是誠有之。但汝輩篝燈弄謠臥

天文曆算類

217.古經天象考十二卷附圖説一卷緒説一卷　〔清〕雷學淇輯　徐乃昌校刊

Quarto QB17 .L45 1825

清道光五年（1825）徐氏積學齋刻本　十册一函

每半葉11行，行21字，小字雙行字同，黑口，左右雙邊，雙對黑魚尾，半框高16.1釐米，寬12釐米。版心中鎸書名、卷次及葉碼。

内封題“古經天象考十二卷附圖説一卷，元和江標題”。牌記題“徐氏積學齋校刊”。卷端題“古經天象考，通州雷學淇”。

鈐印“今關天彭之印”。

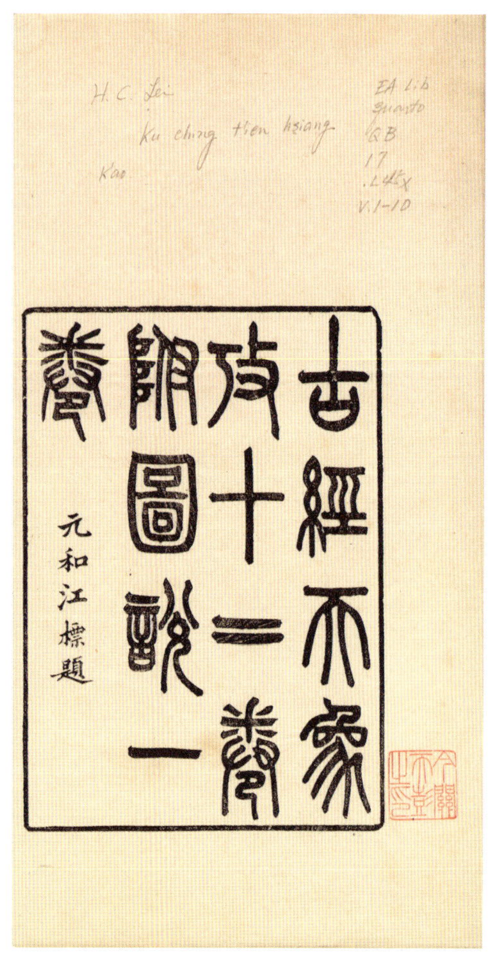

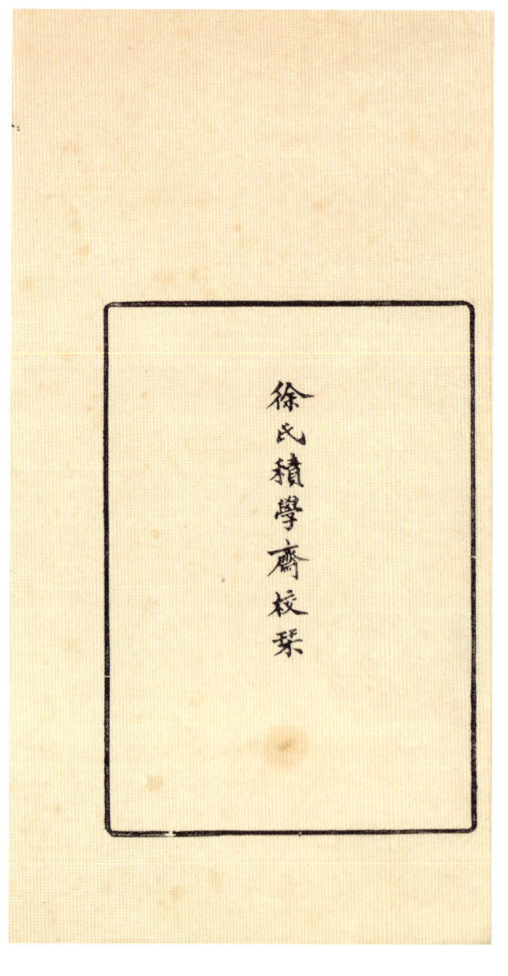

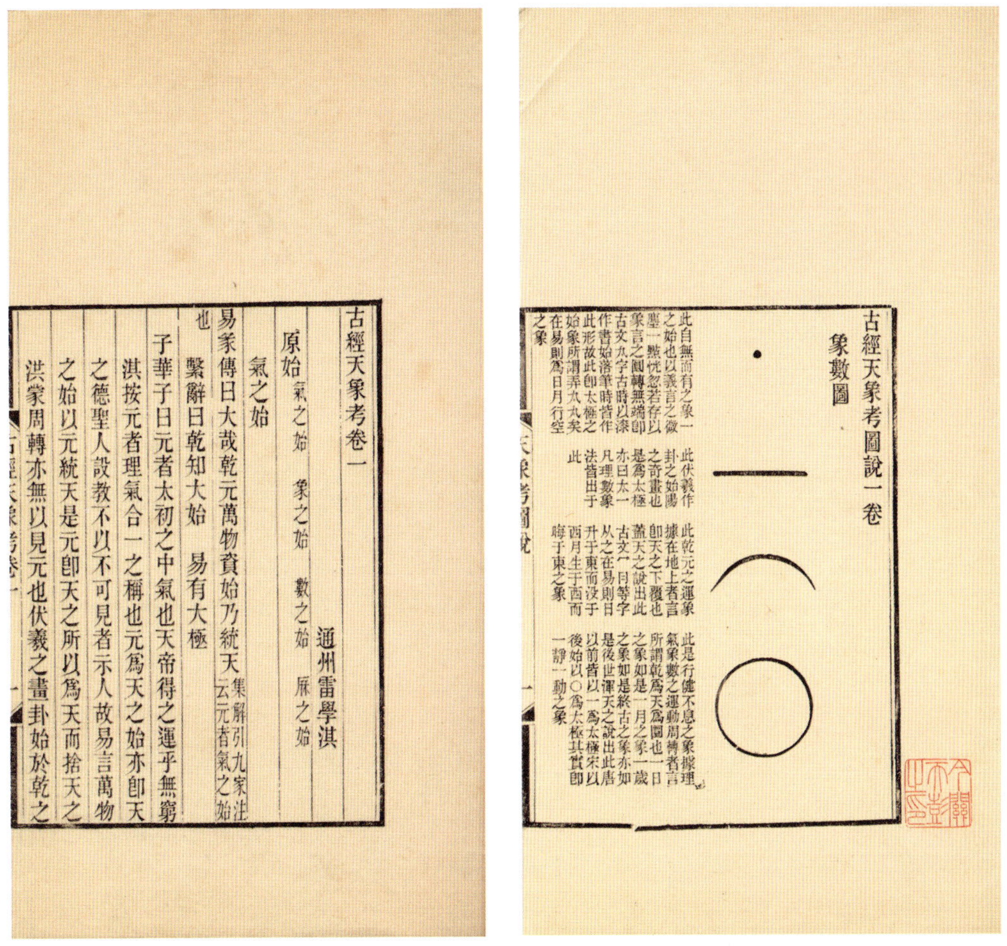

古經天象考圖說一卷

象數圖

此自無而有之象一之始也以義言之微塵一㸃恍忽若存以象言之圓轉無端卽古文丸字古時以漆作書始落筆時皆作此形故此卽太極之始象所謂弄丸丸矣在易則爲日月行空之象

此伏羲作卦之始陽之奇畫也是爲太極亦曰太一凡理數象法皆出于此

此乾元之運象據在地上者言卽天之下覆也蓋天之說出此古文冖月等字从之在易則日升于東而没于西月生于西而晦于東之象

此是行健不息之象據理氣象數之運動周轉者言所謂乾爲天爲圜也一日之象如是一月之象一歲之象如是終古之象亦如是後世渾天之說出此唐以前皆以一爲太極宋以後始以○爲太極其實卽一靜一動之象

古經天象考卷一

通州雷學淇

原始　氣之始　象之始　數之始　厤之始

氣之始

易彖傳曰大哉乾元萬物資始乃統天集解引九家注云元者氣之始也

繫辭曰乾知大始　易有大極

子華子曰元者太初之中氣也天帝得之運乎無窮

淇按元者理氣合一之稱也元爲天之始亦卽天之德聖人設教不以不可見者示人故易言萬物之始以元統天是元卽天之所以爲天而捨天之洪象周轉亦無以見元也伏羲之畫卦始於乾之

藝術類

218.歷代畫史彙傳七十二卷首一卷附録二卷　〔清〕彭蘊璨編　ND1048 .P45x

清光緒八年（1882）掃葉山房刻本　二十四册四函

每半葉8行，行20字，小字雙行字同，黑口，四周雙邊，無魚尾，半框高14.6釐米，寬10.1釐米。版心中鎸書名、卷次及葉碼。

内封題“畫史彙傳，江沅題”。卷端題“歷代畫史彙傳，長洲彭蘊璨朗峰編”。

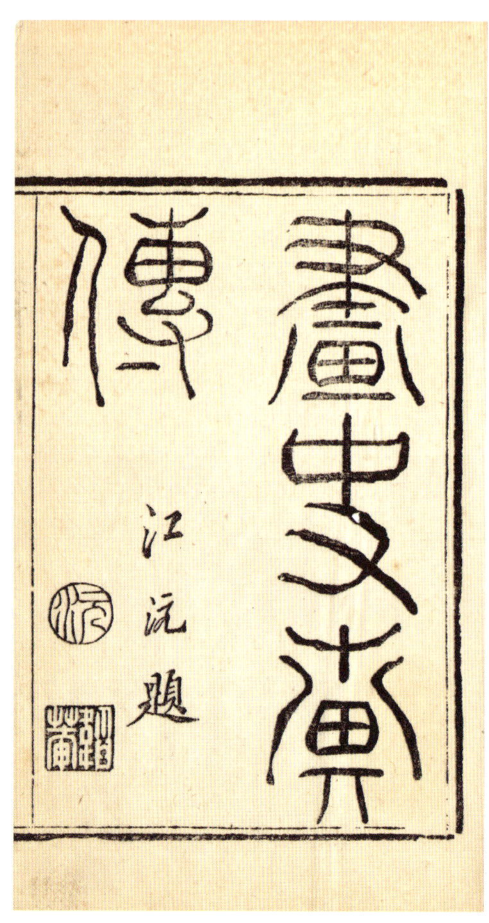
畫史彙傳
江沅題

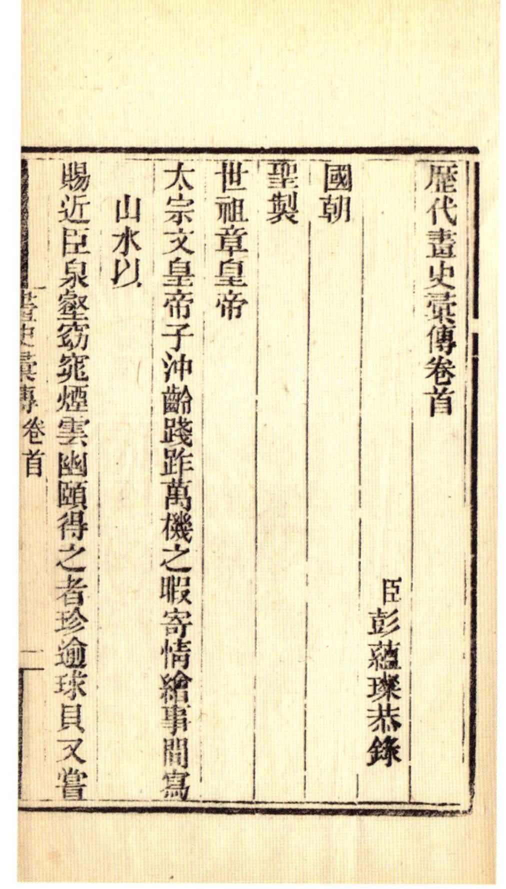
歷代畫史彙傳卷首
臣彭蘊璨恭錄
國朝
聖製
世祖章皇帝
太宗文皇帝子沖齡踐阼萬機之暇寄情繪事間寫
山水以
賜近臣泉壑窈窕煙雲幽頤得之者珍逾球貝又嘗
畫史彙傳卷首

歷代畫史彙傳卷一

長洲彭藴璨朗峯編

古帝王門

上古

黄帝姓公孫氏名軒轅造山躬寫五嶽真形圖制文章代結繩之政以作書契以金鑄器皆有名題上古之字也史記五帝本紀　雲笈七籤

後漢

219.玉臺畫史五卷别録一卷　〔清〕湯漱玉輯　Quarto N7348 .T35x

清道光十一年（1831）錢塘汪氏振綺堂刻本　三册一函

每半葉11行，行19字，小字雙行字同，白口，左右雙邊，單黑魚尾，半框高17.1釐米，寬11.9釐米。版心中鎸書名及卷次，下鎸葉碼。

内封題“玉臺畫史”。牌記題“道光辛卯秋七月錢塘汪氏振綺堂開雕”。卷端題“玉臺畫史，錢塘湯漱玉德媛輯”。

鈐印“柏心堂”。

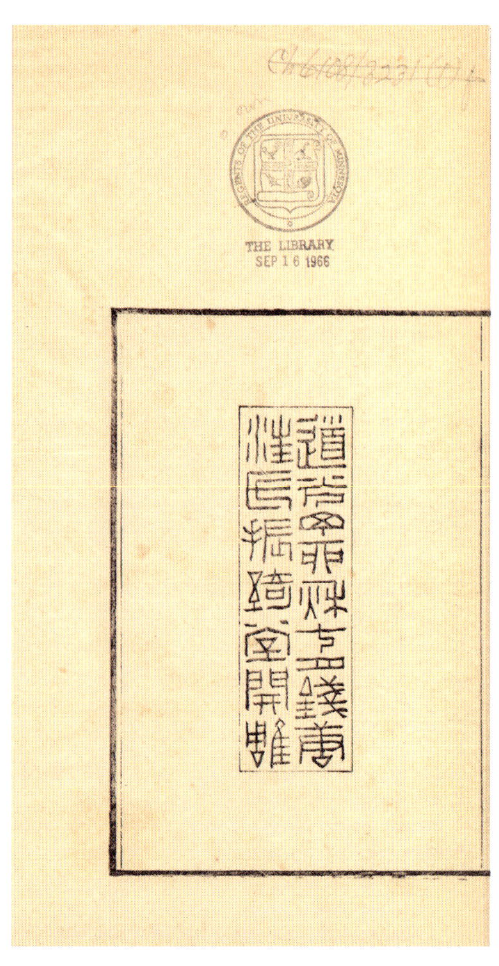

序

德媛湯夫人吾亾友汪小米之賢伉儷也生託名門幼耽翰墨嘗仿厲太鴻玉臺書史踵其義例別爲畫史一編麤具端倪未竟蒐輯暨乎來歸吾友樓前日出姚村之山色嫣然林下風清謝絮之才華藉甚時則香桃瘦削已染沈痾落葉埽除藉伸幽抱偕吾友摭撏遺佚商略甄收蠟炬代吟茶甌笑覆家饒武庫龍威之簡漆同探室貯文宣馬帳與幔紗分啓拈出一花一葉指亦生香訪來某水某山眉爲飛彩相與焚香展讀喜可知已終以祟入膏肓神傷奉倩元家盡篋空賸釵痕蘇氏璇機

玉臺畫史卷一　　錢塘湯漱玉德媛輯

宫掖

虞

嫘

〔沈顥畫麈〕世但知封膜作畫不知自舜妹嫘始客曰惜此神技創自婦人予曰嫘嘗脫舜於瞍象之害則造化在手堪作畫祖

〔張萱疑耀〕許氏說文畫嫘舜妹畫始於嫘故曰畫嫘

吳

吳王趙夫人

220.清河書畫舫十二卷　〔明〕張丑撰　

清乾隆二十八年(1763)池北草堂刻本　十二册一函

每半葉9行,行22字,小字雙行字同,黑口,左右雙邊,無魚尾,半框高13.3釐米,寬9.8釐米。版心中鎸書名、小題及字號。

内封題“張米菴先生著,清河書畫舫,池北草堂開雕”。卷端題“清河書畫舫,吴郡張丑青父造”。

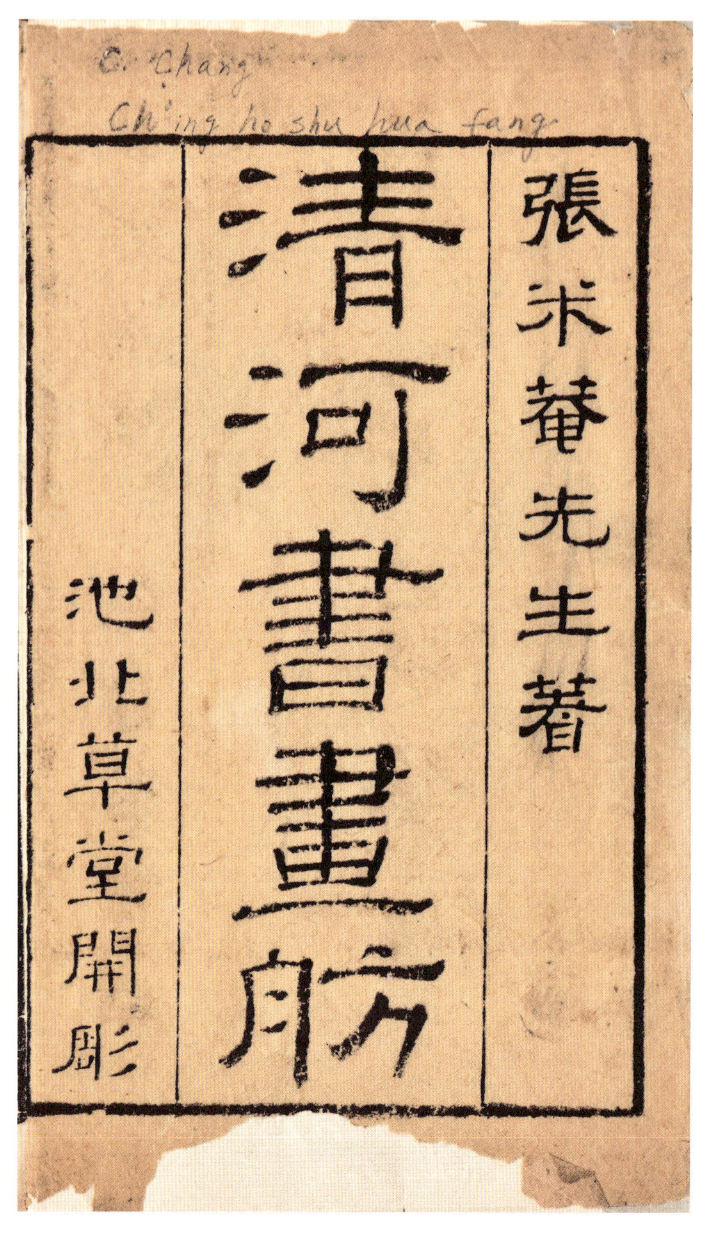

清河書畫舫 鶯字號

吳郡張 丑 青父 造

三國

鍾繇

摹鍾鼎篆正考父鼎銘 季直表

韓存良太史購藏鍾元常摹鍾鼎篆正考父鼎銘當爲魏漢遺墨之冠其次則王元美尚書家正書薦季直表上有書錦堂等印及元人跋尾此帖紙墨奇古筆法深沉而識者定爲唐人模本非眞跡云元美續收褚河南

221.墨緣彙觀四卷　〔清〕安岐撰　Quarto ND1042 .A512x

清刻本　四册一函

每半葉9行，行21字，白口，左右雙邊，單黑魚尾，半框高17.2釐米，寬12.1釐米。版心上鎸書名，中鎸卷次及卷名，下鎸葉碼。

鈐印“濠堂藏本”。

按：盛景璿（1880—1929），字季瑩，一字淡逋，號濠叟，一作盛景璇。廣東番禺人，經商之外熱衷於文史和書畫，喜藏書，其“濠堂”藏書樓有藏書數十架，間有宋元殘本。藏書印還有“濠上草堂藏本”“濠堂之印”“濠堂藏本之一”“淡逋辛亥後得”等。

圖繪之事其來久矣歷代名跡流傳於今者雖未遠窺曹衛如東晉隋唐五代之筆幸獲一二見焉其閒凡釋道故實人物界畫以及花卉鳥獸諸作前賢各出心匠位置高古無不盡其神妙山水自唐李將軍王右丞分有南北二宗至荆關董元後北宋始爲全盛其卓然傑出者皆法右丞渾厚天成兼多士氣逮至政和閒裕陵究心繪事專以形似爲工傳之南宋二趙馬夏李唐輩山水皆宗李將軍一派其人物花卉宮室鳥獸蟲魚院人曲盡精思各生新趣雖極一時之選實乖古意是時

墨緣彙觀　上卷　一

法書卷上

魏

鍾繇薦季直表卷

白紙本高三寸九分長一尺一寸八分紙古紋起若琴斷正書十九行墨氣如漆神彩煥然前書臣繇言臣自遭遇先帝忝列腹心後書黃初二年八月日司徒東武亭侯臣鍾繇表表內謹言二字下押朱文貞觀連珠小璽後下角隱隱有湣化半璽前鈐宣和小璽後綾上角押紹興小璽帖中有賈似道朱文小印

名畫上卷

晉

顧愷之書畫女史箴卷

絹本高七寸長丈許圖經真定梁蒼巖相國所藏大設色人物不及四寸色澤鮮豔神氣完足前作馮婕妤當熊二勇士持鎗迎護後作一山空勾無皴中着小樹山列猴虎之屬必子丑十生肖上有日月照臨後有一人執弩射雉次作班姬辭輦其後以及有男女對坐於屏幃中者衆姬團坐者臨鏡梳粧者女姬

222.書畫鑒影二十四卷　〔清〕李佐賢輯　

清同治十年(1871)利津李氏刻本　八册一函

每半葉9行，行24字，小字雙行字同，白口，四周雙邊，單黑魚尾，半框高18釐米，寬11.5釐米。版心上鎸書名，中鎸卷次，下鎸葉碼。

内封題"同治辛未年鎸，書畫鑒影，利津李氏藏板"。卷端題"書畫鑒影，利津李佐賢竹朋編輯"。

按：館藏存卷一至二十一。

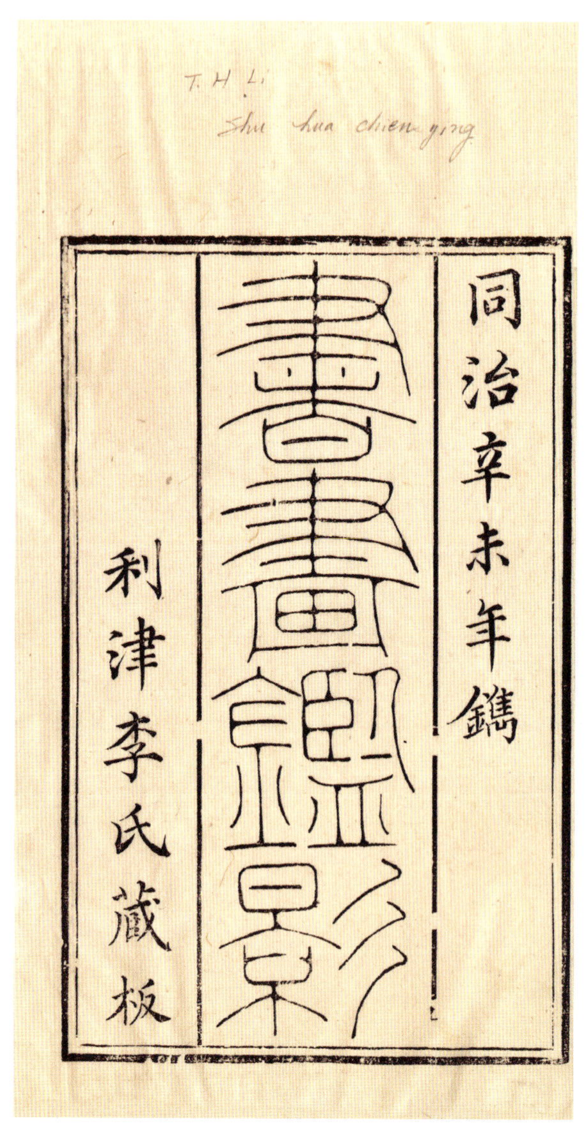

書畫鑑影卷一　卷類

利津李佐賢竹朋編輯

晉

○王右軍感懷帖卷

前額

覽卿所進羲之感懷一札運筆神妙超軼不羣勅卿等審定重裝藏之內庫永爲千古式型　貞觀十三年九月七日

宏文殿勅　行書十行

額前文　朱貞觀長方璽　□□御寶方璽　退密壺盧印　信公監

223.澄蘭室古緣萃録十八卷 〔清〕邵松年輯 Quarto ND1040 .S38x 1904

清光緒三十年(1904)上海鴻文書局石印本　六册一函

内封題"古緣萃録一十八卷,光緒甲辰孟夏中浣息盦題"。牌記題"澄蘭主人輯録付上海鴻文書局石印"。卷端題"澄蘭室古緣萃録,古虞邵松年輯"。

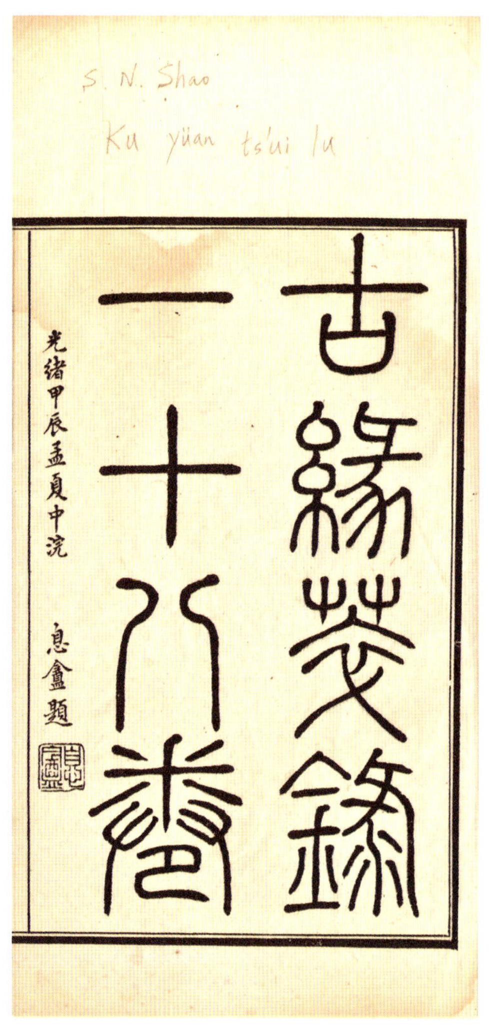
S. N. Shao
Ku yüan ts'ui lu
古緣萃録一十八卷
光緒甲辰孟夏中浣
息盦題

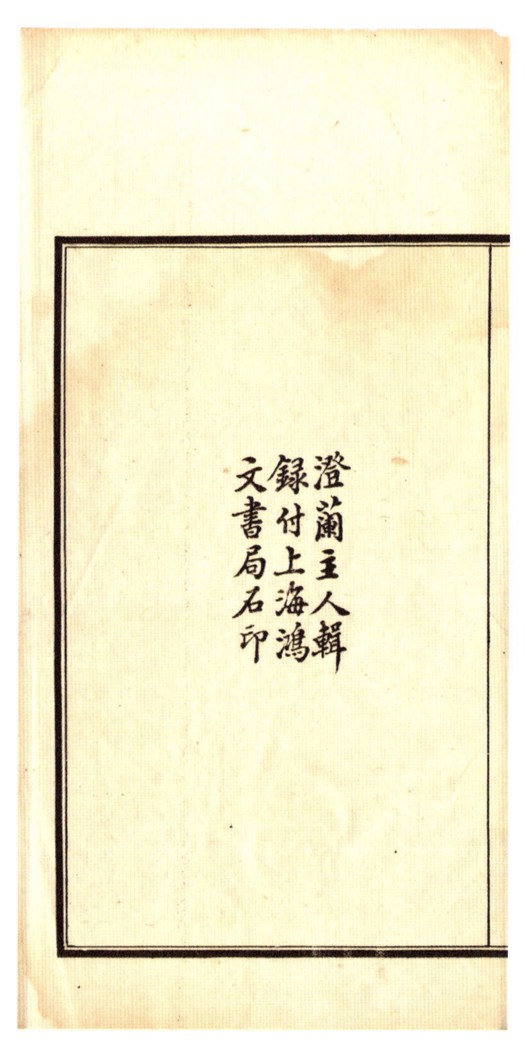
澄蘭主人輯
録付上海鴻
文書局石印

澄蘭室古緣萃録卷一

古虞 邵松年 輯

唐

唐經生書大般若波羅蜜多經卷

紙本高六寸七分長二丈五尺八寸原爲經冊後改裝卷都四百七十三行行十七字首題大般若波羅蜜多經卷第三百六十三尾同當是一卷中缺與否未考前後無題識與收藏印殆由古剎流傳未經多人目覩余十餘年前得之楊君守敬詢由東洋購來有六七卷爲閩縣王可莊前輩得一卷有魯公筆意此卷多歐褚法是唐人寫經本色餘數卷均不逮此。尺寸用蘇裁尺當漢建初尺一尺三寸五分當今工部營造尺一尺一寸一分

唐經生書大般涅槃經冊 瓶蘆盦舊藏

224.書畫題跋記十二卷　〔明〕郁逢慶編　〔清〕鄧實校

Quarto ND1042 .Y84 1911

清宣統三年(1911)順德鄧氏風雨樓鉛印本　四册一函

内封題“郁氏書畫題跋記”。牌記題“辛亥八月順德鄧氏依舊鈔本校印”。卷端題“書畫題跋記，檇李郁逢慶叔遇甫編”。

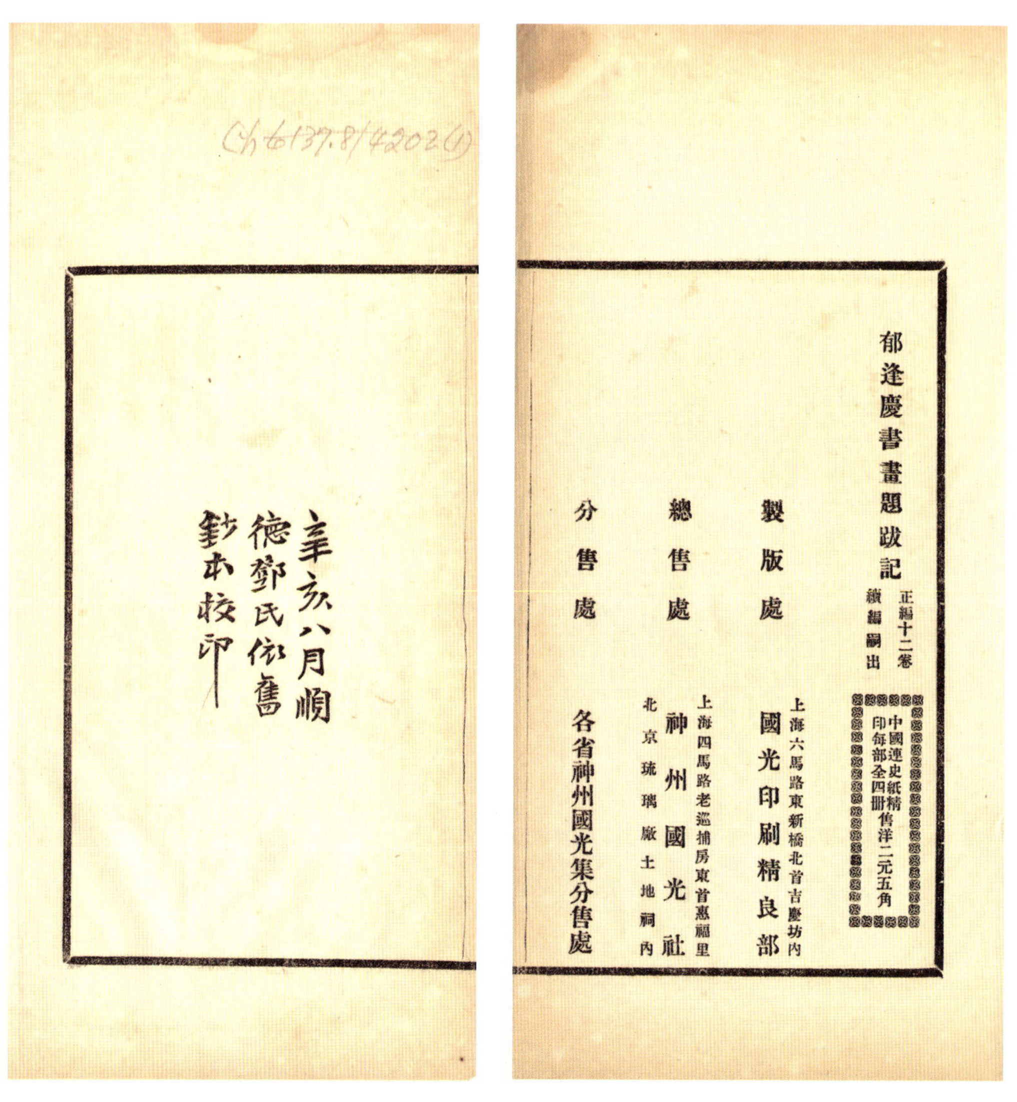

辛亥八月順德鄧氏依舊鈔本校印

郁逢慶書畫題跋記　正編十二卷 續編嗣出
中國連史紙精印每部全四冊售洋二元五角
製版處　國光印刷精良部　上海六馬路東新橋北首吉慶坊內
總售處　神州國光社　上海四馬路老巡捕房東首惠福里　北京琉璃廠土地祠內
分售處　各省神州國光集分售處

書畫題跋記卷之一

檇李郁逢慶叔遇甫編

宋搨淳化祖石刻法帖六卷華中甫家藏

世傳淳化帖爲法帖之祖然傳刻蔓衍在宋已有三十二本其間刻搨工拙楮墨精粗雖互有失得而失眞多矣然淳化祖刻在當時已不易得劉潛夫嘗得李瑋家賜本謂直數百千其重如此况後世乎前輩辨此帖凡數條皆有証據今非但不可見雖見亦無據以爲辨矣無錫華中甫偶得舊刻六卷相傳爲閣本而銀錠撥痕隱然可驗楮墨既異字復豐腴至于行數多寡與今世傳本皆不同第六卷內宋人朱字辨証五條筆跡精好類蘇書但其間有黃辨等字疑爲黃長睿長睿宣政間人出坡公之後不宜引以爲據也然余考長睿所著法帖辨與此又似不同豈別一人也寡

225.**清儀閣題跋不分卷**　〔清〕張廷濟撰　PL2448 .Z435 1893

清光緒十九年(1893)錢塘丁氏刻本　四册一函

每半葉11行,行21字,小字雙行字同,白口,左右雙邊,單黑魚尾,半框高16.1釐米,寬12.7釐米。版心中鎸書名,下鎸葉碼及卷名簡寫。

内封題“清儀閣題跋”。目録端題“清儀閣題跋,嘉興張廷濟叔未甫”。書名據内封。

清儀閣題跋目錄

嘉興張廷濟叔未甫

商父母丁尊

商尊青緑在骨色澤黝潤蓋經宋時磨蠟者文在底之側曰父母丁舊爲曹友恬叔所藏嘉慶丁丑十一月朔日余先觀于平湖錢子嘉齋中十二月廿日徐友蓉塘攜過竹田以番銀廿六餅得之昔年壬戌於京都琉璃廠見重屋父丁尊其文亦在底之側余借拓數本後爲初頤園大中丞以二十金購去蓋尊之文或在腹底或在底之側觶文或在腹或在底觚文則都在底之側余所見大氏然也 壬午二月廿一日

附録

冉猶當也當主也言此器主祭父丁也徐同柏

226.墨池編二十卷附印典八卷　〔宋〕朱長文纂　（印典）〔清〕朱象賢編

Quarto NK3634.A2 C48 1733

清雍正十一年（1733）就閒堂刻本　十二册一函

每半葉11行，行21字，小字雙行字同，黑口，左右雙邊，雙對黑魚尾，半框高16.8釐米，寬11.6釐米。版心中鎸書名、卷次及葉碼。

《墨池編》内封題“家藏正本，墨池編，就閒堂雕板”。卷端題“墨池編，吴郡朱長文伯原纂次”。

《印典》内封題“家藏正本，印典，就閒堂雕版”。卷端題“印典，清溪朱象賢編”。

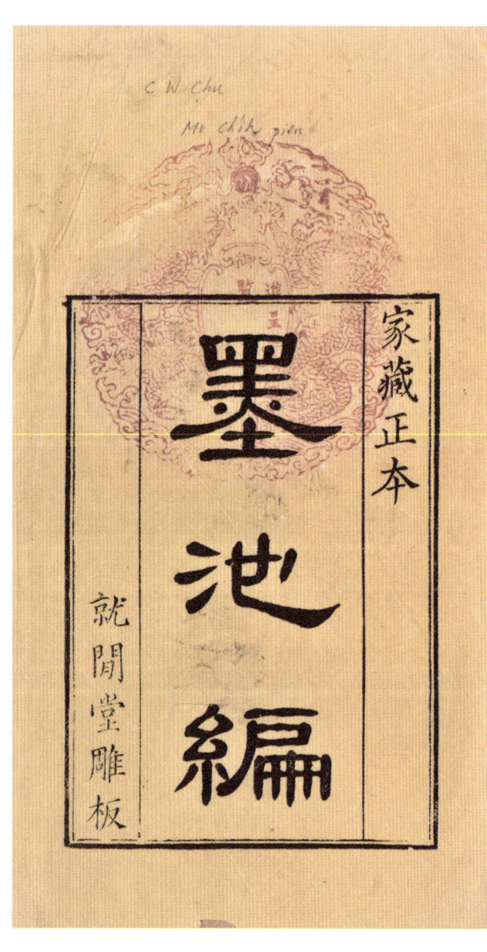

C W Chu
Mo chih pien
家藏正本
墨池編
就閒堂雕板

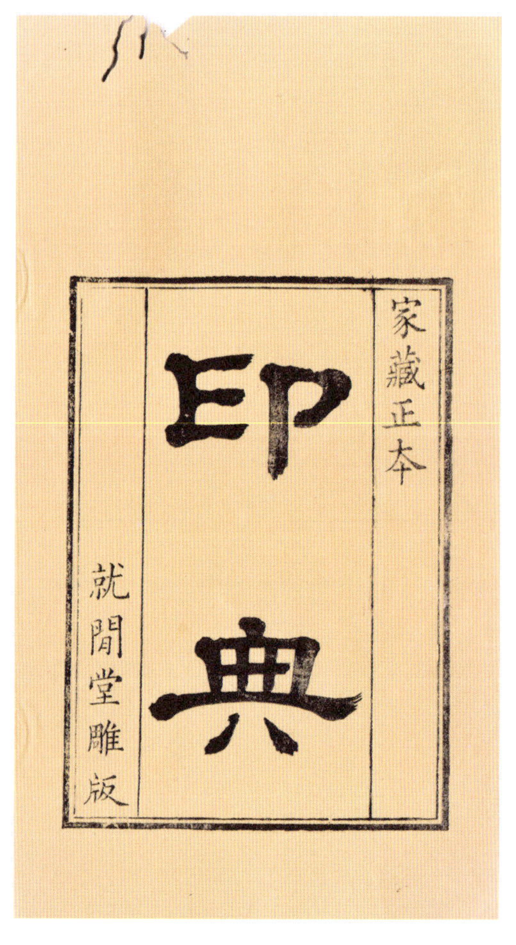

家藏正本
印典
就閒堂雕版

墨池編卷第一

吴郡 朱長文伯原 纂次

字學

說文序 許慎

古者庖犧氏之王天下也仰則觀象於天俯則觀法於地視鳥獸之文與地之宜近取諸身遠取諸物於是始作易八卦以垂憲象及神農氏結繩為治而統其事庶業其繁飾偽萌生黄帝之史蒼頡見鳥獸蹏迒之跡知分理之可相别異也初造書契百工以乂萬品以察蓋取諸夬夬揚於王庭言文者宣教明化於王者朝廷君子所以施祿及下居德則忌也蒼頡之初作書蓋依類

印典卷第一

清溪 朱 象賢 編

原始

古印良可重矣可以攷前朝之官制窺古字之精微豈如珍奇玩好而涉喪志之譏哉但去古久遠幾昧從來若不學稽往昔誰復知其根本首錄原始以著肇端

天王符璽

春秋運斗樞黄帝時黄龍負圖中有璽章文曰天王符璽

赤帝符璽

227.鐵網珊瑚書品十卷畫品六卷 〔明〕朱存理輯 Quarto Z5961.C5 C47 1728

清雍正六年(1728)刻本 十二册二函

每半葉10行,行21字,小字雙行字同,白口,左右雙邊,單黑魚尾,半框高20.6釐米,寬14.4釐米。版心中鎸書名、卷次及卷名,下鎸葉碼。

内封題“欣賞齋原編,鐵網珊瑚”。《書品》卷端題“鐵網珊瑚書品,吴郡朱存理性父集録”。《畫品》卷端題“鐵網珊瑚畫品,吴郡朱存理性父集録”。

鈐印“華府記子”。

欣賞齋原編

鐵網珊瑚

鐵網珊瑚書品卷第一

吳郡朱存理性父集錄

閻立本畫洪崖仙圖

洪崖先生不知何許人也姓張名藴字藏眞風神秀逸
志趣閒雅仙書秘典九經諸史無所不通開元中巳千
歲矣葢古之高仙明皇仰其神異累詔不赴多游終南
泰華或往青城王屋與東羅二大師爲侶每述金丹華
池之事易形煉丹之術人莫究其微妙焉先生戴烏帽
衣紅蕉葛衫烏犀帶短靿靴僕五人名狀各怪曰橘朮
栗葛拙有白驢曰雪精日行千里復有隨身之用白藤

鐵網珊瑚書品卷第一

吳郡朱存理性父集錄

石鼓文

烏乎三代之文字之存於金石者惟禹治水文穆王吉
日癸巳史籀石鼓夫子比干盤銘延陵墓碣及法帖所
載皇頡文廿八字閒見商周鼎彝欵識而巳夫蒼夏之
文漫不可攷吉日癸巳延陵墓碣數字而巳比干盤銘
世復罕用商周欵識又不多得法帖所載翻摹失眞然
嚴正婉潤端姿旁逸銛利鉤殺自然而無涯生動而神
馮機發秀出惟石鼓文焉耳矣寶泉所謂遠則虹伸結

228.鐵網珊瑚書品十卷畫品六卷　〔明〕朱存理輯　Z5961.C5 C47 1900z

清雍正六年（1728）刻本　五册無函

每半葉10行，行21字，小字雙行字同，白口，左右雙邊，單黑魚尾，半框高20.3釐米，寬14.5釐米。版心中鎸書名、卷次及卷名，下鎸葉碼。

《書品》卷端題"鐵網珊瑚書品，吴郡朱存理性父集録"。《畫品》卷端題"鐵網珊瑚畫品，吴郡朱存理性父集録"。

鐵網珊瑚畫品卷第四

吳郡朱存理性父集錄

高房山滄洲石林圖

高秋木落天宇寬洞庭瀟湘生暮寒劍氣横空月在地

老蛟夜護仙都壇　老鐵

渴龍飲海海水寬鐵網下截珊瑚寒道人醉卧叫寒玉

金粉亂落松花壇　金粟道人顧阿瑛

老龍吹笛海波寬一夜湘君白髮寒只恐驚飛雙鐵影

長留明月護天壇　扶風馬庸

房山雲湧硯坳寬鐵史氷甌滌筆寒海上仙人應拔宅

鐵網珊瑚書品卷第一

吳郡朱存理性父集錄

石鼓文

烏乎三代之文字之存於金石者惟禹治水文穆王吉日癸巳史籒石鼓夫子比干盤銘延陵墓碣及法帖所載皇頡文廿八字間見商周鼎彝欵識而已夫蒼夏之文漫不可攷吉日癸巳延陵墓碣數字而已比干盤銘世復罕用商周欵識又不多得法帖所載翻摹失眞然嚴正婉潤端姿旁逸銛利鉤殺自然而無涯生動而神馮機發秀出惟石鼓文焉耳矣寶泉所謂遠則虹伸結

229.御刻三希堂石渠寶笈法帖不分卷釋文不分卷　〔清〕梁詩正等輯

清光緒二十三年(1897)上海鴻寶齋石印本　三十六册三函

内封題“三希堂法帖釋文”。牌記題“光緒丁酉孟夏月上海鴻寶齋石印”。卷端題“御刻三希堂石渠寶笈法帖”。

鈐印“少筠圖記”“紫硯樓”。

按:美國艾龍圖書館藏《杜詩鈔述注》卷首有一題識,謂該書“係藤原惺窩先生舊藏焉。書香手澤,流傳迨今,古色蒼然,實經四百數十星霜矣。頃有紫硯樓主人宫田君無聲獲諸東都書肆”。據此可知紫硯樓主人爲宫田無聲,餘不詳。該書也有此印。俄亥俄州立大學圖書館藏《古歡堂集》等上有同樣的印。

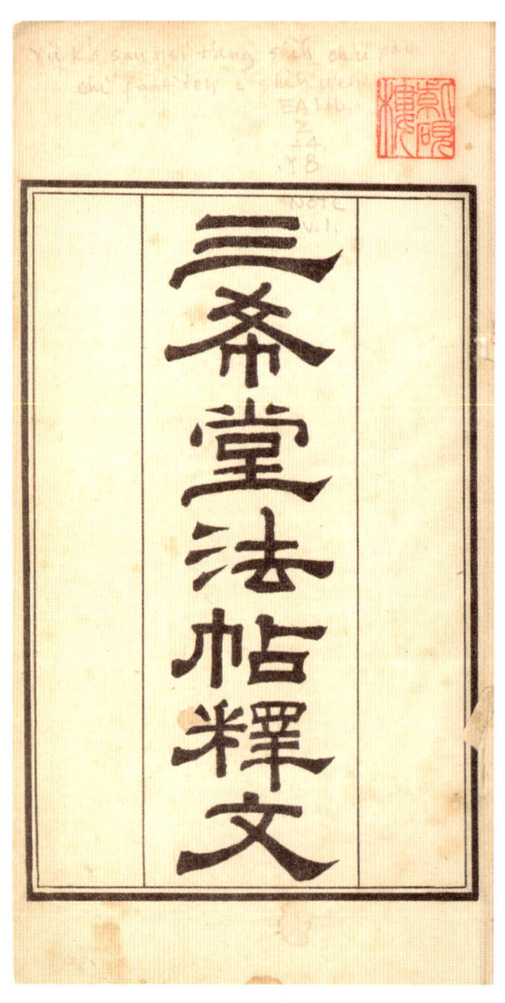

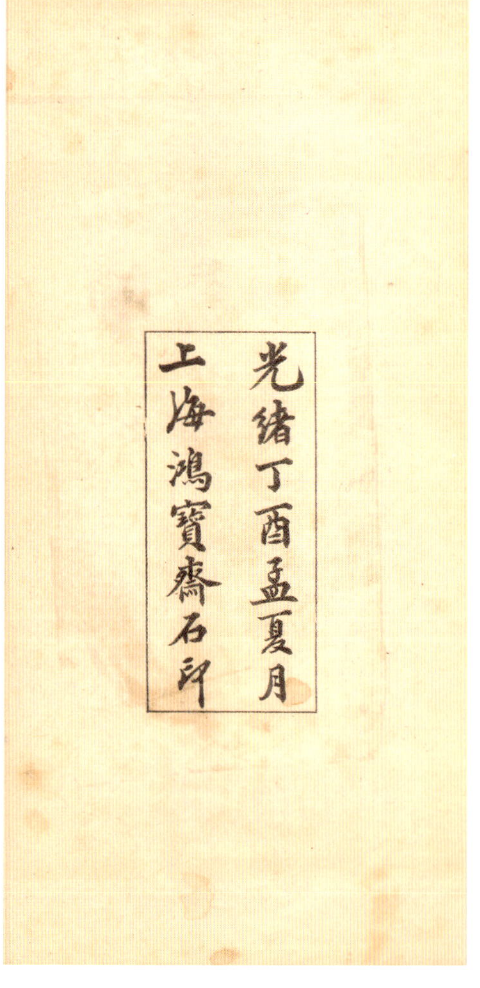

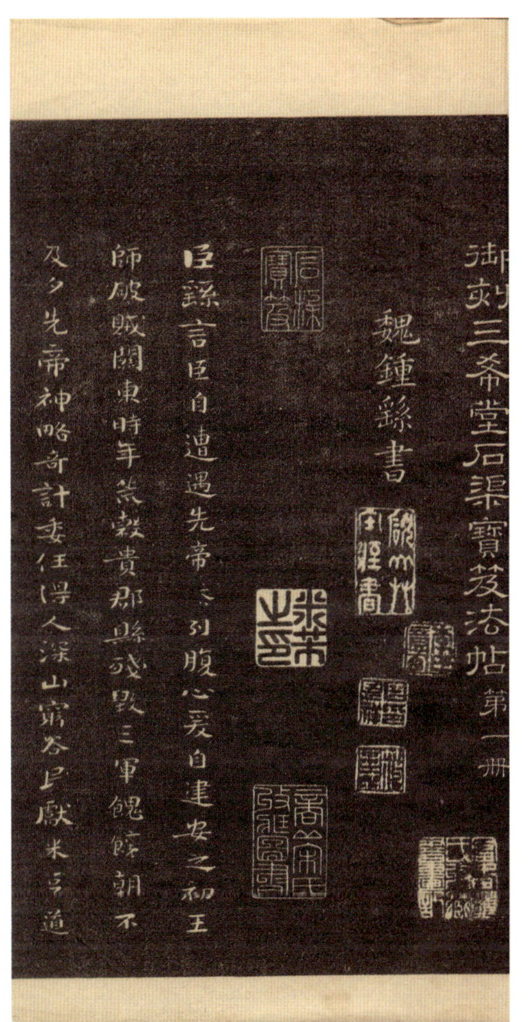
御刻三希堂石渠寶笈法帖第一冊

魏鍾繇書

臣繇言臣自遭遇先帝忝列腹心爰自建安之初王師破賊關東時年荒穀貴郡縣殘毀三軍餽饟朝不及夕先帝神略奇計委任得人深山窮谷民獻米豆道

御刻三希堂石渠寶笈法帖第一冊 釋文一

魏鍾繇書

石渠寶笈 米芾之印 商山宋氏收藏圖書

臣繇言臣自遭遇先帝忝列腹心爰自建安之初王師破賊關東時年荒穀貴郡縣殘毀三軍餽饟朝不及夕先帝神略奇計委任得人深山窮谷民獻米豆道路不絕遂使強敵喪膽我衆作氣旬月之閒廓清蟻聚當時實用故山陽太守關内侯季直之策剋期成事不差豪髮先帝賞以封爵授以劇郡今直罷任旅食許下素爲廉吏衣食不充臣愚欲望聖德錄其舊勳矜其老困復

230.甌鉢羅室書畫過目考四卷首一卷附一卷　〔清〕李玉棻輯

清光緒二十三年（1897）京都琉璃廠興盛齋刻本　四册一函

每半葉11行，行25字，小字雙行字同，白口，四周雙邊，單黑魚尾，半框高17釐米，寬13.1釐米。版心上鐫書名，中鐫卷次，下鐫葉碼。

内封題“甌鉢羅室書畫過目考”。牌記題“光緒丁酉秋日開雕，三韓震厚題，京都琉璃廠西頭路北興盛齋刻字局支鐫板”。卷端題“甌鉢羅室書畫過目考，古潞李玉棻均湖編輯”。卷末題“駢蘭閣參考男元振校字刊本”。

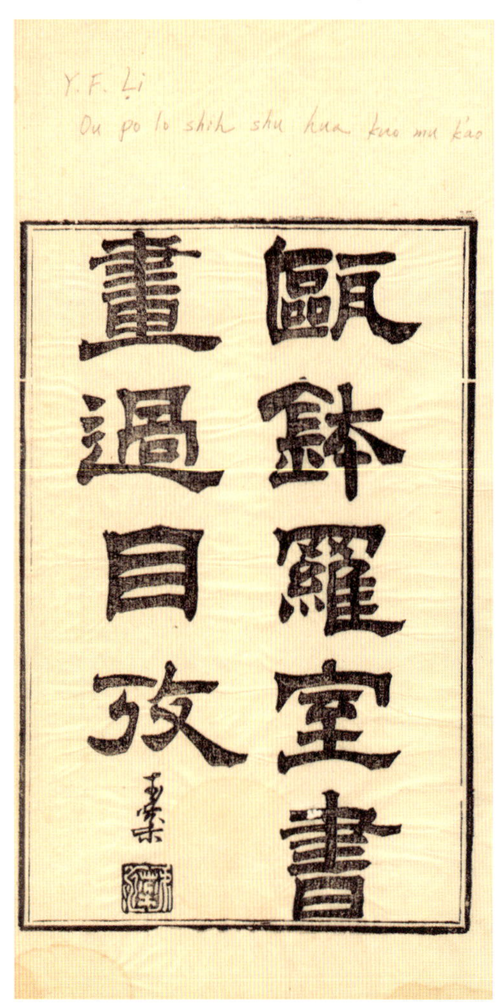

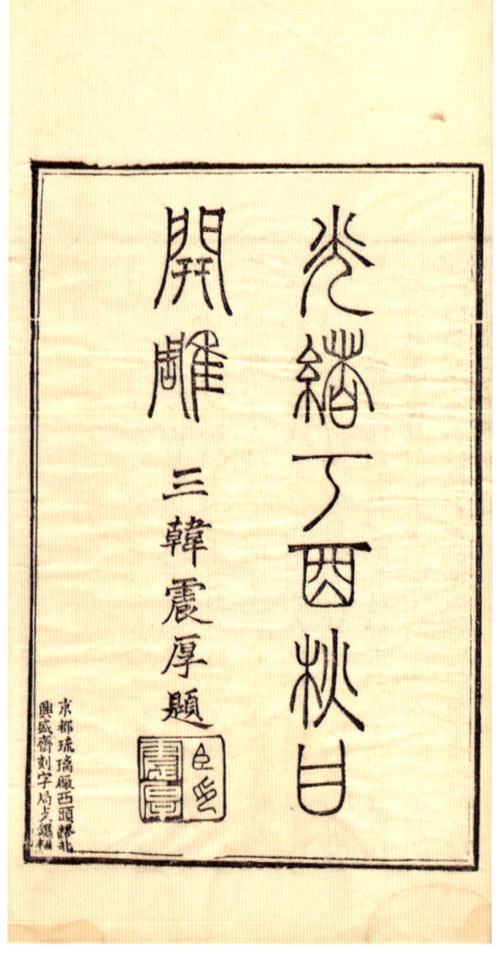

甌鉢羅室書畫過目攷卷一

古潞李玉棻均湖編輯

惲向原名本初字道生號香山江蘇武進人明季舉孝廉方正授中書不就工山水得倪黄之神解著畫旨景劍泉閣學藏有墨山水小卷秃筆細寫形如草篆爲暮年惜墨如金所作家西園王人藏有仿山樵墨山水紙本短幀層巒叢樹氣韻超然其精彩處未肯多讓元季諸家也

王時敏字遜之號煙客又號西廬晚號西田江蘇太倉人錫爵孫王衡子廕生官太常寺卿兵後隱歸村山水得大癡神化爲國朝第一家工篆隸著西田集阜陰方伺書藏有雪景山水紙本小卷篆書歸邨雪霽四字款署擬李晞古關山雪霽圖意識

231.芥子園畫傳二集　〔清〕王槩等編繪　

清乾隆四十七年（1782）書業堂重鐫彩色套印本　四册一函

每半葉9行，行20字，四周單邊，無魚尾，半框高21.7釐米，寬14.1釐米。版心上鐫集名，下鐫册名及葉碼。

内封題“宇内諸名家合訂，繡水王宓草、王安節、王司直摹古，芥子園畫傳二集，金閶書業堂鐫藏”。卷端題“畫傳二集，繡水王宓草、王安節、王司直摹古”。

鈐印“伊達藏書”“小山文庫”。

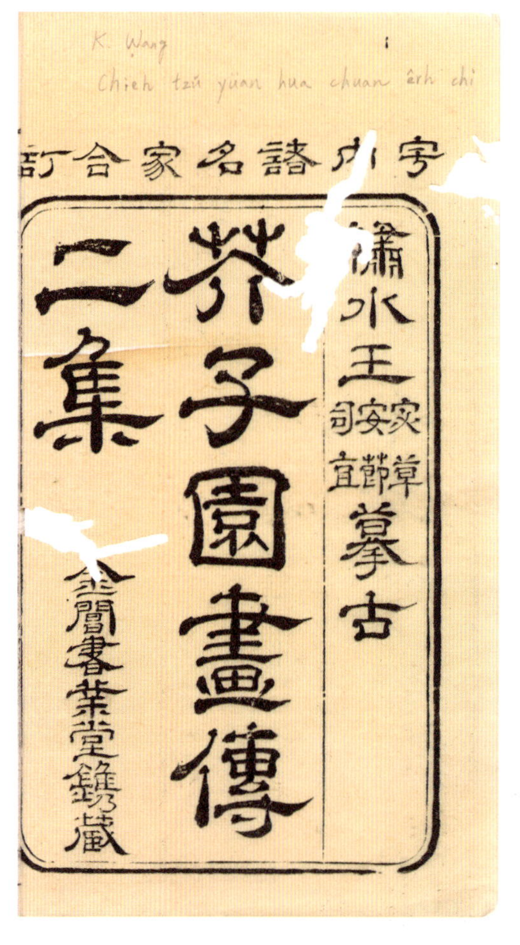

K. Wang
Chieh tzŭ yüan hua chuan êrh chi
宇内諸名家合訂
繡水王宓草 王安節 王司直 摹古
芥子園畫傳
二集
金閶書業堂鐫藏

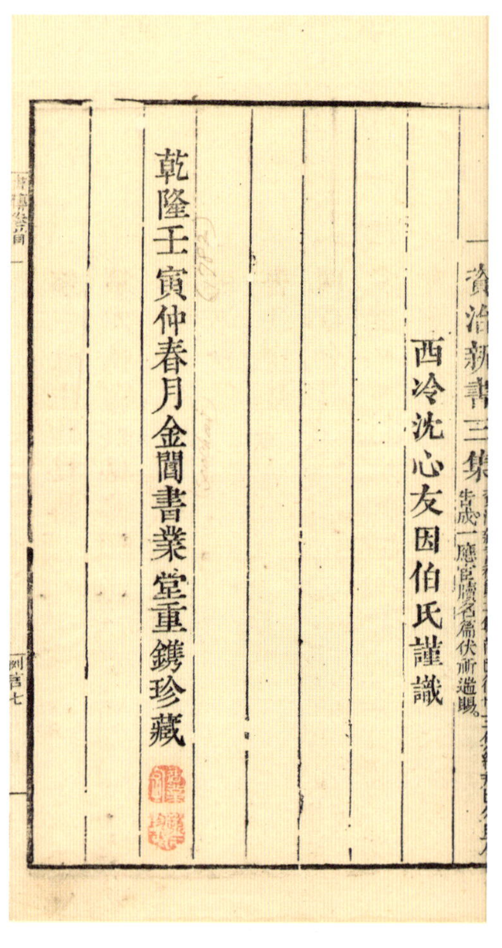

乾隆壬寅仲春月金閶書業堂重鐫珍藏
西泠沈心友因伯氏謹識

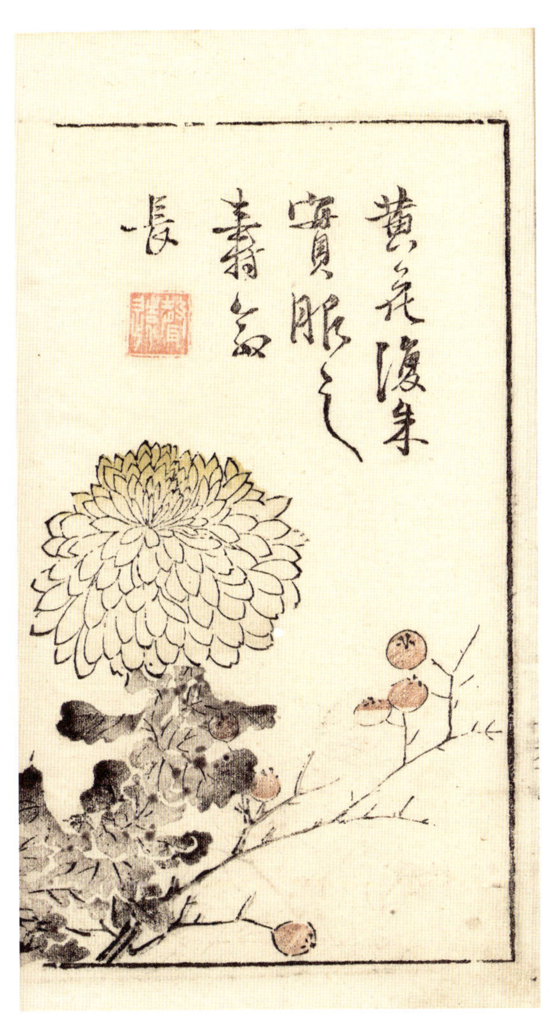
黄花復朱
實賦之
壽无
長

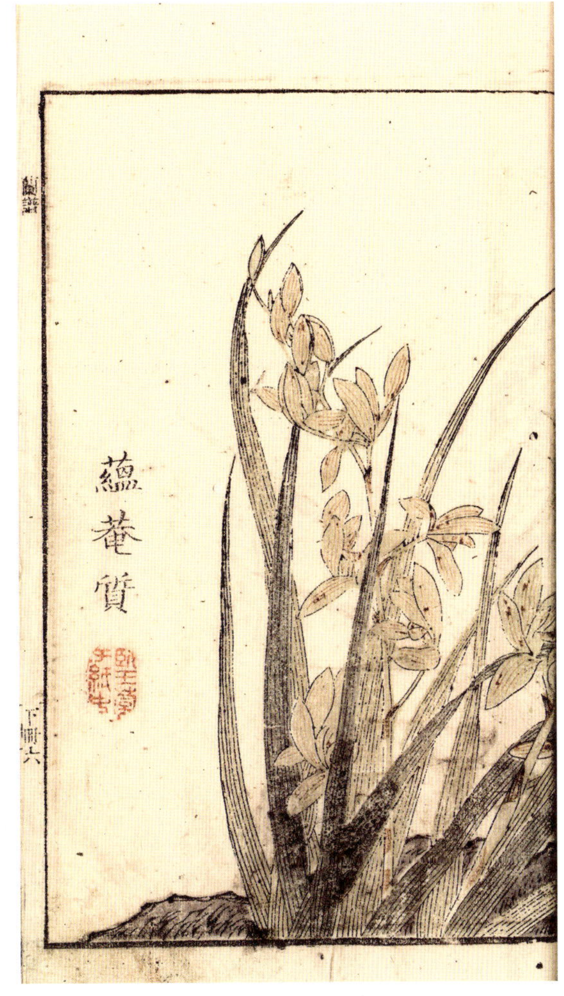
蘊菴質

232.國朝畫識十卷　〔清〕馮金伯纂輯　ND1043.5 .F45x 1831

清道光十一年（1831）文萃堂增補本　十二册一函

每半葉9行，行20字，黑口，左右雙邊，無魚尾，半框高12.1釐米，寬9.3釐米。版心中鐫書名及卷次，下鐫葉碼。

内封題“道光辛卯年增補，國朝畫識，雲間文萃堂藏板”。卷端題“國朝畫識，南滙馮金伯冶堂纂輯，海陽吴晋進之參訂”。

鈐印“金子”。

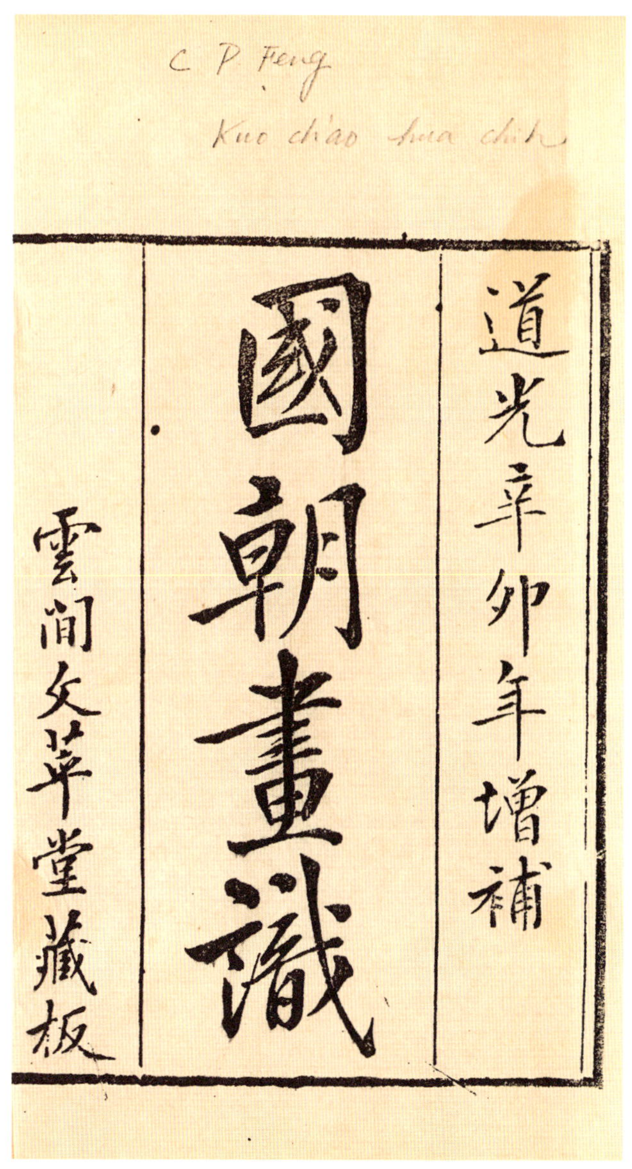

C. P. Feng
Kuo ch'ao hua chih

道光辛卯年增補

國朝畫識

雲間文萃堂藏板

國朝畫識

南匯馮金伯冶堂纂輯

海陽吳　晉進之參訂

王時敏

王時敏字遜之崇正初以蔭歷太常奉使楚閩饋遺一無所受入　國朝杜門稽古益工詩文兼精隸書畫法爲海內所珍　江南通志

先朝論畫取元四家爲宗石田山人後董宗伯爲集其成而奉常翠與相亞當其搜羅鑒别得一秘軸閉

233.江村銷夏録三卷　〔清〕高士奇輯　ND1040 .K36 1693

清康熙三十二年（1693）寶芸堂刻本　一册一函

每半葉9行，行18字，小字雙行字同，黑口，左右雙邊，雙對黑魚尾，半框高18.4釐米，寬14.2釐米。版心中鎸書名、卷次及葉碼。

内封題“江村書畫銷夏録，寶芸堂藏板”。卷端題“江村銷夏録，竹窗高士奇輯”。

江邨銷夏錄卷一

竹窗 高士奇 輯

晉右軍王羲之袁生帖 紙本高八寸濶三寸計三行

得袁二謝書具爲慰袁生暫至都已還未此生至到之懷吾所盡也 音釋本法書要錄

右草書計二十六字宋宣和御府收藏月白箋御標晉王羲之袁生帖七字泥金楷書晉字微有剝損黃絹隔水右邊鈐印長方雙龍璽二方御書瓢印一方本帖之右圓雙龍璽一方宣和連章一方帖左政和宣和二璽鈐印長方雙龍璽二方政和連章一方後有內府圖書之印末有眞賞瓢章華夏藏印蓋錫山華氏故物摹入眞賞

234.庚子銷夏記八卷附閒者軒帖考一卷　〔清〕孫承澤撰

Quarto Z5949.C5 S84x

清乾隆二十五至二十六年(1760—1761)長塘鮑氏、慈水鄭氏刻本　四册一函

每半葉10行,行20字,小字雙行,字數不等,黑口,左右雙邊,雙對黑魚尾,半框高19釐米,寬13.4釐米。版心中鎸書名、卷次及葉碼。

卷端題“庚子銷夏記”。

鈐印“MATSUMINE SAITO 紫雲館”“玉方氏藏書”“丙育之印”。

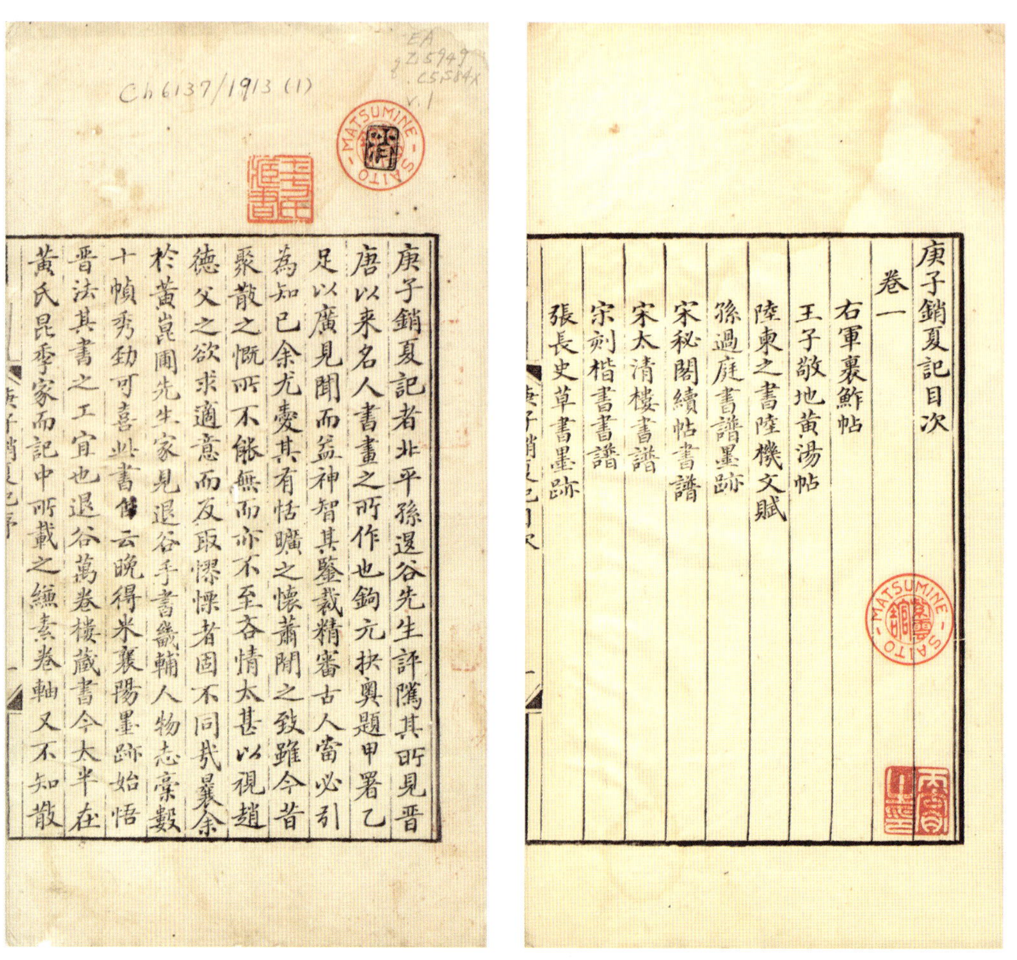
庚子銷夏記者北平孫退谷先生評騭其所見晉唐以來名人書畫之所作也鈎元抉奧題甲署乙足以廣見聞而益神智其鑒裁精審古人當必引爲知己余尤愛其有恬曠之懷蕭閒之致雖今昔聚散之慨所不能無而亦不至吝情太甚以視趙德父之欲求適意而反取慄慄者固不同㦲曩余於黄崑圃先生家見退谷手書畿輔人物志稾數十幀秀勁可喜此書傳云晩得米襄陽墨跡始悟晉法其書之工宜也退谷萬卷樓藏書今太半在黄氏昆季家而記中所載之縑素卷軸又不知散

庚子銷夏記目次

卷一

右軍裹鮓帖

王子敬地黄湯帖

陸柬之書陸機文賦

孫過庭書譜墨跡

宋秘閣續帖書譜

宋太清樓書譜

宋刻楷書書譜

張長史草書墨跡

庚子銷夏記卷一

庚子四月之朔天氣漸炎晨起坐東籬書舍注易數行閉目少坐令此中湛然無一物再隨意讀陶韋李杜詩韓歐王曾諸家文及重訂所著夢餘錄人物志諸書倦則取古柴窑小枕偃卧南窓下自烹所蓄茗連啜數小盃或入書閣整頓架上書或坐藤下撫摩雙石或登小臺望郊壇烟樹倘徉少許復入書舍取法書名畫一二種反復詳玩盡領其致然後仍置原處閉扉屏息而坐家居已久人鮮過者然亦不欲晤人老人畏熱或免蒸灼之苦

235.虛齋名畫録十六卷續録四卷補遺一卷　〔清〕龐元濟撰

Quarto ND1040 .P45x

清宣統元年(1909)烏程龐氏刻本　十六册二函

每半葉9行,行21字,小字雙行字同,黑口,四周雙邊,單黑魚尾,半框高17.5釐米,寬11.5釐米。版心上鎸書名,中鎸卷次,下鎸葉碼及卷名簡題。

内封題“虛齋名畫録,孝胥”。牌記題“宣統己酉烏程龐氏刊於申江”。目録端題“虛齋名畫録”。書名據内封。

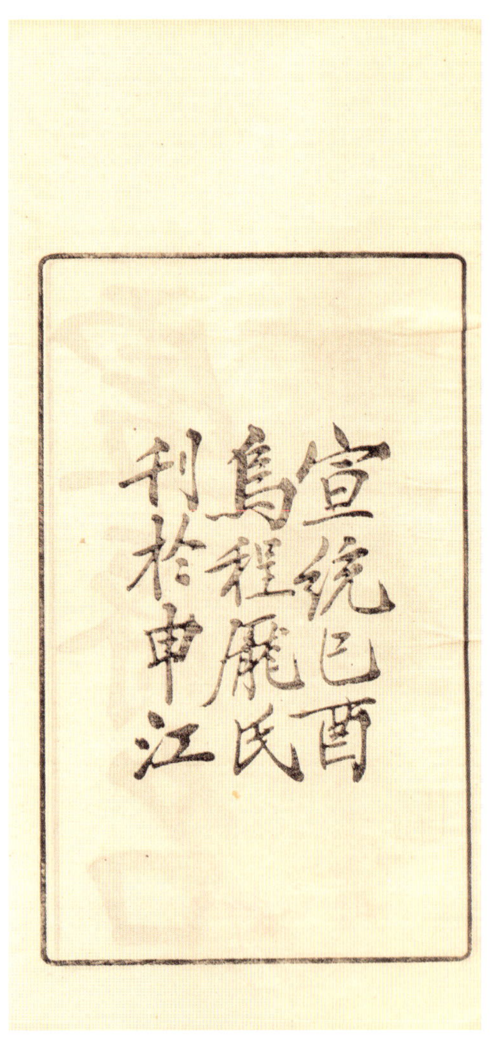

唐閻立本鎖諫圖卷

絹本設色人物高一尺一寸六分長六尺五寸一分

無款左角上墨色方印一文不辨王穉登韓逢禧兩

題書於

拖尾紙

政龢 朱文闕半　逢禧 朱文　三希堂精鑑璽 朱文　宜子孫 白文　嘉慶鑑賞 白文

嘉慶御覽之寶 朱文　石渠寶笈 朱文　寶笈三編 朱文　蒼巖 朱文　蕉林鑒定 白文　棠 朱文

蒼巖子 朱文　梁印清標 白文　蕉林秘玩 朱文　以上三印鈐圖前隔水綾

張彥遠唐朝名畫記有閻令鎖諫圖今日康虞先生父子攜過齋頭始覩眞蹟劉聰起北方故其君臣將左面有沙口之氣筆法如屈鐵絲設色古澹彷彿顧凱之遺

236.穰梨館過眼録四十卷　〔清〕陸心源編　ND1040 .L85x

清光緒十七年（1891）吴興陸氏刻本　十六册一函

每半葉10行，行20字，小字雙行字同，黑口，四周雙邊，單黑魚尾，半框高17.2釐米，寬11.9釐米。版心中鎸卷次及葉碼。

内封題“穰梨館過眼録四十卷，石門胡钁題於晚翠亭”。牌記題“光緒十七年八月吴興陸氏刻於家塾”。卷端題“穰梨館過眼録，歸安陸心源伯剛甫編”。

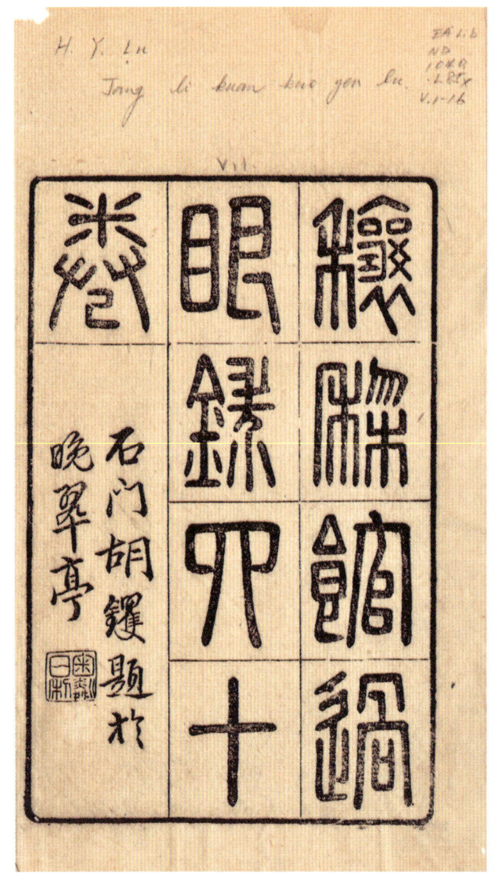
穰梨館過眼録四十卷
石门胡钁题於晚翠亭

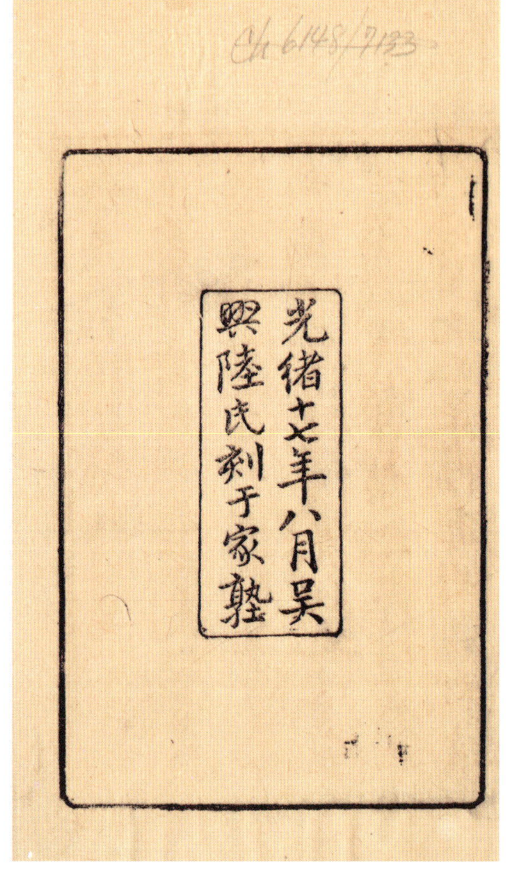
光緒十七年八月吴興陸氏刻于家塾

穰梨館過眼錄卷之一

歸安陸心源伯剛甫編

梁武帝異趣帖卷 湖南周氏藏

紙本高八寸二分長二寸二分

受業愈深一念修怨永墮異趣君不

跋紙高八寸長一尺一寸七分 汪棨朱文 畀廷之印白文 □符白文 汪棨之印白文 王顥士書畫印白文

此帖前後不全當是子敬得意書或者見其作釋氏語遂以爲梁武帝書壹何陋也肯堂題時萬歷丙子冬仲十有四日 王肯堂印朱文

237.桐陰論畫三卷首一卷附録一卷桐陰畫訣一卷續桐陰論畫一卷二編二卷三編二卷　〔清〕秦祖永撰　〔清〕秦鳳墀、秦鳳璪校　ND1048 .C34x

清同治三年至光緒八年（1864—1882）藝苑真賞社刻朱墨套印本　四册一函

每半葉8行，行18字，小字雙行字同，黑口，左右雙邊，無魚尾，半框高13.1釐米，寬10.7釐米。版心中鎸書名、卷次及葉碼，下鎸卷次及分卷葉碼。

内封題"桐陰論畫，井畾徐三庚題"。牌記題"同治三年太歲在甲子春三月開雕"。卷端題"桐陰論畫，梁溪秦祖永著"。二編内封題"桐陰論畫二編，黟山黃士陵題"。牌記題"光緒八年太歲壬午春三月開雕"。三編内封題"桐陰論畫三編，黟山黃士陵題"。牌記題"光緒八年太歲壬午春三月開雕"。

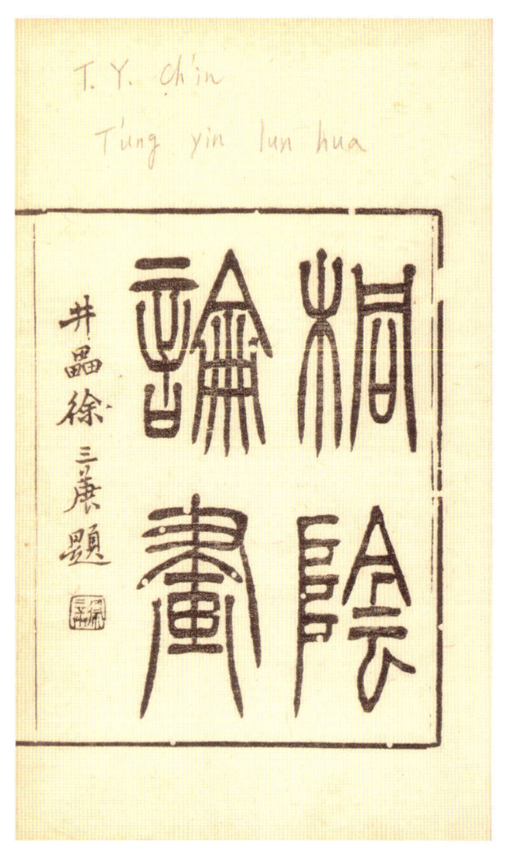

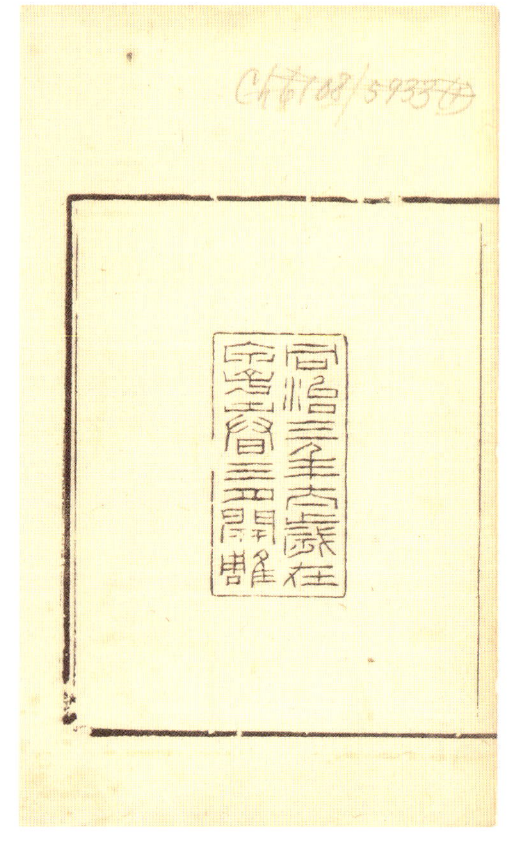

畫能師造化乃爲眞筆墨香山翁非徒品高良由筆妙觀此如見其人

桐陰論畫

上卷 書畫名家　梁溪　秦祖永　著

惲向 神品

惲道生向筆墨縱橫如意頗得山水雄渾之趣早年氣厚力沈全摹董巨晚年惜墨如金翛然自遠意興在倪黃之閒香山翁位置旣高故落筆便非凡近可擬

香山翁試進人爲高材生治詩以制義名世晚乃棄去屬工畫高自位置恥與平流伍生

238.佩文齋書畫譜一百卷 〔清〕孫岳頒等撰 Quarto NK3634.A2 P4x

清康熙四十七年(1708)刻本 六十四册九函

每半葉11行,行21字,小字雙行,字數不等,白口,左右雙邊,單黑魚尾,半框高16.4釐米,寬11.5釐米。版心中鐫“書畫譜”、卷次、卷名及葉碼。

卷端題“佩文齋書畫譜”。

鈐印“濠堂藏本”“濠堂藏本之一”。

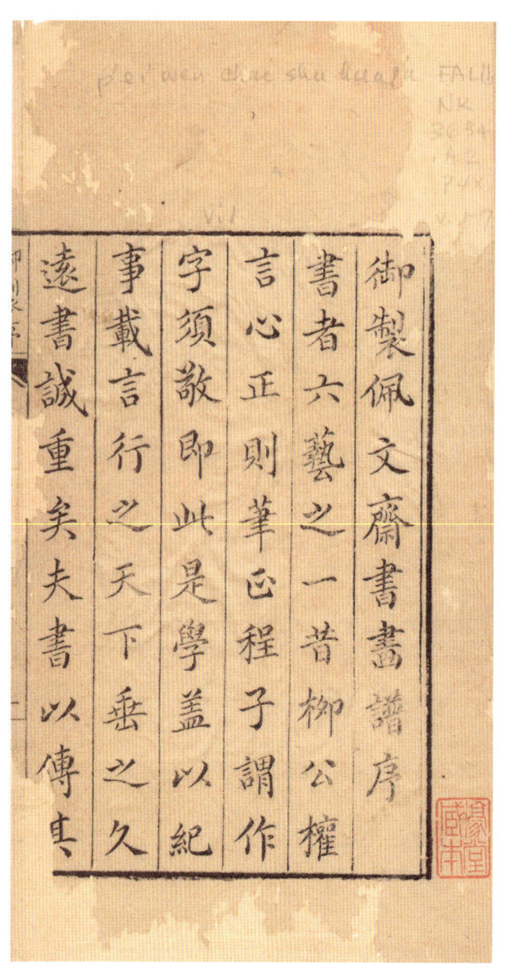

御製佩文齋書畫譜序
書者六藝之一昔柳公權
言心正則筆正程子謂作
字須敬即此是學盖以紀
事載言行之天下垂之久
遠書誠重矣夫書以傳其

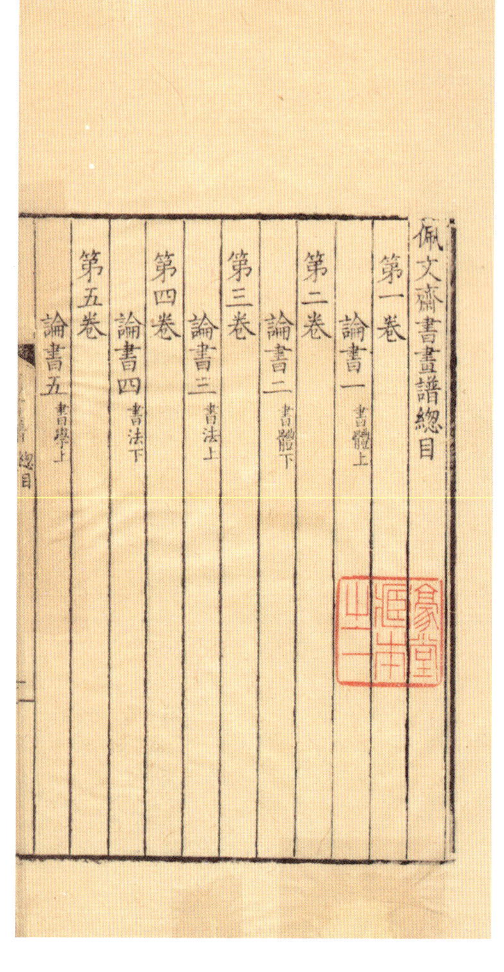

佩文齋書畫譜總目
第一卷 論書一 書體上
第二卷 論書二 書體下
第三卷 論書三 書法上
第四卷 論書四 書法下
第五卷 論書五 書學上

佩文齋書畫譜卷第一

論書一 書體上

伏羲書

古者伏羲氏之王天下也，始畫八卦，造書契，以代結繩之政，由是文籍生焉。孔安國尚書序

倉頡書

倉頡之初作書，蓋依類象形，故謂之文；其後形聲相益，即謂之字。字者，言孳乳而浸多也。著於竹帛謂之書，書者如也。以迄五帝三王之世，改易殊體，封於泰山者七十有二代，靡有同焉。許慎說文序

周六書

239.佩文齋書畫譜一百卷　〔清〕孫岳頒等撰　

清康熙間武英殿刻静永堂印本　六十四册八函

每半葉11行，行21字，小字雙行，字數不等，白口，左右雙邊，單黑魚尾，半框高16.7釐米，寬11.6釐米。版心中鎸“書畫譜”、卷次、卷名及葉碼。

内封題“御賜原板，康熙四十八年，欽定佩文齋書畫譜，静永堂藏”。卷端題“佩文齋書畫譜”。

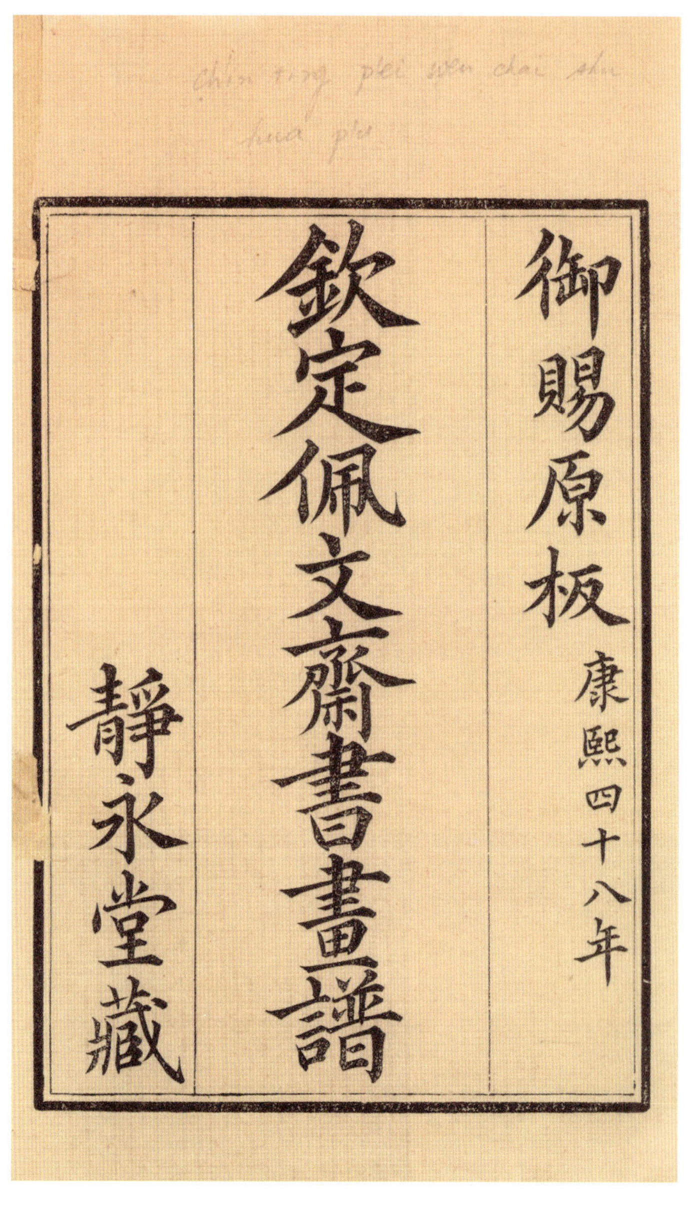

御賜原板　康熙四十八年

欽定佩文齋書畫譜

靜永堂藏

佩文齋書畫譜卷第一

論書一 書體上

伏羲書

古者伏羲氏之王天下也始畫八卦造書契以代結繩之政由是文籍生焉孔安國尚書序

倉頡書

倉頡之初作書蓋依類象形故謂之文其後形聲相益即謂之字字者言孳乳而浸多也著於竹帛謂之書書者如也以迄五帝三王之世改易殊體封於泰山者七十有二代靡有同焉許慎說文序

周六書

240.習苦齋畫絮十卷　〔清〕戴熙撰　Quarto ND1040 .T35x

清光緒十九年(1893)刻本　四册一函

每半葉10行，行22字，小字單行字同，黑口，左右雙邊，雙對黑魚尾，半框高18.1釐米，寬13.3釐米。版心中鎸書名、卷次、類名及葉碼。

内封題“光緒十九年癸巳夏日鐫，戴文節畫記”。卷端題“習苦齋畫絮，錢塘戴熙醇士記，齋谷惠年菱舫編輯，桐城吴祥麟玉侯、任邱邊保樞竹潭、清河王軌道生校訂”。

鈐印“燕臺詞菴”“嵯峨寬”。

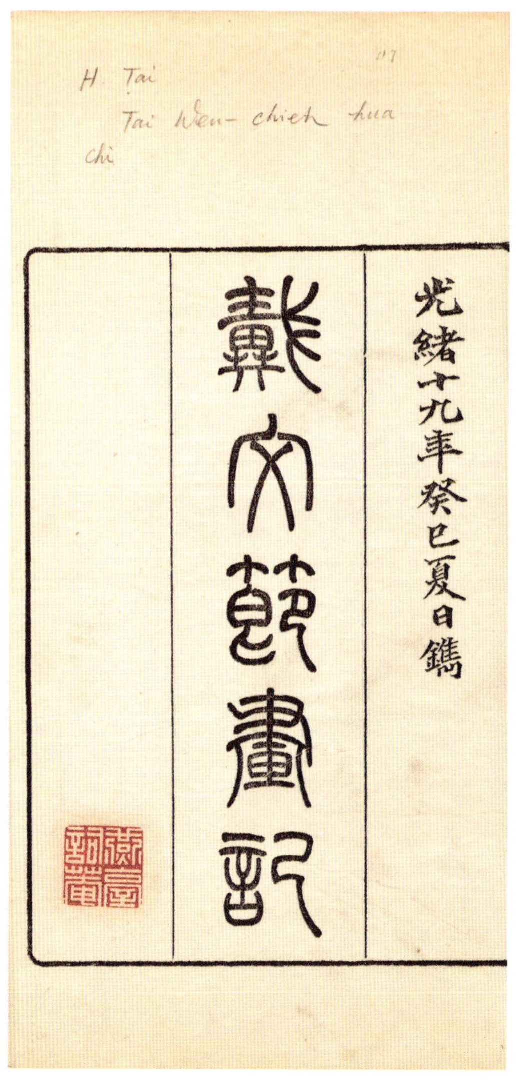

習苦齋畫絮卷一

齋谷惠年菱舫編輯

錢唐戴熙醕士記

桐城吳祥麟玉侯

任邱邊保樞竹潭校訂

清河王　軌道生

卷類

樂洲訪石圖　粤東學署爲藥洲故址南漢九曜石存焉舊有米南宫題字覃溪翁學士來視學徧索不可得翁遂僉前輩暨夫人於榕根下仙掌石剔出南宫五絶一首年月姓名俱完好無少泐足補粤東金石掌故熙曾搨十紙貽之行篋道光辛丑八月爲寫是圖用以流傳

241.琴律一得二卷 〔清〕劉沃森撰 〔清〕劉天榮編 Quarto ML1015.C5 L5x

清光緒二十三年(1897)刻本 一册一函

每半葉9行,行21字,小字雙行字同,白口,四周雙邊,單黑魚尾,半框高17.5釐米,寬11.5釐米。版心上鎸書名,中鎸卷次,下鎸葉碼。

内封題"琴律壹得,劉黔生道兄自題屬書,秋帆弟范羲馭"。卷端題"琴律一得,南海劉沃森黔生著,同邑姪天榮伯彤編次,弟勞芹泮擷、男學琨石孫校字"。

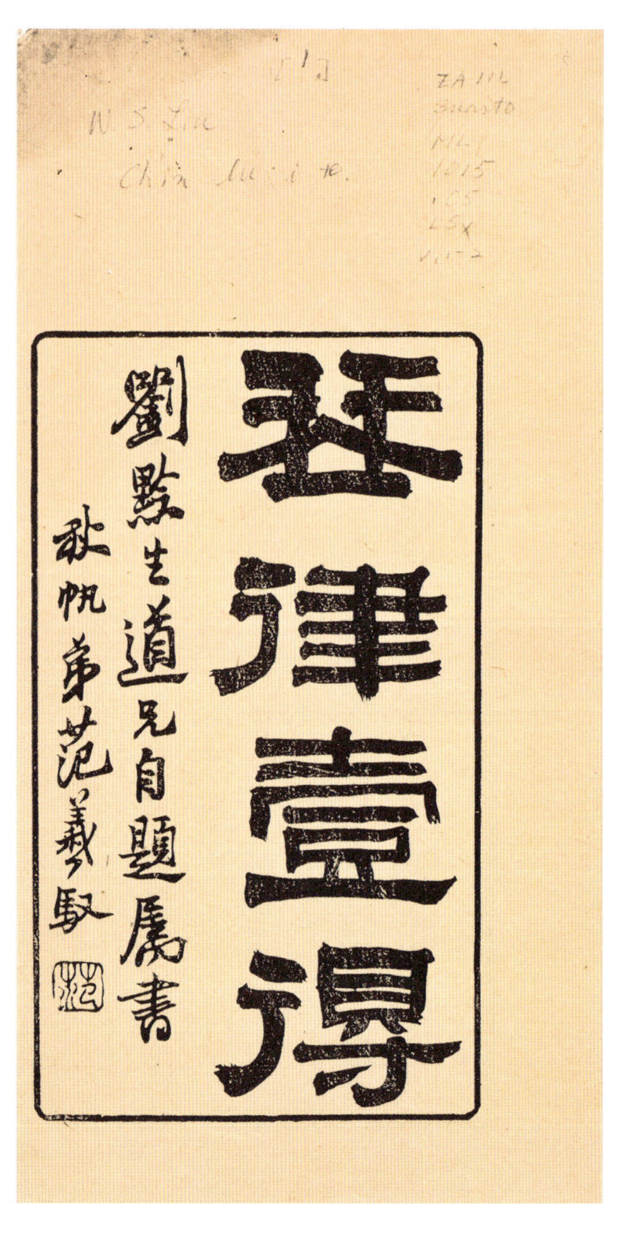

琴律壹得

劉黔生道兄自題屬書

秋帆弟范羲馭

琴律一得卷上

姪 天榮伯彤編次
南海劉沃森黔生著 同邑弟勞芹泮擷
男 學琨石孫
校字

琴律說

粵自伏羲制琴作五聲以象人聲之清濁黃帝制律作十二管以聽鳳鳴之陰陽顧五聲之作有以開其先而十二律之作所以善其後也蓋聲無定而律有定孟子曰不以六律不能正五音卽以有定正無定之說也不

242.求是於古齋印存六卷　〔清〕祝堯齡編輯　

清光緒二十五年（1899）刻本　六册一函

行字不等，白口，四周單邊，無魚尾，半框高16.3釐米，寬10.5釐米。版心上鎸“印存”，中鎸卷次，下鎸葉碼及“求是於古齋”。

内封題“求是於古齋印存”。卷端題“求是於古齋印存，如皋祝堯齡少穆甫編輯”。

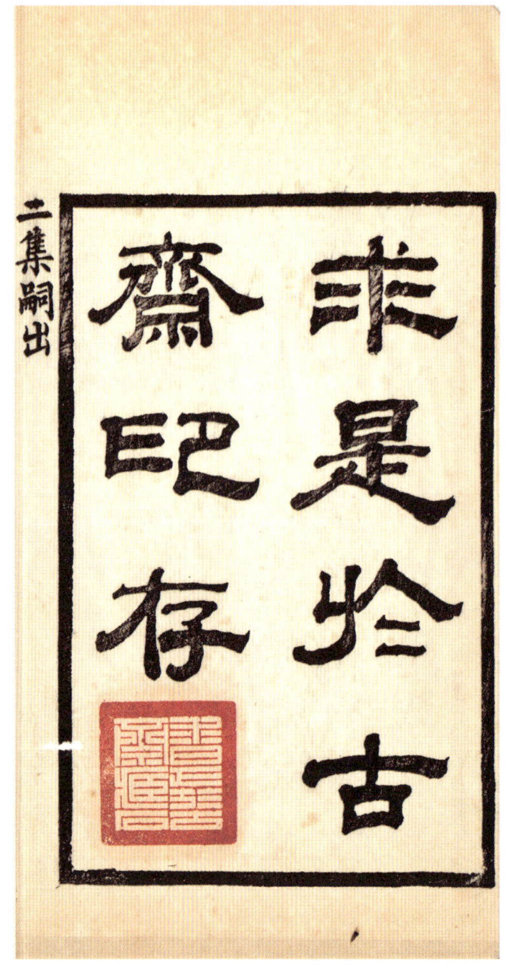

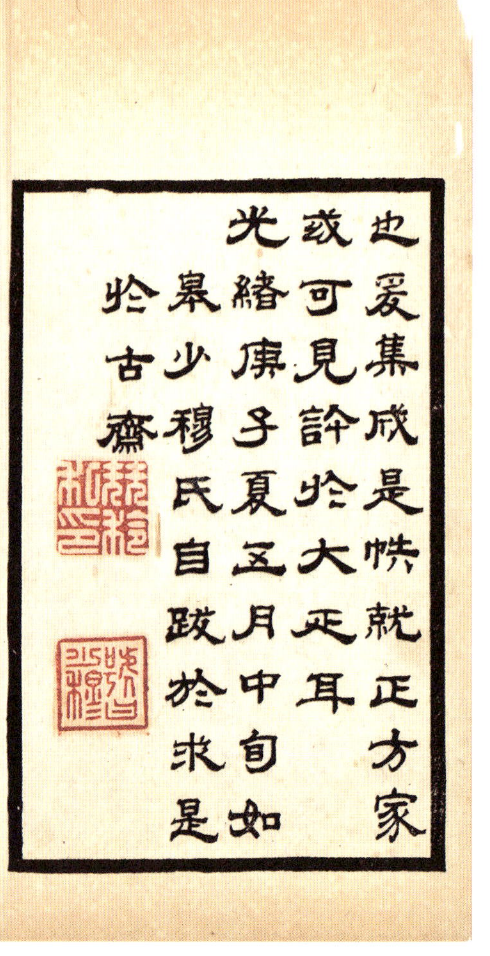

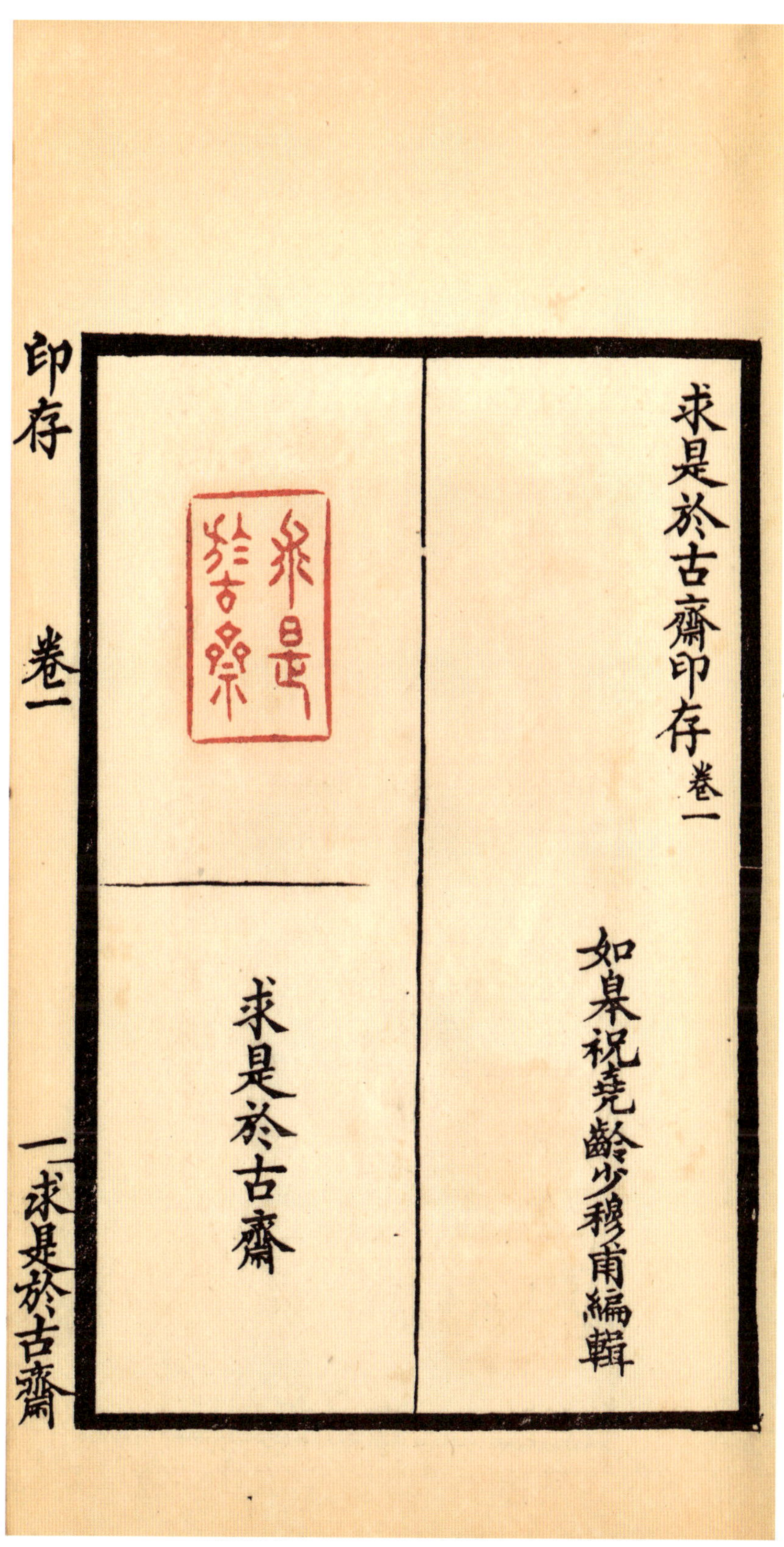

求是於古齋印存卷一

如臯祝堯齡少穆甫編輯

求是於古齋

印存　卷一　一　求是於古齋

243.文房肆考圖説八卷　〔清〕唐秉鈞撰　

清乾隆四十三年（1778）竹映山莊刻本　四册一函

每半葉9行，行20字，黑口，左右雙邊，單黑魚尾，半框高18釐米，寬12.5釐米。版心中鎸書名、卷次、卷名及葉碼。

内封題“沈雲椒先生鑒定，練水唐衡銓著，文房肆考圖説，是書原板，竹暎山莊雕”。卷端題“文房肆考圖説，練水唐秉鈞衡銓纂，古婁姊丈馮孝壽思亭同參，上海表兄康愷飲和參繪圖，家先生桐園公閲，冢宰地山曹大人鑒定，弟秉鉞、甥馮以炳仝校”。

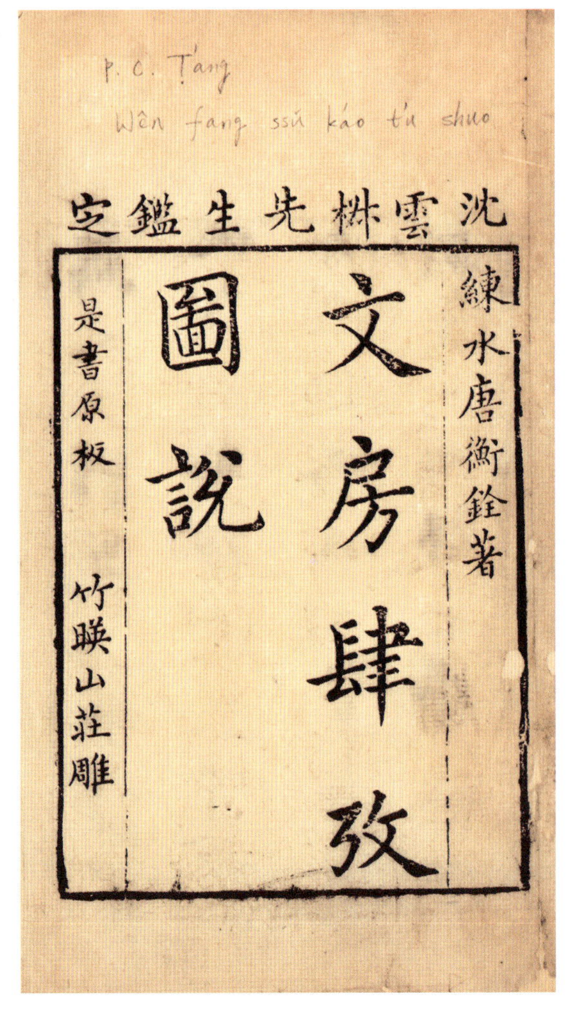
P. C. Tang
Wên fang ssŭ kao t'u shuo
沈雲椒先生鑒定
練水唐衡銓著
文房肆攷
圖説
是書原板
竹暎山莊雕

文房肆攷圖説

古婁姊丈馮孝壽愚亭同叅

上海表兄康　愷飲和叅繪圖

練水　唐秉鈞衡銓纂

家先生桐園公閲

弟　秉鉞

冢宰地山曹大人鑒定

甥　馮以炳　仝校

第一卷

像圖彙攷

宗教類

244.弘明集十四卷　〔南朝梁〕釋僧祐輯　

清光緒二十二年（1896）金陵刻經處刻本　四册一函

每半葉10行，行20字，小字雙行字同，黑口，左右雙邊，無魚尾，半框高17.6釐米，寬13釐米。版心中鎸書名、卷次、篇名及葉碼。

卷端題“弘明集，梁楊都建初寺釋僧祐集”。卷末鎸“光緒丙申年春三月開雕，板存金陵刻經處”。

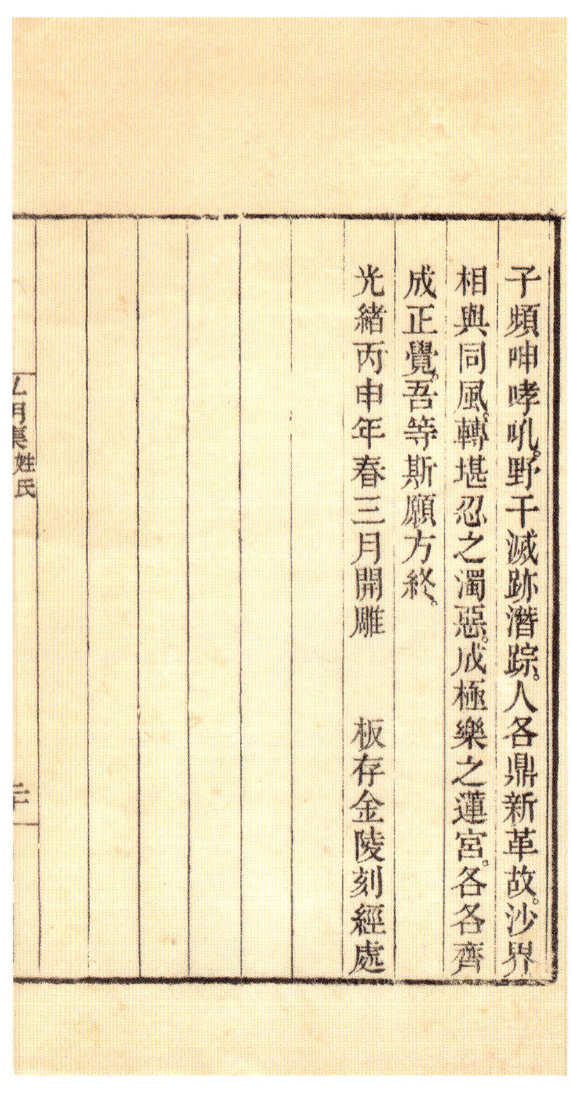

子頻呻哮吼。野干滅跡潛踪。人各鼎新革故。沙界相與同風。轉堪忍之濁惡。成極樂之蓮宮。各各齊成正覺。吾等斯願方終。

光緒丙申年春三月開雕　板存金陵刻經處

弘明集卷第一

梁楊都建初寺釋僧祐集

理惑論三十七篇一云蒼梧太守牟子博傳 漢牟融

牟子既修經傳諸子書無大小靡不好之雖不樂兵法然猶讀焉雖讀神仙不死之書抑而不信以爲虛誕是時靈帝崩後天下擾亂獨交州差安北方異人咸來在焉多爲神仙辟穀長生之術時人多有學者牟子常以五經難之道家術士莫敢對焉比之於孟軻距楊朱墨翟先是時牟子將母避世交趾年二十六歸蒼梧娶妻太守聞其守學謁請署吏時年方盛

245.宗鏡録一百卷　〔宋〕釋延壽輯　BQ4140 .Y46 1899

清光緒二十五年(1899)江北刻經處刻本　二十册三函

每半葉10行,行20字,黑口,左右雙邊,無魚尾,半框高16.5釐米,寬12.9釐米。版心中鎸書名及卷次,下鎸葉碼及千字文編號。

卷端題“宗鏡録,宋慧日永明妙圓正修智覺禪師延壽集”。卷末鎸“光緒二十五年四月初八日江北刻經處識”。

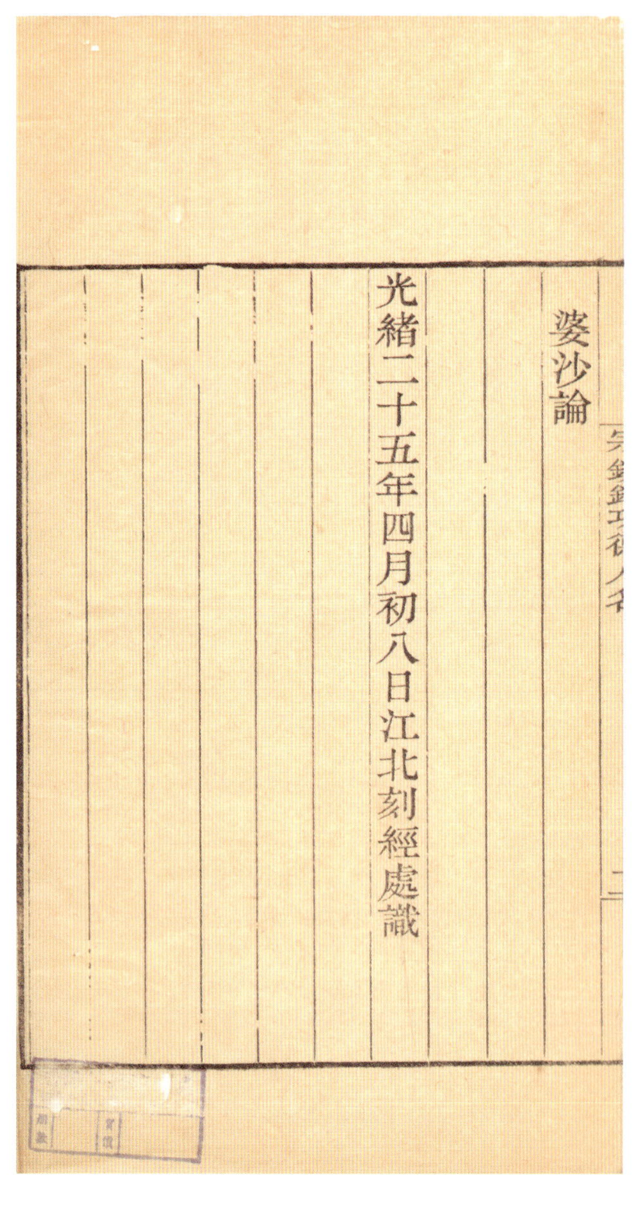
婆沙論

光緒二十五年四月初八日江北刻經處識

宗鏡錄卷第一

宋慧日永明妙圓正修智覺禪師延壽集

伏以眞源湛寂。覺海澄清。絶名相之端。無能所之迹。最初不覺。忽起動心。成業識之由。爲覺明之咎。因明起照。見分俄興。隨照立塵。相分安布。如鏡現像。頓起根身。次則隨想而世界成差。後則因智而憎愛不等。從此遺眞失性。執相徇名。積滯著之情塵。結相續之識浪。鎖眞覺於夢夜。沈迷三界之中。瞽智眼於昏衢匍匐九居之內。遂乃縻業繫之苦。喪解脫之門。於無身中受身。向無趣中立趣。約依處則分二十五有。論

246.重刊道藏輯要二十八集 〔清〕賀龍驤編 Quarto BL1920 .T28 1906

清光緒三十二年（1906）成都二仙庵刻本 二百四十三册二十九函

每半葉10行，行24字，小字雙行字同，白口，左右雙邊，單黑魚尾，半框高19.9釐米，寬15釐米。版心上鐫書名，中鐫篇名及葉碼，下鐫集名及集次。

内封題"道藏輯要"。牌記題"光緒丙午年重刊，板藏成都二仙庵"。卷端題"重刊道藏輯要"。

按：本書爲合集，依次有總目八册、角集七册、亢集七册、氐集八册、房集六册、心集十册、尾集七册、箕集九册、斗集十一册、牛集十二册、女集七册、虛集十二册、危集七册、室集七册、壁集七册、奎集四册、婁集七册、胃集十一册、昴集十册、畢集十二册、觜集九册、参集七册、井集六册、鬼集七册、柳集十三册、星集九册、張集七册、翼集十册、軫集六册，共二百四十三册。

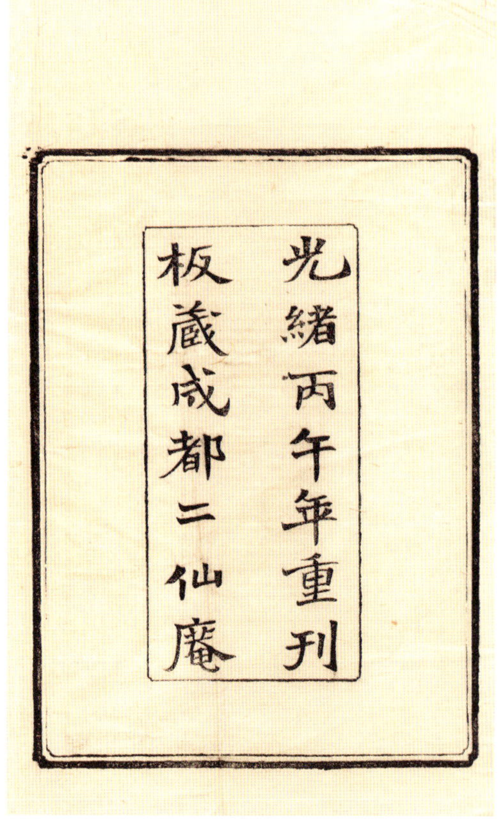

重刊道藏輯要子目初編卷一

井研賀龍驤初編

新津彭瀚然參訂

成都二仙菴住持　閻永和恭校

角集

角一　元始无量度人經六十一卷

玉宸大道品

天地八維安鎮國祚品

永延劫運保世昇平品

消禳國君王侯世上災祥品

重刊道藏輯要

元始无量度人上品妙經卷之一

道言昔於始青天中碧落空歌大浮黎土受元始度人无量上品元始天尊當說是經周迴十過以召十方始當詣座天眞大神上聖高尊妙行眞人無鞅數衆乘空而來飛雲丹霄綠輿瓊輪羽蓋垂蔭流精玉光五色鬱勃洞煥太空七日七夜諸天日月星宿璇璣玉衡一時停輪神風靜默山海藏雲天無浮翳四氣朗清一國地土山川林木緬平一等無復高下土皆作碧玉無有異色衆眞侍座元始天尊懸坐空浮五色獅子之上說經一徧諸天大聖同時稱善是時一國男女聾病耳皆開聽說經

247.新約全書　　（英國）麥都思、〔清〕王韜等譯　　

清咸豐五年（1855）上海墨海書館鉛印本　一册一函

内封題“耶穌降世壹仟捌佰伍拾五年，新約全書，江蘇松江上海墨海書館印”。卷端題“新約全書”。

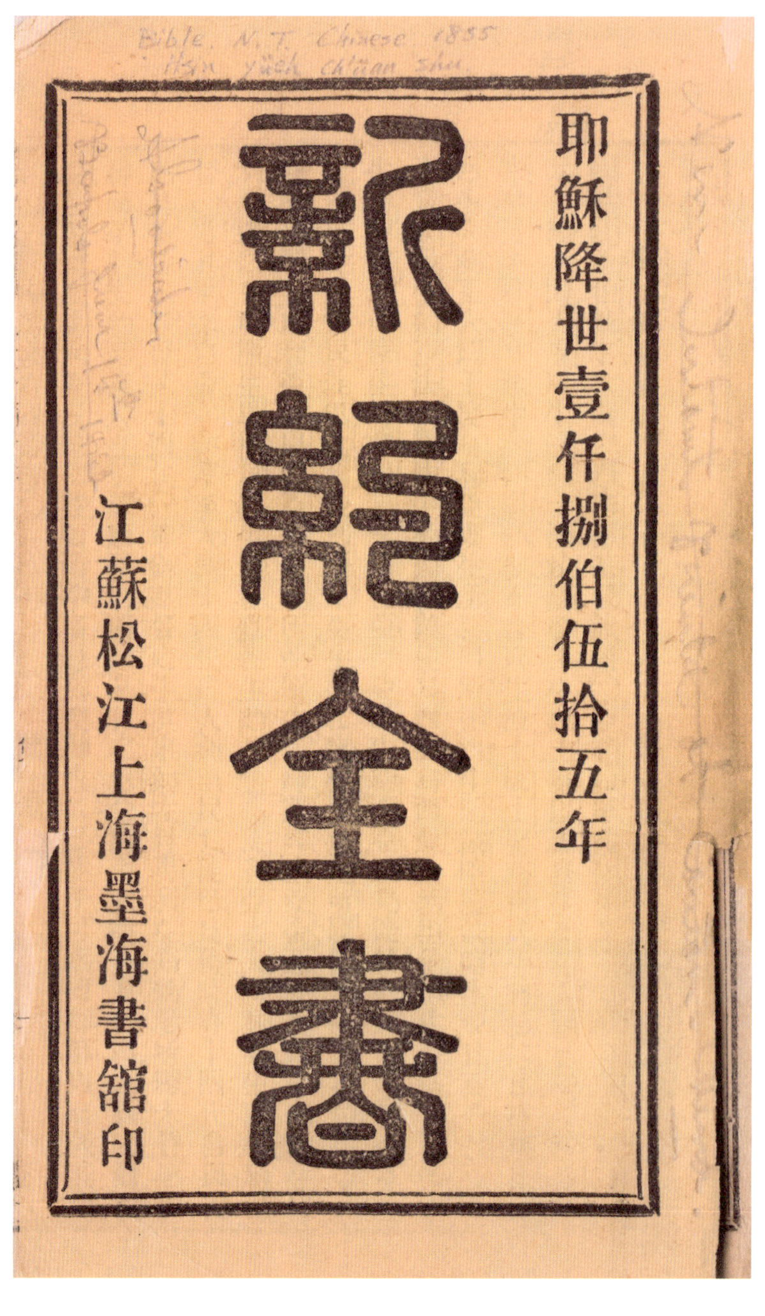

耶穌降世壹仟捌佰伍拾五年

新約全書

江蘇松江上海墨海書館印

新約全書

馬太傳福音書

第一章 一 亞伯拉罕大闢之裔耶穌基督族譜。○二 亞伯拉罕生以撒、以撒生雅各、雅各生猶大
兄弟、三 猶大因大馬氏生法勒士、撒拉、法勒士生以士崙、以士崙生亞蘭、四 亞蘭生亞米拿達、亞
米拿達生拿順、拿順生撒們、五 撒們娶喇合氏生波士、波士娶路得氏生阿伯、阿伯生耶西、六 耶
西生大闢王、大闢王娶烏利亞妻生所羅門、七 所羅門生羅波暗、羅波暗生亞比亞、亞比亞生
亞撒、八 亞撒生約沙法、約沙法生約蘭、約蘭生烏西亞、九 烏西亞生約坦、約坦生亞哈士、亞哈士
生希西家、十 希西家生馬拿西、馬拿西生亞門、亞門生約西亞、十一 民見徙於巴比倫時、約西亞生
耶哥尼亞兄弟。十二 民徙巴比倫後、耶哥尼亞生撒拉鐵、撒拉鐵生所羅把伯、十三 所羅把伯生亞比
鬱、亞比鬱生以利亞金、以利亞金生亞所、十四 亞所生撒鐸、撒鐸生亞金、亞金生以律、十五 以律生以
利亞撒、以利亞撒生馬但、馬但生雅各、十六 雅各生約瑟、是爲馬利亞之夫、馬利亞生耶穌、稱基
督。○十七 考其世系、自亞伯拉罕至大闢十四代、自大闢至民見徙巴比倫時、亦十四代、自民徙
巴比倫時至基督又十四代。○十八 耶穌基督之生、其事如左、母馬利亞爲約瑟所聘、未昏、感聖
神而孕。十九 其夫約瑟義人也、不欲顯辱之、而欲私休之。二十 思念間、主之使者見夢曰、大闢之裔約
瑟、其取爾妻馬利亞以歸、勿疑、蓋所孕者、感於聖神也。二十一 彼必生子、可名曰耶穌、以將救其民

海外中文古籍總目
漢籍合璧目録編

陳垚 編

A Descriptive Catalogue of Traditional Chinese Books in the University of Minnesota Libraries

美國明尼蘇達大學圖書館中文古籍目録

下册

中華書局

集部

楚辭類

248.楚辭集注八卷 〔宋〕朱熹撰 1788 Mi

清乾隆五十三年(1788)聽雨齋刻朱墨套印本 八册二函

每半葉8行,行22字,小字雙行字同,白口,左右雙邊,單黑魚尾,半框高19.5釐米,寬12.9釐米。版心上鎸書名,中鎸卷次、卷名,下鎸葉碼及"聽雨齋"。眉上鎸評,行4字。

内封題"八十四家評點,朱文公楚辭集注,聽雨齋開雕"。卷端題"楚辭集注,朱熹集注"。

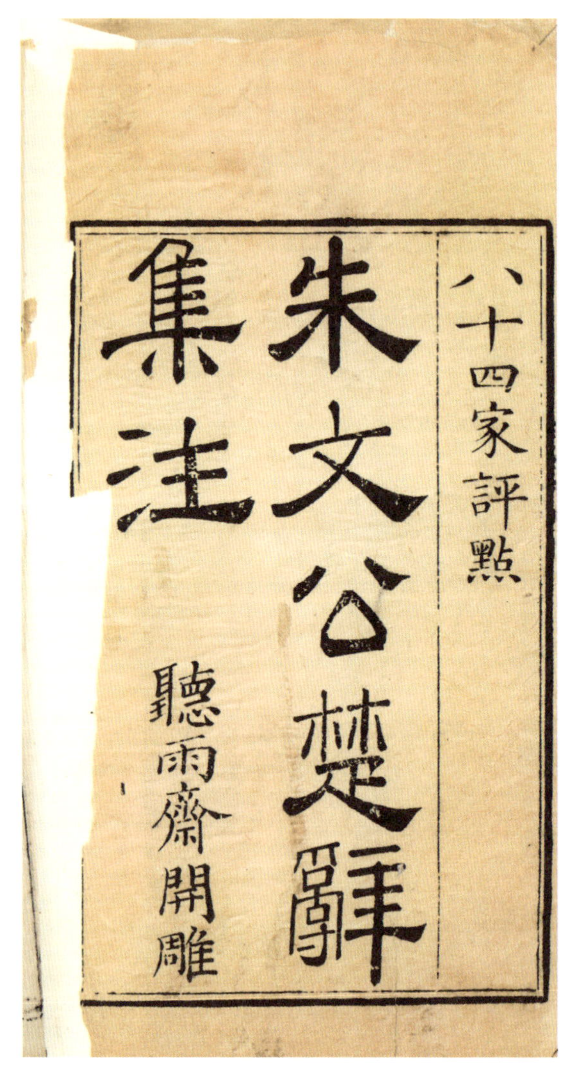

焦竑曰讀騷且未觀文詞且其題引俱不覺皆端委集戰國策登有昭奚恤元和姓纂云景氏名

楚辭集注卷之一

朱熹集註

離騷經第一

離騷經者屈原之所作也屈原名平與楚同姓仕於懷王爲三閭大夫三閭之職掌王族三姓曰昭屈景屈原序其譜屬率其賢良以厲國士入則與王圖議政事決定嫌疑出則監察羣下應對諸侯謀行職修王甚珍之同列上官大夫及用事臣靳尚妬害其能

249.楚辭十七卷　〔漢〕王逸章句　

清同治十一年（1872）金陵書局刻本　四册一函

每半葉9行，行17字，小字雙行，字數不等，白口，左右雙邊，雙對黑魚尾，半框高17.8釐米，寬13.2釐米。版心中鐫書名、卷次及葉碼。

内封題“楚辭”。牌記題“汲古閣原本，同治十一年春金陵書局重刊，湘鄉曾國藩署檢”。卷端題“楚辭”。

楚辭

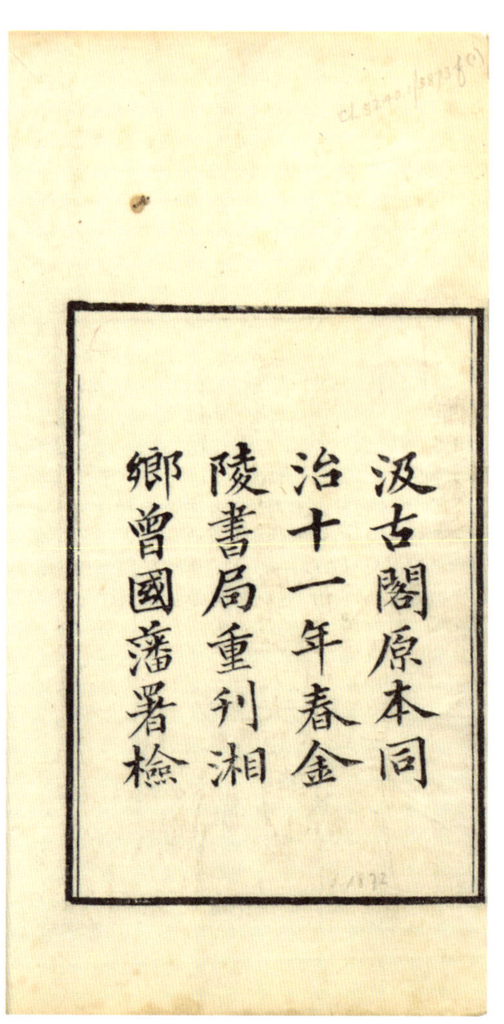
汲古閣原本同治十一年春金陵書局重刊湘鄉曾國藩署檢

楚辭目錄

班孟堅云始楚賢臣屈原被讒放流作離騷諸賦以自傷悼後有宋玉唐勒之屬慕而述之皆以顯名漢興高祖王兄子濞於吳招致天下娛游子弟枚乘鄒陽嚴夫子之徒興於文景之際而淮南王安都壽春招賓客著書而吳有嚴助朱買臣貴顯漢朝故世傳楚辭

漢護左都水使者光祿大夫臣劉向集

後漢校書郎臣王逸章句 一本云校書郎中 後漢文苑傳云逸字叔師南郡宜城人元初中舉上計吏爲校書郎順帝時爲侍中著楚辭章句行於世

離騷經第一 屈原 釋文第一無經字

250.楚辭十七卷　〔漢〕王逸章句　〔宋〕洪興祖補注　

清光緒九年（1883）長沙書堂山館刻本　六册一函

每半葉9行，行15字，小字雙行，字數不等，白口，左右雙邊，雙對黑魚尾，半框高17.4釐米，寬13.4釐米。版心中鎸書名、卷次及葉碼。

内封題“楚辭章句”。牌記題“汲古閣原本，光緒九年冬十月長沙書堂山館重刊”。卷端題“楚辭”。

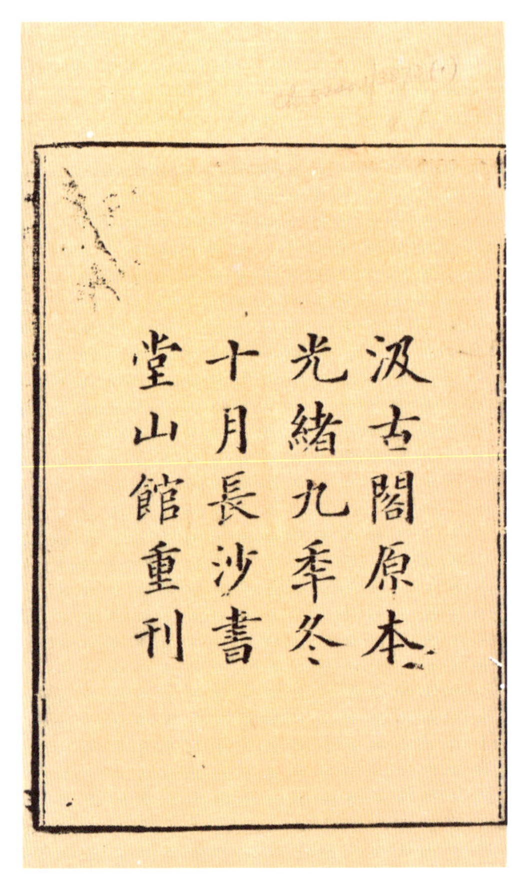

楚辭卷第一

隋唐書志有皇甫遵訓參解楚辭七卷郭璞注十卷宋處士諸葛楚辭音一卷劉杳草木蟲魚疏二卷孟奧音一卷徐邈音一卷始漢武帝命淮南王安爲離騷傳其書今亾按屈原傳云國風好色而不淫小雅怨誹而不亂若離騷者可謂兼之矣又曰蟬蛻於濁穢以浮游塵埃之外不獲世之滋垢皭然泥而不滓推此志雖與日月爭光可也班孟堅劉勰皆以爲淮南王語豈太史公取其語以作傳乎漢宣帝時九江被公能爲楚詞隋有僧道騫者善讀之能爲楚聲音韻清切至唐傳楚辭者皆祖騫公之音

離騷經章句第一　離騷

校書郎臣王　逸上

曲阿洪興祖補注

離騷經者屈原之所作也屈原與楚同姓仕於懷王爲三閭大夫三閭之職掌王族三姓曰昭屈景戰國策楚有昭奚恤元和姓纂云屈楚公族芊姓之後楚武王子瑕食采於屈因氏焉屈重屈蕩屈建屈平並其後又云景芊姓楚有景差漢徙大族昭屈景三姓於關中屈原序其譜屬率其賢良以厲國士入則與王圖議政事決定嫌疑出則監察羣下應對諸侯謀行職修王甚珍

别集類

漢魏六朝别集

251.魏武帝集五卷附录一卷　〔三國魏〕曹操撰　1595 Min

明萬曆二十三年（1595）刻本　二册一函

每半葉9行，行18字，小字雙行字同，白口，左右雙邊，單黑魚尾，半框高20.2釐米，寬14.5釐米。版心上鎸書名，中鎸卷次，下鎸葉碼及字數。

卷端題“魏武帝集，魏武帝曹操孟德著”。卷首有目録，署“明海濱逸史張燮纂”。卷末有附録，署“魏武帝紀，晋陳壽”。

鈐印“馮氏辨齋藏書”“慈溪耕餘樓藏”“石坦安藏書印”。

按：馮祖憲，號辨齋，浙江慈溪人，生卒年、仕履未詳，喜藏書，室名“耕餘樓”。

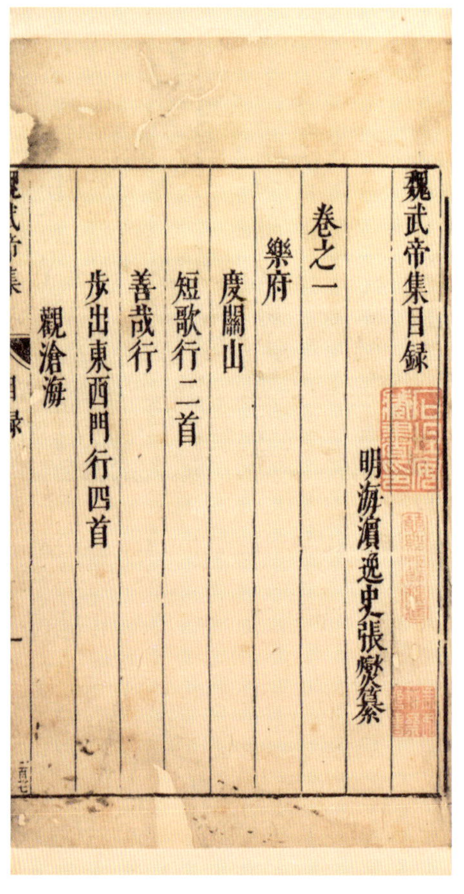
魏武帝集目録
明海濱逸史張燮纂
卷之一
樂府
度關山
短歌行二首
善哉行
步出東西門行四首
觀滄海
魏武帝集　目録　一

魏武帝集卷之一

魏武帝曹操孟德著

樂府

度關山

天地間人爲貴立君牧民爲之軌則車轍馬跡經緯四極黜陟幽明黎庶繁息於鑠賢聖總統邦域封建五爵井田刑獄有燔丹書無普赦贖皐陶甫侯（宋書作刑）何有失職嗟哉後世改制易律勞民爲君役賦其力舜漆食器畔者十國不及

252.陶淵明文集十卷　〔晋〕陶潛撰　

清同治二年(1863)何氏篤慶堂刻本　二册一函

每半葉9行,行15字,小字雙行字同,白口,左右雙邊,單黑魚尾,半框高22.6釐米,寬18.3釐米。版心中鎸“陶集”及卷次,下鎸葉碼及刻工。

内封題“陶集”。牌記題“同治癸亥秋何氏篤慶堂影宋本重刊”。卷端題“陶淵明文集”。卷末《跋》後鎸“成都梓人楊會元刻”。

鈐印“彭瑞毓圖書記”“江夏彭氏賜龍堂藏”“何咸宜印”。

按:彭瑞毓,字子嘉,號芝泉、姜畦,湖北省武昌府江夏縣(今湖北省武漢市)人,咸豐二年(1852)進士,散館授翰林院編修。同治二年任山西道監察御史。有《賜龍堂詩稿》。

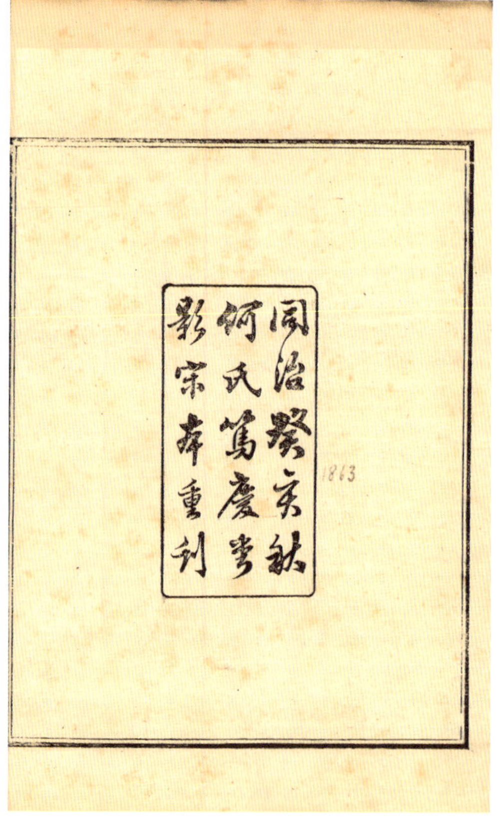

文觀察見而擊節為集陶文序之意到筆隨文如己出並出示所藏琴川毛氏影宋本陶集書仿蘇文忠真善本也比年東南兵燹重罹焚書之厄南北宋槧本從此不可多得意文慫恿翻刻爰倩姚銓卿學博手摹開雕亦以見意文之酷愛陶集性有同嗜且能公諸同好云

同治二年仲秋朔日浙東何咸宜跋

男 鏡生 資生 桂生 校字

成都梓人楊會元刻

陶淵明文集卷第一

詩

停雲 并序

停雲思親友也罇湛新醪園列初榮願言不從歎息彌襟云爾

靄〻停雲濛〻時雨八表同昏平路伊阻靜寄東軒春醪獨撫良朋悠邈搔首延佇

停雲靄〻時雨濛〻八表同昏平陸成江有酒有酒閑飲東牕願言懷人

253.陶淵明集八卷首一卷末一卷 〔晉〕陶潛撰

清光緒五年(1879)廣州翰墨園刻朱墨套印本 二册一函

每半葉9行,行21字,小字雙行字同,白口,四周雙邊,單黑魚尾,無界欄,半框高17.6釐米,寬14.7釐米。版心上鎸書名,中鎸卷次,下鎸葉碼。

内封題"陶淵明集,孫福清署檢"。牌記題"光緒己卯春三月廣州翰墨園開雕"。卷端題"陶淵明集"。

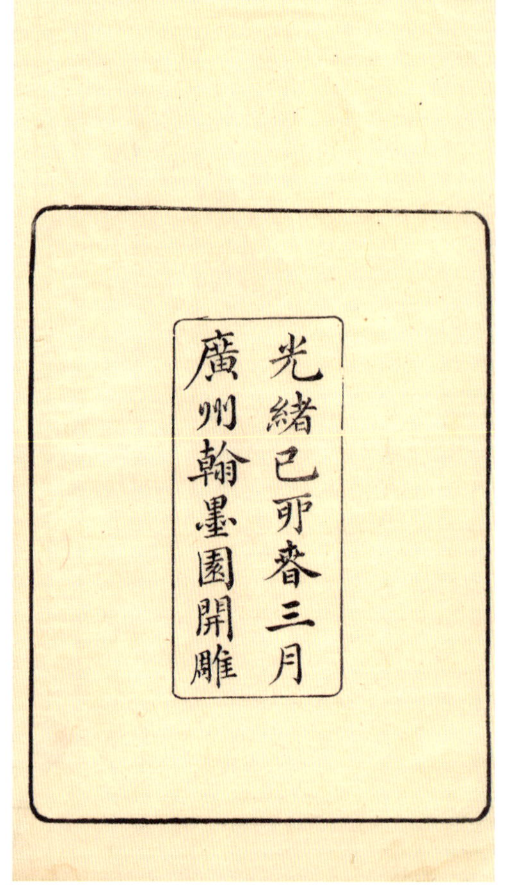

陶淵明集卷一

詩四言

劉後山曰四言自曹氏父子王仲宣陸士衡後惟陶公最高停雲榮木等篇殆突過建安矣又曰四言尤難以三百五篇在前故也

停雲 四首并序 毛本作一首

停雲思親友也罇酒新湛 湛讀曰沈一作罇湛新醪 園列初榮願言不從歎息彌襟 毛本多云爾二字

靄靄停雲濛濛時雨八表同昏平路伊阻靜寄東軒春

254.靖節先生集十卷諸本序録一卷誄傳一卷年譜考異二卷 〔晋〕陶潛撰 〔清〕陶澍集注 PL2665.T3 A6 1883

清光緒九年（1883）江蘇書局刻本 四册一函

每半葉10行，行19字，小字雙行字同，白口，四周雙邊，單黑魚尾，半框高15釐米，寬11.4釐米。版心中鐫書名及卷次，下鐫葉碼。

内封題“陶文毅公原本，靖節先生集”。牌記題“光緒癸未江蘇書局開雕”。卷端題“靖節先生集，安化陶澍集注”。

鈐印“石坦安藏書印”“黄岡深柳讀書堂程氏藏”“心田之子”“石坦安印”。

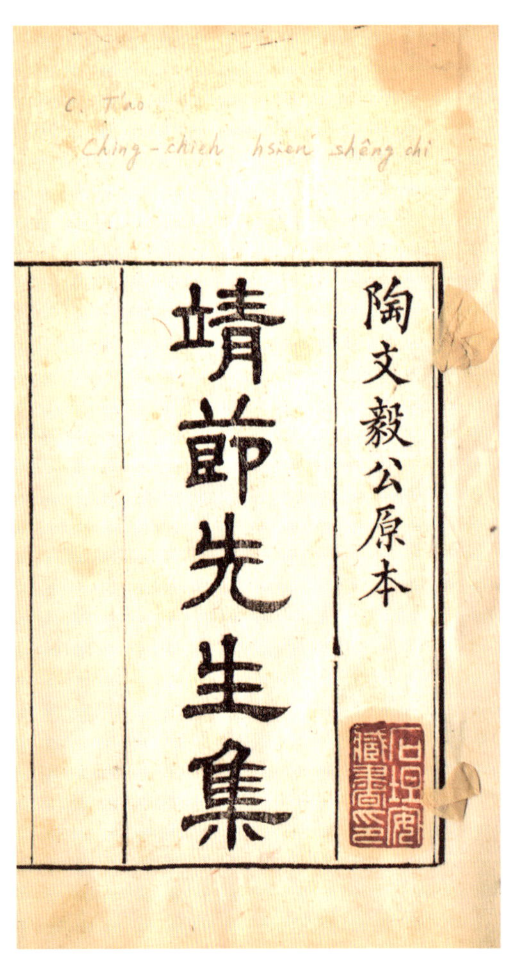

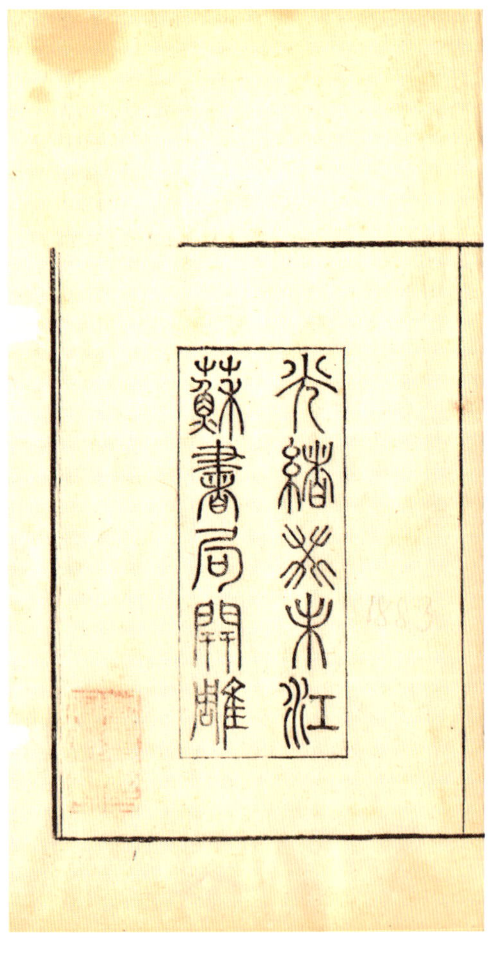

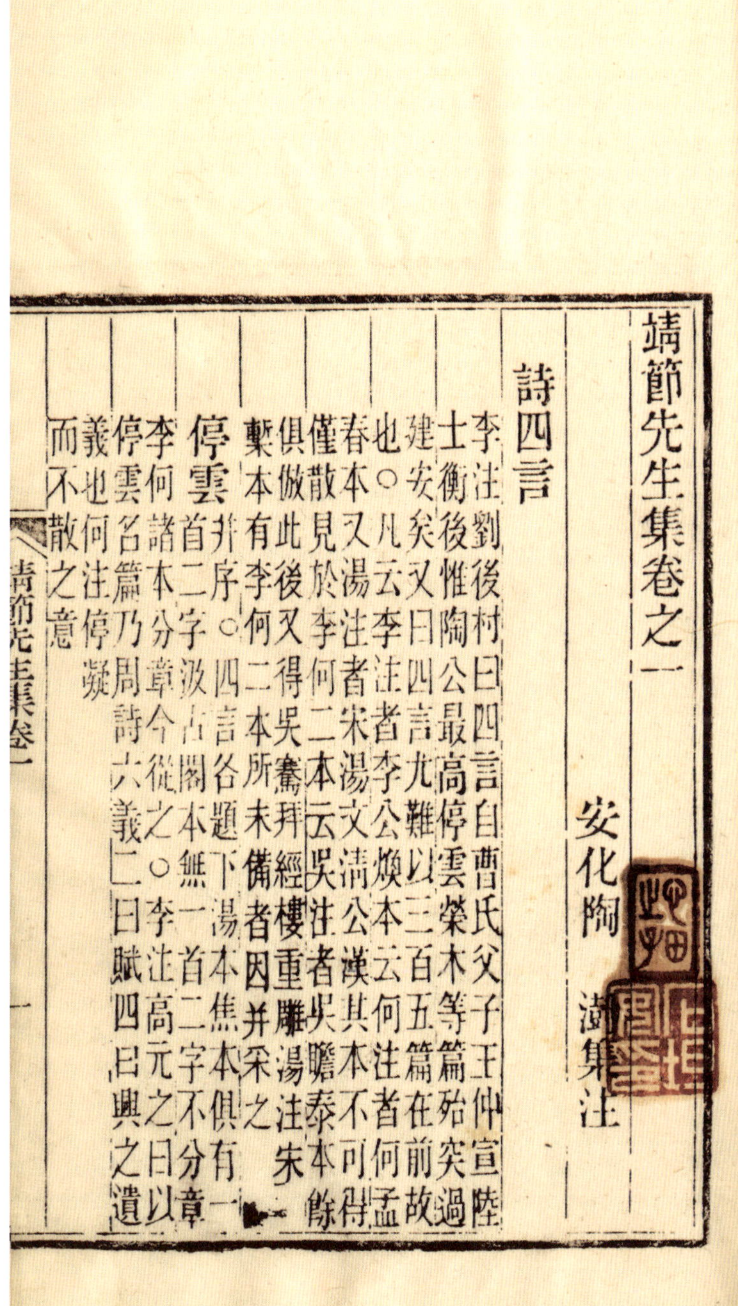

靖節先生集卷之一

安化陶澍集注

詩四言

李注劉後村曰四言自曹氏父子王仲宣陸士衡後惟陶公最高停雲榮木等篇殆突過建安矣又曰四言尤難以三百五篇在前故也○凡云李注者李公煥本云何注者何孟春本又湯注者宋湯文清公漢其本不可得僅散見於李何二本云吳注者吳瞻泰本餘俱倣此後又得吳騫拜經樓重雕湯注宋槧本有李何二本所未備者因并采之

停雲并序○四言各題下湯本焦本俱有一首二字汲古閣本無一首二字不分章李何諸本分章今從之○李注高元之曰以停雲名篇乃周詩六義二曰賦四曰興之遺義也何注停凝而不散之意

255.庾子山集十六卷附年譜一卷總釋十六卷　〔北周〕庾信撰　〔清〕倪璠注（年譜、總釋）〔清〕倪璠編　Quarto PL2668 .Y8 1894

清光緒二十年（1894）廣東儒雅堂刻本　十二册二函

每半葉10行，行20字，小字雙行字同，白口，左右雙邊，單黑魚尾，半框高19.7釐米，寬14.4釐米。版心上鐫書名，中鐫卷次及類名，下鐫葉碼及“儒雅堂”。

内封題“庾開府全集，陶濬宣署”。牌記題“錢塘倪氏注本，光緒甲午春儒雅堂鐫”。卷端題“庾子山集，錢塘倪璠魯玉注釋”。

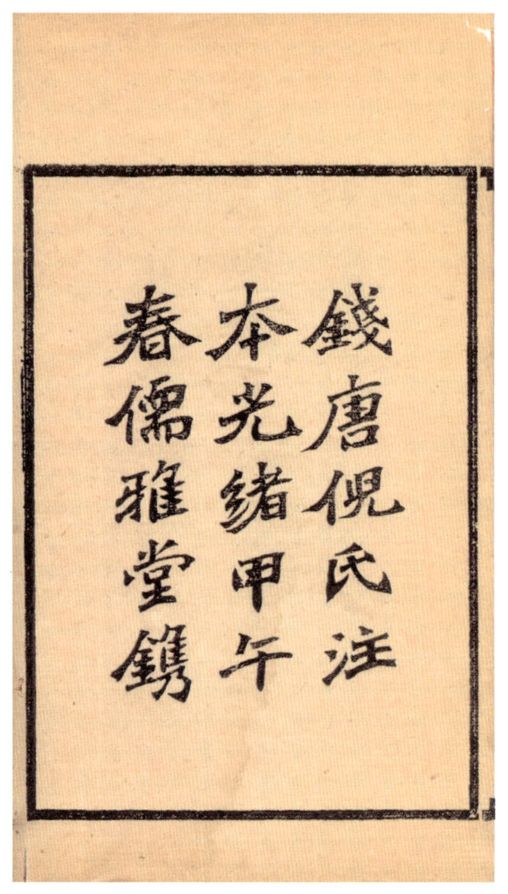

庾子山年譜

錢唐倪璠魯玉編

梁武帝

梁書本紀曰帝諱衍字叔達小字練兒姓蕭氏與齊同承淮陰令整之後齊明帝崩遺詔以帝爲都督雍州刺史永元三年二月帝發襄陽十二月斬東昏南康王即帝位進帝位相國總百揆封十郡爲梁公備九錫之禮進爵爲王齊帝下詔禪位天監元年夏四月即位於南郊在位四十九年崩尊爲武帝廟曰高祖葬於修陵

天監十二年 癸巳

武帝即位之十二年也陸倕新刻漏銘曰天監六年大歲丁亥哀江南賦稱太清二年爲戊辰知是年歲在癸巳又以滕正逌序巳亥年六十七歲逆數之信當以是年生

庾子山集卷之一

錢唐倪璠魯玉註釋

賦

三月三日華林園馬射賦 并序

華林園起自魏明帝名芳林園齊王芳改爲華林于寶晉紀泰始四年二月上幸芳林園與羣臣宴賦詩觀志應貞有晉武帝華林園集詩按周書明帝時會羣公及突厥使者於芳林園魏在鄴都晉在洛陽後周承其名華林或名芳林其爲長安別館洛下舊宮或是所未詳○又按本序暫離北闕聊宴西城賦云日下澤宮筵闢相圃悵徙蹕之留歡眷廻鑾之餘舞知華林園是長安城西別苑可以朝出暮歸者也幸華林園當是武帝事注見序文

唐五代别集

256.王右丞集二十八卷首一卷末一卷　〔唐〕王維撰　〔清〕趙殿成箋注

清飏錦齋田翠含刻本　八册二函

每半葉10行，行20字，小字雙行字同，白口，左右雙邊，單黑魚尾，半框高17.9釐米，寬13.7釐米。版心上鎸書名，中鎸卷次，下鎸葉碼。

内封題“王右丞集箋注”。卷端題“王右丞集，仁和趙殿成松谷箋注”。

鈐印“程名世收藏圖書印”。

按：程名世（1726—1779），字令延，號筠榭，江蘇江都（今揚州）人，工詩，著有《坐雨安居詩》《淥飲吟稿》《雲山小稿》《小酉館詩存》等。

王右丞集卷之一

仁和趙殿成松谷箋註

古詩十首

奉和聖製天長節賜宰臣歌應制

太陽升兮照萬方開閶闔兮臨玉堂儼冕旒兮垂衣裳金天淨兮麗三光彤庭曙兮延八荒德合天兮禮神遍靈芝生兮慶雲見唐堯后兮稷禼臣匝宇宙兮華胥人盡九服兮皆四鄰乾降瑞兮坤獻珍獻一作降

天長節揮麈錄唐明皇實錄云開元十七年秋八月上降誕之日大置酒合樂燕百官于花蕚樓下尚書左丞相源乾曜右丞相張說率百官上表願以八月五日爲千秋節著之甲令布于天

257.李太白文集輯注三十六卷　〔唐〕李白撰　〔清〕王琦輯注

PL2671 .A1 1757

清末翻刻乾隆二十五年(1760)本　十二册二函

每半葉10行，行20字，小字雙行字同，白口，左右雙邊，單黑魚尾，半框高17.1釐米，寬13.5釐米。版心上鎸書名，中鎸卷次，下鎸葉碼。

内封題“李太白文集輯注”。卷端題“李太白文集，錢塘王琦琢崖輯注，繙端臣、思謙藴山較”。書名據内封。

鈐印“心田”“石坦安印”。

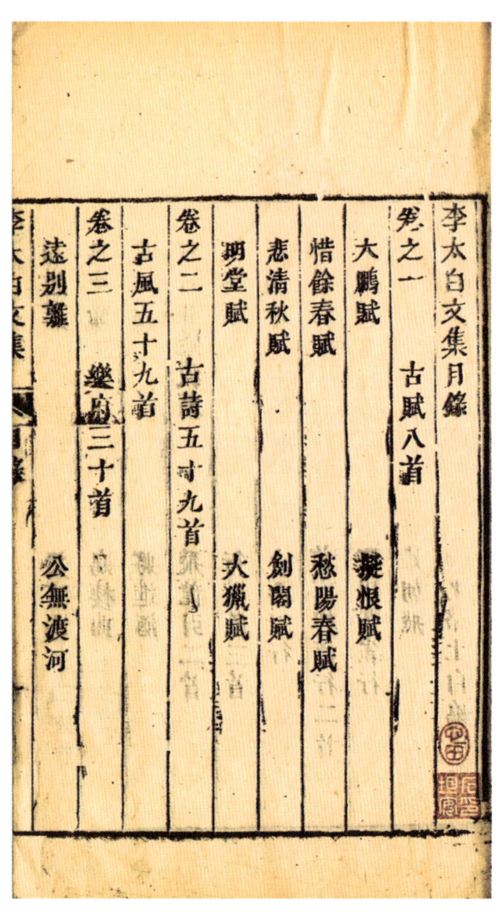
李太白文集目錄
卷之一　古賦八首
大鵬賦　擬恨賦
惜餘春賦　愁陽春賦
悲清秋賦　劍閣賦
明堂賦　大獵賦
卷之二　古詩五十九首
古風五十九首
卷之三　樂府三十首
遠別離　公無渡河

李太白文集卷之一

錢塘 王琦琢崖輯註

緒 端臣
思謙 蘊山 較

古賦八首

大鵬賦并序。莊子北冥有魚其名爲鯤鯤之大不知其幾千里也化而爲鳥其名爲鵬鵬之背不知其幾千里也怒而飛其翼若垂天之雲是鳥也海運則將徙於南冥南冥者天池也齊諧者志怪者也諧之言曰鵬之徙於南冥也水擊三千里摶扶搖而上者九萬里去以六月息者也湯之問棘也是已窮髮之北有冥海者天池也有魚焉其廣數千里未有知其脩者其名爲鯤有鳥焉其名爲鵬背若泰山翼若垂天之雲摶扶搖羊角而上者九萬里絕雲氣負青天然後圖南且適南冥也斥鴳笑之曰彼且奚適也我騰躍而上不過數仞而下翱翔蓬

258.集千家注杜工部詩集二十卷 〔唐〕杜甫撰 〔元〕高楚芳編 〔明〕許自昌校

1573 Min

明萬曆元年（1573）刻本　十册一函

每半葉9行，行20字，小字雙行字同，白口，四周單邊，單黑魚尾，半框高21.2釐米，寬14.3釐米。版心上鎸“杜詩集注”，中鎸卷次，下鎸葉碼。

卷端題“集千家注杜工部詩集，明長洲許自昌玄祐甫校”。卷首依次有《杜工部詩史舊集序》，署“寶元二年十月翰林學士兵部郎中知制誥史館修撰，王洙原叔記”；《杜工部詩後集序》，署“皇祐壬辰五月日臨川王安石序”；《成都草堂詩碑序》，署“元祐庚午資政殿學士中大夫知成都軍府事胡宗愈序”；《杜工部草堂詩箋跋》，署“大宋嘉泰天開甲子正月穀旦建安三峰東塾蔡夢弼傅卿謹識”；目録。

鈐印“守谷藏書”。

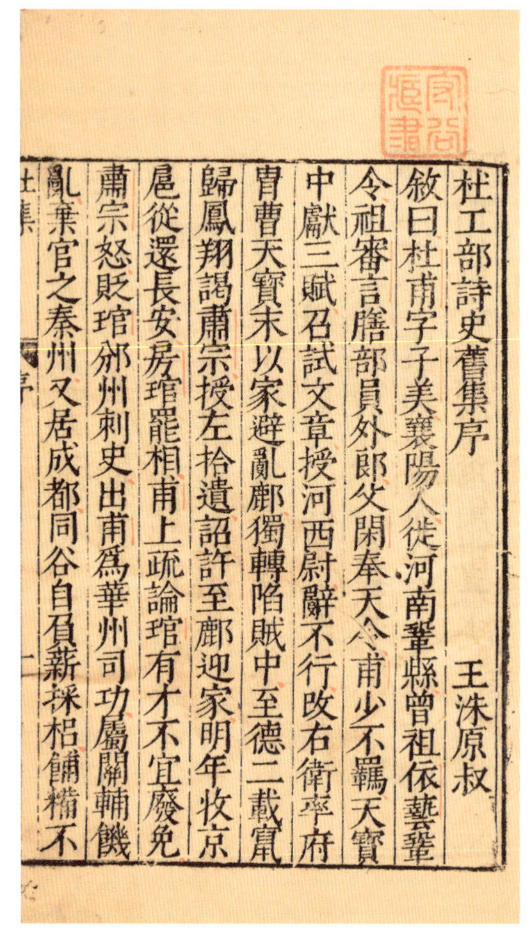
杜工部詩史舊集序　王洙原叔
敘曰杜甫字子美襄陽人徙河南鞏縣曾祖依藝鞏令祖審言膳部員外郎父閑奉天令甫少不羈天寶中獻三賦召試文章授河西尉辭不行改右衛率府胄曹天寶末以家避亂鄜獨轉陷賊中至德二載竄歸鳳翔謁肅宗授左拾遺詔許至鄜迎家明年收京扈從還長安房琯罷相甫上疏論琯有才不宜廢免肅宗怒貶琯邠州刺史出甫爲華州司功屬關輔饑亂棄官之秦州又居成都同谷自負薪採梠餔糒不

集千家註杜工部詩集卷之一

明長洲許自昌玄祐甫校

遊龍門奉先寺

魯訔曰龍門在東都河南縣地志云闕塞山一名伊闕而俗名龍門黄鶴曰唐志河南有龍門山東抵天津有伊水然後漢志唐志俱云馮翊有龍門山按馮翊與河中府為隣而河中有龍門縣又有龍門山志云即導河至龍門之地土記云梁山北有龍門並在河中之境故河中有龍門關龍門倉九域志云河南縣有龍門鎮又有闕塞山云即龍門薛仁貴傳云絳州龍門人則絳州亦有龍門公自秦赴同谷道經龍門鎮則秦成間又有龍門嘗考絳至河中不滿三百里馮翊至河中不滿百里兩地相接按地理河南即春秋時屬魏地後魏兼置雍州乃屬秦州宜此山之跨數郡是詩乃公開元二十四年後遊東都作

259.杜工部集二十卷注杜詩略例一卷諸家詩話一卷杜工部集附録一卷唱酬題咏附録一卷 〔唐〕杜甫撰 〔清〕錢謙益箋注 Quarto PL2675 .Z5 C45 1900z

清康熙六年（1667）季氏静思堂刻本 六册一函

每半葉11行，行20字，小字雙行，字數不等，黑口，四周雙邊，雙對黑魚尾，半框高18.3釐米，寬13.5釐米。版心中鎸“杜集”、卷次及葉碼。

内封題“季滄葦先生校閲，錢牧齋先生箋注杜工部集，静思堂藏板”。卷端題“杜工部集，虞山蒙叟錢謙益箋注”。

鈐印“陳之問印”“近思”“王音陳氏世傳清”“臣在印”“宛懷”。

季滄葦先生校閲
錢牧齋先生箋
註杜工部集
靜思堂藏板

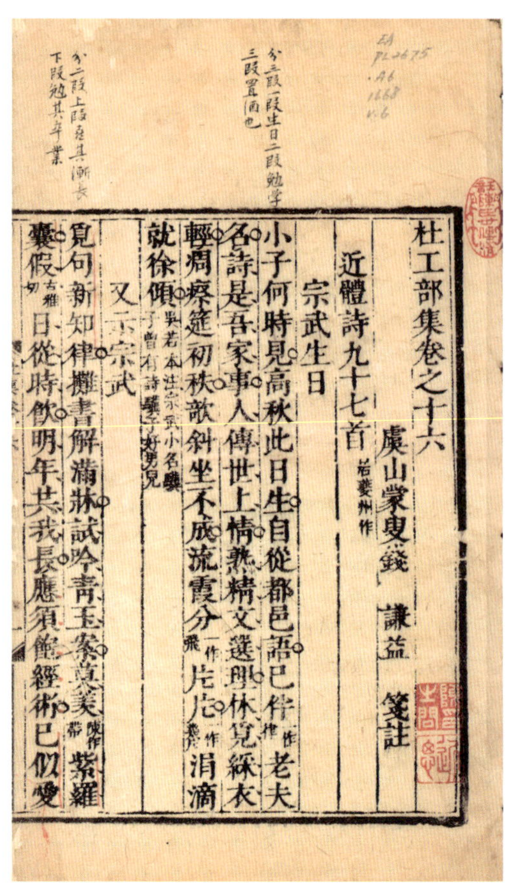
杜工部集卷之十六
虞山蒙叟錢謙益箋註
近體詩九十七首
宗武生日
小子何時見高秋此日生自從都邑語已伴老夫
名詩是吾家事人傳世上情熟精文選理休覓綵衣
輕凋瘵筵初秩欹斜坐不成流霞分片片涓滴
就徐傾
又示宗武
覓句新知律攤書解滿牀試吟青玉案莫羡紫羅
囊假日從時飲明年共我長應須飽經術已似愛

杜五古中極規矩準繩之作

杜工部集卷之一

虞山蒙叟錢　謙益　箋註

古詩五十五首 天寶未亂時并陷賊中作

奉贈韋左丞丈二十二韻

紈袴不餓死，儒冠多誤身。丈人試靜聽，賤子請具陳。甫昔少（一作妙）年日，早充觀國賓。讀書破萬卷，下筆如有神。賦料楊雄敵，詩看子建親。李邕求識面，王翰願卜鄰（卜陳作爲）。自謂頗挺出（一作生），立登要路津。致君堯舜上，再使風俗淳。此意竟蕭條，行歌非隱淪。騎驢三十載，旅食京華春。朝扣富兒門，暮隨肥馬塵。殘杯與冷炙，到處潛悲辛。主上頃見徵，欻然欲求伸。青冥却垂翅，蹭蹬

260.白香山詩長慶集二十卷後集十七卷別集一卷補遺二卷 〔唐〕白居易撰 〔清〕汪立名編訂 PL2674 .A1

清康熙四十二年（1703）一隅草堂刻本　十五册三函

每半葉12行，行21字，小字雙行，字數不等，白口，左右雙邊，單黑魚尾，半框高18.2釐米，寬14.6釐米。版心中鎸書名、卷次，下鎸葉碼及“一隅草堂”。

内封題“古歙汪西亭編訂，白香山詩集，長慶集、後集、別集、白集補遺，一隅草堂藏板”。卷端題“白香山詩長慶集，古歙汪立名西亭編訂”。

鈐印“明善堂覽書畫印記”。

按：弘曉（1722—1778），愛新覺羅氏，字秀亭，一字篛星，號冰玉道人，封怡親王，卒謚僖。怡府藏書之所名“安樂堂”，又名“明善堂”。怡府藏書，多有“安樂堂藏書記”“明善堂覽書畫印記”等章。

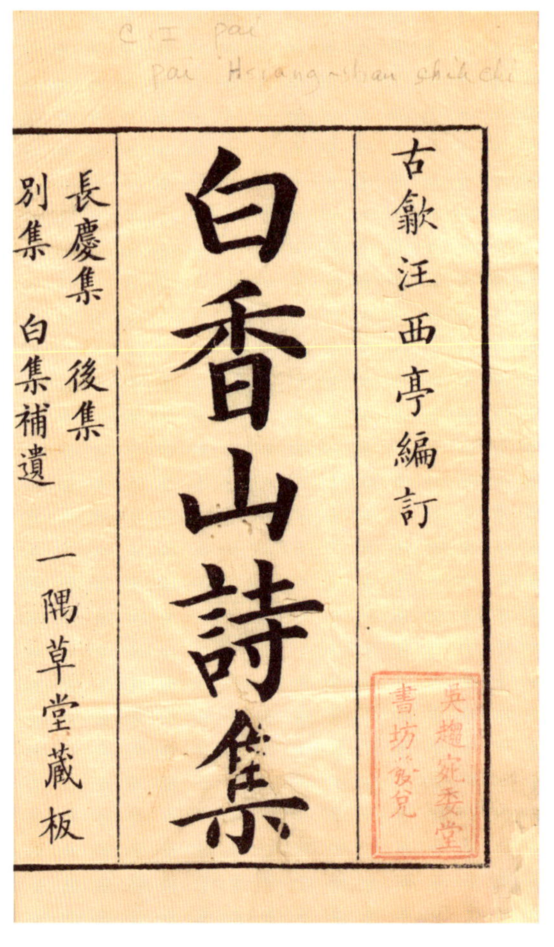
古歙汪西亭編訂
白香山詩集
長慶集　後集
別集　白集補遺
一隅草堂藏板
吳趨宛委堂書坊發兌

白香山詩後集卷第一

古歙汪　立名　西亭　編訂

格詩凡八十九首

立名按唐人詩集中無號格詩者即大曆以還有齊梁格元白格元和格葫蘆轆轤進退諸格多兼律詩而言不專主古體也顧格詩之義雖亡考而見諸公之文章者可證元少尹集序宗簡河南人自舉進士歷御史府尚書郎訖京亞尹二十年著格詩若干首律詩若干首賦述銘記等若干首合三十卷由是觀之格者但別於律詩之謂公前集既分古調樂府歌行以類各次於諷諭閑適感傷之卷後集不復分類別卷遂統稱之曰格詩耳時本於十一卷之首格詩下復繫歌行雜體字是以格詩另為古詩之一體矣豈元少尹生平獨不為歌行雜體乎況公後序但曰邇來復有格律詩洛中集記亦曰分司東都及茲十二年其間賦格律詩凡八百首初未嘗及歌行雜體者固以格字該舉之也又時本三十六卷首作半格詩附律詩半者本謂卷內半是格詩而附以律詩云爾乃直標半格詩而注附律詩於其旁是又將以半格詩另為一體矣其誤不幾於刖者之捫燭揣籥以為日乎今後集既別格律詩次卷卷首但標格詩律詩不復承譌以留疑案　後集凡十七卷首卷即各本之二十一卷也胡氏丁籤自此卷以下皆作後集各本雖卷第相次而並列後序於此卷且編例與前集二十卷判然不同既格律分卷復前後互閒不可據依今編一卷至五卷並格詩六卷至十七卷並律詩而略為詮訂其實

白香山詩長慶集卷第一

古歙汪　立名　西亭　編訂

諷諭一 古調詩五言凡六十四首

賀雨

皇帝嗣寶曆元和三年冬自冬及春暮不雨旱爞爞上心念下民懼歲成災凶遂下罪己詔殷勤制一作告萬邦帝曰予一人繼天承祖宗憂勤不遑寧夙夜心忡忡元年誅劉闢一舉靖巴邛二年戮李錡不戰安江東顧惟眇眇德遽有巍巍功或者天降沴無乃儆予躬上思荅天戒下思致時邕莫如率其身慈和與儉恭乃命罷進獻乃命賑飢窮宥死降五刑已責按已責乃用左傳晉悼公已責事謂止逋債也今本皆作責已誤寬三農宮女出宣徽廄馬減飛龍庶政靡不舉皆由自

261.昌黎先生詩集注十一卷本傳一卷年譜一卷　〔唐〕韓愈撰　〔清〕顧嗣立删補　〔清〕朱彝尊、何焯評　Quarto PL2670 .Z48x 1845

清道光二十五年（1845）膺德堂刻朱墨套印本　四册一函

每半葉11行，行20字，小字雙行字同，白口，左右雙邊，單黑魚尾，半框高18.8釐米，寬14.8釐米。版心中鎸書名及卷次，下鎸葉碼及“膺德堂重刊顧氏本”。眉上鎸評，行8字。

内封題“朱竹垞彝尊、何義門焯評，昌黎先生詩集注，秀野堂本，膺德堂重刊”。卷端題“昌黎先生詩集注，長洲顧嗣立俠君删補”。

鈐印“光熙所藏”。

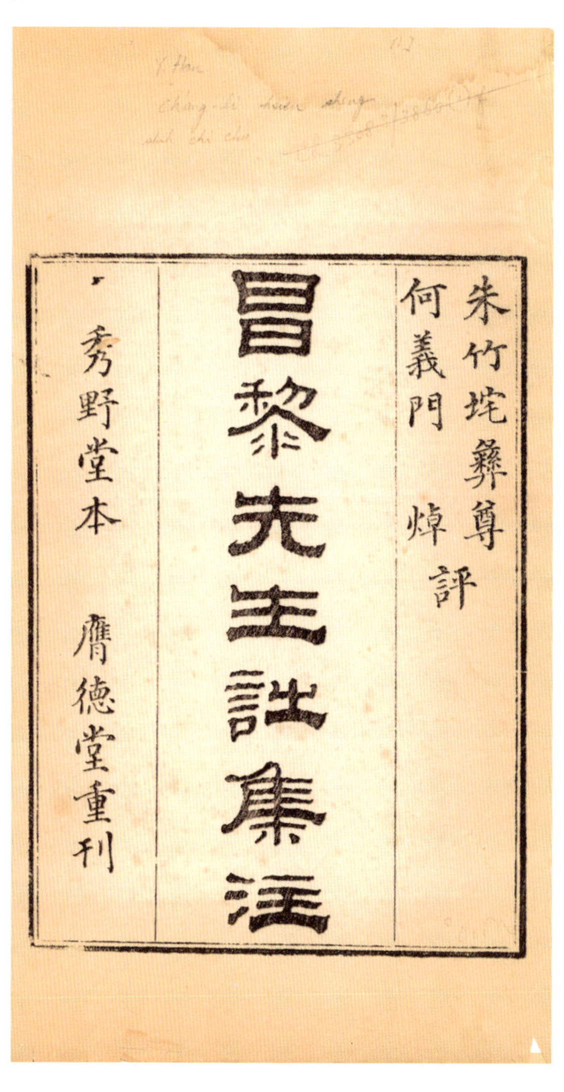

序無文章止直敘然卻亦腴峭有法

昌黎先生詩集注卷第一

長洲顧　嗣立　俠君　刪補

古詩三十一首

元和聖德詩 并序

嗣立補注唐書憲宗皇帝紀帝順宗長子永貞元年八月詔立為皇帝乙巳即位癸丑劍南西川行軍司馬劉闢自稱留後十一月壬申夏綏銀節度留後楊惠琳反元和元年三月辛巳惠琳伏誅九月辛亥克成都十月戊子闢伏誅二年正月己丑朝獻于太清宮庚寅朝享于太廟辛卯有事于南郊大赦

臣愈頓首再拜言一有曰字臣伏見皇帝陛下即位已來，誅流姦臣，嗣立補注舊唐書順宗紀八月庚子詔冊皇太子即皇帝位壬寅貶右散騎常侍王伾為開州司馬前戶部侍郎度支鹽鐵轉運使王叔文為渝州司戶憲宗紀八月即位九月貶韓泰等為諸州刺史十一月貶中書侍郎平章事韋執誼為崖州司馬朝廷清明，無有欺蔽，外斬楊惠琳、劉闢以收夏蜀，東定青徐積年

琴操果非詩騷微近樂府大抵稍涉散文氣昌黎以文為詩是用獨絕

劉向別錄云君子因雅琴之適故從容以致思焉其道閉塞悲愁而作者名其曲曰操言遇災害不失其操也十篇皆得不失其操本意

登茲太平，無怠永久，億載萬年，為父為母，博士臣愈，職是訓詁，孫云爾雅有釋詁釋訓釋詁者釋古今之異辭釋訓者辨物之形貌訓詁即歌詩也作為歌詩，以配吉甫，毛詩序云崧高烝民韓奕江漢皆尹吉甫美宣王也詩烝民吉甫作頌穆如清風穆伯長曰退之元和聖德詩淮西碑柳雅章之類皆辭嚴義偉制作如經能崒然聳唐德於盛漢之表筆墨閒錄云此序乃司馬遷之文非相如文也

琴操十首 并序

韓醇全解云按琴操凡十有二公取其十如下所作是也惟水僊懷陵操乃伯牙所作公刪之為之詞者十事各注于下宋云歐本云此效蔡邕作十操事跡皆出蔡邕琴操云風俗通琴曲曰操操者言窮阨猶不失其操也○唐子西曰琴操非古詩非騷詞惟退之為得體退之琴操柳子厚不能作也

將歸操　孔子之趙聞殺鳴犢作

史記孔子既不用於衛將西見趙簡子至於河西聞竇鳴犢舜華之死也臨河而歎曰美哉水洋洋乎丘之不濟此命也夫嗣立補注琴操引孔叢子趙使聘夫子夫子聞鳴犢與竇犨之見殺也回輿而旋為操曰將歸詞曰翱翔于衛復我舊

宋別集

262.宋邵康節先生伊川擊壤集九卷集外詩一卷　〔宋〕邵雍撰　〔明〕吴瀚、吴泰注

清康熙間刻本　六册一函

每半葉9行，行18字，小字雙行字同，白口，四周單邊，單黑魚尾，半框高19.8釐米，寬15.2釐米。版心上鎸書名，中鎸卷次，下鎸葉碼。

卷端題“宋邵康節先生伊川擊壤集，明江東吴瀚摘注、吴泰增注、吴元維校閲”。

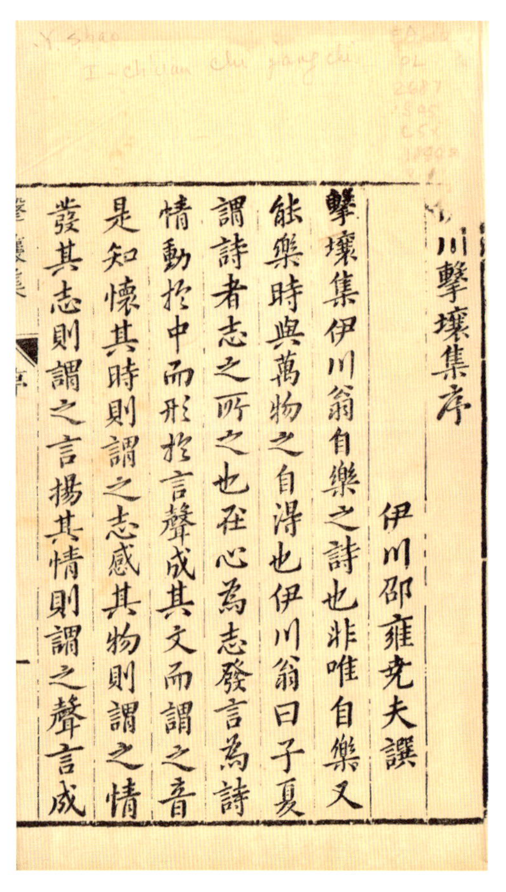

伊川擊壤集序

伊川邵雍堯夫譔

擊壤集伊川翁自樂之詩也非唯自樂又能樂時與萬物之自得也伊川翁曰子夏謂詩者志之所之也在心為志發言為詩情動於中而形於言聲成其文而謂之音是知懷其時則謂之志感其物則謂之情發其志則謂之言揚其情則謂之聲言成

擊壤集　序　一

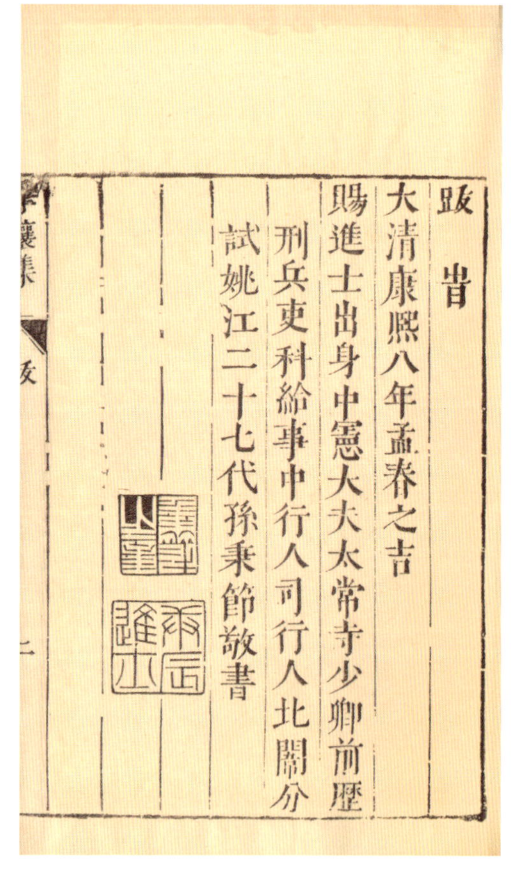

跋 旹

大清康熙八年孟春之吉

賜進士出身中憲大夫太常寺少卿前歷刑兵吏科給事中行人司行人北闈分試姚江二十七代孫秉節敬書

擊壤集　跋　二

宋邵康節先生伊川擊壤集卷之一

明　江東吳　瀚　摘註
吳　泰　增註
吳元維　校閲

乾坤吟

用九見羣龍首能出庶物用六利永貞因乾以爲利陰從陽 四象以九成遂爲三十六四象以六成遂爲二十四如何九與六能盡人間事

陰陽吟

263.心史不分卷　〔宋〕鄭思肖撰　PL2687.C45 H85x 1906

清光緒三十二年（1906）廣智書局鉛印本　一册一函

内封題“鄭所南先生遺著，心史，廣智書局校印叢書第一種”。卷端題“心史，廣智書局校印叢書第一種，三山菊山後人所南鄭思肖億翁”。

鈐印“哥倫比亞大學中文圖書館章”“紐約華人長老會牧師楊啓壯，REV. KAI-CHONG YEUNG, 61 HENRY STREET, NEW YORK 2, N. Y., U. S. A.”。

按：紐約中華基督教長老會海外宣教部於1868年在紐約市華人社區開始傳道活動。1885年海外宣教部差派許芹先生負責紐約市華埠福音事工，1925年許芹牧師榮休，楊啓壯牧師繼任爲主任牧師直至1958年。

鄭所南先生遺著

心史

廣智書局校印叢書第一種

廣智書局校印叢書第一種

心史

三山菊山後人所南鄭思肖億翁

咸淳集

文者。三綱五常之所寄也。舍是匪人也。又奚文之爲哉。幼嘗問作文作詩之法。於我先君子。曰古未嘗有所謂文也。惟古聖賢。心正身修。德備行粹。凡見於興居踐履。揖遜問答之間。無非至文之文。安事章句乎。其或紀行事之實。其或發天理之秘。不得已而托於言語。爰詔天下後世。爲聖賢歸本無作文心。此三代以上之事。自漢以來。專意詞章。言浮於理。才騁於學。始文而爲文矣。至論古今忠臣孝子。仁人義士。頗有不違。文者其躬行之事。乃六經言也。亦偉哉。或讀書作文之士。反不若之。何耶。是故行者本也。文者末也。有行而無文。不失爲君子。有文而無行。終歸于小人。行者匪他。三綱五常是也。悲々之人。委身汙下。誑辭欺世。將焉取材。汝欲爲文。必本之六經。立身三綱五常之天。然後熟讀左傳孟子莊騷賈董韓柳歐蘇之書。縱觀諸子諸史百

明别集

264.青邱高季迪先生詩集十八卷補遺一卷扣舷集一卷鳧藻集五卷附録一卷年譜一卷 〔明〕高啓撰 〔清〕金檀輯注 （附録、年譜）〔清〕金檀輯撰

清雍正六年（1728）文瑞樓刻本 八册一函

每半葉11行，行22字，小字雙行，字數不等，白口，左右雙邊，單黑魚尾，半框高17.9釐米，寬14.4釐米。版心中鎸書名簡題、卷次及類名，下鎸葉碼。

内封題“高青邱詩集注，扣舷集附後，文瑞樓藏板”。卷端題“青邱高季迪先生詩集，桐鄉金檀星軺輯注，姪成鼎、梅均，男宏熹、開霞仝校”。

鈐印“哈佛大學漢和圖書館珍藏印”“次侯讀書”“舊山樓”“夜雨亭所藏記”。

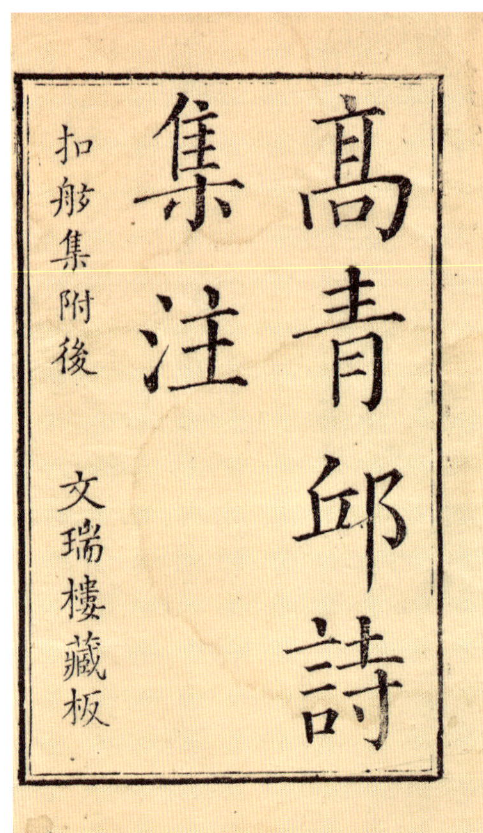

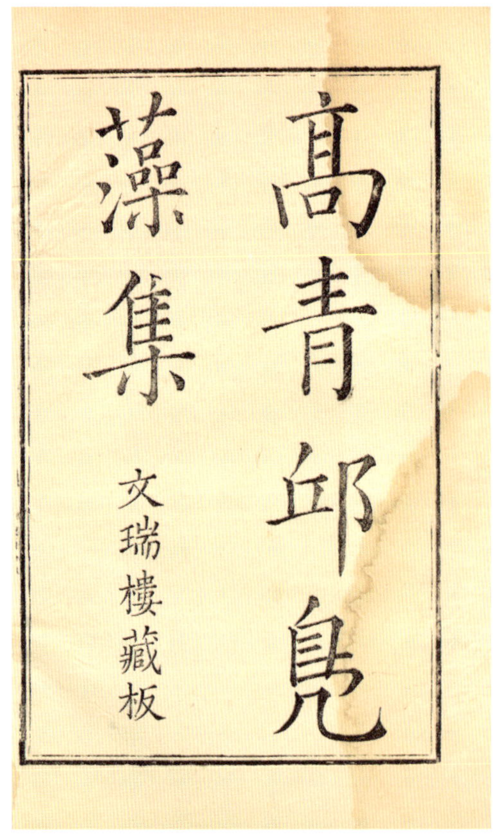

余自己亥春重訂貝清江程巽隱二先生集洎博覽明初諸家輒以高青邱先生詩允為一代之冠按先生諸集曾手自詮次逮没後周公禮氏從缶鳴一編增訂再經徐用理氏彙為大全集以傳自是重鐫不一先生所手定早同廣陵散矣加以時地之鈎稽或略字句之讎勘多疎作者之旨間被晦蒙洎至於今苟非參校特詳考證無遺于以識天然之振藻迴不侔於凡響曷足稱善讀者焉竊嘗以先生論詩曰格曰意曰趣三者得而變化隨之如萬物之有洪纖四時之有榮悴而詩之道備故其所自喜乃在兼全衆長有淵明之曠而又可以頌朝廷有長吉之奇而又可以詠邱園實為有大方而無偏執劉氏欽謨序之至謂

青邱詩集　序

青邱高季迪先生詩集卷一

桐鄉金檀星軺輯注

姪成鼎梅均
男宏熏開霞　仝校

樂府

上之回　古今樂錄漢鼓吹鐃歌十八曲四曰上之回樂府正聲漢短簫鐃歌曲漢書武帝紀元封四年冬十月行幸雍祠五畤通回中道遂北出蕭關歷獨鹿鳴澤自代而還幸河東師古注回中在安定北通蕭關吳兢樂府解題漢武通回中道後數出遊幸焉沈建廣題漢曲皆美當時之事

聖主重行幸　蔡邕獨斷天子車駕所至見令長三老官屬親臨軒作樂賜以食帛民爵有級或賜田租故謂之幸　六虯法乾旋　續漢書天子五輅駕六馬楊雄甘泉賦四蒼螭兮六素虯　北巡初避暑　王惲詩迴鑾避暑宮錢謙益列朝詩集元世每年孟夏駕幸灤京避暑七月乃還北巡初避暑紀元事也　東祠已祈年　禮記月令天子乃祈來年于天宗　羣官從清塵　司馬相如諫獵書犯屬車

青邱詩集卷一　樂府

清别集

265.午亭文編五十卷　〔清〕陳廷敬撰　〔清〕林佶輯録

清乾隆四十三年（1778）刻本　十六册二函

每半葉11行，行21字，小字雙行字同，黑口，左右雙邊，單黑魚尾，半框高19.2釐米，寬15釐米。版心中鎸書名、卷次及葉碼。

内封題“午亭文編”。卷端題“午亭文編，門人候官林佶輯録”。

鈐印“哈佛大學漢和圖書館珍藏印”。

按：此編有清乾隆四十三年徐昆《跋》，知爲翻刻清康熙四十七年（1708）林佶寫刻本。

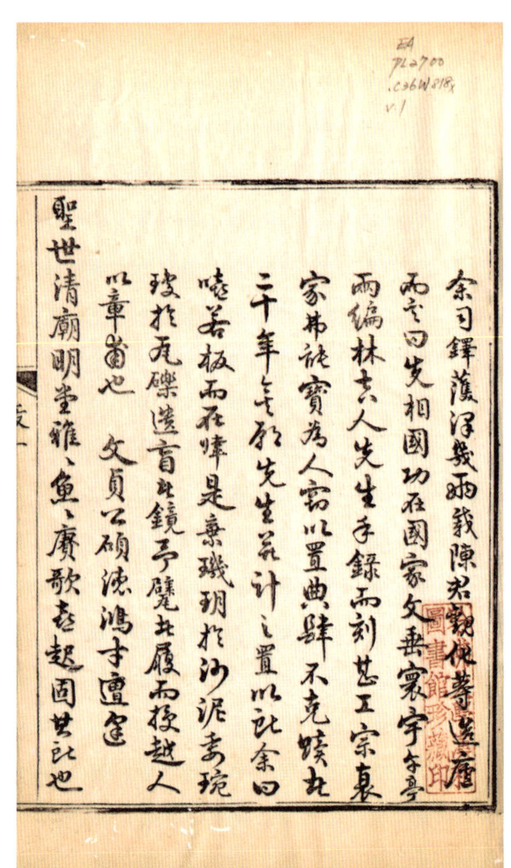

余司鐸蒼浮幾兩載陳君觀佽等造廬而言曰先相國功在國家文垂寰宇午亭兩編林吉人先生手錄而刻甚工宗衰家弗能寶為人竊以置典肆不克贖者二十年矣予先生莊計之置以託余曰噫若板而存焉是棄璣玥於沙泥委琬琰於瓦礫遂盲於鏡而覆於履而投越人以章甫也　文貞公碩德鴻才遭逢
聖世清廟明堂雍雍魚魚賡歌喜起固其所也

午亭文編卷一　　門人候官林佶輯録

樂府

朝會燕饗樂章十四篇并序

康熙二十年十二月定饗祀樂章　詔禮部翰林院議明年正月尚書臣帥顏保學士臣陳廷敬等集議言郊　廟樂章世祖章皇帝所親定臣等不敢變易獨朝會燕饗沿習前明典章未備祈　勅下臣等考古樂之原定聲律之節作為雅歌用昭盛美　詔曰可於是禮臣曰此詞臣職也以屬臣廷敬臣待罪掌院事乃集諸詞臣謂之曰廷敬材能淺薄不足以光制述之事樂歌之作無如公

266.道古堂文集四十六卷詩集二十六卷　〔清〕杭世駿撰　PL2710 .A53x 1792

清末掃葉山房石印本　八册一函

内封題“仁和杭大宗先生著，道古堂全集，掃葉山房石印”。《文集》卷端題“道古堂文集，仁和杭世駿大宗撰”。

鈐印“瀧川氏圖書記”。

按：館藏缺《詩集》卷十一至十九。

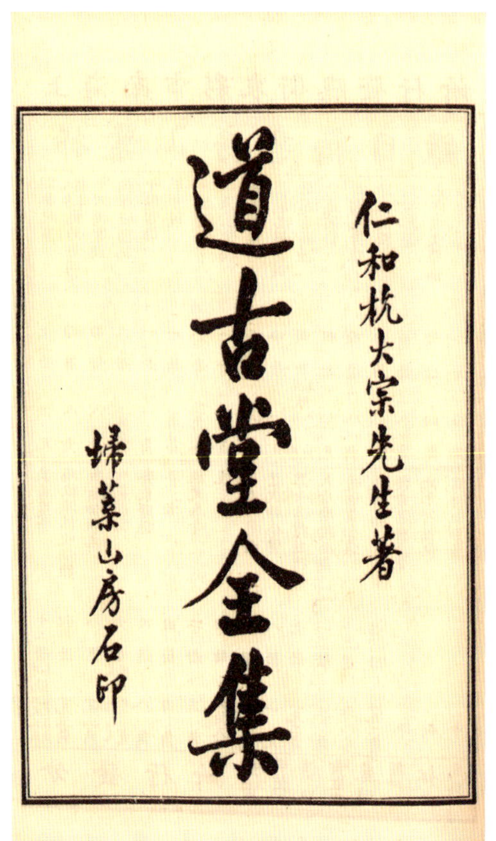

上海南市彩衣街總發行所

掃葉山房書籍目錄

詞林紀事	十二册	三元
大字精本絕妙好詞箋	四册	八角
十六國宮詞	四册	八角
詞律校勘記	二册	二角五分
十國宮詞	一册	一角
明宮詞	一册	一角五分
吳梅村詞	一册	一角五分
二三家宮詞	一册	二角
張惠言詞選	二册	三角
歷朝名媛詩詞	四册	一元
評選古詩源	四册	洋紙四角 本紙八角
史通削繁	四册	一元
四書反身錄	四册	八角
溧水紀聞	四册	八角
文心雕龍	四册	八角
大字古文筆法	六册	四角
茗柯文編	二册	四角
粟香隨筆	十二册	洋紙二元五角 本紙三元五角
鷗陂漁話吹網錄	六册	一元五角
廣虞初新志	八册	一元二角
世說新語	六册	本紙一元 洋紙六角
齊東野語	四册	八角
夢言	四册	四角
談史志奇	二册	三角
談異	四册	四角五分
美人千態詩	一册	二角
歷代神仙傳	八册	一元
男女必讀畜德錄	六册	一元二角
天后聖蹟全圖	一册	三角
道古堂全集	十二册	五元
蓮洋集	四册	一元二角
崇百藥齋全集	印	
此木軒筆記	刷	
韓湘子全集	中	

分發行所　北市棋盤街　漢口黃陂街　蘇州閶門内　松江馬路橋

道古堂文集卷之一

御試制科卷

仁和　杭　世駿　大宗撰

五六天地之中合賦 以敬授民時聖人所先為韻

原夫子建天元，丑為地柄，試推策於二篇，實肇基於三正。帝出震而成艮，一元之運皆本中德以流形；星伏戌而見辰，四序之行必於合神而布令。析之是名九星，統之乃云七政。數得主而有常，道無為而不競。撫辰惟勤，授時在敬。奇全耦半，積五位以相乘；兼兩函三，合六爻而互應。爾其積寸該分，課虛責有。生成備而變化行，神鬼交而柔剛剖。五則一三七九，相後先；六則二四八十，居左右。探天根者必以為圓蓋之心，溯地極者必以為方輿之紐。馬拳毛而圖浮，龜圻文而書授。大衍置閏以歸奇，皇極居尊而用九。求天產則音以出，清聲唱而濁聲酬；求地產則管以成，陽律終而陰律奏。驗空積於忽微，窮歲差於章部。是故自焉逢以至上章，隨乾道而錯行；由星紀以訖元枵，叶坤維而比壽。三才鼓盪，一氣陶鈞。天樞之行，五五二十五數而俱合；地軸之眞，六六三十六宮而皆春。元功不宰，大化轉淳。天之五合於地，而六氣為之磅

267.曝書亭集八十卷附録一卷　〔清〕朱彝尊撰　

清康熙四十七年（1708）刻本　十六册三函

每半葉12行，行23字，小字雙行，字數不等，白口，左右雙邊，單黑魚尾，半框高19.1釐米，寬13.2釐米。版心中鐫書名及卷次，下鐫葉碼。

卷端題“曝書亭集，秀水朱彝尊錫鬯”。

鈐印“朱彝尊印”。

按：印章爲後人剪貼。

失因探窆石遺碣來憑弔處拜手獨陳辭
南鎮
稽山形勝鬱岧嶤南鎮封壇世代遥絶壁晴愁風雨至陰崖
深護鬼神朝雲雷古洞藏金簡燈火春祠奏玉簫千載穴陵
餘劒舄帝鄉魂斷不堪招
晚過寶林山寺 相傳山自瑯琊東武海中一夕飛至人民皆徙焉
春風從何來吹彼芳樹枝客心坐惆悵日夕千里思出門異
南北獨往任所之眷言登兹山已見西日馳羣峰趨戶外出
沒成參差置身空濛閒怳忽飛來時向下聽雞犬極視窮高
卑沉沉西林路光闇從此辭回瞻白雲合林外鐘聲遲
遶門山
修途緣廣隰川暝高煙平迢迢前山路落日西林明舍舟復

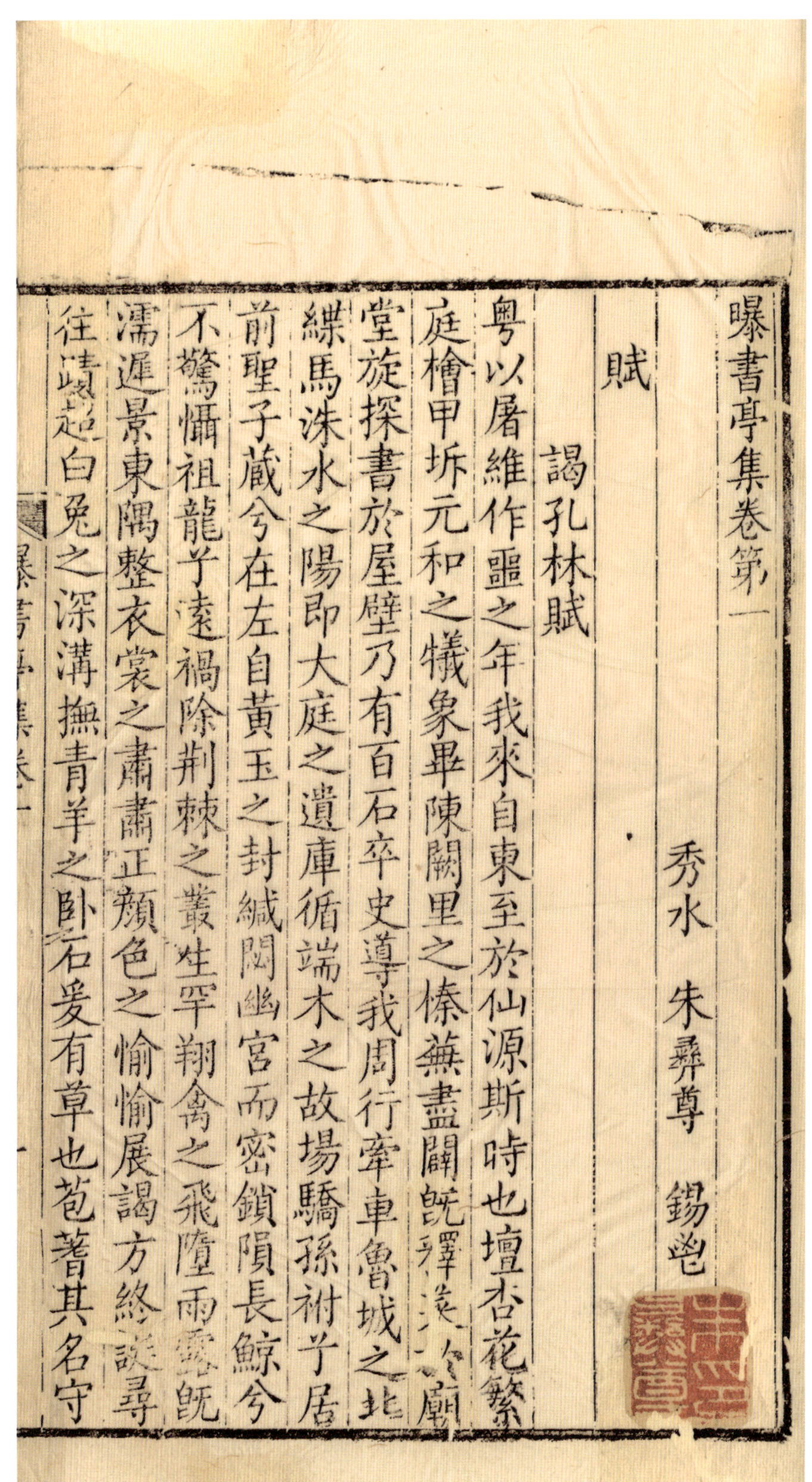

曝書亭集卷第一

秀水　朱彝尊　錫鬯

賦

謁孔林賦

粤以屠維作噩之年我來自東至於仙源斯時也壇杏花繁庭檜甲坼元和之犧象畢陳闕里之榛蕪盡闢既釋菜于廟堂旋探書於屋壁乃有百石卒史導我周行牽車魯城之北緤馬洙水之陽即大庭之遺庫循端木之故場驕孫袝于居前聖子蔵兮在左自黃玉之封緘閟幽宮而密鎖隕長鯨兮不驚懾祖龍乎遠禍除荆棘之叢生罕翔禽之飛墮雨露既濡遲景東隅整衣裳之肅肅正顏色之愉愉展謁方終談尋往蹟越白兔之深溝撫青羊之卧石爰有草也蓍其名守

268.敬業堂詩集五十卷　〔清〕查慎行撰　Quarto PL2700.C15 C55x

清康熙五十八年（1719）刻本　二十四册六函

每半葉11行，行21字，小字雙行字同，白口，左右雙邊，單黑魚尾，半框高17.6釐米，寬12.9釐米。版心中鎸書名及卷次，下鎸葉碼。

卷端題“敬業堂詩集，海寧查慎行悔餘”。

鈐印“山陰平氏”。

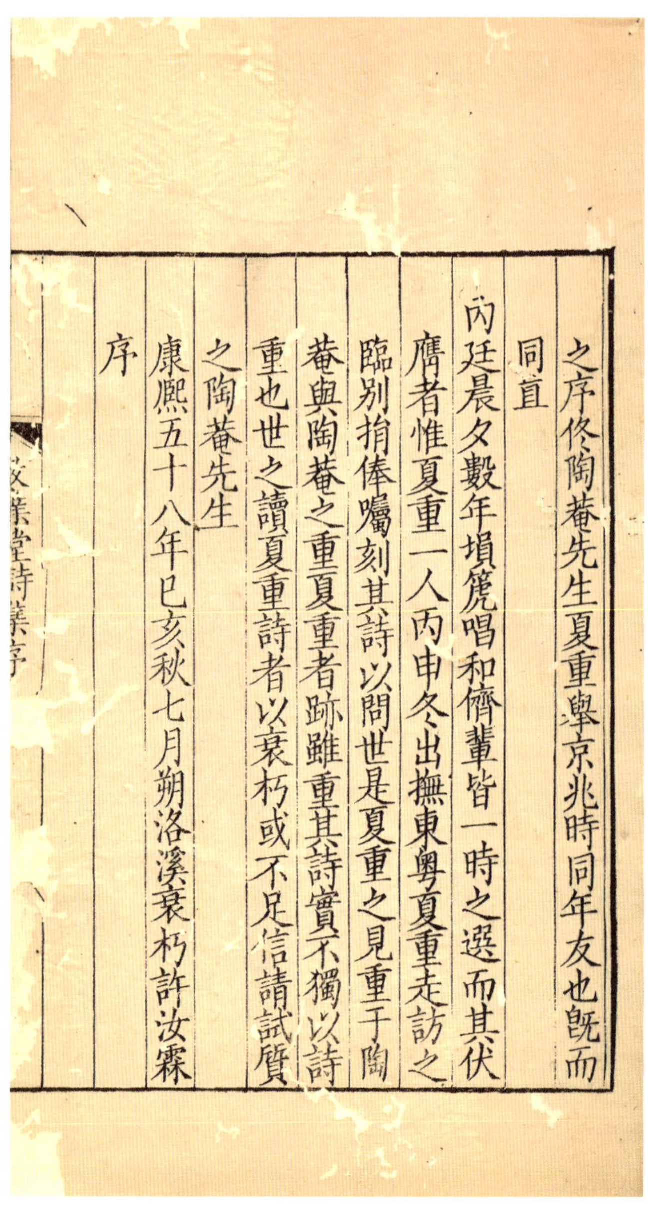

之序佟陶菴先生夏重舉京兆時同年友也既而
同直
内廷晨夕數年塤篪唱和儕輩皆一時之選而其伏
膺者惟夏重一人丙申冬出撫東粵夏重走訪之
臨別捐俸囑刻其詩以問世是夏重之見重于陶
菴與陶菴之重夏重者跡雖重其詩實不獨以詩
重也世之讀夏重詩者以衰朽或不足信請試質
之陶菴先生
康熙五十八年己亥秋七月朔洛溪衰朽許汝霖
序

敬業堂詩集序

敬業堂詩集卷一

海寧　查慎行　悔餘

慎旃集上盡己未一年

己未夏同邑楊以齋先生以副憲出撫黔陽招余入幕時西南餘寇未殄警急烽烟傳聞不一而余忽爲萬里之行其在陟岵之詩曰尚慎旃哉由來無棄夫當行役之時不忘父母兄弟而終以危苦之辭讀其詩者傷其志焉余不幸早失怙恃終遠兄弟麻衣被體瞻望漣洏因取慎旃以命集自勵也亦以慰予季也自己未迄壬戌首尾三年凡如干首釐爲三卷

269.望溪先生文集十八卷集外文十卷集外文補遺二卷年譜二卷 〔清〕方苞撰 〔清〕戴鈞衡編 （年譜）〔清〕蘇惇元撰 Quarto PL2708 .A54x 1852

清咸豐元年（1851）刻本 十六册二函

每半葉11行，行21字，小字雙行字同，白口，四周雙邊，單黑魚尾，半框高17.6釐米，寬12.8釐米。版心上鎸書名，中鎸卷次及卷名，下鎸葉碼。

内封題“望溪先生全集，正集十八卷，集外文十卷，集外文補遺二卷，年譜二卷”。《文集》目録端題“方望溪先生文集，邑後學戴鈞衡重編校刊”。正文卷端題“望溪先生文集”。

望溪先生全集
正集十八卷 集外文十卷
集外文補遺二卷 年譜二卷

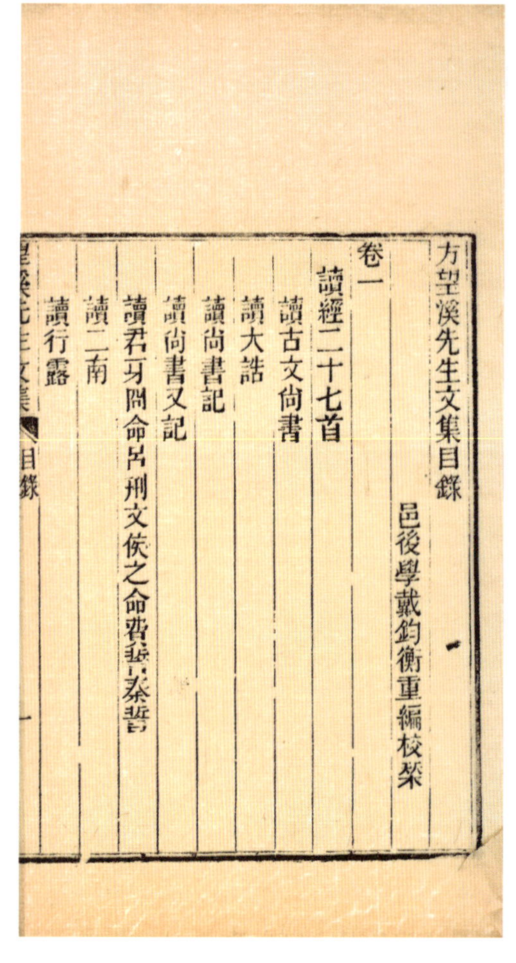
方望溪先生文集目錄
邑後學戴鈞衡重編校栞
卷一
讀經二十七首
讀古文尚書
讀大誥
讀尚書記
讀尚書又記
讀君牙冏命呂刑文侯之命費誓秦誓
讀二南
讀行露
望溪先生文集 目錄

望溪先生文集卷一

讀經

讀古文尚書

先儒以古文尚書辭氣不類今文而疑其僞者多矣抑思能僞爲是者誰與夫自周以來著書而各自名家者其人可指數也言之近道莫若荀子董子取二子之精言而措諸伊訓大甲說命之閒弗肖也而謂左邱明司馬遷揚雄能爲之與而况其下焉者與然則其辭氣不類今文何也嘗觀史記所采尚書於肆覲東后則易之曰遂見東方君長太子朱啟明則曰嗣子丹朱開明有能奮庸熙帝之載則曰有能成美堯之事者如此類不

270.樊榭山房集十卷續集十卷文集八卷集外詩三卷集外詞四卷集外曲二卷又集外詩一卷集外詞一卷集外文一卷　〔清〕厲鶚輯　PL2718.I17 F3x

清光緒十年(1884)錢塘汪氏振綺堂補刻本　十册一函

每半葉11行,行21字,小字雙行,字數不等,黑口,左右雙邊,單黑魚尾,半框高16.5釐米,寬11.4釐米。版心中鎸書名、卷次及葉碼。

内封題"樊榭山房全集,惺吾題"。牌記題"光緒甲申錢塘汪氏振綺堂刊"。卷端題"樊榭山房集,錢塘厲鶚太鴻"。

鈐印"紫硯樓"。

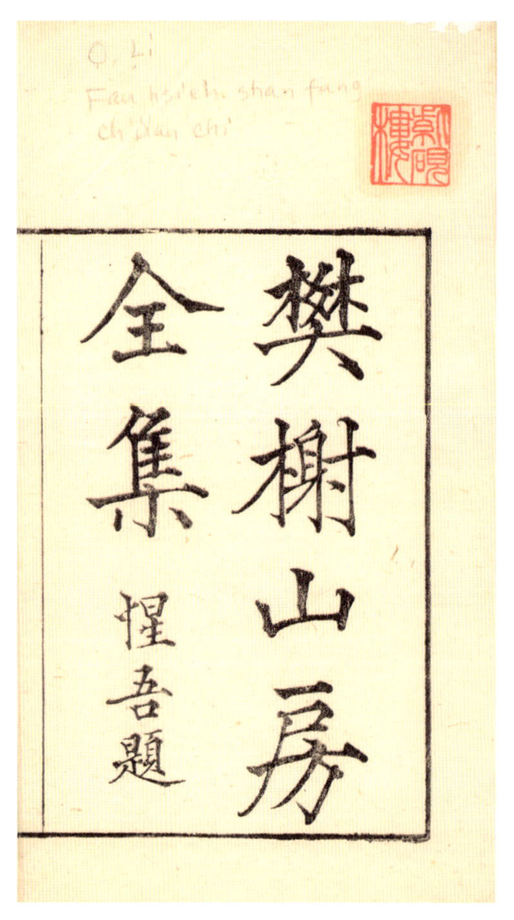

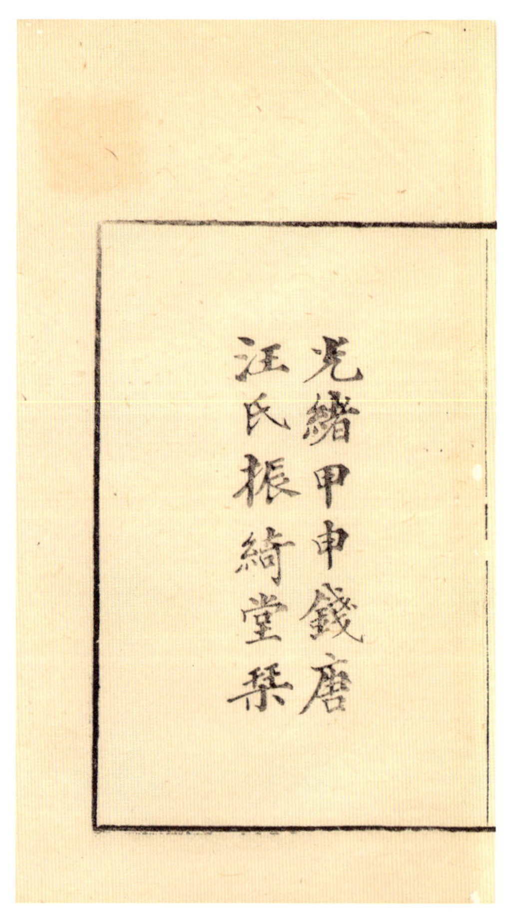

樊榭山房集卷第一

錢唐 厲鶚 太鴻

詩甲

金壽門見示所藏唐景龍觀鐘銘拓本以下甲午

嗜古金夫子貪若龍百貨墨本爛古色不受寒具涴便續金石錄明誠不是過鐘銘最後得斑駁豈敢唾照眼三百字字字蟠螭大撫迹思景雲往事去無那初翦桑條葦柘袍受朝賀笵鐘崇玉清搆炭飛廉佐九乳器未亡雄詞壓寒餓裝比李仙丹徵句迭倡和虛無奚足稱懋續於此墮吾思景鐘銘天筆濫傳播

游無門洞

271.詁經精舍文集十四卷　〔清〕阮元編　PL2461.Z7 J82

清嘉慶六年（1801）揚州阮氏琅嬛仙館刻本　十四册二函

每半葉10行，行20字，小字雙行字同，白口，四周雙邊，單黑魚尾，半框高18.8釐米，寬14.1釐米。版心上鎸書名，中鎸卷次，下鎸葉碼。

内封題“詁經精舍文集，揚州阮氏琅嬛仙館刊板”。卷端題“詁經精舍文集，阮元手訂”。

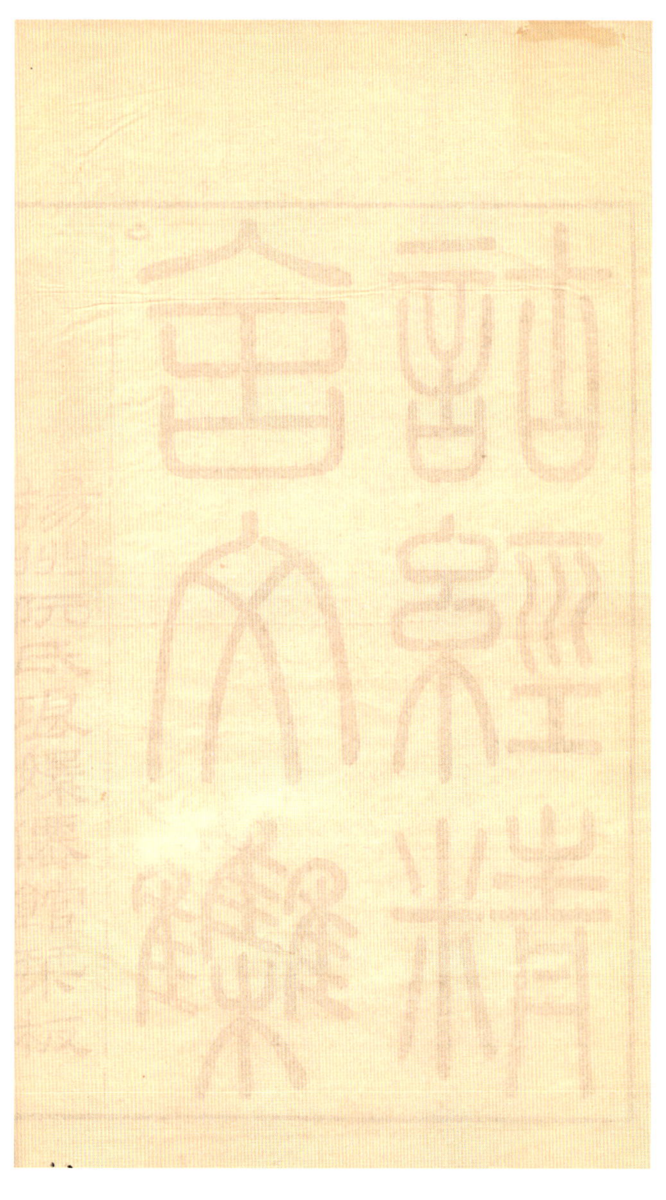

詁經精舍文集卷一　阮元手訂

六朝經術流派論上　汪家禧

夫師說明然後流派著西晉承漢魏後置五經博士十九人于時師說均未亡也厥後永嘉之亂漸以散佚江左減爲九人後又增爲十六人而不復分掌五經宋魏因之宏通之軌由是變矣嗟乎傳經之貴博也羣言去則雖好學深思之士欲參攷而不得而信心蔑古者與焉寡識之士又從而和之經術之蕪遂不可復理矣永嘉以後施氏梁邱之易亡而孟京費固存也歐陽大小夏侯之書亡杜賈古文固存也齊

272.湖海詩傳四十六卷 〔清〕王昶輯 PL2538 .W35

清嘉慶八年(1803)三泖漁莊刻本 十四册三函

每半葉12行，行23字，小字雙行字同，黑口，左右雙邊，單黑魚尾，半框高18.7釐米，寬13.5釐米。版心中鐫書名、卷次及葉碼。

内封題“嘉慶癸亥鐫，湖海詩傳，三泖漁莊藏板”。卷端題“湖海詩傳，青浦王昶德甫輯”。

鈐印“陳百斯藏書印”、“麥存煐”、“百斯”(連珠印)。

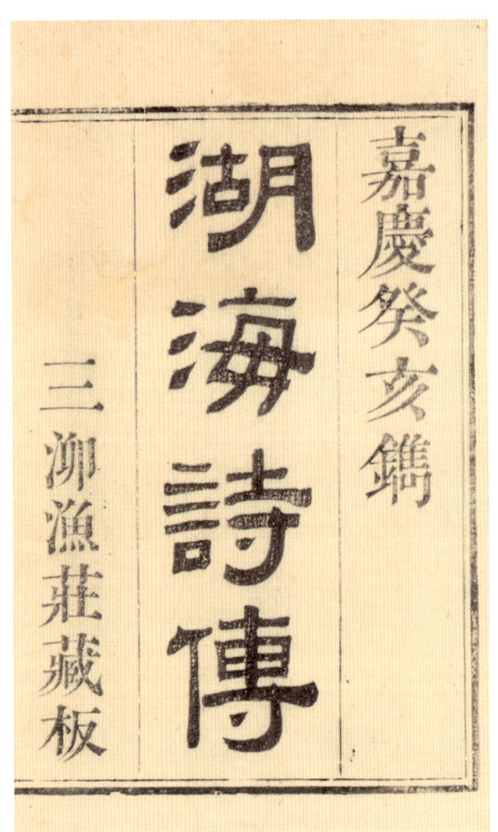
嘉慶癸亥鐫
湖海詩傳
三泖漁莊藏板

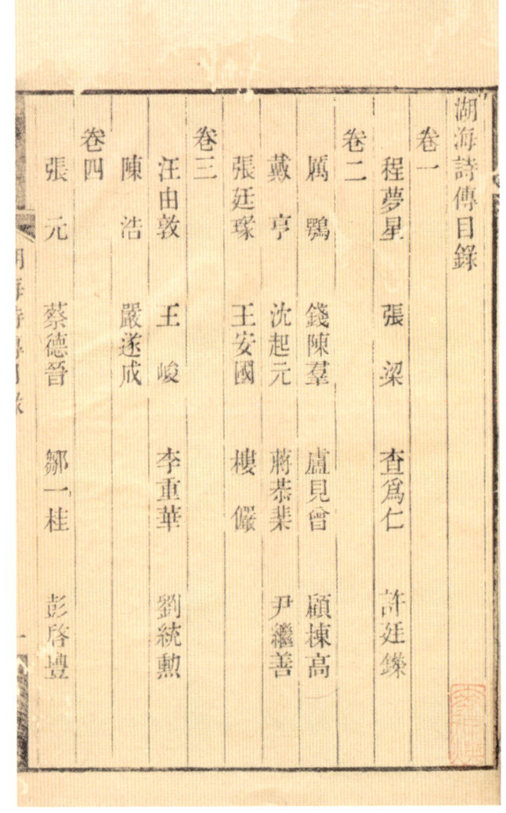
湖海詩傳目録
卷一
程夢星 張梁 查爲仁 許廷鑅
卷二
厲鶚 錢陳羣 盧見曾 顧棟高
藏亭 沈起元 蔣恭棐 尹繼善
張廷璐 王安國 樓儼
卷三
汪由敦 王峻 李重華 劉統勲
陳浩 嚴遂成
卷四
張元 蔡德晉 鄒一桂 彭啓豐

湖海詩傳卷一

青浦王　昶德甫輯

程夢星

字伍喬又字午橋江都人康熙五十一年進士官編修

有今有堂集

蒲褐山房詩話先生淡於榮利自丁內艱歸終身不出築篠園並漪南別業讀書偃仰其中竹西故南北衝途往來進謁者文酒流連主詩壇幾數十年詩兼法唐宋而雅好在玉溪生以雪灘叟注未精重爲箋注其集中句如碧流似帶環雙峽青嶂如屏抱一村十里烟深因近水一年秋早爲多山芰荷風自浮輕幔羅綺香多過別船女牆荒草經春綠古渡斜陽照水紅軒因借竹三間小樓爲看山四面寛一院雨聲留客後半窗梅影上鐙初滿塢雲深紅杏雨一溪煙澹綠楊風花落尚攜沽酒榼潮來爭泊賣魚船皆清麗可誦予少客竹西暇日過從門庭蕭寂門茶說餅仰其風貌不啻孤雲埜鶴也

五貺樓詠五首

鹿門子以五瀉舟華頂杖太湖研烏龍養和訶陵尊贈毘陵魏處士作五貺詩余齋中無長物有洪源方

湖海詩傳卷一

273.梅村詩集箋注十八卷　〔清〕吴翌鳳箋注　

清嘉慶十九年（1814）滄浪吟榭刻本　八册一函

每半葉10行，行21字，小字雙行字同，白口，左右雙邊，單黑魚尾，半框高17.9釐米，寬13.1釐米。版心上鎸“梅村詩集”，中鎸卷次，下鎸葉碼。

内封題“吴梅村詩集箋注，滄浪吟榭刊板”。卷端題“梅村詩集箋注，長洲吴翌鳳撰，滄浪吟榭校定本”。

鈐印“餘村鑒藏”“余村”“愓无咎齋”“□郎”。

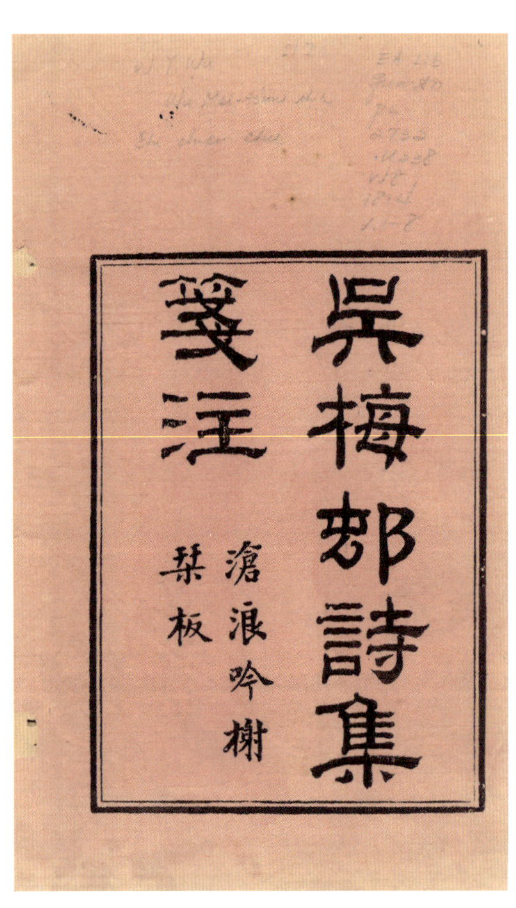

吳梅郡詩集箋注

滄浪吟榭梨板

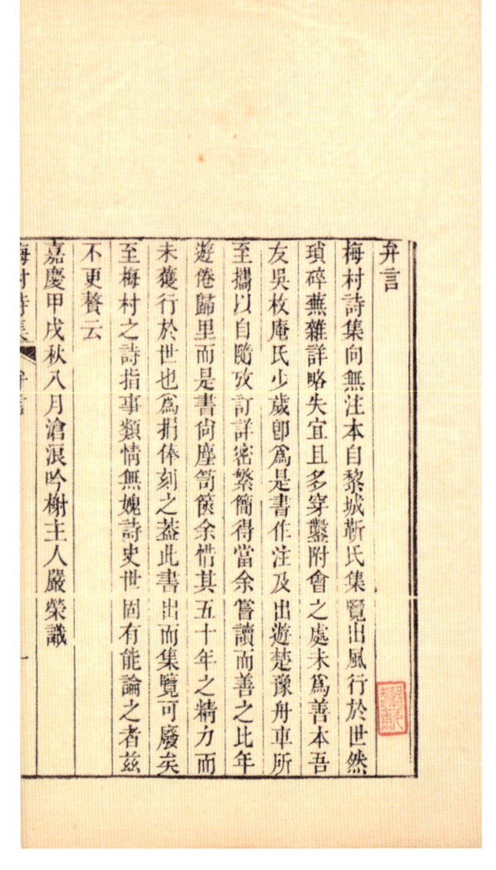

弁言

梅村詩集向無注本自黎城靳氏集覽出風行於世然瑣碎蕪雜詳略失宜且多穿鑿附會之處未爲善本吾友吳枚庵氏少歲即爲是書作注及出遊楚豫舟車所至攜以自隨攷訂詳密繁簡得當余嘗讀而善之比年遊倦歸里而是書尚塵笥篋余惜其五十年之精力而未獲行於世也爲捐俸刻之蓋此書出而集覽可廢矣至梅村之詩指事類情無媿詩史世固有能論之者兹不更贅云

嘉慶甲戌秋八月滄浪吟榭主人嚴榮識

梅村詩集箋注卷第一

長洲吳翌鳳撰　滄浪吟榭校定本

五言古詩

贈蒼雪

吾聞昆明水天花散無數側足臨高峰了了見佛土法
師滇海來植杖渡湘浦藤纇負貝葉葉葉青蓮吐法航
下匡廬講室臨元圃忽聞金焦鐘過江救諸苦中峰古
道場浮圖出平楚通泉繞階除疏巖置廊廡同學有汰
公兩山聞法鼓天親偕無著一朝亡其伍獨遊東海上
觀者如牆堵迦文開十誦廣舌演四部設難何衡陽荅

274.石笥山房文集六卷年譜一卷補遺一卷詩集十一卷詩餘一卷續補遺兩卷跋一卷

〔清〕胡天游撰　　PL2710 .U18x

清咸豐二年（1852）刻本　六册二函

每半葉10行，行20字，白口，四周雙邊，單黑魚尾，半框高16.6釐米，寬12.1釐米。版心上鎸書名，中鎸卷次及類名，下鎸葉碼。

内封題“石笥山房集”。卷端題“石笥山房文集，山陰胡天游雲持著”。

鈐印“藝甫”“陳百斯藏書印”。

按：館藏缺《詩集》卷一至五。

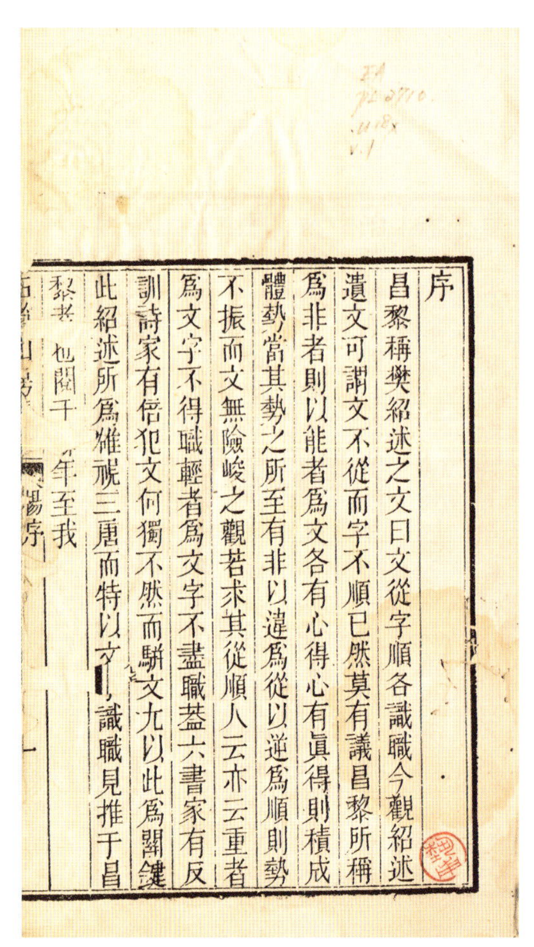

序
昌黎稱樊紹述之文曰文從字順各識職今觀紹述
遺文可謂文不從而字不順已然莫有議昌黎所稱
爲非者則以能者爲文各有心得心有眞得則積成
體勢當其勢之所至有非以違爲從以逆爲順則勢
不振而文無險峻之觀若求其從順人云亦云重者
爲文字不得職輕者爲文字不盡職蓋六書家有反
訓詩家有倍犯文何獨不然而駢文尤以此爲關鍵
此紹述所爲雖視三唐而特以文[illegible]識職見推于昌
黎者也閲千[illegible]年至我

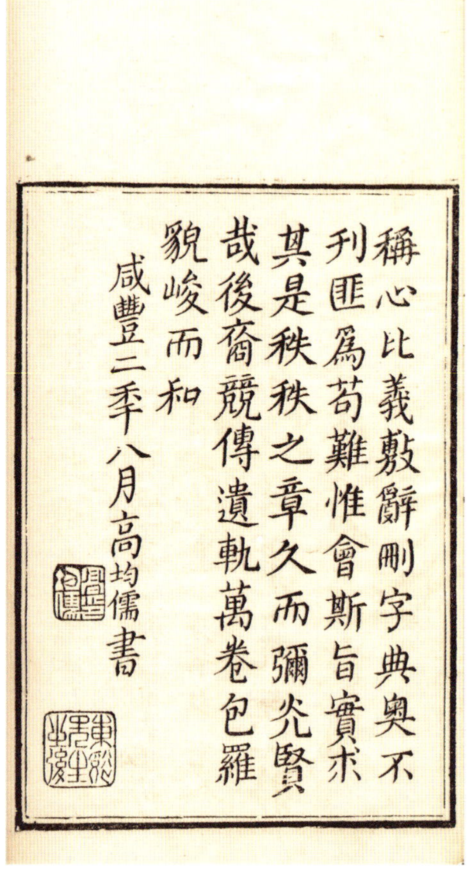

稱心比義敷辭刪字典奥不
刊匪爲苟難惟會斯旨實求
其是秩秩之章久而彌光賢
哉後裔競傳遺軌萬卷包羅
貌峻而和
咸豐二季八月高均儒書

石笥山房文集卷一

山陰胡天游雲持著

賦

玉芝賦

神漢元封中齊甘泉宫恭默思道萬方攸同仁化沛沛精與帝通俄焉芳飆扇乎庭金光流于楹炫爛煥郁蔚勃離陸芝房生焉突兀歊歘九莖連陛三秀羅沃涸乎嘉徵乃召方朔朔對唯唯稽首致辭願霽威色臣請賦之惟夫神艸爲瑞兮苞天地之淳精含五行之鴻秀兮稟龍淵之璇英旣一敷而百穗亦殊品

275.璇璣碎錦四十八圖名家綴錦附回文詩擇粹不分卷　〔清〕萬樹撰

Quarto PL2732.A32 H7x

清紉秋蘭館抄本　一册一函

素紙，行字不等，無界欄。

《璇璣碎錦四十八圖》目録端題“璇璣碎錦四十八圖，萬樹紅友甫撰，紉秋蘭館抄存”。《名家綴錦》目録端題“名家綴錦，南州紉秋蘭館抄存”。

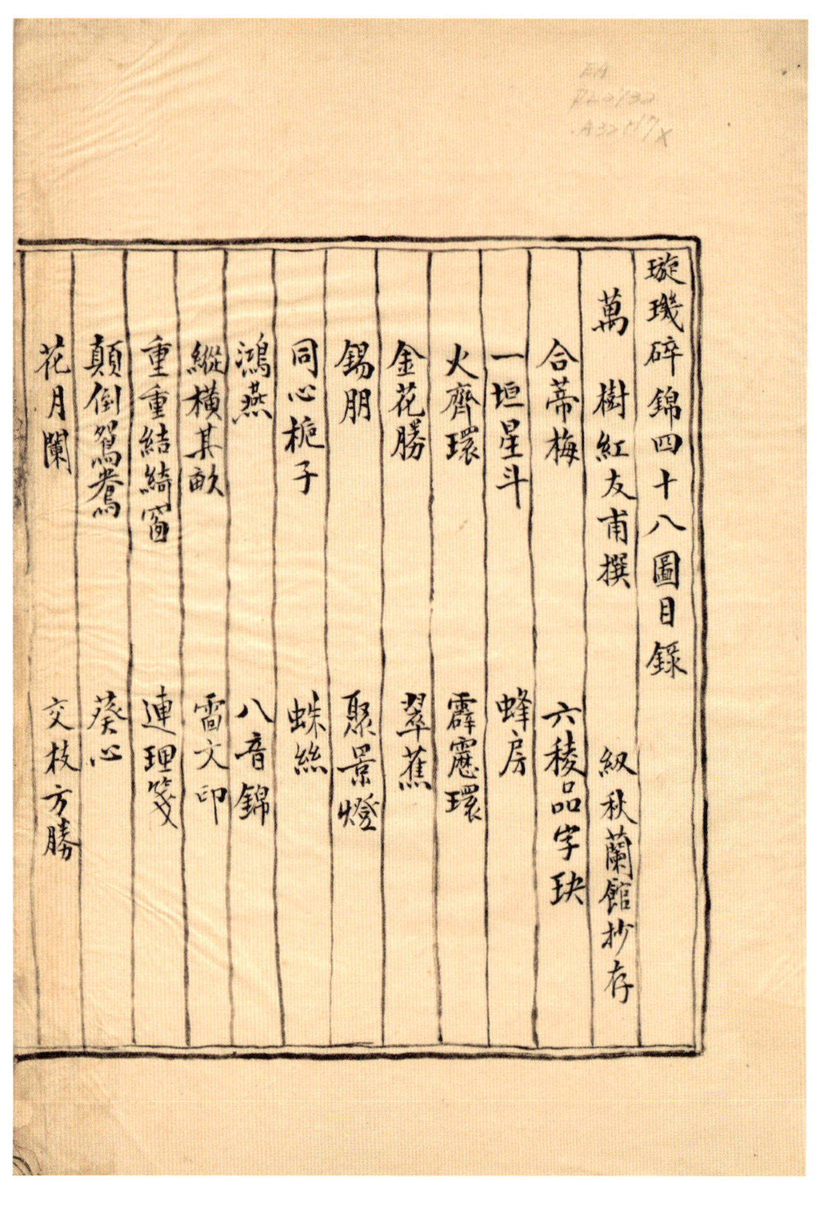

璇璣碎錦四十八圖目録

萬樹紅友甫撰　紉秋蘭館抄存

合蒂梅　六稜品字玦

一垣星斗　蜂房

火齊環　霹靂環

金花勝　翠蕉

錫朋　聚景燈

同心梔子　蛛絲

鴻燕　八音錦

縱横其畝　雷文印

重重結綺窗　連理箋

顛倒鴛鴦　葵心

花月闌　文枝方勝

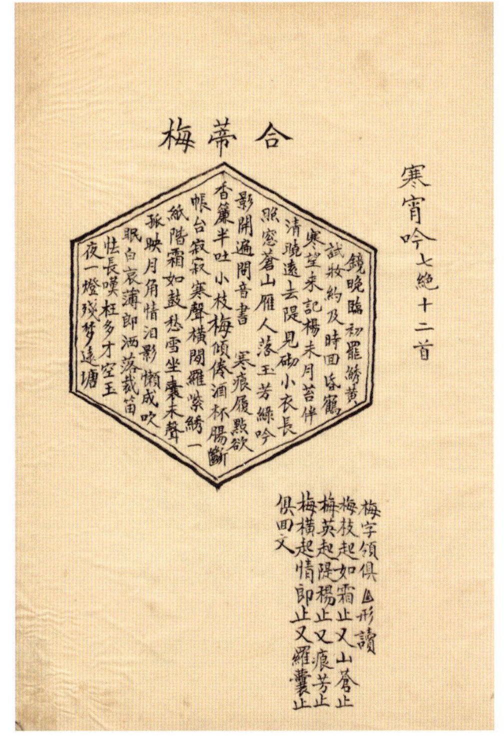

合蒂梅

寒宵吟七絕十二首

鏡晚臨初罷綉黃
試妝約及時回昏鶴
寒望來記楊未月苔伴
清曉遠去隄見砌小衣長
照窗蒼山雁人落玉芳絲吟
影開遍聞音書　寒痕屨點欲
香簾半吐小枝梅傾倦酒杯腸斷
帳台寂寂寒聲橫閣羅紫綉一
紙階霜如鼓愁雪坐囊未聲
孤映月角情泪影懶成吹
眠白哀薄郎洒落裁笛
怯長嘆枉多才空玉
夜一燈殘夢遠塘

梅字領俱回形讀
梅枝起如霜止又山蒼止
梅英起隄楊止又痕芳止
梅橫起情郎止又羅囊止
俱回文

古別離　附回文詩擇粹

郎念妾居家妾思郎去遠長亭與短亭離別苦天晚

關山月

明月照空山遠行夜上關情知獨夢醒枕染淚班班

折楊柳

柳枝一贈行傷悲重墮淚舅姑兩衰年望遠將門倚

姊妹辭

看花將姊約新妝妹起曉半夜夢人歸低聲語悄悄

採蓮曲

採蓮將伴結紅花掩綠鬢載船把郎呼轉愁郎錯認

春詞　梅憁

晝永春庭遠雙飛燕隔簾袖隨簾翠捲時見玉纖纖

即事　王卿月

花落滿林春寂寂亂紅流水遠飄香鳩栖已合暮雲碧斜日看山空斷腸

絕句　高啟

風簾一燭對殘花薄霧寒籠翠袖紗空院別愁驚破夢東闌井樹夜啼鴉

秋閨怨　高啟

人行遠寄寫情詩靜院秋聲恨別離新雁過時驚夢短壓窗桂影月遲遲

宿東陽署樓

樹邊紅燈花照樓幾更坐聽客生愁露寒凝草階侵月飛雁一聲無意秋

276.變雅堂文集四卷 〔清〕杜濬撰 Quarto AC150 .T78x

清同治九年（1870）刻本　四册一函

每半葉9行，行21字，黑口，四周雙邊，單黑魚尾，半框高18.6釐米，寬12.5釐米。版心中鎸書名及卷次，下鎸葉碼。

内封題“變雅堂文集”。牌記題“同治九年冬月刊於鄂垣旅次”。目録端題“變雅堂文集，黄岡杜濬于皇著，同邑後學劉維楨重校梓”。書名據内封。

變雅堂文集目錄卷一

黃岡杜濬于皇著　同邑後學劉維楨重校梓

序

奚蘇嶺詩序

吾邑出郭里許過濂溪書院得異境焉望之蔚然陰森杳藹即之華表屹立有松櫪數百株皆偃蓋合抱中峙大邱左右列翁仲石馬豐碑穹窿高二丈餘深刻諭祭文一道是爲嘉靖中以丁未進士守延平州殉倭難贈光祿卿奚公默齋之藏今吾友蘇嶺則公之曾孫也冢旁有草堂三楹蘇嶺自幼時侍其尊大人讀書其中其地又與外王父陳公之廬相接近余與蘇嶺皆陳公外孫每值歲時節序外王父母及諸舅氏生辰往修拜賀

277.庸庵文外編四卷　〔清〕薛福成撰　Quarto DS764 .H77x

清光緒十九年（1893）刻本　四册一函

每半葉10行，行21字，小字雙行字同，白口，左右雙邊，單黑魚尾，半框高17釐米，寬12釐米。版心上鎸書名，中鎸卷次，下鎸葉碼。

卷端題“庸庵文外編，無錫薛福成叔耘”。

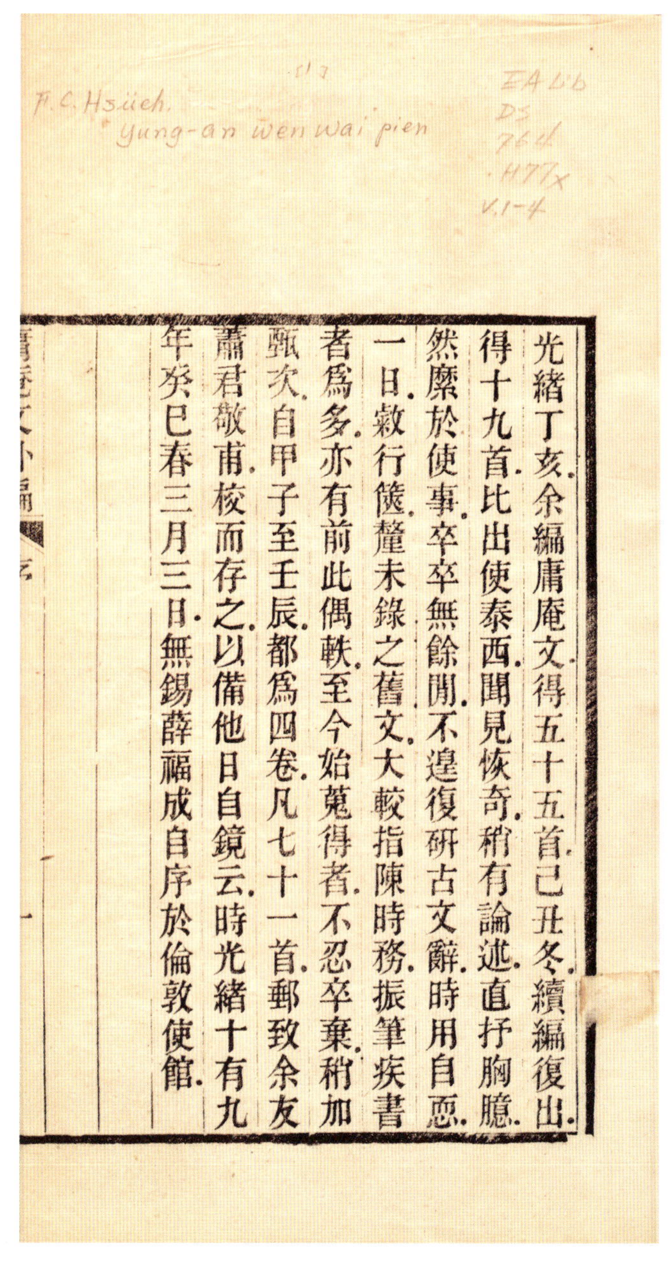

光緒丁亥余編庸庵文得五十五首已丑冬續編復出得十九首比出使泰西聞見恢奇稍有論述直抒胸臆然縻於使事卒卒無餘閒不遑復研古文辭時用自悪一日歛行篋釐未錄之舊文大較指陳時務振筆疾書者爲多亦有前此偶軼至今始蒐得者不忍卒棄稍加甄次自甲子至壬辰都爲四卷凡七十一首郵致余友蕭君敬甫校而存之以備他日自鏡云時光緒十有九年癸巳春三月三日無錫薛福成自序於倫敦使館

庸庵文外編卷一

無錫薛福成叔耘

選舉論上 甲子

方今人才之進。取諸制藝。制藝之術。果可以盡人才乎。明初設科。始尊制藝。謂其能闡發聖賢意也。謂其根柢經史。足徵學問器識也。遷流既久。文日積日多。法日講日新。一變趨機局。再變修格調。三變尙辭華。浸淫至今。毆天下數十百萬操觚之士。敝精憊神於制藝之中。不研經術。不攷史事。辨性理之微言。則驚爲河漢。講經世之要務。則詫若望洋。每歲掇巍科登顯第者。大抵取近

278.湘綺樓全集三十卷　〔清〕王闓運撰　

清宣統二年（1910）上海國學扶輪社石印本　十二册一函

内封題“湘綺樓全集三十卷”。牌記題“宣統庚戌上海國學扶輪社重刊”。卷端題“湘綺樓文集，長沙湘潭王闓運字壬父撰”。

鈐印“劉氏筱霖藏書之章”“竹舞山人”“家住洞庭湖畔”。

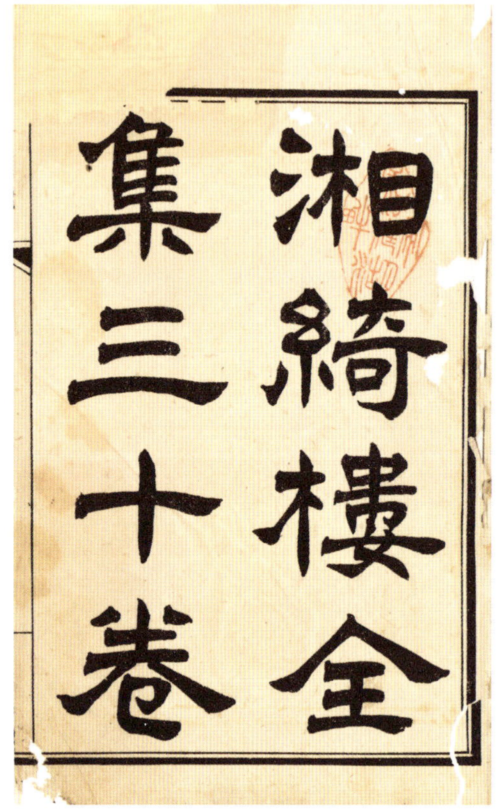
湘綺樓全
集三十卷

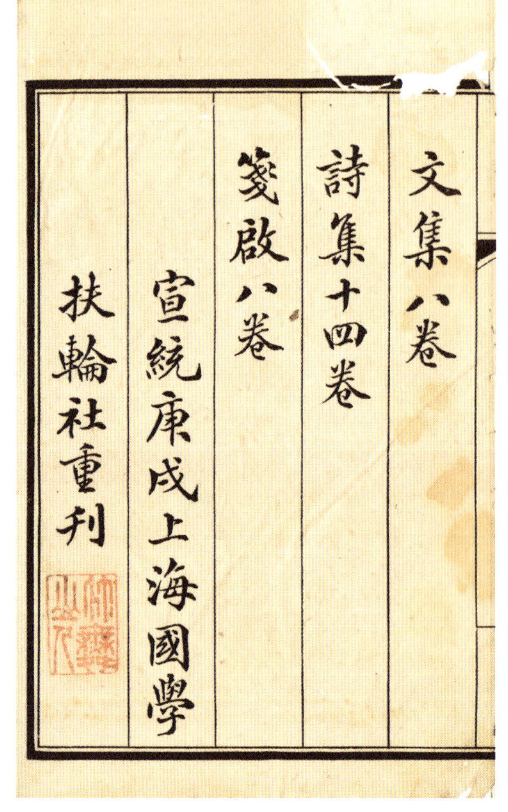
文集八卷
詩集十四卷
箋啟八卷
宣統庚戌上海國學
扶輪社重刊

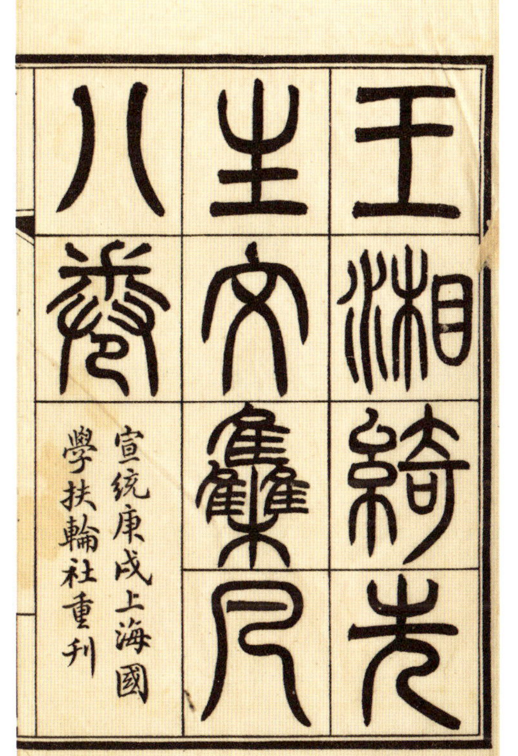

王湘綺先生文集八卷

宣统庚戌上海國學扶輪社重刊

湘綺樓文集卷第一

長沙湘潭王闓運字壬父撰

賦

哀江南賦 用庚子山舊韻

懿

皇圖之肇夏眞九有而分官制幽燕以彊榦控江淮而鎮灑蒸重熙以慈馭祀二百而孟安惟

聖人之紹興軼啟丁而嗣主德布盛於黄農賢夢求於方虎屬嚴荒之潛滋被含弘而蠢聚伊有苗之弗靈方象刑於虞祖始賜旋而申伐期竝綏斯數土臨時雨而出師望南雲而開府尚書舊望忠殫貞竭輿疾蒙瘴乘宵馳節方霜厲而雲騰嗟霧墜而風烈馬伏波據鞍而不歸羊叔子登山而樹碣哀此偉人傷茲部民陽沈掩幙雨泣攀輪

天題表石史筆刊銘既傷一老申命元臣軺車屬於象郡組練燿於灘濱瞻高軒而起鳳持繡佩而分麟歎師熸而屢折終論帥之無人元始開經之歲永和修禊

湘綺樓文集 卷一 一 國學扶輪社印

總集類

類編之屬

279.漢魏六朝百三名家集一百十八卷　〔明〕張溥輯　Quarto PL2493 .C5 1892

清光緒十八年(1892)善化章經濟堂刻本　一百册十函

每半葉9行,行18字,小字雙行字同,白口,左右雙邊,單黑魚尾,半框高19.9釐米,寬14釐米。版心上鎸子目書名,中鎸卷次及類名,下鎸葉碼。

内封題"漢魏六朝百三名家集"。牌記題"光緒十八年春月善化章經濟堂重刊"。《賈長沙集》卷端題"賈長沙集,漢雒陽賈誼著,明太倉張溥閲"。書名據内封。

鈐印"毎(悔)龍居"。

子目:

賈長沙集一卷　〔漢〕賈誼撰

司馬文園集一卷　〔漢〕司馬相如撰

董膠西集一卷　〔漢〕董仲舒撰

東方大中集一卷　〔漢〕東方朔撰

褚先生集一卷　〔漢〕褚少孫撰

王諫議集一卷　〔漢〕王褒撰

劉中壘集一卷　〔漢〕劉向撰

揚侍郎集一卷　〔漢〕揚雄撰

劉子駿集一卷　〔漢〕劉歆撰

馮曲陽集一卷　〔漢〕馮衍撰

班蘭臺集一卷　〔漢〕班固撰

崔亭伯集一卷　〔漢〕崔駰撰

張河間集二卷　〔漢〕張衡撰

李蘭臺集一卷　〔漢〕李尤撰

馬季長集一卷　〔漢〕馬融撰

荀侍中集一卷　〔漢〕荀悦撰

蔡中郎集二卷　〔漢〕蔡邕撰

王叔師集一卷　〔漢〕王逸撰

孔少府集一卷　〔漢〕孔融撰

諸葛丞相集一卷　〔三國蜀〕諸葛亮撰

魏武帝集一卷　〔漢〕曹操撰

魏文帝集二卷　〔三國魏〕文帝曹丕撰

陳思王集二卷　〔三國魏〕曹植撰

陳記室集一卷　〔漢〕陳琳撰

王侍中集一卷　〔漢〕王粲撰

阮元瑜集一卷　〔漢〕阮瑀撰

劉公幹集一卷　〔漢〕劉楨撰

應德璉集一卷　〔漢〕應瑒撰

應休璉集一卷　〔三國魏〕應璩撰

阮步兵集一卷　〔三國魏〕阮籍撰

嵇中散集一卷　〔三國魏〕嵇康撰

鍾司徒集一卷　〔三國魏〕鍾會撰

杜征南集一卷　〔晋〕杜預撰

荀公曾集一卷　〔晋〕荀勗撰

傅鶉觚集一卷　〔晋〕傅玄撰

張司空集一卷　〔晋〕張華撰

孫馮翊集一卷　〔晋〕孫楚撰

摯太常集一卷　〔晋〕摯虞撰

束廣微集一卷　〔晋〕束皙撰

侯常侍集一卷　〔晋〕夏侯湛撰

潘黄門集一卷　〔晋〕潘岳撰

傅中丞集一卷　〔晋〕傅咸撰

潘太常集一卷　〔晋〕潘尼撰

陸平原集二卷　〔晋〕陸機撰

陸清河集二卷　〔晋〕陸雲撰

成公子安集一卷　〔晋〕成公綏撰

張孟陽集一卷　〔晋〕張載撰

張景陽集一卷　〔晋〕張協撰

劉越石集一卷　〔晋〕劉琨撰

郭弘農集二卷　〔晋〕郭璞撰

王右軍集二卷　〔晋〕王羲之撰

王大令集一卷　〔晋〕王獻之撰

孫廷尉集一卷　〔晋〕孫綽撰

陶彭澤集一卷　〔晋〕陶潛撰

何衡陽集一卷　〔南朝宋〕何承天撰

傅光禄集一卷　〔南朝宋〕傅亮撰

謝康樂集二卷　〔南朝宋〕謝靈運撰

顔光禄集一卷　〔南朝宋〕顔延之撰

鮑參軍集二卷　〔南朝宋〕鮑照撰

袁陽源集一卷　〔南朝宋〕袁淑撰

謝法曹集一卷　〔南朝宋〕謝惠連撰

謝光禄集一卷　〔南朝宋〕謝莊撰

竟陵王集二卷　〔南朝齊〕蕭子良撰

王文憲集一卷　〔南朝齊〕王儉撰

王寧朔集一卷　〔南朝齊〕王融撰

謝宣城集一卷　〔南朝齊〕謝朓撰

張長史集一卷　〔南朝齊〕張融撰

孔詹事集一卷　〔南朝齊〕孔稚珪撰

梁武帝集一卷　〔南朝梁〕武帝蕭衍撰

昭明集一卷　〔南朝梁〕蕭統撰

梁簡文帝集二卷　〔南朝梁〕簡文帝蕭綱撰

梁元帝集一卷　〔南朝梁〕元帝蕭繹撰

江醴陵集二卷　〔南朝梁〕江淹撰

沈隱侯集二卷　〔南朝梁〕沈約撰

陶隱居集一卷　〔南朝梁〕陶弘景撰

丘司空集一卷　〔南朝梁〕丘遲撰

任中丞集一卷　〔南朝梁〕任昉撰

王左丞集一卷　〔南朝梁〕王僧孺撰

陸太常集一卷　〔南朝梁〕陸倕撰

劉户曹集一卷　〔南朝梁〕劉峻撰

王詹事集一卷　〔南朝梁〕王筠撰

劉秘書集一卷　〔南朝梁〕劉孝綽撰

劉豫章集一卷　〔南朝梁〕劉潛撰

劉庶子集一卷　〔南朝梁〕劉孝威撰

庾度支集一卷　〔南朝梁〕庾肩吾撰

何記室集一卷　〔南朝梁〕何遜撰

吴朝請集一卷　〔南朝梁〕吴均撰

陳後主集一卷　〔南朝陳〕後主陳叔寶撰

徐僕射集一卷　〔南朝陳〕徐陵撰

沈侍中集一卷　〔南朝陳〕沈炯撰

江令君集一卷　〔南朝陳〕江總撰

張散騎集一卷　〔南朝陳〕張正見撰

高令公集一卷　〔北魏〕高允撰

温侍讀集一卷　〔北魏〕温子昇撰

邢特進集一卷　〔北齊〕邢邵撰

魏特進集一卷　〔北齊〕魏收撰

庾開府集二卷　〔北周〕庾信撰

王司空集一卷　〔北周〕王褒撰

隋煬帝集一卷　〔隋〕煬帝楊廣撰

盧武陽集一卷　〔隋〕盧思道撰

李懷州集一卷　〔隋〕李德林撰

牛奇章集一卷　〔隋〕牛弘撰

薛司隸集一卷　〔隋〕薛道衡撰

漢魏六朝百三名家集

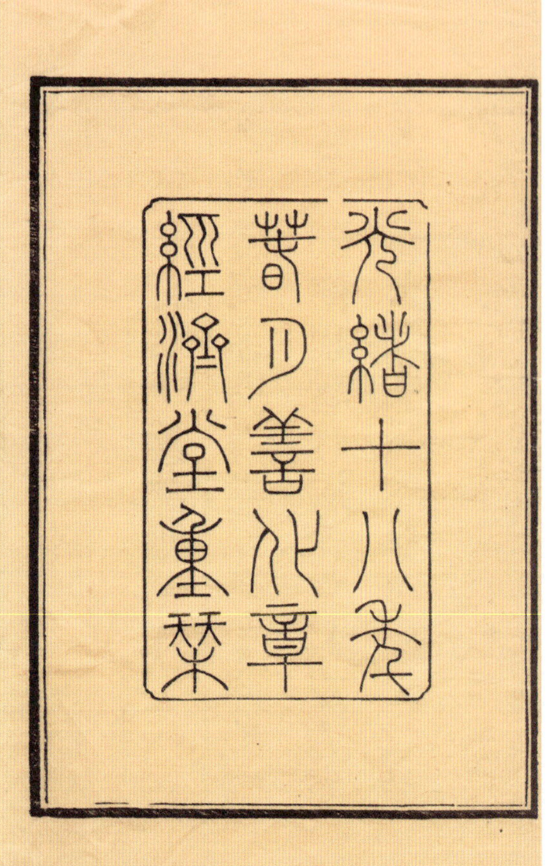
光緒十八年善化章經濟堂重栞

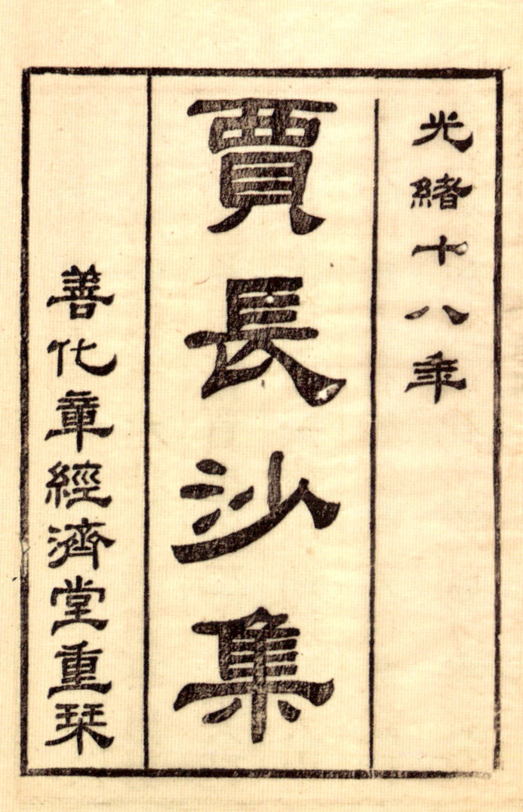
光緒十八年

賈長沙集

善化章經濟堂重栞

賈長沙集卷全

漢　雒陽賈　誼著

明　太倉張　溥閱

賦

弔屈原賦

恭承嘉惠兮，竢罪長沙，仄聞屈原兮，自湛汨羅，造託湘流兮，敬弔先生，遭世罔極兮，迺隕厥身，烏虖哀哉兮。逢時不祥。鸞鳳伏竄兮。鴟鴞翺翔。闒茸尊顯兮。讒諛得志。賢聖逆曳兮。方正倒植。

賈長沙集　卷全　賦　一

280.［唐人詩集鈔本］十一種 1535 Mi

明嘉靖間石東居士抄本　六册一函

素紙，行字不等，無界欄。

《唐盧户部詩集》卷端題“河中盧綸允言”。卷首有目録，署“河中盧綸允言”。卷末有《跋》，署“嘉靖十四年歲次乙未立夏日石東居士識”。

《唐風集》卷端題“九華山人杜荀鶴”。卷首依次有《唐風集序》，署“太常博士修國史顧雲撰”；目録，署“九華山人杜荀鶴”。卷末有《跋》，署“嘉靖乙未歲清和月石東居士唐詩識”。

《戴叔倫集》卷末有《跋》，署“戊戌秋重陽日録於鏽石書堂”。

《鮑溶詩集》卷末有《跋》，署“嘉靖十七年歲次戊戌秋九月重陽前二日借姚潜坤鈔本録於宫保秦氏家塾”。

《臺閣集》卷端題“表州刺史李嘉祐”。卷末有《跋》，署“嘉靖十八年歲次己亥長至後十日録於洛社張氏館”。

《薛許昌詩集》卷端題“許昌軍節度使檢校禮部尚書薛能”。卷首有《薛許昌詩集序》。卷末有《跋》，署“嘉靖二十四年歲次乙巳冬十一月下瀚借十山談憲副鈔本録於三牧堂”。

《委羽小集》卷端題“赤城左緯經臣”。

《碧雲集》卷端題“登仕郎守新淦縣令知鎮事賜緋魚袋李中”。卷首依次有《碧雲集序》；目録，署“登仕郎守新淦縣令知鎮事賜緋魚袋李中”。

《唐英歌詩》卷端題“翰林學士承旨銀青光禄大夫行在尚書户部侍郎知製誥上柱國漢陽縣開國男食益三百户吴融字子華”。卷首有目録，署“翰林學士承旨銀青光禄大夫行在尚書户部侍郎知製誥上柱國漢陽縣開國男食邑三百户吴融字子華”。卷末有《跋》，署“乙巳歲五月朔日日食申初刻前三十刻録完”。

鈐印“見山心賞”“唐子言印”“唐詩之印”“流傳在長樂大西庚處”“獻裕”“立山文”

子目：

唐盧户部詩集十卷　〔唐〕盧綸撰

唐風集三卷　〔唐〕杜荀鶴撰

曹唐詩集一卷 〔唐〕曹唐撰

楊凝詩集一卷 〔唐〕楊凝撰

戴叔倫集二卷 〔唐〕戴叔倫撰

鮑溶詩集一卷 〔唐〕鮑溶撰

臺閣集一卷 〔唐〕李嘉祐撰

薛許昌詩集十卷 〔唐〕薛能撰

委羽小集一卷

碧雲集三卷 〔五代〕李中撰

唐英歌詩三卷 〔唐〕吴融撰

盧戶部詩昔於滸墅關口見有持求售者余方
檢閱詢值值遏友人急引余去而竟失之十餘
年來邈未之見恒懊恨焉舊年秋始購於金陵
書肆自足酬夙心也頃來復於華曉江家見舊
鈔本校余所得僅有其半不知刻者何從而簡
之也惜哉余仍錄此以俟識者究焉
嘉靖十四年歲次乙未立夏日石東居士識

唐風集序

太常博士修國史顧雲撰

大順初帝命小宗伯河東裴公掌邦貢次二年追者
來隱者出異人俊士始大集都下於群進士中得九
華山人杜荀鶴拔居上第諸生謝恩日列坐既定公
揖生謂曰聖上慊文教之未張思得如高宗朝射洪拾
遺陳公子昂作詩出沒二雅馳驟建安削苦澀僻碎
略淫靡淺切破艷冶之堅陣擒雕巧之酋帥皆摧撞
折角崩潰解散掃蕩蕪蔫廓清文棧然後戴容州劉
隨州王江寧率其徒揚鞭按轡相與呵衛於朝以正

戴叔倫集卷上

五言古詩

去婦怨

出戶不敢啼風悲日悽悽心知恩義絕誰忍分明別
下坂車轔轔畏逢鄉里親空持牀前幔卻寄家中人
忽辭王吉去爲是秋胡死若比今日情煩寃不相似

古意

悠悠南山雲濯濯東流水念我平生歡托居在東里
失既不足憂得亦不爲喜安貧固其然處賤寧獨恥
雲閒虛我心水清澹吾味雲水俱無心斯可長伉儷

唐盧戶部詩集卷第一

河中盧綸允言

送惟良上人歸江南

落日映危檣歸僧問岳陽注缾寒浪靜讀律夜盤香
苦霧沉山影陰霾發海光羣生一何負　病別醫王

送韓都護還邊

好勇知名早爭雄上將聞戰多春入塞獵慣夜登山
陣合龍蛇動軍移草木閑今來部曲盡白首過蕭關

送吉中孚校書歸楚州舊山

青袍芸閣郎談笑挹侯王舊籍藏雲穴新詩滿帝鄉

選集之屬

281.文選六十卷附考異十卷　〔南朝梁〕蕭統編　〔唐〕李善注　（考異）〔清〕胡克家撰　Quarto PL2455 .H753 1869

清同治八年（1869）湖北崇文書局刻本　二十四册二函

每半葉10行，行21字，小字雙行，字數不等，白口，四周雙邊，單黑魚尾，半框高21.1釐米，寬13.6釐米。版心中鎸"文"及卷次，下鎸葉碼。

《文選》内封題"文選李善注六十卷"。牌記題"同治八年夏月湖北崇文書局重雕"。卷端題"文選，梁昭明太子撰，文林郎守太子右内率府録事參軍事崇賢館直學士臣李善注上"。

《文選考異》内封題"文選考異"。牌記題"同治八年夏月湖北崇文書局重雕"。卷端題"文選考異，賜進士出身通奉大夫江南蘇松常鎮太等處承宣布政使司布政使胡克家撰"。

鈐印"石坦安藏書印"。

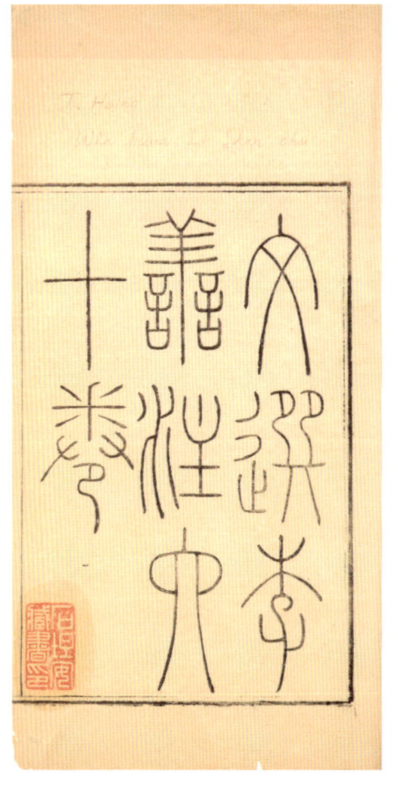

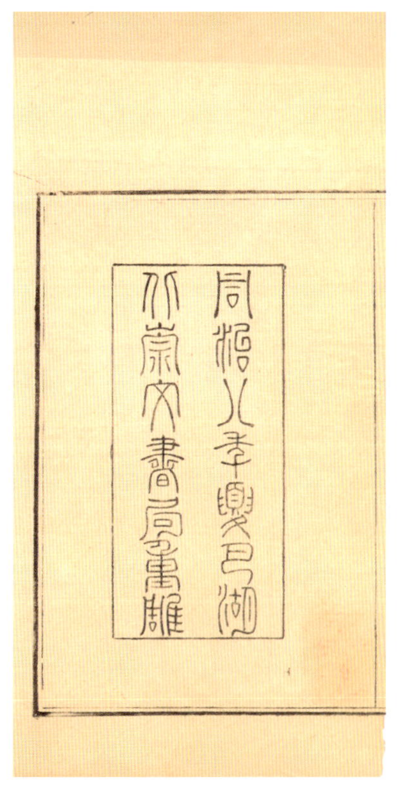

文選考異卷第一

賜進士出身通奉大夫江南蘇松常鎮太等處承宣布政使司布政使胡克家撰

卷一○兩都賦二首注自光武至和帝都洛陽下至和帝大悅也何屺瞻焯校曰案後漢書班固傳則兩都賦明帝世所上注和帝誤陳少章景雲校曰賦作於明帝之世注中故上此以諫和帝大悅語未詳所據今案此一節非善注也善下引後漢書顯宗時除蘭臺令史遷爲郎乃上兩都賦不得有此注甚明即五臣銑注亦言明帝云云然則幷非五臣注也且此是卷首所列子目其下本不應有注決是後來竄入凡善注失舊有竄入五臣注者有幷非五臣注而亦竄入者說詳在後○兩都賦序○注亦皆依違尊者都舉朝廷以言之吳郡袁氏翻雕六臣本茶陵陳氏刻增補六臣本都上有所字舉上有連字案此尤延之校改之也袁本五臣居前善次後茶陵本善居前五臣次後皆取六家以意合幷如此凡各本所見善注初不甚相懸遠尤延之多所校改遂致迥異說見每條下有陋雜

文選卷第一

梁昭明太子撰

文林郎守太子右內率府錄事參軍事崇賢館直學士臣李善注上

賦甲 賦甲者舊題甲乙所以紀卷先後今卷既改故甲乙並除存其首題以明舊式

京都上

班孟堅兩都賦二首 自光武至和帝都洛陽西京父老有怨班固恐帝去洛陽故上此詞以諫和帝大悅也

兩都賦序

班孟堅 范曄後漢書曰班固字孟堅北地人也年九歲能屬文長遂博貫載籍顯宗時除蘭臺令史遷爲郎乃上兩都賦大將軍竇憲出征匈奴以固爲中護軍憲敗

282.漢魏詩乘二十卷旲詩一卷　〔明〕梅鼎祚編校　1583 Mi

明萬曆十一年（1583）宣城梅氏刻本　十二册二函

每半葉10行，行20字，小字雙行字同，白口，左右雙邊，單黑魚尾，半框高19.8釐米，寬13.9釐米。版心上鎸書名，中鎸卷名、卷次及葉碼，部分葉下鎸刻工。

卷端題“漢魏詩乘，宣城梅鼎祚禹金編校”。卷首依次有漢魏詩乘總録，署“宣城梅鼎祚禹金輯”；漢魏詩乘前十卷總目；漢魏詩乘後十卷總目。

鈐印“蔭南氏”“幼先珍藏”“懷古多情”。

按：卷末墨筆題“十二年癸亥仲夏月幼先購於京廠”。

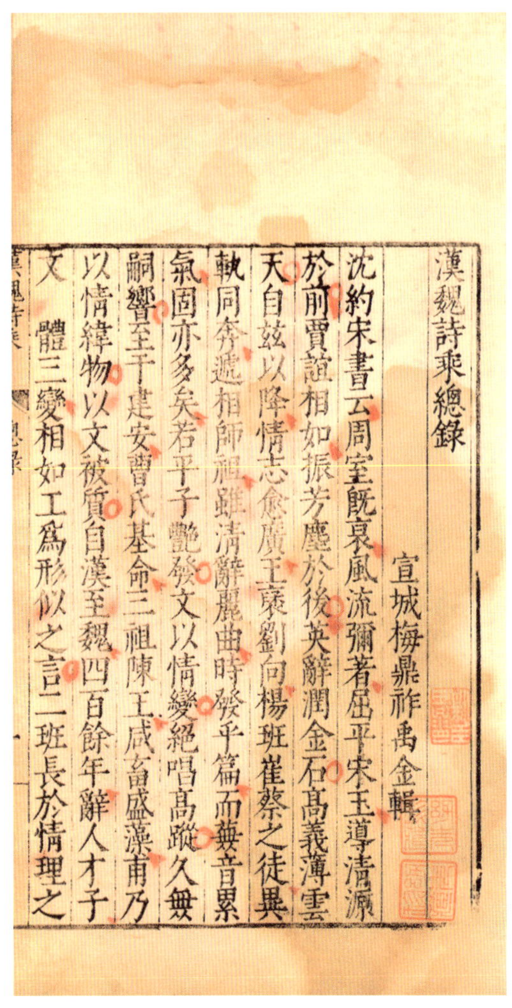

漢魏詩乘總録
宣城梅鼎祚禹金輯
沈約宋書云周室既衰風流彌著屈平宋玉導清源於前賈誼相如振芳塵於後英辭潤金石高義薄雲天自茲以降情志愈廣王褒劉向楊班崔蔡之徒異軌同奔遞相師祖雖清辭麗曲時發乎篇而蕪音累氣固亦多矣若平子艷發文以情變絶唱高蹤久無嗣響至于建安曹氏基命三祖陳王咸畜盛藻甫乃以情緯物以文被質自漢至魏四百餘年辭人才子文體三變相如工爲形似之言二班長於情理之

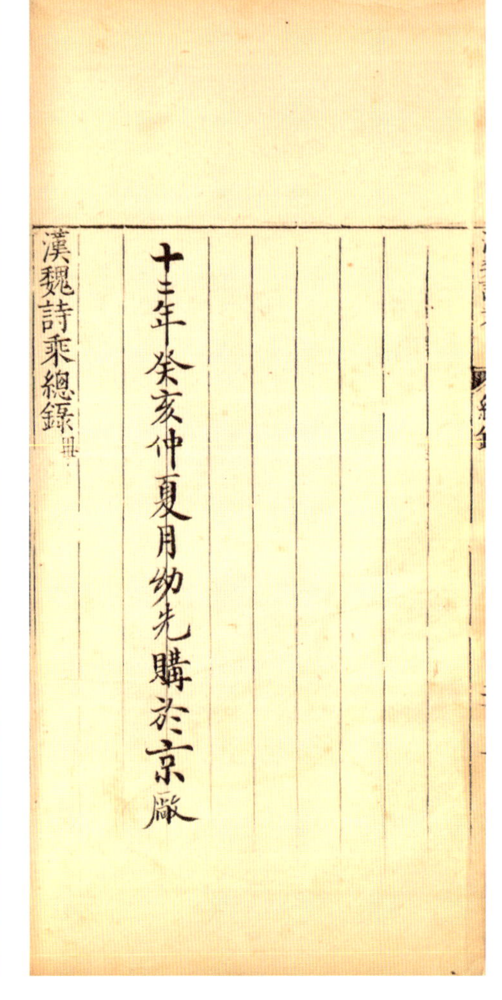

漢魏詩乘總録
十二年癸亥仲夏月幼先購於京廠

漢魏詩乘卷第一

宣城梅鼎祚禹金編校

漢一 樂府

高帝 姓劉氏諱邦字季沛豐邑中陽里人初爲亭長起兵破秦滅楚平定天下由漢王即皇帝位國號曰漢十二年崩羣臣尊號曰高皇帝

竹林詩品云漢高祖武帝之作則星漢回天苞符出水自然成章又如上棟下宇易櫓營之制而締搆之蓋取諸大壯

大風歌 史記云十二年十月高祖已擊布軍會甄布走令別將追之高祖還歸過沛留置酒沛宮悉召故人父老子弟縱酒發沛中兒得百二十人教之歌酒酣高祖擊筑自爲歌詩令兒皆和習之高祖乃起舞忼慨傷懷泣數行下樂書云高祖過沛詩三侯之章令

283.古詩源十四卷 〔清〕沈德潛輯

清光緒十七年（1891）湖南思賢書局刻本 四册一函

每半葉9行，行21字，小字雙行字同，黑口，左右雙邊，雙對黑魚尾，半框高17.5釐米，寬12.7釐米。版心中鎸書名、卷次及葉碼。

内封題“古詩源”。牌記題“光緒十七年夏湖南思賢書局重刊”。卷端題“古詩源，長洲沈德潛確士選”。

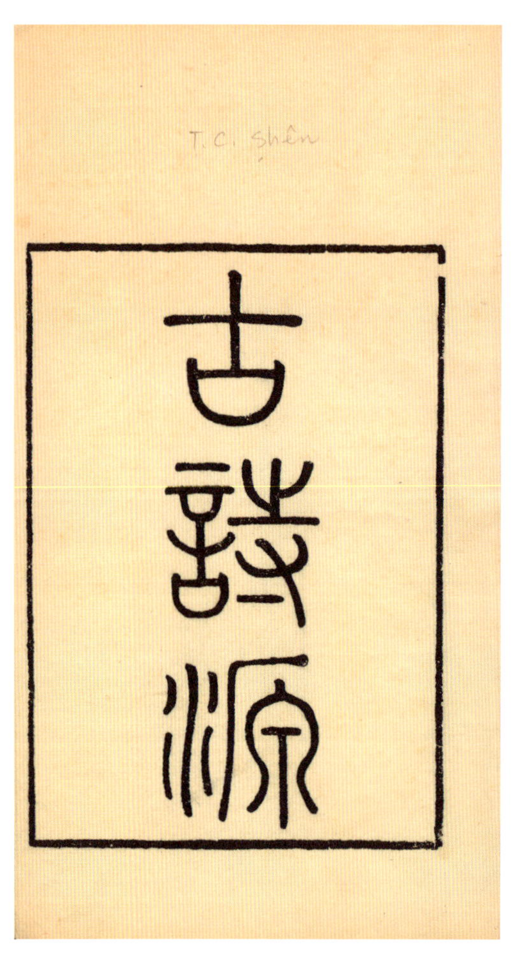

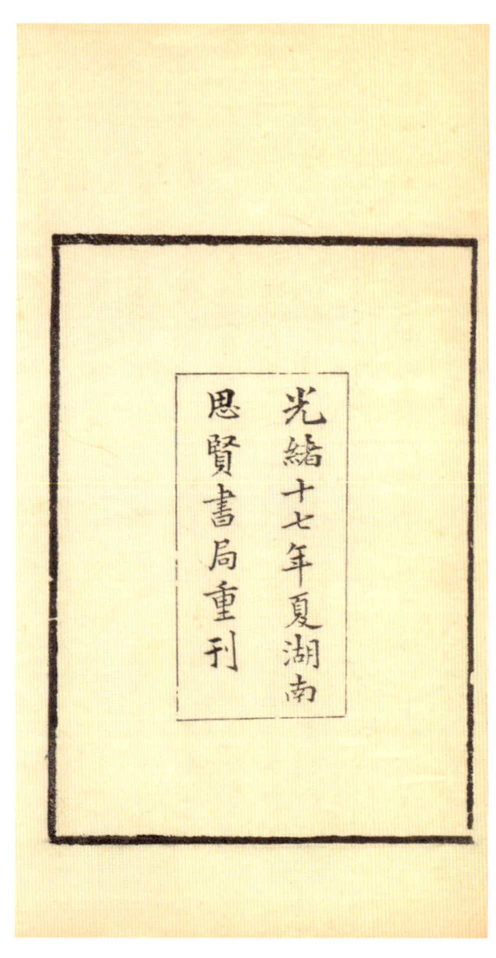

古詩源卷一

長洲沈德潛確士選

古逸

擊壤歌

帝王世紀帝堯之世天下太和百姓無事有老人擊壤而歌

日出而作日入而息鑿井而飲耕田而食帝力于我何有哉

帝堯以前近於荒渺雖有皇娥白帝二歌係王嘉僞撰其事近誣故以擊壤歌爲始

康衢謠

列子帝治天下五十年不知天下治與不治與億兆願戴已與乃微服遊於康衢聞兒童謠云

立我蒸民莫匪爾極不識不知順帝之則

284.多歲堂古詩存八卷附一卷　〔清〕成書撰　

清道光十一年（1831）多歲堂刻本　四册一函

每半葉9行，行19字，小字雙行字同，白口，四周單邊，單黑魚尾，半框高18.8釐米，寬13.9釐米。版心上鎸書名及卷次，中鎸卷名，下鎸葉碼。

内封題"道光辛卯鎸，古詩存，多歲堂藏本"。卷端題"多歲堂古詩存，長白成書倬雲氏選評"。

鈐印"富察恩豐席臣藏書印"。

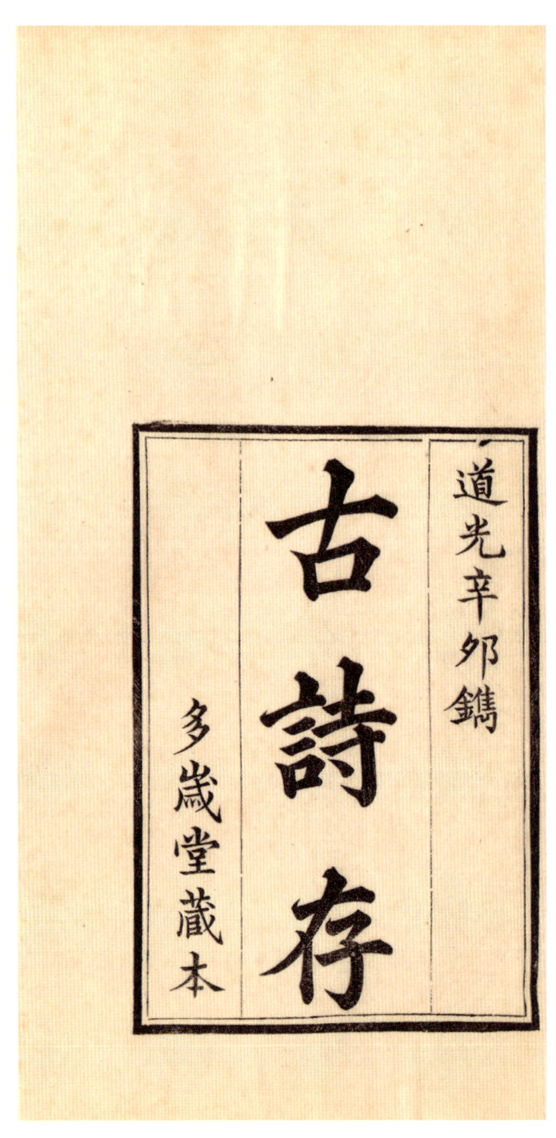

多歲堂古詩存卷一

長白成書倬雲氏選評

古逸

歌

彈歌

吳越春秋曰越王欲謀復吳范蠡進善射者陳音音楚人也越王請音而問曰孤聞子善射道何所生音曰臣聞弩生于弓弓生于彈彈生于古之孝子根據鑿鑿令人不敢輕談技藝不忍見父母爲禽獸

285.古文淵鑒六十四卷　〔清〕聖祖玄燁選　〔清〕徐乾學等編注

清康熙二十四年（1685）刻五色套印本　三十二册四函

每半葉9行，行20字，小字雙行字同，黑口，四周單邊，雙順黑魚尾，半框高18.4釐米，寬13.9釐米。版心中鐫書名、卷次及篇名，下鐫葉碼。眉上鐫評，行字不等。

卷端題“古文淵鑒，御選，内閣學士兼禮部侍郎教習庶吉士臣徐乾學等奉旨編注”。

古文淵鑒卷第一

御選

內閣學士兼禮部侍郎教習庶吉士臣徐乾學等奉

旨編注

周

姬姓黃帝苗裔后稷之後武王伐紂而有天下至幽王爲犬戎所弑謂之西周平王東遷洛邑謂之東周即春秋之始也

左傳

左丘明著丘明魯史也孔子將修春秋與左丘明乘如周觀書於周史歸而修春秋之經七十子之徒口受其傳丘明懼弟子之各安其意失其真故論其語成左氏春秋或先經以始事或後經以終事或依經以辯理或錯經以合異隨義而發是爲春秋內傳

286.御定歷代賦彙一百四十卷外集二十卷附逸句二卷補遺二十二卷 〔清〕陳元龍輯 PL2519.F8 C45x

清康熙四十五年(1706)刻本 六十四册八函

每半葉11行,行21字,小字雙行字同,黑口,左右雙邊,單黑魚尾,半框高19.2釐米,寬14.3釐米。版心中鎸書名、卷次、類名、篇名及葉碼。

内封題“御定歷代賦彙”。卷端題“御定歷代賦彙,經筵日講官起居注詹事府詹事兼翰林院侍讀學士加三級臣陳元龍奉旨編輯”。

鈐印“有水可漁”“蝸牛庵”。

按:兩枚印章屬日本著名作家幸田露伴(Koda Rohan,1867—1947)所有。

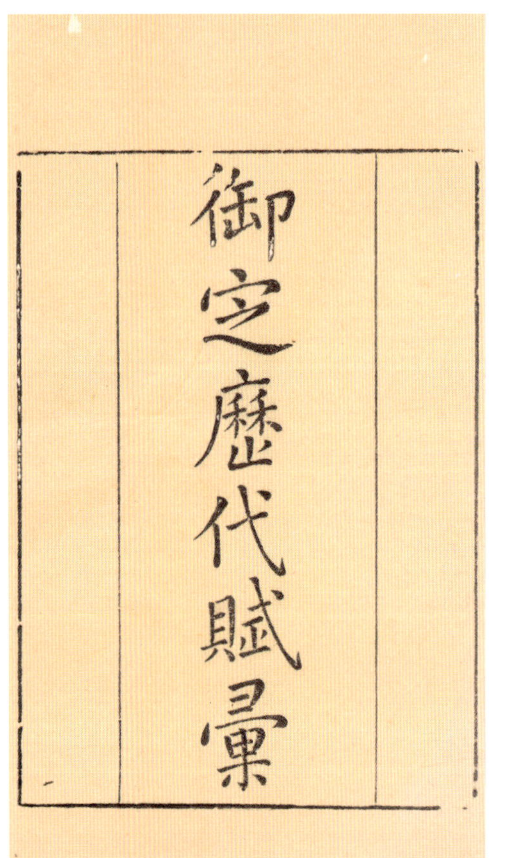
御定歷代賦彙

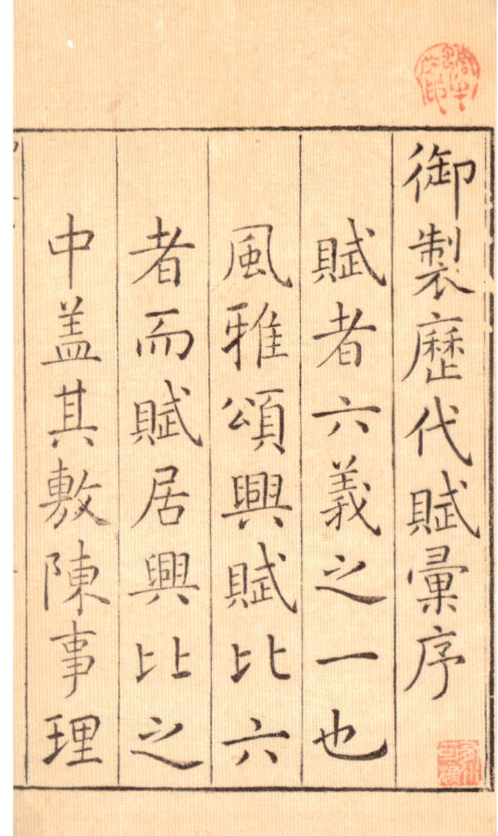
御製歷代賦彙序
賦者六義之一也
風雅頌興賦比六
者而賦居興比之
中蓋其敷陳事理

御定歷代賦彙卷第一

經筵日講官起居注詹事府詹事兼翰林院侍讀學士加三級臣陳元龍奉

旨編緝

天象

天地賦有序　晉成公綏

賦者貴能分賦物理敷演無方天地之盛可以致思矣歷觀古人未之有賦豈獨以至麗無文難以辭贊不然何其闕哉遂爲天地賦

惟自然之初載兮道虛無而玄清太素紛以溷淆兮始有物而混成何一元之芒昧兮廓開闢而著形爾乃清濁剖分玄黄判離太極既殊是生兩儀星辰煥列日月

287.御定歷代題畫詩類一百二十卷　〔清〕陳邦彦輯　

清嘉慶二十二年（1817）裕文堂刻本　二十四册三函

每半葉11行，行23字，小字雙行字同，黑口，左右雙邊，單黑魚尾，半框高18.3釐米，寬12.9釐米。版心中鎸書名、卷次、類名及葉碼。

内封題“嘉慶丁丑年梓，御定歷代題畫詩，裕文堂原版”。卷端題“御定歷代題畫詩類，翰林院編修臣陳邦彦奉旨校刊”。

鈐印“岡埜圖書”“半畊”。

嘉慶丁丑年梓
御定歷代題畫詩
裕文堂原版

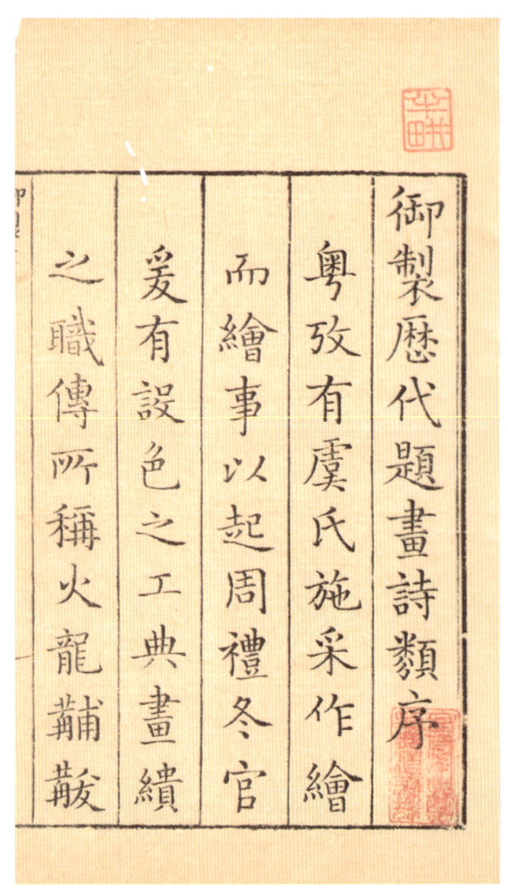
御製歷代題畫詩類序
粤攷有虞氏施采作繪
而繪事以起周禮冬官
爰有設色之工典畫繢
之職傳所稱火龍黼黻

御定歷代題畫詩類卷第一

翰林院編脩臣陳邦彥奉

旨校刊

天文類

觀慶雲圖　唐　李行敏

縑素傳休祉丹青狀慶雲非煙凝漠漠似蓋乍紛紛尚駐從龍意全舒捧日文光因五色起影向九霄分裂素觀嘉瑞披圖賀聖君寧同窺汗漫方此觀氛氳

觀慶雲圖　唐　柳宗元

設色初成象卿雲示國都九天開祕祉百辟贊嘉謨抱日依龍袞非煙近御爐高標連汗漫向望接虛無裂素榮光發舒

288.古文辭類纂七十四卷　〔清〕姚鼐輯　

清光緒十九年（1893）長沙思賢講舍刻本　十二册二函

每半葉13行，行22字，小字雙行字同，白口，左右雙邊，單黑魚尾，半框高17.7釐米，寬13.4釐米。版心上鎸書名，中鎸卷次，下鎸葉碼。

内封題“古文辭類纂”。牌記題“光緒癸巳仲夏思賢講舍開雕”。卷端題“古文辭類纂”。

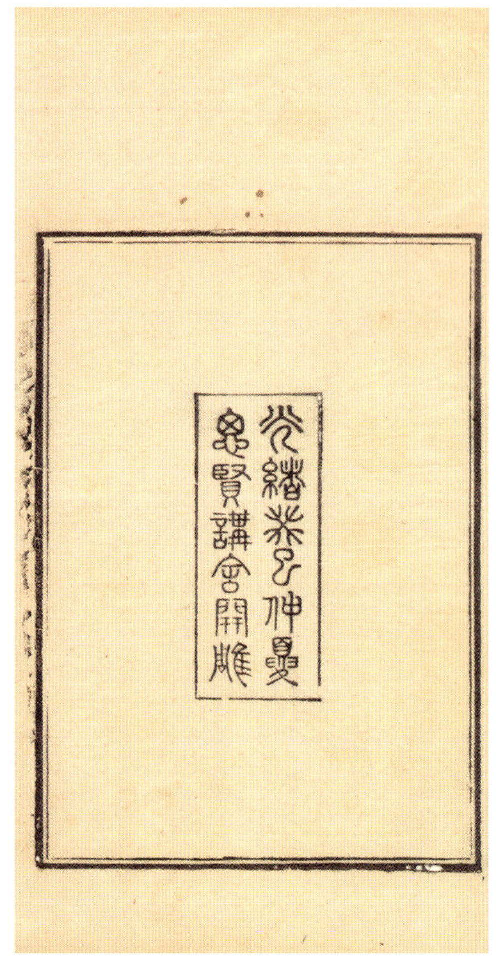

論辨類一　　古文辭類纂一

賈生過秦論上

固是合後二篇義乃完然首篇爲特雄駿閎肆

秦孝公據殽函之固擁雍州之地君臣固守而窺周室有席卷天下包舉宇內囊括四海之意幷吞八荒之心當是時商君佐之內立法度務耕織修守戰之備外連衡而鬬諸侯於是秦人拱手而取西河之外孝公既沒惠文武昭襄蒙故業因遺策南取漢中西舉巴蜀東割膏腴之地收要害之郡諸侯恐懼會盟而謀弱秦不愛珍器重寶肥饒之地以致天下之士合從締交相與爲一當此之時齊有孟嘗趙有平原楚有春申魏有信陵此四君者皆明智而忠信寬厚而愛人尊賢重士約從離橫兼韓魏燕趙齊楚宋衛中山之眾於是六國之士有甯越徐尚蘇秦杜赫之

289.續古文辭類纂三十四卷　王先謙輯　

清光緒八年(1882)王氏虚受堂刻本　八册一函

每半葉13行,行22字,小字雙行字同,白口,左右雙邊,單黑魚尾,半框高17.8釐米,寬13.1釐米。版心上鎸書名,中鎸卷次,下鎸葉碼及“虚受堂”。

内封題“續古文辭類纂”。牌記題“光緒壬午王氏刊藏”。卷端題“續古文辭類纂”。

續古文
辭類纂

光緒壬午
王氏刊藏

論辨類一

姚姬傳李斯論

蘇子瞻謂李斯以荀卿之學亂天下是不然秦之亂天下之法無待於李斯斯亦未嘗以其學事秦當秦之中葉孝公即位得商鞅任之商鞅教孝公燔詩書明法令設告坐之過而禁遊宦之民因秦國地形便利用其法富强數世兼并諸侯迄至始皇始皇之時一用商鞅成法而已雖李斯助之言其便利益成秦亂然使李斯不言其便始皇固自爲之而不厭何也秦之甘於刻薄而便於嚴法久矣其後世所習以爲善者也斯逆探始皇二世之心非是不足以中侈君而張吾之寵是以盡舍其師荀卿之學而爲商鞅之學埽去三代先王仁政而一切取自恣肆以爲治焚詩書禁學士滅三代法而尙督責斯非行其學也趨時而

290.涵芬樓古今文鈔一百卷 吴曾祺編 PL2606 .W88x

清宣統三年（1911）上海商務印書館鉛印本 一百册十函

内封題“涵芬樓古今文鈔”。卷端題“涵芬樓古今文鈔，侯官吴曾祺纂録”。

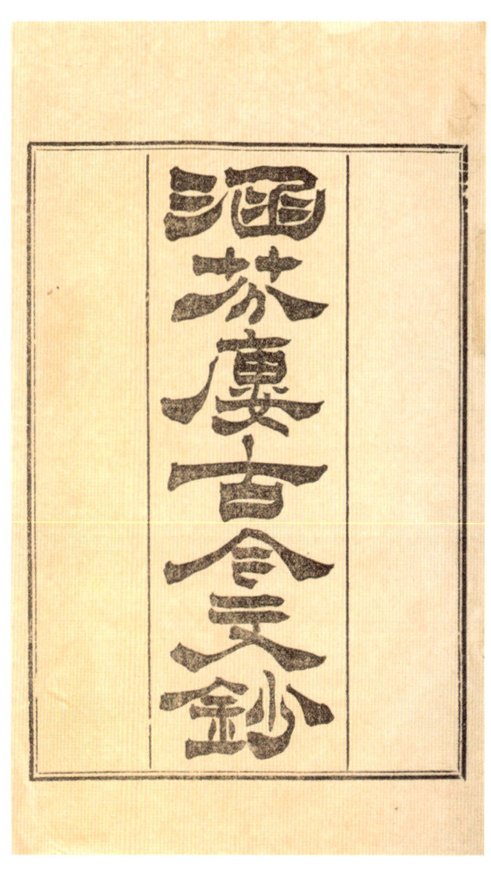
涵芬樓古今文鈔

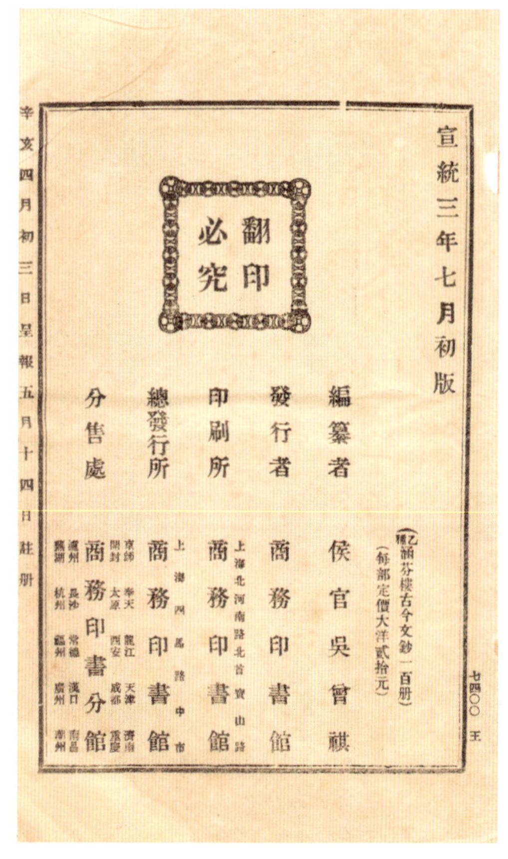
宣統三年七月初版

（乙種涵芬樓古今文鈔一百册）
（每部定價大洋貳拾元）

翻印必究

編纂者 侯官吴曾祺
發行者 商務印書館
印刷所 上海北河南路北首寶山路 商務印書館
總發行所 上海四馬路中市 商務印書館
分售處 京師 奉天 龍江 天津 濟南 開封 太原 西安 成都 重慶 瀘州 長沙 常德 漢口 南昌 蕪湖 杭州 福州 廣州 潮州 商務印書分館

七四〇〇 王

辛亥四月初三日呈報五月十四日註册

涵芬樓古今文鈔卷一

侯官吳曾祺纂録

論辨類

論上一

攝生養性論　彭祖

神强者長生。氣强者易滅。柔弱畏威。神强也。鼓怒騁志。氣强也。凡人才所不至而極思之。則志傷也。力所不勝。而極舉之。則形傷也。積憂不已。則魂神傷矣。積悲不已。則魄神散矣。喜怒過多。神不歸室。憎愛無定。神不守形。汲汲而欲。神則煩。切切所思。神則敗。久言笑則藏腑傷。久坐立則筋骨傷。寢寐失時則肝傷。動息疲勞則脾傷。挽弓引弩則筋傷。沿高涉下則腎傷。沈醉嘔吐則肺傷。飽食偃臥則氣傷。驟馬步走則胃傷。喧呼詰罵則膽傷。陰陽不交則瘡痱生。房室不潔則勞瘠發。且人生一世。久遠之期。壽不過三萬日。不能一日無損傷。不能一日修補。徒責神之不

291.全後漢文一百六卷　〔清〕嚴可均輯　〔清〕王毓藻校刊

清光緒間王氏校刻本　八册一函

每半葉13行，行25字，小字雙行字同，黑口，四周單邊，單黑魚尾，半框高19.9釐米，寬14.2釐米。版心中鐫書名、卷次、卷名及葉碼。

卷端題“全後漢文，烏程嚴可均校輯”。

按：館藏存卷一至七十五。

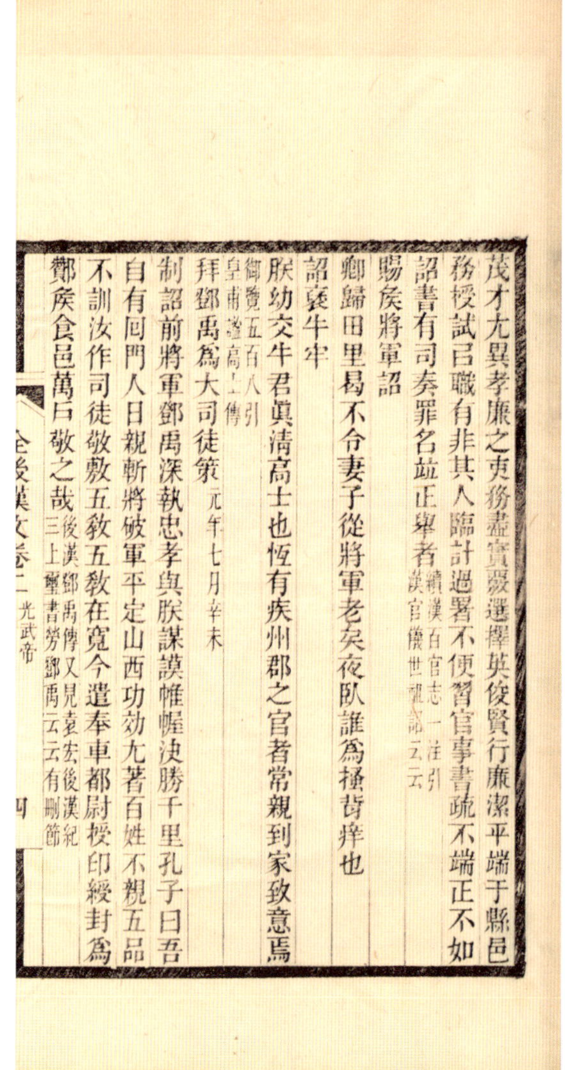
茂才尤異孝廉之吏務盡實覈選擇英俊賢行廉潔平端于縣邑務授試吕職有非其人臨計過署不便習官事書疏不端正不如詔書有司奏罪名竝正舉者續漢百官志一注引漢官儀世祖詔云

賜侯將軍詔

卿歸田里曷不令妻子從將軍老矣夜臥誰爲搔背痒也

詔褒牛牢

朕幼交牛君眞清高士也恆有疾州郡之官者常親到家致意焉御覽五百八引皇甫謐高士傳

拜鄧禹爲大司徒策元年七月辛未

制詔前將軍鄧禹深執忠孝與朕謀謨帷幄決勝千里孔子曰吾自有回門人日親斬將破軍平定山西功効尤著百姓不親五品不訓汝作司徒敬敷五教五教在寬今遣奉車都尉授印綬封爲酇侯食邑萬戶敬之哉後漢鄧禹傳又見袁宏後漢紀三上璽書勞鄧禹云有刪節

全後漢文卷二　光武帝　四

全後漢文卷一

烏程嚴可均校輯

光武帝一

帝諱秀字文叔南陽新蔡人景帝七世孫王莽地皇三年與兄縯起兵于宛更始卽位㠯爲太常偏將軍行司隸校尉進破虜大將軍封武信侯行大司馬事㠯平王郎功封蕭王尋拒命不就徵㠯更始三年六月卽位于鄗南定都洛陽改元二建武中元在位三十三年謚曰光武皇帝廟號世祖

制書報耿純 建武六年

侯前奉公行法朱英久吏曉知義理何時當㠯公事相是非然受堯舜之罰者不能愛己也已更擇國土令侯無介然之憂 後漢耿純傳注引續漢書

封更始爲淮陽王詔 建武元年九月辛未

292.初唐四傑集三十七卷　〔清〕項家達校刊　PL2455 .H75x

清乾隆四十六年(1781)刻本　十二册二函

每半葉9行,行21字,白口,四周雙邊,單黑魚尾,半框高17.4釐米,寬12.8釐米。版心上鎸集名,中鎸卷次,下鎸葉碼。

内封題“乾隆辛丑仲春,初唐四傑集,星渚項氏校刊”。書名據内封。

鈐印“瓜纑外史”“紫伯”“河間伯子”“讀騷如齋鑒賞之印”“善甫”“紫伯過眼”“笛江”。

子目:

王子安集十六卷　〔唐〕王勃撰

楊盈川集十卷　〔唐〕楊炯撰

盧昇之集七卷　〔唐〕盧照鄰撰

駱丞集四卷　〔唐〕駱賓王撰

按:章綬銜(1804—1875),字紫伯,别號瓜纑外史,浙江歸安(今湖州)人,清書畫家、藏書家。

乾隆辛丑仲春

初唐四傑集

星渚項氏校刊

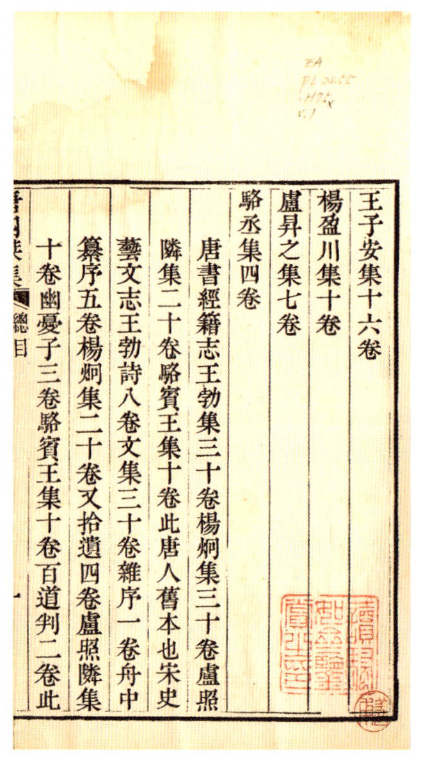

王子安集十六卷

楊盈川集十卷

盧昇之集七卷

駱丞集四卷

唐書經籍志王勃集三十卷楊炯集三十卷盧照隣集二十卷駱賓王集十卷此唐人舊本也宋史藝文志王勃詩八卷文集三十卷雜序一卷舟中纂序五卷楊炯集二十卷又拾遺四卷盧照隣集十卷幽憂子三卷駱賓王集十卷百道判二卷此

初唐四傑集　總目

楊盈川集卷一

賦

渾天賦并序

顯慶五年烱時年十一待制宏文館上元三年始以應制舉補校書郎朝夕靈臺之下備見銅渾之象尋返初服卧病邱園二十年而一徙官斯亦拙之効也代之言天體者未知渾蓋孰是代之言天命者以爲禍福由人故作渾天賦以辨之其辭曰客有爲宣夜之學者喟然而言曰旁望萬里之横山而皆青睪俯察千仞之深谷

王子安集卷一

賦

春思賦并序

咸亨二年余春秋二十有二旅寓巴蜀浮遊歲序殷憂明時坎壈聖代九隴縣令河東柳太易英達君子也僕從遊焉高談胷懷頗洩憤懣於時春也風光依然古人云風景不殊舉目有山河之異不其悲乎僕不才耿介之士也竊稟宇宙獨用之心受天地不平之氣雖弱植一介窮途千里未嘗下情於公侯屈色於流俗凛然以

駱丞集卷一

頌

靈泉頌

聞夫元功幽贊靈心以有德是親至道寘符篤行以通神一作仁爲本若乃天經地義色養叶於因心夏凊冬温愛敬宏於錫類下逮六幽之奥上洞三光之精不有至誠孰云斯感有廣平宋思禮字過庭皇朝永州刺史昉之適孫戸部員外順之長子㓜丁偏罰早喪慈親永懐鞠養之恩長增思慕之痛弱不好弄長而能賢趨庭聞

盧昇之集卷一

賦

秋霖賦

覽萬物兮竊獨悲此秋霖風橫天而瑟瑟雲覆海而沈沈居人對之憂不解行客見之思已深若乃千井埋煙百廛涵潦青苔被壁綠萍生道於時巷無人跡林無鳥聲野陰霾而因晦山幽曖而不明長塗未半茫茫漫漫莫不埋輪據鞍銜悽茹歎借如尼父去魯圍陳畏匡將餓不爨欲濟無梁問長沮與桀溺逢漢陰與楚狂長櫛

293.唐文粹一百卷補遺二十六卷　〔宋〕姚鉉輯　(補遺)〔清〕郭麐輯

Quarto PL2501 .C45 1873

清光緒十六年(1890)杭州許氏榆園刻本　二十册二函

每半葉14行，行25字，小字雙行字同，黑口，左右雙邊，單黑魚尾，半框高18.2釐米，寬13.1釐米。版心中鎸書名、卷次及葉碼。

内封題“文粹，楊守敬題”。牌記題“光緒庚寅秋九月杭州許氏榆園校刊”。卷端題“文粹，吴興姚鉉纂”。

《補遺》内封題“文粹補遺，楊守敬題”。牌記題“光緒庚寅秋九月杭州許氏榆園校刊”。卷端題“文粹補遺，吴江郭麐纂”。

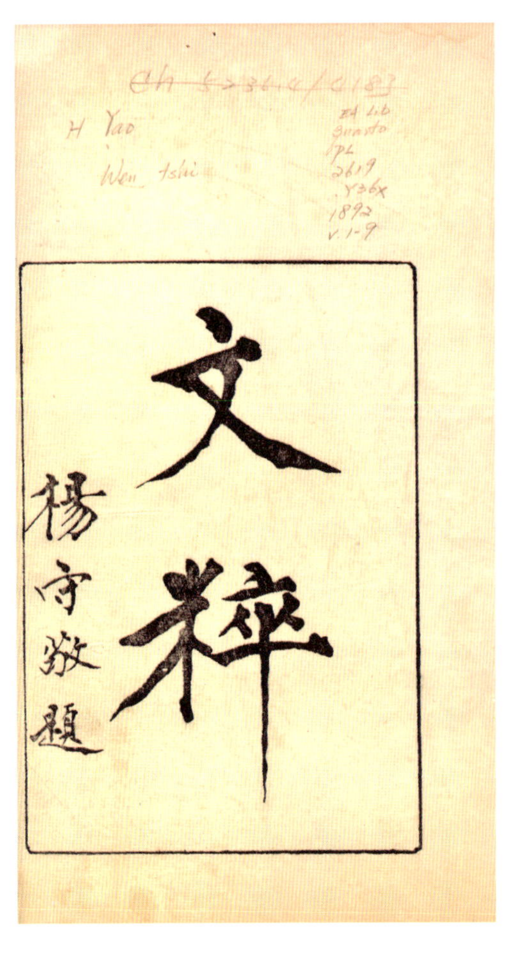

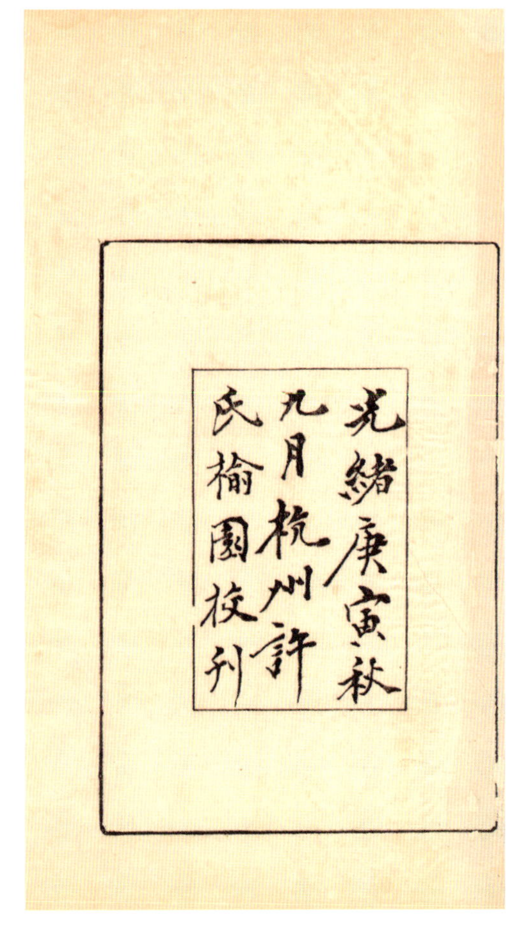

文粹卷第一　　吳興　姚鉉　纂

古賦一 總三首

聖德

含元殿賦 李華

明堂賦 李白

失道

阿房宮賦 杜牧

含元殿賦 并序　　李華

宮殿之賦論者以靈光爲宗然諸侯之遺事蓋務恢張飛動而已自茲已降代有辭傑播於聲頌則無聞焉夫先王建都營室必相地形詢卜筮考以農隙工以子來虞人獻山林之榦太史占日月之吉雖班張左思角立前代未能備也而曩之文士賦長笛洞簫懷握之細則廣言山川之阻採伐之勤至于都邑宮室宏模廓度

文粹一　一

文粹補遺卷第一　　吳江　郭麐　纂

表奏書疏一 總五首

十漸疏 魏徵

諫雅州討生羌書 陳子昂

舉陳寡尤等表 張說

諫大饗用倡優媟狎書 武平一

洛水漲應詔上直言疏 宋務光

十漸疏　　魏徵

臣觀自古帝王受圖定鼎皆欲傳之萬代貽厥孫謀故其垂拱巖廊布政天下其語道也必先淳樸而抑浮華其論人也必貴忠良而鄙邪佞言制度也則絕奢靡而崇儉約談物產也則重穀帛而賤珍奇然受命之初皆遵之以成治稍安之後多反之而敗俗其故何哉豈不以居萬乘之尊有四海之富出言而莫己逆所爲而

文粹補遺一　一

294.全唐詩九百卷目録十二卷　〔清〕曹寅等纂　

清道光十年（1830）刻本　一百二十册十二函

每半葉11行，行21字，小字雙行，字數不等，白口，左右雙邊，雙對黑魚尾，半框高16.5釐米，寬11.6釐米。版心上鎸作者，中鎸書名及葉碼。

内封題“全唐詩”。卷端題“全唐詩”。

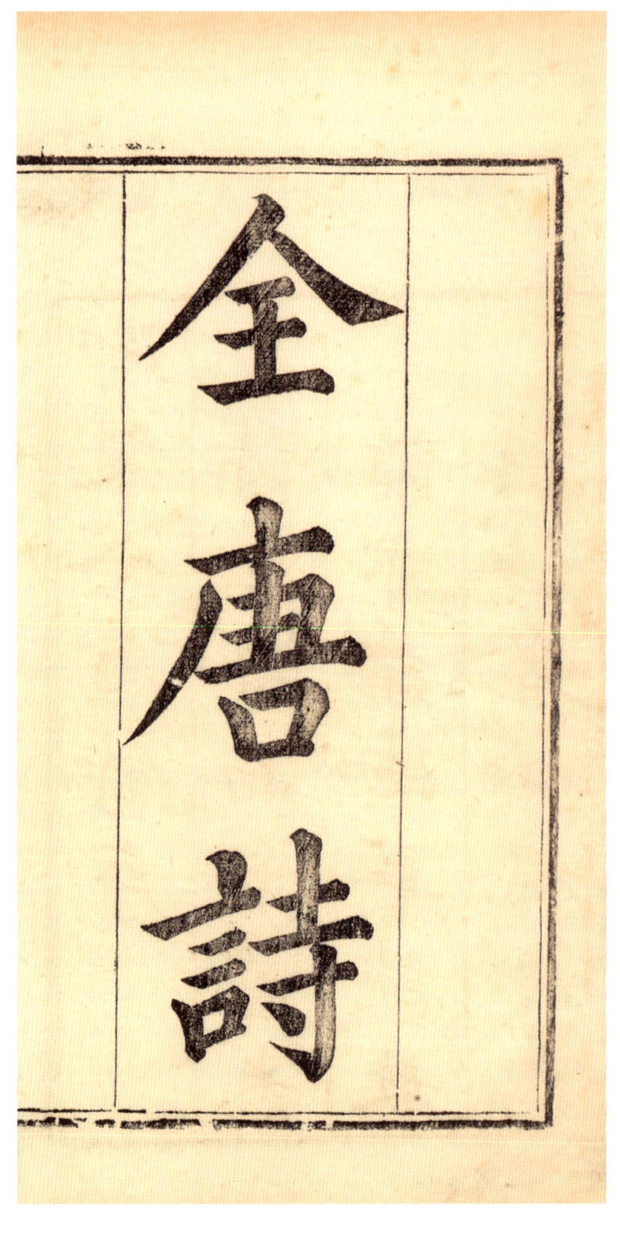

全唐詩

太宗皇帝

帝姓李氏諱世民神堯次子聰明英武貞觀之治庶幾成康功德兼隆由漢以來未之有也而銳情經術初建秦邸即開文學館召名儒十八人爲學士既即位殿左置宏文館悉引內學士番宿更休聽朝之間則與討論典籍雜以文詠或日昃夜艾未嘗少息詩筆草隸卓越前古至於天文秀發沈麗高朗有唐三百年風雅之盛帝實有以啓之焉在位二十四年謚曰文集四十卷館閣書目詩一卷六十九首今編詩一卷

帝京篇十首 幷序

295.唐人萬首絶句選七卷 〔宋〕洪邁撰 〔清〕王士禛選

清光緒二十三年(1897)金陵書局重刻本 二册一函

每半葉10行,行19字,黑口,左右雙邊,單黑魚尾,半框高16.9釐米,寬12.8釐米。版心中鎸書名、卷次及葉碼。

内封題“唐人萬首絶句選”。牌記題“光緒丁酉年季春月金陵書局重刊印行”。卷端題“唐人萬首絶句選,鄱陽洪邁元本,濟南王士禛選本”。

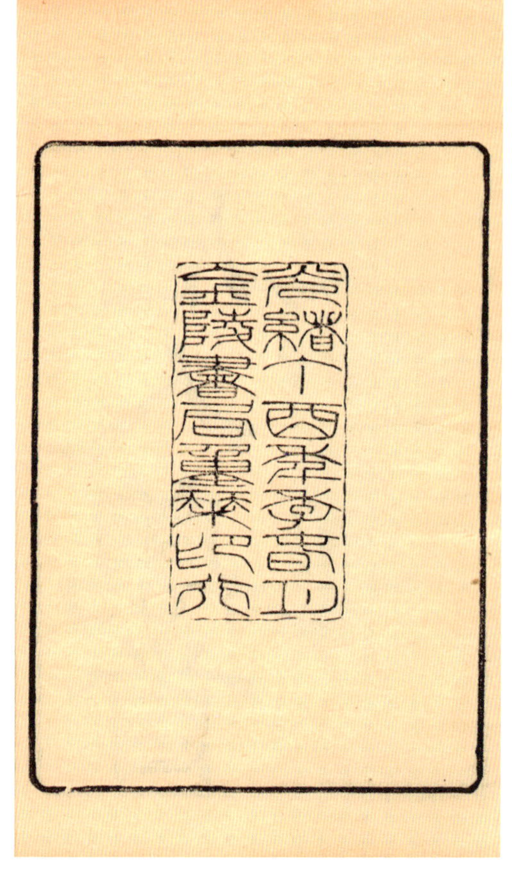

唐人萬首絶句選卷一

鄱陽　洪　邁　元本
濟南　王士禛　選本

五言一

王勃

寒夜思 三首

久別侵懷抱他鄉變容色月夜調鳴琴相思此何極

雲間征思斷月下歸愁切鴻雁西南飛如何故人別

296.八旗文經五十六卷作者考三卷叙録一卷　〔清〕盛昱輯

清光緒二十七年(1901)刻本　十二册一函

每半葉12行，行23字，小字雙行字同，黑口，左右雙邊，雙順黑魚尾，半框高18.3釐米，寬13.2釐米。版心中鎸書名及卷次，下鎸類名及葉碼。

内封題“八旗文經五十六卷作者考三卷叙録一卷”。牌記題“光緒辛丑秋八月刊於武昌府活洛端方署檢”。卷端題“八旗文經”。

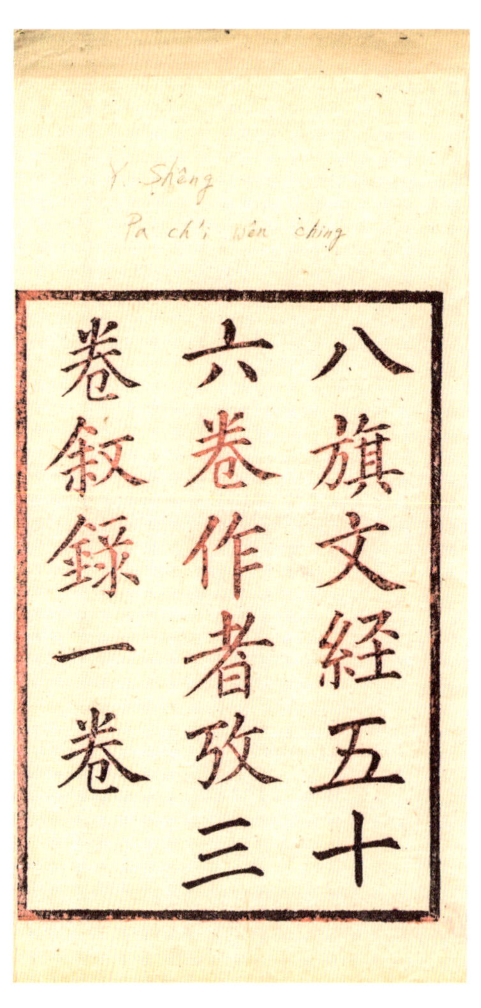
Y. Shêng
Pa ch'i wên ching
八旗文経五十
六卷作者攷三
卷叙錄一卷

光緒辛丑秋八月刊于
武昌府活洛端方署檢

八旗文經卷第一

賦甲

鬬鹿賦

成哲親王

郡邑之屬

297.楚庭耆舊遺詩後集二十一卷續集三十二卷 〔清〕伍崇曜輯

清道光二十三年(1843)南海伍氏刻本 十二册三函

每半葉11行,行22字,小字雙行字同,黑口,左右雙邊,雙對黑魚尾,半框高18釐米,寬14.6釐米。版心中鎸書名、卷次及葉碼。

内封題“楚庭耆舊遺詩後集二十一卷”。牌記題“道光二十三年六月南海伍氏開雕”。卷端題“楚庭耆舊遺詩,南海伍崇曜紫垣緝”。

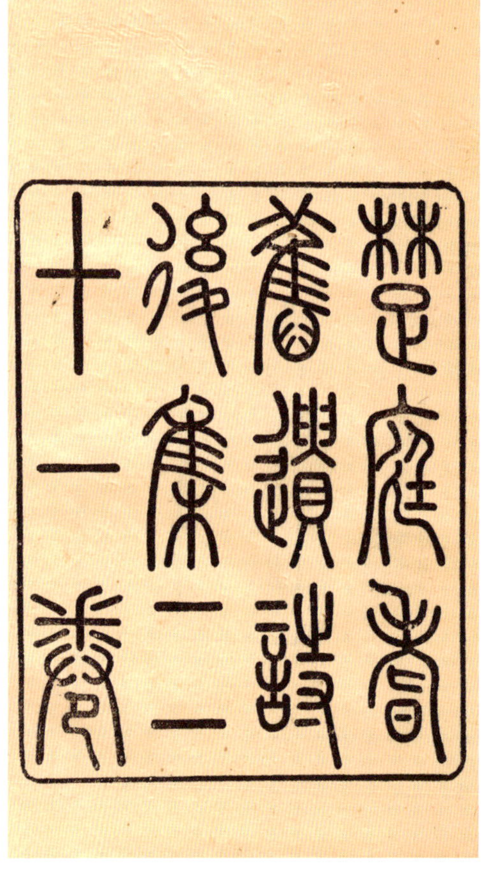
楚庭耆
舊遺詩
後集二
十一卷

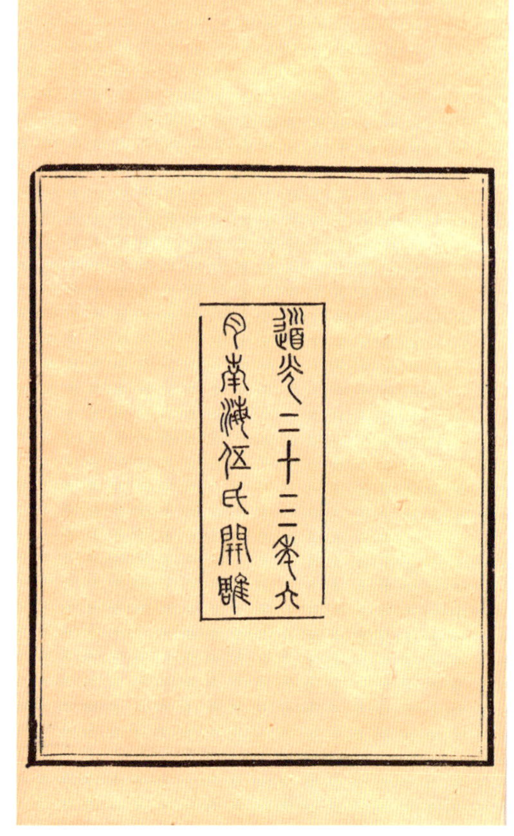
道光二十三年六
月南海伍氏開雕

楚庭耆舊遺詩　後集一

南海伍崇曜紫垣緝

吴蘭修

字石華嘉應人嘉慶戊辰舉人官信宜學訓導著有荔村吟草　譚玉生云石華嘗自榜其門曰經學博士又曰食四十兩俸藏三萬卷書著作等身刻有南漢紀五卷南漢地理志一卷端溪研史三卷其他有裨經史者尤多兼精算學著方程考學海堂二集刻之阮儀徵師相續補疇人傳及焉吾粤與者黎大令應南亦附見李銳傳中耳宜其自詡喚作詞人死不瞑目也然實工倚聲所作如西

298.浙西六家詩鈔六卷　〔清〕吴應和、馬洵選　Quarto PL2537 .W88

清道光七年（1827）紫微山館刻本　六册一函

每半葉9行，行19字，小字雙行字同，黑口，左右雙邊，單黑魚尾，半框高16.5釐米，寬12.9釐米。版心中鐫書名、卷次及葉碼。

内封題“道光丁亥仲夏新鐫，浙西六家詩鈔，紫微山館藏板”。卷端題“浙西六家詩鈔，海鹽吴應和榕園、海昌馬洵小眉同選”。

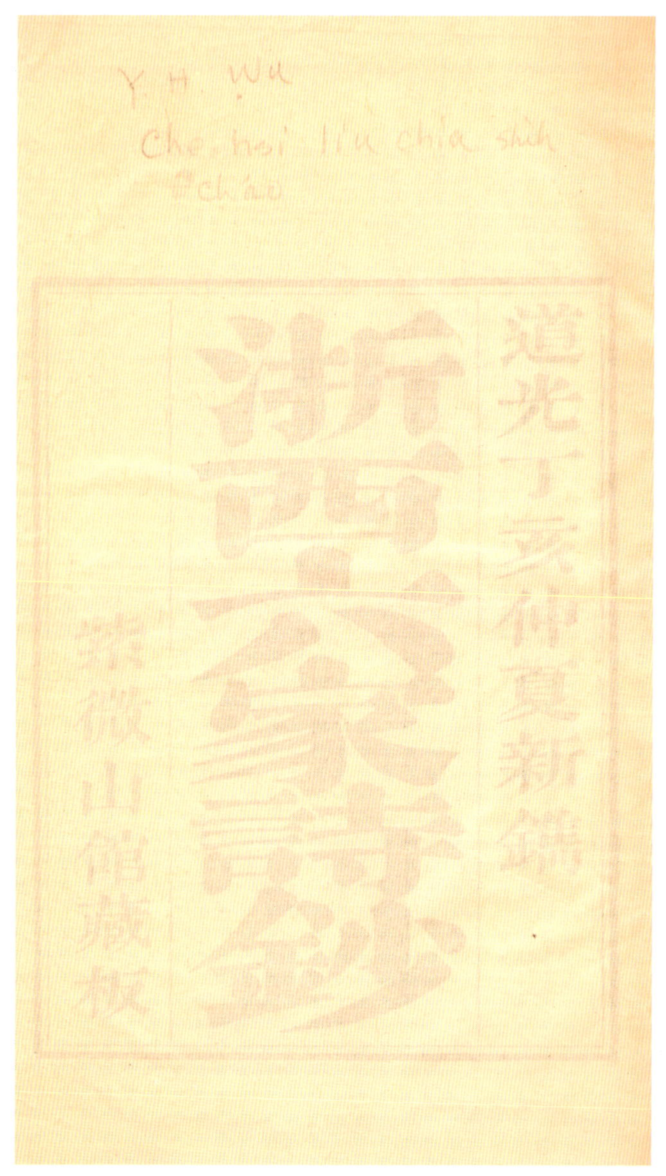

浙西六家詩鈔卷之一

海鹽吳應和榕園
海昌馬洵小眉 同選

樊榭山房詩

厲鶚、字太鴻、號樊榭、錢塘人、康熙五十九年舉人、乾隆元年薦舉博學鴻詞、有樊榭山房集、○沈歸愚曰、樊榭學問淹洽、尤熟精兩宋典實、人無敢難者、而詩品清高、五言在劉眘虛常建之間、今浙西談藝家專以飣餖撏撦爲樊榭流派、失樊榭之眞矣、○王蘭泉曰、徵君性孤峭、義不苟合、讀書搜奇愛博、鈎新摘異、尤熟於宋元以來叢書稗說、以孝廉需次縣令、將入京、道經天津、查蓮坡先生留之水西莊、觴詠數月、同撰周密絶妙好詞箋、遂不就選而歸、揚州馬秋玉兄弟延爲上客、嗣後來往水西者、凡數載、馬

299.嶺南三大家詩選二十四卷 〔清〕王隼輯

清同治七年(1868)南海陳氏刻本 四册一函

每半葉10行,行19字,黑口,左右雙邊,單黑魚尾,半框高16.8釐米,寬13.5釐米。版心中鎸書名、卷次、詩集名及葉碼。

内封題“嶺南三大家詩選,陳澧題”。牌記題“同治戊辰中冬南海陳氏重刊”。卷端題“嶺南三大家詩選,番禺王隼蒲衣選”。

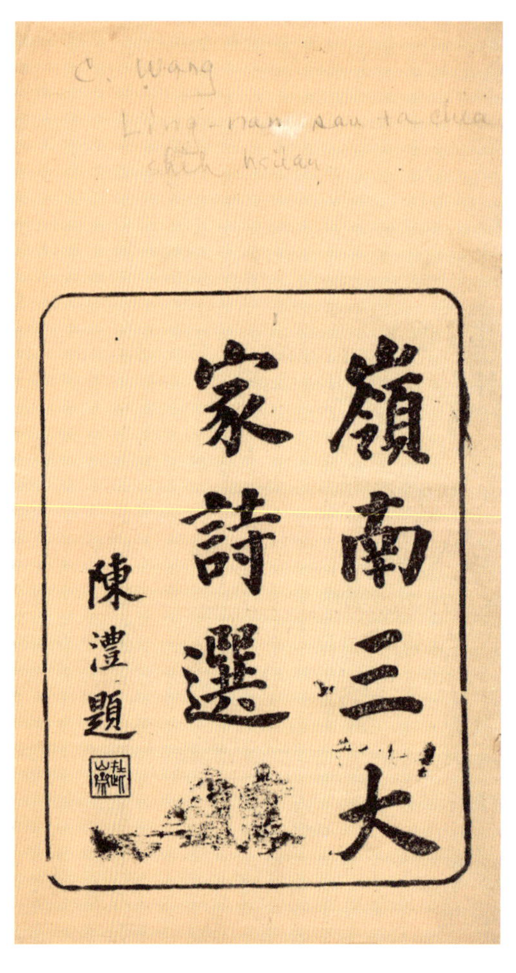

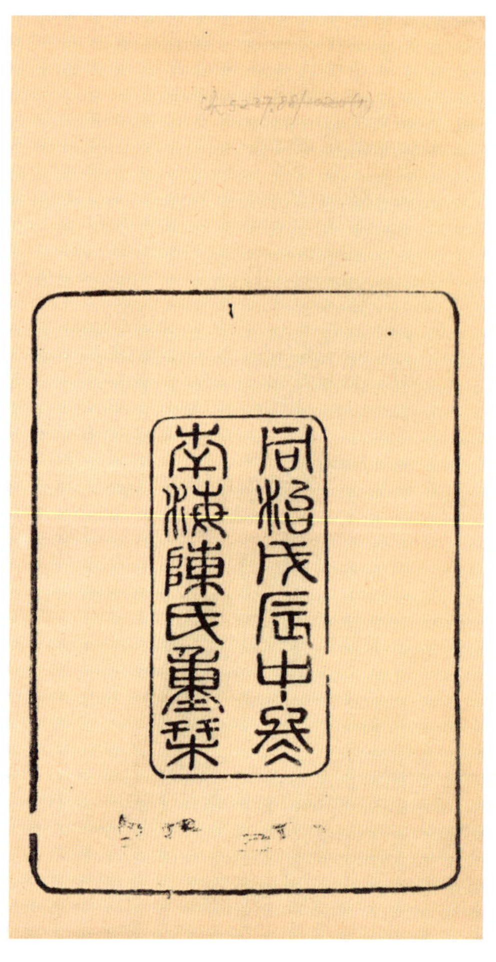

嶺南三大家詩選卷一

番禺王　隼蒲衣選

梁佩蘭

古樂府

朱鷺

朱鷺鷺在鼓毋以鼓易爾茹彼茹者華馨其食濡其翼軒而翮而誰誅而

有所思

有所思乃在大海東無物用遺君白玉蛺蝶金芙蓉芙蓉有雙頭蛺蝶無單飛緜之絲書俱之聞君

題咏之屬

300.咏物詩選八卷　〔清〕俞琰輯　Quarto PL2517 .Y8

清翻刻雍正三年（1725）寧儉堂本　六册一函

每半葉10行，行21字，黑口，左右雙邊，單黑魚尾，半框高15.6釐米，寬11.4釐米。版心中鎸書名、卷次、部名及葉碼。

内封題“嘉善俞長仁編輯，歷朝咏物詩選，分類備載”。卷端題“咏物詩選，魏塘俞琰長仁輯”。

咏物詩選卷第一

魏塘俞 琰長仁輯

天部

日 唐李 嶠

旦出扶桑路遥升若木枝雲間五色滿霞際九光披東陸蒼龍駕南郊赤羽遲傾心比葵藿朝夕奉光曦

曉日 唐韓 偓

天際霞光入水中水中天際一時紅直須日觀三更後首送金烏上碧空

望蚕日 唐朱慶餘

詩文評類

301.文心雕龍十卷 〔南朝梁〕劉勰撰 PL2263 .L5 1833

清道光十三年(1833)兩廣節署刻朱墨套印本 四册一函

每半葉10行,行21字,小字雙行字同,白口,左右雙邊,單黑魚尾,無界欄,半框高18.3釐米,寬13釐米。版心上鎸書名,中鎸卷次及篇名,下鎸葉碼。眉上鎸評,行5字。

内封題“文心雕龍十卷”。牌記題“道光十三年冬刊於兩廣節署”。卷端題“文心雕龍,梁劉勰撰,北平黄叔琳注,河間紀昀評”。卷十末朱色題“乾隆辛卯八月初六日閲畢曉嵐記”,墨色題“嘉應廩生吴梅修校”。

鈐印“琴軒”“慎思明辨”“陳克明印”“桂廎”“欒仁南印”。

按:陳其榮,字桂廎,亦作桂青、桂卿,嘉興人。同治六年(1867)舉人,曾參與編修光緒《嘉興府志》中經籍、兵事部分,著有《國朝師儒傳學表》《桂廎書跋》《説文舊音》等。

據時序篇此書實成於齊代今題曰梁蓋後人所追題猶玉臺新詠成於梁而今本題陳徐陵耳

自漢以來論文者罕能及此彥和以此發端所見在六朝文士之上○文以載道明其當然文原於道明其本然識其本乃不逐其

文心雕龍卷第一

梁 劉 勰撰

北平黃叔琳注

河間紀 昀評

原道第一

文之爲德也大矣與天地並生者何哉夫玄黃色雜方圓體分日月疊璧以垂麗天之象山川煥綺以鋪理地之形此蓋道之文也仰觀吐曜俯察含章高卑定位故兩儀既生矣惟人參之性靈所鍾是謂三才爲五行之秀實天地之心一本實上有人字心下有生字心生而言立言立而文

302.文心雕龍十卷　〔南朝梁〕劉勰撰　Quarto PL2263 .L5 1877

清光緒三年（1877）湖北崇文書局刻本　二册一函

每半葉12行，行24字，黑口，四周雙邊，雙對黑魚尾，半框高19釐米，寬14.9釐米。版心中鎸卷次、書名及葉碼。

内封題“文心雕龍”。牌記題“光緒三年三月湖北崇文書局開雕”。卷端題“文心雕龍，梁東莞劉勰著”。

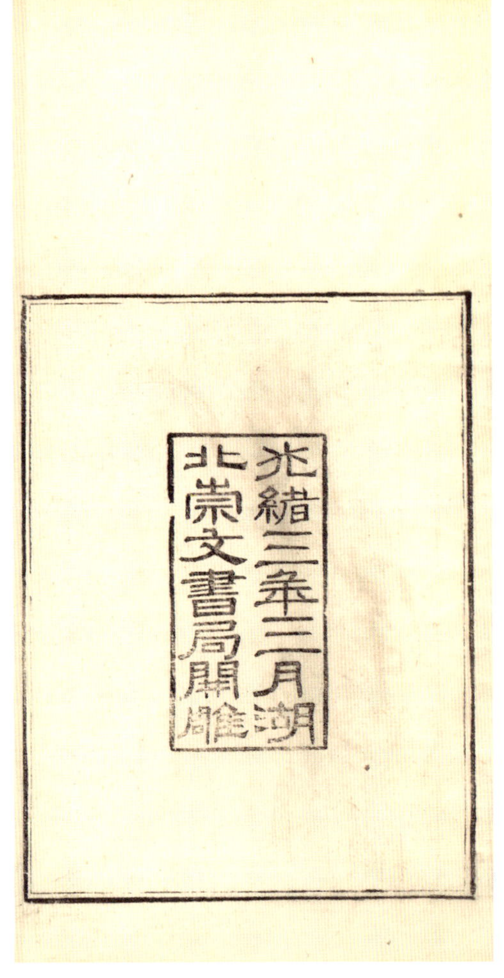

文心雕龍卷一

梁東莞劉勰著

原道第一

文之爲德也大矣與天地並生者何哉夫玄黃色雜方圓體分日月疊璧以垂麗天之象山川煥綺以鋪理地之形此蓋道之文也仰觀吐曜俯察含章高卑定位故兩儀既生矣惟人參之性靈所鍾是謂三才爲五行之秀人實天地之心生心生而言立言立而文明自然之道也傍及萬品動植皆文龍鳳以藻繪呈瑞虎豹以炳蔚凝姿雲霞雕色有踰畫工之妙草木賁華無待錦匠之奇夫豈外飾蓋自然耳至於林籟結響調如竽瑟泉石激韻和若球鍠故形立則章成矣聲發則文生矣夫以無識之物鬱然有彩有心之器其無文歟人文之元肇自太極幽讚

303.四六叢話三十三卷選詩叢話一卷　〔清〕孫梅輯

Quarto PL2398.H5 S85x 1881

清光緒七年（1881）吴下刻本　十二册一函

每半葉10行，行21字，小字雙行字同，黑口，左右雙邊，雙對黑魚尾，半框高18.7釐米，寬13.9釐米。版心中鎸書名、卷次及葉碼。

内封題“四六叢話三十三卷選詩叢話一卷，錢塘汪鳴鑾署檢”。牌記題“光緒七年歲次辛巳仲秋之月吴下重雕”。卷端題“四六叢話，烏程孫梅輯”。

鈐印“天津書局”。

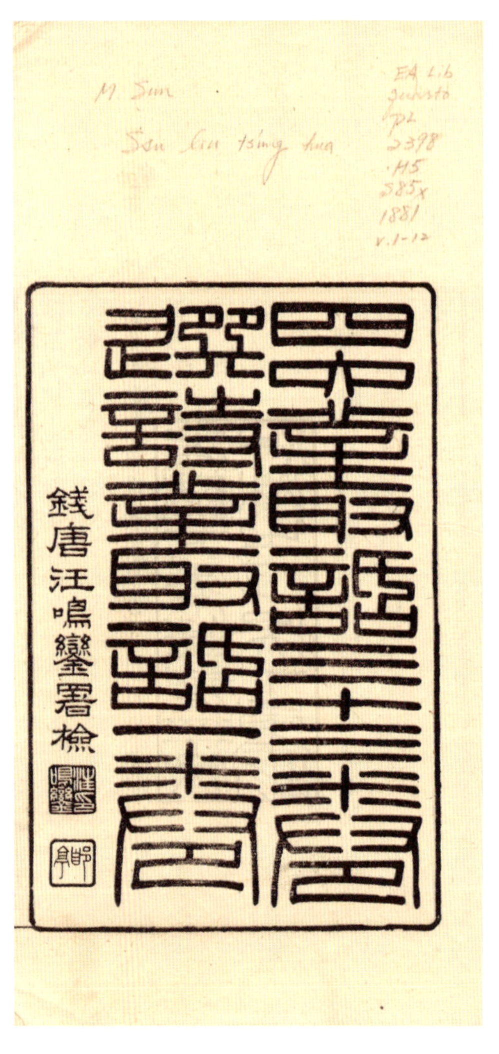

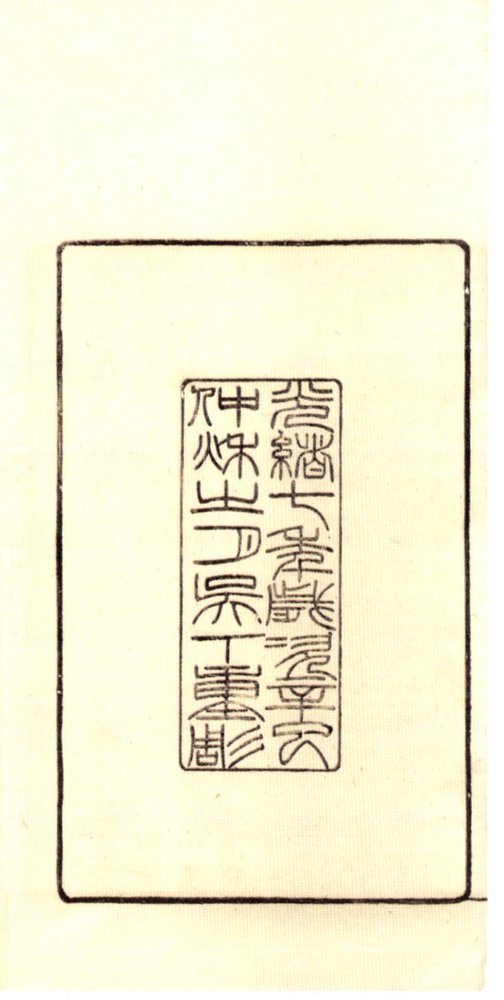

四六叢話卷一

烏程　孫梅　輯

選一

文之爲言合天人以炳耀選之爲道從精義以入神選而不文非他山之瑜瑾文而非選豈麗製之淵林若乃懸衡百代揚搉羣言進退師於一心總持及乎千載吾於昭明氏見之矣夫一言以知𠪚蔑知人難矣未若知言之難也後世必有子雲知言難矣未若知文之尤難也更二難以課最包載籍以爲程著述以來僅有斯作夫陶冶墳素者本

304.全唐文紀事一百二十二卷首一卷　〔清〕陳鴻墀纂

清同治十二年(1873)巴陵方功惠刻本　三十二册四函

每半葉9行,行21字,小字雙行字同,白口,四周雙邊,單黑魚尾,半框高19.8釐米,寬14.4釐米。版心上鎸書名,中鎸卷次,下鎸葉碼。

内封題“全唐文紀事,門人陳澧敬題”。卷端題“全唐文紀事,原任翰林院編修、國史館纂修、實録館提調、武英殿協修陳鴻墀纂”。卷末題“粵東省城西湖街富文齋承接刊印”。

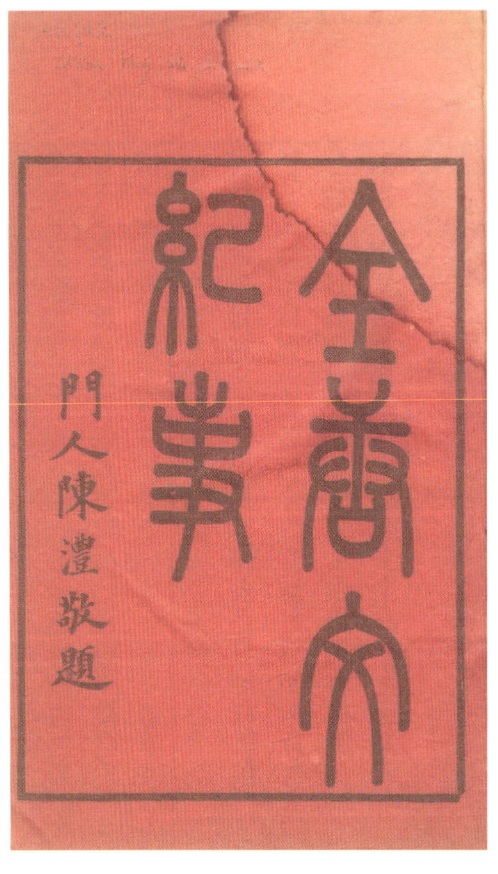

全唐文紀事

門人陳澧敬題

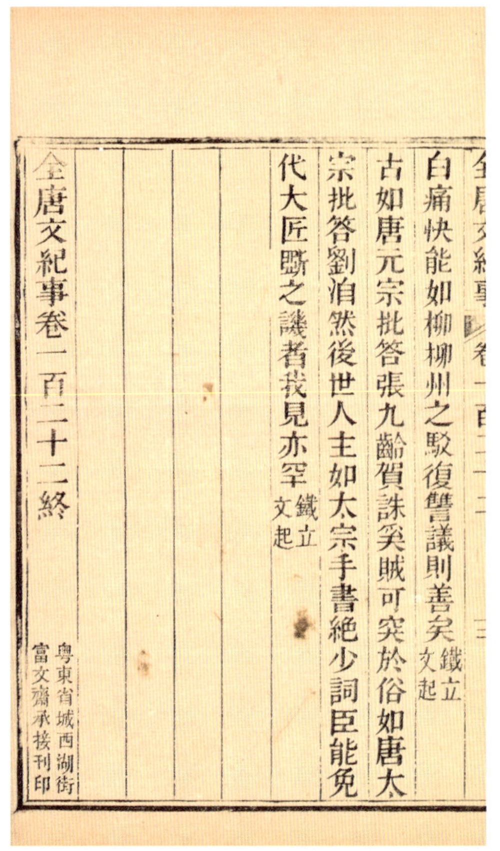

白痛快能如柳柳州之駁復讐議則善矣鐵立文起

古如唐元宗批答張九齡賀誅奚賊可奚於俗如唐太

宗批答劉洎然後世人主如太宗手書絕少詞臣能免

代大匠斲之譏者我見亦罕鐵立文起

全唐文紀事卷一百二十二終

粵東省城西湖街富文齋承接刊印

全唐文紀事卷一

原任翰林院編修 國史館纂修 實錄館提調 武英殿協修陳鴻墀纂

體例一

中書令之職掌軍國之政令入則告之出則奉之凡王言之制有七一曰冊書二曰制書三曰慰勞制書四曰發日敕五曰敕旨六曰論事敕書七曰敕牒皆宣署申覆而施行焉唐六典

凡上之所以逮下其制有六曰制敕冊令教符天子曰制曰敕曰冊皇太子曰令親王公主曰教尚書省下於州州下於縣縣下於鄉皆曰符凡下之所以達

305.隨園詩話十六卷　〔清〕袁枚撰　PL2306 .Y8 1792

清乾隆五十七年（1792）小倉山房刻本　八册一函

每半葉9行，行21字，白口，左右雙邊，單黑魚尾，半框高13.1釐米，寬9.2釐米。版心上鎸書名，中鎸卷次，下鎸葉碼。

内封題“乾隆壬子春鎸，隨園詩話，本衙藏板”。卷端題“隨園詩話，倉山居士著”。

鈐印“蕉陰精舍”。

按：館藏缺卷十六。

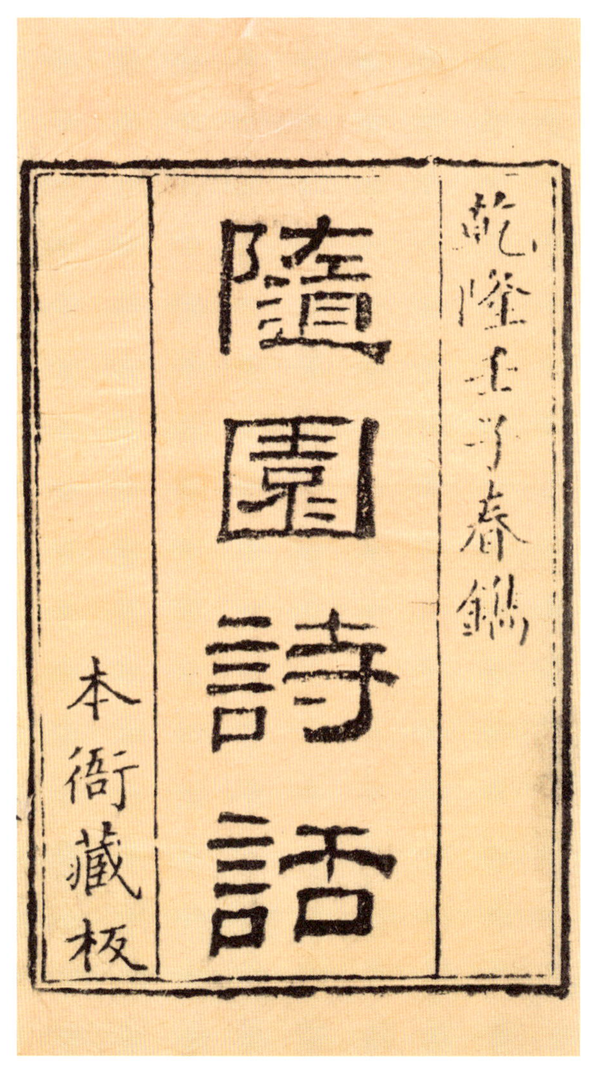

隨園詩話卷一

倉山居士著

古英雄未遇時都無大志非止鄧禹希文學馬武望督郵也晉文公有妻有馬不肯去齊光武貧時與李通訟逋租於嚴尤尤奇而目之光武歸謂李通曰嚴公寧目君耶窺其意以得嚴君一盼爲榮韓蘄王爲小卒時相士言其日後封王韓大怒以爲侮已奮拳毆之都是一般見解鄂西林相公辛丑元日云攬鏡人將老開門草未生詠懷云看來四十猶如此便到百年已可知皆作

306.碑版文廣例十卷　〔清〕王芑孫輯　Quarto PL2448 .W33x

清道光二十一年（1841）刻本　四册一函

每半葉10行，行20字，小字雙行字同，白口，左右雙邊，單黑魚尾，半框高17.9釐米，寬13.6釐米。版心上鐫書名，中鐫卷次，下鐫葉碼。

内封題“金石碑版廣例”。卷端題“碑版文廣例，長洲王芑孫念豐輯”。

金石碑
版廣例

碑版文廣例卷一

長洲王芑孫念豐輯

吾以文章正統與韓歐矣顧乃上追秦漢而尤詳於漢何也昌黎言之矣非三代兩漢之書不敢觀兩漢之書昌黎固嘗熟觀而取法焉弗敢弗詳也詳於漢而見諸司馬班氏書者略弗道何也此爲承學治古文者言世無承學治古文而未讀司馬班氏書者也然則方以昌黎孕諸漢烏在其以正統與韓歐也觀乎漢而後知韓歐之道之難韓歐之文之貴也古文莫貴乎事

詞　類

307.詞選二卷後序一卷續詞選二卷附録一卷　〔清〕張惠言輯　（續詞選、附録）〔清〕董毅輯　PL2548 .C35x 1830

清刻本　二册一函

每半葉11行，行23字，小字雙行字同，白口，左右雙邊，單黑魚尾，半框高16.9釐米，寬14釐米。版心上鎸書名，中鎸卷次，下鎸葉碼。

《詞選》卷端題“詞選，張惠言録”。《續詞選》内封題“續詞選二卷附録一卷”。卷端題“續詞選，陽湖董毅録”。

按：第一册外封手題“石坦安先生惠存，宋樂碞敬贈”。

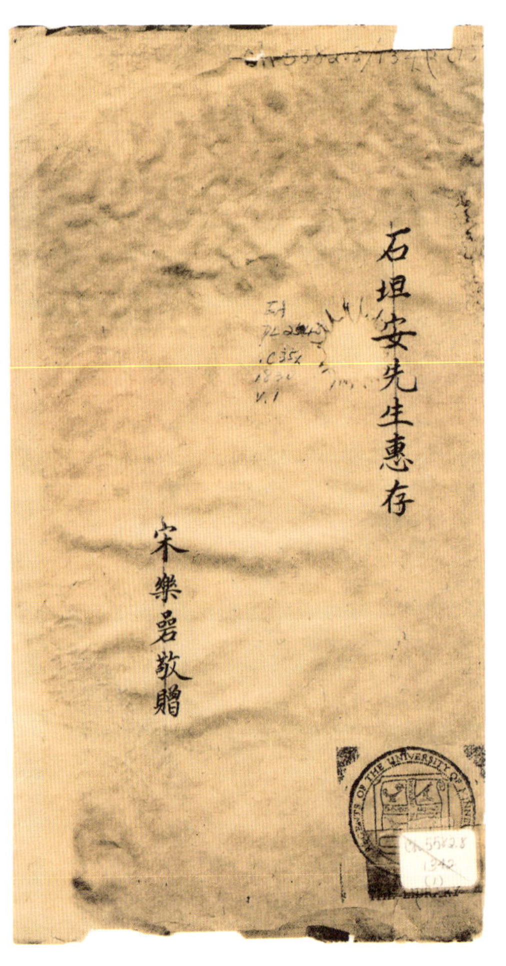

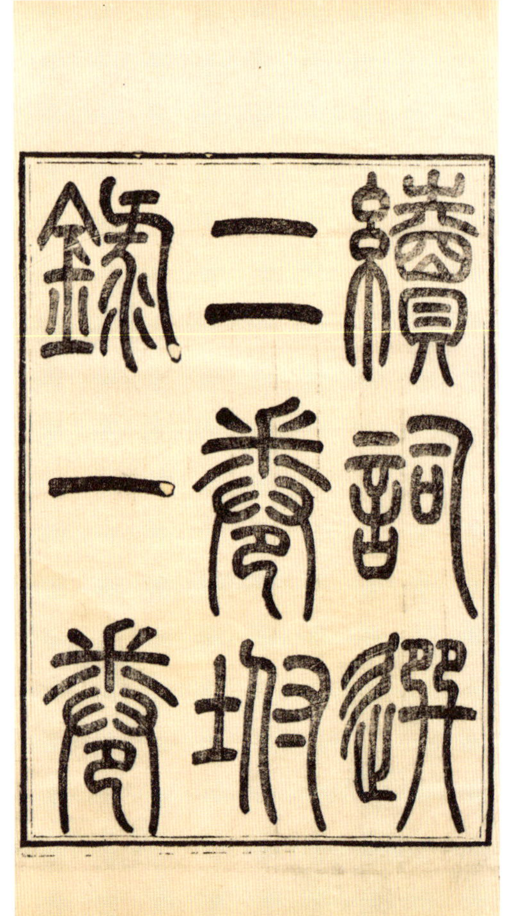
續詞選二卷附録一卷

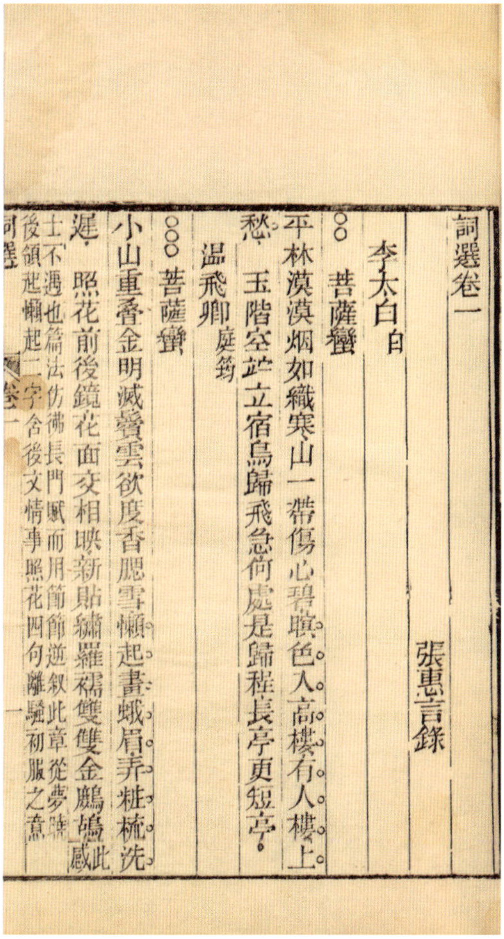

詞選卷一

張惠言錄

李太白 白

○○ 菩薩蠻

平林漠漠烟如織寒山一帶傷心碧暝色入高樓有人樓上愁 玉階空竚立宿鳥歸飛急何處是歸程長亭更短亭

温飛卿 庭筠

○○○ 菩薩蠻

小山重疊金明滅鬢雲欲度香腮雪懶起畫蛾眉弄粧梳洗遲 照花前後鏡花面交相映新貼繡羅襦雙雙金鷓鴣 此感士不遇也篇法仿佛長門賦而用節節逆叙此章從夢曉後領起懶起二字含後文情事照花四句離騷初服之意

詞選 卷一 一

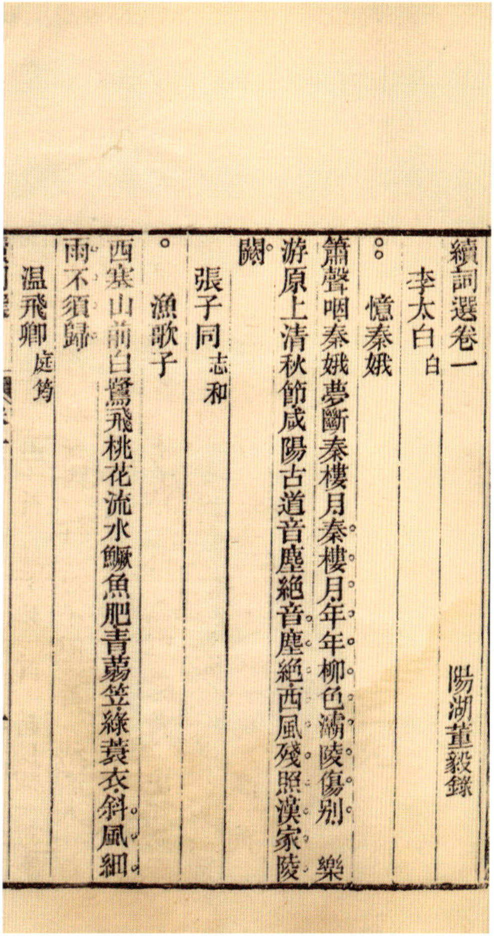

續詞選卷一

陽湖董毅錄

李太白 白

○○ 憶秦娥

簫聲咽秦娥夢斷秦樓月秦樓月年年柳色灞陵傷別 樂游原上清秋節咸陽古道音塵絶音塵絶西風殘照漢家陵闕

張子同 志和

○ 漁歌子

西塞山前白鷺飛桃花流水鱖魚肥青箬笠綠蓑衣斜風細雨不須歸

温飛卿 庭筠

曲　類

308.廿一史彈詞注十一卷　〔清〕楊慎編　〔清〕張三異增定　〔清〕張仲璜注

清道光十二年(1832)關中書院刻本　八册一函

每半葉11行,行21字,小字雙行字同,白口,四周雙邊,單黑魚尾,半框高19.1釐米,寬14.7釐米。版心上鐫書名,中鐫卷次,下鐫葉碼。

内封題"四庫館大總裁核定,廿一史彈詞注,關中書院藏板"。卷端題"廿一史彈詞注,成都楊慎用修編著,富平楊浚松林重刻,漢陽張三異禹木增定,男仲璜别麓注、伯琮鶴湄訂、叔珽鵠巖參,孫坦含坤章、坦麟書臣、坦驄青御、坦熊男祥仝校"。

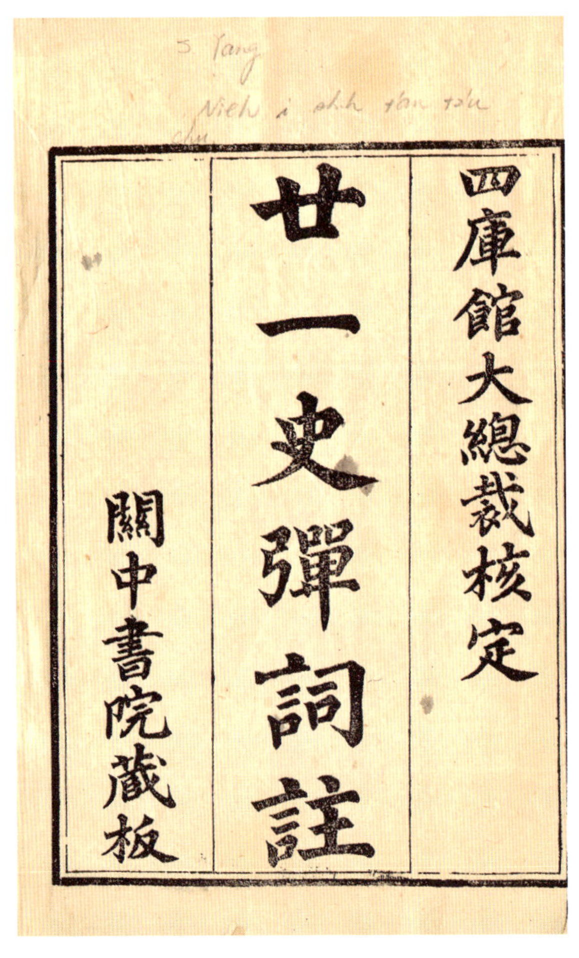

廿一史彈詞註卷之一

成都楊　慎用修編著　富平楊　淩松林重刻

漢陽張三異禹木增定

男仲璜別麓註　孫坦含坤章

伯琮鶴湄訂　坦麟盡臣

叔珽鵠巖夵　坦驄青御

坦熊男祥仝校

第一段　總說　西江月

天上烏飛兔走人間古往今來沉吟屈指數英才多少是非成敗　富貴歌樓舞榭凄凉廢塚荒臺萬般回首化塵埃只有青山不改　詩曰

309.遏雲閣曲譜初集不分卷 〔清〕王錫純輯 M1510.W24 O2

清光緒十九年(1893)上海著易堂鉛印本 十二册二函

内封題"光緒癸巳仲冬,遏雲閣初集曲譜,盧鈞甫題籤"。牌記題"著易堂印,版權所有"。目録端題"遏雲閣曲譜初集,南清河王錫純熙臺氏輯,男濱校,蘇州李秀雲拍正"。書名據目録。

鈐印"著易堂涂氏藏書之章"。

按:此書初版爲八册,很快售罄,十二册本爲再版,内容一如初版。

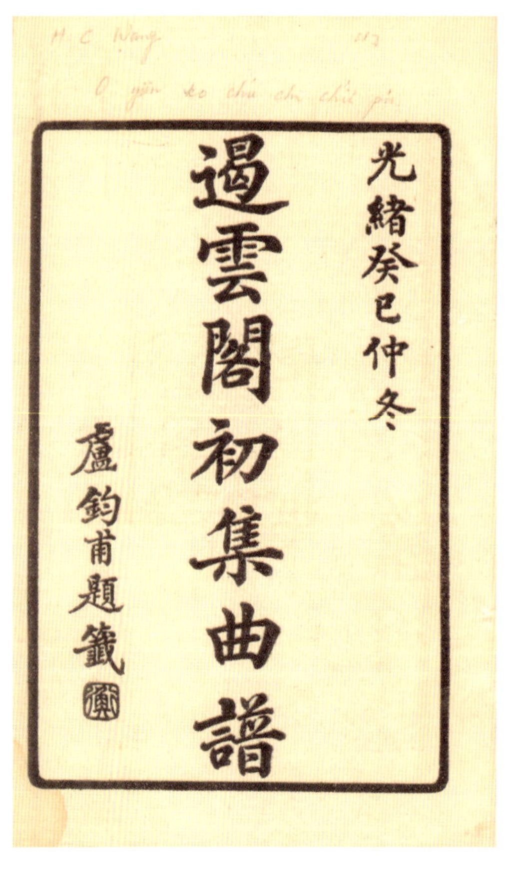

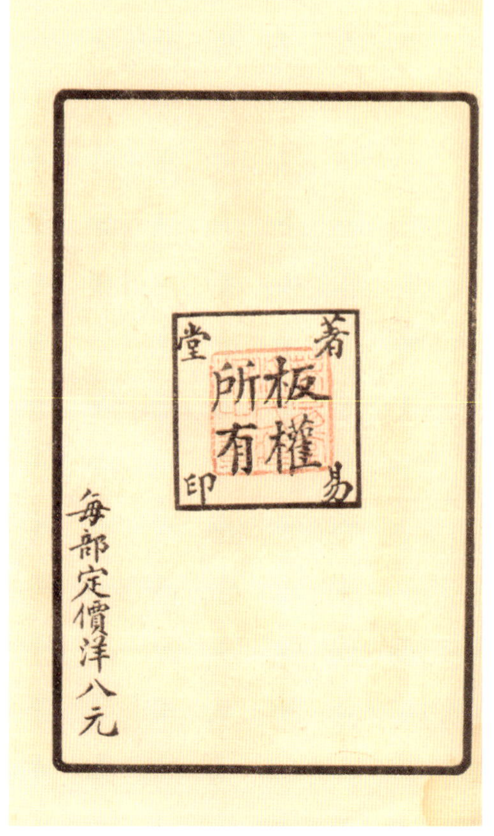

遏雲閣曲譜初集總目

南清河王錫純熙臺氏輯

男 濬 校

蘇州李秀雲拍正

310.繪圖綴白裘十二集四十八卷 題〔清〕玩花主人輯 〔清〕錢德蒼增輯

PL2568 .W3 1908

清光緒三十四年(1908)廣雅書局石印本 十二册二函

内封題“改良全圖綴白裘十二集全傳”。牌記題“老北門内元和里二弄第七十六號,上海廣雅書局印行”。卷端題“繪圖綴白裘”。

改良全圖綴白
裘十二集全傳

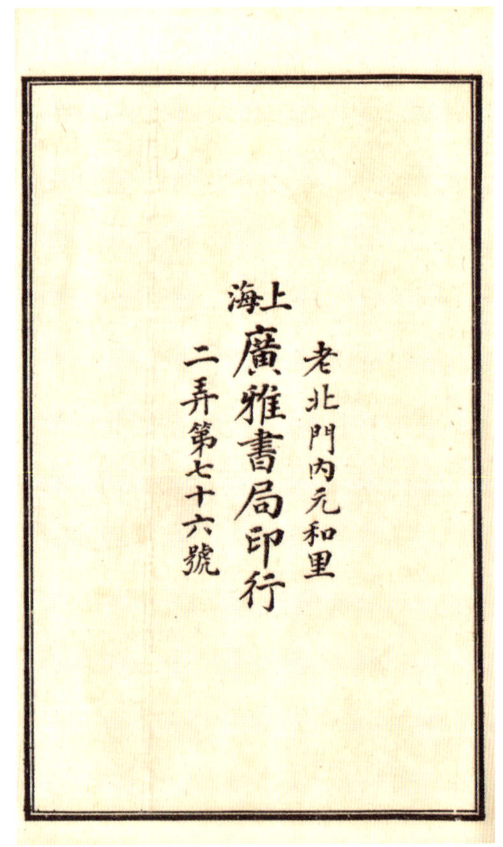
老北門内元和里
上海廣雅書局印行
二弄第七十六號

繪圖綴白裘初集卷一

牧羊記

慶壽（生上）

引【風調雨順】山河定萬國寧安百姓四海昇平邊疆寧靜皆賴着一人有慶微臣感幸但恪守忠貞佈揚宣令回首北堂
歎西山日暮桑榆景
十載留心讀聖書一朝抱勢貸皇都胸藏豪氣三千丈報國英雄七尺軀供子職贊皇圖方表人間大丈夫一生願遂
忠和孝料想蒼天不負吾下官姓蘇名武字子卿乃杜陵人也官居近侍職掌中郎懷社稷之深憂受朝廷之顯爵諳
通文武抱韞古今朝隨仙仗侍天顏暮入親幃供子職且喜夫妻和順子母康寧當朝廷無事之秋享臣子有功之祿
今日母親壽誕已曾分付常惠安排筵席稱慶未知可曾完備常惠那裡（末上）來了昨日宿醒猶未醒今朝纔聞又排
筵華堂深處風光好別是人間一洞天常惠叩頭（生）昨日分付你安排筵席可曾完備麼（末）完備多時了（生）請太夫人
和夫人上堂（末應請介）（貼旦扶老旦上）
引【天壽香】年南極壽星高照（旦上）壽堂前珠圍翠繞（合）壽筵開喧壽樂壽
（老旦）今日閒居無事請我出來做什麼（生）告母親知道今日孩兒特備壽筵與母親稱慶（老旦）生受你婺星昨夜耀中
天今日華堂開壽筵（生）但願年年當此日（旦）一杯壽酒慶高年
【山花子】壽筵開處風光好（衆合）爭看壽星榮耀羨麻姑玉女共超壽全王母年高壽香騰壽燭影搖玉杯壽酒增壽考金
盤壽果長壽桃願福如海深惟願壽比山高（旦）姑年壽高福祿壽三星照見祥雲五色籠罩願朱顏壽比長生不老壽天
齊正全歡笑
【大和佛】（合）青鹿啣芝呈瑞草齊祝願壽山高遐齡呈祥喜庭照齊祝願壽彌高畫堂春日多喧鬧惟願壽基鞏固壽堅牢

311.度曲須知二卷　〔明〕沈寵綏撰　Quarto MT850 .S5x

明崇禎十二年（1639）自刻清順治六年（1649）沈標重修本　四册一函

每半葉8行，行22字，小字雙行字同，白口，四周單邊，無魚尾，半框高21.1釐米，寬12.1釐米。版心上鎸書名，中鎸卷次，下鎸葉碼。

卷端題“度曲須知，松陵適軒主人沈寵綏君徵甫著”。

而還歸入唱。則凡遇入聲字面。毋長吟。毋連腔。連腔者。所出之字。與所接之腔。口中一氣唱下連而不斷是也。出口即須唱斷。至唱緊板之曲。更如丢腔之一吐便放。略無絲毫粘帶。則婉肖入聲字眼。而愈顯過度顛落之妙。不然。入聲唱長。則似平矣。抑或唱高。則似去。唱低則似上矣。是惟平出可以不犯去上。短出可以不犯平聲。乃絕好唱訣也。至於北曲無入聲。派叶平上去三聲。此廣其押韻。爲作詞而設耳。然呼吸吞吐之間。還有入聲之別。度北曲者須當理會。若夫平聲自應平唱。不忌

度曲須知　上卷　六

度曲須知 上卷

松陵適軒主人沈寵綏君徵甫著

曲運隆衰

粤徵往代。各有專至之事以傳世。文章矜秦漢。詩詞美宋唐。曲劇侈胡元。至我　明則八股文字姑無置喙。而名公所製南曲傳奇。方今無慮充棟。將來未可窮量。是眞雄絕一代。堪傳不朽者也。顧曲肇自三百篇耳。風雅變爲五言七言。詩體化爲南詞北劇。自元人以塡詞制科。而科設十

小説類

312.新評龍圖神斷公案十卷　KNN1610 .X58 1816

清嘉慶二十一年(1816)一經堂刻本　五册一函

每半葉11行,行24字,白口,左右雙邊,單黑魚尾,半框高12.8釐米,寬10.1釐米。版心上鎸“龍圖公案”,中鎸卷次,下鎸葉碼。繡像十幅。

内封題“嘉慶丙子年新鎸,繡像龍圖公案,一經堂梓行”。卷端題“新評龍圖神斷公案”。

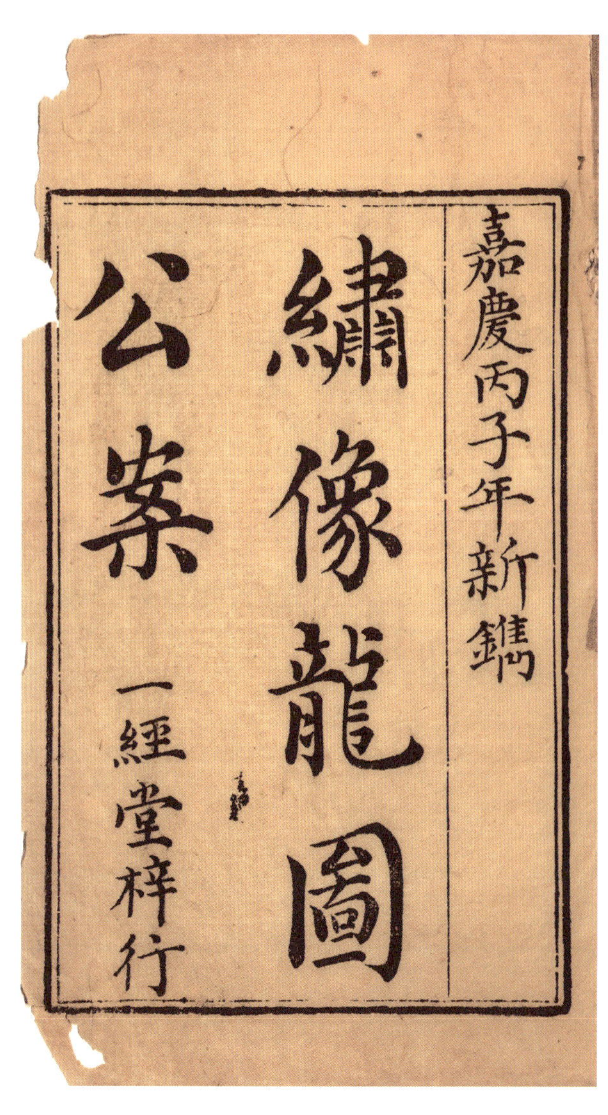

新評龍圖神斷公案卷之一

阿彌陀佛講和

話説德安府孝感縣有一秀才姓許名獻忠年方十八眉清目秀手神俊雅對門一屠戶蕭輔漢有一女名淑玉年十七歲甚有姿色每在樓上綉花其樓近路時見許生行過兩下相看各有相愛的意時日積久亦通言笑生以言挑之女即首肯其夜許生以樓梯暗引上去與女携手蘭房情交意美雞鳴生欲下樓歸約次夜又來女道倘梯在樓恐夜有人經過看見不便我已備員木在樓枋將白布一疋半掛員木半垂樓下汝次夜只將手緊攬白布我在上吊扯上來豈不甚便許生喜悅不勝如此往來半年鄰舍頗知只蕭輔漢不曉有一夜許生因朋友請

巧思

313.西湖佳話古今遺迹十六卷 題〔清〕古吴墨浪子輯 PL2719.O5 H8 1750

清乾隆十五年（1750）金閶學耕堂刻本 六册一函

每半葉10行，行22字，白口，左右雙邊，單黑魚尾，半框高12.8釐米，寬9.2釐米。版心上鎸書名，中鎸卷次，下鎸葉碼。整葉西湖全圖1幅，西湖佳景圖10幅。

内封題“古吴墨浪子輯，西湖佳話，金閶學耕堂梓”。卷端題“西湖佳話古今遺迹，古吴墨浪子搜輯”。

鈐印“柳外圖書”。

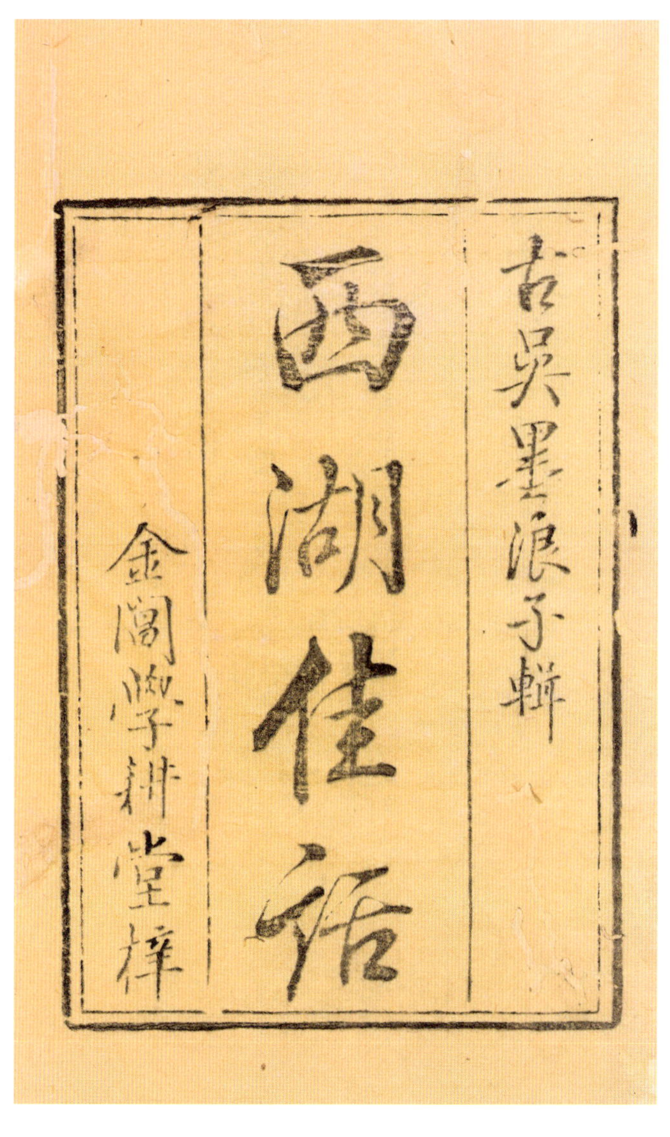

西湖佳話古今遺蹟卷之一

古吳墨浪子搜輯

葛嶺仙蹟

西湖環繞皆山也而山之蜿蜒起伏可容人之散步而前後觀覽者則嶺也嶺之列在南北兩峯與左右諸山者皆無足稱縱有可稱亦不過稱其形勢稱其隅位而已並未聞有著其姓者獨保叔塔而西一帶乃謂之葛嶺此何說也蓋嘗考之此嶺在晉時曾有一異人葛洪在此嶺上修養成仙一時人傑地靈依人之姓即冒而為嶺之姓也你道這葛洪是誰他號稚川原是京陵句容人在三國時從

314.原本海公大紅袍傳十卷六十回　〔明〕李春芳編　

清嘉慶十八年（1813）福文堂刻本　十册一函

每半葉9行，行19字，白口，四周雙邊，單黑魚尾，半框高12.3釐米，寬9.6釐米。版心上鐫“紅袍全傳”，中鐫卷次，下鐫葉碼。

内封題“嘉慶十八年新鐫，海瑞大紅袍全傳，福文堂藏板”。目録端題“原本海公大紅袍全傳，晋人義齋李春芳編次，金陵萬卷樓虚舟生鐫”。卷端題“原本海公大紅袍傳”。

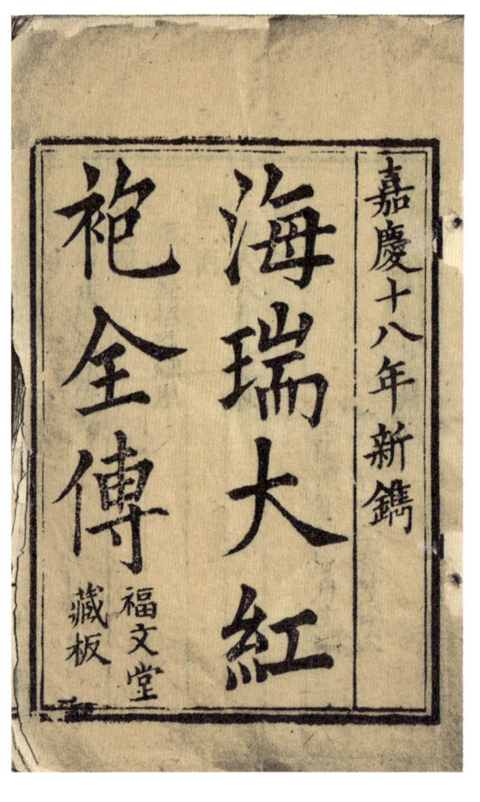
嘉慶十八年新鐫
海瑞大紅
袍全傳
福文堂
藏板

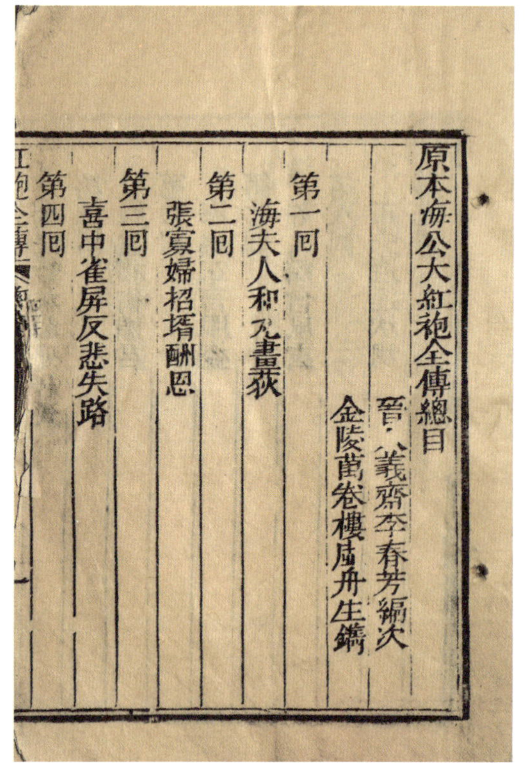
原本海公大紅袍全傳總目
晉　義齋李春芳編次
金陵萬卷樓虚舟生鐫
第一回
海夫人和丸畫荻
第二回
張寡婦招壻酬恩
第三回
喜中雀屏反悲失路
第四回

原本海公大紅袍傳卷一　如有翻刻板者男盗女娼

第一回

海夫人和丸畫荻

詞曰

人生南北多岐路將相神仙也要凡人做百代興亡朝復暮江風吹倒前朝樹功名貴顯無憑據費盡心情總把流光誤濁酒三杯沉醉去水流花謝知何處

這幾句鄙詞無過說人生世上承父母之精血秉

315.新刻按鑒編纂開闢衍繹通俗志傳六卷八十回　〔明〕周游撰　〔清〕王黌釋

清光緒二年（1876）刻本　六册一函

每半葉9行，行18字，小字雙行字同，白口，四周雙邊，單黑魚尾，半框高11.8釐米，寬9.4釐米。版心上鐫“開闢衍繹”，中鐫卷次，下鐫葉碼。繡像16幅。

内封題“通俗志傳，光緒二年新鐫，繡像開闢演義，聚源堂藏板”。卷端題“新刻按鑒編纂開闢衍繹通俗志傳，五岳山人周游仰止集，靖竹居士王黌子承釋”。

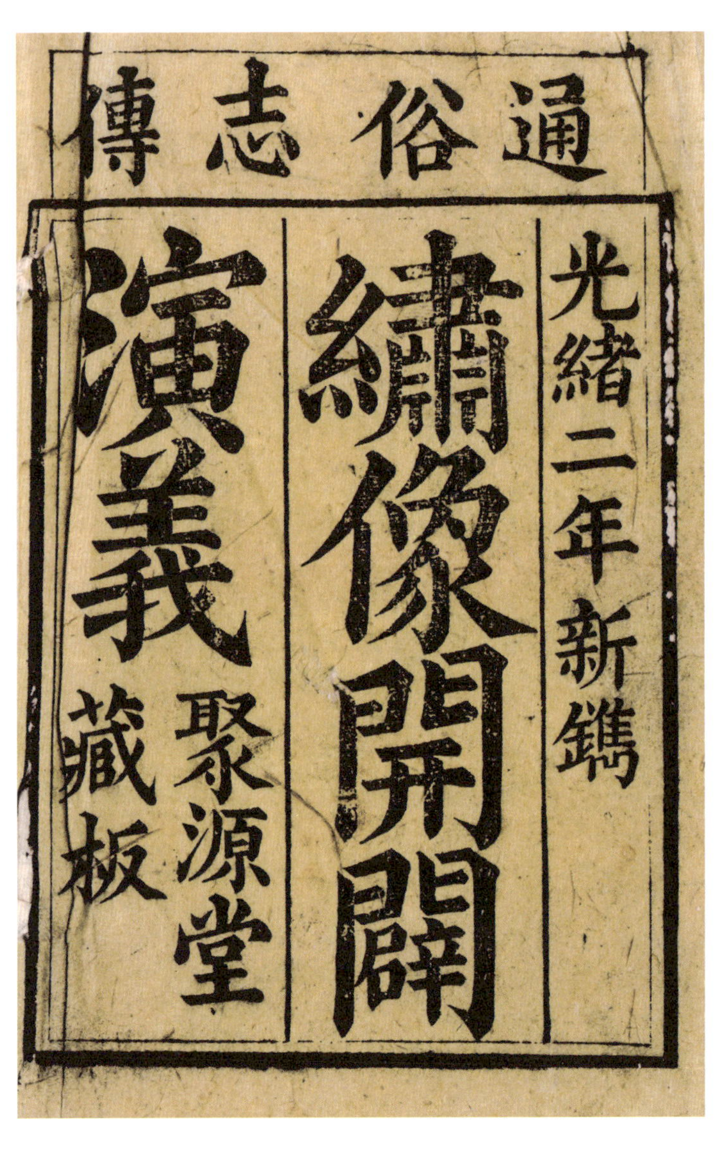

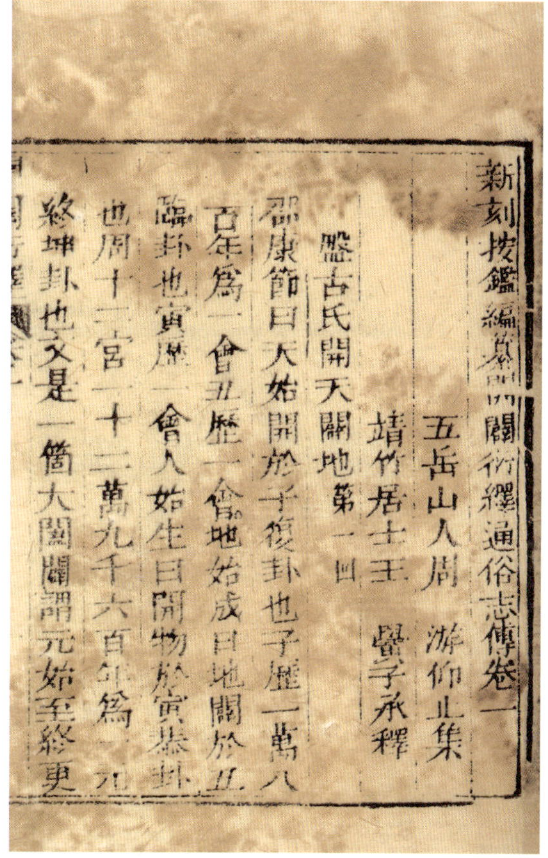

新刻按鑑編纂開闢衍繹通俗志傳卷一
五岳山人周　游仰止集
靖竹居士王　黌子承釋
盤古氏開天闢地第一回
邵康節曰天始開於子復卦也子歷一萬八
百年爲一會丑歷一會地始成日地闢於丑
臨卦也寅歷一會人始生日開物於寅泰卦
也周十二宮一十二萬九千六百年爲一元
終坤卦也又是一箇大闔闢謂元始至終更

316.品花寶鑒六十回 〔清〕陳森撰

清道光二十九年（1849）刻本　十六册二函

每半葉8行，行22字，白口，左右雙邊，單黑魚尾，半框高14.3釐米，寬10.7釐米。版心上鐫書名，中鐫回次，下鐫葉碼。

内封題“品花寶鑒”。牌記題“戊申年十月幻中了幻齋開雕，己酉六月工竣”。卷端題“品花寶鑒”。

鈐印“李氏家藏”“糊塗方顯明白”“福善”“介臣”。

品花寶鑑

第一回

史南湘製譜選名花　梅子玉聞香驚絕艷

京師演戲之盛甲于天下地當尺五天邊處處歌臺舞榭人在大千隊裡時時醉月評花眞乃說不盡的繁華描不盡的情態一時聞聞見見怪怪奇奇事不出于理之所無人盡入于情之所有遂以游戲之筆摹寫游戲之人而游戲之中最難得者幾箇用情守禮之君子與幾箇潔身自

317.兒女英雄傳四十回首一回　〔清〕文康撰　PL2732.E57 E73

清光緒二十四年（1898）上海申報館鉛印本　十六册二函

每半葉12行，行27字，白口，四周雙邊，單黑魚尾，半框高13.6釐米，寬9.9釐米。版心上鎸書名，中鎸回次，下鎸葉碼。

内封題“兒女英雄傳，㦗因生書”。牌記題“申報館仿聚珍版式重印”。卷端題“兒女英雄傳，燕北閒人著”。

鈐印“信義書店”。

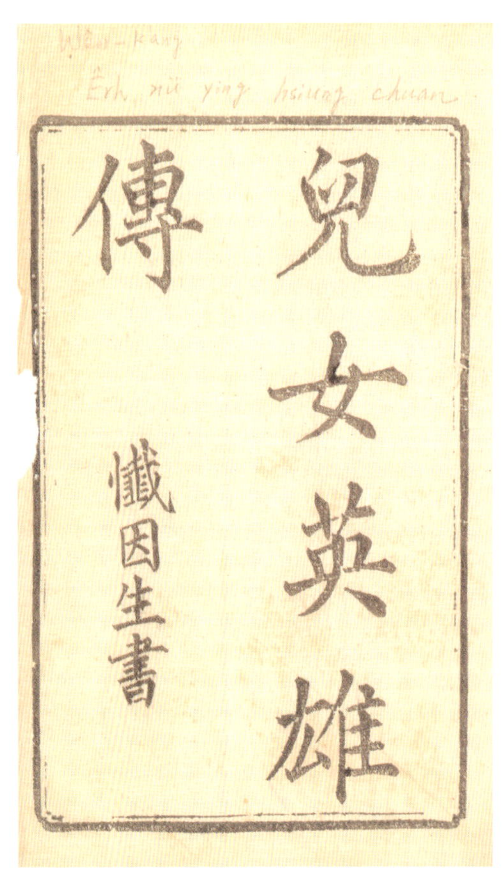
Erh nü ying hsiung chuan

兒女英雄傳

㦗因生書

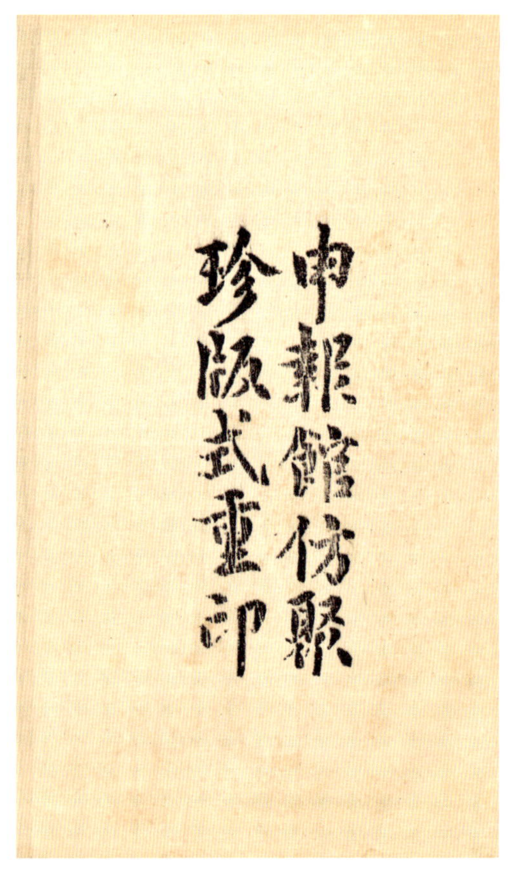
申報館仿聚

珍版式重印

兒女英雄傳

燕北閒人著

第一回

隱西山閉門課驥子　捷南宮垂老占龍頭

兒女英雄傳的大意都在緣起首回交代明白不再重叙這部書究竟傳的是些甚麼事一班甚麼人出在那朝那代列公壓靜聽說書的慢慢道來這部書近不說殘唐五代遠不講漢魏六朝就是我朝大清康熙末年雍正初年的一樁公案我們清朝的制度不比前代龍飛東海建都燕京萬水朝宗一統天下就這座京城地面聚會着天下無數的人才眞個是冠蓋飛揚車馬輻輳與國同休的先勳近支遠派的宗室覺羅再就是隨龍進關的滿洲蒙古漢軍八旂內務府三旂連上那十七省的文武大小漢官何止千門萬戶說不盡的九天閶闔開宮殿萬

兒女英雄傳　第一回

兒女英雄傳緣起首回

燕北閒人著

開宗明義閒評兒女英雄　引古證今演說人情天理

詞曰

俠烈英雄本色溫柔兒女家風兩般若說不相同除是痴人說夢

兒女無非天性英雄不外人情最憐兒女最英雄纔是人中龍鳳　調寄西江月

八句提綱道罷這部評話原是不登大雅之堂的一種小說初名金玉緣因所傳的是首善京都一樁公案又名日下新書篇中立旨立言雖然無當於文却還一洗穢語淫詞不乖於正因又名正眼法藏五十三參初非釋家言也後經東海吾了翁重訂題曰兒女英雄傳評話相傳是太平盛世一個燕北閒人所作據這燕北閒人自已說他幼年在塾

兒女英雄傳　首回　一

類叢部

類書類

318.古香齋鑒賞袖珍初學記三十卷 〔唐〕徐堅等撰 AE17 .C45

清乾隆十三年(1748)武英殿刻巾箱本 十五册一函

每半葉9行,行18字,小字雙行字同,白口,四周雙邊,單黑魚尾,半框高9.9釐米,寬7.9釐米。版心上鎸書名,中鎸卷次及葉碼。

卷端題"古香齋鑒賞袖珍初學記"。卷末有墨筆題識"安政丁巳五月七日購此書於淺草書肆,每卷首有岸本氏藏印記,則爲桩園舊藏也必矣,枳園源立之"。

鈐印"岸本氏藏""森立之""老華""宋澤元印"。

按:館藏存卷二至三十。岸本由豆流(1789—1846),日本江户後期樂師、學者,通稱大隅,號桩園。伊勢人,弘化三年丙午閏五月十七日歿,年五十八,葬淺草誓願寺塔頭林宗院。森立之(1807—1885),號枳園居士,出生於日本七代世醫之家。是江户後期日本傑出的醫學家、文獻學家與考據學家。宋澤元(1832—1912),字義門、瀛士、懺華翁,號子存、華庭,齋室名息園,原籍浙江山陰,善繪畫、書法、篆刻。有《懺花庵詩存》《懺花庵文存》《懺花庵叢書》傳世。

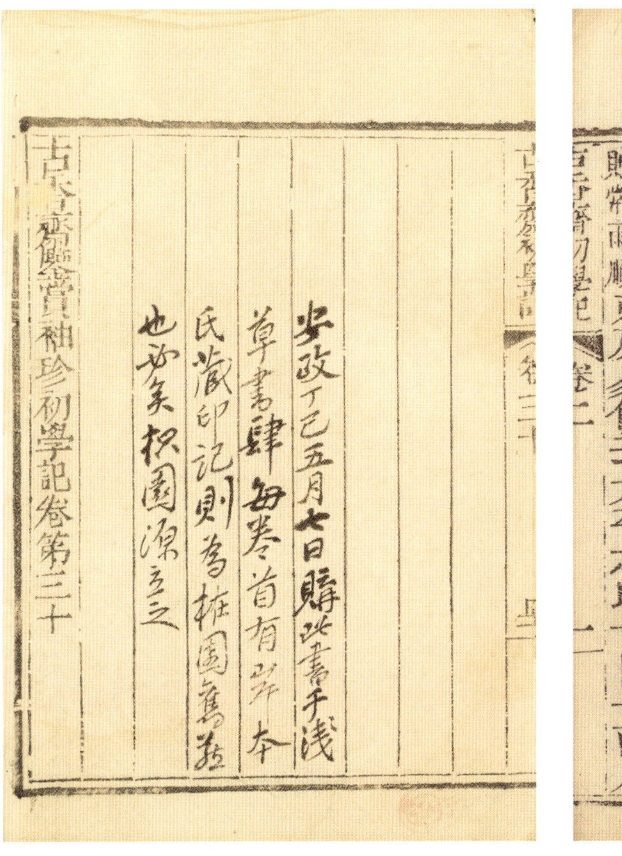

古香齋鑒賞袖珍初學記卷第三十

安政丁巳五月七日購此書于淺草書肆每卷首有岸本氏藏印記則為椎園舊藏也妙矣枳園源立之

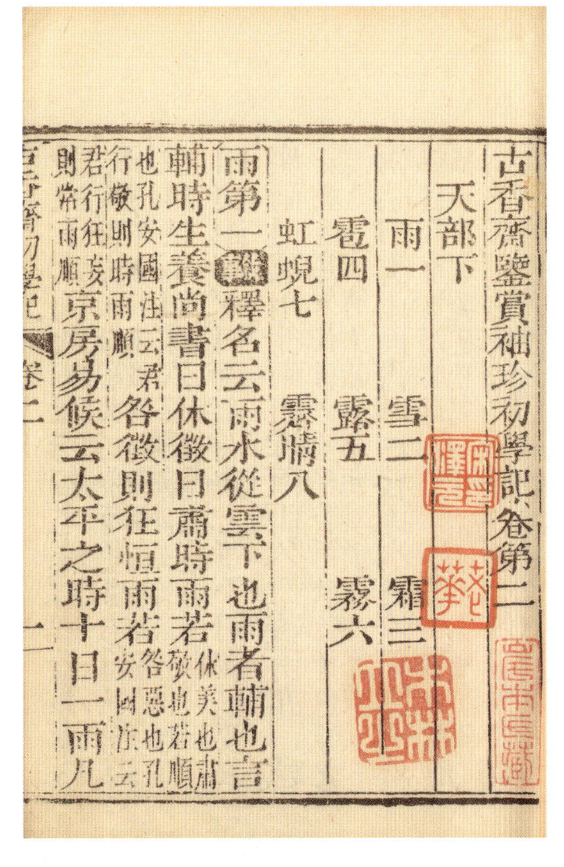

古香齋鑒賞袖珍初學記卷第二

天部下

雨一　雪二　霜三

雹四　露五　霧六

虹蜺七　霽晴八

雨第一　敘事　釋名云雨水從雲下也雨者輔也言輔時生養尚書曰休徵曰肅時雨若休美也肅敬也若順也孔安國注云君行敬則時雨順咎徵曰狂恒雨若咎惡也孔安國注云君行狂妄則常雨順京房易候云太平之時十日一雨凡

古香齋初學記　卷二　二

319.北堂書鈔一百六十卷　〔唐〕虞世南撰　〔清〕孔廣陶校注

清光緒十四年(1888)南海孔氏三十有三萬卷堂刻本　二十册四函

每半葉12行,行22字,小字雙行字同,黑口,四周單邊,無魚尾,半框高19釐米,寬15.5釐米。版心中鎸書名、卷次及葉碼。

内封題“孫忠愍侯祠堂舊校影宋原本,北堂書鈔,南海孔氏三十有三萬卷堂校注重刊”。牌記題“光緒戊子正月開雕,十月告竣”。卷端題“北堂書鈔,隋秘書郎虞世南撰,南海孔廣陶校注”。

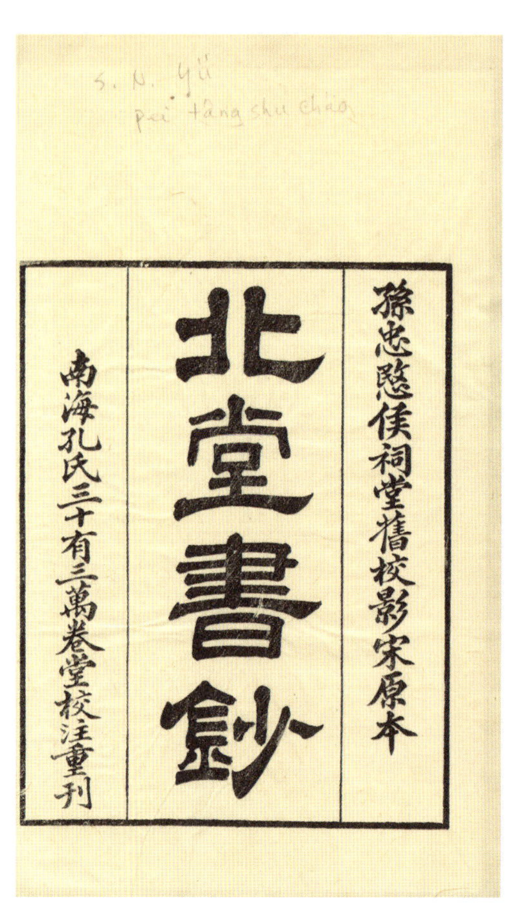

北堂書鈔卷第一　帝王部一

隋祕書郎虞世南撰

南海孔廣陶校註

帝王總載　帝系二

誕載三　奇表四

帝王總載一

皇者天人之揔稱○今案見白虎通號篇近本天下脫人字惟太平御覽七十六引與本鈔合又近本及御覽引稱上皆有美大之三字

帝者天號○今案見藝文類聚十一及文選西京賦注引尚書刑德放又御覽七十六引易緯尚書緯同

正氣爲帝○今案見類聚十一及後漢書郎顗傳注引春秋演孔圖

帝者天下之所適王者天下之所往也○今案見呂氏春秋愼大覽惠半農校本脫兩所字惟御覽七十七引與本鈔合陳本但注文子

尊無二上士無二王○今案見禮記坊記俞本誤分作二條

法五行相生○今案見家語五帝篇陳本及本鈔皆誤連下句孫

320.玉海二百卷辭學指南四卷附刻十三種六十一卷　〔宋〕王應麟撰

清刻本　八十册十函

每半葉10行，行20字，小字雙行字同，白口，四周單邊，單黑魚尾，半框高20.4釐米，寬13.1釐米。版心中鎸書名及卷次，下鎸葉碼。

卷端題“玉海，浚儀王應麟伯厚甫”。

鈐印“清苑許珩章”“許珩長壽”“晚菘堂印”“抱蜀堂印”。

附刻十三種：

詩考一卷　〔宋〕王應麟撰

詩地理考六卷　〔宋〕王應麟撰

漢藝文志考證十卷　〔宋〕王應麟撰

通鑑地理通釋十四卷　〔宋〕王應麟撰

漢制考四卷　〔宋〕王應麟撰

踐阼篇集解一卷　〔宋〕王應麟撰

急就篇四卷　〔漢〕史游撰　〔唐〕顔師古注　〔宋〕王應麟補注

姓氏急就篇二卷　〔宋〕王應麟撰　〔清〕胡鎬校　〔清〕陶桂亭鎸

周書王會補注一卷　〔宋〕王應麟撰

小學紺珠十卷　〔宋〕王應麟撰

六經天文編二卷　〔宋〕王應麟撰

周易鄭康成注一卷　〔漢〕鄭玄撰　〔宋〕王應麟補注

通鑑答問五卷　〔宋〕王應麟撰　〔清〕陳懋齡校

按：張樹侯（1866—1935），室名晚菘堂，安徽壽州人，辛亥革命元老，撰有《書法真詮》《淮南耆舊小傳》《晚菘堂詩草》等。許珩，字修容，1922年生於北京，女書法家。祖父許澤新，字穎初，光緒三年（1877）丁丑科二甲進士，任翰林院學士、禮部侍郎。

玉海目錄

浚儀王應麟伯厚甫

玉海卷第一

浚儀王應麟伯厚甫

天文

天文圖

天道隱而難測可見莫如象天象遠而難究可考莫如圖

中宮

漢天文志（史天官書同）中宮天極星其一明者泰一之常居也旁三星三公或曰子屬後句四星末大星正妃餘三星後宮之屬也環之匡衛十二星藩臣皆曰紫

321.省軒考古類編十二卷　〔清〕柴紹炳纂　〔清〕姚廷謙評

清雍正四年（1726）刻本　四册一函

每半葉10行，行21字，小字雙行字同，黑口，左右雙邊，雙對黑魚尾，半框高17.1釐米，寬12.2釐米。版心中鎸書名、卷次及篇名，下鎸葉碼。

卷端題“省軒考古類編，仁和柴紹炳虎臣纂，華亭姚廷謙平山評，長洲汪琬苕文、宣城施閏章尚白、仁和毛先舒稚黄、寧都魏禧冰叔參，鐵嶺高續勳希武、越步青訂，姪謙南屏、男世堂胥山校”。

自序

仁和　柴紹炳　虎臣

學者以明體適用爲要所宜究心者理與事二者而已理以窮經爲本事以熟史爲先顧史云載事厥體亦殊紀傳以述理亂興衰書志以備典章經制苟詳于彼而略於此其於諸事適用仍爲無具也故溫公通鑑雖稡十七史爲一書理亂興衰頗訖可究而於歷代之典章經制不能兼采於是鄱陽馬貴與倣杜氏通典之例爲之增補缺漏爲文獻通考豈非經世之闕略稽古者所必資乎近代有王氏文獻續考朱氏治平略亦本此意

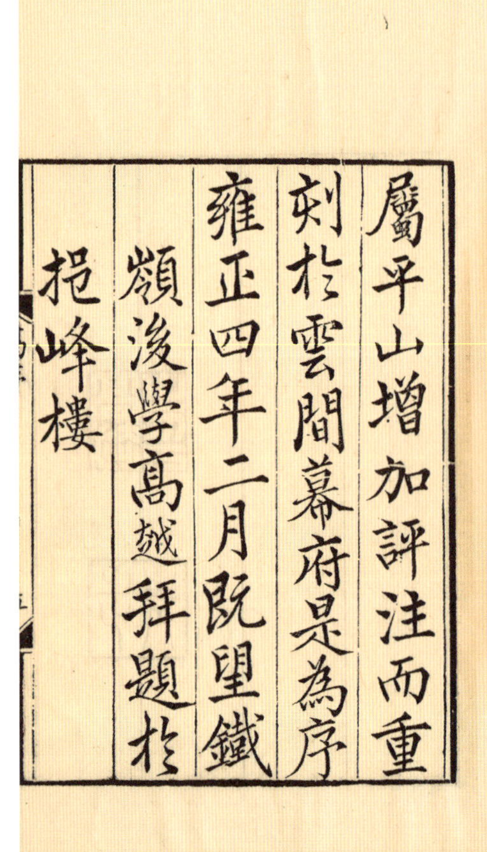
屬平山增加評注而重刻於雲間幕府是爲序

雍正四年二月既望鐵嶺後學高越拜題於挹峰樓

省軒考古類編卷一

仁和柴紹炳虎臣甃　華亭姚廷謙平山評

長洲汪琬苕文　纘勲希武

宣城施閏章尚白　鐵嶺高越步青　訂

仁和毛先舒稚黄　姪　謙南屏

寧都魏禧冰叔　參　男　世堂胥山　校

天文考

何謂天。天者積氣輕清而上浮者也。其性健。其象圜。于易乾爲天爲圜。乾者健也。以性情言之爲乾。以宰制言之爲帝。以形色言之爲玄。故孔子曰。天玄而地黄。而或

322.唐類函二百卷目録二卷 〔明〕俞安期纂

明萬曆三十一年（1603）刻清德聚堂重修本 八十册八函

每半葉10行，行20字，小字雙行字同，白口，四周單邊，單黑魚尾，半框高25.5釐米，寬14.6釐米。版心上鎸卷名，中鎸卷次，下鎸葉碼及部類名。

内封題“俞羡長先生彙纂，唐類函，德聚堂藏版”。卷端題“唐類函，明東吴俞安期彙纂，明同郡徐顯卿校訂”。

鈐印“敬業館圖書章”“岡田真之藏書”。

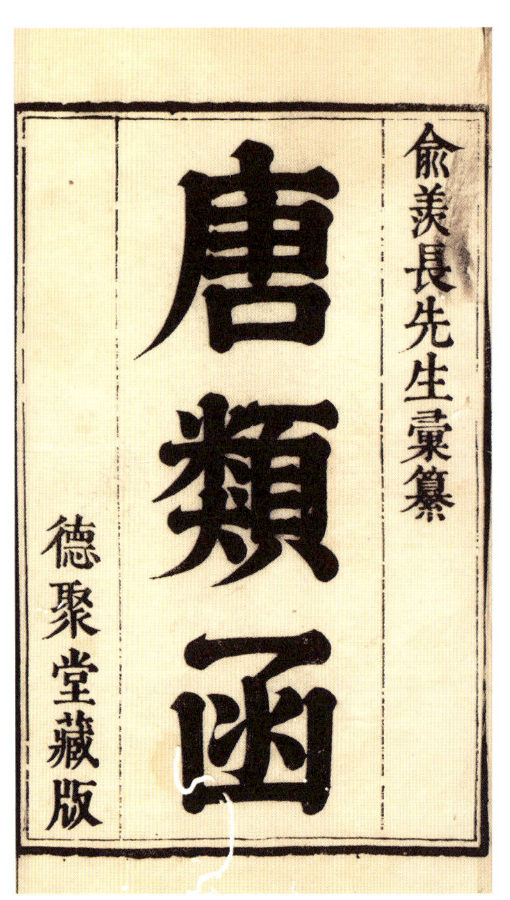

俞羨長先生彙纂
唐類函
德聚堂藏版

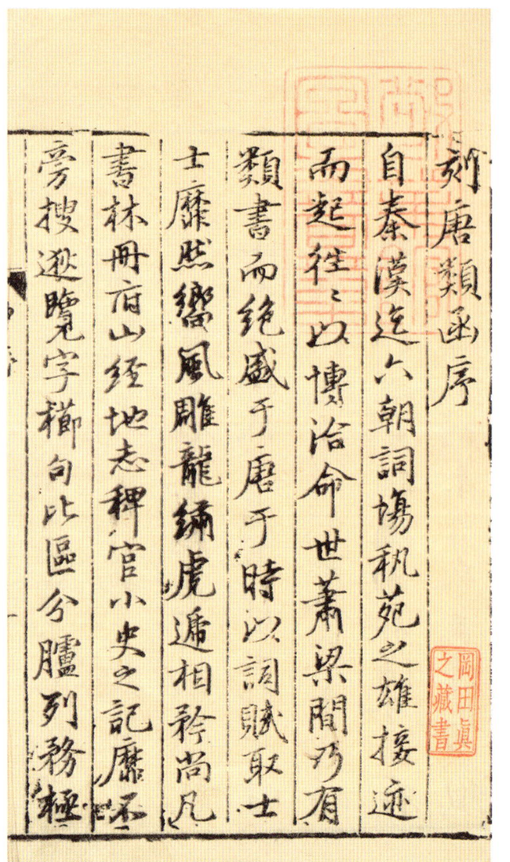

刻唐類函序
自秦漢迄六朝詞場翰苑之雄接迹而起往往以博洽命世蕭梁間乃有類書而絕盛于唐于時以詞賦取士士靡然嚮風雕龍繡虎遞相矜尚凡書林冊府山經地志稗官小史之記靡不旁搜遐覽字櫛句比區分臚列務極

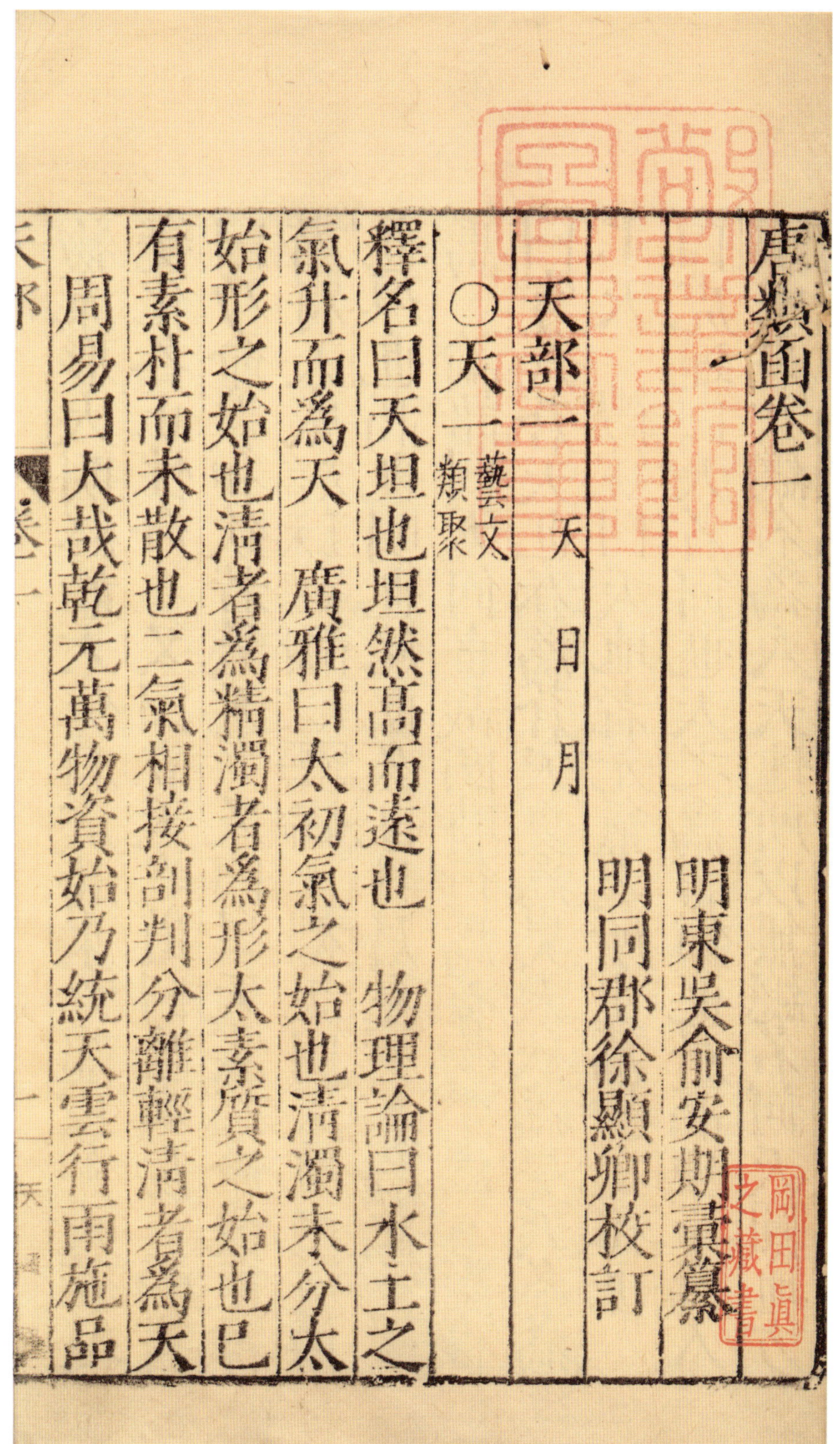

唐類函卷一

明東吴俞安期彙纂

明同郡徐顯卿校訂

天部一　天　日　月

○天一　藝文類聚

釋名曰天坦也坦然高而遠也　物理論曰水土之
氣升而爲天　廣雅曰太初氣之始也清濁未分太
始形之始也清者爲精濁者爲形太素質之始也已
有素朴而未散也二氣相接剖判分離輕清者爲天
周易曰大哉乾元萬物資始乃統天雲行雨施品

天部　卷一　一　天

323.增廣寫信不求人四卷 題〔清〕伴梅主人編

清光緒三十三年(1907)守經堂刻本 一册一函

每半葉14行,行32字,白口,四周單邊,單黑魚尾,半框高14.9釐米,寬10.3釐米。版心上鎸書名,中鎸卷次,下鎸葉碼及"守經堂藏板"。

内封題"光緒三十三年新刊,羊城學院前守經堂發行,增廣寫信不求人"。卷端題"增廣寫信不求人,伴梅主人校正"。

按:館藏存卷一。

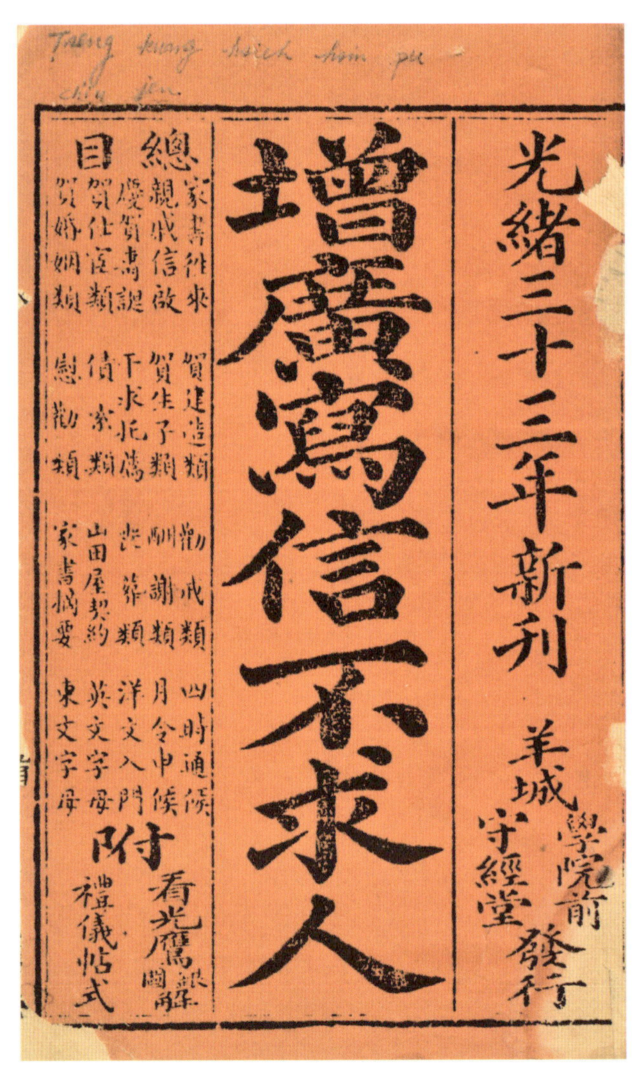
光緒三十三年新刊
羊城學院前守經堂發行
增廣寫信不求人
總目
家書往來 親戚信啟 慶賀壽誕 賀仕宦類 賀婚姻類
賀建造類 賀生子類 下求托薦 借貸類 慰勸類
勸戒類 酬謝類 喪葬類 山田屋契約 家書摘要
四時通候 月令中候 洋文入門 英文字母 東文字母
附 看光鷹銀圖解 禮儀帖式

增廣寫信不求人卷一　　　　伴梅主人校正

叙別

暫別候

數日不晤。中心如焚。頃刻兩地。時增眷戀之懷。雖暫違　先範。而此心無刻不在左右也。顧影蕭然。問花無語。似此寂寥。吾　兄其何以幸教。而慰我傍偟。刑公餘速賜回旋。毋使三秋興感。專此容候。

答復

別未旬。日宛似九秋之隔。惆悵如縷。難舒人言。恍然若失。無可適心。洞覩明月。羞見顏色。正思憶間。忽辱瑤箋飛至。之餘喜溢眉宇。不啻千金之錫。言旋在即。晤談不遠望。　兄莫為懷人過傷。則幸之矣。耑此謹復。

又候

違　教未幾。遂覺心神飄蕩。不能自幸。誦采蕭之詩。不啻三秋之久也。　台範日遠。引睇徒勞。想惟舉頭見明月。與　君共咨清光耳。臨楮神馳。不罄所言

又

324.淵鑒類函四百五十卷目録四卷　〔清〕張英等撰　AE4.Y83

清康熙四十九年（1710）武英殿刻本　一百册十函

每半葉10行，行21字，小字雙行字同，黑口，四周雙邊，雙順黑魚尾，半框高17.1釐米，寬11.6釐米。版心上鎸部名，中鎸書名、卷次及類名，下鎸葉碼。

卷端題“淵鑒類函”。

鈐印“觀瀾居士”“紫硯樓”“補讀書館珍藏”。

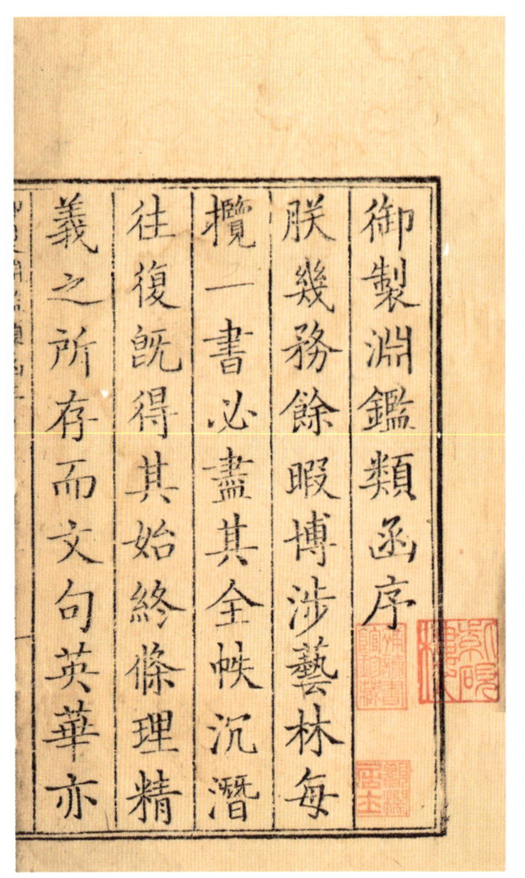
御製淵鑑類函序
朕幾務餘暇博涉藝林每
覽一書必盡其全帙沉潛
往復既得其始終條理精
義之所存而文句英華亦

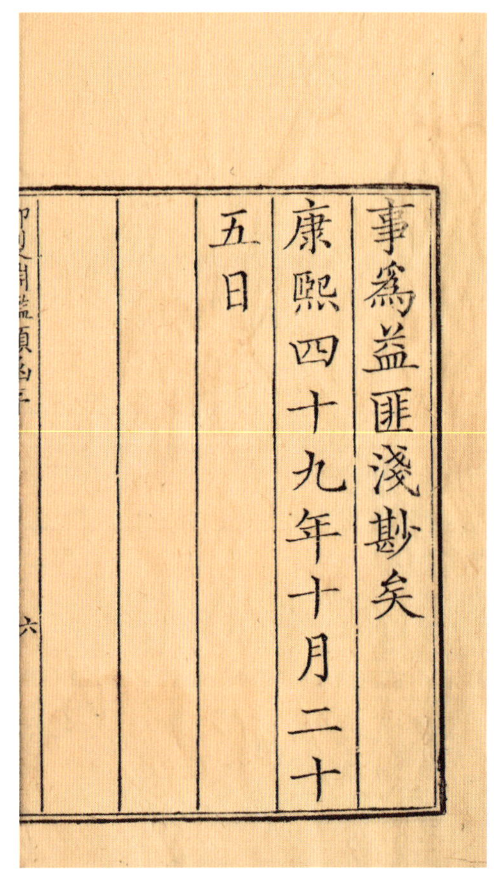
事爲益匪淺尠矣
康熙四十九年十月二十
五日

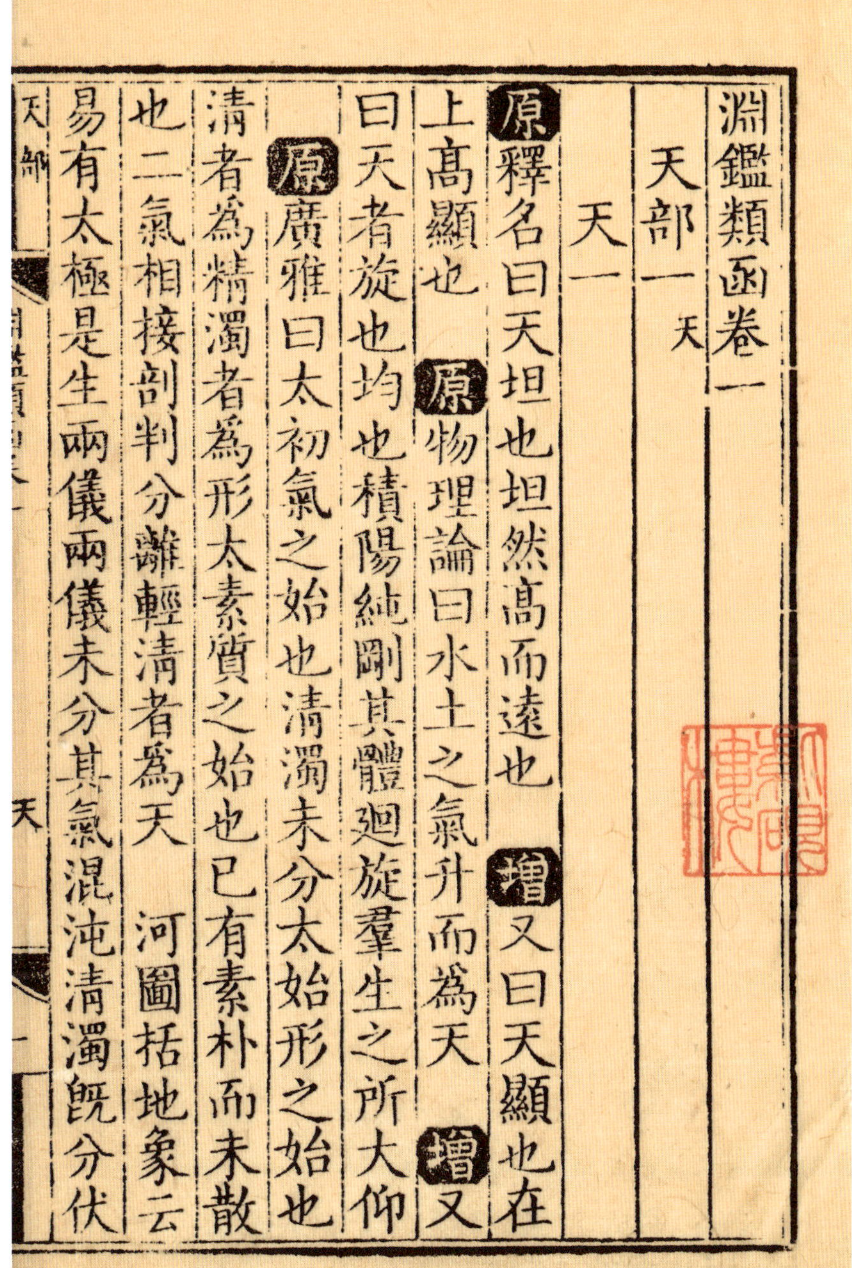
淵鑑類函卷一

天部一 天

天一

原釋名曰天坦也坦然高而遠也 增又曰天顯也在上高顯也 原物理論曰水土之氣升而爲天曰天者旋也均也積陽純剛其體廻旋羣生之所大仰 增又

原廣雅曰太初氣之始也清濁未分太始形之始也清者爲精濁者爲形太素質之始也已有素朴而未散也二氣相接剖判分離輕清者爲天 河圖括地象云易有太極是生兩儀兩儀未分其氣混沌清濁既分伏

325.廣事類賦四十卷 〔清〕華希閔輯 〔清〕華希閎重訂

清乾隆二十九年(1764)劍光閣刻本 十二册一函

每半葉11行,行20字,小字雙行字同,白口,左右雙邊,單黑魚尾,半框高18.2釐米,寬13.7釐米。版心中鐫書名、卷次、類名及葉碼。

内封題“乾隆甲申新鐫,重訂廣事類賦,劍光閣藏板”。卷端題“廣事類賦,錫山華希閔芋園著,同學鄒升恒慎齋參,胞弟希閎蕡囿重訂”。

鈐印“永井氏藏書印”。

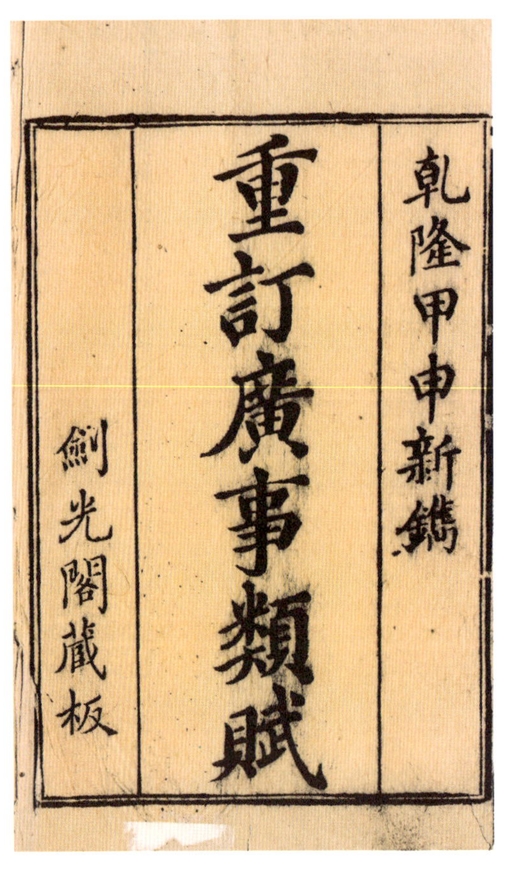
乾隆甲申新鐫
重訂廣事類賦
劍光閣藏板

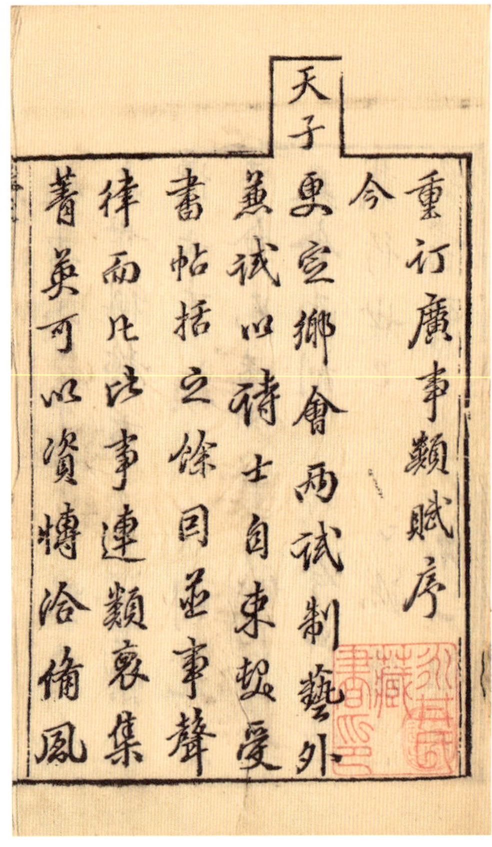
重訂廣事類賦序
今
天子更定鄉會兩試制藝外
兼試以詩士自束髮受
書帖括之餘因並事聲
律而凡比事連類裒集
菁英可以資博洽備風

廣事類賦卷第一

錫山華希閔芋園著　同學鄒升恒愼齋　參
胞弟　希閔賁園重訂

天部　星象　渾天儀

星象上

中元紫微垣上元太微垣下元天市垣

天有三垣一曰紫微星官書三垣紫微垣太微垣天市垣也紫微宮室之位帝朝夕在焉史記亦云紫宮【天皇會通】中垣紫微天子之大內也北極之位天帝常居【史記】天官書中宮天極星其一明者太一常居【考要】天極一名北極位在中央四方所取正故曰中宮曰天極即北辰也【春秋合誠圖】北極星五在紫微宮中紫微大帝室太乙之精也【史記正義】太乙天帝之別名也天神之最尊貴者【星經】天極凡五星其第二座明而赤者即太乙之座為天帝星主日其前第一星為太子主月其後第三為庶子主五行第四為后妃最小第五星為天樞【徐發天元曆理】天樞星與北極距近

326.通俗編三十八卷　〔清〕翟灝撰　PL1489 .C45 1751

清乾隆十六年（1751）無不宜齋刻本　十二册一函

每半葉12行，行22字，白口，左右雙邊，單黑魚尾，半框高17釐米，寬12.6釐米。版心上鎸書名，中鎸卷次及類名，下鎸葉碼。

内封題“無不宜齋雕本，通俗編，武林竹簡齋藏版”。卷端題“通俗編，仁和翟灝”。

鈐印“方芸蓀章”“東方文化學院圖書印”“東方文化學院消印”。

序
語有見于經傳學士大夫所不習而龔僮竈妾口常及之若中古以還載籍極博抑又繁不勝舉矣蓋方言流注或每變而移其初而人情尤忽于所近也余友晴江翟氏山舟梁氏咸博學而精心山舟在南中常出所著直語類錄示余余歎以爲善比來都門復見晴江手輯通俗編則勾稽證釋視山舟詳數倍焉二君種業樹文兼綜細大故未易伯仲然山舟鍵戶端居讀書之外罕與人事接其所錄在約舉義例而不求其多晴江則往來南北十許年五方風土靡所不涉車塵間未嘗一日廢書墜文軼事殫見洽聞溢其餘能以及乎此宜其積累宏富攷據精詳而條貫罔不備也世人務爲夸毗過所不知輒曰吾何爲而屑此

通俗編　序　一

通俗編卷之一

仁和翟灝

天文

談天 史記孟子荀卿傳騶衍觀陰陽消息而作十萬餘言載其禨祥度制推而遠之至天地未生窈冥而不可考而原也騶奭亦頗採騶衍之術以紀文故齊人頌曰談天衍雕龍奭按俗于閒暇羣居高談闊辨槩云談天原本於此

天然 後漢書賈逵傳通天然之明建大聖之本二字始見

天長地久 見老子上篇又張衡思元詩天長地久歲不留俟河之清祇懷憂高彪清誡詩天長而地久人生則

327.格致鏡原一百卷　〔清〕陳元龍撰　Quarto AE4 .C48

清康熙五十六年（1717）刻本　二十册二函

每半葉11行，行21字，小字雙行字同，黑口，左右雙邊，雙對黑魚尾，半框高16.9釐米，寬11.2釐米。版心中鐫書名、卷次、類名、目名及葉碼。

内封題“格致鏡原”。卷端題“格致鏡原”。

鈐印“畏齋藏書”。

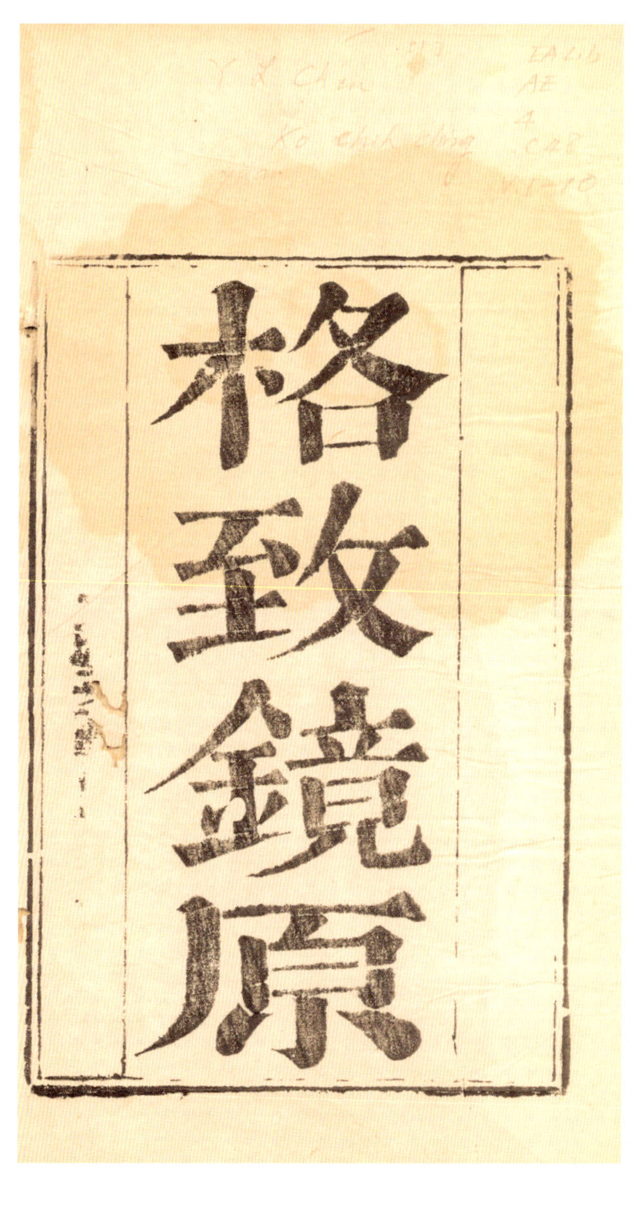

格致鏡原卷一

乾象類一

天 附渾儀 候氣 刻漏

總論 徐整三五歷紀 未有天地之時混沌如雞子溟涬始判濛鴻滋分歲起攝提元氣啓肇 禮統 天地者元氣之所生萬物之祖也 列子 天地亦物也物有不足故昔者女媧氏鍊五色石以補其闕斷鼇之足以立四極 河圖括地象 西北爲天門東南爲地戸 注 天不足西北是天門地不滿東南是地戸 春秋說題辭 天之言顯也居高理下爲人經紀故其字一大以鎮之此天之名義也天之爲體中包乎地日月星辰屬焉 許

328.分類字錦六十四卷 〔清〕何焯等撰

清康熙六十一年（1722）武英殿刻本 六十四册七函

行字不等，白口，四周雙邊，單黑魚尾，無界欄，半框高17.8釐米，寬12.5釐米。版心上鐫書名，中鐫卷次、部名及類名，下鐫葉碼。

内封題“御製分類字錦”。卷端題“分類字錦”。

鈐印“榴軒圖書”“皆□安”。

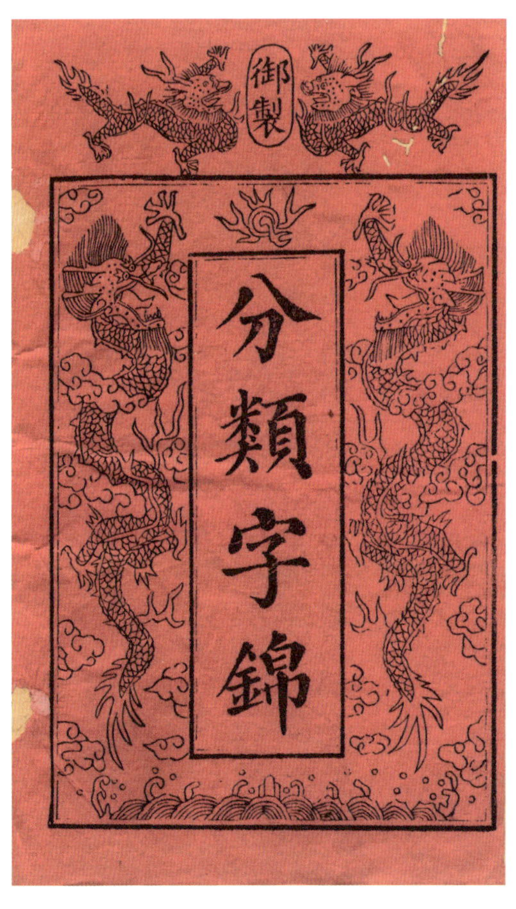
御製
分類字錦

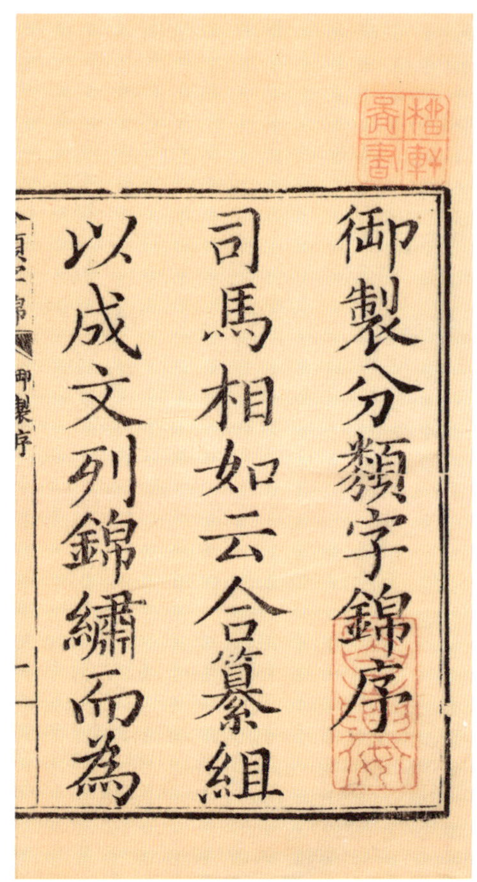
御製分類字錦序
司馬相如云合纂組
以成文列錦繡而為

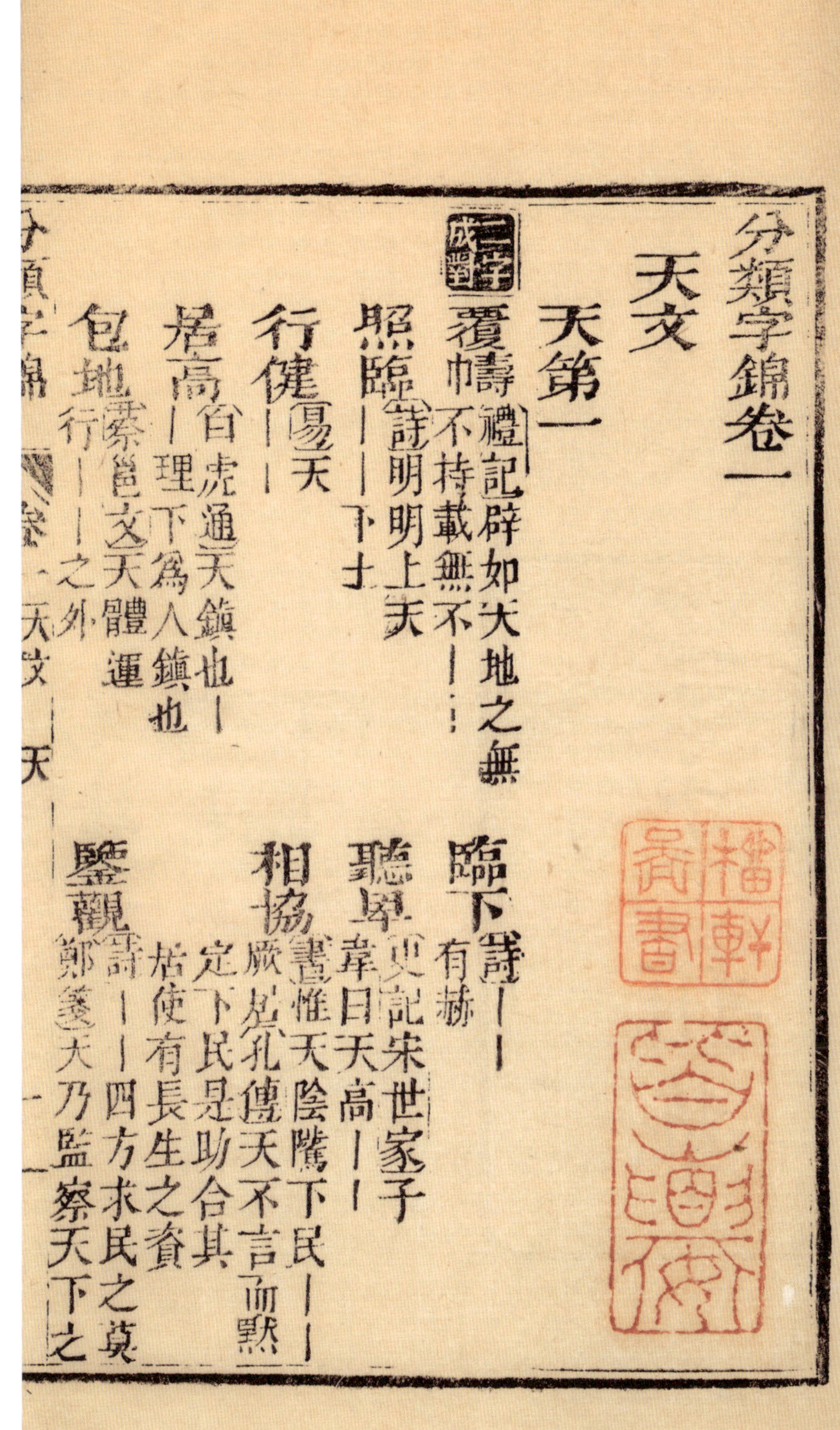

分類字錦卷一

天文

天第一

覆幬 禮記辟如天地之無不持載無不｜｜

照臨 詩明明上天｜｜下土

行健 易天｜｜

居高 白虎通天鎮也｜｜理下爲人鎮也

包地 蔡邕文天體運行｜｜之外

臨下 詩｜｜有赫

聽卑 史記宋世家子韋曰天高｜｜

相協 書惟天陰騭下民｜｜厥居孔傳天不言而默定下民是助合其居使有長生之資

鑒觀 詩｜｜四方求民之莫鄭箋天乃監察天下之

329.子史精華一百六十卷　〔清〕吴士玉等輯　AE4 .T95 1884

清光緒十年（1884）上海同文書局石印本　八册一函

内封題“子史精華”。牌記題“光緒十年甲申春上海同文書局石印”。卷端題“子史精華”。

子史精華

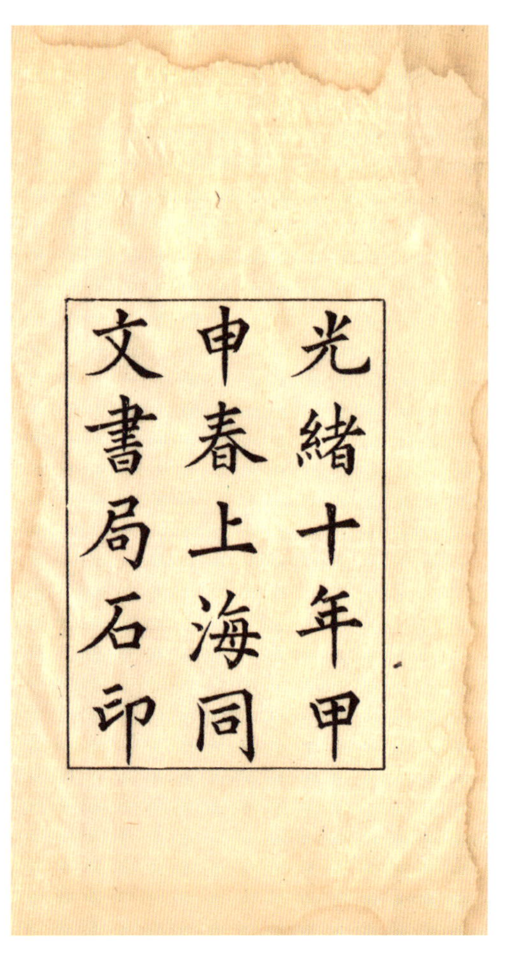
光緒十年甲申春上海同文書局石印

子史精華卷一

天部一

天

渻陽無計量(管子)天｜｜｜｜｜｜地化生無法崖(注)渻古育字天以陽氣育生萬物物生不可計量 若鼓有桴(管子)夫天地一險一易｜｜之｜｜擿揣則擊(注)桴當爲響險易猶否泰夫天地否泰應德而至猶鼓之含響應聲

而鳴者也 萬物槖(管子)天地｜｜之｜也天地苴萬物故曰萬物之槖(注)苴裹萬物在天地之中故爲槖也 四時云下(管子)天不動｜｜｜｜而萬物化(注)云運動貌也 常象(管子)天有｜｜地有常形人有常禮一設而不更此

謂三常 動化從新(管子)天地不可留故｜｜故｜｜(注)天施地化日夜不息故能生成不已以天地變不可留停故動化其故以就其新然亦循故之四時周而復始無所易之也 虛滿合離(管子)夫運謀者天地之｜｜也｜

也(注)言歷運之謀祟替相因若天地之有虛滿合離乃理之不可已者也春夏爲合秋冬爲處 精氣有五(管子)且夫天地｜｜｜｜不必爲沮(注)謂五行之時也其時之氣不能必則爲沮敗也 虛其無形(管子)天之道｜｜｜虛

則不屈無形則無所位赿無所位赿故偏流萬物而不變(注)赿赿逆也 苞物衆(管子)｜｜｜者莫大於天地化物多者莫多於日月 或維之(管子)天｜｜｜地或載之天莫之維則天以墜矣地莫之載則地以沈矣夫天不墜地不沈夫或維

而載之也夫 以九制(管子)天道｜｜｜地理以八制人道以六制(注)九老陽之數以老陽制天所以君長之也 粵宛(管子)天爲｜｜草木養長五穀蕃實秀大(注)粵厚也宛順也天爲厚順不逆時氣也 因人(管子)天｜｜聖人因天

主正(管子)天｜｜地主平人主安靜(注)平分四時天之正也 大圜(管子)人能正靜皮膚裕寬耳目聰明筋信而骨强乃能戴｜｜而履大方(注)大圜天也 萬物母(老子)無名天地之始有名｜｜之｜(注)有名謂天地 槖籥(老子)

天地之間其猶｜｜乎虛而不屈動而愈出 能長生(老子)天長地久天地所以能長且久者以其不自生故｜｜｜ 法道(老子)人法地地法天天｜｜道法自然 得一以清(老子)天｜｜｜地得一以寧 不爭善勝

不言善應(老子)天之道｜｜｜而｜｜｜｜而｜｜不名而自來 道猶張弓(老子)天之｜其｜｜｜乎高者抑之下者舉之有餘者損之不足者與之天之道損有餘而補不足 利而不害(老子)天之道｜｜｜聖人之道爲

而不爭 日暴夜息風乾露濡(文子)天設日月列星辰張四時調陰陽｜以｜之｜以｜之｜以｜之雨｜以｜之 圓而無端(文子)天｜｜｜｜故不得覩其形 且冬且夏(文子)陰陽不能常｜｜｜｜月不知

晝日不知夜 元運無窮(子華子)｜太初之中氣也天帝得之｜乎｜｜ 長贏隨以擎斂迺陰隨以敷榮(子華子)朱明｜｜不能盡其所以爲溫也必｜之｜之氣而爲秋元武｜｜｜不能盡其所以爲寒也

必｜之｜｜｜之氣而爲春孰爲此者天也 出三入一(子華子)天之精氣其大數常｜｜｜而｜｜｜一之謂專二之謂耦三之謂化專者才也耦者幹也化者神也 徧覆包涵昭明顯融(子華子)｜｜｜｜天之所以爲大也

｜｜｜｜帝之所以爲功也 捭闔(鬼谷子)｜｜者天地之道捭闔者以變動陰陽四時開閉以化萬物縱横反出反覆反忤必由此矣 持樞(鬼谷子)｜｜謂春生夏長秋收冬藏天之正也 左舒(尸子)天｜｜而起牽牛地右闢而起昴畢

330.佩文韻府一百六卷　〔清〕張玉書等輯　

清康熙五十年(1711)刻本　一百四十册二十函

每半葉12行，行25字，小字雙行字同，白口，四周雙邊，單黑魚尾，半框高16.2釐米，寬11.7釐米。版心上鎸書名，中鎸卷次及韻部，下鎸葉碼。

内封題“佩文韻府”。卷端題“佩文韻府”。

鈐印“食四兩八錢之禄”“儷笙”“屯川李荔軒庚申以後收藏”“竹銘所藏書籍字画印”。

按：曹振鏞(1755—1835)，字儷笙，又字懌嘉，安徽歙縣人。乾隆四十六年(1781)進士，歷任翰林院編修、侍讀學士。曹鴻勛(1846—1910)，字仲銘，又字竹銘，號蘭生，山東濰坊人。光緒二年(1876)丙子科狀元，歷任修撰、湖南學政提督、云南永昌知府，官至陝西巡撫。

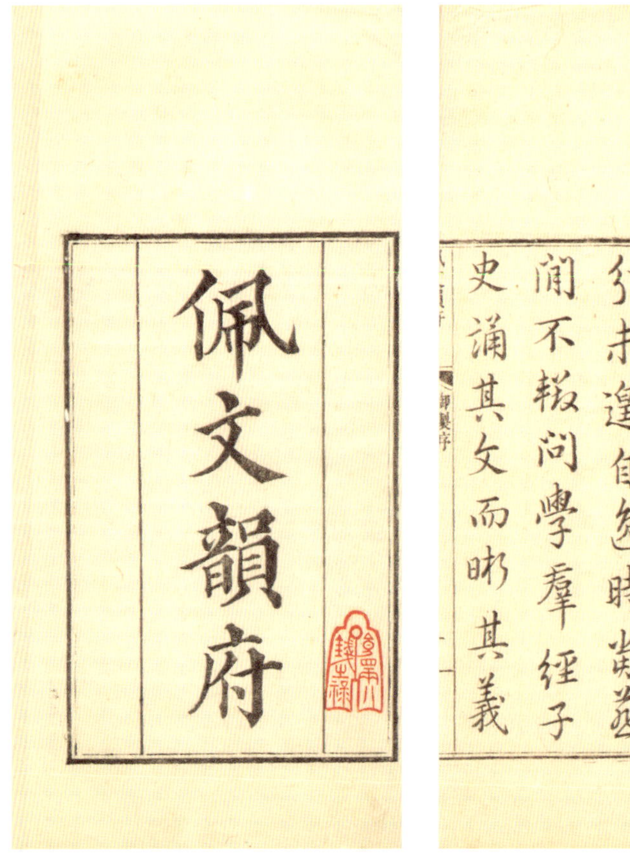

佩文韻府

御製佩文韻府序
朕萬幾在御日昃宵
分未遑自逸時當燕
閒不輟問學羣經子
史涵其文而味其義

佩文韻府卷一

上平聲　一東韻

東 德紅切春方也漢書少陽在丨方丨動也從日在木中會意也禮記大明生於丨又姓陶潛聖賢羣輔錄舜友丨不訾

韻藻

南東 詩丨丨其畝李孝先詩余其歸老兮沂之丨丨邵寶詩楚帆連日阻丨丨

白東 詩我來丨丨又自西丨丨

在東 詩蝃蝀丨丨蘇軾詩我言歲丨丨

徂東 詩自西丨丨又駕言丨丨

小東 詩丨丨大東杼柚其空言大小皆取給於東國

大東 詩遂荒丨丨

侯東 詩乃命魯公俾丨于丨

門東 詩疏天子迎賓在丨丨又杜甫詩叫怒索飫啼丨丨又白居易喜錢左丞再除華州詩左轄餟中臺丨丨倚上才注謂華在國門之東也

居東 書周公丨丨二年則罪人斯得

闕東 禮記賓不入中門公事自闕西私事自丨丨

活東 爾雅科斗丨丨蝦蟇也唐寅詩青草池塘亂丨丨

甬東 左傳越滅吳使吳王居丨丨郭翼詩江上青山接丨丨吳育浩詩故國依然在丨丨

河東 史記丨丨吾股肱郡特召君耳薛能詩萬家殘照在丨丨楊載詩作賦擬丨丨

易東 漢丁寬學易於田何學成辭歸何曰丨以丨矣又李翰古今品略云楊震關西丁寬丨丨

膠東 漢書張敞為丨丨相謝靈運詩置酒飲丨丨

道東 漢宮闕疏長安立九市其六市在道西三市在丨丨

牆東 後漢書避世丨丨王君公黃庭堅詩老夫直欲臥丨丨

鎮東 三國趙雲胡威諸葛誕皆為丨丨將軍

征東

331.韻府拾遺一百六卷　〔清〕汪灝等輯　

清康熙五十九年(1720)武英殿刻本　二十册二函

每半葉12行，行25字，小字雙行字同，白口，四周雙邊，單黑魚尾，半框高16.5釐米，寬11.4釐米。版心上鎸書名，中鎸卷次及韻部，下鎸葉碼。

卷端題"韻府拾遺"。

鈐印"屯川李荔軒庚申以後收藏"。

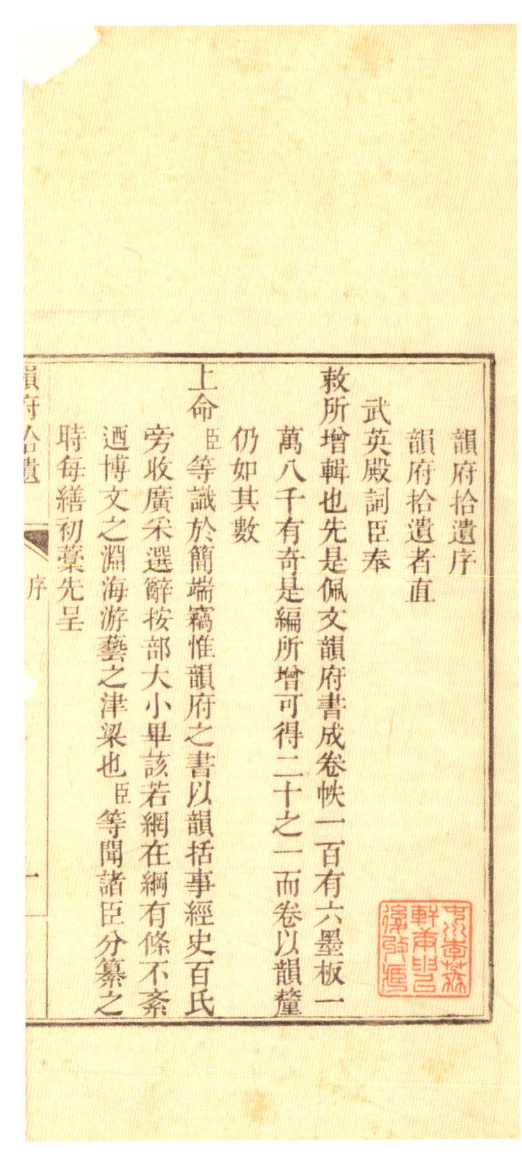

韻府拾遺序

韻府拾遺者直

武英殿詞臣奉

敕所增輯也先是佩文韻府書成卷帙一百有六墨板一萬八千有奇是編所增可得二十之一而卷以韻釐仍如其數

上命臣等識於簡端竊惟韻府之書以韻括事經史百氏旁收廣采選辭按部大小畢該若網在綱有條不紊迺博文之淵海游藝之津梁也臣等聞諸臣分纂之時每繕初藁先呈

韻府拾遺　序　一

韻府拾遺卷一

上平聲　一東韻

東 唐韻正韻德紅切集韻韻會都籠切並音蝀

補藻

北東 書導流水又||入于海漢書地理志註師古曰|折而||也遼史地理志淶流河自西北南流逕京三面東入于曲江其|||流為按出河

角東 詩序情發于聲疏五聲之配五方||||商西徵南羽北宮中央

沫東 詩爰采苛矣|之|矣按沫衛邑

豐東 詩|水|注箋豐邑在豐水之西鎬京在|水之|

衛東 詩式微箋黎國在衛西今所寓在||

秦東 詩渭陽疏雍在渭南水北曰陽晉在||行必渡渭

洛東 詩鄭國譜疏濟西||河南潁北是四水之間其子男之國有十唯虢鄶為大又雒同史記鄭世家桓公東徙其民雒東而虢鄶果獻十邑竟國之

出東 禮記日|于|月生于西漢書天文志太白當期而出其國昌||為東方入為北方出西為西方入為南方

日東 周禮地官大司徒以土圭之法測土深正地景以求地中||則景夕多風日西則景朝多陰

薦東 儀禮士冠禮冠者升筵坐左執爵右祭脯醢祭酒與筵末坐啐酒降筵拜賓荅拜冠者奠爵于||立于筵西唐書禮樂志皇帝帨手取觶以柶祭醴啐醴建柶奠觶于||

寢東 儀禮燕禮膳宰具官饌于||

几東 儀禮士昏禮婦拜扱地坐奠菜于||席上還又拜如初

尊東 儀禮鄉射禮主人揖讓以大夫

332.御定駢字類編二百四十卷　〔清〕沈宗敬等撰　

清光緒十三年（1887）上海同文書局石印本　四十八册六函

内封題“御定駢字類編”。牌記題“光緒丁亥孟夏上海同文書局石印”。卷端題“御定駢字類編”。

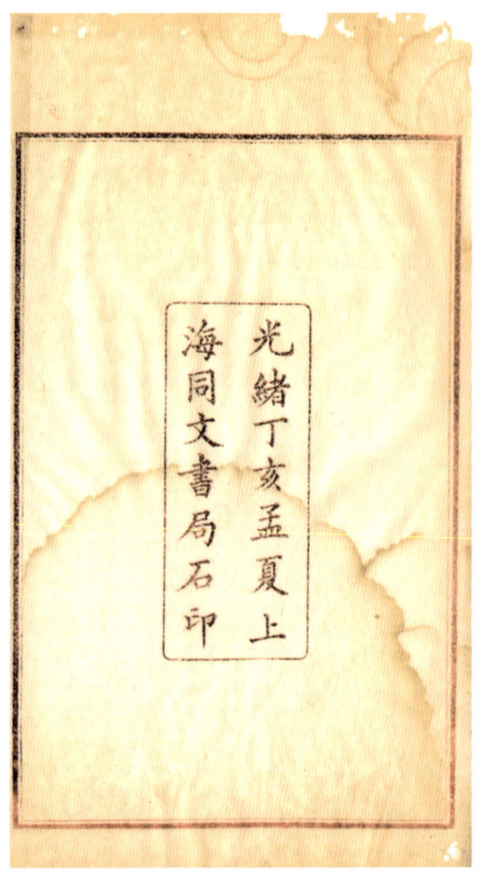

御定駢字類編卷第一

天地門一

天

天地(易乾)夫大人者與｜｜合其德(又坤)｜｜變化草木蕃｜｜閉賢人隱(又泰象)曰｜｜交泰后以財成｜｜之道輔相｜｜之宜以左右民(又豫象)｜｜以順動故日月不過而四時不忒(又復象)復其見｜｜之心乎(又咸象)｜｜感而萬物化生聖人感人心而天下和平觀其所感而｜｜萬物之情可見矣(又豐象)｜｜盈虛與時消息(又繫辭)易與｜｜準(注)言聖人作易與｜｜相準謂準擬｜｜則乾健以法天坤順以法地之類是也(又)範圍｜｜之化而不過(又)廣大配｜｜(又)｜｜之道貞觀者也之大德曰生(又說卦)｜｜定位山澤通氣(書泰誓)惟｜｜萬物父母惟人萬物之靈(又周官)少師少傅少保曰三孤貳公弘化寅亮｜｜弼予一人(詩小序)昊天有成命郊祀｜｜也(禮記曲禮)天子祭｜｜祭四方祭山川(又禮運)故聖人作則必以｜｜為本(又樂記)大樂與｜｜同和大禮與｜｜同節(注)言順｜｜之氣與其數(又中庸)致中和｜｜位焉萬物育焉(又)能盡物之性則可以贊｜｜之化育可以贊｜｜之化育則可以與｜｜參矣(又鄉飲酒義)賓主象｜｜也(周禮大司徒)日至之景尺有五寸謂之地中｜｜之所合也四時之所交也風雨之所會也陰陽之所和也(左傳)禮之可以為國也久矣與｜｜並(注)有｜｜則禮義興(又)經緯｜｜曰文(孟子)其為氣也至大至剛以直養而無害則塞乎｜｜之間(周語)夫利百物之所生也｜｜之所載也而或專之其害多矣(又)其餘以均分公侯伯子男使各有寧宇以順及｜｜無逢其災害(史記孟子傳)騶衍深觀陰陽消息而作怪迂之變終始大聖之篇十餘萬言先序今以上至黃帝學者所共術大並世盛衰因載其禨祥度制推而遠之至｜｜未生窈冥不可考而原也先列中國名山大川通谷禽獸水土所殖物類所珍因而推之及海外人之所不能睹稱引｜｜剖判以來五德轉移治各有宜而符應若茲(又賈誼傳)且夫｜｜為鑪兮造化為工陰陽為炭兮萬物為銅(又匈奴傳)中行說令單于遺漢書以尺二寸牘及印封皆令廣大長倨傲其辭曰｜｜所生日月所置匈奴大單于敬問漢皇帝無恙(又)太史公自序易著｜｜陰陽四時五行故長於變(漢書律曆志)至治之世｜｜之氣合以生風｜｜之風氣正十二律定(又司馬相如傳)相如既奏大人賦天子大說飄飄有凌雲氣游｜｜之間意(又魏相傳)春夏秋冬天子所服當法｜｜之數中得人和(又揚雄傳)宓犧氏之作易也緜絡｜｜經以八卦文王附六爻孔子錯其象而彖其辭然後發｜｜之藏定萬物之基(魏志高堂隆傳)凡帝王徙都立邑皆先定｜｜社稷之位敬恭以奉之(晉書成公綏傳)綏以賦者貴能分賦物理敷演無方｜｜之盛可以致思矣歷觀古人未之有賦豈獨以至麗無文難以辭贊不然何其闕哉遂為｜｜賦(齊書孔稚珪傳)陛下躡曆登皇乘圖踐帝｜｜更築日月再張(莊子)若夫乘｜｜之正御六氣之辯以遊無窮者彼且惡乎待哉(又)今一以｜｜為大鑪以造化為大冶惡乎往而不可哉(又)吾在於｜｜之間猶小石小木之在大山也方存乎見少又奚以自多(又)｜｜者形之大者也陰陽者氣之大者也(又)夫保始之徵不懼之實勇士一人雄入於九軍將求名而能自要者而猶若是而況官｜｜府萬物直寓六骸象耳目一知之所知而心未嘗死者乎(又)臣之事君義也無適而非君也無所逃於｜｜之間是之謂大戒(又)夫播糠眯目則｜｜四方易位矣(淮南子)未形馮馮翼翼洞洞灟灟故曰大昭(法言)或問神曰心潛天而天潛地而地｜｜神明而不測者也心之潛也猶將測之況於人乎況於事倫乎(道德指歸論)主如｜｜民如草木(又)頭足為四海肝膽為吳越眉目為齊楚(宣和書譜)於｜｜山川得其方圓流峙之形於日月星辰得其度(類記)陰陽相薄而為雷｜｜之鼓也(明一統志)｜｜壇在順天府正陽門之南左繚以垣(又)｜｜原在慶陽府環縣南九十里(陳後主宣聖禮典詔)祖述憲章之典並｜｜而合德樂

叢書類

彙編之屬

333.武英殿聚珍版叢書五十四種四百二十七卷　〔清〕紀昀等纂

清同治十三年（1874）江西書局刻本　一百二十六册十六函

每半葉9行，行21字，小字雙行字同，白口，單黑魚尾，四周雙邊，半框高19.4釐米，寬12.4釐米。版心上鎸子目書名，中鎸卷次，下鎸葉碼。

内封題“武英殿聚珍版叢書”。牌記題“同治甲戌仲春江西書局重修”。目録卷端鎸“武英殿聚珍版”。一册外封墨筆題“壬子冬至後四日雪窗偶讀，英斂之識”。一册外封墨筆題“英斂之閱”。書名據内封。

子目：

郭氏傳家易説十一卷總論一卷　〔宋〕郭雍撰

易象意言一卷　〔宋〕蔡淵撰

易緯八種十二卷　〔漢〕鄭玄注

禹貢指南四卷　〔宋〕毛晃撰

融堂書解二十卷　〔宋〕錢時撰

續吕氏家塾讀詩記三卷　〔宋〕戴溪撰

絜齋毛詩經筵講義四卷　〔宋〕袁燮撰

儀禮識誤三卷　〔宋〕張淳撰

儀禮釋宫一卷　〔宋〕李如圭撰

春秋傳説例一卷　〔宋〕劉敞撰

春秋辨疑四卷　〔宋〕蕭楚撰

老子道德經注二卷（缺）　〔三國魏〕王弼注

鄭志三卷　〔漢〕鄭玄撰　〔三國魏〕鄭小同輯

水經注四十卷附御製文一卷　〔北魏〕酈道元撰　（御製文）〔清〕高宗弘曆撰

五代史纂誤三卷　〔宋〕吴縝撰

魏鄭公諫續録二卷　〔元〕翟思忠輯

宋朝事實二十卷　〔宋〕李攸撰

直齋書録解題二十二卷　〔宋〕陳振孫撰

欽定武英殿聚珍版程式一卷　〔清〕金簡撰

漢官舊儀二卷補遺一卷　〔漢〕衛宏撰

鄴中記一卷　〔晉〕陸翽撰

嶺表録異三卷　〔唐〕劉恂撰

麟臺故事五卷首一卷　〔宋〕程俱撰

傅子一卷　〔晉〕傅玄撰

帝範四卷　〔唐〕太宗李世民撰

公是弟子記四卷　〔宋〕劉敞撰

明本釋三卷　〔宋〕劉荀撰

農桑輯要七卷　〔元〕司農司撰

孫子算經三卷　〔唐〕李淳風等注

海島算經一卷　〔晉〕劉徽撰

五曹算經五卷　〔唐〕李淳風等注

夏侯陽算經三卷　題夏侯陽撰

五經算術二卷　〔北周〕甄鸞撰　〔唐〕李淳風等注

墨法集要一卷　〔明〕沈繼孫撰

雲谷雜紀四卷首一卷末一卷　〔宋〕張淏撰

甕牖閒評八卷　〔宋〕袁文撰

考古質疑六卷　〔宋〕葉大慶撰

澗泉日記三卷　〔宋〕韓淲撰

敬齋古今黈八卷　〔元〕李治撰

涑水記聞十六卷　〔宋〕司馬光撰

南陽集六卷拾遺一卷　〔宋〕趙湘撰　（拾遺）〔清〕勞格輯目　〔清〕孫星華録文

學易集八卷首一卷　〔宋〕劉跂撰

文恭集四十卷　〔宋〕胡宿撰

後山詩注十二卷　〔宋〕陳師道撰　〔宋〕任淵注

陶山集十六卷　〔宋〕陸佃撰

絜齋集二十四卷末一卷　〔宋〕袁燮撰

蒙齋集二十卷　〔宋〕袁甫撰

茶山集八卷　〔宋〕曾幾撰

拙軒集六卷　〔金〕王寂撰

金淵集六卷　〔元〕仇遠撰

文苑英華辨證十卷　〔宋〕彭叔夏撰

歲寒堂詩話二卷　〔宋〕張戒撰

砦溪詩話十卷　〔宋〕黄徹撰

浩然齋雅談三卷　〔宋〕周密撰

按：英斂之（1867—1926），滿洲正紅旗赫舍里氏，名華，字斂之，以字行，號安蹇，又號萬松野人。清末民初教育家、記者，輔仁大學、《大公報》創辦人之一。

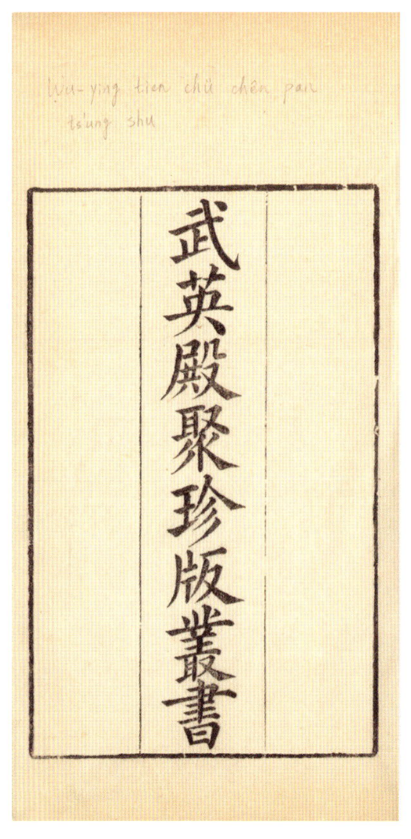

Wu-ying tien chü chên pan ts'ung shu

武英殿聚珍版叢書

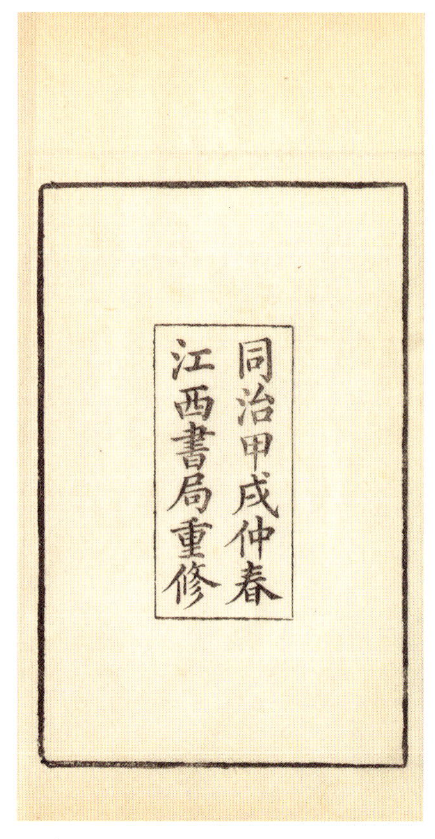

同治甲戌仲春

江西書局重修

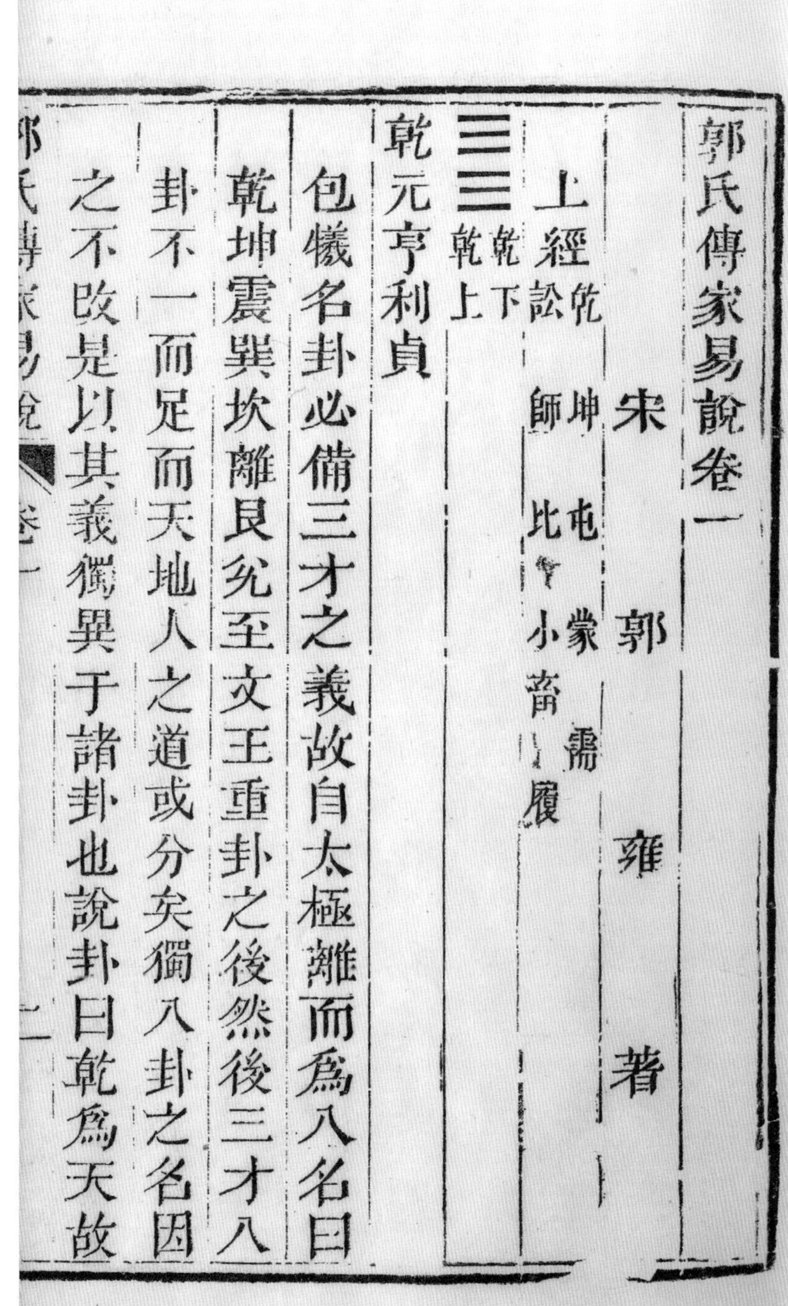

郭氏傳家易說卷一

宋　郭　雍　著

上經　乾　坤　屯　蒙　需
　　　訟　師　比　小畜　履

☰☰　乾下乾上

乾元亨利貞

包犧名卦必備三才之義故自太極離而爲八名曰乾坤震巽坎離艮兌至文王重卦之後然後三才八卦不一而足而天地人之道或分矣獨八卦之名因之不改是以其義獨異于諸卦也說卦曰乾爲天故

334.春暉堂叢書十二種　〔清〕徐渭仁編　

清道光咸豐間上海徐渭仁刻同治九至十年（1870—1871）徐允臨補刻彙印本

十二册二函

每半葉9行，行22字，黑口，四周雙邊，雙對黑魚尾，半框高17釐米，寬12.7釐米。版心中鎸子目書名及卷次，下鎸葉碼。

鈐印“崇福長壽”。

子目：

來齋金石刻考略三卷　〔清〕林侗撰　清道光二十一年（1841）刻本

寓意録四卷　〔清〕繆曰藻撰　清道光二十年（1840）刻本

煙霞萬古樓詩選二卷　〔清〕王曇撰

仲瞿詩録一卷　〔清〕王曇撰　清咸豐元年（1851）刻本

秋紅丈室遺詩一卷　〔清〕金禮瀛撰

陔南池館遺集二卷　〔清〕喬重禧撰　清咸豐元年刻本

雙樹生詩草一卷　〔清〕林鎬撰　清咸豐元年刻本

紀半樵詩一卷　〔清〕紀大復撰　清道光二十四年（1844）刻本

思適齋集十八卷　〔清〕顧廣圻撰　清道光二十九年（1849）刻本

賜硯齋題畫偶録一卷　〔清〕戴熙撰　清同治九年（1870）刻本

儀鄭堂殘稿二卷　〔清〕曹堉撰　清道光二十四年刻本

居易堂殘稿一卷　〔清〕章鶴齡撰　清同治十年（1871）重刻本

来齋金石攷略

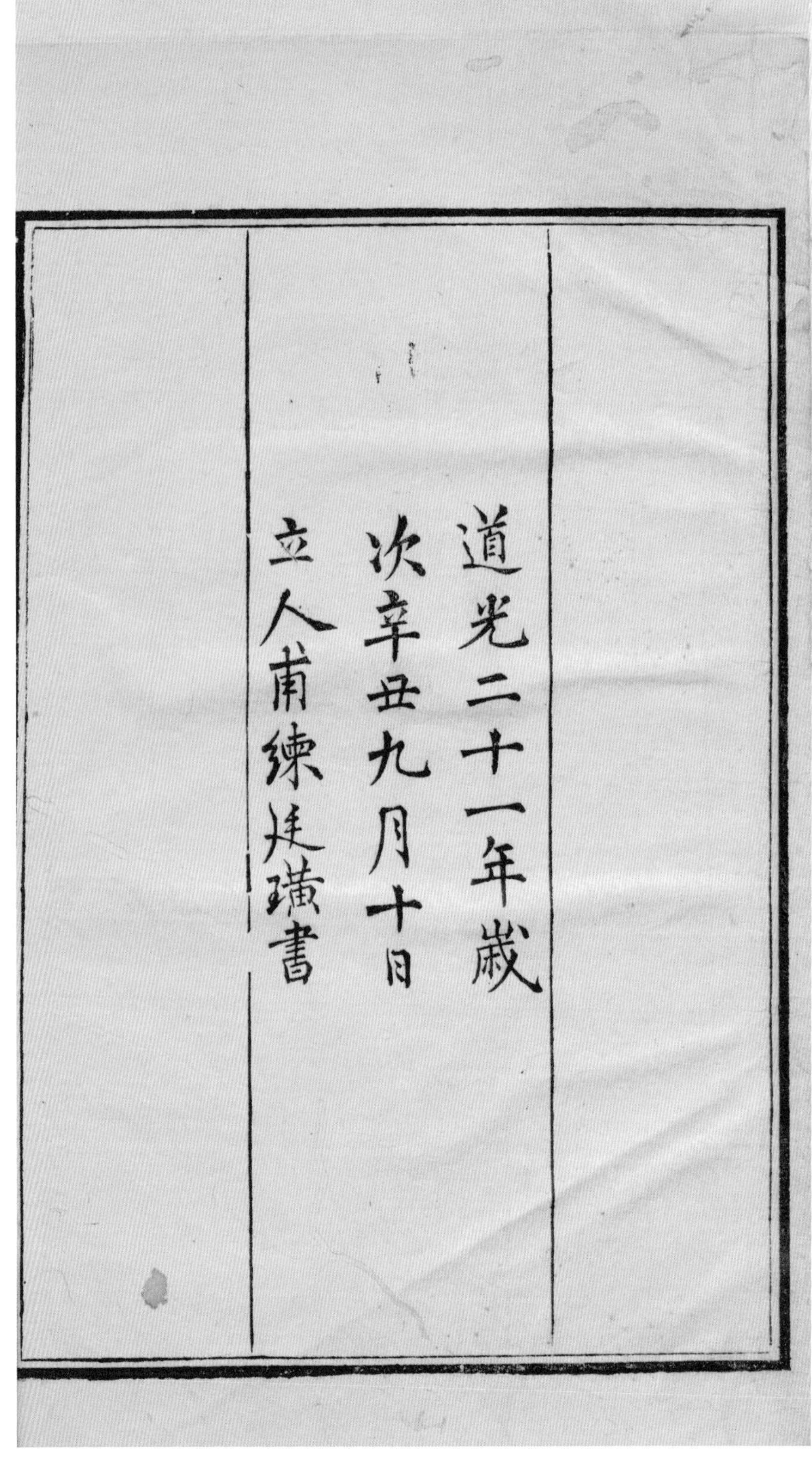
道光二十一年歲
次辛丑九月十日
立人甫練廷璜書

來齋金石刻考畧卷上

侯官林　侗于野纂輯

上海徐渭仁紫珊氏校

夏

衡山岣嶁峯石刻

禹書在岣嶁峯者不當稱碑洪荒初闢未嘗有碑製若重刻於祝融峯及他書院者或用石四片或兩片乃可言碑耳按徐靈期衡山記夏禹導水通瀆刻石書名山之高唐劉禹錫寄吕衡州詩傳聞祝融峯上有神禹銘古石琅玕

335.説鈴前集三十七種後集十六種六十八卷　〔清〕吴震方輯

清嘉慶四年（1799）刻本　三十二册四函

每半葉9行，行21字，小字雙行字同，白口，左右雙邊，雙對黑魚尾，半框高12.7釐米，寬9.9釐米。版心中鎸書名及子目書名，下鎸葉碼。

内封題“嘉慶四年重鎸，本朝名家雜著，説鈴，歷代説部各有成書，唯本朝未見彙輯，兹偶舉平昔知交投贈，先公同好，諸君子鄴架舊藏，雲亭新著，望祈郵賜，以廣雅集，謹啓”。書名據内封。

鈐印“仁壽山莊”“北畠千鍾房章”“好古堂圖書記”“夾日月山房”“宍户昌藏書記”。

子目：

前集

冬夜箋記一卷　〔清〕王崇簡撰

隴蜀餘聞一卷　〔清〕王士禎撰

安南雜記一卷　〔清〕李仙根撰

奉使俄羅斯日記一卷　〔清〕張鵬翮撰

筠廊偶筆二卷　〔清〕宋犖撰

金鼇退食筆記二卷　〔清〕高士奇撰

扈從西巡日録一卷　〔清〕高士奇撰

塞北小鈔一卷　〔清〕高士奇撰

松亭行紀二卷　〔清〕高士奇撰

天禄識餘二卷　〔清〕高士奇輯

封長白山記一卷　〔清〕方象瑛撰

使琉球紀略一卷　〔清〕張學禮撰

閩小紀二卷　〔清〕周亮工撰

西征紀略一卷　〔清〕殷化行撰

滇行紀程一卷　〔清〕許纘曾撰

東還紀程一卷　〔清〕許纘曾撰

絶域紀略一卷　〔清〕方拱乾撰
揚州鼓吹詞序一卷　〔清〕吴綺撰
粤述二卷　〔清〕閔敘輯
粤西偶記一卷　〔清〕陸祚蕃撰
滇黔紀遊一卷　〔清〕陳鼎撰
京東考古録一卷　〔清〕顧炎武撰
山東考古録一卷　〔清〕顧炎武撰
救文格論一卷　〔清〕顧炎武撰
雜録一卷　〔清〕顧炎武撰
守汴日志一卷　〔清〕李光壂編
坤輿外紀一卷　（比利時）南懷仁撰
臺灣紀略一卷　〔清〕林謙光撰
臺灣雜記一卷　〔清〕季麒光撰
安南紀遊一卷　〔清〕潘鼎珪撰
峝溪纖志一卷　〔清〕陸次雲撰
泰山紀勝一卷　〔清〕孔貞瑄纂
匡廬紀遊一卷　〔清〕吴闡思撰
登華記一卷　〔清〕屈大均撰
遊雁蕩山記一卷　〔清〕周清原撰
甌江逸志一卷　〔清〕勞大與撰
嶺南雜記二卷　〔清〕吴震方撰
後集
讀史吟評一卷　〔清〕黄鵬揚撰
湖壖雜記一卷　〔清〕陸次雲撰
談往一卷　題〔清〕花村看行侍者撰
板橋雜記三卷　〔清〕余懷撰
簪雲樓雜説一卷　〔清〕陳尚古撰
天香樓偶得一卷　〔清〕虞兆湰撰
蚓菴瑣語一卷　〔清〕王逋撰

見聞録一卷　〔清〕徐岳撰

冥報録二卷　〔清〕陸圻編

現果隨録一卷　〔清〕釋戒顯撰

果報聞見録一卷　〔清〕楊式傳撰

信徵録一卷　〔清〕徐慶輯

曠園雜志二卷　〔清〕吴陳琰撰

述異記三卷　題〔清〕東軒主人輯

蓴鄉贅筆三卷　〔清〕董含撰

觚賸一卷　〔清〕鈕琇輯

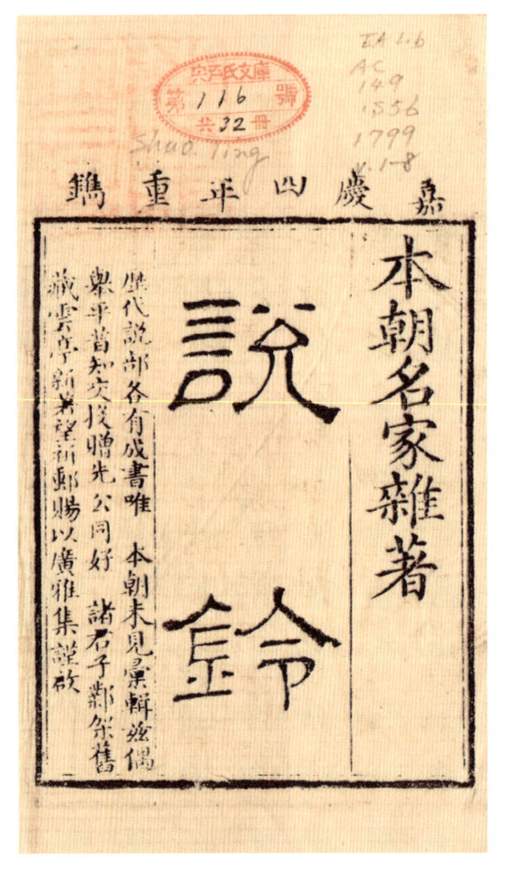

嘉慶四年重鐫

本朝名家雜著

說鈴

歷代說部各有成書唯　本朝未見彙輯兹偶聚平昔知交投贈先公同好　諸君子鄴架舊藏雲亭新著望祈郵賜以廣雅集謹啟

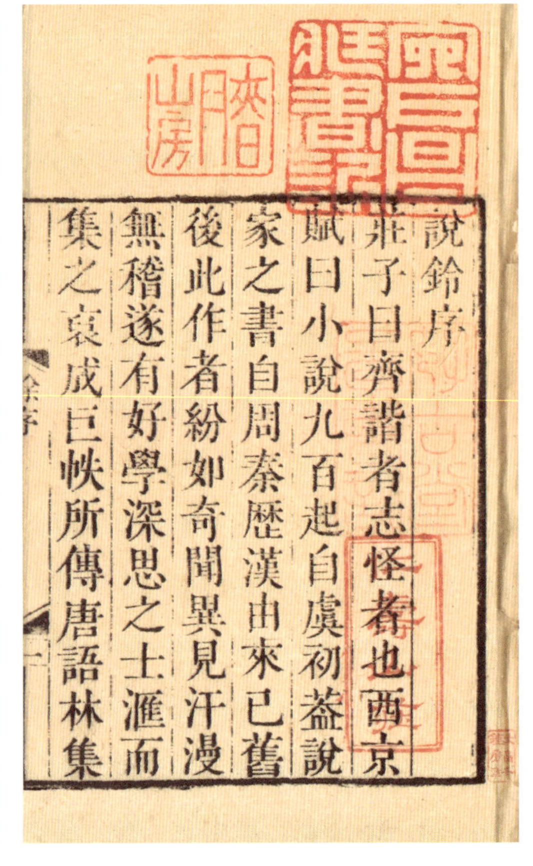

說鈴序

莊子曰齊諧者志怪者也西京賦曰小說九百起自虞初蓋說家之書自周秦歷漢由來已舊後此作者紛如奇聞異見汗漫無稽遂有好學深思之士滙而集之裒成巨帙所傳唐語林集

冬夜箋記

予不能飲酒冬夜篝燈翻閲卷籍日有課程猶然老書生也毎當漏深兒輩侍坐間有談説兒或箋記之久而成帙又錄一冊藏之姑爲識其歲時康熙四年乙巳之冬月也都人王崇簡識

尹和靖嘗曰仁者公而已伊川云何謂也曰能好人能惡人

朱子曰無妄是自然之誠不欺是着力去做底又云人常恭敬則心常光明

336.問經堂叢書十八種三十一卷　〔清〕孫馮翼輯　

清嘉慶間承德孫氏刻本　十六册二函

每半葉12行, 行24字, 小字雙行字同, 黑口, 左右雙邊, 雙對黑魚尾, 半框高18.1釐米, 寬14.5釐米。版心中鎸子目書名、卷次及葉碼。

内封題“問經堂叢書, 承德孫氏藏板”。書名據内封。

《世本》卷末牌記題“嘉慶叁年九月十有七日鳳卿氏校於白下, 張師軾、黄式叙助鳳卿校正是書”“江寧府東孫啓椿刻字店”。

《説文正字》卷末牌記題“嘉慶六年太歲在重光作噩建辰之月承德孫馮翼鳳卿氏校於瞻園”。

子目:

爾雅漢注三卷　〔清〕臧鏞堂撰　〔清〕孫馮翼校訂

古今官遺制考一卷　〔清〕孫星衍校

駁五經異義一卷補遺一卷　〔漢〕鄭玄撰　〔清〕王復輯　〔清〕武億校

箴膏肓一卷　〔漢〕鄭玄撰　〔清〕王復輯　〔清〕武億校

起廢疾一卷　〔漢〕鄭玄撰　〔清〕王復輯　〔清〕武億校

發墨守一卷　〔漢〕鄭玄撰　〔清〕王復輯　〔清〕武億校

鄭志三卷補遺一卷　〔漢〕鄭玄撰　〔三國魏〕鄭小同編　〔清〕王復輯　〔清〕武億校

世本一卷　〔漢〕宋衷注　〔清〕孫馮翼輯

説文正字二卷　〔清〕王瑜、孫馮翼撰

神農本草經三卷　〔三國魏〕吴普述　〔清〕孫星衍、孫馮翼輯

尸子二卷　〔周〕尸佼撰　〔清〕孫星衍輯

燕丹子三卷　〔清〕孫星衍校

許慎淮南子注一卷　〔漢〕許慎撰　〔清〕孫馮翼輯

淮南萬畢術一卷　〔漢〕劉安撰　〔清〕孫馮翼輯

桓子新論一卷　〔漢〕桓譚撰　〔清〕孫馮翼輯

典論一卷　〔三國魏〕文帝曹丕撰　〔清〕孫馮翼輯

皇覽一卷　〔三國魏〕劉劭、王象撰　〔清〕孫馮翼輯

司馬彪莊子注一卷考逸一卷　〔晋〕司馬彪撰　〔清〕孫馮翼輯

爾雅漢注卷上

武進　臧鏞堂撰　　承德　孫馮翼校訂

釋詁第一陸德明經典釋文爾雅音義上中詁樊光李巡本作故又毛詩音義上郭景純注爾雅則作釋詁樊孫等爾雅本皆爲釋故

胎始也

孫曰胎大才反釋文

注曰胎生之始孔穎達詩七月正義八之一唐沙門元應一切經音義一作胎始養也

廓宏墳路冢劉昄晊大也

孫曰廓張之大也劉都耗反昄方滿反釋文　又毛詩釋文下　一切經音義九

樊曰周禮云其聲大而宏詩云有賁其首晊可見之大也孔穎達盤庚下正義九　史記司馬相如列傳司馬貞索隱

舍人曰輅車之大也冢封之大也書舜典正義三　荀子哀公篇楊倞注　邢昺爾雅

嘉慶丙寅九月十有七日
鳳卿氏校于白下張師軾
黄式叙助鳳卿校正是書

江寧府東孫啟椿刻字店

337.乾坤正氣集五百七十四卷首一卷　〔清〕潘錫恩輯

清道光二十八年（1848）袁江節署求是齋刻本　二百册十函

每半葉12行，行25字，小字雙行字同，白口，左右雙邊，單黑魚尾，半框高19.5釐米，寬14.2釐米。版心上鎸書名，中鎸卷次，下鎸葉碼。

内封題“乾坤正氣集”。牌記題“道光戊申刊於袁江節署之求是齋”。目録端題“乾坤正氣集，涇縣潘錫恩輯”。書名據内封。

鈐印“哥倫比亞大學中文圖書館藏書印”。

子目：

楚辭五卷　〔戰國〕屈原撰

孔北海集一卷　〔漢〕孔融撰

嵇中散集九卷　〔三國魏〕嵇康撰

張司空集一卷　〔晋〕張華撰

郭景純集二卷　〔晋〕郭璞撰

袁忠憲集一卷　〔南朝宋〕袁淑撰

李北海集六卷　〔唐〕李邕撰

顔魯公集十四卷　〔唐〕顔真卿撰

司空表聖集四卷　〔唐〕司空圖撰

李忠愍集一卷　〔宋〕李若水撰

傅忠肅集一卷　〔宋〕傅察撰

宗忠簡公集四卷　〔宋〕宗澤撰

忠正德文集八卷　〔宋〕趙鼎撰

陳修撰集四卷　〔宋〕陳東撰

高東溪集一卷　〔宋〕高登撰

歐陽修撰集三卷　〔宋〕歐陽澈撰

岳忠武王集八卷　〔宋〕岳飛撰

竹林愚隱集一卷　〔宋〕胡夢昱撰

梅野集十一卷　〔宋〕徐元傑撰

蒙川遺稿一卷 〔宋〕劉黻撰
文山先生集十卷 〔宋〕文天祥撰
陸忠烈公書一卷 〔宋〕陸秀夫撰
謝疊山先生文集四卷 〔宋〕謝枋得撰
郝文忠公集二十五卷 〔元〕郝經撰
惟實集二卷 〔元〕劉鶚撰
青陽先生文集五卷 〔元〕余闕撰
羽庭集四卷 〔元〕劉仁本撰
師山先生集九卷 〔元〕鄭玉撰
戴九靈集十九卷 〔元〕戴良撰
王忠文公集二十卷 〔明〕王禕撰
練中丞金川集一卷 〔明〕練子寧撰
遜志齋集二十二卷 〔明〕方孝孺撰
芻蕘集四卷 〔明〕周是修撰
程巽隱先生文集二卷 〔明〕程本立撰
易齋集一卷 〔明〕劉璟撰
致身録一卷 〔明〕史仲彬撰
于忠肅公集四卷 〔明〕于謙撰
張文僖集一卷 〔明〕張益撰
劉兩溪文集二十卷 〔明〕劉球撰
周忠愍公垂光集二卷 〔明〕周璽撰
立齋遺文四卷 〔明〕鄒智撰
青霞集四卷 〔明〕沈鍊撰
桂洲文集四卷 〔明〕夏言撰
楊忠愍公集二卷 〔明〕楊繼盛撰
高子遺書六卷 〔明〕高攀龍撰
趙忠毅公文集十八卷 〔明〕趙南星撰
熊襄愍公集七卷 〔明〕熊廷弼撰
徐念陽公集八卷 〔明〕徐如珂撰

周忠愍奏疏二卷 〔明〕周起元撰

楊忠烈公文集五卷 〔明〕楊漣撰

左忠毅公集三卷 〔明〕左光斗撰

周忠介公燼餘集三卷 〔明〕周順昌撰

周忠毅公奏議四卷 〔明〕周宗建撰

從野堂存稿五卷 〔明〕繆昌期撰

落落齋遺集六卷 〔明〕李應昇撰

黄忠端公集三卷 〔明〕黄尊素撰

藏密齋集七卷 〔明〕魏大中撰

盧忠肅公文集二卷 〔明〕盧象昇撰

鹿忠節公集二十一卷 〔明〕鹿善繼撰

范文忠公集九卷 〔明〕范景文撰

倪文正集四卷 〔明〕倪元璐撰

凌忠介公文集二卷 〔明〕凌義渠撰

吴忠節公遺集二卷 〔明〕吴麟徵撰

周文忠公集四卷 〔明〕周鳳翔撰

劉文烈公集一卷 〔明〕劉理順撰

申端愍公集一卷 〔明〕申佳允撰

金忠潔公集二卷 〔明〕金鉉撰

賀文忠公集四卷 〔明〕賀逢聖撰

史忠正公集四卷 〔明〕史可法撰

瑶光閣集十卷 〔明〕黄端伯撰

左忠貞公文集八卷 〔明〕左懋第撰

王節愍公遺集二卷 〔明〕王道焜撰

劉子文編十卷 〔明〕劉宗周撰

祁忠惠公遺集八卷 〔明〕祁彪佳撰

陳忠裕全集十卷 〔明〕陳子龍撰

仍貽堂集二卷 〔明〕侯峒曾撰

陶庵文集一卷 〔明〕黄淳耀撰

谷簾先生遺書三卷　〔明〕黄淵耀撰
葛中翰集三卷　〔明〕葛麟撰
金太史集九卷　〔明〕金聲撰
温寶忠先生遺稿十卷　〔明〕温璜撰
樓山堂集十八卷　〔明〕吴應箕撰
白谷集四卷　〔明〕孫傳庭撰
堵文忠公集六卷　〔明〕堵允錫撰
王季重集四卷　〔明〕王思任撰
黄石齋先生集十六卷　〔明〕黄道周撰
四明先生遺集一卷　〔明〕錢肅樂撰
蓮鬚閣集六卷　〔明〕黎遂球撰
影園集一卷　〔明〕鄭元勳撰
江止庵遺集八卷　〔明〕江天一撰
郝太僕集一卷　〔明〕郝景春撰
陳忠簡公遺集三卷　〔明〕陳子壯撰
王少司馬奏疏二卷　〔明〕王家楨撰
賜誠堂文集六卷　〔明〕管紹寧撰
陳巖野先生集三卷　〔明〕陳邦彦撰
張閣學文集二卷　〔明〕張煌言撰
瞿忠宣公集八卷　〔明〕瞿式耜撰
夏節愍公集四卷　〔明〕夏完淳撰
蔡忠恪公語録一卷　〔明〕蔡懋德撰
高陽文集三卷　〔明〕孫承宗撰
觀復堂集二卷　〔明〕朱集璜撰

乾坤正氣集

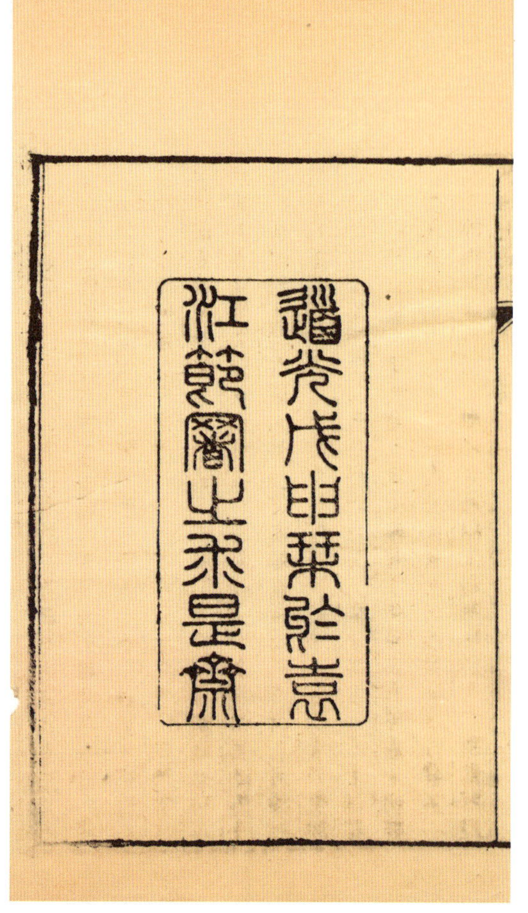

楚辭卷一

楚屈　原著　　涇縣潘錫恩校

離騷經

帝高陽之苗裔兮朕皇考曰伯庸攝提貞于孟陬兮惟庚寅吾以降皇覽揆余于初度兮肇錫余以嘉名名余曰正則兮字余曰靈均紛吾既有此內美兮又重之以修能扈江離與辟芷兮紉秋蘭以爲佩汨余若將弗及兮恐年歲之不吾與朝搴阰之木蘭兮夕攬中洲之宿莽日月忽其不淹兮春與秋其代序惟草木之零落兮恐美人之遲暮不撫壯而棄穢兮何不改乎此度也乘騏驥以馳騁兮來吾道夫先路昔三后之純粹兮固衆芳之所在雜申椒與菌桂兮豈維紉夫蕙茝彼堯舜之耿介兮既遵道而得路何桀紂之昌被兮夫唯捷徑以窘步惟黨人之偷樂兮路幽昧以險隘

338.娛園叢刻十種十五卷　〔清〕許增輯　

清光緒十五年（1889）仁和許氏刻本　十二册一函

每半葉12行，行23字，白口，左右雙邊，單黑魚尾，半框高17.3釐米，寬13.5釐米。版心中鎸子目書名，下鎸葉碼。

内封題“娛園叢刻十種，虞椒楊沂孫題”。書名據内封。

鈐印“晚香書屋藏記”“玉方氏藏書”。

子目：

藏書記要一卷附流通古書約一卷　〔清〕孫從添輯　（流通古書約）〔清〕曹溶撰

閒者軒帖考一卷　〔清〕孫承澤撰

漫堂墨品一卷附雪堂墨品一卷　〔清〕宋犖撰　（雪堂墨品）〔清〕張仁熙撰

筆史一卷　〔清〕梁同書撰

金粟箋説一卷　〔清〕張燕昌撰

端溪硯史三卷　〔清〕吴蘭修撰

陽羨名陶録二卷　〔清〕吴騫撰

書畫説鈴一卷　〔清〕陸時化撰

頻羅庵論書一卷　〔清〕梁同書撰

賞延素心録一卷　〔清〕周二學撰

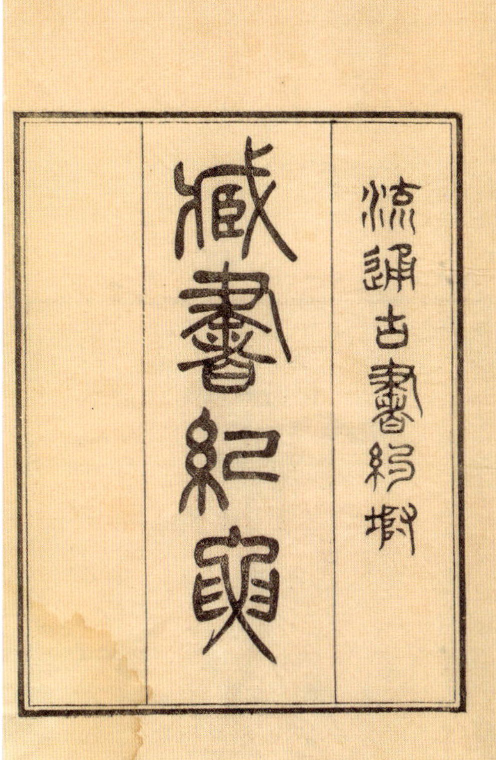

藏書記要

常熟孫從添慶增著
仁和許　增邁孫栞

余無他好而中於書癖家藏卷帙不下萬數雖極貧不忍棄去然聖賢之道非此不能攷證數年以來或持橐以載所見或攜篋以誌所聞念茲在茲幾成一老蠹魚矣同志欲標其要竊不自量記爲八則其當與不當冀有識者諒之以爲芻蕘之一得云耳

第一則

購求

購求書籍是最難事亦最美事最韻事最樂事知有是書而無力購求一難也力足以求之矣而所好不在是二難也知

339.澤存堂五種五十卷　〔清〕張士俊編　PL1205 .C35x

清光緒十四年(1888)蜚英館石印本　八册一函

内封題“澤存堂五種”。牌記題“光緒戊子仲春月上海蜚英館石印”。書名據内封。

子目:

廣韻五卷　〔宋〕陳彭年等撰

佩觿三卷　〔宋〕郭忠恕撰

大廣益會玉篇三十卷　〔南朝梁〕顧野王撰

群經音辨七卷　〔宋〕賈昌朝撰

字鑒五卷　〔元〕李文仲編

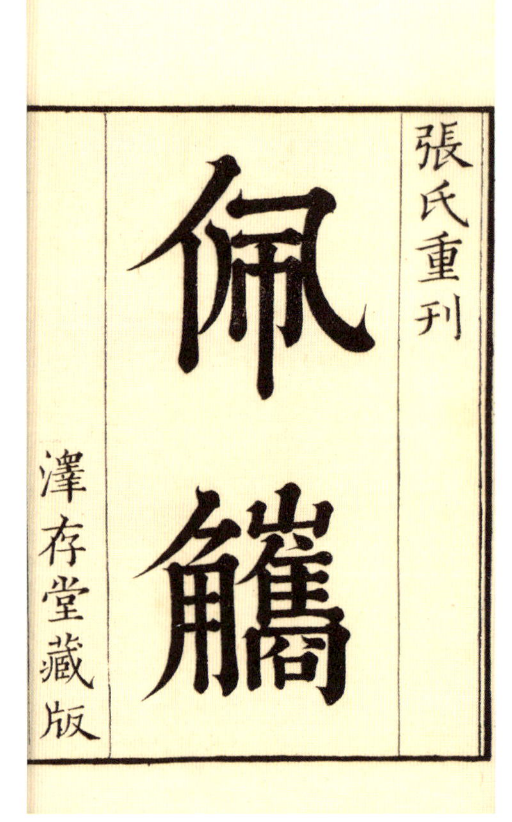

佩觿卷上

朝請大夫國子周易博士柱國臣郭忠恕記

佩觿者童子之事得立言於小學者也其一曰造字之旨始於象形孔子曰牛羊之字以形舉也中則止戈反正傳止戈爲武反正爲乏而省聲生焉禮鷙蟲攫搏鄭注从鳥摯省聲今作鷙省非也說文云从埶聲至若春秋姓字地名更見尚書宋齊舊本隸寫古文學者知之不可具舉有以氷爲凝說文氷魚陵翻凝筆陵翻亦互用之有以渴音竭說文字林渴音真列翻水竭字古文

廣韻上平聲卷第一

德紅東第一獨用　都宗冬第二鍾同用

職容鍾第三　古雙江第四獨用

章移支第五脂之同用　旨夷脂第六

止而之第七　無非微第八獨用

語居魚第九獨用　遇俱虞第十模同用

莫胡模第十一　徂奚齊第十二獨用

古膎佳第十三皆同用　古諧皆第十四

呼恢灰第十五咍同用　呼來咍第十六

職鄰眞第十七諄臻同用　之純諄第十八

340.四銅鼓齋論畫集刻十二種　〔清〕張祥河輯　ND1040 .S75x

清宣統元年（1909）會文齋刻本　四册一函

每半葉9行，行18字，小字雙行字同，黑口，左右雙邊，無魚尾，半框高13.1釐米，寬10.7釐米。版心中鎸子目書名簡題及葉碼。

内封題“四銅鼓齋論畫集刻”。牌記題“宣統元年會文齋刻”。書名據内封。

鈐印“春城清玩”“柳江”。

子目：

苦瓜和尚畫語録一卷　〔清〕釋道濟撰

畫筌一卷　〔清〕笪重光撰

畫訣一卷　〔清〕龔賢撰

雨窗漫筆一卷　〔清〕王原祁撰

東莊論畫一卷　〔清〕王昱撰

繪事發微一卷　〔清〕唐岱撰

浦山論畫一卷　〔清〕張庚撰

小山畫譜二卷　〔清〕鄒一桂撰

傳神秘要一卷　〔清〕蔣驥撰

山静居畫論二卷　〔清〕方薰撰

二十四畫品一卷　〔清〕黄鉞撰

山南論畫一卷　〔清〕王學浩撰

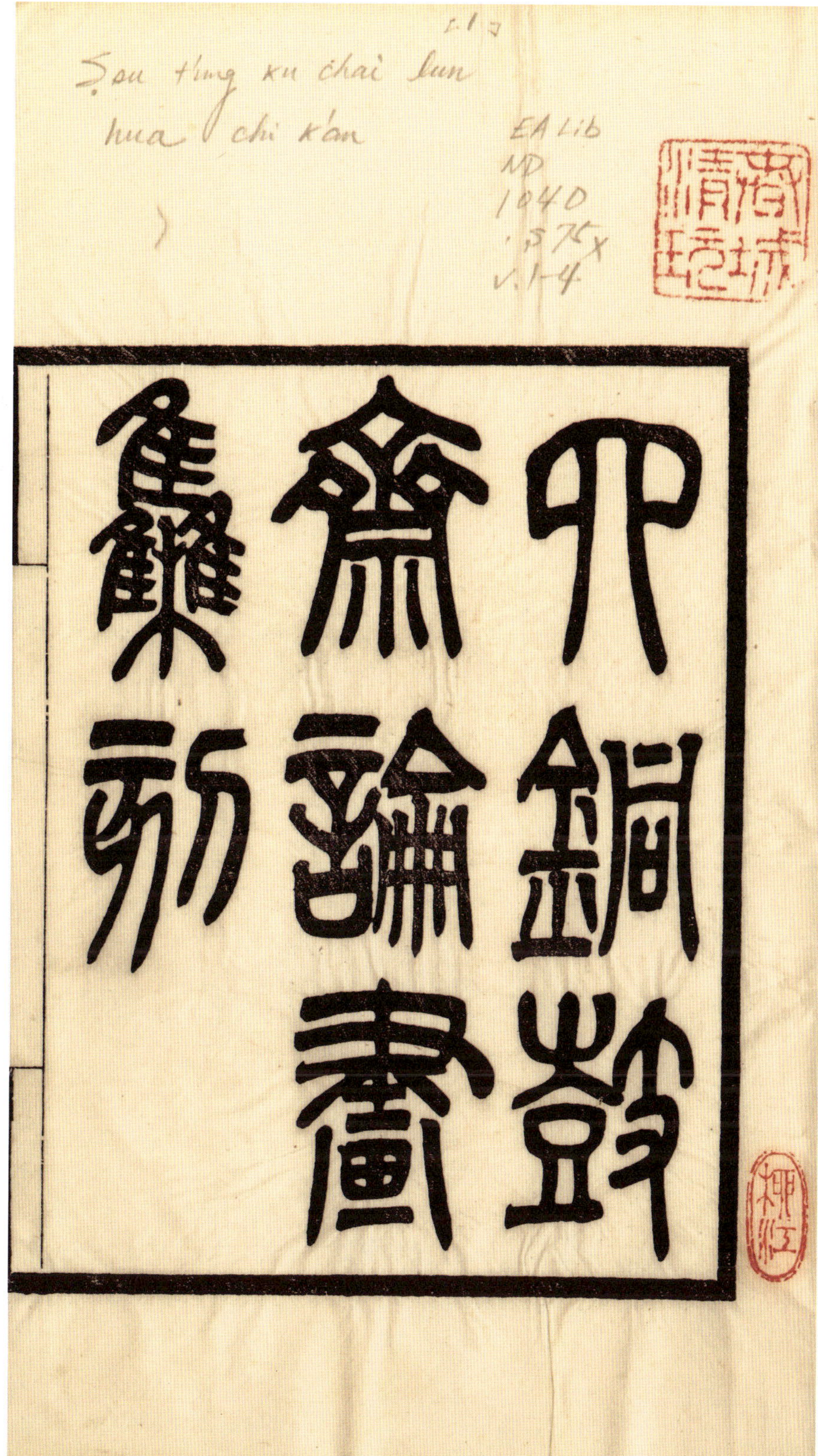

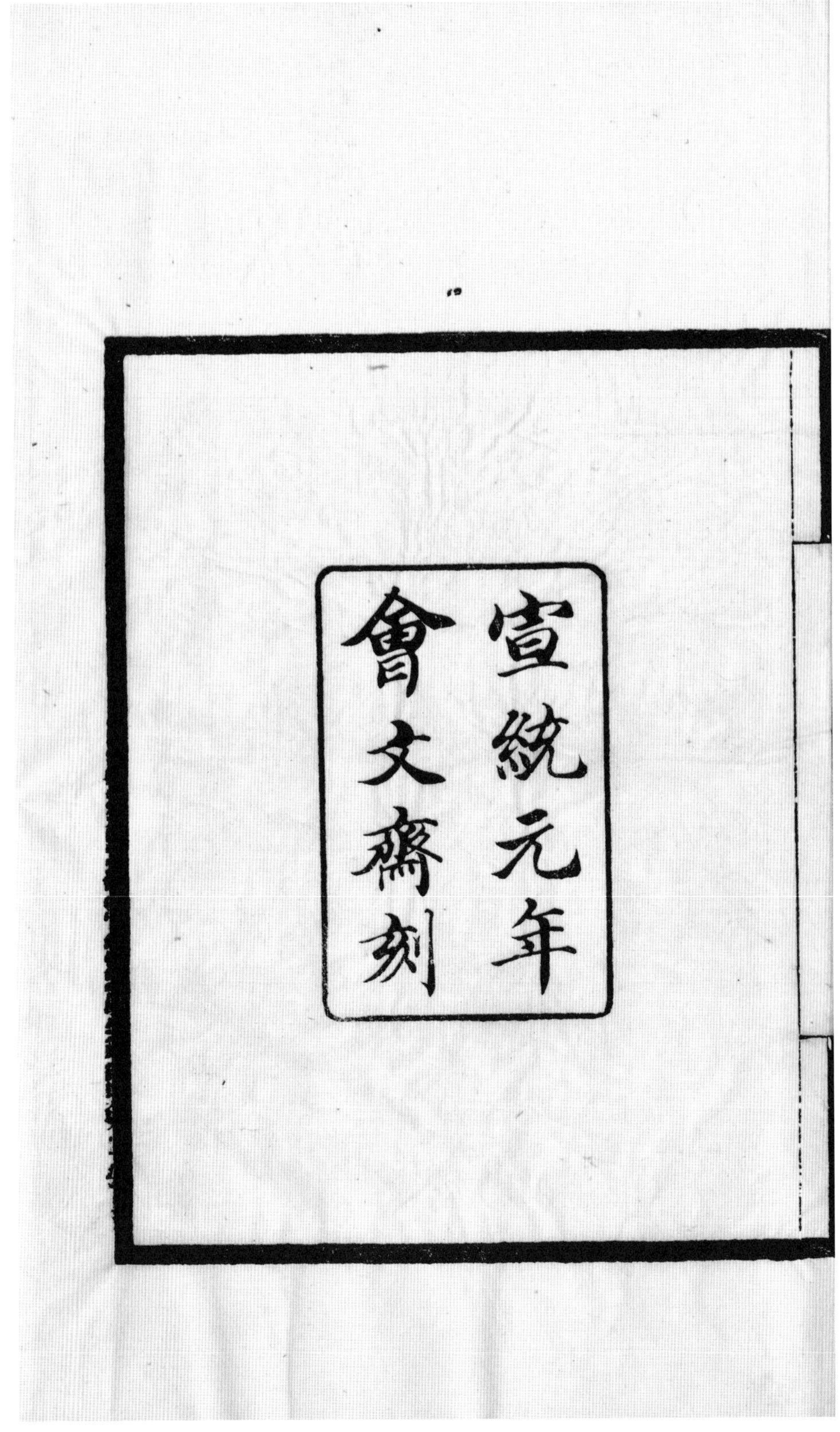
宣統元年
會文齋刻

苦瓜和尚畫語録

全州道　濟石濤著

華亭張祥河詩舲訂

一畫章第一

太古無法太朴不散太朴一散而法立矣法於何立立於一畫一畫者衆有之本萬象之根見用於神藏用於人而世人不知所以一畫之法乃自我立立一畫之法者葢以無法生有法以有法貫衆法也夫畫者從於心者也山川人物

341.**小石山房叢書三十八種**　〔清〕顧湘輯　AC149 .H738x 1874

清道光間刻同治十三年(1874)虞山顧氏校刻本　十六册二函

每半葉11行,行22字,小字雙行字同,黑口,左右雙邊,雙對黑魚尾,半框高17.8釐米,寬12.9釐米。版心中鎸子目書名及葉碼。

内封題"小石山房叢書"。牌記題"同治甲戌孟秋虞山顧氏校刊"。書名據内封。

子目:

四書講義一卷　〔明〕顧憲成撰

淮雲問答一卷續編一卷　〔清〕陳瑚輯

論學酬答四卷　〔清〕陸世儀撰

韋庵經説一卷　〔清〕周象明撰

毋欺録一卷　〔清〕朱用純撰

潘瀾筆記二卷　〔清〕彭兆蓀撰

懺摩録一卷　〔清〕彭兆蓀撰

東觀奏記三卷　〔唐〕裴庭裕撰

承華事略一卷　〔元〕王惲撰

明夷待訪録一卷　〔清〕黄宗羲撰

岳陽風土記一卷　〔宋〕范致明撰

校正朝邑志一卷　〔明〕韓邦靖撰　〔清〕王元啓校

吴門耆舊記一卷　〔清〕顧承撰

松窗快筆一卷　〔明〕龔立本撰

海虞畫苑略一卷補遺一卷　〔清〕魚翼輯

疑年録四卷　〔清〕錢大昕編

續疑年録四卷　〔清〕吴修編

稼書先生年譜一卷　〔清〕陸宸徵、李鉉輯

汲古閣校刻書目一卷補遺一卷刻板存亡考一卷　〔清〕鄭德懋輯　〔清〕顧湘校

隱緑軒題識一卷　〔清〕陳奕禧撰

砥齋題跋一卷　〔清〕王弘撰撰

湛園題跋一卷　〔清〕姜宸英撰
義門題跋一卷　〔清〕何焯撰
山家清供一卷　〔宋〕林洪撰
勿藥須知一卷　〔清〕尤乘輯
尋花日記二卷　〔清〕歸莊撰
看花雜咏一卷　〔清〕歸莊撰
冬心先生畫竹題記一卷　〔清〕金農撰
冬心先生三體詩一卷　〔清〕金農撰
詞評一卷　〔明〕王世貞撰
墨井詩鈔二卷　〔清〕吴歷撰
三巴集一卷　〔清〕吴歷撰
墨井題跋一卷　〔清〕吴歷撰
海珊詩鈔一卷　〔清〕嚴遂成撰
藝庵遺詩一卷　〔清〕黄彦撰
明人詩品二卷　〔清〕杜蔭棠輯
夢曉樓隨筆一卷　〔清〕宋顧樂撰
虞東先生文録八卷　〔清〕顧鎮撰

小石山房叢書

同治甲戌
孟秌雲山
顧氏校栞

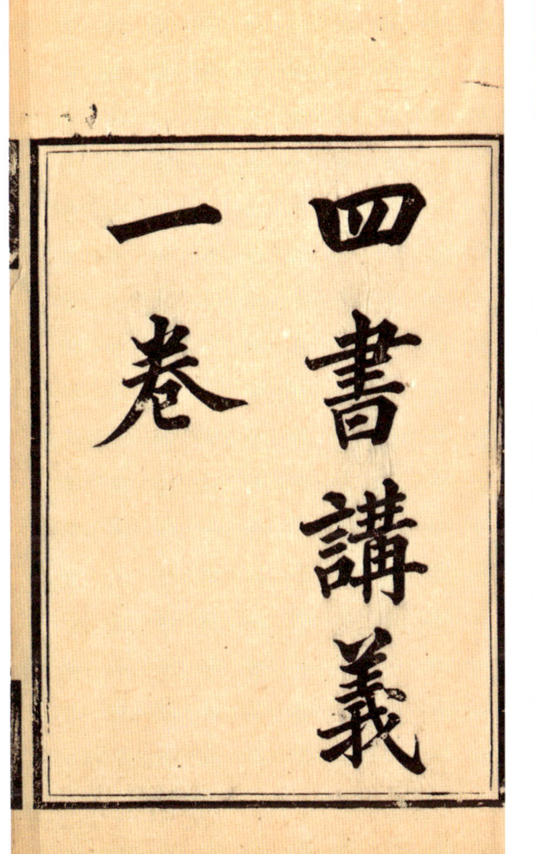

四書講義

一卷

四書講義

無錫顧憲成叔時著

吾十有五章

這章書是夫子一生年譜亦是千古作聖妙訣試看入手一箇學得手一箇矩中間特點出天命二字直是血脈準繩一齊俱到曰志曰立曰不惑修境也曰知天命悟境也曰耳順曰從心證境也即入道次第亦纖毫不容躐矣提這學字乃與人指出一大路以為由此雖愚者可進而明柔者可進而強但一念克奮自途人而上個個做得聖人夫子所以曲成萬物而不遺也提這矩字乃與人指出一定準則以為到此雖明者不得自用其明強者不得自用

342.重刻玉函山房輯佚書六百十三種附一種 〔清〕馬國翰輯

清光緒十八年(1892)湖南思賢書局印本 一百二十册六函

每半葉9行,行20字,小字雙行字同,黑口,四周雙邊,無魚尾,半框高12.3釐米,寬9.2釐米。版心中鐫篇名及卷次,下鐫葉碼。

内封一題"重刻玉函山房輯佚書"。牌記題"光緒壬辰湖南思賢書局印行"。内封二題"玉函山房輯佚書易經六十五種"。牌記題"光緒甲申春日楚南書局重刊"。

鈐印"川崎之章"。

子目:

經編

易類六十五種

連山一卷

歸藏一卷

周易子夏傳二卷 〔周〕卜商撰

周易薛氏記一卷 〔□〕薛虞撰

周易蔡氏易説一卷 〔漢〕蔡景君撰

周易丁氏易傳二卷 〔漢〕丁寬撰

周易韓氏易傳二卷 〔漢〕韓嬰撰

周易古五子易傳一卷

周易淮南九師道訓一卷 〔漢〕劉安撰

周易施氏章句一卷 〔漢〕施讎撰

周易孟氏章句二卷 〔漢〕孟喜撰

周易梁丘氏章句一卷 〔漢〕梁丘賀撰

周易京氏章句一卷 〔漢〕京房撰

費氏易一卷 〔漢〕費直撰

費氏易林一卷 〔漢〕費直撰

周易分野一卷 〔漢〕費直撰

周易馬氏傳三卷 〔漢〕馬融撰

周易劉氏章句一卷 〔漢〕劉表撰

周易宋氏注一卷　〔漢〕宋衷撰

周易荀氏注三卷　〔漢〕荀爽撰

周易陸氏述三卷　〔漢〕陸績撰

周易王氏注二卷　〔三國魏〕王肅撰

周易王氏音一卷　〔三國魏〕王肅撰

周易何氏解一卷　〔三國魏〕何晏撰

周易董氏章句一卷　〔三國魏〕董遇撰

周易姚氏注一卷　〔三國吴〕姚信撰

周易翟氏義一卷　〔□〕翟玄撰

周易向氏義一卷　〔晋〕向秀撰

周易統略一卷　〔晋〕鄒湛撰

周易卦序論一卷　〔晋〕楊乂撰

周易張氏義一卷　〔晋〕張軌撰

周易張氏集解一卷　〔晋〕張璠撰

周易干氏注三卷　〔晋〕干寶撰

周易王氏注一卷　〔晋〕王廙撰

周易蜀才注一卷　〔三國蜀〕范長生撰

周易黄氏注一卷　〔晋〕黄穎撰

周易徐氏音一卷　〔晋〕徐邈撰

周易李氏音一卷　〔晋〕李軌撰

易象妙於見形論一卷　〔晋〕孫盛撰

周易繫辭桓氏注一卷　〔晋〕桓玄撰

周易繫辭荀氏注一卷　〔南朝宋〕荀柔之撰

周易繫辭明氏注一卷　〔南朝齊〕明僧紹撰

周易沈氏要略一卷　〔南朝齊〕沈驎士撰

周易劉氏義疏一卷　〔南朝齊〕劉瓛撰

周易大義一卷　〔南朝梁〕武帝蕭衍撰

周易伏氏集解一卷　〔南朝梁〕伏曼容撰

周易褚氏講疏一卷　〔南朝梁〕褚仲都撰

周易周氏義疏一卷附本傳一卷　〔南朝陳〕周宏正撰
周易張氏講疏一卷　〔南朝陳〕張譏撰
周易何氏講疏一卷　〔隋〕何妥撰
周易姚氏注一卷　〔三國吴〕姚信撰
周易崔氏注一卷　〔□〕崔覲撰
周易傅氏注一卷
周易盧氏注一卷
周易王氏注一卷　〔□〕王凱冲撰
周易王氏義一卷　〔□〕王嗣宗撰
周易朱氏義一卷　〔□〕朱仰之撰
周易莊氏義一卷
周易侯氏注一卷　〔□〕侯果撰
周易探元三卷　〔唐〕崔憬撰
周易元義一卷　〔唐〕李淳風撰
周易新論傳疏一卷　〔唐〕陰弘道撰
周易新義一卷　〔唐〕徐鄖撰
易纂一卷　〔唐〕釋一行撰
周易劉氏注一卷　〔北魏〕劉昞撰
尚書類十二種
今文尚書一卷
古文尚書三卷
尚書歐陽章句一卷　〔漢〕歐陽生撰
尚書大夏侯章句一卷　〔漢〕夏侯勝撰
尚書小夏侯章句一卷　〔漢〕夏侯建撰
尚書馬氏傳四卷　〔漢〕馬融撰
尚書王氏注二卷　〔三國魏〕王肅撰
古文尚書音一卷　〔晋〕徐邈撰
尚書舜典注一卷　〔晋〕范甯撰
尚書劉氏義疏一卷　〔隋〕劉焯撰

尚書述義一卷　〔隋〕劉炫撰

尚書顧氏疏一卷　〔隋〕顧彪撰

詩類三十二種

魯詩故三卷　〔漢〕申培撰

齊詩傳二卷　〔漢〕后蒼撰

韓詩故二卷　〔漢〕韓嬰撰

韓詩内傳一卷　〔漢〕韓嬰撰

韓詩説一卷　〔漢〕韓嬰撰

薛君韓詩章句二卷　〔漢〕薛漢撰

韓詩翼要一卷　〔漢〕侯苞撰

毛詩馬氏注一卷　〔漢〕馬融撰

毛詩義問一卷　〔三國魏〕劉楨撰

毛詩王氏注四卷　〔三國魏〕王肅撰

毛詩義駁一卷　〔三國魏〕王肅撰

毛詩奏事一卷　〔三國魏〕王肅撰

毛詩問難一卷　〔三國魏〕王肅撰

毛詩駁一卷　〔三國魏〕王基撰

毛詩答雜問一卷　〔三國吴〕韋昭等撰

毛詩譜暢一卷　〔三國吴〕徐整撰

毛詩異同評三卷　〔晋〕孫毓撰

難孫氏毛詩評一卷　〔晋〕陳統撰

毛詩拾遺一卷　〔晋〕郭璞撰

毛詩徐氏音一卷　〔晋〕徐邈撰

毛詩序義疏一卷　〔南朝齊〕劉瓛等撰

毛詩周氏注一卷　〔南朝宋〕周續之撰

毛詩十五國風義一卷　〔南朝梁〕簡文帝蕭綱撰

毛詩隱義一卷　〔南朝梁〕何胤撰

集注毛詩一卷　〔南朝梁〕崔靈恩撰

毛詩舒氏義疏二卷　〔□〕舒援撰

毛詩沈氏義疏一卷 〔北周〕沈重撰
毛詩箋音義證一卷 〔北魏〕劉芳撰
毛詩述義一卷 〔隋〕劉炫撰
毛詩草蟲經一卷
毛詩題綱一卷
施氏詩説一卷 〔唐〕施士丐撰
周官禮類十三種
周禮鄭大夫解詁一卷 〔漢〕鄭興撰
周禮鄭司農解詁六卷 〔漢〕鄭衆撰
周禮杜氏注二卷 〔漢〕杜子春撰
周禮賈氏解詁一卷 〔漢〕賈逵撰
周官傳一卷 〔漢〕馬融撰
周禮鄭氏音一卷 〔漢〕鄭玄撰
周官禮干氏注一卷 〔晋〕干寶撰
周禮徐氏音一卷 〔晋〕徐邈撰
周禮李氏音一卷 〔晋〕李軌撰
周禮聶氏音一卷 題〔晋〕聶氏撰
周官禮義疏一卷 〔北周〕沈重撰
周禮劉氏音一卷 〔□〕劉宗昌撰
周禮戚氏音一卷 〔南朝陳〕戚衮撰
儀禮二十七種
大戴喪服變除一卷 〔漢〕戴德撰
冠禮約制一卷 〔漢〕何休撰
婚禮謁文一卷 〔漢〕鄭衆撰
喪服經傳馬氏注一卷 〔漢〕馬融撰
鄭氏喪服變除一卷 〔漢〕鄭玄撰
新定禮一卷 〔漢〕劉表撰
喪服經傳王氏注一卷 〔三國魏〕王肅撰
王氏喪服要記一卷 〔三國魏〕王肅撰

喪服變除圖一卷　〔三國吴〕射慈撰
喪服要集一卷　〔晋〕杜預撰
喪服經傳袁氏注一卷　〔晋〕袁準撰
集注喪服經傳一卷　〔晋〕孔倫撰
喪服經傳陳氏注一卷　〔晋〕陳銓撰
喪服釋疑一卷　〔晋〕劉智撰
蔡氏喪服譜一卷　〔晋〕蔡謨撰
賀氏喪服譜一卷　〔晋〕賀循撰
葬禮一卷　〔晋〕賀循撰
喪服要記一卷　〔晋〕賀循撰
喪服要記注一卷　〔□〕謝徽撰
葛氏喪服變除一卷　〔晋〕葛洪撰
凶禮一卷　〔晋〕孔衍撰
集注喪服經傳一卷　〔南朝宋〕裴松之撰
略注喪服經傳一卷　〔南朝宋〕雷次宗撰
喪服難問一卷　〔南朝宋〕崔凱撰
喪服古今集記一卷　〔南朝齊〕王儉撰
周氏喪服注一卷　〔南朝宋〕周續之撰
喪服世行要記一卷　〔南朝齊〕王逡之撰

禮記類十九種

禮記馬氏注一卷　〔漢〕馬融撰
禮記盧氏注一卷　〔漢〕盧植撰
禮傳一卷　〔漢〕荀爽撰
月令章句一卷　〔漢〕蔡邕撰
月令問答一卷　〔漢〕蔡邕撰
禮記王氏注二卷　〔三國魏〕王肅撰
禮記孫氏注一卷　〔三國魏〕孫炎撰
禮記音義隱一卷　〔□〕謝□撰
禮記范氏音一卷　〔晋〕范宣撰

禮記徐氏音三卷 〔晋〕徐邈撰

禮記劉氏音一卷 〔晋〕劉昌宗撰

禮記略解一卷 〔南朝宋〕庾蔚之撰

禮記隱義一卷 〔南朝梁〕何胤撰

禮記新義疏一卷 〔南朝梁〕賀瑒撰

禮記皇氏義疏四卷 〔南朝梁〕皇侃撰

禮記沈氏義疏一卷 〔北周〕沈重撰

禮記義證一卷 〔北魏〕劉芳撰

禮記熊氏義疏四卷 〔北周〕熊安生撰

禮記外傳一卷 〔唐〕成伯璵撰

通禮類二十三種

石渠禮論一卷 〔漢〕戴聖撰

魯禮禘祫志一卷 〔漢〕鄭玄撰

三禮圖一卷 〔漢〕鄭玄等撰

問禮俗一卷 〔三國魏〕董勛撰

雜祭法一卷 〔晋〕盧諶撰

祭典一卷 〔晋〕范汪撰

後養議一卷 〔晋〕干寶撰

禮雜問一卷 〔晋〕范甯撰

雜禮議一卷 〔晋〕吴商撰

禮論答問一卷 〔南朝宋〕徐廣撰

禮論一卷 〔南朝宋〕何承天撰

禮論條牒一卷 〔南朝宋〕任預撰

禮義答問一卷 〔南朝齊〕王儉撰

禮論鈔略一卷 〔南朝齊〕荀萬秋撰

禮統一卷 〔南朝梁〕賀述撰

禮疑義一卷 〔南朝梁〕周捨撰

三禮義宗四卷 〔南朝梁〕崔靈恩撰

釋疑論一卷 〔唐〕元行沖撰

禮論難一卷　〔晋〕范宣撰
逆降義一卷　〔南朝宋〕顔延之撰
明堂制度論一卷　〔北魏〕李謐撰
梁氏三禮圖一卷　〔□〕梁正撰
張氏三禮圖一卷　〔唐〕張鎰撰

樂類十三種

樂經一卷
樂記一卷
樂元語一卷　〔漢〕劉德撰
琴清英一卷　〔漢〕揚雄撰
鐘律書一卷　〔漢〕劉歆撰
樂社大義一卷　〔南朝梁〕武帝蕭衍撰
古今樂録一卷　〔南朝陳〕釋智匠撰
樂書一卷　〔北魏〕信都芳撰
樂部一卷
琴歷一卷
樂律義一卷　〔北周〕沈重撰
樂譜集解一卷　〔隋〕蕭吉撰
琴書一卷　〔唐〕趙惟暕撰

春秋類四十六種

春秋大傳一卷
春秋决事一卷　〔漢〕董仲舒撰
公羊嚴氏春秋一卷　〔漢〕嚴彭祖撰
春秋公羊顔氏記一卷　〔漢〕顔安樂撰
春秋穀梁傳尹氏章句一卷　〔漢〕尹更始撰
春秋穀梁傳説一卷　〔漢〕劉向撰
春秋左傳劉氏注一卷　〔漢〕劉歆撰
春秋牒例章句一卷　〔漢〕鄭衆撰
春秋左氏傳解詁二卷　〔漢〕賈逵撰

春秋左氏長經章句一卷 〔漢〕賈逵撰

春秋三傳異同説一卷 〔漢〕馬融撰

解疑論一卷 〔漢〕戴宏撰

春秋公羊文謚例一卷 〔漢〕何休撰

春秋左氏傳解誼四卷 〔漢〕服虔撰

春秋成長説一卷 〔漢〕服虔撰

春秋左氏膏肓釋痾一卷 〔漢〕服虔撰

春秋釋例一卷 〔漢〕潁容撰

左氏奇説一卷 〔漢〕彭汪撰

春秋左傳許氏注一卷 〔漢〕許淑撰

春秋左氏經傳章句一卷 〔三國魏〕董遇撰

春秋左傳王氏注一卷 〔三國魏〕王肅撰

春秋左傳嵇氏音一卷 〔三國魏〕嵇康撰

春秋穀梁傳糜氏注一卷 〔三國魏〕糜信撰

春秋公羊穀梁傳解詁一卷 〔晋〕劉兆撰

春秋左氏傳義注一卷 〔晋〕孫毓撰

春秋公羊穀梁二傳評一卷 〔晋〕江熙撰

春秋穀梁傳徐氏注一卷 〔晋〕徐乾撰

春秋土地名一卷 〔晋〕京相璠撰

春秋穀梁傳注義一卷 〔晋〕徐邈撰

春秋左傳徐氏音一卷 〔晋〕徐邈撰

春秋左氏函傳義一卷 〔晋〕干寶撰

薄叔玄問穀梁義一卷 〔晋〕范甯撰

春秋穀梁傳鄭氏説一卷 〔晋〕鄭嗣撰

春秋左氏經傳義略一卷 〔南朝陳〕沈文阿撰

續春秋左氏經傳義略一卷 〔南朝陳〕王元規撰

春秋傳駁一卷 〔北魏〕賈思同撰 〔北魏〕秦道静述

春秋左氏傳義疏一卷 〔□〕蘇寬撰

春秋左氏傳述義二卷 〔隋〕劉炫撰

春秋規過二卷　〔隋〕劉炫撰

春秋攻昧一卷　〔隋〕劉炫撰

春秋井田記一卷

春秋集傳一卷　〔唐〕啖助撰

春秋闡微纂類義統一卷　〔唐〕趙匡撰

春秋通例一卷　〔唐〕陸希聲撰

春秋折衷論一卷　〔唐〕陳嶽撰

春秋例統一卷　〔唐〕啖助撰

國語類六種

國語章句一卷　〔漢〕鄭衆撰

國語解詁二卷　〔漢〕賈逵撰

國語虞氏注一卷　〔三國吴〕虞翻撰

國語唐氏注一卷　〔三國吴〕唐固撰

國語孔氏注一卷　〔晋〕孔晁撰

國語音一卷

孝經類十六種

孝經傳一卷　〔周〕魏斯撰

孝經后氏説一卷　〔漢〕后蒼撰

孝經安昌侯説一卷　〔漢〕張禹撰

孝經長孫氏説一卷　題〔漢〕長孫氏撰

孝經王氏解一卷　〔三國魏〕王肅撰

孝經解讚一卷　〔三國吴〕韋昭撰

孝經殷氏注一卷　〔晋〕殷仲文撰

集解孝經一卷　〔晋〕謝萬撰

齊永明諸王孝經講義一卷

孝經劉氏説一卷　〔南朝齊〕劉瓛撰

孝經義疏一卷　〔南朝梁〕武帝蕭衍撰

孝經嚴氏注一卷　〔南朝梁〕嚴植之撰

孝經皇氏義疏一卷　〔南朝梁〕皇侃撰

古文孝經述義一卷 〔隋〕劉炫撰

御注孝經疏一卷 〔唐〕元行冲撰

孝經訓注一卷 〔唐〕魏真已撰

論語類四十一種

古論語六卷

齊論語一卷

論語孔氏訓解十一卷 〔漢〕孔安國撰

論語包氏章句二卷 〔漢〕包咸撰

論語周氏章句一卷 題〔漢〕周氏撰

論語馬氏訓説二卷 〔漢〕馬融撰

論語鄭氏注十卷 〔漢〕鄭玄撰

論語孔子弟子目録一卷 〔漢〕鄭玄撰

論語陳氏義説一卷 〔三國魏〕陳群撰

論語王氏説一卷 〔三國魏〕王朗撰

論語王氏義説一卷 〔三國魏〕王肅撰

論語周生氏義説一卷 〔三國魏〕周生烈撰

論語釋疑一卷 〔三國魏〕王弼撰

論語譙氏注一卷 〔三國蜀〕譙周撰

論語衛氏集注一卷 〔晋〕衛瓘撰

論語旨序一卷 〔晋〕繆播撰

論語繆氏説一卷 〔晋〕繆協撰

論語體略一卷 〔晋〕郭象撰

論語欒氏釋疑一卷 〔晋〕欒肇撰

論語虞氏讚注一卷 〔晋〕虞喜撰

論語庾氏釋一卷 〔晋〕庾翼撰

論語李氏集注二卷 〔晋〕李充撰

論語范氏注一卷 〔晋〕范甯撰

論語孫氏集解一卷 〔晋〕孫綽撰

論語梁氏注一卷 〔晋〕梁覬撰

論語袁氏注一卷　〔晋〕袁喬撰
論語江氏集解二卷　〔晋〕江熙撰
論語殷氏解一卷　〔晋〕殷仲堪撰
論語張氏注一卷　〔晋〕張憑撰
論語蔡氏注一卷　〔晋〕蔡謨撰
論語顔氏説一卷　〔南朝宋〕顔延之撰
論語琳公説一卷　〔南朝宋〕釋慧琳撰
論語沈氏訓注一卷　〔南朝齊〕沈驎士撰
論語顧氏注一卷　〔南朝齊〕顧歡撰
論語梁武帝注一卷　〔南朝梁〕武帝蕭衍撰
論語太史氏集解一卷　〔南朝梁〕太史叔明撰
論語褚氏義疏一卷　〔南朝梁〕褚仲都撰
論語沈氏説一卷　〔□〕沈峭撰
論語熊氏説一卷　〔□〕熊埋撰
論語隱義注一卷
孔子三朝記一卷

孟子類九種

孟子章指二卷篇叙一卷　〔漢〕趙岐撰
孟子程氏章句一卷　〔漢〕程曾撰
孟子高氏章句一卷　〔漢〕高誘撰
孟子劉氏注一卷　〔漢〕劉熙撰
孟子鄭氏注一卷　〔漢〕鄭玄撰
孟子綦毋氏注一卷　〔晋〕綦毋邃撰
孟子陸氏注一卷　〔唐〕陸善經撰
孟子張氏音義一卷　〔唐〕張鎰撰
孟子丁氏手音一卷　〔唐〕丁公著撰

爾雅類十三種

爾雅犍爲文學注三卷　〔漢〕郭舍人撰
爾雅劉氏注一卷　〔漢〕劉歆撰

爾雅樊氏注一卷　〔漢〕樊光撰
爾雅李氏注三卷　〔漢〕李巡撰
爾雅孫氏注三卷　〔三國魏〕孫炎撰
爾雅孫氏音一卷　〔三國魏〕孫炎撰
爾雅音義一卷　〔晋〕郭璞撰
爾雅圖贊一卷　〔晋〕郭璞撰
集注爾雅一卷　〔南朝梁〕沈旋撰
爾雅施氏音一卷　〔南朝陳〕施乾撰
爾雅謝氏音一卷　〔南朝陳〕謝嶠撰
爾雅顧氏音一卷　〔南朝陳〕顧野王撰
爾雅裴氏注一卷　〔唐〕裴瑜撰

五經總類十種

五經通義一卷　〔漢〕劉向撰
五經要義一卷　〔南朝宋〕雷次宗撰
六藝論一卷　〔漢〕鄭玄撰
五經然否論一卷　〔三國蜀〕譙周撰
聖證論一卷　〔三國魏〕王肅撰
五經通論一卷　〔晋〕束皙撰
五經鉤沉一卷　〔晋〕楊方撰
五經大義一卷　〔晋〕戴逵撰
六經略注序一卷　〔北魏〕常爽撰
七經義綱一卷　〔北周〕樊深撰

緯書類四十種

尚書中候三卷　〔漢〕鄭玄注
尚書緯璇璣鈐一卷　〔漢〕鄭玄注
尚書緯考靈曜一卷　〔漢〕鄭玄注
尚書緯刑德放一卷　〔漢〕鄭玄注
尚書緯帝命驗一卷　〔漢〕鄭玄注
尚書緯運期授一卷　〔漢〕鄭玄注

詩緯推度灾一卷　〔三國魏〕宋均注

詩緯氾歷樞一卷　〔三國魏〕宋均注

詩緯含神霧一卷　〔三國魏〕宋均注

禮緯含文嘉一卷　〔三國魏〕宋均注

禮緯稽命徵一卷　〔三國魏〕宋均注

禮緯斗威儀一卷　〔三國魏〕宋均注

樂緯動聲儀一卷　〔三國魏〕宋均注

樂緯稽耀嘉一卷　〔三國魏〕宋均注

樂緯葉圖徵一卷　〔三國魏〕宋均注

春秋緯文耀鉤一卷　〔三國魏〕宋均注

春秋緯運斗樞一卷　〔三國魏〕宋均注

春秋緯感精符一卷　〔三國魏〕宋均注

春秋緯合誠圖一卷　〔三國魏〕宋均注

春秋緯考異郵一卷　〔三國魏〕宋均注

春秋緯保乾圖一卷　〔三國魏〕宋均注

春秋緯漢含孳一卷　〔三國魏〕宋均注

春秋緯佐助期一卷　〔三國魏〕宋均注

春秋緯握誠圖一卷　〔三國魏〕宋均注

春秋緯潛潭巴一卷　〔三國魏〕宋均注

春秋緯説題辭一卷　〔三國魏〕宋均注

春秋緯演孔圖一卷　〔三國魏〕宋均注

春秋緯元命苞一卷　〔三國魏〕宋均注

春秋命歷序一卷　〔三國魏〕宋均注

春秋内事一卷　〔三國魏〕宋均注

孝經緯援神契一卷　〔三國魏〕宋均注

孝經緯鉤命訣一卷　〔三國魏〕宋均注

孝經中契一卷　〔三國魏〕宋均注

孝經左契一卷　〔三國魏〕宋均注

孝經右契一卷　〔三國魏〕宋均注

孝經内事圖一卷 〔三國魏〕宋均注
孝經章句一卷 〔三國魏〕宋均注
孝經雌雄圖一卷 〔三國魏〕宋均注
孝經古秘一卷 〔三國魏〕宋均注
論語讖八卷 〔三國魏〕宋均注

小學類四十七種

史籀篇一卷 〔周〕太史籀撰
蒼頡篇一卷 〔秦〕李斯等撰
凡將篇一卷 〔漢〕司馬相如撰
訓纂篇一卷 〔漢〕揚雄撰
蒼頡訓詁一卷 〔漢〕杜林撰
三蒼一卷 〔秦〕李斯等撰
古文官書一卷 〔漢〕衛宏撰
雜字指一卷 〔漢〕郭訓撰
勸學篇一卷 〔漢〕蔡邕撰
通俗文一卷 〔漢〕服虔撰
埤蒼一卷 〔三國魏〕張揖撰
古今字詁一卷 〔三國魏〕張揖撰
雜字一卷 〔三國魏〕張揖撰
雜字解詁一卷 〔三國魏〕周成撰
聲類一卷 〔三國魏〕李登撰
廣蒼一卷 〔南朝梁〕樊恭撰
辨釋名一卷 〔三國吴〕韋昭撰
異字一卷 〔三國吴〕朱育撰
始學篇一卷 〔三國吴〕項竣撰
草書狀一卷 〔晋〕索靖撰
發蒙記一卷 〔晋〕束晳撰
啓蒙記一卷 〔晋〕顧愷之撰
韻集一卷 〔晋〕吕静撰

字指一卷　〔晋〕李彤撰

四體書勢一卷　〔晋〕衛恒撰

要用字苑一卷　〔晋〕葛洪撰

演説文一卷　〔□〕庾儼默撰

字統一卷　〔北魏〕楊承慶撰

纂文一卷　〔南朝宋〕何承天撰

庭誥一卷　〔南朝宋〕顔延之撰

纂要一卷　〔南朝宋〕顔延之撰

纂要一卷　〔南朝梁〕元帝蕭繹撰

文字集略一卷　〔南朝梁〕阮孝緒撰

古今文字表一卷　〔北魏〕江式撰

韻略一卷　〔北齊〕楊休之撰

桂苑珠叢一卷　〔隋〕諸葛潁撰

文字指歸一卷　〔隋〕曹憲撰

四聲五音九弄反紐圖一卷　〔唐〕釋神珙撰

分毫字樣一卷

漢石經尚書一卷

漢石經魯詩一卷

漢石經儀禮一卷

漢石經公羊一卷

漢石經論語一卷

三字石經尚書一卷

三字石經春秋一卷

詁幼一卷　〔南朝宋〕顔延之撰

史編

雜史類五種

古文瑣語一卷

帝王要略一卷　〔三國吴〕環濟撰

三五曆記一卷　〔三國吴〕徐整撰

年曆一卷　〔晋〕皇甫謐撰
汲冢書鈔一卷　〔晋〕束晳撰
雜傳類二種
聖賢高士傳一卷　〔三國魏〕嵇康撰
鑒戒象讚一卷　〔北魏〕常景撰
目録類一種
七略别録一卷　〔漢〕劉向撰
子編
儒家類五十六種
漆雕子一卷　題〔周〕漆雕氏撰
宓子一卷　〔周〕宓不齊撰
景子一卷　題〔周〕景氏撰
世子一卷　〔周〕世碩撰
魏文侯書一卷　〔周〕魏斯撰
李克書一卷　〔周〕李克撰
公孫尼子一卷　〔周〕公孫尼撰
内業一卷　〔周〕管仲撰
讕言一卷　〔周〕孔穿撰
甯子一卷　〔周〕甯越撰
王孫子一卷　題〔□〕王孫氏撰
李氏春秋一卷
董子一卷　〔周〕董無心撰
徐子一卷　題〔周〕徐氏撰
魯連子一卷　〔周〕魯仲連撰
虞氏春秋一卷　〔周〕虞卿撰
平原君書一卷　〔漢〕朱建撰
劉敬書一卷　〔漢〕劉敬撰
至言一卷　〔漢〕賈山撰
河間獻王書一卷　〔漢〕劉德撰

兒寬書一卷　〔漢〕兒寬撰

公孫宏書一卷　〔漢〕公孫宏撰

終軍書一卷　〔漢〕終軍撰

吾邱壽王書一卷　〔漢〕吾邱壽王撰

正部論一卷　〔漢〕王逸撰

仲長子昌言二卷　〔漢〕仲長統撰

魏子一卷　〔漢〕魏朗撰

諸葛武侯集成一卷　〔三國蜀〕諸葛亮撰

周生子要論一卷　〔三國魏〕周生烈撰

王子正論一卷　〔三國魏〕王肅撰

去伐論一卷　〔晋〕袁宏撰

杜氏體論一卷　〔三國魏〕杜恕撰

王氏新書一卷　〔三國魏〕王基撰

周子一卷　〔三國吴〕周昭撰

顧子新言一卷　〔三國吴〕顧譚撰

典語一卷　〔三國吴〕陸景撰

通語一卷　〔三國吴〕殷基撰

譙子法訓一卷　〔三國蜀〕譙周撰

袁子正論二卷　〔晋〕袁準撰

袁子正書一卷　〔晋〕袁準撰

孫氏成敗志一卷　〔晋〕孫毓撰

古今通論一卷　〔晋〕王嬰撰

化清經一卷　〔晋〕蔡洪撰

夏侯子新論一卷　〔晋〕夏侯湛撰

太元經一卷　〔晋〕楊泉撰

華氏新論一卷　〔晋〕華譚撰

梅子新論一卷　題〔晋〕梅氏撰

志林新書一卷　〔晋〕虞喜撰

廣林一卷　〔晋〕虞喜撰

釋滯一卷　〔晋〕虞喜撰
通疑一卷　〔晋〕虞喜撰
干子一卷　〔晋〕干寶撰
顧子義訓一卷　〔晋〕顧夷撰
讀書記一卷　〔隋〕王劭撰
嚴助書一卷　〔漢〕嚴助撰
厲學一卷　〔晋〕虞溥撰
農家類九種
神農書一卷
野老書一卷
范子計然三卷　〔周〕范蠡撰
養魚經一卷　〔周〕范蠡撰
尹都尉書一卷　題〔漢〕尹氏撰
氾勝之書二卷　〔漢〕氾勝之撰
蔡癸書一卷　〔漢〕蔡癸撰
養羊法一卷　〔漢〕卜式撰
家政法一卷
道家類十七種
伊尹書一卷　〔商〕伊摯撰
辛甲書一卷　〔周〕辛甲撰
公子牟子一卷　〔周〕魏牟撰
田子一卷　〔周〕田駢撰
老萊子一卷　〔周〕老萊子撰
黔婁子一卷　〔周〕黔婁先生撰
鄭長者書一卷　〔周〕鄭長者撰
任子道論一卷　〔三國魏〕任嘏撰
洞極真經一卷　〔北魏〕關朗撰
唐子一卷　〔三國吴〕唐滂撰
蘇子一卷　〔晋〕蘇彦撰

陸子一卷　〔晋〕陸雲撰
杜氏幽求新書一卷　〔晋〕杜夷撰
孫子一卷　〔晋〕孫綽撰
苻子一卷　〔晋〕苻朗撰
少子一卷　〔南朝齊〕張融撰
夷夏論一卷　〔南朝齊〕顧歡撰

法家類七種

申子一卷　〔周〕申不害撰
鼂氏新書一卷　〔漢〕鼂錯撰
崔氏政論一卷　〔漢〕崔實撰
劉氏政論一卷　〔三國魏〕劉廙撰
阮子政論一卷　〔三國魏〕阮武撰
世要論一卷　〔三國魏〕桓範撰
陳子要言一卷　〔三國吴〕陳融撰

名家類二種

惠子一卷　〔周〕惠施撰
士緯一卷　〔三國吴〕姚信撰

墨家類五種

史佚書一卷　〔周〕尹佚撰
田俅子一卷　〔周〕田俅撰
隋巢子一卷　〔周〕隋巢子撰
胡非子一卷　〔周〕胡非子撰
纏子一卷　〔周〕纏子撰

縱橫家類七種

蘇子一卷　〔周〕蘇秦撰
闕子一卷　題〔周〕闕氏撰
蒯子一卷　〔漢〕蒯通撰
鄒陽書一卷　〔漢〕鄒陽撰
主父偃書一卷　〔漢〕主父偃撰

徐樂書一卷　〔漢〕徐樂撰

嚴安書一卷　〔漢〕嚴安撰

雜家類十九種

由余書一卷　〔周〕由余撰

博物記一卷　〔漢〕唐蒙撰

伏侯古今注一卷　〔漢〕伏無忌撰

蔣子萬機論一卷　〔三國魏〕蔣濟撰

篤論一卷　〔三國魏〕杜恕撰

鄒子一卷　題〔晋〕鄒氏撰

諸葛子一卷　〔三國吴〕諸葛恪撰

默記一卷　〔三國吴〕張儼撰

裴氏新言一卷　〔三國吴〕裴玄撰

新義一卷　〔三國吴〕劉廞撰

秦子一卷　〔三國吴〕秦菁撰

析言論一卷　〔晋〕張顯撰

時務論一卷　〔晋〕楊偉撰

廣志二卷　〔晋〕郭義恭撰

陸氏要覽一卷　〔晋〕陸機撰

古今善言一卷　〔南朝宋〕范泰撰

文釋一卷　〔南朝宋〕江邃撰

要雅一卷　〔南朝梁〕劉杳撰

俗説一卷　〔南朝梁〕沈約撰

小説家類八種

青史子一卷

宋子一卷　〔周〕宋鈃撰

裴子語林二卷　〔晋〕裴啓撰

笑林一卷　〔三國魏〕邯鄲淳撰

郭子一卷　〔晋〕郭澄之撰

元中記一卷　題〔□〕郭氏撰

齊諧記一卷　〔南朝宋〕東陽無疑撰
水飾一卷　〔隋〕杜寶撰
天文類八種
泰階六符經一卷
五殘雜變星書一卷
靈憲一卷　〔漢〕張衡撰
渾儀一卷　〔漢〕張衡撰
昕天論一卷　〔三國吴〕姚信撰
安天論一卷　〔晋〕虞喜撰
穹天論一卷　〔晋〕虞聳撰
未央術一卷
陰陽類三種
宋司星子韋書一卷
鄒子一卷　〔周〕鄒衍撰
陰陽書一卷　〔唐〕吕才撰
五行類八種
太史公素王妙論一卷　〔漢〕司馬遷撰
瑞應圖一卷　〔南朝梁〕孫柔之撰
白澤圖一卷
天鏡一卷
地鏡一卷
地鏡圖一卷
夢雋一卷　〔唐〕柳燦撰
雜五行書一卷
雜占類二種
請雨止雨書一卷
易洞林三卷補遺一卷　〔晋〕郭璞撰
藝術類二種
藝經一卷　〔三國魏〕邯鄲淳撰

投壺變一卷 〔晋〕虞潭撰

補遺二十種

經編

易類

周易劉氏注一卷 〔北魏〕劉昞撰

周官禮類

周官禮異同評一卷 〔晋〕陳邵撰

儀禮類

周氏喪服注一卷 〔南朝宋〕周續之撰

喪服世行要記一卷 〔南朝齊〕王逡之撰

通禮類

禮論難一卷 〔晋〕范宣撰

逆降義一卷 〔南朝宋〕顔延之撰

明堂制度論一卷 〔北魏〕李謐撰

梁氏三禮圖一卷 〔□〕梁正撰

張氏三禮圖一卷 〔唐〕張鎰撰

春秋類

春秋例統一卷 〔唐〕啖助撰

國語章句一卷 〔漢〕鄭衆撰

國語解詁二卷 〔漢〕賈逵撰

春秋外傳國語虞氏注一卷 〔三國吴〕虞翻撰

春秋外傳國語唐氏注一卷 〔三國吴〕唐固撰

春秋外傳國語孔氏注一卷 〔晋〕孔晁撰

國語音一卷

論語類

孔子三朝記一卷

小學類

詁幼一卷 〔南朝宋〕顔延之撰

子編

儒家類

嚴助書一卷　〔漢〕嚴助撰

厲學一卷　〔晋〕虞溥撰

附

目耕帖三十一卷　〔清〕馬國翰撰

K.H. Ma
Ch'ung k'o yü han shan fang
chi i shu

重刻玉函山房輯佚書

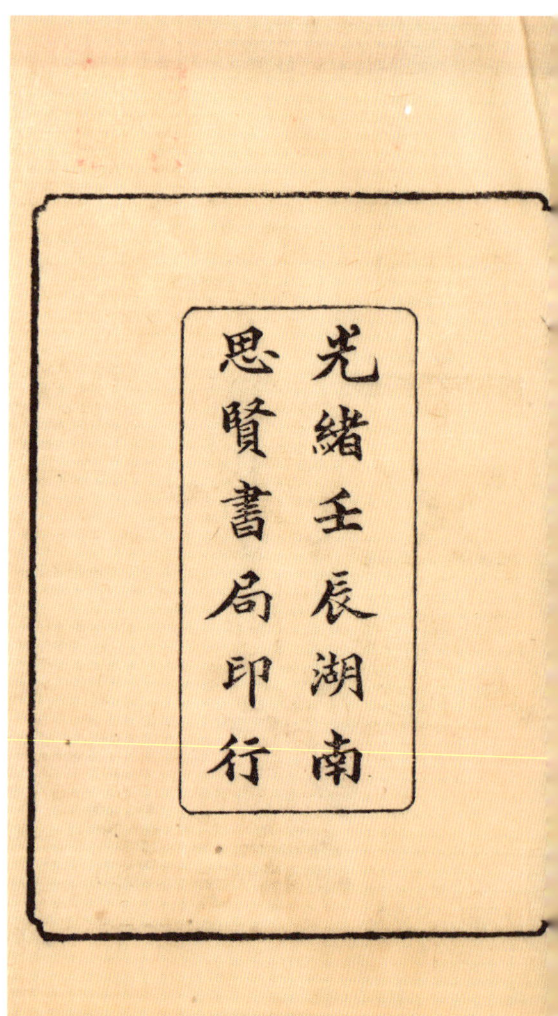
光緒壬辰湖南思賢書局印行

連山

剝

上七曰數窮致剝而終吝黃佐六藝流別引有曰字吝字羅泌路史引有而字

象曰致剝而終亦不知變也黃佐六藝流別引有曰字及上句羅泌路史引有亦字

復

初七曰龍潛于神復以存身淵兮無畛操兮無垠羅泌路史引無曰字黃佐六藝流別引作復上七曰龍潛于淵存神無畛

象曰復以存神可與致用也六藝流別引無與字路史引無上句作象可與

343.明季稗史彙編十六種二十七卷　題〔清〕留雲居士輯

清光緒二十二年（1896）上海圖書集成印書局鉛印本　六册一函

内封題“明季稗史彙編”。牌記題“光緒二十二年上海圖書集成印書局印”。卷端題“明季稗史彙編”。

鈐印“祝謙之印”。

子目：

烈皇小識八卷　〔明〕文秉撰

聖安皇帝本紀二卷　〔清〕顧炎武撰

行在陽秋二卷　〔明〕劉湘客撰

嘉定屠城紀略一卷　〔清〕朱子素撰

幸存録二卷　〔明〕夏允彝撰

續幸存録一卷　〔明〕夏完淳撰

求野録一卷　題〔明〕客溪樵隱編

也是録一卷　題〔明〕自非逸史編

江南聞見録一卷

粤遊見聞一卷　〔明〕瞿共美撰

賜姓始末一卷　〔清〕黄宗羲撰

兩廣紀略一卷　〔明〕華復蠡撰

東明聞見録一卷　〔明〕瞿共美撰

青燐屑二卷　〔明〕應廷吉撰

吴耿尚孔四王合傳一卷

揚州十日記一卷　〔清〕王秀楚撰

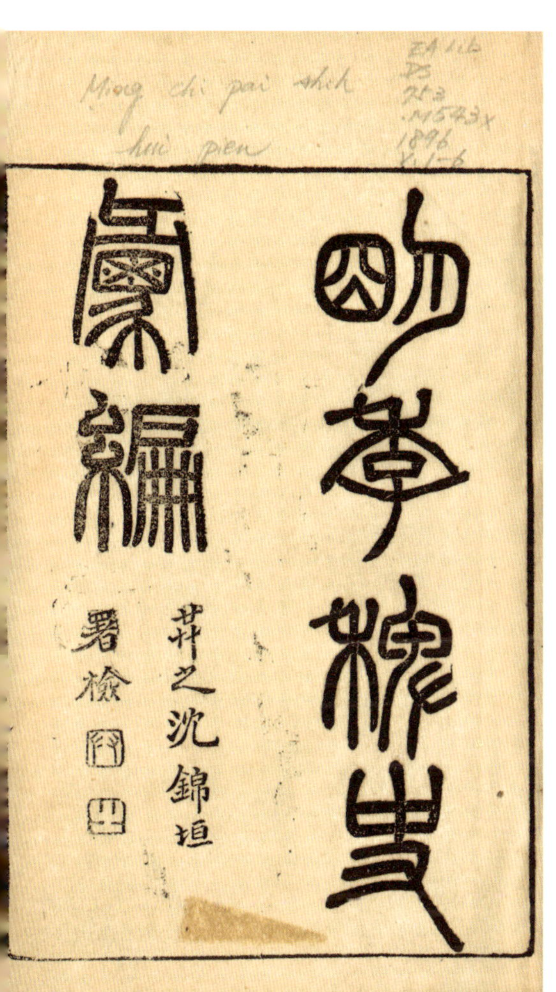
沈錦垣
署檢

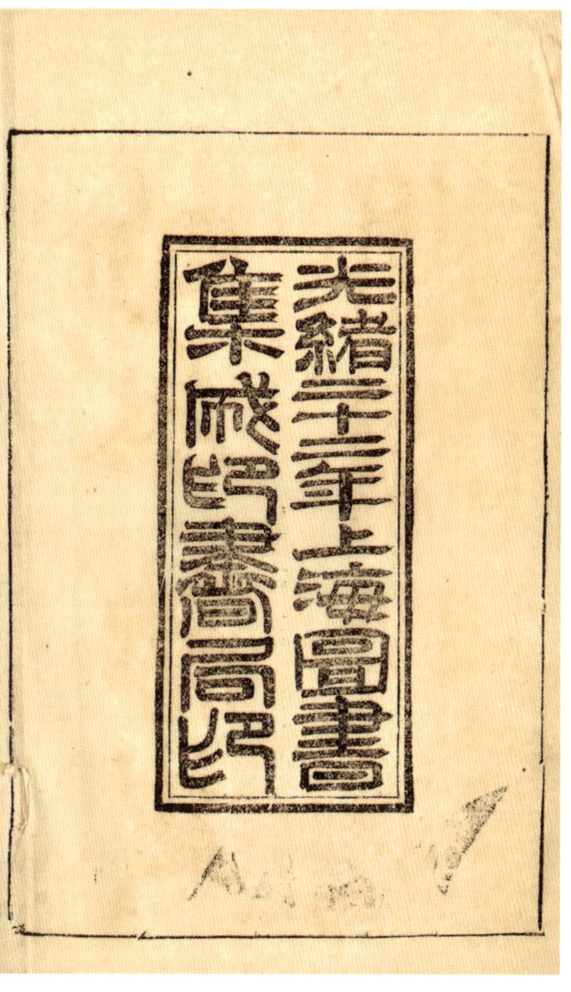
光緒二十二年上海圖書
集成印書局印

344.許學叢書十四種六十三卷　〔清〕張炳翔編　

清光緒間長洲張氏儀鄦廬刻本　二十四册三函

每半葉9行，行20字，小字雙行字同，黑口，四周雙邊，無魚尾，半框高12.5釐米，寬9.3釐米。版心中鎸子目書名簡題，下鎸葉碼及“忍庵校本”。

内封題“第一集，許學叢書，雷浚題”。牌記題“光緒癸未秋開雕，甲申夏五工竣，版藏張氏儀鄦廬”。目録端題“許學叢書，長洲張炳翔叔鵬輯刊”。書名據内封。

子目：

第一集　清光緒九至十年（1883—1884）刻

許君年表考一卷許君年表一卷附録一卷　〔清〕陶方琦撰

唐寫本説文解字木部箋異一卷　〔清〕莫友芝撰

説文疑疑二卷附録一卷　〔清〕孔廣居撰

諧聲補逸十四卷附札記一卷　〔清〕宋保撰　（札記）〔清〕張炳翔撰

轉注古義考一卷　〔清〕曹仁虎撰

第二集　清光緒十一年（1885）刻

説文段注撰要九卷　〔清〕馬壽齡撰

説文辨疑一卷　〔清〕顧廣圻撰

讀説文雜識一卷　〔清〕許棫撰

説文字原韻表二卷　〔清〕胡重撰

説文部首歌一卷　〔清〕馮桂芬撰　〔清〕馮世澂案

第三集　清光緒十二年（1886）刻

説文答問疏證六卷　〔清〕薛傳均撰

説文新附考六卷續考一卷附札記一卷　〔清〕鈕樹玉撰　（札記）〔清〕張炳翔撰

段氏説文注訂八卷附札記一卷　〔清〕鈕樹玉撰　（札記）〔清〕張炳翔撰

説文聲訂二卷附札記一卷　〔清〕苗夔撰　（札記）〔清〕張炳翔撰

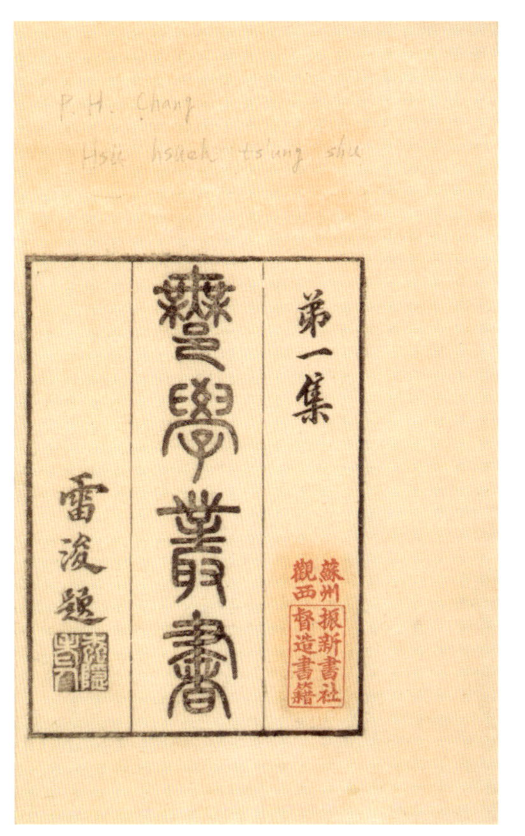
第一集
雷浚題
蘇州振新書社
觀西督造書籍

許學叢書總目　長洲張炳翔叔鵬輯栞

第一集

許君年表一卷

唐寫本說文解字木部箋異一卷

說文疑疑二卷坿錄一卷

諧聲補逸十四卷坿札記

轉注古義攷一卷

第二集

說文段注撰要九卷

許學叢書總目　一　忍庵校本

許君年表攷

會稽陶方琦纂

東漢經儒通五經兼小學者許君爲最范書本傳所載甚希許君生卒年月皆無可攷本傳但云再遷除洨長卒于家卒於何時生於何世書傳有闕寂無聞焉或謂生於建武時以說文敘云古文孝經者建武時給事中議郎衞宏所校皆口傳官無其說許君學古文孝經說則其口受於宏可知故洪北江諸人皆謂許君生於東漢之初也或以爲卒於安帝之末安

345.皇清經解一千四百八卷首一卷後序一卷　〔清〕阮元輯

清道光九年(1829)廣東學海堂刻咸豐十一年(1861)補刻本　三百六十册三十六函

每半葉11行,行24字,小字雙行字同,白口,左右雙邊,單黑魚尾,半框高18.5釐米,寬13.8釐米。版心上鎸書名,中鎸卷次、子目書作者及子目書名,下鎸葉碼及"庚申補刊"。

内封題"皇清經解"。卷端題"皇清經解,學海堂"。

鈐印"樂善堂印"。

子目:

左傳杜解補正三卷　〔清〕顧炎武撰

音論一卷　〔清〕顧炎武撰

易音三卷　〔清〕顧炎武撰

詩本音十卷　〔清〕顧炎武撰

日知録二卷　〔清〕顧炎武撰

四書釋地一卷續一卷又續一卷三續一卷　〔清〕閻若璩撰

孟子生卒年月考一卷　〔清〕閻若璩撰

潛邱札記二卷　〔清〕閻若璩撰

禹貢錐指二十卷例略一卷圖一卷　〔清〕胡渭撰

學禮質疑二卷　〔清〕萬斯大撰

學春秋隨筆十卷　〔清〕萬斯大撰

毛詩稽古編三十卷　〔清〕陳啓源撰

仲氏易三十卷　〔清〕毛奇齡撰

春秋毛氏傳三十六卷　〔清〕毛奇齡撰

春秋簡書刊誤二卷　〔清〕毛奇齡撰

春秋屬辭比事記四卷　〔清〕毛奇齡撰

經問十四卷補一卷　〔清〕毛奇齡撰

論語稽求篇七卷　〔清〕毛奇齡撰

四書賸言四卷補二卷　〔清〕毛奇齡撰

詩説三卷附録一卷　〔清〕惠周惕撰

湛園札記一卷　〔清〕姜宸英撰

經義雜記十卷　〔清〕臧琳撰

解春集二卷　〔清〕馮景撰

尚書地理今釋一卷　〔清〕蔣廷錫撰

易説六卷　〔清〕惠士奇撰

禮説十四卷　〔清〕惠士奇撰

春秋説十五卷　〔清〕惠士奇撰

白田草堂存稿一卷　〔清〕王懋竑撰

周禮疑義舉要七卷　〔清〕江永撰

深衣考誤一卷　〔清〕江永撰

春秋地理考實四卷　〔清〕江永撰

群經補義五卷　〔清〕江永撰

鄉黨圖考十卷　〔清〕江永撰

儀禮章句十七卷　〔清〕吴廷華撰

觀象授時十四卷　〔清〕秦蕙田撰

經史問答七卷　〔清〕全祖望撰

質疑一卷　〔清〕杭世駿撰

注疏考證六卷　〔清〕齊召南撰

　尚書注疏考證一卷

　禮記注疏考證一卷

　春秋左傳注疏考證二卷

　春秋公羊傳注疏考證一卷

　春秋穀梁傳注疏考證一卷

周官禄田考三卷　〔清〕沈彤撰

尚書小疏一卷　〔清〕沈彤撰

儀禮小疏八卷　〔清〕沈彤撰

春秋左傳小疏一卷　〔清〕沈彤撰

果堂集一卷 〔清〕沈彤撰

周易述二十一卷 〔清〕惠棟撰

古文尚書考二卷 〔清〕惠棟撰

春秋左傳補注六卷 〔清〕惠棟撰

九經古義十六卷 〔清〕惠棟撰

春秋正辭十一卷春秋舉例一卷春秋要指一卷 〔清〕莊存與撰

鍾山札記一卷 〔清〕盧文弨撰

龍城札記一卷 〔清〕盧文弨撰

尚書集注音疏十三卷尚書經師系表一卷 〔清〕江聲撰

尚書後案三十一卷 〔清〕王鳴盛撰

周禮軍賦説四卷 〔清〕王鳴盛撰

十駕齋養新録三卷餘録一卷 〔清〕錢大昕撰

潜研堂文集六卷 〔清〕錢大昕撰

四書考異三十六卷 〔清〕翟灝撰

尚書釋天六卷 〔清〕盛百二撰

讀書脞録二卷續編二卷 〔清〕孫志祖撰

弁服釋例八卷 〔清〕任大椿撰

釋繒一卷 〔清〕任大椿撰

爾雅正義二十卷 〔清〕邵晋涵撰

宗法小記一卷 〔清〕程瑶田撰

儀禮喪服文足徵記十卷 〔清〕程瑶田撰

釋宫小記一卷 〔清〕程瑶田撰

考工創物小記四卷 〔清〕程瑶田撰

磬折古義一卷 〔清〕程瑶田撰

溝洫疆理小記一卷 〔清〕程瑶田撰

禹貢三江考三卷 〔清〕程瑶田撰

水地小記一卷 〔清〕程瑶田撰

解字小記一卷 〔清〕程瑶田撰

聲律小記一卷 〔清〕程瑶田撰

九穀考四卷 〔清〕程瑶田撰
釋草小記一卷 〔清〕程瑶田撰
釋蟲小記一卷 〔清〕程瑶田撰
禮箋三卷 〔清〕金榜撰
毛鄭詩考正四卷 〔清〕戴震撰
杲溪詩經補注二卷 〔清〕戴震撰
考工記圖二卷 〔清〕戴震撰
戴東原集二卷 〔清〕戴震撰
古文尚書撰異三十二卷 〔清〕段玉裁撰
毛詩故訓傳三十卷 〔清〕段玉裁訂
詩經小學四卷 〔清〕段玉裁撰
周禮漢讀考六卷 〔清〕段玉裁撰
儀禮漢讀考一卷 〔清〕段玉裁撰
説文解字注十五卷 〔清〕段玉裁撰
六書音均表五卷 〔清〕段玉裁撰
經韻樓集六卷 〔清〕段玉裁撰
廣雅疏證十卷 〔清〕王念孫撰 〔清〕王引之述
讀書雜志二卷 〔清〕王念孫撰
春秋公羊通義十二卷叙一卷 〔清〕孔廣森撰
禮學卮言六卷 〔清〕孔廣森撰
大戴禮記補注十三卷 〔清〕孔廣森撰
經學卮言六卷 〔清〕孔廣森撰
溉亭述古録二卷 〔清〕錢塘撰
群經識小八卷 〔清〕李惇撰
經讀考異八卷 〔清〕武億撰
尚書今古文注疏三十九卷 〔清〕孫星衍撰
問字堂集一卷 〔清〕孫星衍撰
儀禮釋官九卷 〔清〕胡匡衷撰
禮經釋例十三卷 〔清〕凌廷堪撰

校禮堂文集一卷　〔清〕凌廷堪撰

劉氏遺書一卷　〔清〕劉台拱撰

述學二卷　〔清〕汪中撰

經義知新記一卷　〔清〕汪中撰

大戴禮記正誤一卷　〔清〕汪中撰

曾子注釋四卷　〔清〕阮元撰

十三經注疏校勘記二百四十八卷　〔清〕阮元撰

周易校勘記九卷略例校勘記一卷釋文校勘記一卷

尚書校勘記二十卷釋文校勘記二卷

毛詩校勘記七卷釋文校勘記三卷

周禮校勘記十二卷釋文校勘記二卷

儀禮校勘記十七卷釋文校勘記一卷

禮記校勘記六十三卷釋文校勘記四卷

春秋左傳校勘記三十六卷釋文校勘記六卷

春秋公羊傳校勘記十一卷釋文校勘記一卷

春秋穀梁傳校勘記十二卷釋文校勘記一卷

論語校勘記十卷釋文校勘記一卷

孝經校勘記三卷釋文校勘記一卷

爾雅校勘記六卷釋文校勘記二卷

孟子校勘記十四卷音義校勘記二卷

考工記車制圖解二卷　〔清〕阮元撰

積古齋鐘鼎彝器款識二卷　〔清〕阮元撰

疇人傳九卷　〔清〕阮元撰

揅經室集七卷　〔清〕阮元撰

撫本禮記鄭注考異二卷　〔清〕張敦仁撰

易章句十二卷　〔清〕焦循撰

易通釋二十卷　〔清〕焦循撰

易圖略八卷　〔清〕焦循撰

孟子正義三十卷　〔清〕焦循撰

周易補疏二卷　〔清〕焦循撰

尚書補疏二卷　〔清〕焦循撰

毛詩補疏五卷　〔清〕焦循撰

禮記補疏三卷　〔清〕焦循撰

春秋左傳補疏五卷　〔清〕焦循撰

論語補疏二卷　〔清〕焦循撰

周易述補四卷　〔清〕江藩撰

拜經日記八卷　〔清〕臧庸撰

拜經文集一卷　〔清〕臧庸撰

瞥記一卷　〔清〕梁玉繩撰

經義述聞二十八卷　〔清〕王引之撰

經傳釋詞十卷　〔清〕王引之撰

周易虞氏義九卷　〔清〕張惠言撰

周易虞氏消息二卷　〔清〕張惠言撰

虞氏易禮二卷　〔清〕張惠言撰

周易鄭氏義二卷　〔清〕張惠言撰

周易荀氏九家義一卷　〔清〕張惠言撰

易義別録十四卷　〔清〕張惠言撰

五經異義疏證三卷　〔清〕陳壽祺撰

左海經辨二卷　〔清〕陳壽祺撰

左海文集二卷　〔清〕陳壽祺撰

鑒止水齋集二卷　〔清〕許宗彦撰

爾雅義疏十九卷　〔清〕郝懿行撰

春秋左傳補注三卷　〔清〕馬宗璉撰

春秋公羊經何氏釋例十卷　〔清〕劉逢禄撰

公羊春秋何氏解詁箋一卷　〔清〕劉逢禄撰

發墨守評一卷　〔清〕劉逢禄撰

穀梁廢疾申何二卷　〔清〕劉逢禄撰

左氏春秋考證二卷　〔清〕劉逢禄撰

箴膏肓評一卷 〔清〕劉逢禄撰

論語述何二卷 〔清〕劉逢禄撰

燕寢考三卷 〔清〕胡培翬撰

研六室雜著一卷 〔清〕胡培翬撰

春秋異文箋十三卷 〔清〕趙坦撰

寶甓齋札記一卷 〔清〕趙坦撰

寶甓齋文集一卷 〔清〕趙坦撰

夏小正疏義四卷異字記一卷釋音一卷 〔清〕洪震煊撰

秋槎雜記一卷 〔清〕劉履恂撰

吾亦盧稿四卷 〔清〕崔應榴撰

論語偶記一卷 〔清〕方觀旭撰

經書算學天文考一卷 〔清〕陳懋齡撰

四書釋地辨證二卷 〔清〕宋翔鳳撰

毛詩紬義二十四卷 〔清〕李黼平撰

公羊禮説一卷 〔清〕凌曙撰

禮説四卷 〔清〕凌曙撰

孝經義疏一卷 〔清〕阮福撰

經傳考證八卷 〔清〕朱彬撰

甓齋遺稿一卷 〔清〕劉玉麐撰

説緯一卷 〔清〕王崧撰

經義叢鈔三十卷 〔清〕嚴傑撰

國朝石經考異一卷 〔清〕馮登府撰

漢石經考異一卷 〔清〕馮登府撰

魏石經考異一卷 〔清〕馮登府撰

唐石經考異一卷 〔清〕馮登府撰

蜀石經考異一卷 〔清〕馮登府撰

北宋石經考異一卷 〔清〕馮登府撰

三家詩異文疏證二卷 〔清〕馮登府撰

皇清經解卷一　學海堂

左傳杜解補正　崑山顧處士炎武著

北史言周樂遜著春秋序義通賈服說發杜氏違今杜氏單行而賈服之書不傳矣吳之先達邵氏寶有左觿百五十餘條又陸氏粲有左傳附注傅氏遜本之爲辨誤一書今多取之參以鄙見名曰補正凡三卷若經文大義左氏不能盡得而公穀得之公穀不能盡得而啖趙及宋儒得之者則別記之於書而此不具也

隱元年莊公寤生驚姜氏　解寐寤而莊公已生恐無此事應劭風俗通曰兒墮地能開目視者爲寤生

不如早爲之所　解使得其所宜改云言及今制之

皇清經解卷一　顧處士左傳杜解補正　一　庚申補刊

Y. Juan
Huang ch'ing ching chieh

皇清經解

346.皇清經解續編一千四百三十卷 王先謙輯 PL2461 .L8 Suppl.

清光緒十四年(1888)南菁書院刻本 三百二十册三十二函

每半葉11行,行24字,小字雙行字同,白口,左右雙邊,單黑魚尾,半框高18.7釐米,寬13.6釐米。版心上鎸書名,中鎸子目書名,下鎸葉碼。

内封題“皇清經解續編”。牌記題“江蘇江陰城内中市大街寶文堂書莊監造”。卷端題“皇清經解續編,南菁書院”。

子目:

九經誤字一卷 〔明〕顧炎武撰

周易稗疏四卷 〔清〕王夫之撰

詩經稗疏四卷 〔清〕王夫之撰

春秋稗疏二卷 〔清〕王夫之撰

四書稗疏三卷 〔清〕王夫之撰

春秋占筮書三卷 〔清〕毛奇齡撰

續詩傳鳥名三卷 〔清〕毛奇齡撰

白鷺洲主客説詩一卷 〔清〕毛奇齡撰

郊社禘祫問一卷 〔清〕毛奇齡撰

大小宗通繹一卷 〔清〕毛奇齡撰

孝經問 ·卷 〔清〕毛奇齡撰

禮記偶箋三卷 〔清〕萬斯大撰

尚書古文疏證九卷(原缺卷三) 〔清〕閻若璩撰

易圖明辨十卷 〔清〕胡渭撰

春秋長曆十卷 〔清〕陳厚耀撰

儀禮釋宫增注一卷 〔清〕江永撰

儀禮釋例一卷 〔清〕江永撰

禮記訓義擇言八卷 〔清〕江永撰

春秋大事表六十六卷輿圖一卷 〔清〕顧棟高撰

天子肆獻祼饋食禮纂二卷 〔清〕任啓運撰

朝廟宫室考並圖一卷附田賦考 〔清〕任啓運撰

易例二卷　〔清〕惠棟撰

易漢學八卷　〔清〕惠棟撰

明堂大道録八卷　〔清〕惠棟撰

禘説二卷　〔清〕惠棟撰

晚書訂疑三卷　〔清〕程廷祚撰

卦氣解一卷　〔清〕莊存與撰

周官記五卷　〔清〕莊存與撰

周官説二卷　〔清〕莊存與撰

周官説補三卷　〔清〕莊存與撰

儀禮管見十七卷　〔清〕褚寅亮撰

爾雅補郭二卷　〔清〕翟灝撰

鄭氏儀禮目録校證一卷　〔清〕胡匡衷撰

深衣釋例三卷　〔清〕任大椿撰

詩聲類十二卷　〔清〕孔廣森撰

詩聲分例一卷　〔清〕孔廣森撰

經傳小記一卷　〔清〕劉台拱撰

國語補校一卷　〔清〕劉台拱撰

逸周書雜志四卷　〔清〕王念孫撰

爾雅古義二卷　〔清〕錢坫撰

爾雅釋地四篇注一卷　〔清〕錢坫撰

車制考一卷　〔清〕錢坫撰

群經義證八卷　〔清〕武億撰

釋服二卷　〔清〕宋綿初撰

孟子四考四卷　〔清〕周廣業撰

　孟子逸文考一卷

　孟子異本考一卷

　孟子古注考一卷

　孟子出處時地考一卷

毛詩考證四卷　〔清〕莊述祖撰

毛詩周頌口義三卷　〔清〕莊述祖撰

五經小學述二卷　〔清〕莊述祖撰

詩書古訓十卷　〔清〕阮元撰

春秋左傳詁二十卷　〔清〕洪亮吉撰

左通補釋三十二卷　〔清〕梁履繩撰

周易述補五卷　〔清〕李林松撰

易圖條辨一卷　〔清〕張惠言撰

虞氏易事二卷　〔清〕張惠言撰

虞氏易言二卷　〔清〕張惠言撰

虞氏易候一卷　〔清〕張惠言撰

儀禮圖六卷　〔清〕張惠言撰

讀儀禮記二卷　〔清〕張惠言撰

書序述聞一卷　〔清〕劉逢禄撰

尚書今古文集解三十卷附校勘記一卷　〔清〕劉逢禄撰　（校勘記）〔清〕劉葆楨撰

卦本圖考一卷　〔清〕胡秉虔撰

尚書大傳輯校三卷　〔清〕陳壽祺撰

禹貢鄭注釋二卷　〔清〕焦循撰

群經宫室圖二卷　〔清〕焦循撰

隸經文四卷　〔清〕江藩撰

説文聲類十六卷聲類出入表一卷　〔清〕嚴可均撰

周易考異二卷　〔清〕宋翔鳳撰

尚書略説二卷　〔清〕宋翔鳳撰

尚書譜一卷　〔清〕宋翔鳳撰

大學古義説二卷　〔清〕宋翔鳳撰

論語説義十卷　〔清〕宋翔鳳撰

孟子趙注補正六卷　〔清〕宋翔鳳撰

小爾雅訓纂六卷　〔清〕宋翔鳳撰

過庭録五卷　〔清〕宋翔鳳撰

毛詩傳箋通釋三十二卷　〔清〕馬瑞辰撰
毛詩後箋三十卷　〔清〕胡承珙撰　〔清〕陳奐補
儀禮古今文疏義十七卷　〔清〕胡承珙撰
讀書叢録一卷　〔清〕洪頤煊撰
爾雅匡名二十卷　〔清〕嚴元照撰
周官故書考四卷　〔清〕徐養原撰
儀禮古今文異同疏證五卷　〔清〕徐養原撰
論語魯讀考一卷　〔清〕徐養原撰
頑石廬經説十卷　〔清〕徐養原撰
周禮學二卷　〔清〕王聘珍撰
儀禮學一卷　〔清〕王聘珍撰
易經異文釋六卷　〔清〕李富孫撰
詩經異文釋十六卷　〔清〕李富孫撰
春秋左傳異文釋十卷　〔清〕李富孫撰
春秋公羊傳異文釋一卷　〔清〕李富孫撰
春秋穀梁傳異文釋一卷　〔清〕李富孫撰
夏小正分箋四卷　〔清〕黄模撰
夏小正異義二卷　〔清〕黄模撰
春秋左氏傳古義六卷　〔清〕臧壽恭撰
春秋左氏傳補注十二卷　〔清〕沈欽韓撰
春秋左氏傳地名補注十二卷　〔清〕沈欽韓撰
儀禮經注疏正譌十七卷　〔清〕金曰追撰
周易虞氏略例一卷　〔清〕李鋭撰
論語孔注辨僞二卷　〔清〕沈濤撰
國語發正二十一卷　〔清〕汪遠孫撰
説文諧聲譜九卷　〔清〕張成孫撰
春秋穀梁傳時月日書法釋例四卷　〔清〕許桂林撰
求古録禮説十五卷補遺一卷　〔清〕金鶚撰
鄉黨正義一卷　〔清〕金鶚撰

説文解字音均表十七卷首一卷 〔清〕江沅撰
儀禮正義四十卷 〔清〕胡培翬撰 〔清〕楊大堉補
禘祫問答一卷 〔清〕胡培翬撰
實事求是齋經義二卷 〔清〕朱大韶撰
十三經詁答問六卷 〔清〕馮登府撰
左傳舊疏考正八卷 〔清〕劉文淇撰
春秋朔閏異同二卷 〔清〕羅士琳撰
春秋左傳賈服注輯述二十卷 〔清〕李貽德撰
喪禮經傳約一卷 〔清〕吴卓信撰
詩毛氏傳疏三十卷 〔清〕陳奂撰
釋毛詩音四卷 〔清〕陳奂撰
毛詩説一卷 〔清〕陳奂撰
毛詩傳義類一卷 〔清〕陳奂撰
鄭氏箋考徵一卷 〔清〕陳奂撰
公羊逸禮考徵一卷 〔清〕陳奂撰
周禮注疏小箋五卷 〔清〕曾釗撰
大戴禮注補十三卷 〔清〕汪照撰
癸巳類稿六卷 〔清〕俞正燮撰
癸巳存稿四卷 〔清〕俞正燮撰
尚書餘論一卷 〔清〕丁晏撰
禹貢錐指正誤一卷 〔清〕丁晏撰
詩譜考正一卷 〔清〕丁晏撰
孝經徵文一卷 〔清〕丁晏撰
齊詩翼氏學四卷 〔清〕迮鶴壽撰
公羊禮疏十一卷 〔清〕凌曙撰
公羊問答二卷 〔清〕凌曙撰
春秋繁露注十七卷 〔清〕凌曙撰
周易姚氏學十六卷 〔清〕姚配中撰
春秋公羊傳曆譜十一卷 〔清〕包慎言撰

論語古注集箋二十卷 〔清〕潘維城撰

虞氏易消息圖説一卷 〔清〕胡祥麟撰

大誓答問一卷 〔清〕龔自珍撰

春秋决事比一卷 〔清〕龔自珍撰

輪輿私箋二卷附圖一卷 〔清〕鄭珍撰 〔清〕鄭知同繪圖

儀禮私箋八卷 〔清〕鄭珍撰

巢經巢經説一卷 〔清〕鄭珍撰

禹貢圖一卷 〔清〕陳澧撰

東塾讀書記十卷 〔清〕陳澧撰

春秋古經説二卷 〔清〕侯康撰

穀梁禮證二卷 〔清〕侯康撰

説文聲讀表七卷 〔清〕苗夔撰

學禮管釋十八卷 〔清〕夏炘撰

開有益齋經説五卷 〔清〕朱緒曾撰

穀梁大義述三十卷 〔清〕柳興恩撰

春秋釋一卷 〔清〕黄式三撰

考工記考辨八卷 〔清〕王宗涑撰

逸周書集訓校釋十卷逸文一卷 〔清〕朱右曾撰

詩地理徵七卷 〔清〕朱右曾撰

喪服會通説四卷 〔清〕吴嘉賓撰

讀儀禮録一卷 〔清〕曾國藩撰

論語正義二十四卷 〔清〕劉寶楠撰

釋穀四卷 〔清〕劉寶楠撰

今文尚書經説考三十八卷 〔清〕陳喬樅撰

尚書歐陽夏侯遺説考一卷 〔清〕陳喬樅撰

三家詩遺説考 〔清〕陳壽祺撰 〔清〕陳喬樅述

　魯詩遺説考二十卷

　齊詩遺説考十二卷

　韓詩遺説考十七卷

毛詩鄭箋改字説四卷 〔清〕陳喬樅撰

詩經四家異文考五卷 〔清〕陳喬樅撰

齊詩翼氏學疏證二卷 〔清〕陳喬樅撰

禮堂經説二卷 〔清〕陳喬樅撰

禮記鄭讀考六卷 〔清〕陳壽祺撰 〔清〕陳喬樅述

爾雅經注集證三卷 〔清〕龍啓瑞撰

公羊義疏七十六卷 〔清〕陳立撰

白虎通疏證十二卷 〔清〕陳立撰

禮經通論一卷 〔清〕邵懿辰撰

周易爻辰申鄭義一卷 〔清〕何秋濤撰

禹貢鄭氏略例一卷 〔清〕何秋濤撰

書古微十二卷 〔清〕魏源撰

詩古微十七卷 〔清〕魏源撰

讀書偶識十卷附一卷 〔清〕鄒漢勛撰

劉貴陽經説一卷 〔清〕劉書年撰

穀梁補注二十四卷 〔清〕鍾文烝撰

周易舊疏考正一卷 〔清〕劉毓崧撰

尚書舊疏考正一卷 〔清〕劉毓崧撰

讀易漢學私記一卷 〔清〕陳壽熊撰

孟子音義考證二卷 〔清〕蔣仁榮撰

達齋叢説一卷 〔清〕俞樾撰

周易互體徵一卷 〔清〕俞樾撰

九族考一卷 〔清〕俞樾撰

詩名物證古一卷 〔清〕俞樾撰

士昏禮對席圖一卷 〔清〕俞樾撰

禮記異文箋一卷 〔清〕俞樾撰

禮記鄭讀考一卷 〔清〕俞樾撰

玉佩考一卷 〔清〕俞樾撰

鄭君駁正三禮考一卷 〔清〕俞樾撰

春秋名字解詁補義一卷 〔清〕俞樾撰

論語鄭義一卷 〔清〕俞樾撰

續論語駢枝一卷 〔清〕俞樾撰

群經平議三十五卷 〔清〕俞樾撰

古書疑義舉例七卷 〔清〕俞樾撰

禹貢説一卷 〔清〕倪文蔚撰

周易釋爻例一卷 〔清〕成蓉鏡撰

尚書曆譜二卷 〔清〕成蓉鏡撰

禹貢班義述三卷 〔清〕成蓉鏡撰

春秋日南至譜一卷 〔清〕成蓉鏡撰

何休注訓論語述一卷 〔清〕劉恭冕撰

禮記天算釋一卷 〔清〕孔廣牧撰

先聖生卒年月日考二卷 〔清〕孔廣牧撰

禮説略三卷 〔清〕黄以周撰

經説略二卷 〔清〕黄以周撰

漢孳室文鈔二卷 〔清〕陶方琦撰

昏禮重别論對駁義二卷 〔清〕劉壽曾撰

隸經賸義一卷 〔清〕林兆豐撰

毛詩譜一卷 〔漢〕鄭玄撰 〔清〕胡元儀輯

駁春秋名字解詁一卷 〔清〕胡元玉撰

經述三卷 〔清〕林頤山撰

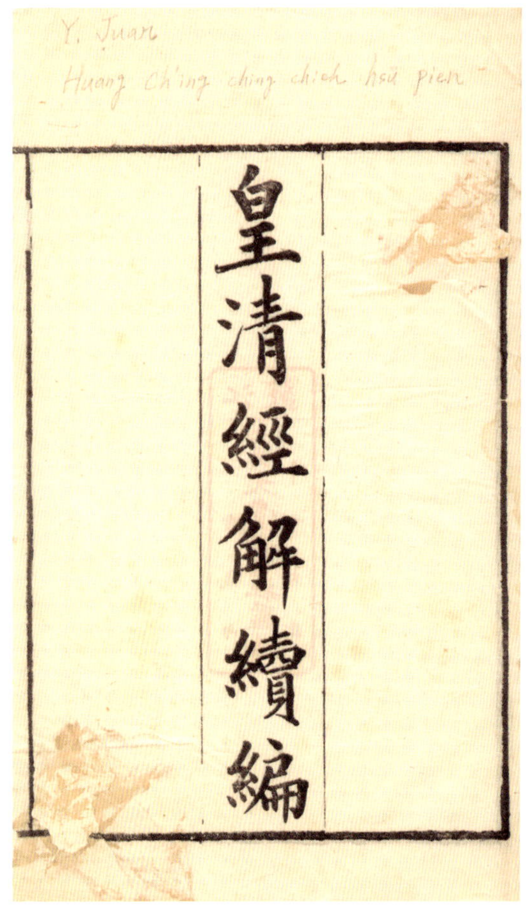
Y. Juan
Huang Ch'ing ching chieh hsü pien
皇清經解續編

江蘇
寶文堂書莊監造
江陰城內
中市大街

皇清經解續編卷一

南菁書院

九經誤字

崑山顧炎武甯人著

今天下九經之本以國子監所刻者爲據而其中譌脱實多又周禮儀禮公羊穀梁二傳既不列於學官其學殆廢而儀禮則更無他本可讐其譌脱尤甚於諸經若士子各專一經而下邑窮儒不能皆得監本止習書肆流傳之本則又往往異於監本無怪乎經術之不通人材之日下也已余至關中見唐石壁九經復得舊時摹本讀之雖不無踳駮而有足以正今監本之誤者列之以告後學亦庶乎離經之一助云東吳顧炎武

易

347.積學齋叢書二十種六十三卷　　徐乃昌輯　　

清光緒十九年(1893)南陵徐氏刻本　二十册二函

每半葉11行,行21字,小字雙行字同,黑口,左右雙邊,雙對黑魚尾,半框高16.2釐米,寬12.1釐米。版心中鎸子目書名及葉碼。

内封題"積學齋徐氏叢書"。牌記題"南陵徐乃昌積餘甫校刊印行"。總目端題"積學齋叢書,南陵徐乃昌校刊"。書名據總目端。

子目:

周易考占一卷　〔清〕金榜撰

尚書伸孔篇一卷　〔清〕焦廷琥撰

韓詩内傳徵四卷補遺一卷疑義一卷叙録一卷後識一卷　〔清〕宋綿初撰

周禮故書考一卷　〔清〕程際盛輯

周官禮經注正誤一卷　〔清〕張宗泰撰

冕服考四卷　〔清〕焦廷琥撰

孟子七篇諸國年表二卷　〔清〕張宗泰撰

爾雅注疏本正誤五卷　〔清〕張宗泰撰

説文徐氏新補新附考證一卷　〔清〕錢大昭撰

方言箋疏十三卷　〔清〕錢繹撰

補續漢書藝文志二卷　〔清〕錢大昭撰

後漢郡國令長考一卷　〔清〕錢大昭撰

水經釋地八卷　〔清〕孔繼涵撰

劉更生年表一卷　〔清〕梅毓撰

管子義證八卷　〔清〕洪頤煊撰

臨川答問一卷　〔清〕李聯琇撰　〔清〕劉壽曾録

同度記一卷　〔清〕孔繼涵撰

增廣新術二卷　〔清〕羅士琳撰

炳燭室雜文一卷　〔清〕江藩撰

南陵縣建置沿革表一卷　徐乃昌撰

Chi hsüeh chai Hsü shih tsung shu

積學齋徐氏叢書

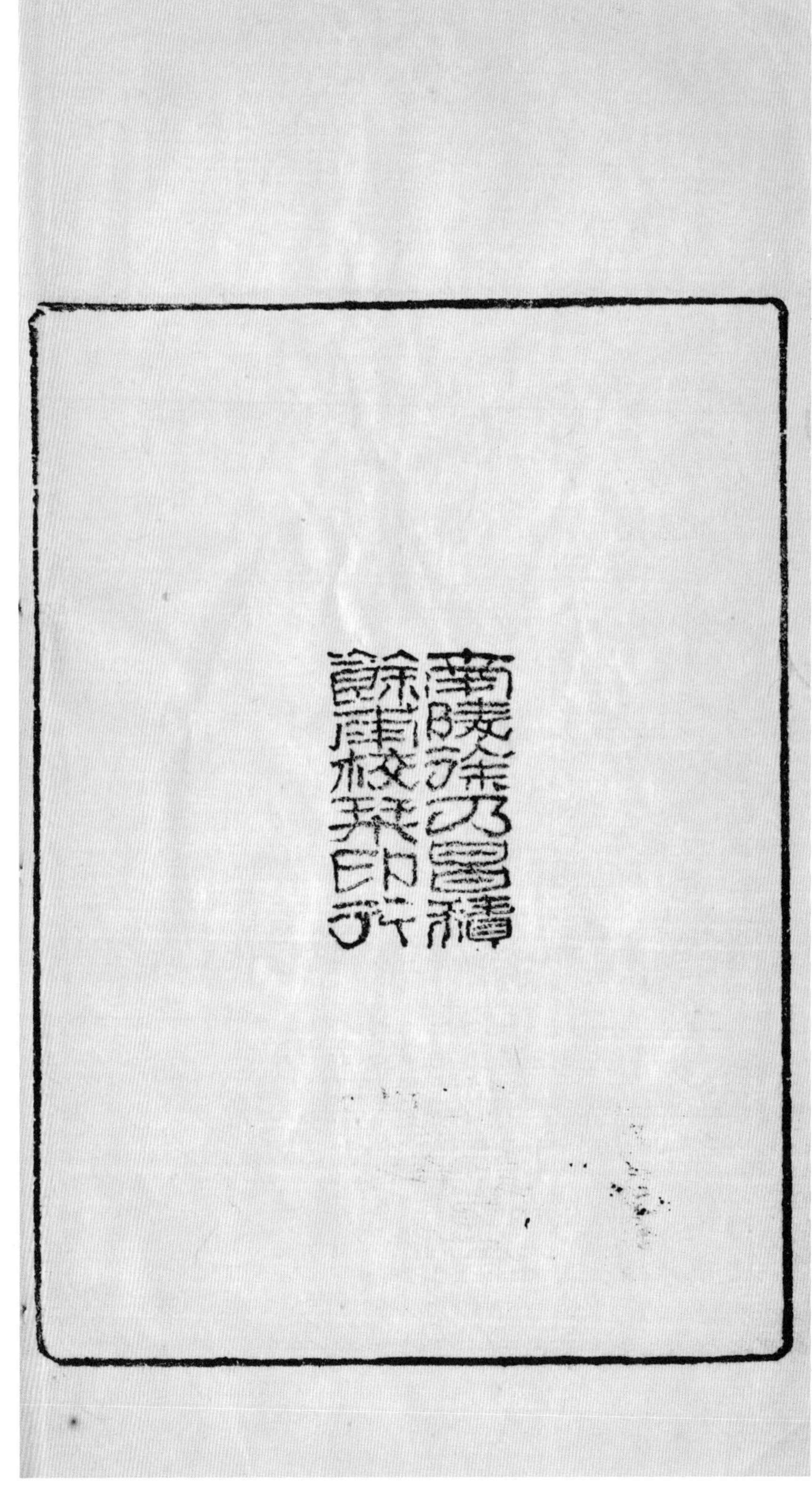

南陵徐乃昌積
餘甫校栞印行

周易考占

欽金榜輔之撰

周官占法掌之占八其例不著於經載在左氏春秋及國語者惟六爻不變六爻盡變一爻變五爻變凡四者有占耳六爻不變以彖占昭七年孔成子以周易筮之曰元尙亨衞國主其社稷遇屯國語公子親筮之曰尙有晉國得貞屯悔豫皆八董因曰臣筮之得泰之八是也一爻變以爻占莊二十二年周史有以周易見陳侯者陳侯使筮之遇觀之否僖十五年晉獻公筮嫁伯姬於秦遇歸妹之睽二十五年晉侯使卜偃筮之遇大有之睽襄二十五年崔武子筮之遇困之大過昭五年穆

348.晨風閣叢書二十二種四十七卷 沈宗畸輯 Quarto AC149 .C26x

清宣統元年(1909)番禺沈氏刻本 十六册二函

每半葉11行,行21字,小字雙行字同,黑口,四周單邊,無魚尾,半框高13.1釐米,寬10.1釐米。版心中鎸子目書名簡題,下鎸葉碼及“晨風閣”。

内封題“晨風閣叢書”。牌記題“宣統元年沈氏校梓”。目録端題“晨風閣叢書,番禺沈宗畸校刻”。書名據内封。

鈐印“浩虎之印”。

子目:

詩經四家異文考補一卷 〔清〕江瀚撰

説文解字校勘記殘稿一卷 〔清〕王念孫撰 〔清〕桂馥録

仁廟聖政記二卷

出圍城記一卷 〔清〕楊棨撰

西域水道記校補一卷 〔清〕徐松撰

寒山金石林部目一卷 〔明〕趙均撰

昭陵碑録三卷附札記一卷 羅振玉輯

潜采堂書目四種四卷 〔清〕朱彝尊輯

全唐詩未備書目一卷

明詩綜采摭書目一卷

兩淮鹽筴書引證群書目録一卷

竹垞行笈書目一卷

藝芸書舍宋元本書目一卷 〔清〕汪士鐘撰

結一廬書目四卷 〔清〕朱學勤撰

滂喜齋宋元本書目一卷 〔清〕潘祖蔭撰

曲録六卷 王國維撰

戲曲考原一卷 王國維撰

鹿門集三卷附補遺二卷 〔唐〕唐彦謙撰

邕州小集一卷 〔宋〕陶弼撰

方叔淵遺稿一卷 〔元〕方瀾撰

高氏三宴詩集三卷附香山九老會詩一卷　〔唐〕高正臣輯

古洋遺響集一卷　〔宋〕文同撰

南唐二主詞一卷附補遺一卷校勘記一卷　〔南唐〕李璟、李煜撰　王國維補遺並校勘

平園近體樂府一卷　〔宋〕周必大撰

後村別調一卷補遺一卷　〔宋〕劉克莊撰

眉庵詞一卷　〔明〕楊基撰

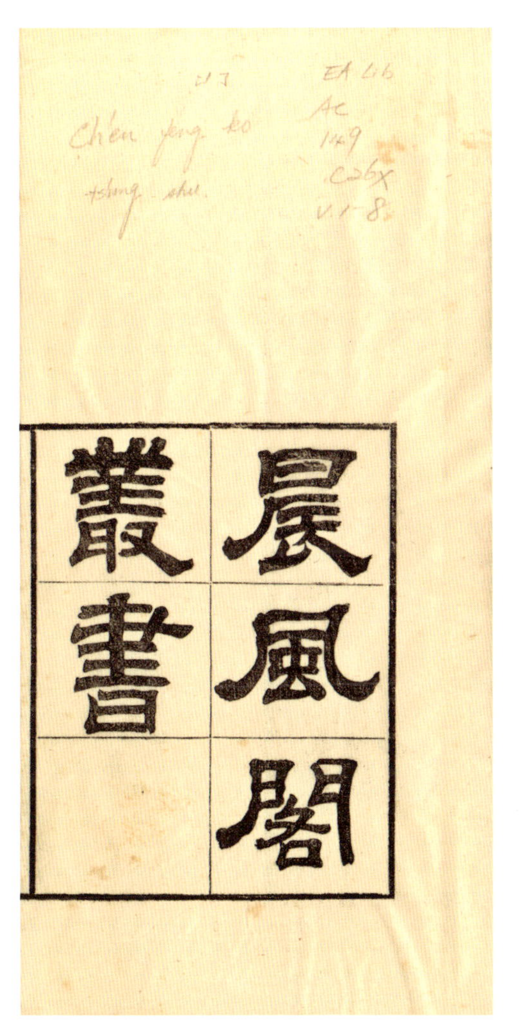

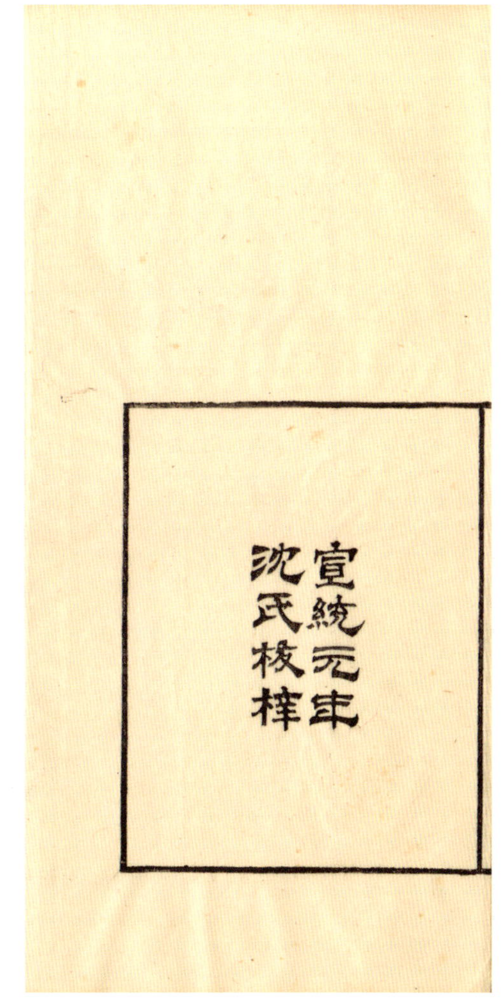

詩經四家異文攷補

詩經四家異文攷補

長汀江　瀚叔海

國風

無使尨也吠　李昉太平御覽六百九十六卷野有死麕曰無感我帨兮無使尨也吠

瀚案周禮牧人鄭注故書尨作厖杜子春云厖當爲尨是尨厖古字通用也阮氏元經籍纂詁引御覽厖作龎恐誤

涕泣如雨　太平御覽四百八十八卷毛詩曰之子于歸遠送于野瞻望弗及涕泣如雨

瀚案此蓋偶到涕泣二字非別有據

349.藕香零拾三十九種一百二卷　〔清〕繆荃孫輯　

清光緒二十二年至宣統二年（1896—1910）刻本　三十二册二函

每半葉14行，行21字，小字雙行字同，黑口，左右雙邊，單黑魚尾，半框高15.7釐米，寬12釐米。版心中鎸子目書名簡題、“藕香簃”及葉碼。

内封題“藕香零拾”。牌記題“光緒丙申，讀曹倦圃流通古書約節讌游玩好諸費等語三十二字，儗刻罕見之書，以一字爲一册，陸續開雕，而亦時時抽换，宣統庚戌始成，共三十九種，兵燹之後，書板尚完，亟爲修整摹印，與當世賢士大夫共鑒賞之，六十九老人繆荃孫謹識”。書名據内封。

子目：

澹生堂藏書約四卷　〔明〕祁承㸁撰

藏書記要一卷　〔清〕孫從添撰

流通古書約一卷　〔清〕曹溶撰

古歡社約一卷　〔清〕丁雄飛撰

唐開成石經圖考一卷　〔清〕魏錫曾撰

大唐創業起居注三卷　〔唐〕温大雅撰

安禄山事迹三卷　〔唐〕姚汝能撰

牛羊日曆一卷　〔唐〕劉軻撰

東觀奏記三卷　〔唐〕裴庭裕撰

廣陵妖亂志一卷逸文一卷　〔唐〕羅隱撰

中興戰功録一卷　〔宋〕李壁撰

玉牒初草二卷　〔宋〕劉克莊撰

宋中興學士院題名一卷東宫官寮題名一卷行在雜買務雜賣場提轄官題名一卷三公年表一卷　〔宋〕何異撰

元河南志四卷　〔清〕徐松輯

棲霞小志一卷　〔明〕盛時泰撰

唐兩京城坊考補記一卷　〔清〕程鴻詔撰

遊城南記一卷　〔宋〕張禮撰

據鞍録一卷　〔清〕楊應琚撰

遼東行部志一卷 〔金〕王寂撰
僞齊録二卷 〔宋〕楊堯弼撰
寓庵集八卷 〔元〕李庭撰
静軒集五卷附録一卷 〔元〕閻復撰
清河集七卷附録一卷 〔元〕元明善撰
菊潭集四卷 〔元〕字術魯翀撰
蘇潁濱年表一卷 〔宋〕孫汝聽編
孫淵如年譜一卷 〔清〕張紹南撰
曾公遺録存三卷（卷七至九） 〔宋〕曾布撰
山房隨筆一卷補遺一卷 〔元〕蔣子正撰
澹餘筆記一卷 〔清〕曹申吉撰
宋刑統賦一卷 〔宋〕傅霖撰
真賞齋賦一卷 〔明〕豐坊撰
江鄭堂河賦注一卷 〔清〕江藩撰 〔清〕錢坤注
舊聞證誤四卷補遺一卷 〔宋〕李心傳撰
竹汀日記一卷 〔清〕錢大昕撰
農丹一卷 〔清〕張標撰
强蕚圃太守上當事三書一卷 〔清〕强望泰撰
古泉山館題跋二卷 〔清〕瞿中溶撰
破鐵網二卷 〔清〕胡爾榮撰
敬齋先生古今黈十二卷逸文二卷附録一卷 〔元〕李治撰

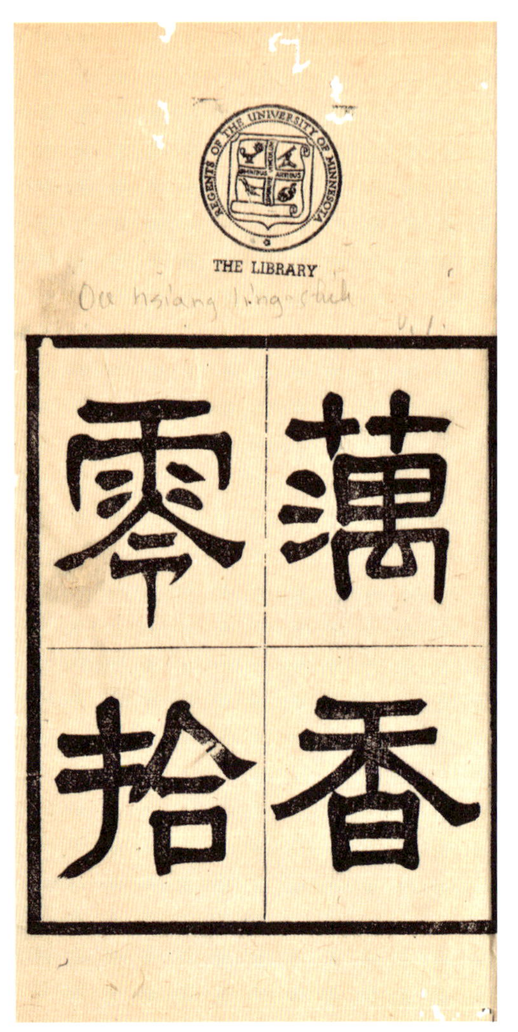

藕香零拾

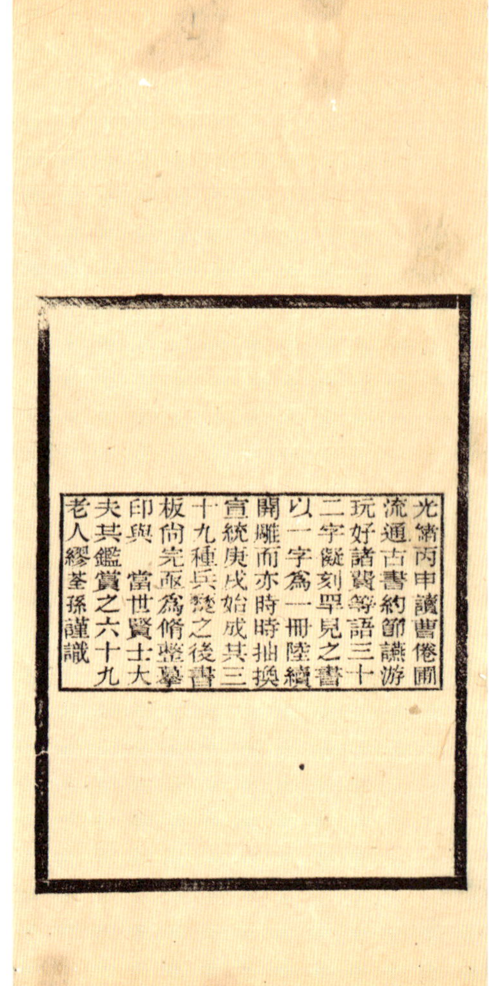

光緒丙申讀書倦圃流通古書約節識游玩好諸賢等語三十二字擬刻罕見之書以一字爲一冊陸續開雕而亦時時抽換宣統庚戌始成其三十九種兵燹之後書板尚完亟爲脩整摹印與　當世賢士大夫共鑑賞之六十九老人繆荃孫謹識

澹生堂藏書約　節一

山陰密士祁承㸁著

余十齡背先君子時廑習句讀而心竊慕古通奉公在仕二十餘年有遺書五七架庋臥樓上余每入樓啟鑰取觀閱之尚不能舉其義然按籍摩挲雖童子之所喜吸笙搖鼓者弗樂于此也先孺人每促之就塾移時不下樓繼之以訶責終戀戀不能舍比束髮就婚即內子匳中物悉以供市書之值時文士競尚秦漢語爲比耦謚沾沾自喜每至童子試不前亦夷然不屑也及舞象而後更沈酣典籍手錄古今四部取其切近舉業者彙爲一書卷以千計十指爲裂然性尤喜史書生欲得一全史爲力甚艱偶閱盱江鄧元錫有函史隱括頗悉郭相奎使君以活版模行于武林者百許部一時競取殆

350.古逸叢書三十一種二百六卷　〔清〕黎庶昌輯　

清光緒十年(1884)日本東京使署刻本　四十九册五函

每半葉8行,行16字,小字雙行,字數不等,白口,左右雙邊,無魚尾,半框高23.4釐米,寬16.5釐米。版心中鎸子目書名及卷次,下鎸葉碼。

内封題"古逸叢書"。牌記題"光緒十年甲申遵義黎氏刊於日本東京使署"。書名據内封。

鈐印"荻野藏""花田真"。

子目:

爾雅三卷附經籍訪古志　〔晉〕郭璞注

春秋穀梁傳十二卷附考異一卷附經籍訪古志　〔晉〕范甯集解　〔唐〕陸德明音義　〔清〕楊守敬考異

論語集解十卷附經籍訪古志　〔三國魏〕何晏撰

周易六卷　〔宋〕程頤撰

晦庵先生校正周易繫辭精義二卷　〔宋〕吕祖謙撰

孝經一卷　〔唐〕玄宗李隆基注

老子道德經二卷　〔三國魏〕王弼注

荀子二十卷　〔唐〕楊倞注

南華真經注疏十卷　〔晉〕郭象注　〔唐〕成玄英疏

楚辭集注八卷辯證二卷後語六卷　〔宋〕朱熹撰

尚書釋音二卷　〔唐〕陸德明撰

玉篇存四卷(卷九、十八至十九、二十七)又二卷(卷九、二十二)　〔南朝梁〕顧野王撰

宋本重修廣韻五卷附宋本廣韻校札一卷　〔宋〕陳彭年等修　〔清〕黎庶昌校

元本廣韻五卷　〔宋〕陳彭年等修

玉燭寶典十二卷(原缺卷九)　〔隋〕杜臺卿撰

文館詞林存十四卷(卷一百五十六至一百五十八、三百四十七、四百五十二至四百五十三、四百五十七、四百五十九、六百六十五至六百六十七、六百七十、六百九十一、六百九十九)　〔唐〕許敬宗等輯

琱玉集存二卷（卷十二、十四）

姓解三卷　〔宋〕邵思撰

韻鏡一卷

日本國見在書目録一卷　（日本）藤原佐世撰

史略六卷　〔宋〕高似孫撰

漢書食貨志一卷（原缺卷下）　〔漢〕班固撰　〔唐〕顔師古注

急就篇一卷　〔漢〕史游撰

杜工部草堂詩話二卷　〔宋〕蔡夢弼集録

杜工部草堂詩年譜二卷　〔宋〕趙子櫟、魯訔撰

杜工部草堂詩箋四十卷　〔宋〕魯訔編次　〔宋〕蔡夢弼會箋

黄氏集千家注杜工部詩史補遺十卷　〔宋〕黄鶴集注　〔宋〕蔡夢弼校正

集注草堂杜工部詩外集一卷　〔宋〕蔡夢弼會箋

碣石調幽蘭一卷　〔南朝陳〕丘公明撰

天臺山記一卷　〔唐〕徐靈府撰

太平寰宇記八卷　〔宋〕樂史撰

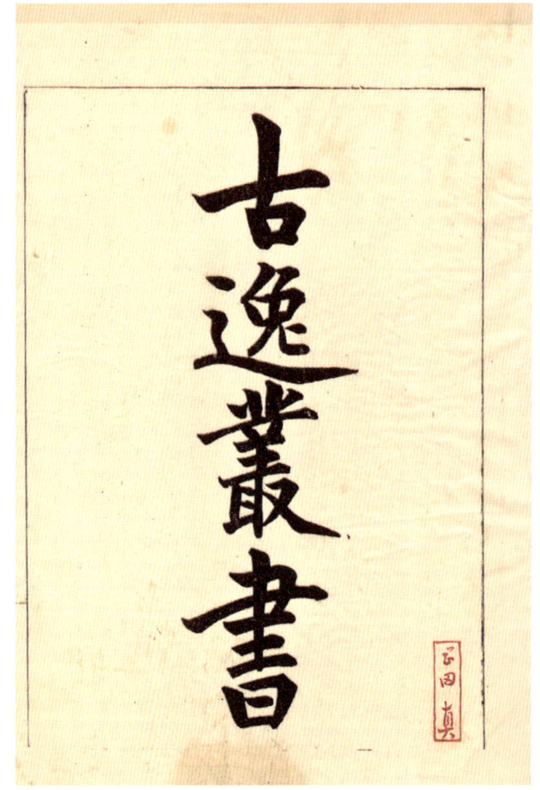
古逸叢書

光緒十年甲申
遵義黎氏刊于
日本東京使署

影覆宋蜀大字本爾雅

古逸叢書之一

爾雅卷上　郭璞注

釋詁第一　釋言第二

釋訓第三　釋親第四

釋詁第一

初哉首基肇祖元胎俶落權輿始也尚書曰三月哉生魄詩曰令終有俶又曰俶載南畝又曰訪予落止又曰胡不承權輿胚胎未成亦物之始也其餘皆義之常行者耳此所以釋古今之異言通方俗之殊語

林烝天帝皇王后辟公侯君也詩曰有壬有林又曰文王烝哉其餘義皆通見詩書

弘廓宏溥

爾雅卷上　一

自著之屬

351.陸放翁全集六種一百五十七卷　〔宋〕陸游撰　〔明〕毛晋輯

PL2687 .L8

明末汲古閣刻本　六十四册九函

每半葉8行，行18字，小字雙行字同，白口，左右雙邊，無魚尾，半框高18.5釐米，寬14.2釐米。版心上鐫子目書名，中鐫卷次，下鐫“汲古閣”。

卷端題“渭南文集，宋陸游務觀”。

子目：

渭南文集五十卷

劍南詩稿八十五卷

放翁逸稿二卷

南唐書十八卷

家世舊聞一卷

齋居紀事一卷

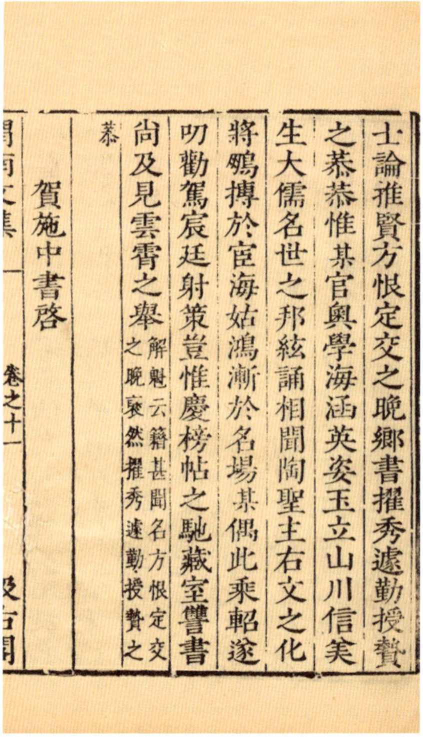

渭南文集卷第一

宋 陸 游 務觀

天申節賀表

化國之日舒以長運啓千齡之盛天子有父尊之至心均萬寓之驩敢即昌期虔申壽祝中賀恭惟太上皇帝陛下宅心淸靜受命溥將協氣熏爲太平華夷衘莫報之德孫謀以燕翼子宗社侈無疆之休誕敷錫於下民丕靈承於上帝臣

352.施愚山先生全集六種　〔清〕施閏章撰　

清乾隆三十年(1765)刻本　十六册二函

每半葉11行，行21字，小字雙行字同，白口，四周雙邊，單黑魚尾，半框高18.2釐米，寬13.7釐米。版心上鎸集名，中鎸卷次及小題，下鎸葉碼。

《年譜》内封題“計四卷，施愚山先生年譜，本衙藏板”。

《家風述略》内封題“計二編，施氏家風述略，本衙藏板”。

《外集》内封題“計二卷，施愚山先生外集，山曉樓藏板”。

《詩集》内封題“楝亭藏本，施愚山先生詩集，計五十卷”。卷端題“施愚山先生學餘詩集”。

《别集》内封題“詩話二卷、雜撰二卷、施愚山先生别集，本衙藏板”。

《遺集》内封題“乾隆乙未年鎸，施隨村先生遺集，本衙藏板”。

鈐印“□壽山房”。

子目：

施愚山先生年譜四卷　〔清〕施念曾編

施氏家風述略一卷續編一卷　〔清〕施彦恪輯録

施愚山先生外集二卷　〔清〕施念曾編

施愚山先生學餘詩集五十卷　〔清〕施閏章撰　〔清〕施彦淳、施彦恪輯録

施愚山先生别集四卷　〔清〕施企曾編

蠖齋詩話二卷

矩齋雜記二卷

施隨村先生遺集六卷　〔清〕施瑮撰

楝亭藏本

施愚山先生詩集

計五十卷

施愚山先生學餘詩集目錄

宣城施閏章著

男彥淳

彥恪仝錄緝

孫琮

瑮校字

琛

碧仝校

卷之一

四言十三首

卷之二

施愚山先生學餘詩集卷之一

四言

警志詩

洋洋景運六轡徂流爾征爾邁不我眷留維帝賚予靡
德不具既具既完逝不我顧拾穗維利不如躬耕束炬
夜馳不如蚤行鴟爭腐鼠鳳餐竹實翔視千仞下罕雛
匹懿我祖考爭道策驥腹我目我遑敢隕墜昔遊東魯
攝衣孔庭俯仰瞻聽實邇儀型匪哀匪慕泣涕如雨愴
如亡子初見父母軌臻回賜文企姬泰不憖嚼火持照
千春隕霜警木世難厲德懷璧負塗胥士不惑猨則穴
果獺則祭魚誰爲令人不勤是圖皇皇朝夕望晷心慄

353.亭林先生遺書彙輯二十三種附三種　〔清〕顧炎武撰　〔清〕席威、朱記榮編

清光緒十四年(1888)朱氏校經山房刻本　二十四册四函

每半葉11行,行20字,小字雙行,字數不等,白口,左右雙邊,單黑魚尾,半框高18.9釐米,寬14.6釐米。版心中鎸子目書名,下鎸葉碼。

内封題“亭林先生遺書彙輯,青浦何長治題”。牌記題“光緒戊子冬月校刊,朱氏校經山房藏板”。目録端題“崑山顧氏全集,後學青浦席威孟則甫、吴縣朱記榮槐廬甫搜輯”。

子目:

左傳杜解補正三卷

九經誤字一卷

五經同異三卷

韻補正一卷

聖安紀事二卷

顧氏譜系考一卷

明季實録一卷

歷代帝王宅京記二十卷

營平二州地名記一卷

昌平山水記二卷

京東考古録一卷

山東考古録一卷

譎觚十事一卷

求古録一卷

金石文字記六卷

石經考一卷

菰中隨筆一卷

救文格論一卷

亭林雜録一卷

亭林文集六卷

亭林詩集五卷

亭林餘集一卷

亭林軼詩一卷

附

顧亭林先生年譜一卷　〔清〕吴映奎撰　〔清〕潘道根校

亭林先生神道表一卷　〔清〕全祖望撰　〔清〕朱記榮校

同志贈言一卷　〔清〕沈岱瞻輯

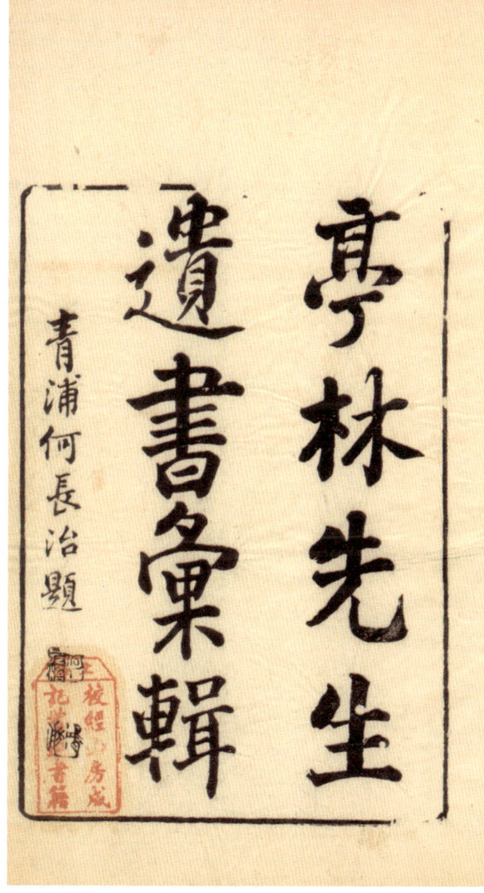

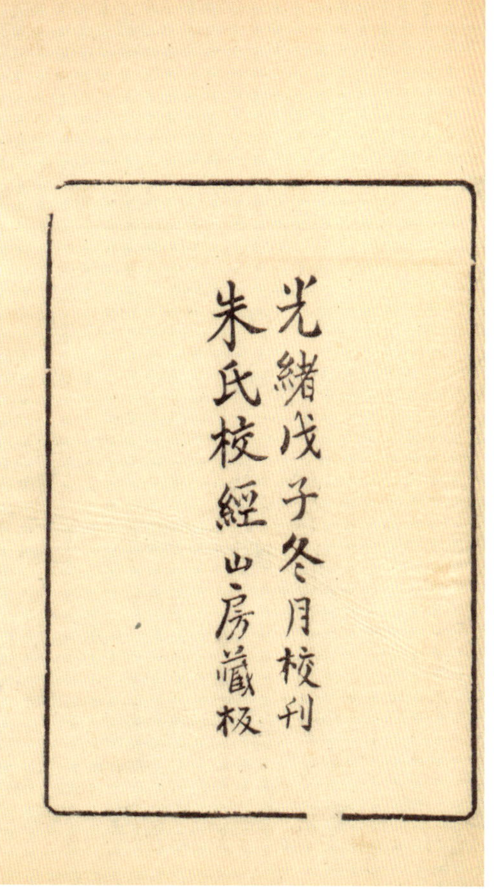

崑山顧氏全集

後學 青浦席威孟則 吳縣朱記榮槐盧 甫搜輯

卷首

國史儒林傳

亭林先生著述總目

左傳杜解補正三卷 已刻

九經誤字一卷 已刻

五經同異三卷 已刻

音學五書三十八卷 已刻 單行本

音論三卷 易音三卷 古音表二卷 詩本音十卷 唐韻正二十卷

亭林著述總目 一

左傳杜解補正卷上

北史言周樂遜著春秋序義通賈服説發杜氏違今杜氏單行而賈服之書不傳矣吳之先達邵氏寶有左觿百五十餘條又陸氏粲有左傳附注傅氏遜本之爲辨誤一書今多取之參以鄙見名曰補正凡三卷若經文大義左氏不能盡得而公穀得之公穀不能盡得而啖趙及宋儒得之者則别記之於書而此不具也東吳顧炎武

隱元年莊公寤生驚姜氏　解寐寤而莊公已生恐無此事應劭風俗通曰兒墮地能開目視者爲寤生

354.惜抱軒全集十種八十八卷 〔清〕姚鼐撰

清同治五年(1866)省心閣刻本　十六册二函

每半葉10行，行21字，小字雙行，字數不等，白口，左右雙邊，單黑魚尾，半框高17.7釐米，寬13釐米。版心上鎸書名，中鎸子目書名簡題及卷次，下鎸葉碼。

内封題“惜抱軒全集”。牌記題“同治丙寅春省心閣重刊”。目録端題“惜抱軒文集，桐城姚鼐姬傳”。卷端題“惜抱軒文集”。

鈐印“紫硯樓”。

子目：

惜抱軒文集十六卷文後集十卷詩集十卷詩後集一卷詩外集一卷

惜抱軒法帖題跋三卷

左傳補注一卷

公羊傳補注一卷

穀梁傳補注一卷

國語補注一卷

惜抱軒筆記八卷

惜抱軒九經説十七卷

五言今體詩鈔九卷

七言今體詩鈔九卷

同治丙寅春
省心閣重刊

惜抱軒文集一

論

范蠡論

范蠡之子殺人繫于楚蠡令其少子行千金於所善楚莊生救之其長子請行不許其後卒強以行於是莊生因爲入朝楚王而說之赦蠡長子聞楚將赦謂弟固可活矣入莊生家復取金去莊生怒竟說楚王論殺其弟人以此稱蠡始不欲遣其長子爲知也自君子觀之蠡固未嘗知也比之蹇曰比之匪人隨之震曰孚於嘉吉夫以匪人之比而望嘉孚之吉其可乎吾觀莊生非賢

355.尤西堂全集十六種六十一卷　〔清〕尤侗撰　PL2733.U18 H85x

清康熙二十四年（1685）刻本　十册一函

每半葉10行，行21字，小字雙行字同，白口，四周單邊，單黑魚尾，半框高17.2釐米，寬13.8釐米。版心上鎸子目書名，下鎸葉碼。

鈐印“榮郭齋藏”“果位中人”“沈宜平印”“宜平審定文字”“宜平私印”“懸臂”“沈氏家藏”“益復无聊”“昇如讀本”“翰墨緣”“古香書屋”“淵古堂珍藏”“沈氏淵古堂印記”“石蘭讀本”。

子目：

論語詩一卷

右北平集一卷

看雲草堂集八卷

述祖詩一卷

於京集五卷

哀弦集一卷

擬明史樂府一卷

外國竹枝詞一卷

百末詞六卷

性理吟一卷

後性理吟一卷

西堂小草一卷

西堂雜組二十四卷（缺）

西堂剩稿二卷（缺）

西堂秋夢録一卷（缺）

湘中草六卷

按：沈宜平（심의평，1836—1919），朝鮮末期藏書家。

自序

嗚呼甲乙之際時事可勝嘆哉予一書生茸闒求汚廢棄筆業久矣幸而山川重秀天地再清爰自郵罷復還里舍既以家貧親老求試于有司稍爲一二大人先生所知識遂由拔萃入貢

大廷于是有北征之役歸而遨遊兩浙以發其牢落骯髒之氣然終不得志于場屋卒從選人受一官捧檄而去雖其時年方壯意氣猶盛然自念束髮受書日夜揣摩不獲與甲乙之科僅乃爲貧而仕屈首以就功名此中邑邑有難爲外人道者不平之鳴其容已乎昔人云

西堂小草 自乙酉五月至壬辰六月止 共詩一百二十首

長洲尤侗譔

避地斜塘

江闗鼙鼓壓城闉水竹村南問卜居十里鏡湖非詔賜

渡金

鏡湖數間草屋即吾廬相看雕甲爭馳馬自着羊裘學

釣魚莫便感懷成野史閉門且著老農書

思歸

莽莽天地曷歸乎浩刧滄桑半有無齊女門前朝牧馬

吳王臺上夜啼烏江山盡入漁樵話歲月閒消花鳥圖

家在城南歸未得西風一棹入菰蘆

西堂小草 二

于京集卷一　哀絃集另刻

長洲尤　侗譔

自戊午六月至己未二月止共詩九十首

赴　召言懷四首

天子求賢下　制書羣臣薦表滿公車自多冠帶填金馬
何意弓旌賁草廬對策豈能追賈董上言曷敢比嚴徐
入山未遠長安近不許休官賦遂初

解組歸田二十年煙霞痼疾久高眠從無妖夢乘車蓋
偶有虛名掛簡編兎罝誤收鐵網內漁樵重拜玉堦前
蕭蕭白髮登程去回首青山意惘然

悼亡詩序 乩筆

天地間皆文也文由情生秋聲悽惻風悲號日慘淡物候斂藏氣機鬱抑天地若爲悼之之時也況于人生耶然關雎之詩曰哀而不傷乃得人情之正尤子今日悼亡之情寔正而不可以其多情少之也古所稱梁鴻孟光之風尚矣偕老之樂終有時散尤子豈不達觀而故爲此詩娓娓不休亦其情止乎理故不能已已嗚呼文情相因非窮愁困苦則詩必未工以尤子少年才名老而好學砥志乃待詔公車復遭此悼亡之感則情之益動于窮而文自益工將見窮者不終于窮則即以此詩

哀絃集悼亡詩序

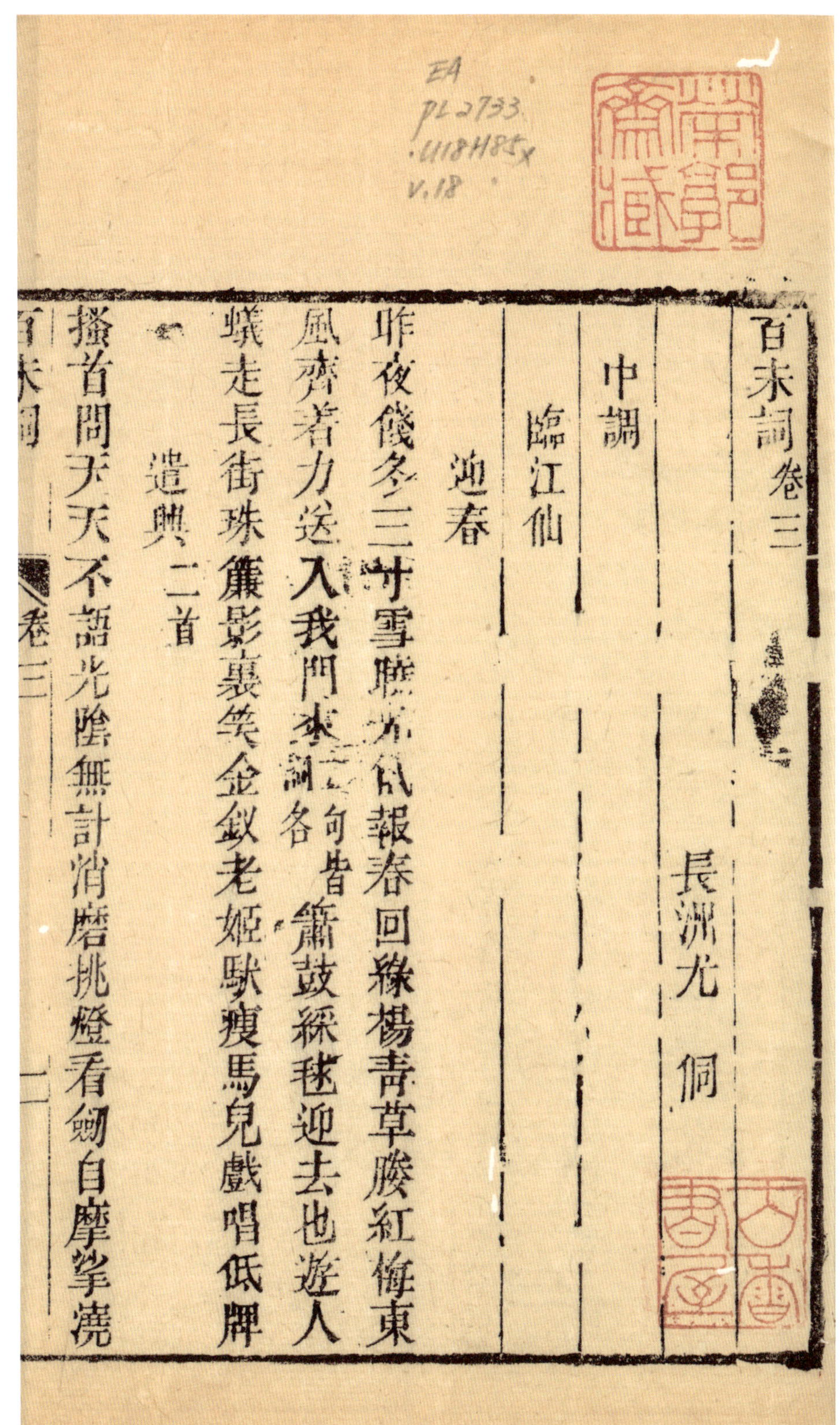

百末詞卷三

長洲尤侗

中調

臨江仙

迎春

昨夜餞冬三廿雪，曉來飛報春回。綠楊青草映紅梅。東風齊着力，送入我門來。〈詞各句皆〉簫鼓綵毬迎去也，遊人蟻走長街。珠簾影裏笑金釵。老姬馱瘦馬，兒戲唱低牌。

遣興 二首

搔首問天天不語，光陰無計消磨。挑燈看劍自摩挲。澆

356.鄭小谷先生全集六種四十七卷 〔清〕鄭獻甫撰 Quarto PL2705.E615 A6x

清同治八年至光緒八年(1869—1882)黔南節署刻文昌書局彙印本 二十四册五函

每半葉9行,行20字,小字雙行字同,白口,四周雙邊,單黑魚尾,半框高18.5釐米,寬12.7釐米。版心上鎸子目書名,中鎸卷次及篇名,下鎸葉碼。

内封題“鄭小谷先生全集,文昌書局發兑”。

子目:

四書翼注論文十二卷 光緒五年(1879)刻

愚一録十二卷 光緒二年(1876)刻

補學軒續刻詩集十二卷 光緒五年刻

補學軒文集外編四卷 光緒八年(1882)刻

補學軒制藝四卷附雜話一卷 同治十年(1871)刻

補學軒批選時文讀本二卷 同治八年(1869)刻

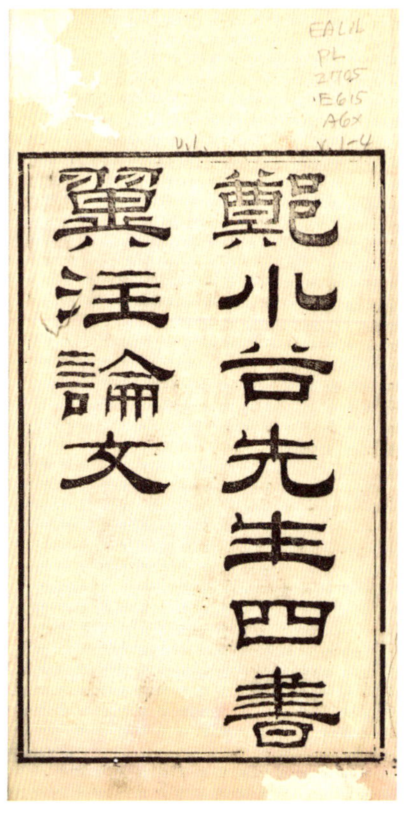
鄭小谷先生四書
翼注論文

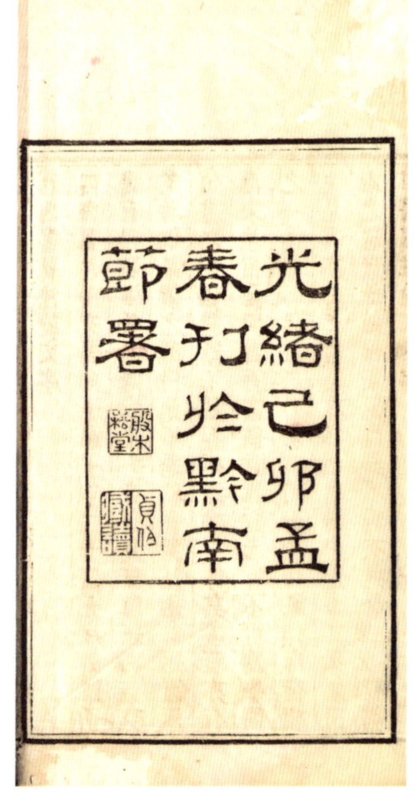
光緒己卯孟
春刊於黔南
節署

四書翼註論文卷之一

象州鄭獻甫小谷著

大學

鄭注大音泰指其地對小學言也今如字指其書對小子之學言也○朱彝尊經義考大學或以爲七十子之徒所共撰或云子思所作朱子乃定爲曾子之書

子程子○子者人之嘉稱朱子尊敬程子故冠子於程子之上以重致其美也○新安陳氏云倣

357.春在堂全書三十七種四百八十九卷 〔清〕俞樾輯

清光緒間刻本 一百六十册十二函

每半葉10行，行21字，小字雙行字同，黑口，左右雙邊，無魚尾，半框高16.2釐米，寬11.3釐米。版心中鎸子目書名簡題及卷次，下鎸葉碼。

扉葉題“單心著述，光緒二十八年七月初三日欽奉上諭有此四字敬刻卷端以志榮遇臣俞樾恭記”。内封題“德清俞蔭甫所著書”。牌記題“同治十年秋八月曾國藩署檢”。目録端題“春在堂全書，光緒二十五年重定本”。書名據目録。

子目：

群經平議三十五卷

諸子平議三十五卷

第一樓叢書三十卷

曲園雜纂五十卷

俞樓雜纂五十卷

賓萌集六卷外集四卷

春在堂雜文二卷續編五卷三編四卷四編八卷五編八卷六編十卷

春在堂詩編二十三卷

春在堂詞録三卷

春在堂隨筆十卷

春在堂尺牘六卷

楹聯録存五卷附録一卷

四書文一卷

右台仙館筆記十六卷

茶香室叢鈔二十三卷目録一卷

茶香室續鈔二十五卷目録一卷

茶香室三鈔二十九卷目録一卷

茶香室四鈔二十九卷目録一卷

茶香室經説十六卷

經課續編八卷

九九銷夏録十四卷

金剛般若波羅蜜經注二卷

太上感應篇纘義二卷

遊藝録六卷

小蓬萊謡一卷附録一卷

袖中書二卷

東瀛詩紀二卷

東海投桃集一卷

慧福樓幸草一卷

曲園自述詩一卷

曲園墨戲一卷

曲園三要三卷

瓊英小録一卷

春在堂全書校勘記一卷

春在堂傳奇二種二卷

　梓潼傳一卷

　驪山傳一卷

新定牙牌數一卷

臨終自喜一卷

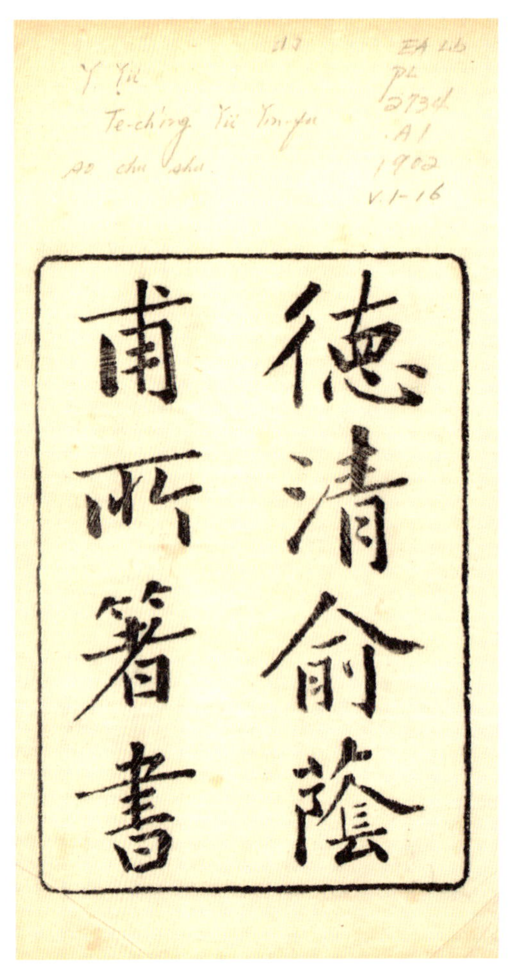
德清俞蔭
甫所著書

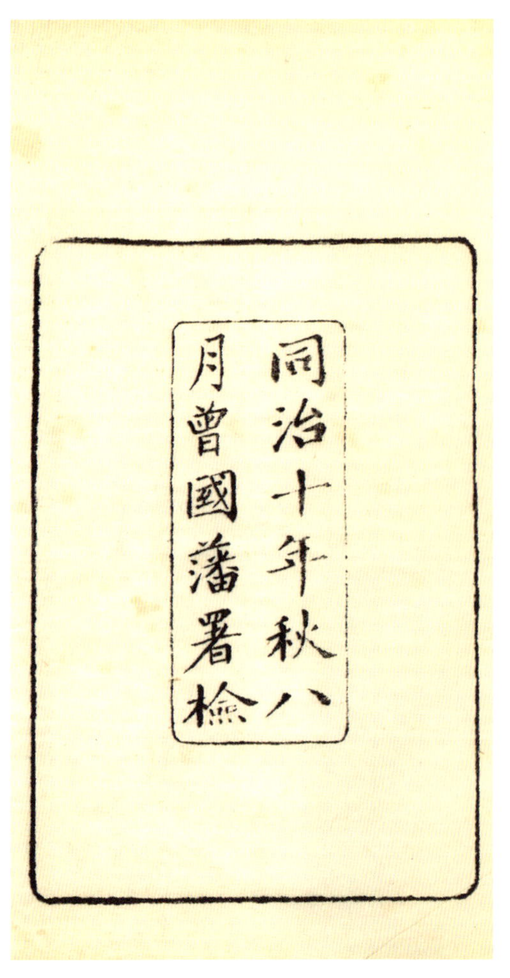
同治十年秋八
月曾國藩署檢

春在堂全書總目 光緒二十五年重定本

羣經平議三十五卷

諸子平議三十五卷

第一樓叢書三十卷

曲園雜纂五十卷

俞樓雜纂五十卷

賓萌集六卷

賓萌外集四卷

春在堂雜文二卷續編五卷三編四卷四編八卷五編八卷六編十卷

羣經平議卷一

德清俞樾

周易一

初九 乾

正義曰陽爻稱九陰爻稱六其說有二一者乾體有三畫坤體有六畫陽得兼陰故其數九陰不得兼陽故其數六二者老陽數九老陰數六老陰老陽皆變周易以變者爲占所以老陽數九老陰數六者以揲蓍之數九遇揲則得老陽六遇揲則得老陰其少陽稱七少陰稱八義亦準此

新學類

史表類

358.歐亞紀元合表不分卷　〔清〕張璜輯　DS31 .C43

清光緒三十年(1904)上海土山灣慈母堂鉛印本　一册一函

内封題“光緒叁拾年歲次甲辰, 歐亞紀元合表, 西歷壹千玖百零肆年”。牌記題“上海土山灣慈母堂排印, 翻刻必究”。書名據内封。

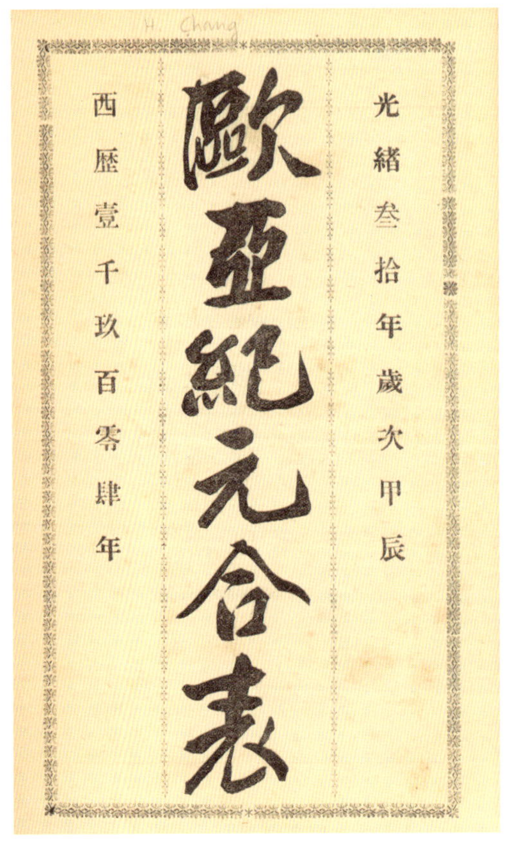

歐亞紀元合表 唐 一

干支	西歷紀年前	唐堯	改元紀年
甲辰	2357	帝堯陶唐氏	1
乙巳	2356		2
丙午	2355		3
丁未	2354		4
戊申	2353		5
己酉	2352		6
庚戌	2351		7
辛亥	2350		8
壬子	2349		9
癸丑	2348		10
甲寅	2347		11
乙卯	2346		12
丙辰	2345		13
丁巳	2344		14
戊午	2343		15
己未	2342		16
庚申	2341		17
辛酉	2340		18
壬戌	2339		19
癸亥	2338		20
甲子	2337		21
乙丑	2336		22
丙寅	2335		23
丁卯	2334		24
戊辰	2333		25
己巳	2332	帝堯陶唐氏	26
庚午	2331		27
辛未	2330		28
壬申	2329		29
癸酉	2328		30
甲戌	2327		31
乙亥	2326		32
丙子	2325		33
丁丑	2324		34
戊寅	2323		35
己卯	2322		36
庚辰	2321		37
辛巳	2320		38
壬午	2319		39
癸未	2318		40
甲申	2317		41
乙酉	2316		42
丙戌	2315		43
丁亥	2314		44
戊子	2313		45
己丑	2312		46
庚寅	2311		47
辛卯	2310		48
壬辰	2309		49
癸巳	2308		50
甲午	2307	帝堯陶唐氏	51
乙未	2306		52
丙申	2305		53
丁酉	2304		54
戊戌	2303		55
己亥	2302		56
庚子	2301		57
辛丑	2300		58
壬寅	2299		59
癸卯	2298		60
甲辰	2297		61
乙巳	2296		62
丙午	2295		63
丁未	2294		64
戊申	2293		65
己酉	2292		66
庚戌	2291		67
辛亥	2290		68
壬子	2289		69
癸丑	2288		70
甲寅	2287		71
乙卯	2286		72
丙辰	2285	舜始攝政	73
丁巳	2284		74
戊午	2283		75

359.四裔編年表四卷　（美國）林樂知、〔清〕嚴良勳譯　〔清〕李鳳苞彙編

清同治間刻本　四册一函

行字不等，白口，左右雙邊，無魚尾，半框高22.6釐米，寬18.4釐米。版心上鎸卷名，下鎸葉碼。

卷端題“四裔編年表，美國林樂知、吴縣嚴良勳同譯，崇明李鳳苞彙編”。

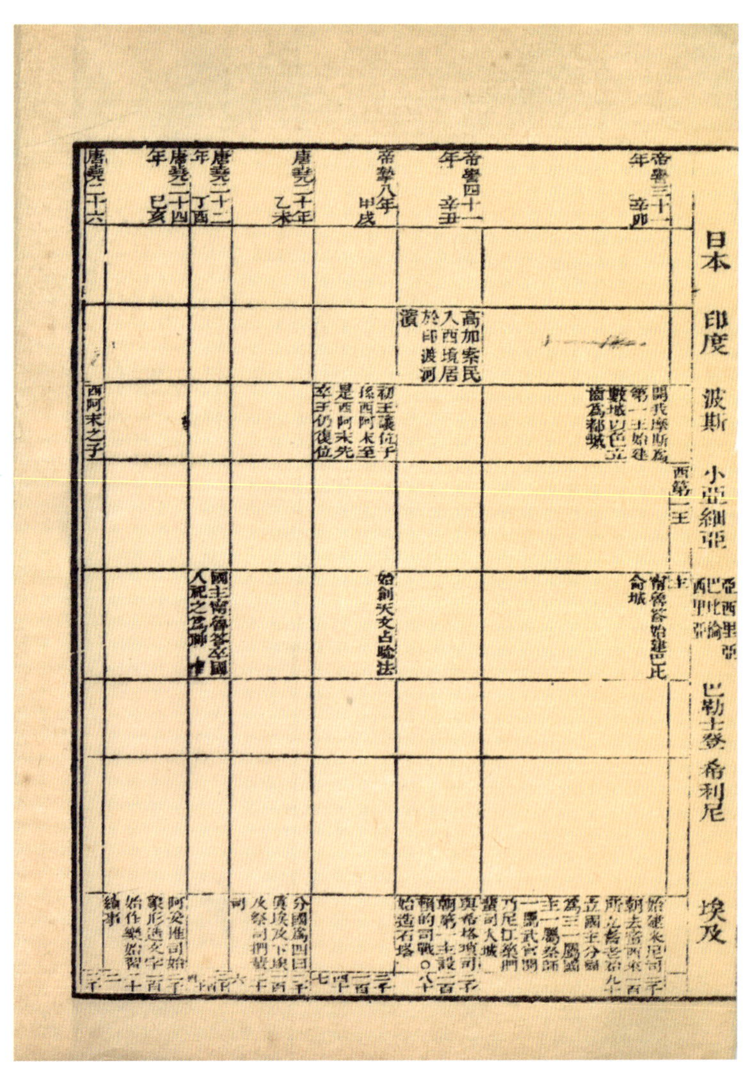

四裔編年表

美國 林樂知
吳縣 嚴良勳 同譯
崇明 李鳳苞 彙編

中國紀年	少昊四十年壬子	顓頊四十八年丁亥
日本	日本爲東北海島遠古之初有天神御世遞嬗千餘年其說荒遠難稽厥後國主俱號天皇數千年來一姓相傳疆域依舊實宇內所僅見	
印度	印度建國之始古史無徵其地東通中國西至波斯北至回部南至印度洋中因印度河爲佛教所自始漢時身毒天竺即其地也	
波斯	是年有洪水百五十日始平○西國傳記云西歷前四千四年間闢天地肇生人物有亞當子孫相傳千有餘年該隱嗣立無道天降洪水人畜淹斃惟挪亞嗣立日漸蕃庶有子三人曰閃曰含曰雅弗分土其地爲西洋諸國之祖 亞西里亞與印度之間皆古波斯之地漢時稱爲安息今之波斯偏隅而已相傳閃之裔曰國金希臘始居于此	
小亞細亞	挪亞避水於阿米尼阿譯言高地在小亞細亞東境今土耳其之東也其裔繁衍滋生日眾析居西土漸闢	
亞西里亞 巴比倫 西里亞	洪水後閃之子居西里亞阿奴居亞西里亞其地北地爲阿米尼阿東爲亞西里亞南爲蘇利伯西爲西里亞亞西里亞一名密所頗退米阿譯言兩江中一名倍打乃郎譯言高平原在大格里司江由弗拉的江之間近大格里司江者爲亞西里亞近由弗拉的江者爲巴比倫今皆東土耳其地	是年有林密款又巴比倫向以耆老名安逆款爲福利攝政至是始立國
巴勒士登	巴勒士登乃古大國舊史無攷相傳挪亞之孫阿始造開倫徙居于此漢之拂孫即其地也今爲土耳其之猶太	
希利尼（希臘古名）	上古時歐羅巴亞味未闢人獸雜處小亞細亞人踰海峽而西始知有開倫希利尼之裔土厥後城壕漸啟疆宇日臘分諸國統名希臘即西土耳其之地今之希臘乃西南海濱一隅南已西麻前二千四百年間有賽頓據拉地嗜久與恩百里多古里爭戰至是遷於昔西恩	
埃及	洪水初平含之裔宗國來亞屬遷於阿昏非利加之北立境始建邦維司城又名挪阿門是時又有從亥西亞比從居于此者均爲埃及之始舊稱爲尼日多朗今土耳其之麥西	
西歷前	二千三百四十九	二千二百四十五

年表一　一

化　學

360.化學材料中西名目表一卷　（英國）蒲陸山（Charles Loudon Bloxam）撰　（英國）傅蘭雅（John Fryer）口譯　〔清〕徐壽筆述　QD H8735 1885

清光緒十年（1885）江南製造總局鉛印本　一册一函

卷端題“化學材料中西名目表”。

按：本書英文名爲*Vocabulary of Names of Chemical Substances*，是我國第一部英漢化學名詞詞典。

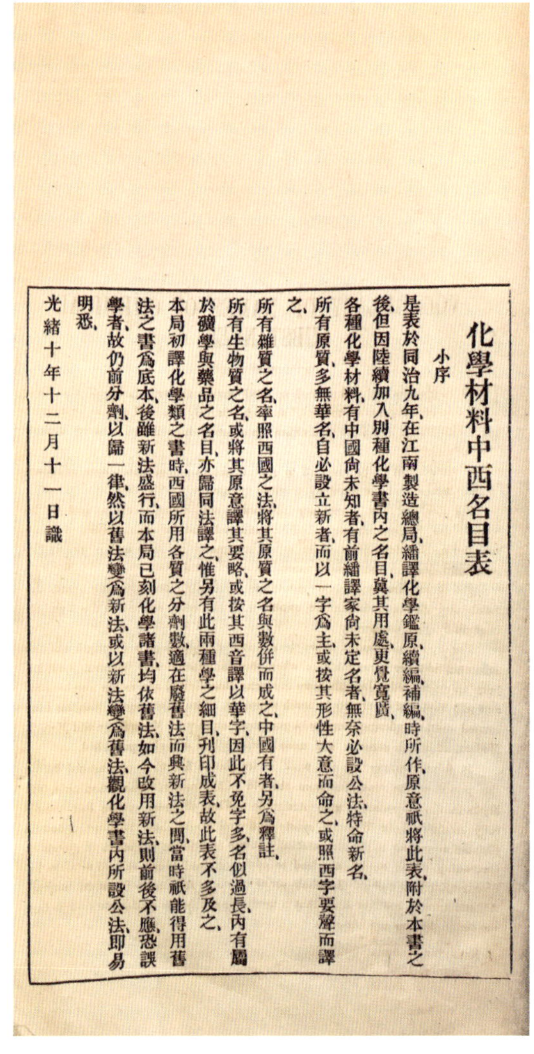

化學材料中西名目表

小序

是表於同治九年、在江南製造總局、繙譯化學鑑原、續編、補編、時所作、原意祇將此表、附於本書之後、但因陸續加入別種化學書內之名目、冀其用處、更覺寬廣、

各種化學材料、有中國尚未知者、有前繙譯家尚未定名者、無奈必設公法、特命新名、

所有原質、多無華名、自必設立新者、而以一字爲主、或按其形性大意而命之、或照西字要聲而譯之、

所有雜質之名、率照西國之法、將其原質之名與數併而成之、中國有者、另爲釋註、

所有生物質之名、或將其原意譯其要略、或按其西音譯以華字、因此不免字多名似過長、內有屬於礦學與藥品之名目、亦歸同法譯之、惟另有此兩種學之細目、列印成表、故此表不多及之、

本局初譯化學類之書時、西國所用各質之分劑數、適在廢舊法而興新法之間、當時祇能得用舊法之書爲底本、後雖新法盛行、而本局已刻化學諸書、均依舊法、如今改用新法、則前後不應、恐誤學者、故仍前分劑、以歸一律、然以舊法變爲新法、或以新法變爲舊法、觀化學書內所設公法、即易明悉、

光緒十年十二月十一日識

VOCABULARY OF NAMES OF SUBSTANCES OCCURRING IN VARIOUS WORKS ON CHEMISTRY; CHIEFLY IN "BLOXAM'S CHEMISTRY," FIRST EDITION.

Acetal,	阿西他辣
Acetamide,	阿西他阿美弟
Acetates,	醋酸鹽類
Acetic acid,	醋酸
,, acid, glacial,	冰形醋酸
,, anhydride,	無水醋酸
,, ether,	醋酸以脫
,, oxychloride,	醋酸綠養二
,, peroxide,	醋酸養二
Acetine,	阿西低尼
Acetone,	阿西多尼
,, diethylated,	二以脫里阿西多尼
,, dimethylated,	二迷以脫里阿西多尼
,, ethylated,	以脫里阿西多尼
,, methylate,	迷以脫里阿西多尼
Acetones,	阿西多尼類
Acetonic acid,	阿西多尼克酸
Acetonitrile,	阿西多內脫來里
Acetyle,	阿西台里
,, binoxide,	阿西台里養二
,, chloride,	阿西台里綠
,, urea,	阿西台里由里阿
Acetylene,	阿西台里尼
,, silver precipitate	銀阿西台里尼
Acetylide of copper,	銅阿西台里弟
,, of potassium,	鉀阿西台里弟
,, of sodium,	鈉阿西台里弟
Acid,	酸質又配質
,, of sugar,	糖酸類
,, radicals,	酸底子或配底子
Acids, acetic series,	醋酸級
,, acrylic series,	阿各里里克酸級
,, anhydrous,	無水配質或酸質
,, aromatic,	香酸類
,, bibasic,	二本之酸類
,, dibasic,	二本之酸類
,, hydrated,	含輕養之酸質
,, lactic series,	拉格的克酸級
,, non-volatile,	不自散酸質
,, organic,	生物酸類
Acids, polybasic,	多本之酸質
,, tribasic,	三本之酸質
,, vegetable,	植物酸類
,, volatile,	能自散酸質
Acidulous waters,	酸性水
Aconitic acid,	阿古尼低克酸
Aconitine,	阿古尼低尼
Acrinyl,	阿格里乃里
Acroleine,	阿各里哇里以尼
Acrylic acid,	阿各里里克酸
Actinic rays,	光內化物線
Actinolite,	阿格替奴來得即光線石
Adipic acid,	阿弟比克酸
Adipocere,	阿弟布昔里
Adularia,	阿度拉里阿石
Aeschylic alcohol,	依喜里克醕
Aerated bread,	壓空氣發鬆之饅頭
After damp,	煤硐燒後變成炭養二氣
Agalmatolite,	阿軋辣馬土來得即像石
Agate,	黑白瑪瑙
Aich-metal,	愛止銅又名荷之銅
Air,	空氣
Air benzolized,	含徧蘇里之空氣
Alabaster,	阿拉巴司得
Alabaster, oriental,	東方所產阿拉巴司得
Albanum,	阿立白奴末
Albite,	阿勒倍得
Albumen,	阿立白門即蛋白質
Alcarsin,	阿里卡耳新
Alcohol,	醕
,, absolute,	無水醕
,, allylic,	阿來里克醕
,, amylic,	阿美里克醕
,, anisic,	阿尼西克醕
,, benzoic,	徧蘇以克醕
,, caprylic,	加布里里克醕
,, cerylic,	西立里克醕

全體學

361.全體新論不分卷　（英國）合信氏、〔清〕陳修堂撰　QS H684c 1851

清咸豐元年（1851）江蘇上海墨海書館刻本　一册一函

每半葉10行，行24字，小字雙行字同，白口，四周雙邊，單黑魚尾，半框高19.5釐米，寬13.5釐米。版心上鎸書名，下鎸葉碼。

内封題"咸豐元年新鐫，全體新論，江蘇上海墨海書館藏板"。卷端題"全體新論，英國醫士合信氏著，南海陳修堂同撰"。卷末鎸"羊城西關金利埠惠愛醫館刊印"。

咸豐元年新鐫

全體新論

江蘇上海墨海書館藏板

全體新論

英國醫士合信氏著　南海陳修堂同撰

身體畧論

世上萬類、以人身爲最奇、不論內外、皆有皮膚、遍佈外體、爲外皮、分佈臟腑、爲內皮、內皮主生津液以潤臟腑外皮從口鼻入腹、與內皮相連、內皮由肛門下出、與外皮聯合、外皮之裏、俱有肥網脂膜、狀如小孔聯結、彷類網眼、其用所以使渾身連貫圓滿、若久病則肥網消滅、筋骨現露、乃僅存皮肉耳、在面部之上、另有動皮活肉數對、自能觸動、以顯人喜怒憂懼之態、餘處則無、惟禽獸因無兩手之用、故遍體皆然、以助其收放毛羽、驅逐蚊蠅之事、人

362.省身指掌九卷 （美國）傅恒理撰

清光緒三十年（1904）上海美華書館鉛印本 一册一函

内封題“西歷一千九百零四年，省身指掌，光緒三十年歲次甲辰，上海美華書館擺印”。卷端題“省身指掌”。

按：傅恒理（Henry D. Porter, 1845—1916），清末美國傳教士。

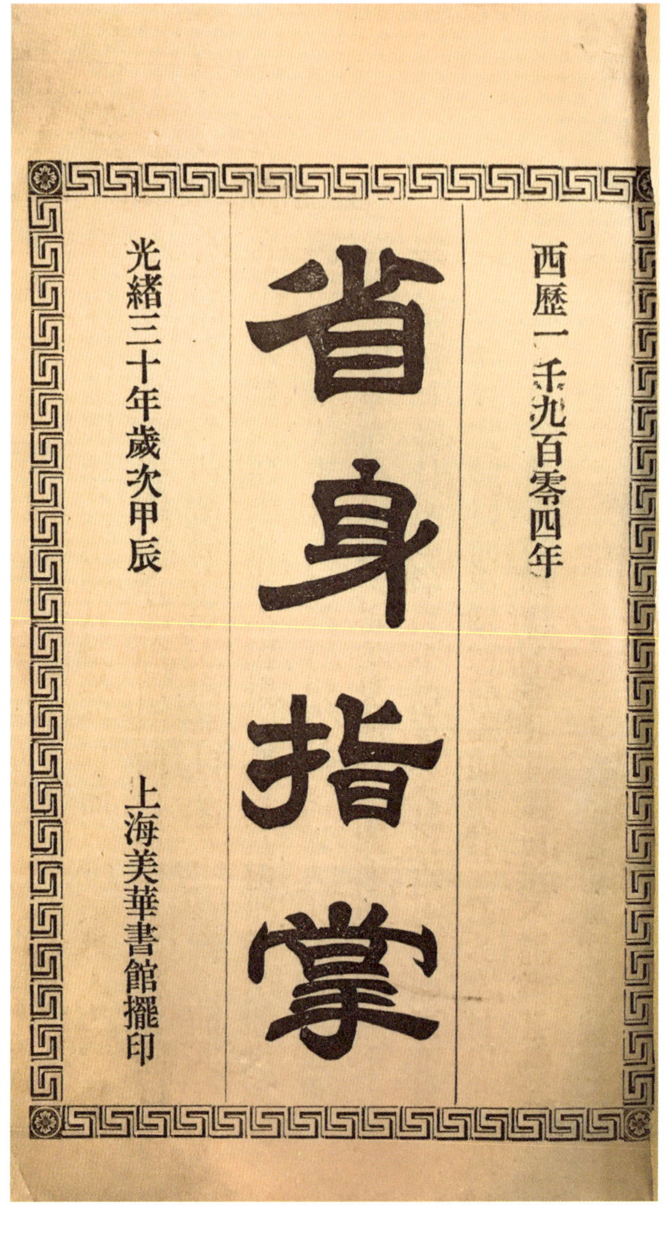

省身指掌

第一卷全身骨論

第一章

全骨爲架身形隨之
骨數約二百
骨用有三
骨形分四各有其用
長骨分三段
長骨之屬
短骨之屬
匾骨之屬
參差不齊之骨

一 論骼〇人之全體內有骨爲架、人身大小形體、皆依此架而成、其骨之數約有二百餘塊、人小時骨數多、成人後骨數則少、因有數小骨凝合爲一之故也。

二 論骨之功用〇骨之功用有三、一欲保護肉體、二爲輔助骨上之動肌、三爲支撐人身之形狀。

三 論骨形〇骨形分四類、各有功用、其形有長者、短者、匾者、與夫參差不齊者。長者在四肢、用處有三、一便於行走、二宜於動作、三承載上身、長骨之形式又分三段、其兩頭爲兩段、中間爲一段、中一段形如竹管、內藏髓、其兩端微大、易連動肌與筋於其上、長骨即⿰骨廷、骭、⿰骨非、⿰骨厷、⿰骨反、⿰骨需、掌骨、蹠骨、指趾等骨。短骨最堅實、其用處爲使上下長骨連絡、即捥骨、跗骨、等骨是也。匾骨之用、專爲保護其中之所有、不受損傷、匾骨、即髏、髆、骻、等骨是也。參差不齊之骨、連絡別骨、用處不一而足。論骨之大概、各適其用、而又極輕微、極堅實、較橡木之堅實、猶加一倍、其長骨外圓內空、故堅實而輕、兩端稍大、動肌多連絡於其上。

醫 學

363.初學衛生編一卷　　（美國）蓋樂格（John Harvey Kellogg）撰　（英國）傅蘭雅（John Fryer）譯　　QP36 .K44x

清光緒二十二年（1896）上海格致書室鉛印本　一册無函

内封題“光緒廿二年新鐫，每本價洋三角正，初學衛生編，上海格致書室發售，英國傅蘭雅譯”。卷端題“初學衛生編”。

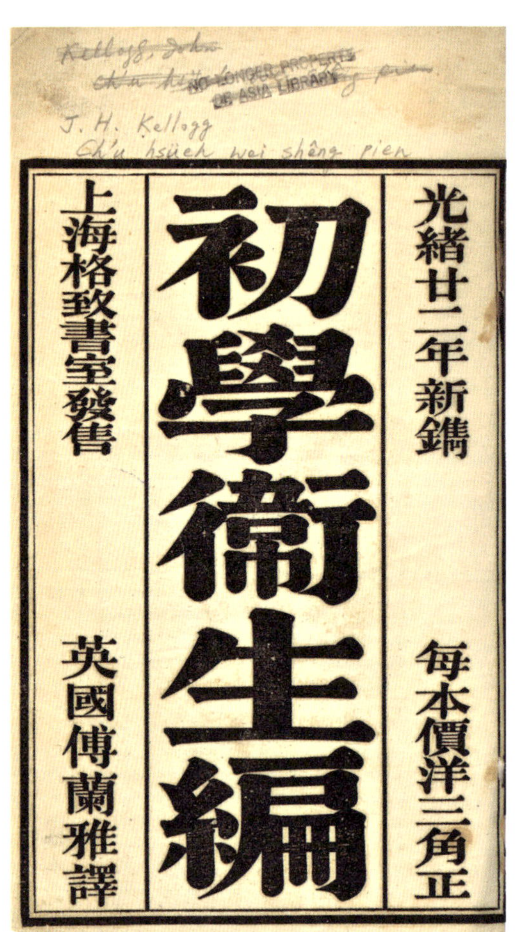

J. H. Kellogg
Ch'u hsüeh wei shêng pien

光緒廿二年新鐫
初學衛生編
每本價洋三角正
上海格致書室發售
英國傅蘭雅譯

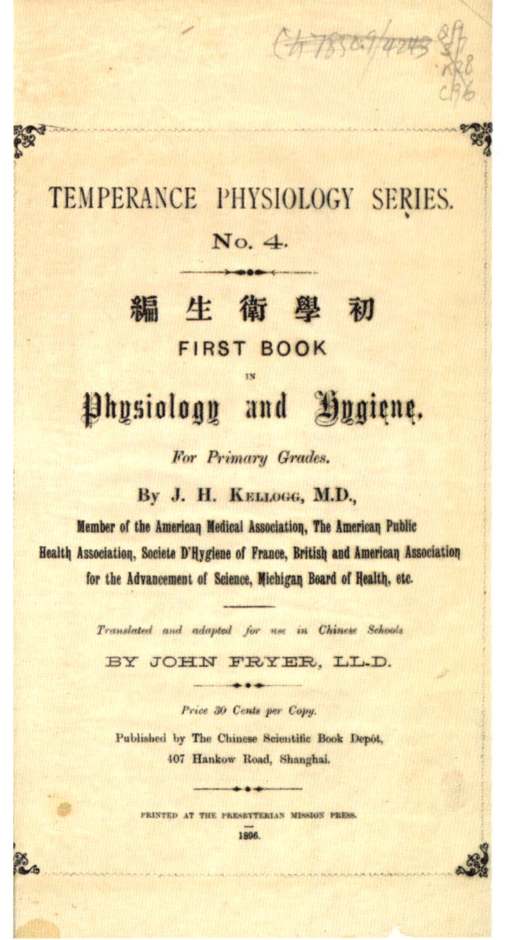

TEMPERANCE PHYSIOLOGY SERIES.

No. 4.

編生衛學初

FIRST BOOK IN

Physiology and Hygiene.

For Primary Grades.

By J. H. Kellogg, M.D.,

Member of the American Medical Association, The American Public Health Association, Societe D'Hygiene of France, British and American Association for the Advancement of Science, Michigan Board of Health, etc.

Translated and adapted for use in Chinese Schools

BY JOHN FRYER, LL.D.

Price 30 Cents per Copy.

Published by The Chinese Scientific Book Depôt, 407 Hankow Road, Shanghai.

PRINTED AT THE PRESBYTERIAN MISSION PRESS.

1896.

初學衛生編

第一章　衛生小引

一欵　是書原意○凡孩童身體、譬如奇巧房屋、華麗美觀、常見最華美房屋、輒堆石砌、建造精雅、外有游廊、旁有窻戶、近有花木、假山胡石、以壯其觀、橋堤水源、以添其景、暢心悅目、固稱美麗、然比之孩童所寄居之身體、則大不如矣、故此書欲將人身全體奇妙事理、一一略言、

二欵　間有孩童居屋、或大家住房、格外精雅、不但外極美麗、而內尤甚整齊、椅桌牀鏡、陳設秩然、帘幕氈毯、鋪張盡緻、居此種房屋、有不暢快者乎、

三欵　凡人身體、雖比以房屋、房屋無其整齊、孩童身體、實比以宮殿、宮殿無其奇妙、惟房屋寬大、可以羣居、公同出進、而身體微

364.西醫略論三卷 （英國）合信氏、〔清〕管茂材撰 WO H684s 1857

清咸豐七年（1857）上海仁濟醫館刻本 一册一函

每半葉10行，行24字，小字雙行字同，白口，四周雙邊，單黑魚尾，半框高19.9釐米，寬14釐米。版心上鎸書名，中鎸卷次，下鎸葉碼。

内封題“咸豐七年新鎸，西醫略論，江蘇上海仁濟醫館藏板”。牌記題“咸豐元年刊全體新論，五年刊博物新編，七年刊西醫略論，八年刊婦嬰新説，續刊内科新説，板片俱存上海仁濟醫館，如有欲閲者，自備紙墨，就板刷印，悉聽其便，本館不取分文。特白”。卷端題“西醫略論，英國醫士合信氏著，江甯管茂材同撰”。

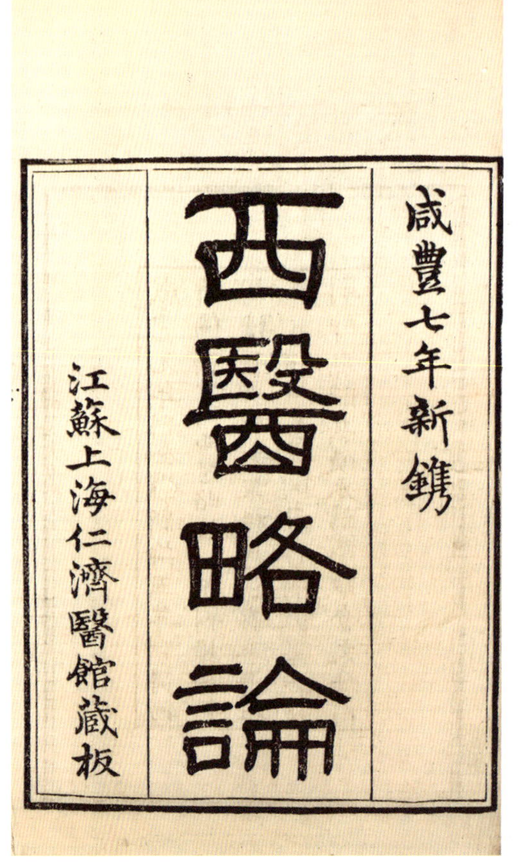

咸豐七年新鎸

西醫略論

江蘇上海仁濟醫館藏板

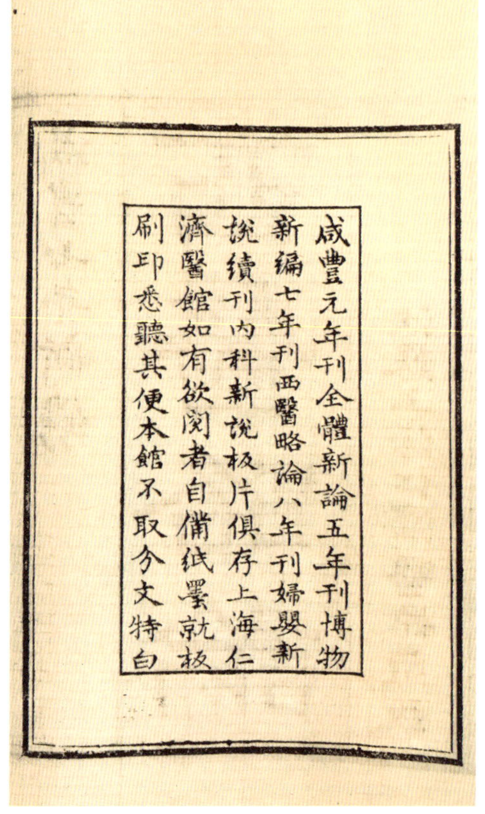

咸豐元年刊全體新論五年刊博物
新編七年刊西醫略論八年刊婦嬰新
説續刊内科新説板片俱存上海仁
濟醫館如有欲閲者自備紙墨就板
刷印悉聽其便本館不取分文特白

西醫略論卷上

英國醫士合信氏著　江甯管茂材同撰

醫學總論

人身百體、功用甚多、學醫之士、首宜推論、中國惟京師設太醫院衙門、其各省府廳州縣、雖有醫學名目、多係具文、醫書汗牛充棟、半屬耳聞臆斷、未可依據、余曾考究人身體用、著有全體新論一卷、未及方藥治法、茲特增作一書、略論審証施治之法、乃選泰西各國醫學、歷經考驗有據、可與中國參互並用者、譯述成書、雖醫道廣大、未易該備、而什得二三、自可因此識彼、觸機生巧、漸造其極也、或疑西法與中國不同、未可互用、不知人

365.萬國藥方八卷 （美國）洪士提反（Stephen Alexander Hunter）譯

清光緒間手抄本　十册二函

每半葉10行，字數不等，小字雙行，字數不等，白口，四周單邊，單魚尾，朱絲欄，半框高19釐米，寬17.3釐米。

内封題“光緒十五年鐫，萬國藥方，美國醫士洪士提反譯”。卷端題“藥名總論”。書名據内封。

按：美國傳教醫生洪士提反（1851—1923）於1886年編譯《萬國藥方》一書。本書以西方的藥物學資料爲主，也增添了中國的部分藥物學資料。本書約抄寫於光緒十五（1889）或十六年（1890）。

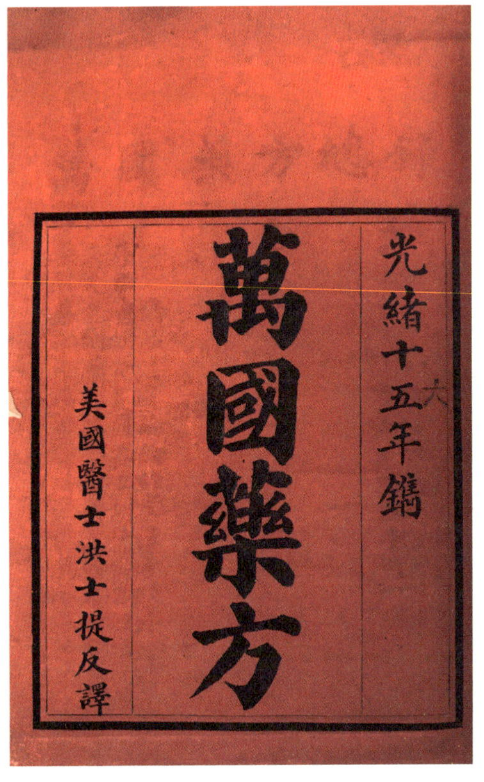
光緒十五年鐫
萬國藥方
美國醫士洪士提反譯

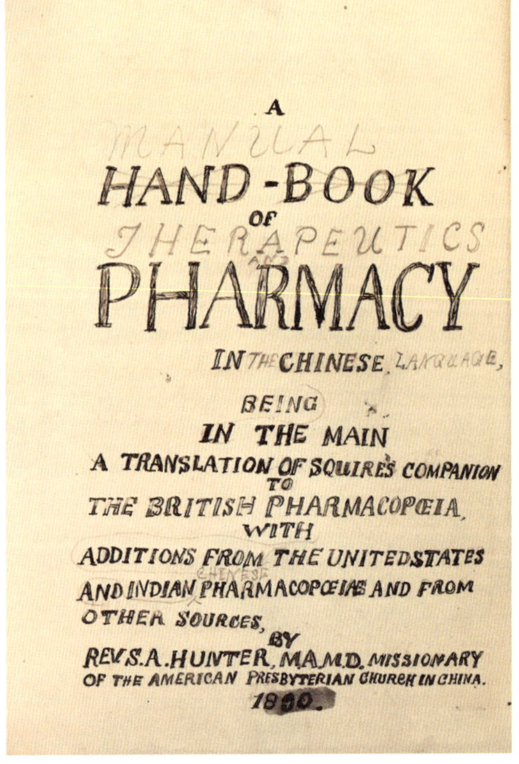
A
MANUAL
HAND-BOOK
OF
THERAPEUTICS
AND
PHARMACY
IN THE CHINESE LANGUAGE,
BEING
IN THE MAIN
A TRANSLATION OF SQUIRE'S COMPANION
TO
THE BRITISH PHARMACOPŒIA,
WITH
ADDITIONS FROM THE UNITED STATES
CHINESE
AND INDIAN PHARMACOPŒIAE AND FROM
OTHER SOURCES,
BY
REV. S.A. HUNTER, M.A. M.D. MISSIONARY
OF THE AMERICAN PRESBYTERIAN CHURCH IN CHINA.
1890.

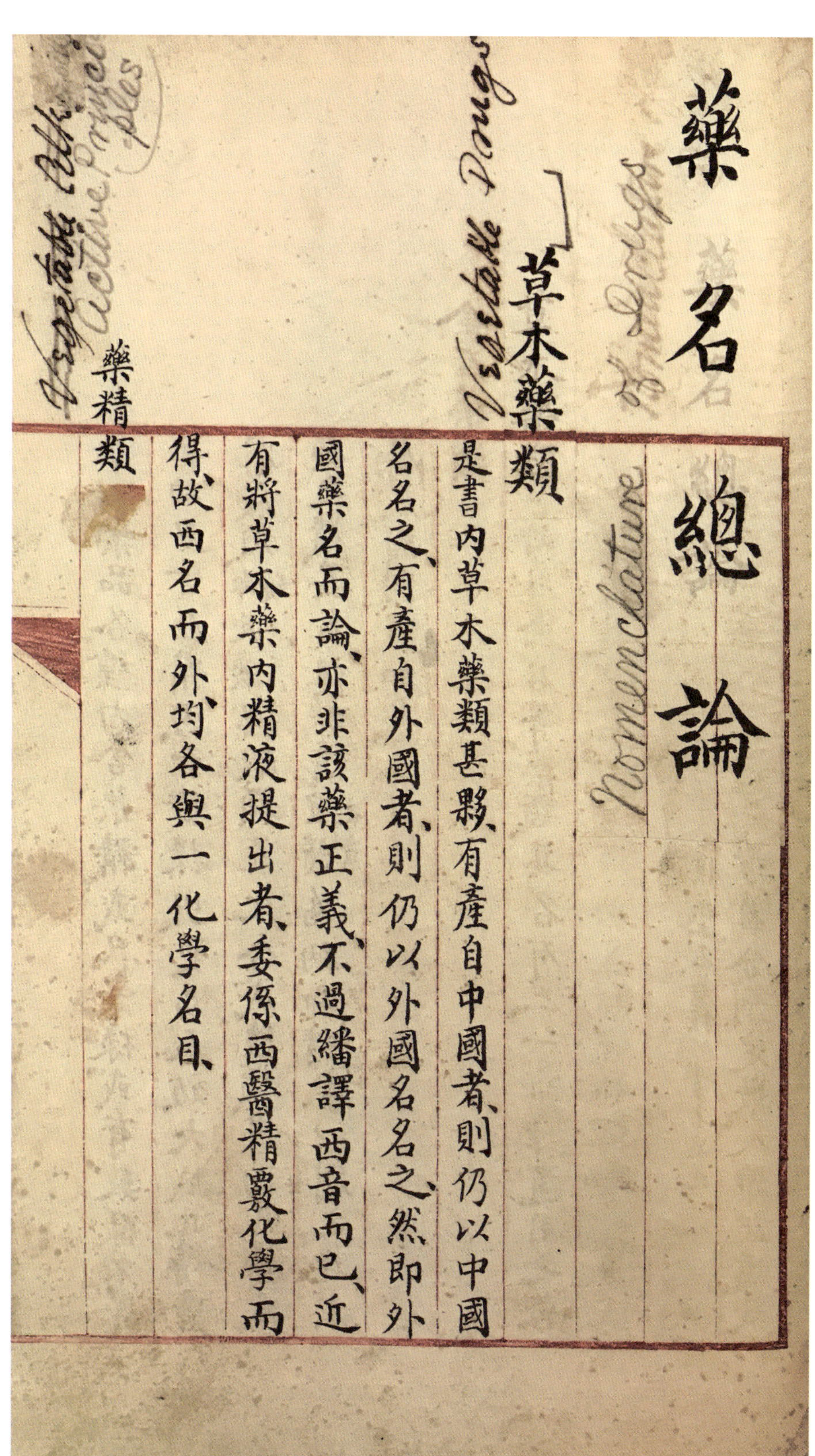

藥名總論

Nomenclature

是書内草木藥類甚夥，有產自中國者，則仍以中國名名之，有產自外國者，則仍以外國名名之，然即外國藥名而論，亦非該藥正義，不過繙譯西音而已。近有將草木藥内精液提出者，委係西醫精覈化學而得，故西名而外，均各與一化學名目。

草木藥類

Vegetable Drugs

藥精類

Vegetable Alkaloids

366.萬國藥方八卷　（美國）洪士提反（Stephen Alexander Hunter）譯

清光緒十六年（1890）鉛印本　四册一函

内封題“光緒十六年鐫，萬國藥方，美國醫士洪士提反譯”。卷端題“藥名總論”。書名據内封。

按：館藏存卷一至四。

藥名總論

Nomenclature of Drugs.

草木藥類 VEGETABLE DRUGS.

是書內草木藥類甚夥、有產自中國者、則仍以中國名名之、有產自外國者、則仍以外國名名之、然卽外國藥名而論、亦非該藥正義、不過繙譯西音而已、近有將草木藥內精液提出者、委係西醫細覈化學而得、故西名而外、均各與一化學名目、

藥精類 ACTIVE PRINCIPLES.

草木藥品各種內函藥精、或只一樣、或有數樣不等、其功力皆在精內、一經提出、更易奏効、大抵此精多屬底類、（即反酸類）與酸類能化合成鹽類、書內凡屬底類之精、其名俱加精（宜讀爲衲即精之意）字以別之、若不屬底類則不

(ALKALOIDS. "-NA")

367.萬國藥方八卷　　（美國）洪士提反（Stephen Alexander Hunter）譯

清光緒二十二年（1896）上海美華書館石印本　八册一函

内封題“光緒二十二年重鐫，萬國藥方，美國醫士洪士提反譯”。牌記題“翻刻必究，此書係本館託杜柄記石印書局代印，功程浩大，裝潢精巧，不准翻刻，如有翻刻等情，一經查出，必當嚴行查究，不謂言之不早也。美華書館主人特白”。卷端題“藥名總論”。書名據内封。

光緒二十二年重鐫
萬國葯方
美國醫士洪士提反譯

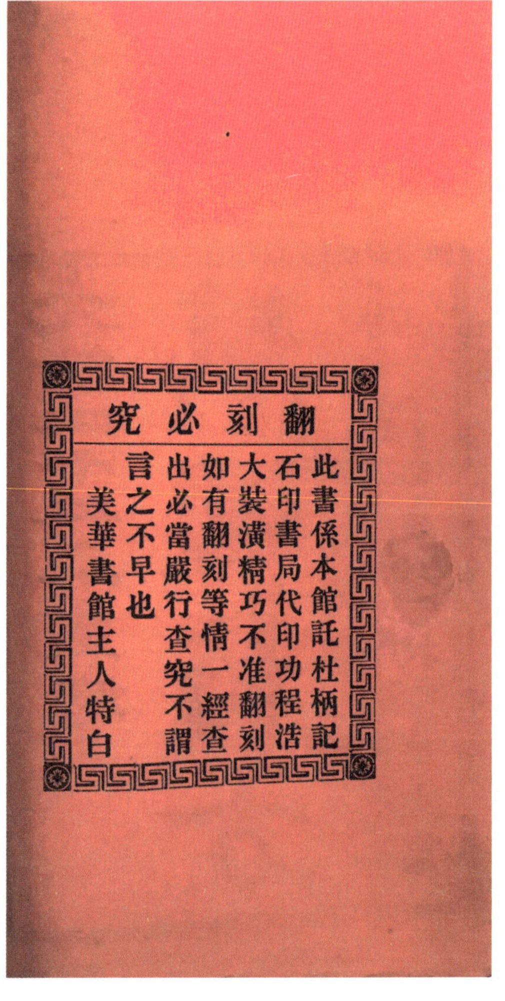
翻刻必究
此書係本館託杜柄記
石印書局代印功程浩
大裝潢精巧不准翻刻
如有翻刻等情一經查
出必當嚴行查究不謂
言之不早也
美華書館主人特白

藥名總論 Nomenclature of Drugs.

是書內草木藥類甚夥、有產自中國者、則仍以中國名名之、有產自外國者、則仍以外國名名之、然卽外國藥名而論、亦非該藥正義、不過繙譯西音而已、近有將草木藥內精液提出者、委係西醫細覈化學而得、故西名而外、均各與一化學名目、

草木藥類 VEGETABLE DRUGS.

藥精類 ACTIVE PRINCIPLES.

草木藥品各種內函藥精、或只一樣、或有數樣不等、其功力皆在精內、一經提出、更易奏効、大抵此精多屬底類、（即反酸類）與酸類能化合成鹽類、

(ALKALOIDS. "-NA")

書內凡屬底類之精、其名俱加⿰米⿱言内（宜讀爲衲即精之意）字以別之、若不屬底類則不

368.西藥大成藥品中西名目表一卷 （英國）來拉（John Forbes Royle）撰 （英國）傅蘭雅口譯 〔清〕趙元益筆述

清光緒十三年（1887）江南製造總局鉛印本 一册一函

按：本書英文名爲*Vocabulary of Names of Materia Medica. Occurring Chiefly in "Royle's Manual of Materia Medica and Therapeutics"*。

西藥大成藥品中西名目表

此表載英國醫士來拉著西藥大成一書內各種藥品名目、並化學料與植物動物名、其中臘丁與英文俱依字母排列、便於用此書者查考、令其用處更廣、

凡植物動物分類所有之臘丁名目、平常譯其音、倘有分種之名、則譯其意、而列於類名之前、如圓葉金雞哪、其金雞哪爲類名、圓葉爲種名是也、如其種名因原爲人名或地名或因他故無法譯其意、則仍譯其音、凡能察得中華已有常用之名目、亦並記之、

凡植物動物之英文名目、亦照前欵之意譯之、如確知中華名目者、則不譯其音、

凡藥料變成之名目、必存其原音之根、或原音根之要分、如金雞哪以亞、金雞哪以尼、金雞哪以西尼、金雞哪以弟亞等、俱存金雞哪爲音之根、又如雞哪以尼、雞哪以西尼、雞哪以弟亞、雞哪哇尼等、俱存雞哪爲音根之要分、凡生物鹼類酸類等、其各名之末字、常歸一例記之、如以克以尼以亞等是也、與西名同法、

凡死物質之名、俱依前印化學材料中西名目表所載之公法而定之、

另附人名地名二表、此不但有來拉所作西藥大成一書之人名地名、兼有醫學化學等書內常遇之人名地名、此各名不用一定之華字、代一定之西音、又如在已有之中國書內、得合用人名地名、則必從之、不敢另設新法記之、

初譯此書兼造名目、自起手迄今、已逾十二載、祇爲試作之意、故不免有弊、且其弊有試作者所預知、而比他人知之更詳者、然如改其一弊、又恐有他弊由此而生、所以改弊之全法、以俟後之君子、

光緒十三年夏四月江南製造總局排印

VOCABULARY OF NAMES OF MATERIA MEDICA,

OCCURRING CHIEFLY IN

"ROYLE'S MANUAL OF MATERIA MEDICA AND THERAPEUTICS."

Acetate, lead,	鉛養醋酸
„ morphia,	嗼啡啞醋酸
„ potash,	鉀養・酸
„ soda,	鈉養醋酸
„ zinc,	鋅養醋酸
Acetic acid,	醋酸
„ „ glacial,	冰形醋酸
„ aldehyde,	醋酸阿勒弟海特
„ ether,	醋酸以脫
Acetone,	阿西多尼
Acetosella,	阿西多薩拉
Acetum,	醋
„ Britannicum,	英國醋
„ cantharidis,	斑蝥醋
„ colchici,	哥勒枝嗦醋
„ destillatum,	蒸醋
„ ipecacuanhae,	吔嗶格醋
„ Gallicum,	法國醋
„ opii,	鴉片醋
„ scillae,	士哇盧醋
Achras mammosa,	乳頭形阿格拉司
„ sapota,	薩布他阿格拉司
Acidum aceticum,	醋酸
„ „ dilutum,	淡醋酸
„ „ glaciale,	冰形醋酸
„ arsenicum,	鉮養$_{五}$
„ arseniosum,	鉮養$_{三}$ 信石
„ benzoicum,	徧蘇以克酸 安息酸
„ boracicum,	硼養$_{三}$
„ carbolicum,	加波力克酸
„ carbonicum,	炭養$_{二}$
„ citricum,	檸檬酸
„ gallicum,	沒石子酸
„ hydrochloricum,	輕綠小 鹽强水
„ hydrochor: dil:	淡鹽强水
„ hydrocyanicum,	輕衰水
„ hydrocyan: dil:	淡性輕衰水
„ hydrosulphuric,	輕硫水
„ hyposulphurous	硫$_{二}$養$_{二}$水
„ nitricum,	硝强水

Abies,	阿比司族 杉族
„ balsamea,	波勒殺末阿比司
„ Canadensis,	加拿大阿比司
„ excelsa,	高品阿比司 高品杉
„ nigra,	黑色阿比司 黑杉
„ picea,	產柏油阿比司 白松
Abietinic,	阿比以弟尼克
Abietis resina,	杉香
Abrus precatorius,	伏地阿勃路司
Absinthin,	阿蒲星弟尼
Absinthium,	阿蒲星弟由末
Abuta rufescens,	略紅阿蒲他
Acacia,	阿揩西耶
„ Adamsonii,	阿但孫阿揩西耶
„ albida,	略白色阿揩西耶
„ Arabica,	阿喇伯阿揩西耶
„ catechu,	兒茶阿揩西耶
„ decurrens,	蔓形阿揩西耶
„ Ehrenbergii,	依倫白辯阿揩西耶
„ fistula,	管形阿揩西耶
„ giraffae,	其拉夫阿揩西耶
„ gum,	阿揩西耶樹膠
„ gummi,	阿揩西耶樹膠
„ gummifera,	成膠阿揩西耶
„ horrida,	粗惡阿揩西耶
„ Karroo,	楷羅阿揩西耶
„ mucilage,	阿揩西耶樹膠水
„ pycnantha,	厚鬚頭阿揩西耶
„ Senegal,	塞內加阿揩西耶
„ serissa,	色里薩阿揩西耶
„ Seyal,	西亞勒阿揩西耶
„ tortilis,	絞形阿揩西耶
„ vachelia furne-siana,	伐扣里亞伐尼西揜阿揩西耶
„ vera,	眞阿揩西耶
„ verec,	羞性阿揩西耶
Aceraceae,	阿西拉西依
Acetate, ammonia,	淡輕養醋酸
„ copper,	銅養醋酸
„ iron,	鐵養醋酸

遊　記

369.新大陸游記四十八卷附記華工禁約一卷美洲游學指南一卷圖畫目録一卷

梁啓超撰

清光緒三十年(1904)新民叢報鉛印本　一册一函

卷端題“新大陸游記，飲冰室主人述”。

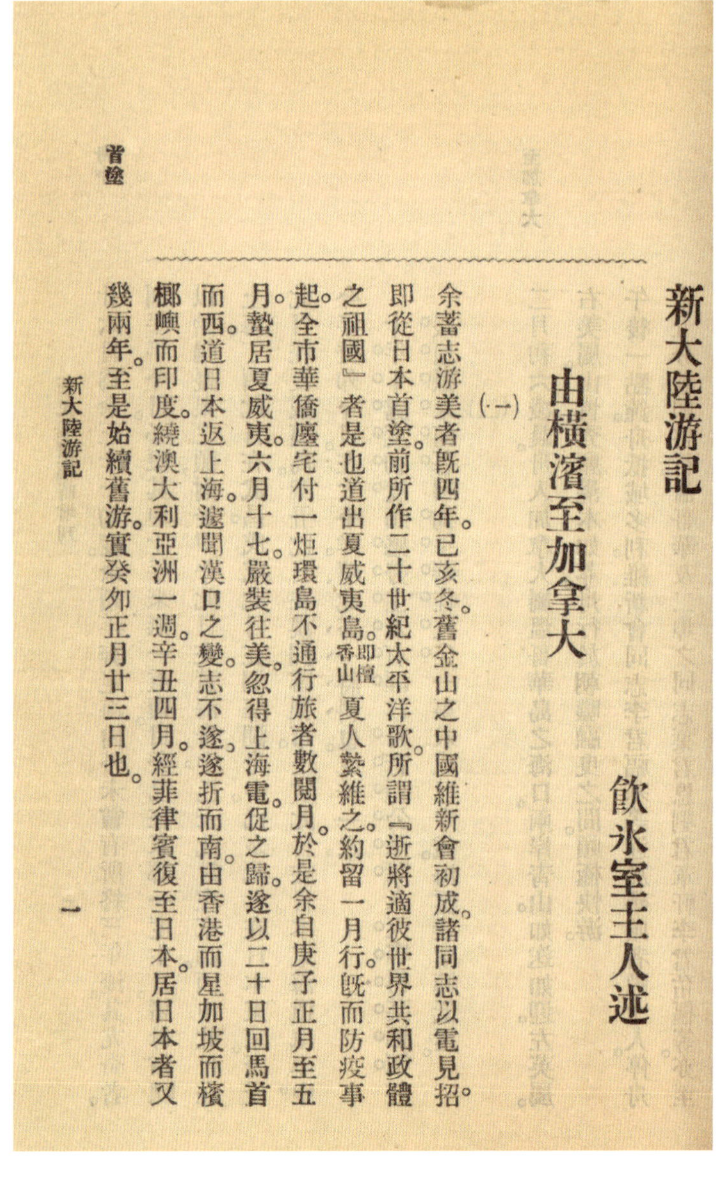

新大陸游記　飲冰室主人述

由橫濱至加拿大

(一)

首塗

余蓄志游美者既四年。已亥冬。舊金山之中國維新會初成。諸同志以電見招。即從日本首塗。前所作二十世紀太平洋歌。所謂『逝將適彼世界共和政體之祖國』者是也道出夏威夷島。即檀香山夏人縶維之約留一月行。既而防疫事起。全市華僑廬宅付一炬環島不通行旅者數閱月。於是余自庚子正月至五月。蟄居夏威夷。六月十七。嚴裝往美。忽得上海電促之歸。遂以二十日回馬首而西。道日本返上海。遽聞漢口之變。志不遂。遂折而南由香港而星加坡而檳榔嶼而印度。繞澳大利亞洲一週。辛丑四月。經菲律賓復至日本。居日本者又幾兩年。至是始續舊游。實癸夘正月廿三日也。

新大陸游記　一

附録

370.貞觀政要十卷　〔唐〕吴兢撰　〔元〕戈直集論　（日本）山本惟孝等校

日本文政六年（1823）南紀學習館刻本　十册一函

上下二欄，每半葉上欄雙行，行6字，下欄9行，行20字，小字雙行字同，白口，四周單邊，雙順黑魚尾，半框高23.2釐米，寬14.4釐米。版心上鎸書名，中鎸卷次、篇名及葉碼。

卷端題“貞觀政要”。

鈐印“二井田”“本目家藏”“學習館”。

按：卷末版權葉題“文政六年癸未正月發兑，筆耕大阪峰岸正吉，雕工京都井上次兵衛，發行書林江户日本槁通壹町目須原屋茂兵衛、大阪心齋槁南二町目敦賀屋九兵衛、紀州若山新通三町目綛田屋平右衛門、紀州若山新通二町目帶屋伊兵衛”。

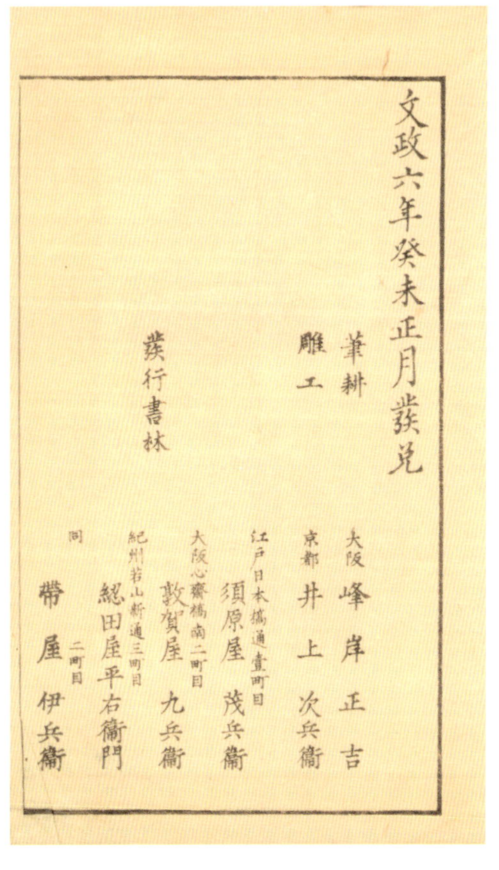

文政六年癸未正月發兑

筆耕　大阪　峰岸正吉

雕工　京都　井上次兵衛

發行書林　江戸日本橋通壹町目　須原屋茂兵衛

大阪心齋橋南二町目　敦賀屋九兵衛

紀州若山新通三町目　綛田屋平右衛門

同　二町目　帶屋伊兵衛

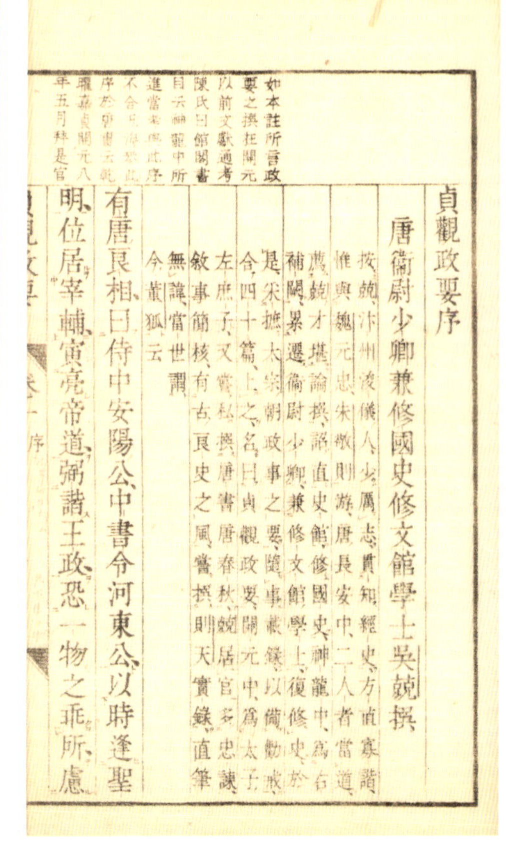

如本註所言政要之撰在開元以前文獻通考陳氏曰館閣書目云神龍中所進當考與此序不合

貞觀政要序

唐衛尉少卿兼修國史修文館學士吴兢撰

按兢汴州浚儀人少厲志貫知經史方直寡諧惟與魏元忠朱敬則游唐長安中二人者當道薦兢才堪論撰詔直史館修國史神龍中爲右補闕累遷衛尉少卿兼修文館學士復修史於是采摭太宗朝政事之要隨事載錄以備勸戒合四十篇上之名曰貞觀政要開元中爲太子左庶子又嘗私撰唐書唐春秋兢居官多忠諫敘事簡核有古良史之風嘗撰則天實錄直筆無諱當世謂今董狐云

有唐良相曰侍中安陽公中書令河東公以時逢聖明位居宰輔寅亮帝道弼諧王政恐一物之乖所慮

身正之身當作表魏鄭公諫錄作表凡傳記載貞觀之事與政要事同而文殊者固多必有足證謬誤備參考者而標出之其

貞觀政要卷第一

論君道一　論政體二

君道第一　凡五章

貞觀初太宗謂侍臣曰爲君之道必須先存百姓若損百姓以奉其身猶割股以啖腹（股一作脛　啖音淡食也）腹飽而身斃若安天下必須先正其身未有身正而影曲上理而下亂者也朕每思傷其身者不在外物皆由嗜欲以成其禍若耽嗜滋味玩悅聲色所欲既多所損亦大既妨政事又擾生人（擾亦作損）且復出一非理之

371.十四經發揮三卷 〔元〕滑壽撰 WZ250 H874shi 1618

日本元和四年（1618）洛陽二條梅壽刻本 一册一函

每半葉10行，行22字，小字雙行字同，黑口，四周雙邊，雙對黑魚尾，半框高22釐米，寬16.9釐米。版心中鎸“十四經”、卷次及葉碼。

卷端題“十四經發揮，許昌攖寧生滑壽伯仁著，吴郡會仁薛鎧良武校刊”。卷首依次有《新刊十四經絡發揮序》，署“嘉靖戊子冬閏十月望日前進士姑蘇西閶盛應陽斯顯書於金陵官寓”；《十四經發揮序》，署“翰林學士亞中大夫知制誥兼修國史金華宋濂謹序”；《十四經發揮序》，署“時至正甲辰中秋日四明吕復養生主書於票騎山之樵舍”；《自序》，署“至正初元閏月六日許昌滑壽自序”；十四經發揮凡例；目録；仰人尺寸之圖；伏人尺寸之圖。卷末題“元和四年歲舍戊午初春良日於洛陽二條梅壽刊行”。

鈐印“㫆魚庵藏書”。

按：印主爲日人佐藤峻吉（さとうしゅんきち），近代學者、蒐集家、鄉土史家。

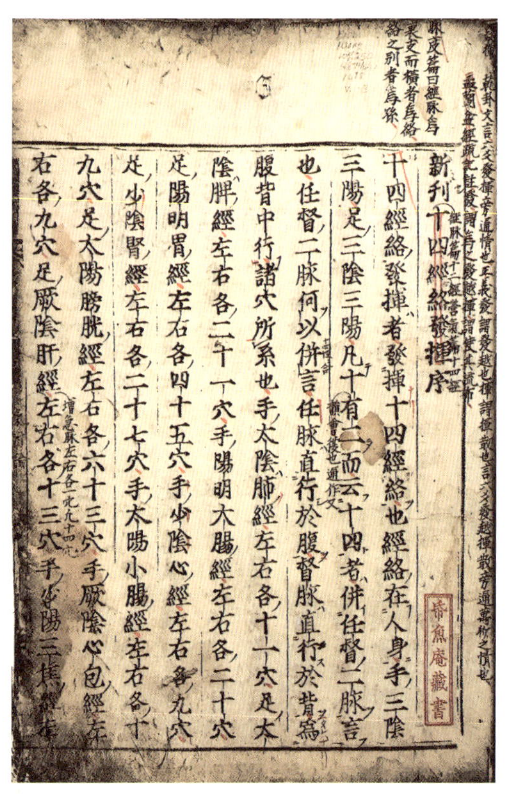

新刊十四經絡發揮序
十四經絡發揮者發揮十四經絡也經絡在人身手三陰
三陽足三陰三陽凡十有二而云十四者併任督二脉言
也任督二脉何以併言任脉直行於腹督脉直行於背爲
腹背中行諸穴所系也手太陰肺經左右各十一穴足太
陰脾經左右各二十一穴手陽明大腸經左右各二十穴
足陽明胃經左右各四十五穴手少陰心經左右各九穴
足少陰腎經左右各二十七穴手太陽小腸經左右各十
九穴足太陽膀胱經左右各六十三穴手厥陰心包經左
右各九穴足厥陰肝經左右各十三穴手少陽三焦經左

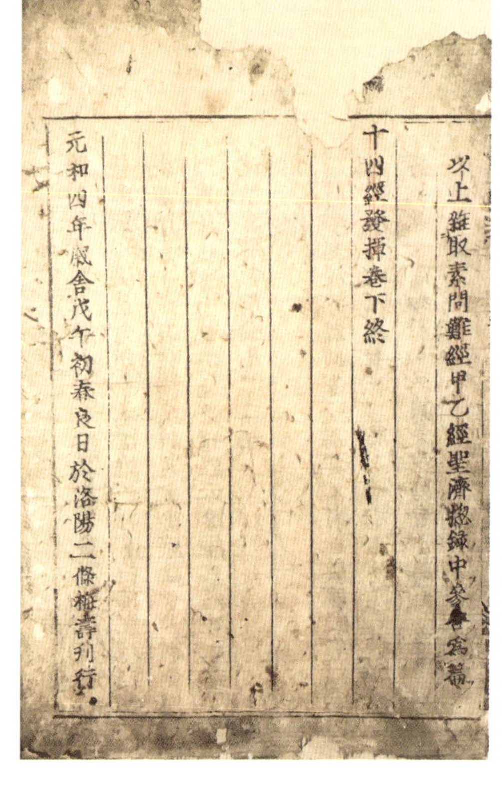

以上雖取素問難經甲乙經聖濟總録中参會寫耳
十四經發揮卷下終
元和四年歲舍戊午初春良日於洛陽二條梅壽刊行

經　脉度篇
脉　決氣篇
說文脉血理之分衺行
體中者徐曰五藏六
府之氣分流四肢也

十四經發揮卷上　許昌撄寧生滑壽伯仁著
吳郡會仲薛鎧良武校刊

手足陰陽流注篇

脉度篇　（脉度篇　二十三難）

凡人兩手足各有三陰脉三陽脉以合爲十二經也三陰謂太陰少陰厥陰三陽謂陽明太陽少陽也人兩手足各有三陰脉三陽脉相合爲十二經也手三陰謂太陰肺經少陰心經厥陰心包經手三陽謂陽明大腸經太陽小腸經少陽三焦經足三陰謂太陰脾經少陰腎經厥陰肝經足三陽謂陽明胃經太陽膀胱經少陽膽經謂之經者以血氣流行經常不息者而言營衛一難本義謂之脉者以血理分衺行體者而言也唐本故經者徑也脉者陌也一難注

372.新刊十四經絡發揮三卷　〔元〕滑壽撰　WZ250 H874s 1665a

日本寬文五年（1665）山本長兵衛尉刻本　一册一函

每半葉10行，行22字，小字雙行字同，白口，四周單邊，雙對黑魚尾，半框高20.5釐米，寬16.4釐米（全書高28釐米，寬19.5釐米）。版心中鎸“十四經”、卷次及葉碼。

卷端題“十四經發揮，許昌攖寧生滑壽伯仁著，吴郡會仁薛鎧良武校刊”。卷首依次有《新刊十四經絡發揮序》，署“嘉靖戊子冬閏十月望日前進士姑蘇西閶盛應陽斯顯書於金陵官寓”；《十四經發揮序》，署“翰林學士亞中大夫知制誥兼修國史金華宋濂謹序”；《十四經發揮序》，署“時至正甲辰中秋日四明吕復養生主書於票騎山之樵舍”；《自序》，署“至正初元閏月六日許昌滑壽自序”；十四經發揮凡例；目録；仰人尺寸之圖；伏人尺寸之圖。卷末題“寬文五乙巳正月吉祥山本長兵衛尉新刊”。

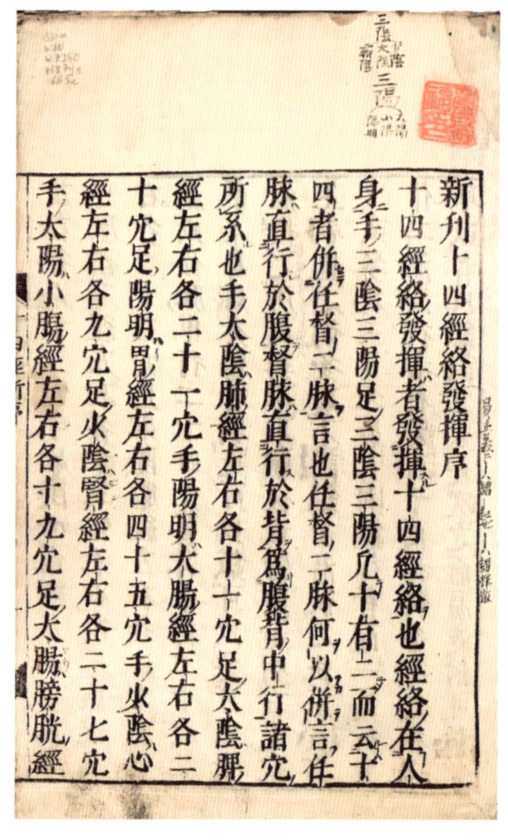
新刊十四經絡發揮序
十四經絡發揮者發揮十四經絡也經絡在人身手三陰三陽足三陰三陽凡十有二而云十四者併任督二脉言也任督二脉何以併言任脉直行於腹督脉直行於背爲腹背中行諸穴所系也手太陰肺經左右各十一穴足太陰脾經左右各二十一穴手陽明大腸經左右各二十穴足陽明胃經左右各四十五穴手少陰心經左右各九穴足少陰腎經左右各二十七穴手太陽小腸經左右各十九穴足太陽膀胱經

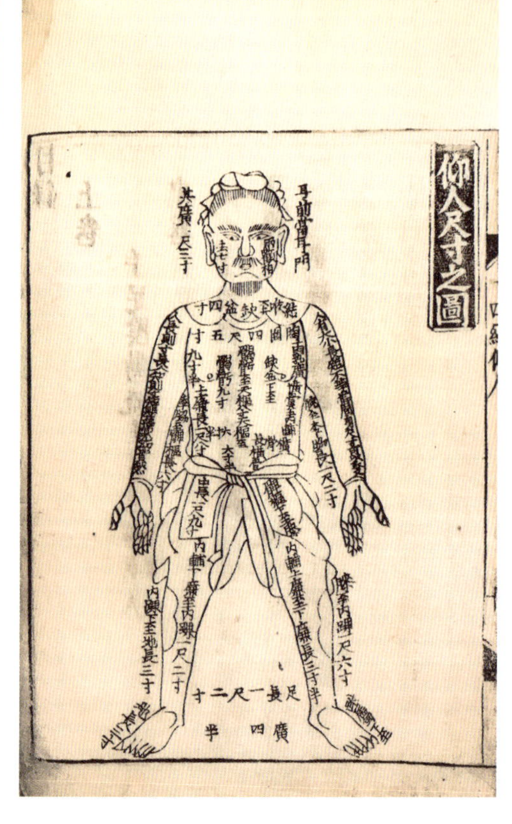

十四經發揮卷上

許昌滑壽伯仁著
吳郡薛鎧良武校刊

手足陰陽流注篇

凡人兩手足各有三陰脉三陽脉以合爲十二經也三陰謂太陰少陰厥陰三陽謂陽明太陽少陽也人兩手足各有三陰脉三陽脉相合爲十二經也手之三陰謂太陰肺經少陰心經厥陰心包經手之三陽謂陽明太腸經太陽小腸經少陽三焦經足之三陰謂太陰脾經少陰腎經厥陰肝經足之三陽謂陽明胃經太陽膀胱經少陽膽經謂之經者以血氣流行經常不息者而言謂之脉者以血理分衺行體者而言也

衺ハ斜ワカレ去也 說文ニ音斜 難經ニ邪音ヲ可用理アリ

十四經　上

373.十四經發揮　〔元〕滑壽撰　

日本寶永六年（1709）芳野屋權兵衛刻本　一册一函

每半葉10行，行21字，小字雙行字同，白口，四周單邊，單黑魚尾，半框高19.4釐米，寬15.3釐米。版心上鎸“重校”，中鎸書名及卷次，下鎸葉碼。

卷端題“十四經發揮，許昌攖寧生滑壽伯仁著，吴郡會仁薛鎧良武校刊”。卷首依次有《新刊十四經絡發揮序》，署“嘉靖戊子冬閏十月望日前進士姑蘇西閶盛應陽斯顯書於金陵官寓”；《十四經發揮序》，署“翰林學士亞中大夫知制誥兼修國史金華宋濂謹序”；《十四經發揮序》，署“時至正甲辰中秋日四明吕復養生主書於票騎山之樵舍”；《自序》，署“至正初元閏月六日許昌滑壽自序”；十四經發揮凡例；仰人尺寸之圖；伏人尺寸之圖。卷末題“宝永六載九月吉日，柳馬場通二條下町，芳野屋權兵衛”。

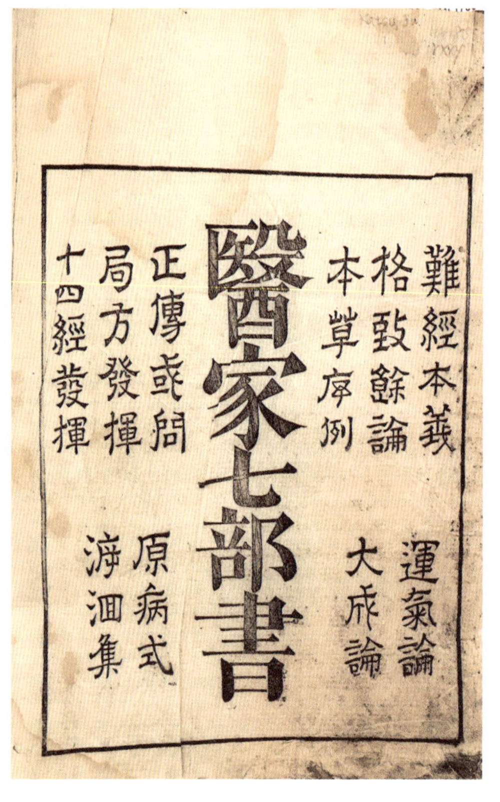
難經本義　運氣論
格致餘論　大成論
本草序例
醫家七部書
正傳或問　原病式
局方發揮　溯洄集
十四經發揮

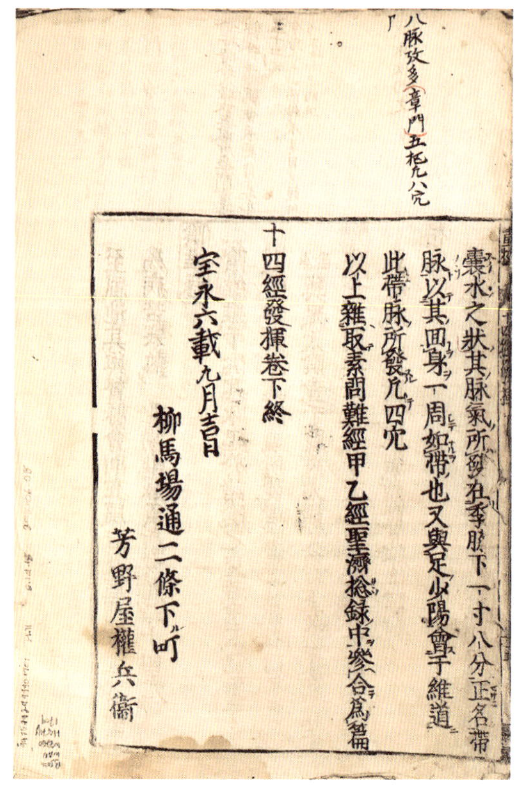
囊水之狀其脉氣所發在季脇下一寸八分正名帶脉以其回身一周如帶也又與足少陽會于維道此帶脉所發凡四穴
以上雜取素問難經甲乙經聖濟總録中參合爲篇
十四經發揮卷下終
宝永六載九月吉日
柳馬場通二條下町
芳野屋權兵衛

正文出銅人經

十四經發揮卷上　許昌攖寧生滑壽伯仁著
　　　　　　　　吳郡會仁薛禮良武校刊

手足陰陽流注篇

凡人兩手足各有三陰脉三陽脉以合爲十二經也

三陰謂太陰少陰厥陰三陽謂陽明太陽少陽也人兩手足各有三陰脉三陽脉相合爲十二經也手三陰謂太陰肺經少陰心經厥陰心包經手三陽謂陽明大腸經太陽小腸經少陽三焦經足三陰謂太陰脾經少陰腎經厥陰肝經足三陽謂陽明胃經太陽膀胱經少陽膽經謂之經者以血氣流行經常不息者而言謂之脉者以血理分袤行體者而言也

374.新刊十四經絡發揮序鈔十卷　（日本）釋玄幽撰　（日本）谷村玄仙輯

WZ250 H874sh 1659

日本萬治四年（1661）京都吉野屋權兵衛刻本　五册一函

每半葉7行，行18字，小字雙行字同，白口，四周單邊，三黑魚尾，半框高20.1釐米，寬15.1釐米。版心上鎸“十四經鈔”，中鎸卷次，下鎸葉碼。

卷端題“新刊十四經絡發揮序鈔，高野山就安齋玄幽，門人谷村昌安齋玄仙纂輯”。卷首依次有《十四經發揮鈔序》，末署“萬治己亥六月上澣，洛澨西村子嘿序”；《十四經發揮序》。卷末題“萬治四年初夏吉旦，柳馬場通二条下町，吉野屋權兵衛板行”。

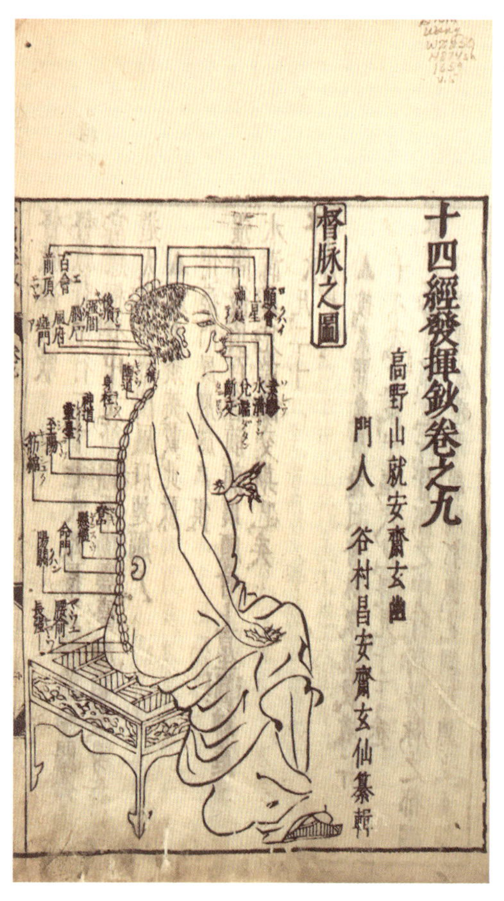
十四經發揮鈔卷之九
高野山就安齋玄幽
門人　谷村昌安齋玄仙纂輯
督脉之圖

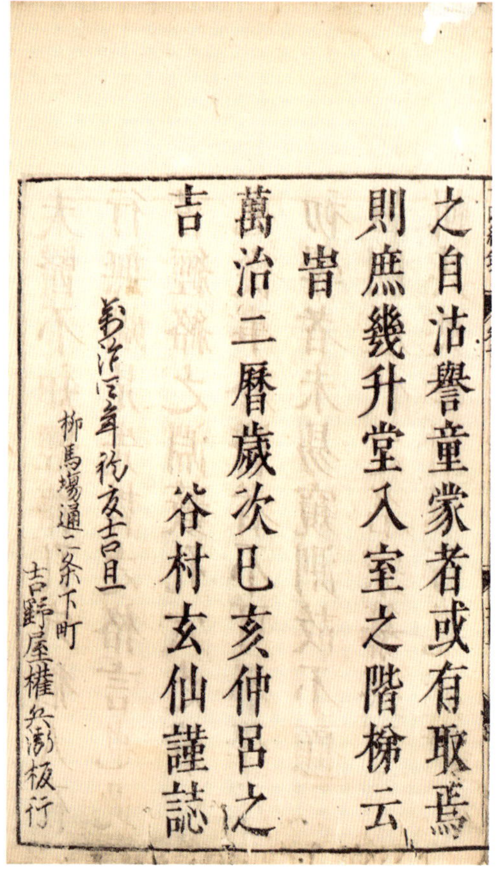
之自沽譽童蒙者或有取焉
則庶幾升堂入室之階梯云
旹
萬治二曆歲次巳亥仲呂之
吉　谷村玄仙謹誌
萬治四年初夏吉旦
柳馬場通二条下町
吉野屋權兵衛板行

新刊十四經絡發揮序鈔卷之一

高野山就安齋玄仙纂輯
門人谷村昌安齋玄幽

▲此書許昌滑壽伯仁父所著雜取靈樞經及素問難經甲乙經金蘭循經聖濟總錄等以爲編集古昔專用金蘭循經自伯仁註十四經絡發揮而人始嫌其簡略惟用此書已

新刊

▲大學朱子註曰新者革其舊之謂也▲玉篇曰刊口干切削也定也除也▲新刊二字非滑氏記之舊本有衍文錯簡且字性不明故後人革其舊板繁者削之略者定之誤者

375.新刊黄帝明堂灸經三卷　〔元〕竇桂芳編　

日本翻刻元至大四年(1311)燕山活濟堂刻本　一册一函

每半葉11行，行20字，黑口，四周雙邊，雙對黑魚尾或雙花魚尾，半框高21釐米，寬17.5釐米。版心中鎸"灸經"及葉碼。

卷端題"新刊黄帝明堂灸經"。卷首有《新刊黄帝明堂灸經序》，末署"至大辛亥春月燕山活濟堂刊"。卷末鎸"燕山活濟堂刊，建安竇桂芳校正時刊"。

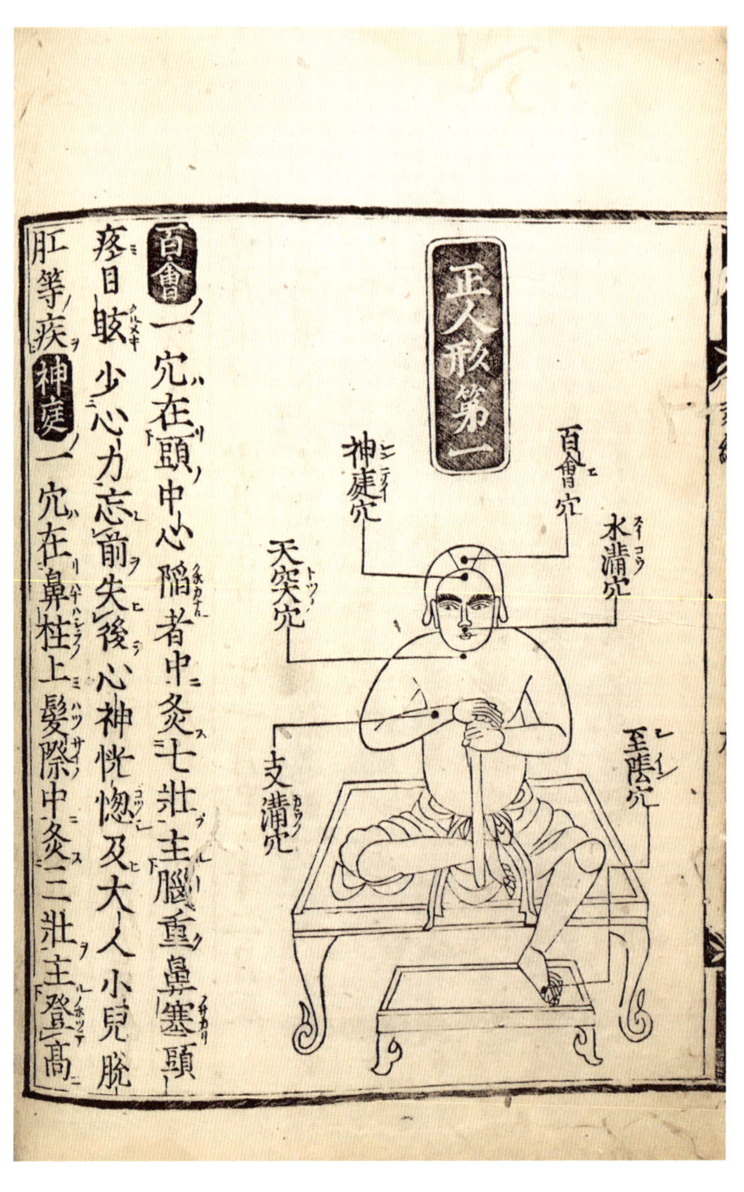

百會一穴在頭中心陷者中灸七壯主腦重鼻塞頭疼目眩少心力忘前失後心神恍惚及大人小兒脫肛等疾神庭一穴在鼻柱上髮際中灸三壯主登高

新刊黄帝明堂灸經卷上

定尺寸法

岐伯明堂經云以八寸爲一尺以八分爲一寸緣人有長短肥瘦不同取穴不準秦時扁鵲明堂經云取男左女右手中指第一節爲一寸爲緣人有身長手短有身短手長取穴不準唐時孫思邈明堂經云取患人男左女右手大拇指節横文爲一寸以意消詳巧拙在人亦有差互今取男左女右手中指第二節内度兩横文相去爲一寸自依此寸法與人著灸療病已來其病多得獲愈此法有準今以爲定

點灸法

376.十藥神書不分卷　〔元〕葛乾孫撰　〔清〕胡雲翱重傳　WZ250 G295s 1690

日本元禄三年（1690）富倉太兵衛刻本　一册一函

每半葉9行，行20字，小字雙行，字數不等，白口，四周單邊，單黑魚尾，半框高19.7釐米，寬13.7釐米。版心中鎸書名，下鎸葉碼。

卷端題"十藥神書，古豳胡雲翱家傳"。卷末題"元禄三庚午六月養志堂人誌，一條通鏡石町富倉太兵衛刊行"。

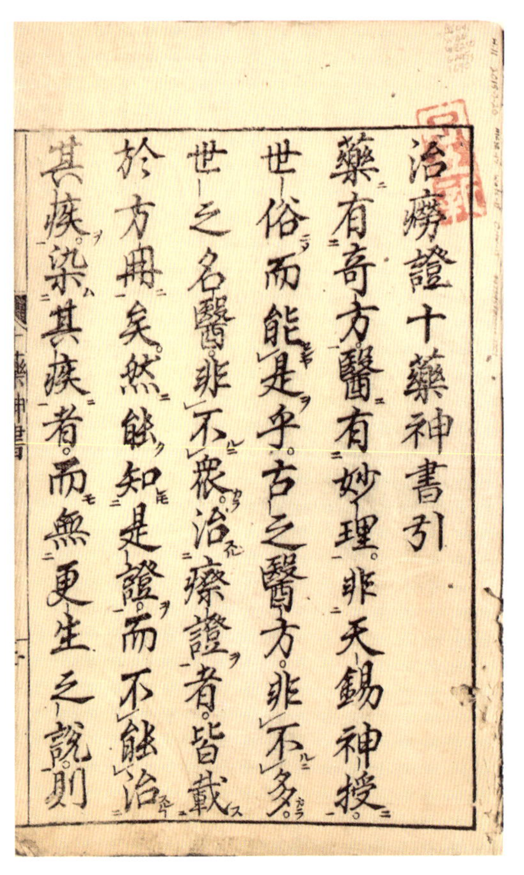
治癆證十藥神書引
藥有奇方醫有妙理非天錫神授
世俗而能是乎古之醫方非不多
世之名醫非不衆治療證者皆載
於方冊矣然能知是證而不能治
其疾染其疾者而無更生之說則

十藥神書

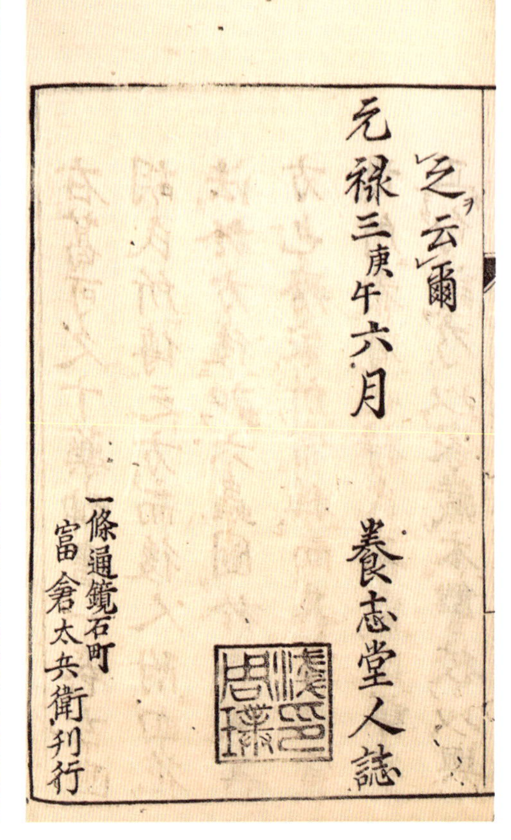
之云爾
元祿三庚午六月　養志堂人誌
一條通鏡石町
富倉太兵衛刊行

十藥神書

古幽胡雲翺家傳

夫人之生皆稟天地氤氳之氣而爲人在乎保養真元固守根本則一病不生四體俱健若曰不養真元不守根本病皆生焉真元根本即氣血精液也予聞先師之教萬病莫若勞証最難治之勞証之由蓋因人壯年氣血完聚精液充滿之際不務養守惟務酒色豈分飢飽日夜耽嗜無有休息以致耗散真元虚敗精液則嘔血吐痰心熾肺痿骨蒸體熱腎虚精竭

377.婦嬰新説二卷　（英國）合信氏、〔清〕管茂材撰　

日本安政六年（1859）翻刻本　二册一函

每半葉10行，行24字，小字雙行字同，白口，四周雙邊，單黑魚尾，半框高18.8釐米，寬13.5釐米。版心上鐫書名，中鐫卷次，下鐫葉碼。

内封題“安政己未翻刻，英醫合信氏著，婦嬰新説，平安天香堂藏版”。卷端題“婦嬰新説，英國醫士合信氏著，江甯管茂材同撰”。

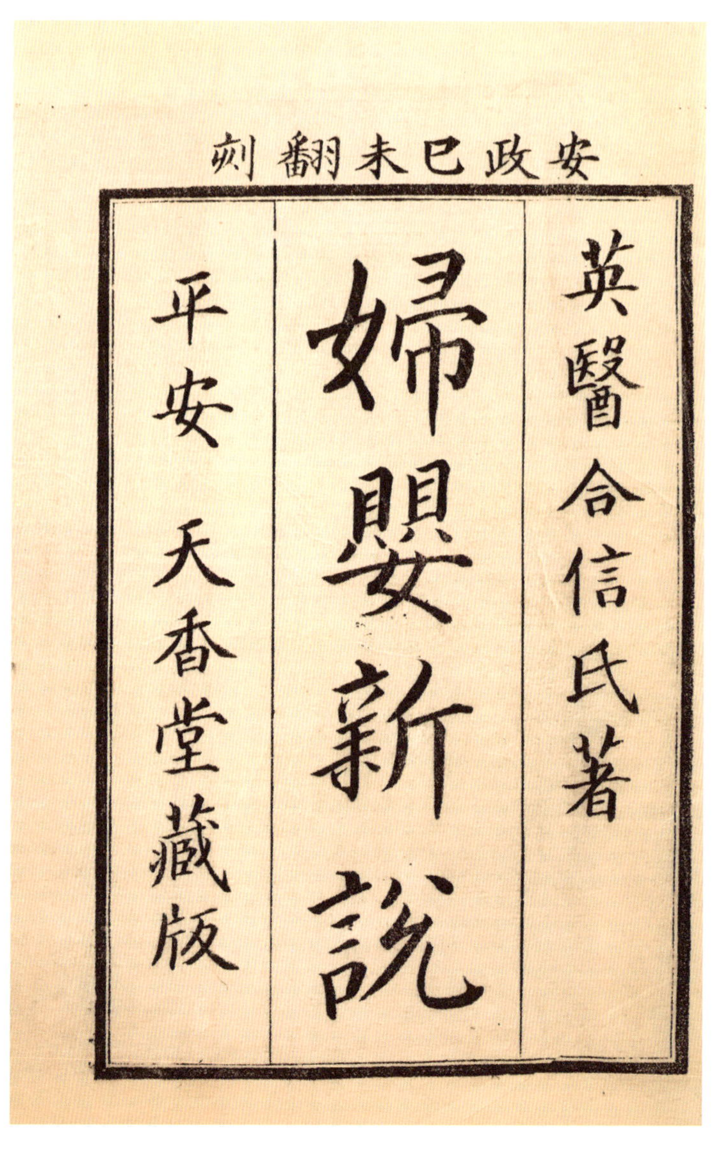

婦嬰新説卷上

英國醫士合信氏著　江甯管茂材同撰

總論子宫精珠

人之百體，各有所用，無一虚設，而功尤大者則有三，取百物之精華，消化輸運，以養一身者，臟腑之功也；知覺運動，外而燭照事物，内而主宰官骸者，腦之功也；生育子女，綿延繁衍者，男子則外腎，婦人則子宫之功也。子宫居尻骨盤内，膀胱之後，直腸之前，有底有頸有口，上大下小，底在上，口在下，底闊一寸三分，長二寸，厚七分，與口相對接者曰陰道，陰道之口曰戸，亦曰門，陰道長約三寸半，闊八分，其體曲而不直，子宫中空處曰房，房

378.引痘新法全書 〔清〕邱熺輯 （日本）小山肆成校 WCH C737 1847

日本弘化四年（1847）岡田屋嘉七等刊東風館藏本 二册一函

每半葉8行，行17字，白口，四周雙邊，單黑魚尾，無界欄，半框高18釐米，寬11.2釐米。版心上鎸“引痘略”，中鎸葉碼，下鎸“東風館”。

内封題“弘化丁未翻刻，蓬洲小山先生校鎸，引痘新法全書，東風館藏”。卷端題“引痘略，清南海邱熺浩川手輯，日本南紀蓬洲小山肆成校”。卷末題“弘化四年丁未二月，京都書肆，播磨屋和一郎、出雲寺文次郎；大坂書肆，敦賀屋九兵衛、河内屋喜兵衛；江户書肆，出雲寺萬次郎、須原屋茂兵衛、須原屋伊八、山城屋佐兵衛、岡田屋嘉七”。書名據内封。

鈐印“國立國會圖書館”“労働科学（研）除籍図書印”。

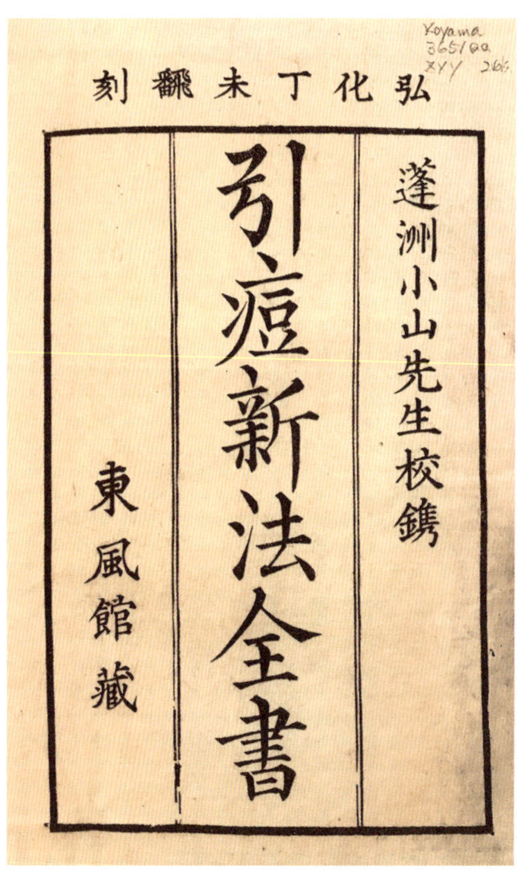

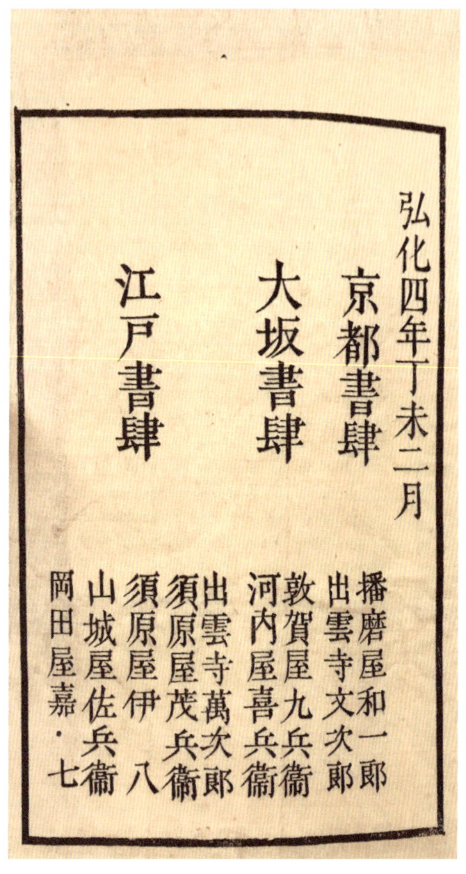

引痘略

清　南海邱熺浩川手輯

日本　南紀蓬洲小山肆成校

引痘說

痘何以曰牛也。痘之種自牛來也。外洋向無此疾。後由他處傳染。患亦滋多。惟畜牛取乳之家獨不沾染。醫人欲窮其故。見牛乳傍有青藍小疱。形與痘類。因悟牛之患痘必輕。以

379.銀海精微二卷 〔唐〕孫思邈撰 WZ250 S9545y 1668

日本伊丹屋善兵衛刻本 二册一函

每半葉10行，行21字，白口，四周單邊，單黑魚尾，半框高22釐米，寬12釐米。版心上鐫書名，中鐫卷次，下鐫葉碼。

内封題“内府秘傳眼科銀海精微”。卷端題“銀海精微”。卷首依次有《刻銀海精微引》，署“北海齊一經書”；《銀海精微序》。卷末題“發行書肆，江户日本橋通壹丁目須原屋茂兵衛，同淺艸茅町二丁目須原屋伊八，同日本橋二丁目山城屋佐兵衛，同本石町十軒店英大助，同芝神明前岡田屋嘉七，大阪心齋橋通南久宝寺町伊丹屋善兵衛版”。

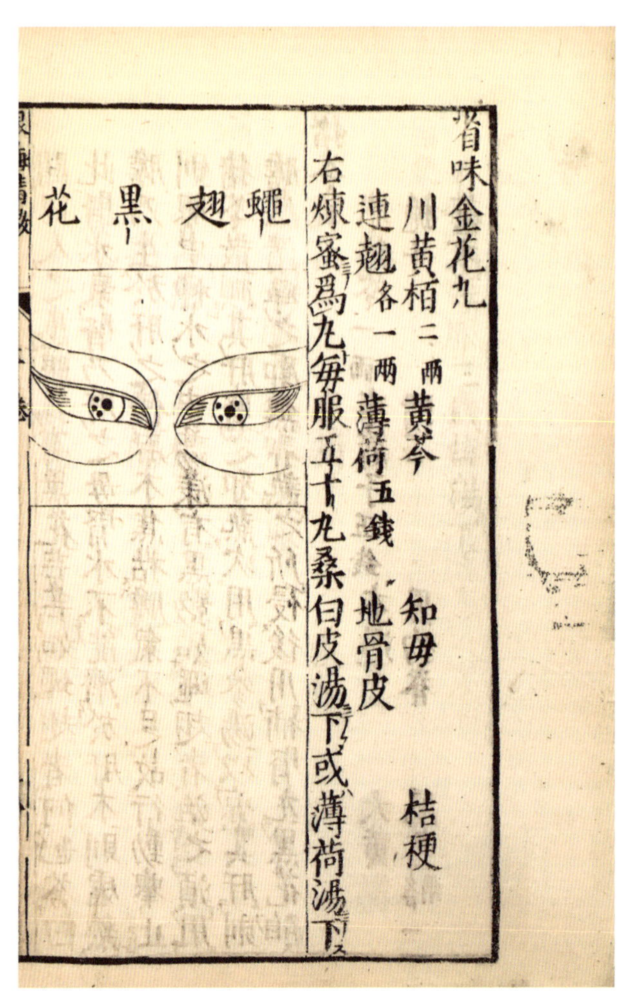
省味金花丸
川黄栢二兩　黄芩　知母　桔梗
連翹各一兩　薄荷五錢　地骨皮
右煉蜜爲丸每服五十丸桑白皮湯下或薄荷湯下

蠅翅黑花

銀海精微卷之上

五輪八郭總論

人有兩眼猶如天地之有兩曜視萬物察纖毫何所不至日月有一時之晦者風雲雷雨之所致也眼之失明者四氣七情之所害也大抵目爲五臟之精華一身之要係故五臟分五輪八卦名八廓五輪肝屬木曰風輪在眼爲烏睛心屬火曰血輪在眼爲二眥脾屬土曰肉輪在眼爲上下胞瞼肺屬金曰氣輪在眼爲白仁腎屬水曰水輪在眼爲瞳人至若八廓無位有名大腸之腑爲天廓脾胃之腑爲地廓命門之腑爲火廓腎之腑爲

380.圖繪宗彝七卷　〔明〕楊爾曾撰　

日本享保二十年（1735）江都書肆嵩山房須原屋新兵衛翻刻武林楊衙夷白堂刻本　五册一函

每半葉10行，行24字，小字雙行字同，白口，四周單邊，單黑魚尾，半框高22.2釐米，寬15釐米。版心上鎸書名，中鎸卷次，下鎸葉碼及“夷白堂”。

内封題“合併諸名公畫譜筆法口訣俱全，圖繪宗彝，武林楊衙夷白堂精刻不許番刊”。卷端題“圖繪宗彝，武林楊爾曾字聖魯輯”。卷末題“享保乙卯復月，江都書肆嵩山房，須原屋新兵衛”。

鈐印“八村末松”。

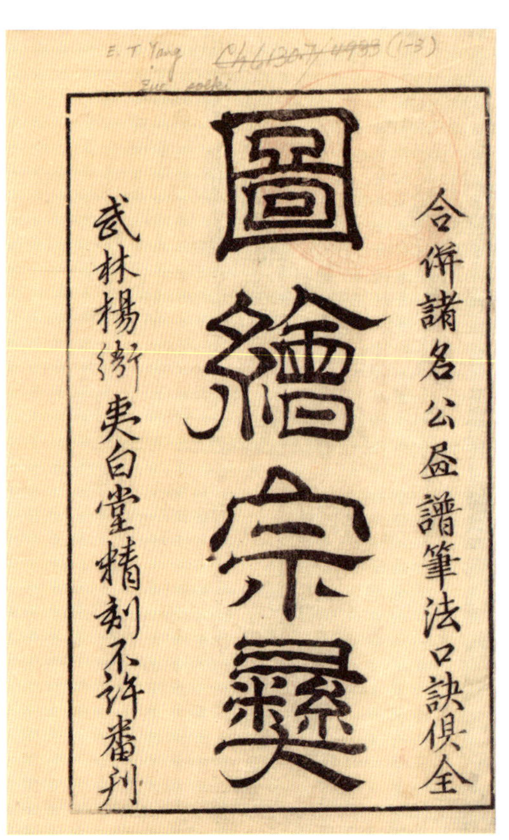
合併諸名公畫譜筆法口訣俱全
圖繪宗彝
武林楊衙夷白堂精刻不許番刊

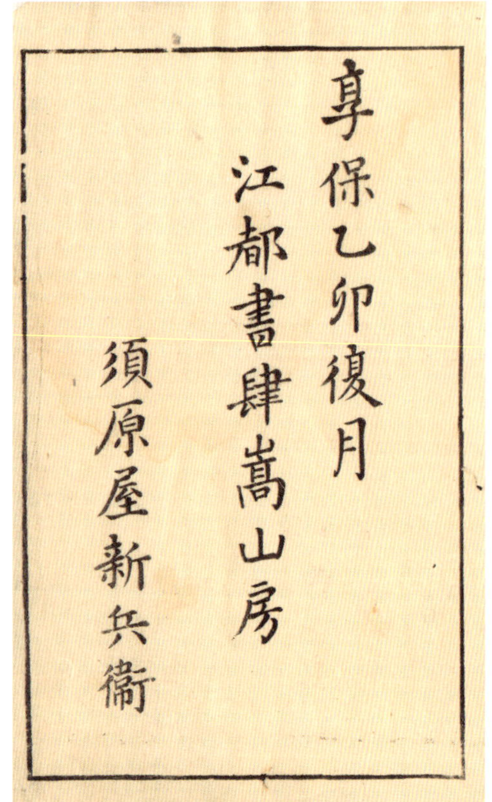
享保乙卯復月
江都書肆嵩山房
須原屋新兵衛

圖繪宗彝卷一

畫人物論

武林　楊爾曾字聖魯　輯

昔者創物能者述焉、君子之於學、百工之於藝、自三代、歷漢至唐、廣大悉備、故詩至李杜、文至韓柳、書至鍾王、畫至吳曹、而古今之意趣、天下之能事盡矣、吳之人物似燈取影、逆來順往、意見疊出、横斜平直、各相乘除、得自然之數、不差毫末、出新意於法度之中、寄妙理於豪放之外、所謂遊刃餘地、運斤成風、蓋古今一人而已、是謂吳曹二體、學者取宗、按唐張彥遠歷代名畫記云、稱北齊曹仲達者、本曹國人、最工畫梵像、是爲曹、唐吳道

381.神相全編三卷　〔宋〕陳摶撰　〔明〕袁忠徹訂　

日本慶安四年（1651）京都書林刻本　三册一函

每半葉9行，行20字，小字雙行字同，白口，四周雙邊，單黑魚尾，半框高20.7釐米，寬14釐米。版心上鐫書名，中鐫卷次，下鐫葉碼。

卷端題“神相全編，宋希夷陳摶秘傳，明柳庄袁忠徹訂正”。卷末題“東都書林須原屋茂兵衛，京師書林勝村治右衛門”。

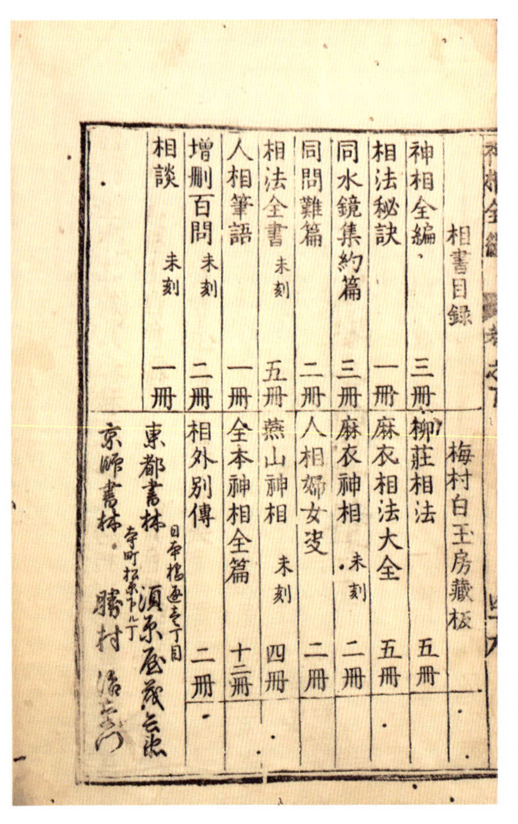

相書目録　梅村白玉房藏板

神相全編	三冊	柳莊相法	五冊
相法秘訣	一冊	麻衣相法大全	五冊
同水鏡集約篇	三冊	麻衣神相 未刻	二冊
同問難篇	二冊	人相婦女变	二冊
相法全書 未刻	五冊	燕山神相 未刻	四冊
人相筆語	一冊	全本神相全篇	十二冊
增删百問 未刻	二冊	相外別傳	二冊
相談 未刻	一冊		

東都書林　日本橋通壹丁目　須原屋茂兵衛

京師書林　寺町松原下ル丁　勝村治右衛門

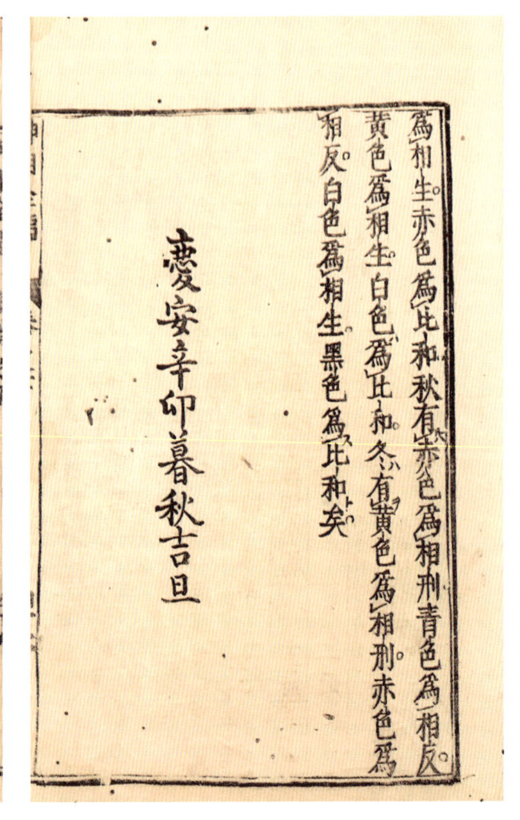

爲相生。赤色爲比和。秋有赤色爲相刑。青色爲相反。黄色爲相生。白色爲比和。冬有黄色爲相刑。赤色爲相反。白色爲相生。黒色爲比和矣。

慶安辛卯暮秋吉旦

神相全編首卷

宋 希夷陳 摶 秘傳

明 栁庄袁忠徹 訂正

相說

大凡觀人之相貌先觀骨格次看五行量三停之長短察面部之盈虧觀眉目之清秀看神氣之榮枯取手足之厚薄觀鬚髮之踈濁量身材之長短取五官之有成看六府之有就取五岳之歸朝看倉庫之豐滿觀陰陽之盛衰看威儀之有無辨形容之敦厚觀

382.分類補注李太白詩二十五卷年譜一卷墓誌一卷 〔唐〕李白撰 〔宋〕楊齊賢集注 〔元〕蕭士贇補注 〔明〕許自昌校 （年譜）〔宋〕薛仲邕撰

日本延寶七年（1679）刻本 十二册二函

每半葉9行，行20字，小字雙行字同，白口，四周單邊，單黑魚尾，半框高21.6釐米，寬14.6釐米。版心上鎸“李詩補注”，中鎸卷次，下鎸葉碼。

卷端題“分類補注李太白詩，春陵楊齊賢子見集注，章貢蕭士贇粹可補注，明長洲許自昌玄祐甫校”。

鈐印“松堂”“松莊館森川氏藏書記”。

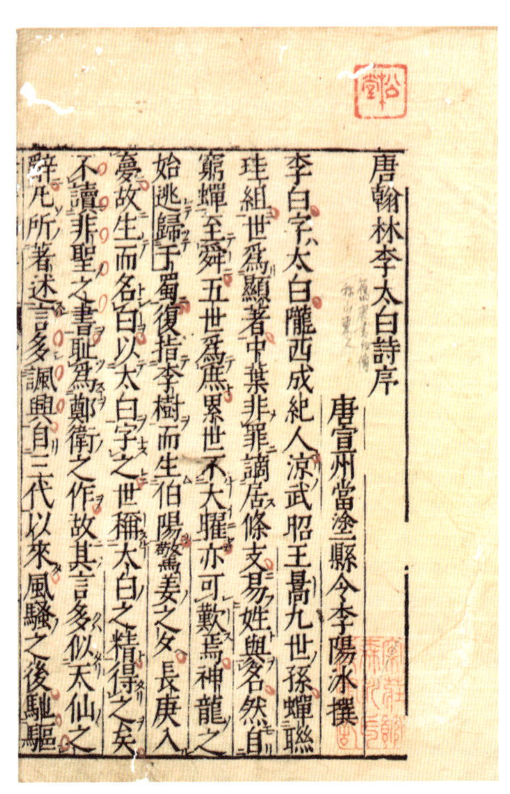
唐翰林李太白詩序
唐宣州當塗縣令李陽冰撰
李白字太白隴西成紀人涼武昭王暠九世孫蟬聯
珪組世為顯著中葉非罪謫居條支易姓與名然自
窮蟬至舜五世為庶累世不大曜亦可歎焉神龍之
始逃歸于蜀復指李樹而生伯陽驚姜之夕長庚入
夢故生而名白以太白字之世稱太白之精得之矣
不讀非聖之書恥為鄭衛之作故其言多似天仙之
辭凡所著述言多諷興自三代以來風騷之後馳驅

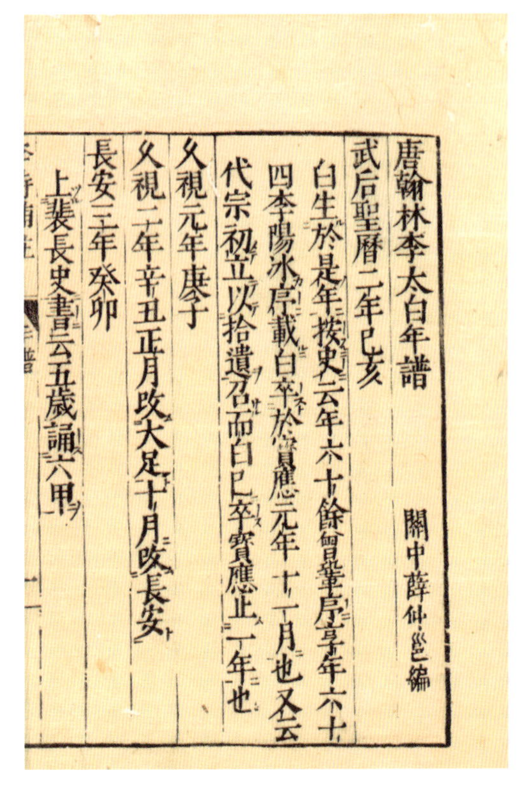
唐翰林李太白年譜
關中薛仲邕編
武后聖曆二年己亥
白生於是年按史云年六十餘曾鞏序亦年六十
四李陽冰序載白卒於寶應元年十一月也又云
代宗初立以拾遺召而白已卒寶應止一年也
久視元年庚子
久視二年辛丑正月改大足十月改長安
長安三年癸卯
上裴長史書云五歲誦六甲

分類補註李太白詩卷之一

春陵楊齊賢子見集註
章貢蕭士贇粹可補註
明長洲許自昌玄祐甫校

古賦八首

大鵬賦 并序

余昔於江陵見天台司馬子微【士贇曰】唐書司馬承禎字子微洛州人事潘師正傳辟穀導引術無不通徧遊名山廬天台不出睿宗召至問道開元中再被召卒年八十九沈玢續仙傳云以為尸解弟子葬其衣冠雲笈七籤天台赤城山高一萬八千丈周圍五百里名上清玉平之

李詩補註　卷一

383.李卓吾批點世説新語補二十卷 〔南朝宋〕劉義慶撰 〔南朝梁〕劉孝標注 〔宋〕劉辰翁批 〔明〕何良俊增 〔明〕王世貞删定 〔明〕王世懋批釋 〔明〕李贄批點 〔明〕張文柱校注 Quarto PL2666.L55 Z7 1779

日本安永八年（1779）京東洞院林九兵衛刻本 十册一函

上下二欄，每半葉上欄刻評點，字數不等，下欄9行，行18字，小字雙行字同，白口，四周單邊，無魚尾，半框高22.4釐米，寬14.7釐米。版心中鐫書名及卷次，下鐫葉碼。

卷端題“李卓吾批點世説新語補，宋劉義慶撰，梁劉孝標注，宋劉辰翁批，明何良俊增，王世貞删定，王世懋批釋，李贄批點，張文柱校注”。

鈐印“秋山常印”“秋山藏書”“南溪”。

李卓吾批點世說新語補卷之一
宋 劉義慶 撰
梁 劉孝標 注
宋 劉辰翁 批
明 何良俊 增
王世貞 删定
王世懋 批釋
李贄 批點
張文柱 校注

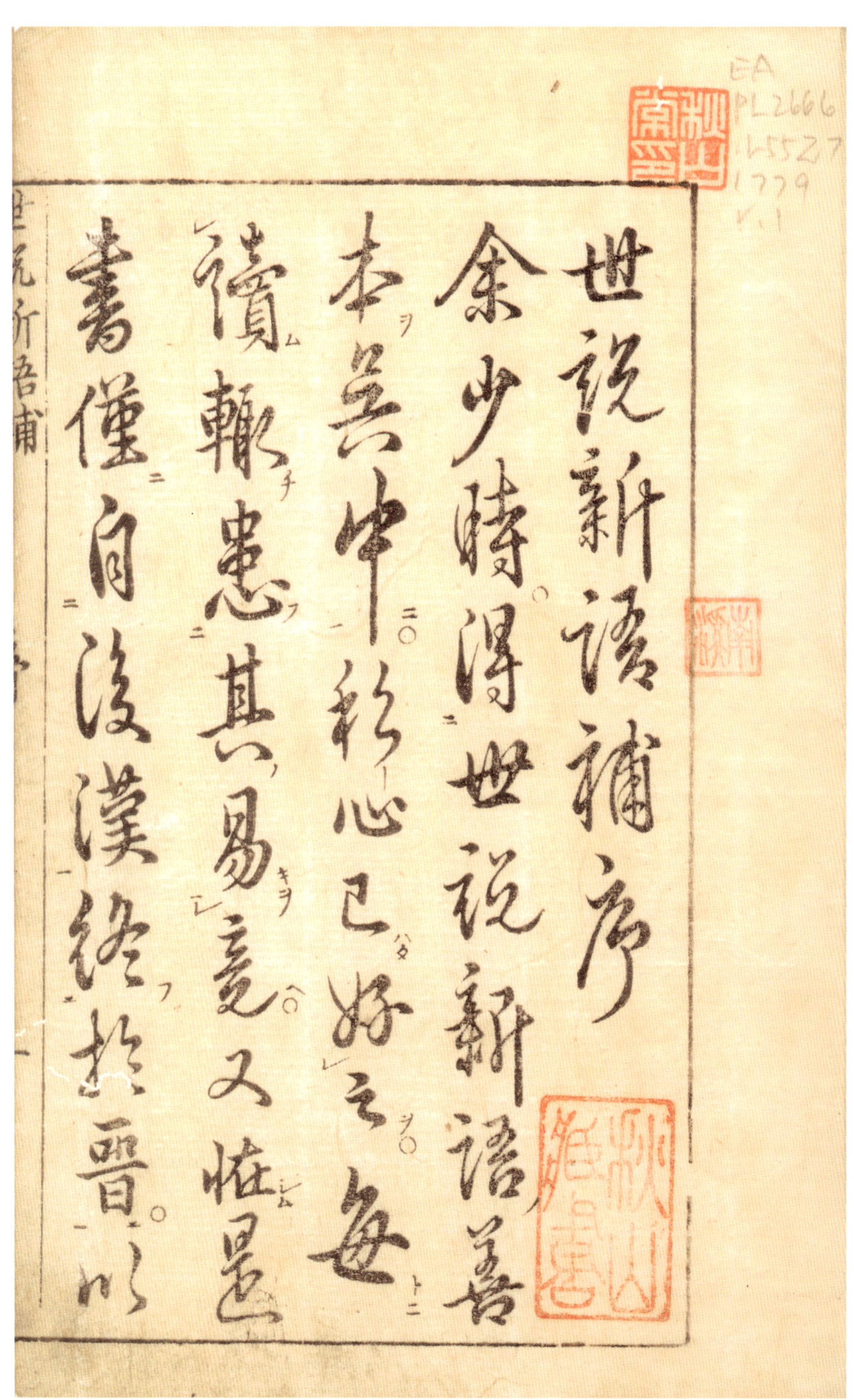

世說新語補序

余少時得世說新語善
本吾中心已好之每
讀輒患其易竟又恠是
書僅自後漢終於晉以

世說新語補

384.西醫略論三卷　（英國）合信氏、〔清〕管茂材撰　WO H684p 1858a

日本安政五年（1858）桃樹園三宅氏翻刻咸豐七年（1857）上海仁濟醫館本　四册一函

每半葉10行，行24字，小字雙行字同，白口，四周雙邊，單黑魚尾，半框高19.7釐米，寬13.6釐米。版心上鎸書名，中鎸卷次，下鎸葉碼。

内封題“安政戊午晚冬新刊，英國醫士合信氏著，西醫略論，桃樹園藏梓”。牌記題“咸豐元年刊全體新論，五年刊博物新編，七年刊西醫略論，八年刊婦嬰新説，續刊内科新説，板片俱存上海仁濟醫館，如有欲閲者，自備紙墨，就板刷印，悉聽其便，本館不取分文。特白”。卷端題“西醫略論，英國醫士合信氏著，江甯管茂材同撰”。卷末題“桃樹園三宅氏藏板，老皂館，東都江左萬屋兵四郎發行”。

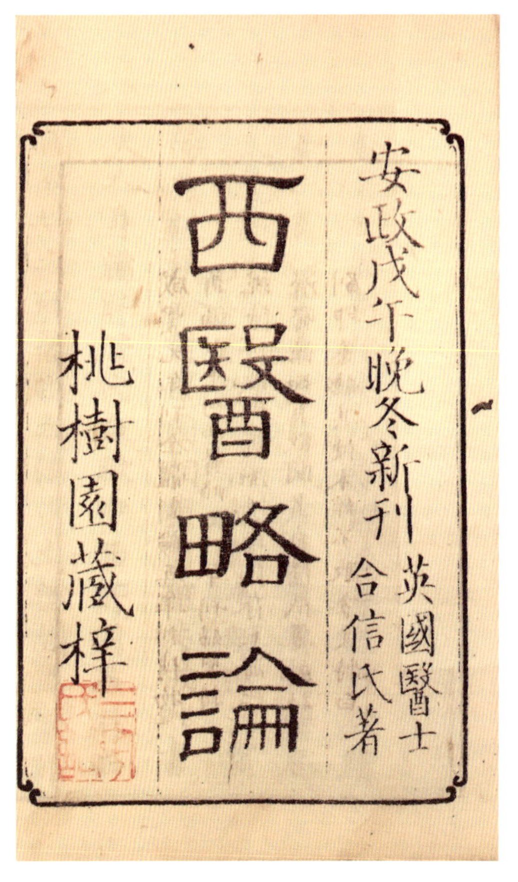
安政戊午晚冬新刊
英國醫士合信氏著
西醫略論
桃樹園藏梓

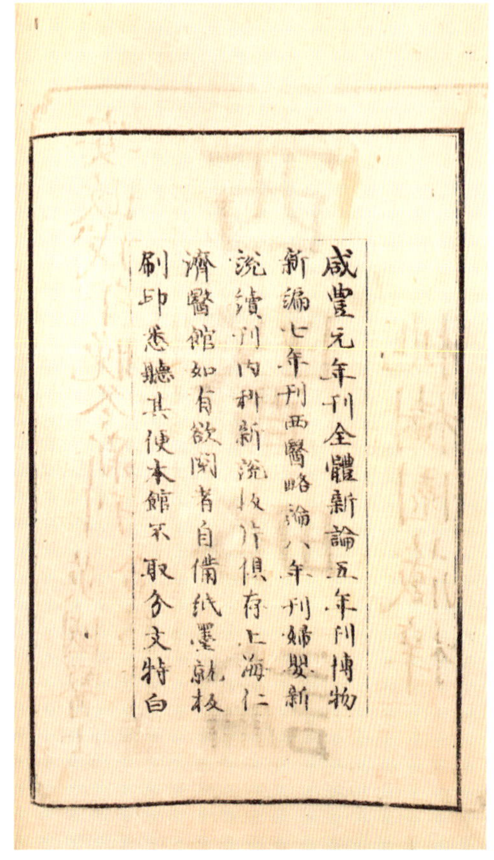
咸豐元年刊全體新論五年刊博物新編七年刊西醫略論八年刊婦嬰新説續刊内科新説板片俱存上海仁濟醫館如有欲閲者自備紙墨就板刷印悉聽其便本館不取分文特白

西醫略論卷上

英國醫士合信氏著　江甯管茂材同撰、

醫學總論

人身百體、功用甚多、學醫之士、首宜推論、中國惟京師設太醫院衙門、其各省府廳州縣、雖有醫學名目多係具文、醫書汗牛充棟、半屬耳聞臆斷、未可依據、余曾考究人身體用、著有全體新論一卷、未及方藥治法、茲特增作一書、略論審証施治之法、乃選泰西各國醫學、歷經考驗有據、可與中國參互並用者、譯述成書、雖醫道廣大、未易該備、而什得二三、自可因此識彼、觸機生巧、漸造其極、也或疑西法與中國不同、未可互用、不知人

385.全體新論不分卷圖一卷　（英國）合信氏、〔清〕陳修堂撰　QS H684q 1857

日本安政四年（1857）越智氏翻刻咸豐元年（1851）羊城惠愛醫局本　三册一函

每半葉10行，行24字，小字雙行字同，白口，四周雙邊，單黑魚尾，半框高19.7釐米，寬13.6釐米。版心上鎸書名，中鎸類名，下鎸葉碼。

内封題“安政四丁巳晚冬，清本翻刻，全體新論，越智藏版”。卷端題“全體新論，西國醫士合信氏著，南海陳修堂同撰”。圖内封題“全體新論圖”。

鈐印“大野樊林氏藏”。

386.又一部　二册一函　QS H684q 1857b

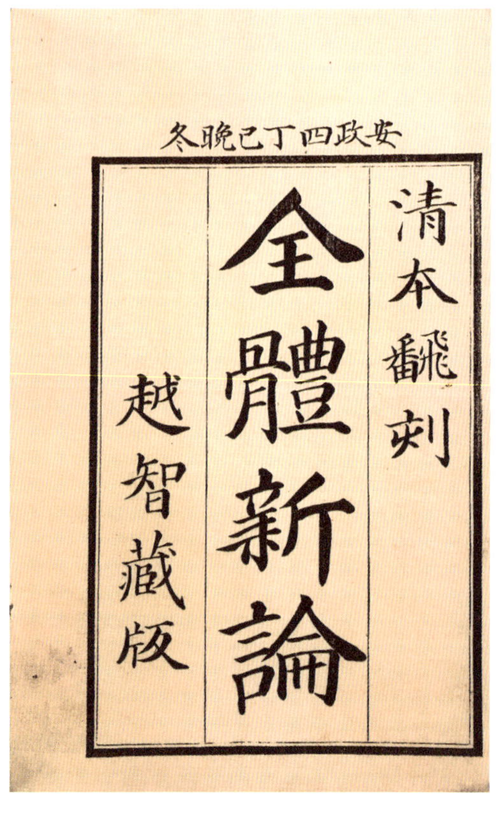

全體新論

西國醫士合信氏著　南海陳修堂同撰

身體略論

世上萬類、以人身爲最奇、不論內外、皆有皮膚、遍佈外體爲外皮、分佈臟腑爲內皮（內皮主生津液以潤臟腑）外皮從口鼻入腹、與內皮相連、內皮由肛門下出、與外皮聯合、外皮之裏、俱有肥網脂膜、狀如小孔聯結、彷類網眼、其用所以使渾身連貫圓滿、若久病則肥網消減、筋骨現露、乃僅存皮肉、耳在面部之上、另有動皮活肉數對、自能觸動、以顯人喜怒憂懼之態、餘處則無、惟禽獸因無兩手之用、故遍體皆然、以助其收放毛羽、驅逐蚊蠅之事、人

書名筆畫索引

二畫

三畫

四畫

五畫

六畫

七畫

八畫

九畫

十畫

十一畫

十二畫

十三畫

十四畫

十五畫

十六畫

十七畫

十八畫

十九畫

二十畫

二十一畫

二十二畫

二十三畫

二十四畫

二十九畫

著者名筆畫索引

五畫

六畫

七畫

八畫

九畫

十畫

十一畫

十二畫

十三畫

十四畫

十五畫

十六畫

十七畫

十八畫

十九畫

二十畫

二十一畫

二十三畫